JN438868

동아시아 문헌학의
성과와 전망

성균관대학교 동아시아한문학연구소 학술총서2

동아시아 문헌학의 성과와 전망

김영진 외 지음

성균관대학교 출판부

| 책머리에 |

이 책은 2023년 12월 16일~17일 성균관대 BK21 동아시아 고전학 미래인재 교육연구팀과 동아시아한문학연구소가 공동 개최한 "동아시아 문헌학 연구의 성과와 전망" 국제학술회의의 발표 논문과 상기 BK21 참여 교수의 문헌학 관련 논문을 한 데 모아 엮은 것이다. 국제학술회의에서는 후지모토 유키오(藤本幸夫) 선생님의 기조강연을 비롯하여 총 12편의 논문이 발표되었는 바, 이 중 10편의 논문을 이 책에 수록한다. 문헌학의 범위가 매우 넓기에 이 학술대회에서는 목록학(目錄學)과 집부(集部)·총서류(叢書類)로 국한하여 논의를 집중하였다.

성균관대 대학원 한문학과는 2020년 동아시아 고전학 미래인재 교육연구팀으로 교육부의 4단계 BK21에 선정되었다. 이를 계기로 문헌학을 강화하는 큰 틀에서의 커리큘럼을 개편하여 한국의 문헌학 및 고전학을 선도하고 있다. 이에 문헌학 강좌의 확대는 물론, 각종 연구서 및 교주본(校註本)을 발간하여 성과를 이어 가고 있다. 2023년에 동아시아한문학연구소 학술총서 1로 나온 『동아시아 고전학의 안과 밖』은 동아시아 고전학의 개념과 범위, 현재적 의의를 천명한 첫 성과였다. 이번에 출간되는 『동아시아 문헌학의 성과와 전망』은 학술총서 2로 동아시아 고전학의 호한한 범위를 문헌학으로 집중하여 동아시아 한중일 삼국의 목록학과 문헌연구의 성과에 대해 북미와 유럽의 연구까지 수렴하였고, 대상 시기 또한 전근대는 물론 20세기 초까지 포함하였다.

본서는 부를 나누지는 않았지만, 크게 보자면 목록학에 해당하는 논문과 단일 문헌에 대한 심화된 연구로 나눠볼 수 있다. 전자는 김영진, 박시내, 호우룽추안(侯榮川), 두저쉰(杜澤遜), 스미요시 도모히코(住吉朋彦), 로스 킹(Ross King), 송호빈, 피터 코네츠키(Peter Kornicki)의 논문이, 후자는 왕웨이시아오(王微笑), 이유리, 진청위(金程宇), 장유승, 박철상, 안대회, 진재교, 김용태, 이현일, 김영주의 논문이 해당된다. 이 책의 기획 주제에 매우 적합한 피터 코니츠키와 박철상 두 분의 기존 논문은 요청을 통해 게재를 허락받았다. 기꺼이 응해 주신 두 분과 옥고를 내주신 여러 선생님께 깊은 감사를 표한다. 고문헌에 대한 애정이 고전학의 확산으로 진전되기를, 또한 고전학이 다난한 현 시대의 지혜의 원천이자 정신의 쉼터가 되기를 기대해 본다.

2025년 7월 동아시아한문학연구소 소장 김영진

| 차례 |

『청인저술총목(淸人著述總目)』의 편찬 전망 / 두저쒼(杜澤遜)

에도막부의 모미지야마문고(紅葉山文庫)와 목록 / 스미요시 도모히코(住吉朋彦)

제임스 스카스 게일 – 한국 고서의 대리 수집가: 연희전문학교를 중심으로 / 로스 킹(Ross King)

『화동창수집(華東唱酬集)』과 여항문학: 한문문헌의 발굴·고증과 문학사에서의 위치 짓기 / 송호빈

고문서학 시각에서의 연행일기 연구 제언 –규장각 소장 『계하(啓下)』를 중심으로 / 왕웨이시아오(王微笑)

일본에 전해진 조선 서적들: 1590년대부터 에도 시대 말기까지 / 피터 코니츠키(Peter Kornicki)

17세기 일본 린케(林家) 소장 명판본「자치통감강목(資治通鑑綱目)」 연구 / 이유리

중국에서 일실된 조선본『진실주집(眞實珠集)』 고찰 / 진청위(金程宇)

『한도십영』의 종합적 검토 / 장유승

『옥호빙(玉壺氷)』의 조선 전래와 그 판본 재검토 / 박철상

한국에서 간행된 『명심보감(明心寶鑑)』 초략본(抄略本)의 판본과 특징 / 안대회

서유구(徐有榘)의 『금화경독기(金華耕讀記)』 연구 –19세기 학술 필기의 한 전형 / 진재교

위사(韋史) 신석희(申錫禧)의 저술에 대하여 -대외인식을 중심으로 / 김용태

석릉 김창희의 『십담록(十談錄)』에 대하여: 자료 소개와 '담문(譚文)'의 산문론을 중심으로 / 이현일

원영의(元泳義)의 『몽학한문초계(蒙學漢文初階)』 연구 / 김영주

한국 고문헌 목록의 현황과 문제점, 향후 방향

/
김영진
(성균관대학교)

1. 서론

본고는 우리나라의 해방 이후 지금까지의 고문헌의 수집 · 정리 · 목록화 그리고 공개 및 활용에 대한 전반적인 과정을 알아보고 그 문제점 및 향후의 개선방향을 논해보려 한다. 그 순서는 해방 이후부터 고서의 수집 · 정리 성과를 알아보고, 우리나라 고서의 정리와 목록집 출간의 역사를 훑어보고, 2005년 한국고전적종합목록시스템(이후 한국고문헌종합목록으로 명칭변경 및 개편)의 구축을 통한 종합전산화서비스의 현황을 살펴본다. 끝으로 향후 고서의 정리 · 활용에 대한 방안을 제시해보고자 한다.

2. 『한국고서종합목록』과 한국의 고서목록

일제강점기에 재조선 일본인 고서 전문가들이 결성한 서물동호회와 국내 최초의 한국학을 종합적으로 다루는 진단학회 등에서 우리나라 고서에 대한 연구가 이미 시작되었다. 해방 이후 1947년 국립도서관장 이재욱을 초대회장으로, 상무위원으로 박봉석, 김구경, 홍순혁, 도서문화 분야의 권위자 천혜봉, 민영규 등 17인으로 구성된 조선서지학회가 결성되어 우리나라 고서의 표준 서지 작성 및 연구가 태동되었다.[1] 이 논문에서는 한국 서지학의 연원을 계속 나열하고 있는바 6 · 25로 학회의 주요 인사들이 대거 납북되면서 와해된 모임을 1959년 국립도서관에서 한국서지학회 총회를 열고 회

1) 조혜린, 「나와 국립중앙도서관, 그리고 서지학회의 인연 – 우리나라 서지학회의 역사를 돌아보다」, 『고전적』 18(창간20주년 기념), 2024.

장에 국립중앙도서관장 김상필, 부회장에 이병도, 평의원에 김두종, 김상기, 이희승, 신석호, 최현배 등을 선출하였다. 『서지』 1호(1960), 2호(1961)를 내고 또 활동이 중단되었다가 1968년 한국서지연구회를 결성하여 국회도서관장 강주진을 회장으로 추대하고 같은 해 9월 『서지학』 창간호를 발간하였다. 1982년 제7호를 마지막으로 학술지가 중단되었다. 한편 1985년 10월 서지학회가 창립되어 학술지 『서지학연구』가 나오기 시작하였고[2] 1982년 제7호를 마지막으로 중단되었던 한국서지연구회는 1990년 임창순, 천혜봉, 조병순, 김종규에 의해 한국서지학회로 다시 재개되어 개간 『서지학보』를 출간하기 시작하였다. 이로써 두 개의 학회가 존재하는 상황이 되었다. 2012년에 이르러 유사한 성격을 지닌 두 학회의 통합이 추진되고, 2013년에 하나로 통합된 한국서지학회로 재출범하였으며 학술지의 명칭은 서지학회에서 간행되어 왔던 『서지학연구』로 정하였다.

한편 『한국고서종합목록』(국회도서관, 1968)은 당시 국회도서관장이었던 강주진 박사의 적극적인 추진으로 성사되었다. 그는 '간행에 부치는 말'에서 "한국의 고전연구는 아직도 원시림 상태인 방임상태에 놓여있다.……한국상(韓國像)이 드러나지 않고 있는 실정이며, 이 고전적의 질적 양적 조사조차 미지의 세계로 남아 있는 형편이다. 따라서 이 고전적의 연구마저도 외국인의 해설에 의하여 겨우 이해하고 있는 실정이다."라고 한 데서 보듯, 이런 문제의식 하에 1958년부터 10여 년째 고서의 목록 정리에 힘쓰고 있던 윤병태 씨께 이 책의 편찬을 맡겼던 것이다. 윤병태 선생은 서울대, 고려대, 연세대 등에서 오랫동안 고서를 정리하는 사서로 지내셨고, 이후 경북대 강사 등을 거쳐 충남대 문헌정보학과 교수로 퇴임하신 분이

2) 『서지학연구』는 1986년 9월에 창간호가 발간되었다.

다.[3] 이 책의 범례에서는 수록대상의 범위, 고서의 범위, 편성, 표목 배열, 색인 등에 대해 설명하였다. 소장처는 기관 및 개인, 국내 및 외국을 다 망라하고 있다. 놀라운 것은 당시까지 책자로 간행된 고서목록은 1967년의 『간송문고한적목록』 밖에 없었으니 대부분의 도서 취합을 도서관의 카드목록을 기반으로 하였다는 것과 개인소장 자료까지 꼼꼼하게 포함시켰다는 것이다. 아쉬운 점은 서지 작성의 항목이 매우 간략하다는 것, 그리고 자료를 카드 목록으로 대부분 옮겨 정리했기 때문에 애초 해당 기관의 카드목록이 간본인지 사본인지를 명확히 적어두지 않아 이 책의 큰 분류인 간본과 사본의 편입오류가 상당수 있다는 것이다. 또한 색인에서도 인명색인만 있을 뿐 서명색인이 없어 매우 불편하다. 하지만 지금은 소재조차 알 수 없는 수많은 자료가 등재되어 있기에 마치 민국시기(民國時期) 손전기(孫殿起)의 『판서우기(販書偶記)』 같은 대단한 효용을 지닌다는 의의가 있다. 이 책이 나온 지 55년이 흘렀지만, 이 책 이후로 이런 성격의 고서종합목록은 나온 적이 없을 만큼 현재에도 그 유용성은 이루 다 말할 수 없다.

하지만 이 책의 출간 직후 각 기관별 고서목록이 조금씩 출간되기 시작하였고 1970~90년대까지 비교적 큰 시리즈로 국학자료보존협의회 『한국전적종합목록』(전 11책)과 문화재관리국 『한국전적종합조사목록』(전 10책)이 출간되었다. 한편 1987년 보경문화사에서 간행된 『고서목록』(상 · 하, 색인)은 규장각 직원으로 있던 이상은 씨가 국립중앙도서관(23,351종 83,672편), 규장각(33,088종 113,820편), 장서각(12,769종 40,569편), 국사편찬위원회(4,175종 19,569편) 등 한국학 자료 내

---

3) 심경호, 「윤병태 선생의 서지문헌학 연구의 방법과 성과」, 『고서연구』 35, 2017.

지 고서가 가장 많은 국가기관 네 곳의 기존 목록[4]을 다시 가나다순으로 재배열하여 그의 형 이상하 씨가 대표로 있던 보경문화사에서 간행한 책이다.

〈표 1〉 국학자료보존협의회 『한국전적종합목록』

번호	문고명	소장자	수량	비고
1	산기문고	이겸로		1974년
2	상웅문고	상웅		1974년
3	완수문고	이병기		1974년
4	성암문고	조병순		1975년
5	인수문고	남평문씨		1975년
6	도남문고 외 5개	조윤제 외 5인		1976년
7	성균관대학교 중앙도서관	성균관대학교		1979년
8	동국대학교 중앙도서관	동국대학교		1981년
9	간송문고	간송문고		1967년
10	이화여자대학교 도서관	이화여자대학교		1981년
11	고려대학교 중앙도서관(구장)	고려대학교		1984년

〈표 2〉 문화재관리국 『한국전적종합조사목록』

번호	조사지역	조사책임자	비고
1	대구·경북	이수건	1986년
2	충남	윤병태	1988년
3	강원	천혜봉	1989년
4	전북	송준호	1990년
5	안동시·군	김세한	1991년
6	광주·전남	송정현	1992년

4) 『奎章閣圖書韓國本總目錄』 上 · 下 2책, 서울대학교도서관 편, 1981; 『藏書閣圖書韓國版總目錄』 2책, 문화재관리국 편, 1972, 1981; 『고서목록』 5책, 국립중앙도서관 편, 1970, 1971, 1972, 1973, 1980; 『古書目錄』 1책, 국사편찬위원회 편, 1983.

번호	조사지역	조사책임자	비고
7	부산	안춘배	1993년
8	경남	안춘배	1994년
9	충북·제주	차용걸 · 김영돈	1996년
미간행	서울·경기·인천		예정되어 있었으나 미간행.

* 『일본소재한국전적목록』(1991)은 문화재관리국에서 별도로 조사 · 출간.

〈표 3〉 고서목록이 출간된 한국의 고서 수장 기관

발 행 기 관	서 명	발 행 년	책수
서울대학교 규장각	규장각도서한국본종합목록	1994개정판	3책 (상,하, 색인)
한국정신문화연구원	장서각도서한국판총목록(문화재관리국)	1972, 1974(보유)	2책
한국정신문화연구원	장서목록 고서편 I	1991	1책
한국정신문화연구원	한국고소설목록	1983	1책
국립중앙도서관	고서목록 1, 2, 3, 4, 5, 6	1970, 1971, 1972, 1973, 1980, 1994	6책
	외국고서목록 Ⅰ, Ⅱ, Ⅲ, Ⅳ	1976~1979	4책
국회도서관	고서목록	1995	1책
국사편찬위원회	고서목록	1983	1책
경상대	한적목록 외 다수	1996	1책
건국대	고서목록	1984	1책
계명대	고서목록, 고서목록 증보판	1987/2004	1책/1책
고려대	석주문고(73), 신암문고(74), 해사문고(74), 경화당문고(75), 화산문고(76), 만송문고(79), 귀중도서목록(80), 공량문고(82), 치암문고(83), 한적목록(구장) (84)	1973, 1974, 1974, 1975, 1976, 1979, 1980, 1982, 1983, 1984	10책

발 행 기 관	서 명	발 행 년	책수
단국대	나손문고목록, 한적목록	1991, 1994	2책
동국대	고서목록	1981	1책
서울대	일반고서목록	1973	1책
성균관대	고서목록 1, 2, 3, 벽암문고 목록, 神野志隆光(2015)	1979, 1981, 2002, 2017	3책
안동대	고서목록	1994	1책
연세대	고서목록 1, 2	1977, 1987	2책
영남대	장서목록-한고적편, 고서고문서 목록, 고서목록	1973, 1980, 2000, 2001	4책
원광대	고서목록	1994	1책
이화여대	고서목록	1981	1책
전남대	고서목록 1	1990	1책
충남대	고서목록, 학산문고목록	1994, 1997	2책
해군사관학교	한적목록	1977	1책
부산시립시민 도서관	고서목록	1995	1책
한국은행 도서실	도서목록-고서편/고서해제	1971/2002	1책/1책
총무처 중앙행정 도서관	한서목록	1971	1책
아단문고	아단문고 장서목록 - 2. 고서	1996	1책

『한국소장 중국한적총목』(전6책, 2005, 학고방)은 전인초 교수가 연세대 국학연구원 원장 재직시 기획하여 만든 목록으로 국내의 여러 고서목록들을 참조하여 중국본만 추출하여 경사자집, 가나다순으로 재배열하였고, 4년간의 작업을 거쳐 28종의 고서목록을 통해 12,500여 종의 전적을 수록하였다. 이 책은 중국본의 개념에서도 문

제가 심각할 뿐 아니라,[5] 참고한 고서목록 중에 중요 기관 고서목록이 누락된 것이 많은 데다 가장 큰 문제는 자료의 실사 없이 기존 목록의 서지사항을 전재하다보니 그 오류를 그대로 답습한 것이 많다는 점이다.

해외 소장 고문헌은 1980년대 중반부터 한국서지학회와 국립중앙도서관 등의 공동조사로 가각의 기관별로 조사가 진행되고 목록집이 연속적으로 나오기 시작하였다. 이후 문화재청 산하 국립문화재연구소의 이름으로 계속 출간되었다. 주목되는 책으로 문화재관리국에서 1991년에 나온 『일본소재한국전적목록』, 천혜봉 저 『일본봉좌문고 한국전적』(지식산업사, 2003) 등이 있다. 그밖에 비슷한 시기에 심우준 저 『일본방서지』(한국정신문화연구원, 1988), 박현규 저 『대만공장한국고서적연합서목』(문사철출판사, 1991)과 같은 개인의 조사목록도 간행되었다. 2006년부터 출간되고 있는 후지모토 유키오(藤本幸夫)의 『일본현존조선본연구』는 해외 소장 조선 고서의 정리에 기념비적인 빼어난 성과라 할 수 있다. 서지 작성의 항목이 무려 22개인 데서 보듯 고서목록으로 이보다 더 상세한 것을 필자는 아직 보지 못하였다. 이외 고려대학교 해외한국학자료센터 홈페이지에 업로드된 서지목록 · 해제 · 이미지도 매우 큰 성과라고 할 수 있다.

고서목록은 아니지만 고서에 대한 각종 해제집도 꾸준히 출간되어왔다. 1970년대 초 국립중앙도서관의 『선본해제』 1~4를 필두로 규장각의 해제 사업이 이어졌고 국립중앙도서관과 규장각의 해제 사업은 현재까지도 지속되고 있다.[6] 이들 국가기관의 해제집은 종

---

5) 이 책에서 수록하고 있는 중국본의 기준은 다음과 같은 세 가지이다. 1) 중국에서 刊刻된 서적이 한국에 유입된 것. 2) 중국의 서적을 한국에서 판각한 것. 3) 한국인이 중국 서적에 주석을 단 것. 이 중 2번과 3번은 심각한 문제를 가지고 있다.

6) 국립의 경우 1970년대 이후 2003년부터 『선본해제』 5를 시작으로 2017년 19까지 발

수와 책수가 너무 많기에 본고에서는 생략하고 대학도서관의 고서 해제 사례를 참고삼아 제시한다.[7)]

〈표 4〉 고서 해제집이 출간된 대학

대학	서명	연도
연세대학교	『고서해제』1-12	2004~2008
이화여자대학교	『고서해제』1-2	2004
계명대학교	『선본고서 해제집』1-3	2008~2010
서강대학교	『서강대학교 로욜라도서관 소장 고서해제』	2010
영남대학교	『영남대학교 중앙도서관 소장 귀중도서 해제집』1-3	2012~2014

3. '한국고문헌종합목록(KORCIS)'의 의의와 개선점

2005년 전까지는 종이 책자의 고서목록으로 고서를 검색했다면, 2005년에 한국고전적종합목록시스템[8)]이 만들어진 이후로는 이 사이트를 통한 인터넷 검색이 대세를 이루기 시작하였다.

본고에서는 현재 고서 검색 시스템의 전면적인 검토를 통해 문제

간. 이후 잠시 중단되었다가 23년부터 재개하였음.

7) 이외에 전시도록도 다양하게 출간되었다. 『계명대 동산도서관 귀중본 도록』(2024), 전남대학교 출판부, 『전남대 도서관 개교 70주년 기념 희귀 고문헌 30종 특별전 도록』(2022) 등.

8) 2005년 정보통신부로부터 '국가지식정보자원'으로 지정받아 한국고전적보존협의회(2004년 3월 창립) 회원기관 중 규장각 등 28개 참여기관으로부터 고서 목록 DB 37만 건을 제공 받아 "한국고전적종합목록시스템"으로 서비스를 시작하였다. 이 시스템의 연혁에 대해서는 봉성기의 논문 참조, 『고전적』 17호, 2023.

점과 개선 방향을 논해보고, 이와 별도로 현재에도 여전히 필요한, 아니, 그 어느 때보다도 더욱 절실해진 고서의 조사 · 정리 · 검색활성화의 방법 모색(기존 방법의 반성, 해외 기관 또는 웹사이트와의 대비)을 해 보고자 한다.

한국고문헌종합목록(Korean Old and Rare Collection Information System, 약칭 KORCIS)은 한국 고문헌의 소재를 파악하고 목록, 해제, 원문 등의 관련 정보를 온라인으로 제공하는 유일의 한국 고문헌의 종합목록으로 국내뿐 아니라 국외 유출된 한국 고문헌을 조사하여 관련 정보를 제공하고 있다. 2021년 노후 시스템 개선과 변화된 정보환경을 반영한 이용자 누리집 · 통합관리시스템을 재구축하여 2022년 1월 11일 "한국고문헌종합목록"으로 명칭을 바꾸고 신규 서비스를 개시하였다.

한국고문헌종합목록은 국내 공공 · 대학도서관, 박물관, 사찰, 문중, 개인 등 민간소장 고문헌을 발굴 조사하여 서지 및 원문 DB를 구축하고 있으며, 국외 소장 한국 고문헌을 조사하여 서지 및 원문 DB 구축 작업을 병행하고 있다. 연간 서지 DB 3,000건 이상 구축하고 있다. 2025년 기준 국내 91개 기관, 국외 54개 기관, 총 145개 기관의 목록 DB 51만 건과 원문 DB 6만 5천여 건을 서비스하고 있다. 한국고문헌종합목록은 국내외의 한국 고문헌 소장 기관 및 담당자가 데이터에 접근하기 쉽고 표준화된 목록 DB 구축을 가능하게 하도록 개발되었으며, 표준화된 고서목록 DB를 제공하여 한국학 등 여러 학문 분야 연구에 이바지하고 있다.

아래는 이 시스템에 참가하고 있는 국내와 국외의 기관 및 개인 가운데 고서/고문서 소장품이 미미한 몇 개 기관을 제외한 기관명 및 자료 현황이다(고문헌종합목록시스템에서 제공하고 있는 표를 이용하였음. 단, 필자의 별도조사가 있는 경우엔 진하게 표시하였음).

〈표 5〉 한국고문헌종합목록 참여기관 중 국내기관

기관명	자료수량	비고
가톨릭대 성신교정 도서관	603	
건국대 상허기념도서관	4,451	
경기대 도서관	9,072건 (24,376책)	
경상국립대 도서관	37,632	
경주시립도서관	7	**수량 더 많음**
경희대 도서관	3,795	
계명대 동산도서관	72,271 (고서75,202)	**고문서 3,413**
고려대 도서관	22,327 (고서 107,639)	**고문서 6,953**
국립고궁박물관	231	**전적류 1350건 4196점, 고문서 1078건 1566점**
국립민속박물관 자료실	5	**수량 더 많음. 특히 고문서 매우 많음.**
국립산악박물관	3	**수량 더 많음.**
국립중앙도서관	243,823	
국립중앙도서관 고문헌과(수탁)	1,033	
국립중앙박물관 도서관	33	**국립중앙박물관은 별도.**
국민대 성곡도서관	3,375	
국회도서관 자료수집과	2,825	
규남박물관(화순)	955	
나라얼연구소	8,418	
남산도서관	1,256	
남양홍씨 정효공파(남창군)	383	
남평문씨 인수문고	1,692	
단국대 율곡기념도서관	5,321	
단국대 퇴계기념도서관	6,826	

기관명	자료수량	비고
대구 가톨릭대 중앙도서관	14,365	**석전문고가 가장 큰 비중.**
독락당(경주)	3,083	
동국대 경주 캠퍼스 도서관	3,357	
동국대 중앙도서관	7,313	
동덕여대 도서관	431	
동신대 도서관	314	
동아대 한림도서관	4,329	
명재 윤증 종가	5,941	**충남역사박물관으로 기탁.**
모덕사	2,169	
보성 남평문씨	522	
부경대학교 도서관	74	
부산광역시 시민도서관	2,068	
부산대학교 도서관	7,521	**수량 더 많음.**
부안교육문화회관	126	
사우당종택(성주)	1,903	
사천목씨종친회 유물관(서울)	667	
서강대학교 도서관	1,037	
서울대학교 규장각한국학연구원	181,425	
서울대학교 중앙도서관	337,351	
성균관대 존경각	10,288	**수량 더 많음.**
성신여자대학교 박물관 자료실	66	**지도 다량 보유.**
성암고서박물관자료실	3,301	**한국학중앙연구원에서 자료 조사.**
소수박물관(영주)	820	**6,528건 13,470점 (고문서는 11,815건 16,936점)**
송광사 성보박물관	763	
숙명여자대학교 도서관	2,441	

기관명	자료수량	비고
숭실대학교 도서관	438	**한국기독교박물관 별도**
안동대학교 도서관	3,443	
연세대학교 학술정보원	5,760	**104,252책**
영남대학교 도서관	15,390	**83.714책, 문파문고 878종 4,387책**
영산대학교 도서관	121	
용인대학교 중앙도서관	2,909	
용화사 묵담유물관자료실(담양)	391	
울산대학교 도서관	160	
원광대학교 도서관	6,969	
이화여자대학교 도서관	2,199	
인하대학교 정석학술정보관	673	
전기박물관(한국전력공사)	513	
전남대학교 도서관	30,887	
전북대학교 도서관	3,365	
전주대학교 중앙도서관	2,565	
전주시립완산도서관	638	
제주대학교 도서관	420	
조선대학교 중앙도서관	4,738	
종로도서관	901	
중동고등학교도서관	17	
중앙대학교 중앙도서관	1,006	
춘호재	2,420	
충남대학교 도서관	15,103	
충북대학교 도서관	200	
충청남도역사박물관	530	**30,000점**

기관명	자료수량	비고
한국국학진흥원 도서관	204,218	
한국근대문학관(인천)	1,782	
한국학중앙연구원 도서관	132,720	
한글학회국어학전문도서관	676	**1,106종 3,537책(이 중 428종 2,682책은 국립중앙도서관에 기증)**
한림대 부설 태동고전연구소 자료실	741	**복사본 유일본들이 있음**
한양대 백남학술정보관	7,956	
화성시 역사박물관	1,268	
휘문고 도서관	828	

(※ 외에는 한국고전적보전협의회의 2023년 통계임. 『고전적』 18)

〈표 6〉 한국고문헌종합목록 미수록 기타기관(박물관 및 문학관은 아래 별도 표 제시)

기관명	자료수량	비고
경북대학교 도서관	고서 68,803 고문서 27,788	
국립공주대학교 도서관	고서 1,861	
금오공과대학교 도서관	고서 155	
대구교육대학교 도서관	고서 2,017	
국립목포대학교 도서관	고서 757책	
서울시립대학교 도서관	5,756책	
국립순천대학교 도서관	4,499책	
우석대학교 도서관	583책	강한영문고, 작촌조병희문고 등
한국전통문화대학교 학술정보관	3,025책	
경남대학교 도서관	5,865책	
경성대학교 도서관	1,126책	
대구대학교 도서관	746책	
명지대학교 도서관	9,372책	

기관명	자료수량	비고
부산외국어대학교 도서관	1,319책	
상명대학교 도서관	634책	
신라대학교 도서관	2,628책	
연세대 원주캠퍼스 학술정보원	703책	
인제대학교 도서관	2,289책	
인천대학교 도서관	27건	이희배 명예교수 기증(27건) 등
청주대학교 도서관	290건	청주대도서관 홈페이지에 고서로 290건이 등재되어 있음
한남대학교 도서관	1,800책	
한서대학교 도서관	4,339책	서산군수 이지연 관련 고문서 외
호남대학교 도서관	5,264책	
홍익대학교 도서관	1,595책	

기관명	자료수량	비고
국립국악원		이해구 선생 구장본 등(일부 고서는 워싱턴대에 나뉘어 소장)
국사편찬위원회	4,175종, 19,569책	『고서목록』 1책, 1983. 목록이 나온 이후로 현재까지 40여 년 간 수집·기탁·기증 자료가 매우 많음. 전자사료관 홈페이지에서 확인 가능.
김일성종합대학		
농촌진흥청 농업도서관		
대전시립연정국악원		연정 임윤수 선생 구장본
만해기념관(성남)		
명지대학교(LG 연암문고)		한국 관련 서양 고서가 위주이나 한국 고서도 일부 있음.
아산시청	**고서 129건 630점 (고문서는 1,236건 1,898점)**	건재고택 유물 포함
여초김응현서예관(인제)		조선시대 서첩 일부 있음

기관명	자료수량	비고
의왕향토사료관		청풍김씨 후손가 자료 등
인천시립도서관		『인천시립도서관장서해제집』
전남대학교 호남한문학연구실		춘강 유재영 기증 자료
진천군립도서관		2003년 담헌 이하곤 후손 이정희씨 고서 약 288종 790책 기증
창문여고		
추사기념관(예산)		
포항공과대학교 도서관		
한국고전번역원 도서실	6,631	중동문고(교장 최규동 후손 기증)
한국교회사연구소(가톨릭대)		
국제한국연구원		
한국학호남진흥원	**고서 및 고문서 53,173. 장성 행주기씨 등 기탁.**	장흥위씨 존재고택, 나주 풍천임씨 명고 임전 후손, 보성 죽산안씨 죽곡정사 등
해군사관학교	고도서 1,013종 4,908권	2016년 서울대학교 규장각한국학연구원으로 기탁
현담문고		
홍주성역사관		
휘문고		국립중앙도서관에서 22년 9월에 824종 6,904책을 기탁받았음

기관명	자료수량	비고
廣東省立中山圖書館		
南京圖書館		
南通市圖書館		창강 김택영 관련 자료 다수
大連圖書館		
北京大學圖書館		KORCIS 가입 기관이지만 자료 추가 필요. 李仙竹 주편, 《고대조선문헌해제》 북경대학출판사. 1997

기관명	자료수량	비고
延邊大學		
溫州市圖書館		
遼寧省檔案館		
遼寧省圖書館		
天津圖書館		
香港大學圖書館		
高麗美術館(京都)		
關西大學(大坂)		內藤文庫 등
駒澤大學(東京)		金澤文庫 등
杏雨書屋(武田科學振興財團)		미키 사카에(三木榮) 구장본, KORCIS 가입 기관이지만 자료 추가 필요

한국의 박물관에도 당연히 고서, 고문서를 다량 수장하고 있다. 다만 박물관의 경우 전적 및 고문서를 전공한 학예사가 태부족한 실정인데다가, 간단한 목록의 정리조차 한자를 판독할 수 있는 인력이 적어서 기존 소장 자료 및 신규 입수 자료의 정리가 매우 더딘 상황이다. 현재는 근근이 외주를 주어 정리하고 있는데, 예산 문제 때문에 정리가 더디고 당연히 등록 유물의 목록공개도 제대로 이루어지지 않고 있다. 또한 박물관의 유물 분류는 지류(紙類)라는 항목에 고서, 고문서, 서화 등이 혼효되어 있어 박물관 소장 유물 수량은 대개 총 건수로만 집계하고 공개할 뿐, 지류라는 가운데 고서와 고문서의 수량 제시를 명확히 하고 있지 않다. 따라서 소장 고서의 정확한 수량 정보를 박물관조차 제시하지 못하는 경우가 대부분이다. 또한 박물관의 기존 유물과 기탁 유물, 기증 유물 등을 다 별도로 집계하고 있어 고서의 수량을 헤아리기 더 난감한 상황이다. 하여튼 현재로는 '문화유산표준관리시스템'에 의거하여 등록 유물과

가등록 유물로 구분하고 있을 뿐 미등록 상태의 유물 또한 부지기수이다. 현재 E-뮤지엄이라는 박물관 통합 사이트에 대부분의 국내박물관이 등재되어 있으나 등록유물조차 해당 박물관의 임의로 공개자료/비공개자료로 나뉘어 있다. 후자는 연구자들이 활용할 수가 없다. 현재로서 박물관 소장 고서를 KORCIS에 연동 수용하기 위한 방안으로는 일정 수량 및 수준 이상의 고서를 소장하고 있는 박물관에 이를 우선적으로 정리할 예산과 전문인력을 늘려달라고 요청하는 수밖에는 방법이 없다. 국가유산청에서 표준 목록 작성 방안을 제시하고 하달하여 우선 실행사업으로 촉구하는 것이 필요하겠다.

〈표 7〉 고전적을 다량 소장한 주요 박물관 및 미술관

기관명	자료수량	비고
가천박물관(인천)	**2,026점, 약 7,200책**	국보 1점 보물 14점 유형문화재 3점, 의서가 많음
가회민화박물관	**전적 150여 점, 고문서 다량**	
간송미술관(서울)	**고서 약 1,950건(종)**	『간송문고한적목록』 (1967)에 의거
경기도박물관		전주이씨 백헌공파, 청송심씨 만포공, 풍양조씨 회양공파 등 기증 유물 소장
경남대학교 박물관	**98종 135첩 1축 (1996 반환)**	데라우치 문고
경북대학교 박물관		
경희대학교 혜정박물관 (수원)		고지도 전문
고려대학교 박물관		석헌 정규복 교수 기증 고서 등
고산윤선도박물관(해남)	**445종 1,422책**	『해남 녹우당의 고문헌』 (2003) 참조

기관명	자료수량	비고
고판화박물관(치악산 명주사)		
국민대학교 박물관		설촌 고문서 등 고문서 다량
국립고궁박물관	**전적류 1,350건 4,196점, 고문서 1,078건 1,566점**	KORCIS 가입 기관
국립공주박물관	**고서 78건 105점 (고문서 165건 195점)**	
국립광주박물관		초의관련 유물 364점 (박동춘 기증)
국립민속박물관		
국립산악박물관(속초)		자료 수량 더 있음
국립세계문자박물관	**고서, 고문서 다량 소장**	2023년 6월 개관
국립순천대학교 박물관	**강운 최승효(1917~1999) 기증본 (1999년 약 5,000점) 외**	
국립순천대학교 도서관	**윤형두(1935~2023) 기증서 약 24,000책 (양장서 포함).**	
국립전주박물관		
국립제주박물관		
국립중앙박물관	**약 8,000책**	
국립중앙박물관 이건희 기증컬렉션	**전적1·2는 4,176건 12,558책 수록.**	2022년도, 고 이건희 회장 기증품 목록집, 제2집 전적1(Books 1), 제3집 전적 2(Books 2), 제4집 전적 귀중본(Selected Books)
국립진주박물관		임진왜란 자료 많음
국립청주박물관		우암 송시열 관련 자료
국립한국문학관		2025년 개원예정 고서 및 양장본 약 12만책 수집
국립한글박물관		
국립해양문화재연구소(목포)		

기관명	자료수량	비고
국립해양박물관(부산)		
남양주시립박물관	**고문헌·고문서 1,644건 2,476점**	
다산박물관(강진)	**고서 73건 198점, 고문서 105건 146점**	
단국대학교 석주선기념박물관	**고문서 111건 229점, 고서 2,597건 5,912점**	연민 이가원, 소곡 남풍현 기증 등
대전시립박물관		동춘당 송준길 관련 자료, 영일정씨 관련 자료, 춘강 김영한 선생 자료 등
동아대학교 석당박물관		
문경새재도립공원 옛길박물관		
밀양시립박물관		밀양손씨 가문 고문서, 성호선생전집 목판 판목 등
부산시립박물관		조선통신사 및 역관 자료 많음
삼성출판박물관		
상주박물관	**지류(고서, 고문서, 서화) 등록유물: 8,561건 18,036점. 가등록: 3,846건 5,537점. 합계: 12,407건 23,573점.**	
서예박물관(예술의전당)	**오세창 후손 기증자료, 2002년 이겸로 기증 (290건 491점)**	
서울대학교 박물관		고서 거의 없음 서첩 약간 있음
서울역사박물관		
성호박물관		진주유씨 기증 144건 360점
소수박물관	**6,528건 13,470점 (고문서는 11,815건 16,936점)**	홈페이지: 7,922점 (고문서는14,992점), KORCIS 가입 기관

기관명	자료수량	비고
송파책박물관	**전적류/고문서 5,41건 1,715점**	
수원농업박물관		
수원박물관		2002년 근당 양택동 기증 서예 관련 자료 약 6천 점, 2004년 사운 이종학 기증 고서적 등 자료
수원화성박물관		
순천시립뿌리깊은 나무박물관		
숭실대학교 한국기독교 박물관		(한국기독교박물관 소장) 한국학 자료 해제, 2010; (한국기독교박물관 소장) 과학 · 기술 자료 해제, 2009 등.
실학박물관 (경기문화재단)		
양평친환경농업 박물관		2007년 안동김씨 문정공파 김철동 씨 고서 200여 권 기증
에밀레박물관(보은)		(구), 조자용 민문화관
여주박물관		
영남대학교 박물관		문화재관리국 『한국전적종합조사목록』 제1집 참조
예천박물관	**도서 9,859권**	
오죽헌시립박물관		
온양민속박물관		『한국전적종합목록』 충남편에 수록
용인시박물관		
울산박물관		
육군박물관(육사)		
원주역사박물관		
은평역사한옥박물관		

기관명	자료수량	비고
이천시립월전미술관		월전 장우성
인천시립박물관		
전기박물관(한국전력)	**고문헌 513종 2,300건**	국립중앙도서관의 자료 조사 및 목록 작업
전북대학교 박물관		
제수민속자연사박물관		병와 이형상 관련 자료
직지사 직지성보박물관		
천안박물관	고서 679건 (고문서는 4,160건)	
청주고인쇄박물관		
추사박물관(과천)	**후지츠카 기증 자료 (후지츠카 치카시 수집자료 361종 3,153책, 후지츠카 가문 전래 고문헌 94종 109책, 후지츠카 가문 전래 고문서 53종 53책)**	
충청남도역사박물관 (충남역사문화연구원)	30,000점 **명재 윤증 후손, 고령신씨 후손 등 기탁·기증 자료**	KORCIS 가입 기관
충현박물관(광명)		오리 이원익 관련 자료, 간찰 등 다량
한국기독교역사박물관		한국 개신교 초기 자료. 2025년 8월 개관.
한국천주교순교자 박물관		
한독의약박물관(음성)	**유물 2만여 점**	보물 6점 충북 유형문화재 2점
한신대학교 박물관		탁본류 많음
한얼테마박물관	고서 2만여 책 소장	
호림박물관(서울)		
LH토지주택박물관 (진주)		

*자료수량의 검정색은 이뮤지엄에 등재된 수량, 진한글씨는 필자 조사 수량

〈표 8〉 고서를 소장하고 있는 문학관 및 기념관

기관명	자료수량	비고
국립한국문학관	**하동호 기증 고문헌 2,700여 책 등**	
독서왕김득신문학관(증평)		
유배문학관(남해)		
전쟁기념관		
제주문학관		
한국가사문학관(담양)		
한국근대문학관(인천)		KORCIS 가입 기관

〈표 9〉 고서를 소장하고 있는 문중 및 개인장서가

가문/개인	자료수량	비고
고령신씨(청주)	**서적 862건, 고문서 1,320건**	동아일보 2022. 12.28. 기사 참조
공인박물관(양산)		양산 대성암, 도록 있음. 《공인박물관》 도록(2008)
김민영		(김민영 소장) 고서목록
남원양씨 충장공파 종중	**고서 169종 235책, 고문서 11종 68점**	『남원양씨 충장공파 종중 소장 고문헌의 조사보고서』(2023)
노진환	**고서, 고문서 3만여점 이상 소장**	대구
문우서림		
선교장(강릉)	**고서: 2,431건 고문서1,448건**	율곡연구원(강릉) 2013년 조사
선문대학교 중한번역 연구소		
조수루		
통문관		
팔송 윤황 종가		
화봉문고		

〈표 10〉 한국고문헌종합목록시스템 참여기관 중 해외기관

기관명	자료수량	비고
National Library of the Republic of Kazakhstan	340	
The British Library(영국 국립도서관)	92	
University of Washington(워싱턴대학교)	349	
Universität Hamburg, Asien-Afrika-Institut, Fachbereichsbibliothek	32	
中國北京大學校圖書館	29	
中國國家圖書館	316	
中國浙江大學校圖書館	34	
中國浙江省圖書館	219	
中國雲南大學校圖書館	124	
日本今西龍文庫(天理大學)	178	
日本內閣文庫(國立公文書館)	26	
日本國立國會圖書館	22	
日本大谷大學圖書館	7	
日本大阪府立中之島圖書館	828	
日本天理大學附屬天理圖書館	99	
日本學習院大學圖書館	45	
日本宮內廳書陵部	205	
日本尊敬閣文庫	16	
日本對馬歷史民俗資料館	58	
日本小倉文庫(東京大學)	490	
日本岩瀨文庫(西尾市立圖書館)	26	
日本早稻田大學圖書館	8	
日本杏雨書屋(三木榮文庫)	31	
日本東京大學總合圖書館	1	
日本東北大學圖書館	49	
日本東洋文庫	1,823	
日本河合文庫(京都大學圖書館)	1,701	
日本石川武美記念図書館 成簣堂文庫	9	
日本筑波大學附屬圖書館	15	

기관명	자료수량	비고
日本蓬左文庫(名古屋市 教育委員會 蓬左文庫)	53	
日本阿川文庫(東京大學)	135	
日本靜嘉堂文庫	99	
日本駒澤大學圖書館	9	
日本龍谷大學圖書館	15	
臺灣國家圖書館	62	
遼寧省圖書館	57	
러시아 국립도서관(Russian State Library)	41	
미국 UC버클리대학교 도서관(UC Berkeley Library)	2,572	
미국 브린모어칼리지 도서관(Bryn Mawr College Library)	42	
미국 예일대학교 도서관(Yale University Library)	69	
미국 의회도서관(Library of Congress)	84	
미국 컬럼비아대학교 도서관(Columbia University Library)	793	
미국 클레어몬트대학 도서관(Claremont Colleges Library)	128	
미국 프린스턴대학교 도서관(Princeton University Library)	92	
미국 하버드대학옌칭도서관(Harvard-Yenching Library)	2,149	
미국 하와이대학교 도서관(University of Hawai'i at Mānoa Library)	329	
캐나다 토론토대학교 도서관(Toronto University Library)	432	
콜레주드 프랑스 한국학도서관(College de France)	52	
프랑스 BULAC(Bibliothèque universitaire des langues et civilisations)	615	
프랑스 국립기메동양박물관(MUSEE NATIONAL DES ARTS ASIATIQUES GUIMET)	119	
프랑스 국립도서관(Bibliotheque Nationale de France)	225	

고문헌종합목록 참여기관 외의 고서 목록에 주목해본다. 1960~80년대에 주로 만들어진 각 기관의 고서목록들은 현재 손전기의 『판서우기』 같은 존재가 되어버린 것도 있고(예: 산기문고, 화봉문고목록), 조사 당시부터 고서목록에 기재된 고서보다 월등히 많은 양의 고서를 보관한 기관도 있으며(예: 성암고서박물관), 목록은 정리되었으나 열람이 일체 허락되지 않아 자료를 전혀 볼 수 없는 기관의 목록도 있다(예: 간송미술관).

한국고문헌종합목록은 단연 돋보이는 중요한 플랫폼이다. 이 플랫폼의 장점은 차차 정리하고, 우선 눈에 띄는 문제점 및 개선점을 적시하면 다음과 같다.

① 미참여기관이 여럿 있어 완벽성에 흠이 있다. 예컨대 경북대학교, 국사편찬위원회, 우석대학교(강한영문고, 작촌조병희문고) 등이 그러하다.

② 참여기관 가운데 데이터를 100% 주지 않아 부분적으로만 등재되어 있어 역시 완벽성에 흠이 있다. 예컨대 연세대학교 고서는 현재 1/4 정도만 서지 제공되어 있고 영남대학교 고서 역시 1/2 미만으로 서지를 제공하고 있다.

③ 한자로의 검색률이 매우 저조하다. 예를 들어 동일서명을 한글로 입력한 경우 10건이 검색되는데 한자로 입력하면 2건밖에 검색되지 않는 경우가 있다. 한자 내에서도 유니코드 문제, 예컨대 번체자-간체자 문제, '樂'을 입력할 때 '락'으로 입력할 때와 '낙'으로 입력할 때 검색 결과에서 차이가 나오는 점 등이 그러하다.

④ 동일서명이 여러 곳에 수장된 경우 KORCIS는 그 서명을 검색했을 때 하나의 화면에 소장처 등의 정보가 표시되지 않아 예컨대 건국대학교 소장본을 찾는다고 하면 90건을 하나하나 다 눌러봐

야 하는 번거로움이 있다. 다시 말해 표제어와 소장처를 두 가지 제한을 동시에 검색할 수 있는 기능이 제공되지 않는다. 이 점은 일본의 전국한적데이터베이스와 극명한 우열을 보이고 있다.

추후 이 시스템의 보다 안정적인 업데이트가 요구된다. 미가입기관의 회원가입을 적극적으로 추진 · 포함해야 할 것이다. 참고로 일본의 전국한적데이터베이스를 참조할 필요가 있다. 국사편찬위원회 전자사료관 및 동국대학교 불교학술원 아카이브 등 유관한 플랫폼과의 링크 연계도 시도해볼 만하다. 이제 일본의 전국한적데이터베이스(http://kanji.zinbun.kyoto-u.ac.jp/kanseki 全國漢籍データベース)에 대해서 구체적으로 살펴보기로 한다.

전국한적데이터베이스 역시 박물관의 경우는 가입 기관의 수가 적은 편이어서 民博, 佐野市立郷土博物館의 소장자료가 검색되고 國立東京博物館 자료의 일부는 교토대 인문과학연구소 소장의 마이크로필름으로 검색되는 것 정도만 확인된다. 2000년 12월 7일에 작성된 전국한적데이터베이스협의회 구상(취지서)에는 8칙의 조항이 있는데 요약하면 다음과 같다.

① 국공립 및 사립도서관 소장의 한적을 대상으로 한다. 동양학 분야는 물론 관련 학문의 기초자료임에도 종합적인 한적목록이 없기에 자료 검색이 어려웠다.

② 국서에 관해서는 국문학연구자료관에서 제공하는 '국서 기본데이터베이스'가 운영 중이다. 이와 유사한 전국한적데이터베이스를 구축하여 웹상에서 공개하는 것이 당면과제이다.[9]

---

9) 한적 이외의 일본 고적의 경우 김시덕, 「"일본어의 역사적 전적에 관한 대형 프로젝트"

③ 도서관 목록으로는 국립정보학연구소가 운영하는 NACSIS-CAT 종합목록 데이터베이스가 있다.

④ NACSIS-CAT 종합목록은 전국의 소재목록을 형성함과 동시에 도서관 자료의 장서관리를 상정하고 있기 때문에 출판에 의해 성립되는 서지 단위로 책의 외적 기록을 작성하고 있으며, 책의 내용에 맞는 단위로 기록을 작성하는 전통적인 한적목록과는 서지사항의 관점이나 분류 방법 등에서 크게 다르다.

⑤ 전통적 사분류로 전국 규모 데이터베이스를 구축해야 할 것이다.

⑥ 이 한적 데이터베이스 구축으로 저작으로서의 한적 서지 데이터가 정비되어 NACSIS-CAT 종합목록 데이터베이스를 비롯한 다양한 데이터베이스에서 한적 데이터베이스를 서지적 전거로 활용할 수 있게 된다.

⑦ 도서관의 장서관리가 불필요하여 NACSIS-CAT 종합목록 데이터베이스에 등록되지 않는 자료를 이 한적 데이터베이스가 수록함으로써 전체적으로 우리의 한적을 망라할 수 있게 된다.

⑧ 전국한적데이터베이스 실현을 위한 제반 문제를 논의하고, 연계를 도모하는 조직으로 전국한적데이터베이스협의회를 둘 것을 제안하는 바이다.

이 취지문에 이어 이 데이터베이스 구축을 위한 현황과 앞으로의 과정 6칙을 들고 있는데 이중 세 가지만 제시한다.

① 도쿄대학교 동양문화연구소 부설 동양학연구정보센터에서는

의 현황과 시사점」, 『한국학논집』 62, 2016를 참조할 것.

동 연구소 소장 한적의 데이터베이스를 구축하여 실험 운영 중에 있다.

② 교토대학교 인문과학연구소 부설 한자정보연구센터에서는 헤이세이(平成) 13(2001)년부터 소장 한적의 데이터베이스 구축에 착수할 예정이다.

③ 기본 데이터베이스는 상당수의 한적을 수록하고 있기 때문에 다른 도서관에서도 그 데이터를 이용하여 입력의 간소화를 꾀할 수 있다.

이로부터 몇 해 뒤 데이터베이스가 정식으로 시행되었다. 다음은 홈페이지에 있는 안내를 아래와 같이 요약해본 것이다.

전국한적데이터베이스는 일본의 주요 공공도서관 및 대학도서관이 소장하고 있는 '한적'의 서지정보를 사부분류(경, 사, 자, 집, 총서)에 따라 수집, 등록한 연합한적목록 데이터베이스이다. 협의회에서는 국립정보학연구소, 도쿄대학교 동양문화연구소 부설 동양학연구정보센터, 교토대학교 인문과학연구소 부설 동아시아 인문정보학연구센터를 간사기관으로 선정하고, 간사기관 산하에 전국한적데이터베이스 작성위원회를 조직하였다. 2001년 시작된 한문 데이터베이스 구축 사업에서는 1기(5개년) 종료 시점에 35개 기관, 약 62만 건의 기록, 2기(5개년) 종료 시점에 69개 기관, 약 81만 건의 기록 데이터를 구축하여 이를 웹에 공개하였다. 2018년도 기준으로는 76개 기관이고 그 직후 京都府立大学附属図書館清水文庫, 椙山女学園大学図書館漢籍, 福井大学附属図書館漢籍, 實践女子大学図書館高橋良政文庫, 足利学校漢籍 등이 추가되었다. 이 데이터베이스의 수록 범위에 대하여 교토대학 인문과학연구소에서는 '중국인이 중국어를 사용하여 저술한 서적 중 대체로 청대(신해혁명 이전)까지의 인물이 저술한 서적'을 한적으로 보고 있다. 단, 수록 범위는 참여 기관의 목록마다 다르며, 반드시 통일되어 있는 것은 아니다. 일부 예외적으로 일본, 조선, 베트남인 등의 저작을 수록하는 경우도 있고, '신학부(新學部)'에 해당하는 저작을 수록하는 경우도 있다. '전국 한적 데이터베이스'는 문부과학성 전국 공동이용 · 공동연구 거점으로 지정된 교토대학교 인문과학연구소에서 거점 경비의 일부를 지원받아 작성하였다.

동아시아인문정보학연구센터는 1965년 4월 1일 교토대학 인문과학연구소의 부속시설로 개설되었다. 일본학술회의의 권고에 따라 문부성은 '인문사회과학 전문문헌센터안'을 만들어 그 실현을 꾀하였고, 1966년도까지 전국에 5개의 문헌센터가 설치되었다. 본 센터도 그 일환으로 발족한 것으로, 35년에 걸친 중국학 연구의 전통과 한적 소장량이 많다는 점에 주목한 것이다. 2000년 4월 1일 한자정보연구센터로 이름을 바꾸면서 전문인력은 교수 2명, 조교수 2명, 조교 2명으로 개편하였다. 2009년 4월 동아시아 인문정보학연구센터로 개편하였다. 이송학사대학은 2004년도 한문학 세기 COE 프로그램으로 「일본 한문학 연구의 세계적 거점 구축」이 채택되어 전국한적데이터베이스와 일부 중복되는 부분(和刻本漢籍)도 있지만, 일본한문을 대상으로 한다는 의미에서 서로 구분이 가능해졌다. 다만 전국한적데이터베이스에 등재되지 않은 자료에 한해 보충 입력하는 경우도 있다.[10]

중국에도 전국한적데이터베이스에 상응하는 유관 플랫폼이 있는데[11] 이는 다음 장에서 구체적으로 제시한다.

10) 이상은 2006년 高山節也의 글을 필자가 번역하여 축약한 것이다.

11) 대만에는 古籍與特藏文獻資源庫라는 고서종합사이트가 대표적으로 있다. 이 사이트

4. 한국 고문헌 수집 정리의 나아갈 길

우리나라의 고문헌 수집 · 정리를 체계화하고 이를 통한 연구의 활성을 촉진시키기 위해 최근 중국의 현황을 참고할 필요가 있다. 중국은 유수한 대학의 중문과 대학원에 문헌학이 세부전공으로 있으며[12] 전국에 30여 개 대학에 고적정리연구소를 두어 지역별 · 시기별로 특성화하여 고적의 정리와 연구를 진행하고 있다. 한편, 2019년부터 中國國家板本館을 베이징 · 항저우 · 시안 · 광저우 4곳에 설치하여 고적의 중요성에 대한 강조를 하고 있으며, 최근 전인대에서 시진핑 주석이 문헌학의 지위를 격상시키는 공개적인 발언을 하기도 하였다.[13]

필자는 중국의 사례를 본으로 삼아 국내 시도별 주요 한국학 기관에서 해당 지역의 고서 소장 현황을 전면적으로 조사하여 표준화된 방식으로 등기부, 고서목록, 귀중서 도록 등으로 정리되었으면 하는 바람이다. 예컨대 경상북도의 경우 한국국학진흥원이 총괄하고, 전라남도의 경우 한국학호남진흥원이, 충청남도의 경우 충남역사문화연구원이 주관케 하는 것이다. 중앙정부에서 가칭 '한국고전적위원회'에서 사업 총괄 기획이 필요하겠다. 이제 중국의 고적 정리의 단계와 대표적 결과물들을 살펴본다.

에 등재된 한적은 대만 소장본 뿐만 아니라 중국, 한국, 일본, 미국 등에 소장된 것도 다 포함되어 있다.

12) 북경대 등. 참고로 복단대에는 고적정리연구소에 대학원 석 · 박사 학위과정이 있으며, 과학원 도서관에도 문헌서지로 석 · 박사 학위과정이 있다.

13) 이는 1950년대 毛澤東의 25史 표점 사업 공시 이래(1958년 국무원 산하 古籍整理出版规划小组) 문헌에 대해 중요성을 강조한 것은 처음 있는 일이다.

〈산서성도서관『고적보사등기목록』 표지 및 본문〉

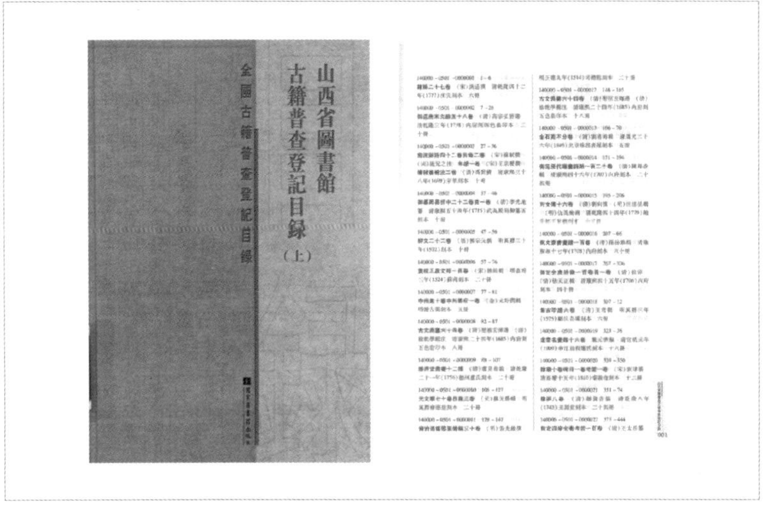

이러한 기본 고서 등기부가 작성되면 보다 구체적인 고서목록을 만들고 이 과정에서 귀중본을 선별하여 전체 이미지 촬영과 한두 컷의 샘플 사진을 도록화 하는 것이 필요하다.

〈산서성도서관『고적보사등기목록』 표지 및 본문〉

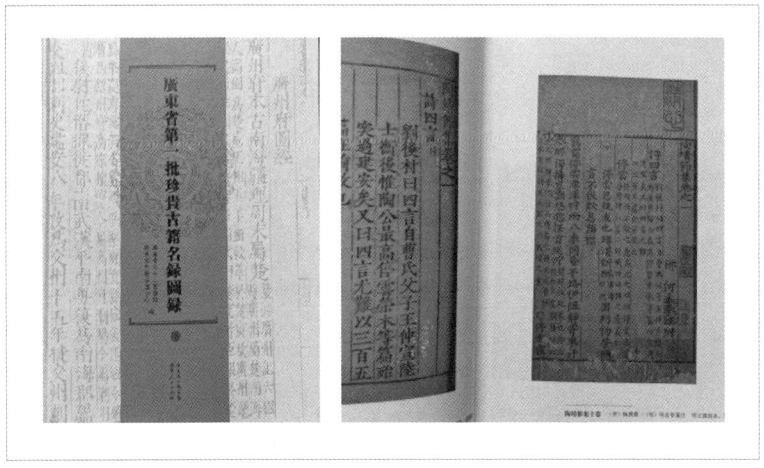

〈제1비 국가진귀고적명록도록 표지〉

① 1958년 국무원 산하 古籍整理出版规划小组(24사+청사고 교점 등 성과)로 시작되어 현재까지 지속되고 있음.

② 중국국가도서관을 중심으로 각 지역 단위의 소규모 고서 소장처까지 모두 고적 등기부 작업이 진행되어 있다(현재도 진행중). 단위기관마다 ○○박물관/○○도서관普查등기목록으로 출간되고 있다(全國古籍普查登記基本數據庫 http://202.96.31.78/ xlsworkbench/publish 이 사이트로 종합 제공되고 있음). 이처럼 전면적인 조사를 통해 보통 고적과 선본고적으로 분류되어 여러 기획 시리즈물이 탄생할 수 있는 기본 자료가 되고 있다. 中国古籍总目(2009-2013)은 총 26책으로 경/사/자/집/총. 清代诗文集汇编(全800册), 2010, 中国人民大学, 北京大学(청사공정), 清代诗文集珍本丛刊(全600册) 2017, 중국국가도서관.

③ 全国高等院校古籍整理研究工作委员会. 중국은 교육부가 30여 개 대학의 고적정리연구소를 총괄하여 중국 고적의 정리 · 교점 · 인재양성 등을 진행하고 있다. (北京大学/复旦大学/北京师范大学/南

京大学/吉林大学/山东大学/四川大学/武汉大学/中山大学/东北师范大学/陕西师范大学/华中师范大学/上海师范大学/暨南大学/浙江大学/南开大学/西北师范大学/西南师范大学/华东师范大学/中国政法大学/湖南大学 등)

④ '域外漢籍'이라는 개념을 설정하여 해외에 나가 있는 중국 고서 뿐만 아니라 동아시아 중세 한자문화권의 중국 이외 나라에서 한자로 쓰인 고적들까지 아우르는 개념을 만들어 현재 수집 · 정리 · 연구를 하고 있다. 2013년부터 산동대학 주관으로 현재까지 진행되고 있는 '全球汉籍合璧工程'이 대표적 사례이다. 『儒藏』 精華編은 중국 부분이 일단 282책까지 간행되었고, 해외 한적들은 베트남의 경우 제1책이 나왔으며, 한국과 일본의 경우 목록만 선정되어 있다. 한국 편은 88종이 들어 있고, 일본 편은 54종이 들어 있다.

⑤ 고적 자료영인의 사례는 다음과 같다. 1.韓國漢文燕行文獻選編』 전30책, 復旦大學出版社, 2011. 2.성균관대 존경각 소장 선본 『韩国成均馆大学尊经阁藏汉籍珍本丛刊』 전16책, 中国社会科学院历史研究所编, 2016.3. 복단대 진광굉 교수와 온주대 후영천 교수의 『明代诗话珍本丛刊』 전20책, 国家图书馆, 2024.

아울러 중국에도 일본의 전국한적데이터베이스, 우리나라의 한국고문헌종합목록같은 종합 플랫폼이 있어 소개한다.

> '대학 고문헌 데이터베이스(原名: 高校古文獻資源庫)'는 CALIS 2기 특화 프로젝트의 핵심 항목으로 2004년 6월 공식적으로 승인되었으며, 북경대학 도서관이 주도하고 남경대학, 북경사범대학, 사천대학의 3개 대학 도서관 고문헌 부서가 함께 구축하였다. 이는 중국 최초의 대학간 고문헌 데이터베이스이며 첫 검수 후에 홍콩중문대학 도서관, 화동사범대학교 도서관, 길림대학 도서관 등 세 개 도서관이 추가로 프로젝트에 가입하였다.

2010년 9월 20일, CALIS 3기 프로젝트가 시작되며 복단대학, 인민대학, 청화대학, 중산대학, 산동대학, 무한대학, 남개대학, 소주대학, 정주대학, 하남대학, 하문대학, 요녕대학, 남경사범대학, 내몽고대학, 절강사범대학, 영하대학, 마카오대학이 새로 가입하였다.

북경대학은 150만 권을 소장하여 중국 대학교 고서 장서량으로 가장 많은 수를 보여주고 인민대학과 중산대학이 각 40만 권, 남경대학 39만 권, 북경사범대학 37만 권, 사천대학과 화동사범대학은 30만 권 이상, 청화대학, 길림대학, 정주대학, 무한대학 등은 20만 권 전후로 고서를 소장하고 있다.

'대학 고문헌 데이터베이스'는 참여한 각 도서관이 스캔본, 업로드와 링크를 제공하고 상응하는 보조금을 지급하도록 하였다. 책 이미지는 일반적으로 고문헌의 첫 면, 봉면지, 패기(牌記) 등만 스캔하고 원칙적으로 책마다 3장 이하로 제한하였다.

이 네트워크형 고문헌 데이터베이스의 역할과 의의는 첫째, 고문헌 데이터베이스 개발 여건이 부족한 대학 도서관에 대한 지원이다. 둘째, 각 참여 도서관 간의 고문헌 온라인 목록화를 실현하여 고문헌 서지 데이터의 완성도와 규격화를 보조한다. 셋째, 독자들이 국내 대학 도서관에서 소장하고 있는 고문헌의 상황을 쉽게 파악할 수 있게 하여 검색 및 열람 요구를 충족시킨다. 넷째, 고문헌 전송 요구를 충족시키고 고문헌의 유통과 활용을 촉진한다. 다섯째, 독자들이 온라인으로 고문헌을 열람함으로써 고문헌 원본을 간접적으로 보호하여 원본의 손상을 줄일 수 있다.[14)]

---

14) 이상은 高校古文獻資源庫 建庫實錄의 내용을 번역 · 축약한 것임. 위 사이트 외에도

1) 우리나라 고전적의 전면적인 자료 실태 조사와 목록화가 필요

이를 위해서 구체적인 실행 방안을 다음과 같이 제안한다. 문화체육관광부, 국가유산청, 국가기록원(행정안전부) 등 현재 한국학 관련 주요핵심기관들로는 한국고전번역원, 한국국학진흥원, 규장각한국학연구원, 한국학중앙연구원 장서각 등이 각각의 어려운 환경 속에서도 여러 성과들을 이루어왔다. 하지만 문제는 이를 통솔할 상위 주관자가 없고, 이들이 유기적으로 조직화 되지 못한 채 기관마다 각각의 특성을 위주로 한 개별적 활동만을 해왔다는 점이다.[15] 현재

다음과 같은 사이트도 참조된다. http://202.96.31.78/xlsworkbench/publish 全國古籍普查登記基本數據庫. 2014年10月10日, "全國古籍普查登記基本數據庫"正式開通. 2020年11月30日, 累計發佈264家單位古籍普查數據825362條7973050册.

15) 자료의 DB화와 관련해서 큰 문제는 한문 문헌의 경우 한국고전번역원에 잘 구축되어 있으나 한글고전문헌에 대한 총체적 자료DB가 마련되어 있지 않다는 점, 그리고 한국고전번역원의 경우 국역 사업에, 장서각과 규장각의 경우 왕실 자료 정리에, 한국국학진흥원의 경우 영남 및 종가의 문헌에 치우쳐서 우리나라 고전적에 대한 총괄적 · 체계적 문헌 정리에는 아직 미비한 점이 매우 많다는 것이다. 한국고전번역원장, 한국국학진흥원장, 국사편찬위원회장, 한국학호남진흥원장, 충청남도역사문화연구원장, 규장각한국학연구원장, 장서각 관장 등 한국학 유관 분야의 최고위 수장들이 모인 상설협의체가 필요하다. 해외 소장 고문헌의 경우에도 현재 국립중앙도서관과 한국서지학회가 공동으로 해오고 있는 것과 국외소재문화재재단에서 조사하는 것도 교통정리가 필요하지 않은지, 수년 전 종료된 한국학진흥사업단의 권역별 고서 · 고문서 정리사업(총 10차년)의 경우 대부분의 국내권역이 고문서를 정리하였고 고려대학교에서는 해외 고서를 주로 정리하여 해외한국학자료센터를 구축하였는바, 이 성과와 활성 서비스는 대단히 유용한데 이 사업이 10년으로 종료되어 추가적인 조사 · 정리의 지속이 이뤄지고 있지 못한 점이 안타깝다. 이런 모든 것들이 유관기관(장)들이 한 데 모여 상시논의를 하면 보다 큰 방향 설정과 대정부의 설득이 가능하지 않을까. 국립중앙도서관 고문헌과(현 인원 12명)가 중심이 되고(이를 위해서는 전폭적인 인력 확충, 고전번역원은 고전 자료의 수집 · 정리, 색인 · 해제 작업을 하고 있는 원전정리실이 너무 다기한 일을 하므로 고전문헌의 정리 · 수집 분야가 새로 만들어져야 할 것이다.) 국립대학, 사립대학, 전국 공사립 박물관(국립중앙박물관은 개관 이래 2017년에야 비로소 서지학 분야 학예사 최초 1명을 뽑았음. 박물관 소장 고서의 한국고전적종합목록으로의 수용도 시급함. 국립중앙박물관에는 고서 8,000책 소장)이 참여하여 해당 기관의 고서 · 고문서를 정리하고 제공하는 데 시간을 단축할 수 있도록 해야 할 것이다.

는 도 단위로 한국학 기관들이 계속 신설되고 있는 추세이다. 그러할 가능성이 높지는 않겠지만 중국처럼 국무원 산하 직속 기관으로 고서위원회가 두어지면 가장 좋은 일이겠다. 국무총리 직속 산하의 고서 · 고문서 자료의 체계적 수집 · 정리 기구가 마련되었으면 한다. 이것이 요원한 꿈이라면 좀 더 현실적으로 하는 방안, 현재 국가유산청 문화유산국의 문화유산정책과에서 담당하고 있는바, 이 조직의 비중을 전면 개편하고 관련 인력을 증원하는 방향으로 이뤄지면 좋을 것이다. 또 국립중앙도서관 고문헌실이 주도 · 주관하고 있는 한국고전적보존협의회(현재는 회원기관과의 친목 · 유대 정도에 그치고 있음)와 KORCIS의 보다 정밀한 확장 구축을 위해 국립중앙도서관 고문헌실에 보다 많은 예산을 투입하고 가칭 '한국고전적위원회'라는 상설 또는 자문기구를 두어 고문헌 정리 · 활용에 관한 체계적 총괄이 이뤄졌으면 한다.

규장각과 국립중앙도서관은 사장화 되어 있는 고서 수장기관 자료의 기증 또는 기탁을 적극 추진할 필요가 있겠다. 기존 사례로 규장각은 해군사관학교, 한국은행의 고서를 기탁받아 정리 · 보존처리 · 전시를 하였고 국립중앙도서관은 우정본부 산하 우정공무원교육원, 한글학회 등으로부터 고서를 기증받아 정리한 바 있다. 그리고 한국전력의 경우는 국립중앙도서관에서 용역으로 2022년에 목록조사를 하였고 아직 기탁은 이루어지지 않은 상황이다. 또한 국립중앙도서관은 개인 기증을 장려 · 홍보하여 큰 성과를 내고 있다.[16)]

『한국소장 중국한적총목』은 목록표준화가 안 되어 해당 작업이 절실하다.

16) 연암 박지원의 후손으로부터 기증받은 온재문고는 대표적이고 그 외에도 개인 기증 자료를 매년 전시하고 목록으로 출간하고 있다.

2) 문헌학 교육 및 인재 양성

현재 가장 시급한 문제는 한국학 관련 기관 및 대학 고서실에 고서 전문 사서가 있지 않거나 축소되어 가고 있다는 점과, 현행 대학의 문헌정보학과 대학원의 경우 문헌학이 거의 소멸되어가는 추세라는 점에서 이에 대한 보완 대책이 필요하다. 그 보완으로서 문헌학 전공자 양성 프로그램이 한국학 중점 기관 및 대학에 개설되기를 제안한다. 그 사례로 일본 도쿄대 동양문화연구소와 교토대 인문과학연구소의 문헌학 단기 재교육 프로그램을 참조할 수 있겠다. 서울대학교 규장각, 한국학중앙연구원, 한국국학진흥원 같은 기관이나 문헌 및 한학의 연구층과 인프라가 비교적 잘 갖추어진 성균관대, 고려대 등의 대학도 생각해볼 수 있을 것이다. 아울러 한국학 및 고전학을 접하는 한국고전번역원 같은 기관의 교과 과정도 문헌학을 좀 더 강화하는 방향으로 진행되어야 문헌 정리 및 연구의 필요성이 광범위하게 그 인식이 제고될 수 있을 것이다. 한국고전적보존협의회도 현재의 친목 유대를 넘어 조직화 · 제도화로 나아가야 할 것이다.

3) 자료의 공개 및 영인

자료 소장 기관들의 공공적 자료 제공이 보다 활성화되기를 희망한다. 현재 국공립 사립기관에서 소장 자료의 디지털화와 공개는 비교적 확산되고 있으나 기관에 따라 그 속도와 편차가 심한 편이다. 또한 종이책의 출간이 경제적 문제로 기피되는 추세인데, 이것이 꼭 옳은 것인지 그에 대한 타개책도 고려해 봐야할 것이다. 대형 총서의 기획 · 편찬 · 영인뿐 아니라 그 장기적인 방향과 대상 선정과 관련하여 한국학의 주요 기관장들의 협의체가 구성되었으면 한다.

5. 결론

본고는 우리나라의 해방 이후 지금까지의 고문헌의 수집 정리 목록화 그리고 공개 및 활용에 대한 전반적인 과정을 알아보고 그 문제점 및 향후의 개선방향을 논해보았다. 고서 목록의 경우, 1968년 국회도서관에서 간행된 『한국고서종합목록』의 선구적 의의를 밝혀 보았고 그 목록의 가치는 현재까지 유효함을 말하였다. 이후 1970년대 중반부터 1980년대 초반까지 국학자료보존협의회에서 간행한 『한국전적종합목록』(전 11책)과 문화재관리국에서 1980년대 중반부터 1990년대 중반까지 전국을 지역별로 나누어 기관 및 개인 자료를 조사하여 간행한 『한국전적종합조사목록』(전 10책. 『일본소재한국전적목록』(1991)은 별도)이 주목된다. 한편 1987년 보경문화사에서 간행된 고서목록은 국립중앙도서관 · 규장각 · 장서각 · 국사편찬위원회 등 국가 주요 4개 기관 자료만을 추출한 점에서 의미가 있고, 『한국소장 중국한적총목』(전6책, 2005, 학고방)은 한국의 고서목록 28종에서 중국본 고서를 추출하여 정리했다는 점에서 의미가 있다. 또 2006년부터 출간되고 있는 후지모토 유키오의 『일본현존조선본연구』는 해외 소장 조선 고서의 정리에 기념비적인 빼어난 성과라 할 수 있다. 2005년에 사이트가 구축된 한국고문헌종합목록은 기존의 산발적인 각 기관별 고서목록들을 한 데에 종합검색을 할 수 있게 한 획기적인 플랫폼으로 큰 의미가 있다. 하지만 개선해야 할 점도 있다. 우리의 한국고문헌종합목록에 상응하는 일본과 중국의 대표적인 고문헌 종합 사이트도 아울러 소개하고 비교 · 검토하였다. 끝으로 우리나라의 고서 정리가 현재 시급한 상황임을 제기하고 그 방법론적인 몇 가지를 제시하였다.

■ 참고문헌

『간송문고한적목록』, 1967.

『고서목록』, 보경문화사, 1987.

『일본소재한국전적목록』, 문화재관리국, 1991.

『한국고서종합목록』, 국회도서관, 1968.

『한국소장 중국한적총목』(전 6책), 학고방, 2005.

『한국전적종합목록』(전 11책), 국학자료보존협의회, 1974.

『한국전적종합조사목록』(전 10책), 문화재관리국, 1986.

『中国古籍善本书目』, 上海古籍出版社, 经部1989年 史部两册1993年 子部两册1996年 集部三册1998年 丛部1998年.

『書物同好會會報』.

『아단문고 장서목록』, 1996.

계명대학교 한국학연구원, 『선본고서 해제집』 1~3, 계명대학교 출판부, 2008~2010.

서강대학교 도서관, 『서강대학교 로욜라도서관 소장 고서해제』, 2010.

송일기, 『조선 사찰본 서지 연표』, 중도, 2021.

송일기 · 노기춘, 『해남 녹우당의 고문헌』, 태학사, 2003.

연세대학교, 『고서해제』 1~12, 연세대학교 국학연구원, 2004~2008.

영남대학교 민족문화연구소, 『영남대학교 중앙도서관 소장 귀중도서 해제집』 1~3, 경인문화사, 2012~2014.

이호련, 『한국본별집목록』, ,法人文化社, 1996.

이화여자대학교 한국문화연구원 『고서해제』 1~2, 평민사, 2004.

장백위 편, 『조선시대서목총간(전9책)』, 중화서국, 2001.

전남대학교 출판부, 『전남대 도서관 개교 70주년 기념 희귀 고문헌 30종 특별전 도록』, 2022.

정인보, 『담원국학산고』, 문교사, 1953(연세대 출판부 1983년 재간행).

한국도서관협회60년사편찬위원회, 『한국도서관협회60년사』, 한국도서관협회, 2005.

孫殿起, 『販書偶記』, 1936.

前間恭作, 『古鮮冊譜』.

朴現圭, 『臺灣公藏韓國古書籍聯合書目』, 대만: 文史哲出版社, 1991.

黃建國, 金初昇 主編, 『中國所藏高麗古籍綜錄』, 漢語大詞典出版社, 1998.

李仙竹 主編, 『古代朝鮮文獻解題』, 北京大學出版社, 1997.

藤本幸夫, 『日本現存朝鮮本硏究 集部』, 京都大學學術出版會, 2006.

______, 『日本現存朝鮮本研究 史部』, 東國大學校出版部, 2018.

김시덕, 「“일본어의 역사적 전적에 관한 대형 프로젝트”의 현황과 시사점」, 『한국학논집』 62, 2016.

김 호, 「한국 소장 중국고서 정리와 연구에 관한 서설」, 『중국어문학논집』 71, 2011.

______, 「규장각 소장 중국본 고서 정리 및 연구에 관한 규견」, 『중국학보』 83, 2018.

김효경, 「중국 소재 한국 고문헌 서지조사 현황과 접근 방안」, 『서지학연구』 88, 2021.

노경희, 「1910년대 조선총독부 참사관실의 한국문헌 수집과 정리 연구」, 『대동한문학』 55, 2018.

______, 「일제강점기 경성 거주 일본인의 한국 고문헌 연구 활동」, 『서지학보』 35, 2011.

백진우, 「일본 동양문고 소장 한국 고서에 대해-자료 개관 · 연구 현황 · 연구 과제 · 특징적 면모를 중심으로」, 『열상고전연구』 36, 2012.

심경호, 「일본 소재 한국 고문헌 정리의 현황과 과제」, 『대동한문학』 18, 2003.

______, 「윤병태 선생의 서지문헌학 연구의 방법과 성과」, 『고서연구』 35, 2017.

심우준, 『일본방서지』, 한국정신문화연구원, 1988.

옥영정, 「중국 상하이도서관 한국 고서의 현황과 특징」, 『서지학연구』 84, 2020.

______, 「한국 고문헌의 현황과 기준 설정에 대한 검토」, 『서지학연구』 87, 2021.

이혜은, 「미국하바드옌칭도서관 소장 한국고서 디지털화 프로젝트」, 『서지학보』 31, 2007.

______, 「북미소재 한국고서에 관하여 : 소장현황과 활용방안」, 『열상고전연구』 36, 2012.

이혜은 · 김효경, 「국립중앙도서관 소장 고문서의 현황과 활용방안 연구」, 『고문서연구』 37, 2010.

정병설, 「‘도서원부’를 통해 본 경성제국대학 도서관의 한국고서 수집」, 『문헌과 해석』 63, 2013.

조혜린, 「나와 국립중앙도서관, 그리고 서지학회의 인연 – 우리나라 서지학회의 역사를 돌아보다」, 『고전적』 18(창간20주년 기념), 2024.

천혜봉, 『일본 봉좌문고 한국전적』, 지식산업사, 2003.

한국고문헌종합목록(https://www.nl.go.kr/korcis/index.do).

(中) 高校古文獻資源庫读者检索系统.

(中) 全國古籍普查登記基本數據庫 .

(日) 全國漢籍デ＿タベ＿ス (http://kanji.zinbun.kyoto-u.ac.jp/kanseki).

한국 고전적 조사와 책과 독서의 사회문화사 연구를 위한 디지털 공구 KRBATS

/

박시내
(하버드대학교)

1. 들어가며

과거의 한국 고전적 연구자들에게 있어 1차 자료의 연구는 개인 소장처나 소장 기관을 직접 방문하여 종이책이나 마이크로필름 등을 대여하고 열람하며 복제하는 것에서 시작되었다. 현재 1차 자료 연구의 대부분은 연구자가 소유한 데스크톱이나 랩탑 컴퓨디, 태블릿, 스마트폰 등의 기기를 매개로 하여 디지털 환경에 구축된 다양한 디지털 미디어를 활용하는 것에서 시작된다.

본 논문은 현재 통용되고 있는 한국 내외 여러 곳에 소장된 한국 고전적 자료와 관련된 연구 및 자료 열람이 가능한 디지털 데이터베이스 및 디지털 콜렉션에 대한 정보를 수집하고 망라하여 목록화하는 디지털 도구 "Korean Rare Books and Textual Studies"(약칭 KRBATS[코올배츠]; URL: https://koreanvernacularbooks.omeka.fas.harvard.edu/)의 개발 배경과 업데이트 현황을 보고하며, 디지털 환경 속 전근대 한국의 고전적 연구에 대해 몇 가지 주목할 점을 언급하며 마무리 짓는다.

2. 디지털 환경에서의 한국 고전적 자료 검색, 열람 및 연구

한국 고전적에 대한 체계적이고 학술적인 관심과 연구의 효시는 130여 년 전 출판된 모리스 쿠랑(Maurice Courant, 1863~1935)의 『한국서지』(*Bibliographie Coréenne*; E. Leroux, 1894~1896)이다. 19세기말 쿠랑이 말하는 '한국의 책'의 역사는 '한국에도 문학이 존재했는가'에 대한 의문을 가진 당대 서구지식인들에게 '물론 그렇다'고 긍정적으로 확답하는 작업이었다. 그러나 동시에 쿠랑은 '왜 한국은 중국과 일본 사이에 낀 힘없는 나라가 되어버렸는가'라는 편견적 시각을 강화하는 근거로 한국의 책의 역사를 서술하였다.[1] 쿠랑의 연구 이후 한국 고전적에 대한 연구는 다각적으로 발달했다. 특히 "1966년 이후…… 천혜봉 선생에" 의한 해외 전적 조사를 필두로(옥영정 2010:12), 해외에 존재하는 고전적은 해외 수일본(海外蒐佚本)", "국외한국고전적", "해외 소장 한국 서적", "해외 소장 한국 고서" 등으로 호명되어 문화재청 산하 국외소재문화재재단(Overseas Korean Cultural Heritage Foundations)을 중심으로 여러 차례의 실측조사를 통해 세밀한 해제 작업이 이루어졌다.[2] "1984년부터 2009년까지"의 작업은 "19건의 목록"으로 엮여 간행되었다.(옥영정 2012:13) 현재에는 "선조가 남긴 지적 자산의 결정체"(옥영정 2010:11)라는 명제 아래 세계의 여러 도서관과 연구기관에 소장된 한국 고전적 자료에 대한 관심은 특히 지난 20~30여 년간 대폭 확장되었다. 한국 내외 고문서 자료에 대한 발굴 조사 현황은 서울대학교 규장각한국학연구원이 편찬한 『해외 한국본 고문헌 자료의 탐색과 검토』(서울: 삼경문화사, 2012), 특히 한국학중앙연구원의 옥영정 교수의 연구와 더불어 2023년 12월 16일 성균관대학교에서 열린 "동아시아 문헌학 연구의 성과와 전망－목록학의 표준 및 활용방안과 문헌발굴 성과 공유를 중심으로"에서 성균관대 김영진 교수가 발표한 논문을 통해 파악이 가능하다.

매체 환경의 변화와 고전적의 사회문화역사적 가치에 대한 인식의 변화에 따라 고전적은 다양한 형태와 방식으로 대체자료(surrogates)화

1) 모리스 꾸랑 원저, 이희재 번역, 『한국서지』, 수정번역판, 일조각, 1쪽, 73~74쪽.

2) 옥영정, 「해외 소장 한국본의 정리 현황과 과제」, 서울대학교 규장각한국학연구원 편, 『해외 한국본 고문헌 자료의 탐색과 검토』 (서울: 삼경문화사, 2012), 11~42쪽.

되어 오고 있다. "파손이 쉬운 원본의 이용을 위해 원본보다 내구성이 강한 매체를 이용"하는 목적 하에 이루어진 초기의 한국 고전적 대체자료는 영인본, 마이크로필름과 마이크로피시 형태였다.[3] 현재는 다수의 고전적이 디지털 이미지 파일, 원문 입력 등 다양한 형태의 디지털 데이터로 대체되었으며, 대체화된 결과물은 원문 열람 서비스와 종종 자료 해제 등의 메타데이터(metadata)와 함께 연구자가 1차 자료를 최초로 접근 및 사용하는 매개물 및 대용물로 활용되고 있다.

특히 2000년대 이후 한국 고전적관련 데이터베이스 및 디지털 이미지화된 1차 자료의 열람이 가능한 디지털 콜렉션은 폭발적으로 증가했다. 한국 내 여러 기관에 소장된 자료들뿐 아니라 해외 기관 소장 한국고문헌은 한국고문헌종합목록(Korean Old and Rare Collection Information System; 약칭 "KORCIS"[코시스]; URL: https://www.nl.go.kr/korcis/search/simple.do)을 통해 서명별 혹은 소장처별로 검색이 가능하며. 경우에 따라 디지털화된 자료를 직접 열람할 수 있는 링크를 제공한다. 또한 고문헌에 관련된 여러 정보와 전시 및 행사안내까지 아우르는 매우 중요한 중앙 허브(hub)로서 역할을 담당한다.

다수의 해외한국고전적 또한 디지털 콜렉션으로 재탄생하고 있는데, 몇몇은 한국 내 기관과의 협업을 통해 이루어졌다. 1982년 국립중앙도서관과 프랑스국립도서관(Bibliothèque nationale de France; BnF)의 소장자료의 마이크로필름 복제, 하버드 옌칭도서관이 국립중앙도서관(2007~2010), 민속원(2010~2011), 서울대학교 규장각 (2014)과 협

3) 대체자료에 대한 설명은 한국도서관협회의 문헌정보학용어사전에 의거하였다. 출처: https://www.kla.kr/kla/reference07/1261?sfl=wr_subject&stx=%EB%8C%80%EC%B2%B4%EC%9E%90%EB%A3%8C&sop=and.

업하여 구축한 한국전적 디지털화작업,[4] 최근 성사된 옥스퍼드 대학교(University of Oxford)의 보들레안 도서관(Bodleian Libraries)[5]의 3차 "한국의 창(Window on Korea)" 프로젝트를 예로 들 수 있다.[6]

증대된 자료와 관련 정보에 대한 접근의 용이성은 서지학, 문학연구, 책과 독서의 문화사회사 등의 관련 분야의 연구를 촉진했고, 참여한 전문연구자의 출판물과 조사 과정 및 결과에서 파생된 정보의 수집과 정리는 새로운 학술연구 출판과 디지털화된 고전적 자료에 대한 정보 확장으로 이어지고 있다. 다양한 협업의 결과물 중 주목할 만한 예로 고려대학교가 제공하는 해외한국학자료센터(http://kostma.korea.ac.kr)가 있다.

해외한국학자료센터 웹사이트에서는 다량의 디지털화된 고서의 이미지파일 열람이 가능한데, 대부분의 고서에 전문연구가의 촘촘한 해제를 제공할 뿐 아니라 관련 소장처의 장서 형성의 역사 및 배경, 주요 장서가, 서책 내 등장하는 장서인에 대한 정보와 함께 서지목록을 제공한다. 해외한국학자료센터에 제공되는 자료는 서울대학교의 규장각 원문검색서비스(kyudb.snu.ac.kr), 한국학중앙연구원의 디지털장서각(jsg.aks.kr), 성균관대학교의 존경각(https://east.skku.edu/#/search/old/ex) 등에서 이미 가능했던 디지털화된 자료공개, 열람 및 자료해제를 통한 전문연구를 용이하게 하는 역할을 하며 동시에 직간접적으로 고전적 연구법 및 독서법을 습득하게 하는 후학 양성을 촉진한다.

---

4) 출처: https://guides.library.harvard.edu/c.php?g=310159&p=2071085

5) 출처: https://www.ames.ox.ac.uk/article/window-korea-five-year-project-has-been-renewed-third-time-2023-2027

6) 현재 프랑스국립도서관(BnF)이 소장한 다수의 한국고전적은 디지털화되어 "BnF"로 알려진 BnF의 디지털 도서관인 Gallica(https://gallica.bnf.fr)에서 열람 가능하다.

세계 어느 곳에서라도 웹을 통해 한국 고전적 자료를 검색하고 수집하며 디지털 이미지자료를 열람할 수 있다. 또한 앞으로 더 많은 고전적이 디지털 환경 안에 재구축되며 새로운 관련 디지털 데이터와 관련 지식이 창출될 것이다. 현재 관련 데이터베이스, 이미지파일을 바탕으로 한 디지털 콜랙션, 메타데이터에 대한 개발현황 및 활용도를 한눈에 파악하는 것은 연구자에게 중요한 문제이다. KRBATS는 디지털 환경에 누적되어가는 한국 고전적에 대한 자료 및 관련 정보를 정부차원의 자료수집이나 문헌정보학적 입장이 아닌 연구자 및 교육자, 즉 사용자의 입장에서 효율적으로 자료를 활용하는 방법을 공유하는 것이기도 하다.

3. 웹사이트 개발의 배경 및 목표

KRBATS의 초기 개발은 필자가 소속된 하버드 대학의 "The Barajas Dean's Innovation Fund for Digital Arts and Humanities"라는 인문대 연구비 지원금 신청을 통해 2018년 봄에 시작되었다.

하버드옌칭도서관의 한국학 전문사서 강미경 사서와의 상의를 통해 "The Anatomy of Vernacular Books in Chosŏn Korea"를 기획 및 제출하였다. 여기서 "vernacular books"란 한국 고전적 중 '문자적, 어휘적, 문법통사적으로 한국어와 관련된 요소가 드러난 서책'을 광의적으로 개념화한 것이다. 본래의 기획서에서는 이를 "20세기 이전 동아시아의 코스모폴리탄 공유문언인 한문과 버나큘러로서의 한국어 사이의 상호작용을 보여주는 유물"(artifacts that manifest the interplays between the cosmopolitan Literary Sinitic and the vernacular Korean language within the Sinographic cosmopolis, or pre-20th-century East Asia)이라 풀

어 설명하였다.

기획서에 명시한 목표는 두 가지였다. 하나는 (1) 하버드옌칭도서관 소장 중 이미 디지털화된 한국 고서에 대한 일종의 온라인 안내서 역할을 담당하는 웹사이트를 구축하는 것이었고, 두 번째는 (2) 구축된 웹사이트에서 하버드대학 도서관이 사용하는 미라도 뷰어(Mirador Viewer)를 통해 디지털 이미지파일화 된 자료를 열람하되 기존 미라도의 어너테이션(annotation) 기능을 확장하는 플러그인(plug-in)을 개발하는 것이었다. 두 번째의 목표의 달성을 위해, 하버드 대학 문리학부(Factuly of Arts and Sciences) 내 아카데믹 테크놀로지(Academic Technology)팀의 전문가들과 상의하였고 컴퓨터공학을 전공으로 하는 학부생과의 협업을 꾀하였다. 연구자 혹은 학습자가 직접 디지털 이미지파일 뷰어인 미라도어(Mirador)를 사용하여 다양한 어너테이션을 적용하되, 특정 어너테이션은 on/off로 제어할 수 있도록 새로운 확장 플러그인을 개발한다는 것이 야심찬 궁극적 목표였다.[7] 그러나 아쉽게도 여러 예기치 못한 사정으로 인해 본래의 목표와 방향을 부득이하게 수정하게 되었다.

결과적으로, 원래 기획서에는 향후 계획으로 구상했던 하버드옌칭도서관, 하버드 미술관, 하버드 지도콜렉션의 한국 고전적 자료를 아우를 허브(hub)역할을 하는 웹페이지를 개발하기로 결정했다. 이후 2020년의 Covid-19 팬데믹으로 인해 잠시 웹사이트의 개발 중

7) 참고로, 퍼루절(Perusall)이라는 플랫폼(URL: https:www.perusall.com)에서는 다수가 동시에 공유된 디지털 이미지에 메모와 주석등의 어너테이션을 추가하고 공유할 수있다. 퍼루절은 개인학습자가 아닌 협동학습 혹은 집단학습(collective learning)의 모델에 기반하여 개발된 공구로, 행동과학과 인공지능을 교육질적 향상을 위한 도구로 사용할 것을 목표로 하여 하버드 대학과 퍼루절 랩(lab)에서 개발되었다. 학습자, 교육자, 연구자 및 사회 전반에 사용 가능가능한 프로그램으로 온라인 수업에 사용되는 캔버스(Canvas)에 플러그인으로 장착 가능하다. 출처: perusal.com/about.

단 시기를 거쳤으며, 이후 개발의 방향값을 재설정하였고, 프로젝트의 제목을 변경하여 "The Anatomy of Vernacular Books in Chosŏn Korea" 대신 "Korean Rare Books & Textual Studies"라는 현재의 이름으로 웹사이트를 지속적으로 개발하였다.

웹사이트의 기본 목표인 '하버드대 소장 한국고전적에 대한 소개 및 정보를 정리'는 '한국고전적에 대한 정보 현황의 이해를 돕는 웹사이트'라는 두 번째 목표를 파생시켰다. 두 번째 목표 실현을 위해 한국 안팎에서 진행되어온 한국고전적에 대한 조사 결과물과 한국 밖에 위치한 한국고전적 소장처가 제공하는 소장정보 및 소장목록을 쉽게 찾아볼 수 있게 정리하여 목록화하고 있다. 이 두 목표 아래 웹사이트의 콘텐츠를 확장하면서 '한국 고전적 연구 관련 책과 독서의 사회문화사 연구를 돕는 웹사이트'라는 세 번째의 목표를 세웠다. 현재 KRBATS는 서지학, 인쇄사, 문헌학, 텍스트사회학, 문학, 사회문화사, 언어학, 외국어교육, 책의 유통사, 출판사회학 등 다양한 분야에서 연구되어 온 한국고전적에 대한 연구물의 서지사항을 목록화하고 있다. 이와 더불어 한국고서관련 용어집(Glossary of Terms for Korean Rare Books)을 구축하고, 옌칭도서관 소장 한국고전적을 사용한 학생 과제물을 디지털 전시(Digital Exhibitions)하는 등의 콘텐츠 확장을 계획하고 있다.

KRBATS는 오픈 소스 소프트웨어인 오메가 클래식(Omeka Classic)을 사용한다. 오메카는 조지 메이슨 대학교(George Mason University)에 위치한 역사와 미디어를 위한 로이 로젠즈웨이그 센터(Roy Rosenzweig Center for History and New Media: 약칭 RRCHNM)에서 2007년 개발한 것이다.[8] 오메카는 박물관, 도서관, 아카이브 등이 소장 자료 및 관련 정

---

8) "오픈 소스"란 소프트웨어 제품의 프로그램 코드 및 설계에 관한 지식정보를 공개함

보를 온라인 퍼블리싱할때 사용되는 것으로, 블로그 같은 성격을 가지고 있으며 기본 레이아웃 및 세부디자인의 설정이 상당히 용이하기에 프로그래밍에 대한 배경지식 및 경험이 없는 사람이 쉽게 개발에 착수할 수 있다. 필자는 2018년 하버드대학교의 아카데믹 테크놀로지팀의 도움을 받아 오메카 계정을 등록하였으며, 콘텐츠 업데이트는 필자 본인과 대학원생 및 학부생의 연구보조로 이루어진다. KRBATS의 첫페이지인 "About This Website"의 하부항목인 "Acknowledgements"는 웹사이트 개발에 기여한 모든 기관과 인물을 언급한다.

4. 콘텐츠 및 업데이트 현황

KRBATS의 콘텐츠 및 정보 확장은 이미 개발된 웹페이지, 데이타베이스, 온라인 큐레이션, 그리고 디지털화된 고전적의 이미지 열람 기능을 수집, 망라, 통합하는 방식을 취하여 디지털 환경에 구축된 한국 고전적 연구자료의 접근성과 활용도를 높이는 것이다. KRBATS의 모든 내용은 공개 게시물(public-facing contents)의 성격을 지향하며, 콘텐츠의 구축 및 관리는 현재 진행형임을 미리 밝혀둔다.

으로 타기업이나 타인이 독자적인 제품을 만들 수 있기 위해 장려하는 과정을 말한다. 출처: Darrel Ince, A Dictionary of the Internet, 4th edition. Oxford University Press, 2019. 출처: oxfordreference.com. 따라서 오픈소스 소프트웨어는 기존의 비지니스 모델의 논리에서 벗어나, 기술개발 및 기술경제 모델을 추구하는 곧 자산(property)의 개념과 관련된 사회조직체에 대한 실험이다. 출처: Steve Weber, The Surcess of Open Source (Harvard University Press, 2009). "오픈소스"는 소프트웨어 제작에 있어 코딩정보 및 제품의 개발, 성장, 변화 등 관련한 지식을 공개함으로 그 설계에 대한 지식을 가질 수 있을 뿐 아니라 편집, 수정, 공유 및 제품의 수정 무료 배포에 기반하고 있다. 출처: Amazon Web Services. https://aws.amazon.com.

KRBATS의 기본 언어는 영어이며, 각 웹 페이지에 등장하는 목록화된 자료명과 인명은 McCune-Reischauer식 로마자법을 기반으로 ABC 순서로 정리되어 있다. 한국에서 출판된 연구물의 경우, 이름을 McCune-Reischauer식 로마자법에 의거해 먼저 변환하여 표기한 것과 한글표기를 함께 사용하되, 영어권 출판물 내 동아시아 연구물 표기관습에 따라 성을 먼저 쓴다. 예를 들이, 천혜봉의 『한국서지학』(민음사, 1997)의 경우, "Ch'ŏn Hyebong 천혜봉. Han'guk sŏjihak 한국서지학. Sŏul: Minŭmsa, 1997"로 변환 "C"로 분류된다. 한국 고전적을 명명할 때는 한자로 된 서명이나 한자와 한글이 섞인 서명을 한국어식 한자 발음을 McCune-Reischauer 로마자법으로 변환한다. 만약 원자료의 서명이 한글이라면, 내포된 한자 발음과 현대 한국어 정서법을 고려한 뒤 McCune-Reischauer 로마자법으로 표기한다. 예를 들어, "림경업뎐이라"가 서명일 경우, "Im Kyŏngŏp chŏn ira"로 표기한다.

2023년 12월 16일 성균관대학교의 학회에서 KRBATS를 처음 소개했을때 웹사이트의 첫 화면은 다음과 같았다.

〈사진 1〉 KRBATS 의 홈페이지 스크린 캡처

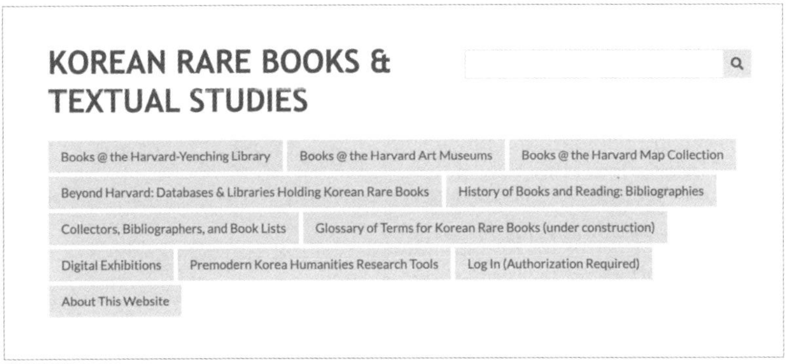

KOREAN RARE BOOKS & TEXTUAL STUDIES

Books @ the Harvard-Yenching Library | Books @ the Harvard Art Museums | Books @ the Harvard Map Collection
Beyond Harvard: Databases & Libraries Holding Korean Rare Books | History of Books and Reading: Bibliographies
Collectors, Bibliographers, and Book Lists | Glossary of Terms for Korean Rare Books (under construction)
Digital Exhibitions | Premodern Korea Humanities Research Tools | Log In (Authorization Required)
About This Website

이미지출처: https://koreanvernacularbooks.omeka.fas.harvard.edu/

"Minimalist"라는 이름의 디자인을 사용한 것으로, "외관"(Appearance)의 설정값을 변경함으로 총 9종류 중 한 가지를 선택할 수 있고, 선택은 아무 때고 변경 가능하다.

KRBATS의 하위 웹페이지의 각 항목은 몇 번의 수정 후 현재와 같은 모습을 가지게 되었다. 세부 항목의 변화는 사용자경험(UX: user experience)을 개선하기 위해 그리고 콘텐츠의 세부 항목을 재분류하고 하위 웹페이지의 성격을 재정의한 결과로, 필요에 따라 수정될 예정이다. "Log In"과 "About this Website"를 제외한 하위 항목의 웹페이지들은 다음과 같이 분류된다.

〈표 1〉 KRBATS의 콘텐츠

KRBATS의 하위 웹페이지 내용	한국어 번역/설명
A. Books @ the Harvard-Yenching Library	하버드대 옌칭 도서관의 한국고전적 관련
B. Books @ the Harvard Art Museums	하버드대 미술관의 한국고전적 관련
C. Books @ the Harvard Map Collection	하버드대 지도 콜렉션의 한국고전적 관련
D. Beyond Harvard: Databases, Digital Collections, & Libraries Holding Korean Rare Books	하버드대 이외의 한국고전적 소장처 및 데이터베이스와 디지털 콜렉션
E. Collectors, Bibliographers, and Book Lists	한국고전적의 장서가, 서지학자, 서책 목록
F. Bibliographies: History of Books and Reading; Comparative-Historical Philology; and Linguistic and Inscriptional Practices in History	참고 문헌 목록: 책과 독서의 역사; 문헌학 연구; 언어와 글쓰기의 역사
G. Glossary of Terms for Korean Rare Books (under construction)	한국고전적 관련 용어집(개발중)
H. Digital Exhibitions	디지털 전시물
I. Premodern Korean Humanities Resources	전근대 한국 인문학 연구를 위한 온라인 공구

아래에 각 하위 웹페이지를 소개한다.

A–C: "Books @ the Harvard-Yenching Library", "Books @ the Harvard Art Museums" 및 "Books @ the Harvard Map Collection"

위의 세 페이지는 하버드대학교 소장 한국 고전적에 대한 정보를 담고 있다.

하버드대학교에 위치한 하버드옌칭도서관은 "서구권에서 가장 광범위한 동아시아 고전적을 소장"하고 있다. 2021년 11월을 기준으로 220,000권 이상의 한국 장서 및 제목 기준 4,000종, 권수 기준 12,803권 이상의 한국 고전적을 보유하고 있다.[9] 이 도서들은 2006년 이래 하버드옌칭도서관 한국관의 담당 사서인 강미경 사서를 중심으로 관리 및 확장되고 있다. 하버드옌칭도서관 한국관이 보유한 방대한 장서의 존재는 이미 잘 알려져 있으며 이에 대한 조사 및 연구는 여러 학자 및 기관에 의해 꾸준히 진행되어 왔다.[10] 또한 앞 장에서 언급한바 하버드옌칭도서관은 국립중앙도서관, 민속원, 서울대학교 규장각과의 협업을 통해 1,000종 이상의 자료를 디지털 이미지화했다. 이 자료들은 하버드 도서관의 온라인 카탈로그인 Hollis를

9) Ke Tang, "*The Harvard-Yenching Library, by the Numbers,*" *The Harvard Gazette*, July 10, 2018. URL: https://news.harvard.edu/gazette/story/2018/07/the-harvard-yenching-library-by-the-numbers/ (Access date June 4, 2024).

10) 상세한 내용은 KRBATS의 "Books @ the Harvard-Yenching Library" (https://koreanvernacularbooks.omeka.fas.harvard.edu/korean-rare-books--the-harvard-yenching-library)의 하부항목인 "List of Publications and Media Coverage on Korean Books held by the Harvard-Yenching Library" (하버드옌칭도서관소장 한국고전적에 관련된 출판물 및 미디어 보도자료 목록)에 업데이트되고 있다.

통해 공개되었고 온라인상에서 무료로 누구나 자유롭게 자료를 열람하고 JPG 혹 PDF 형태로 자료를 다운로드할 수 있다.

하버드 미술관(Harvard Art Museums)과 하버드 지도 콜렉션(Map Collection)에도 다수의 한국 고전적이 소장되어 있다. 이 두 곳의 장서의 존재는 잘 알려져 있지 않다. 하버드 미술관 소장 한국 고전적에 대한 정보는 KRBATS가 제공하는 것이 아마 가장 포괄적일 것이다. 하버드 미술관이 소장한 한국 고전적은 양은 적지만 다양하다. 불경, 도교서, 행실도, 기술서와 당사주에 관련된 서책이 있고, 불서가 가장 큰 비중을 차지한다. 이 서책들의 대부분은 삽화나 도해를 포함하고 있다. 또한 판목, 금속활자, 책거리 등의 서책과 관련된 소장품도 있다. 하버드 지도 콜렉션이 소장한 소량의 한국의 고지도에는 천하도, 대동여지도, 수선도 등이 포함되는데, KRBATS 지도 콜렉션이 소장한 한국에서 만들어진 고지도와 제작처와 상관없이 한국이 묘사된 고지도까지 목록화하는 것을 목표로 한다. 하버드옌칭도서관 소장 한국 고전적에도 고지도가 있다. 옌칭도서관과 지도 콜렉션 중 디지털화된 한국고전적 자료는 모두 열람과 다운로드가 가능하지만, 하버드 미술관의 소장품의 경우에는 자료의 일부가 열람가능한 디지털 이미지화되어 있다.[11)]

A: "Korean Rare Books @ the Harvard-Yenching Library"의 콘텐츠는 다음과 같다.

Ⅰ. 하버드옌칭도서관의 간략한 연혁 및 한국 장서의 형성 및 고

11) 하버드 미술관이 보유한 다수의 소장품은 미술관의 아트 스터디 센터(The Art Study Center)를 통해 직접 관람하며 조사할 수 있다. 방문에 대한 문의와 신청은 https://harvardartmuseums.org/teaching-and-research/art-study-center 페이지를 통해 가능하다.

서 콜렉션에 관련된 소개

Ⅱ. 하버드옌칭도서관 열람시간

Ⅲ. 고서 검색 방법

Ⅳ. 국립중앙도서관, 규장각, 민속원과의 협력의 결과로 디지털화된 자료 목록 및 이미지 뷰잉을 위한 하이퍼링크

Ⅴ. 위의 세 협업 이외로 옌칭도서관의 한국관이 주관이 되어 디지털화한 자료에 대한 자료 목록 및 및 이미지 뷰잉을 위한 하이퍼링크

Ⅵ. 기존 연구 출판물에서 이미 다뤄진 자료들 및 공적 자리에서 발표의 대상이 된 자료 목록

Ⅶ. 아직까지 주목받지 않았지만 흥미로운 자료의 목록 및 이미지 뷰잉을 위한 하이퍼링크.

- 서여 민영규 교수가 수집한 "조선 활자본 단간"(朝鮮活字本斷簡]
- 브루노 펫졸트(Bruno Petzold, 1873~1949)의 장서인이 찍인 서책
- 활자본(딱지본) 소설

Ⅷ. 하버드옌칭도서관 소장 한국 고지도

Ⅸ. 하버드옌칭도서관 소장 한국고전적에 관련된 출판물 및 미디어 보도자료 목록

Ⅹ. 현재 한국관 장서의 디지털자료화 및 확장에 도움을 주는 기금에 대한 정보.

XI. 향후 계획: 하버드옌칭도서관 한국관 한국고전적의 형성과정에 대한 정보 추가

B. "Korean Rare Books @ the Harvard Art Museums" 페이지가 제공하는 콘텐츠의 주요 내용은 "하버드미술관 소장 한국고전적 소

장품 및 관련 소장품의 목록" 및 "소장품 형성 관련 인명록" 두 가지로 정리할 수 있다.

첫번째 항목은 서책, 판목과 고활자, 책거리 그림, 사진, 책과 독서 혹은 문서가 묘사된 서화, 일본 목판 판각에 사용된 기구 등으로 세부 목록화되어 있다. 참고로 소장품의 고유번호이자 청구기호의 첫 네 자리 숫자는 소장품 취득 연도이다.

I. 서책(19종)

i. Illustrated Buddhist Text (1950.93)

ii. Buddhist Sutra: Myobŏp Yŏnhwa Kyŏng (Chinese, Miaofa Lianhua Jing; Sanskrit, Saddharmapundarika Sutra; English, Lotus Sutra), Chapter 1, Preface (1984.292)

iii. Section of a Buddhist Sutra (1984.468)

iv. Letter (2006.3)

v. One Page from the Ksitigarbha-Bodhisattva-Pranidhana-Sutra (Sutra of the Oath of the Bodhisattva Ksitigarbha) (2008.241)

vi. Buddhist Sutra: Pulsŏl Chŏngsaeng'wang Inyŏn Kyŏng (Chinese, Fuoshuo Dingshengwang Yinyuan Jing), Section from Chapter 3 (1984.323)

vii. Buddhist Sutra: Hwaŏm Kyŏng (Chinese, Huayan Jing; Sanskrit, Avatamsaka Sutra), Chapter 77, with Frontispiece (1984.548)

viii. Album of Chinese, Korean and Japanese Calligraphy (Collection of Sutra Fragments) (1985.359)

ix. Buddhist Sutra: Posal Sŏngkye Kyŏng (Chinese, Pusa

Shanjie Jing), complete in one volume (1985.951)

x. Illustrated Compendium of Loyal Persons (Sok Sam-kang Haeng-sil To) (1985.952)

xi. Buddhist Sutra: Abitalma Kyeshinjokron (Chinese, Abidamo Jieshenzulun; Sanskrit, Abhidharma-dhatu-kaya-pada), Chapter 1, Preface (1985.953)

xii. Illustrated Books on Horses and Equine Illnesses (Ma Kyŏng), Two Volumes (1985.955)

xiii. Illustrated Compendium of Loyal Persons (I-ryun Haeng-sil To) (1985.956)

xiv. Illustrated Compendium of Loyal Persons (Sam-kang Haeng-sil To) (1985.957)

xv. Buddhist Sutra: Myobŏp Yŏnhwa Kyŏng (Chinese, Miaofa Lianhua Jing; Sanskrit Saddharmapundarika Sutra; English, Lotus Sutra), One Page from Chapter 23 on the Medicine King (Yak'wang; Chinese, Yaowang) (1985.958)

xvi. Illustrated Compendium of Good Emperors and Rulers (Kwan Sŏng-che-kun Sŏng-chŏk To-chi Chŏn-chip) (1985.959)

xvii. Illustrated Daoist Inspirational Biographies (T'ae-sang Kam-ŭng P'yŏn) (1985.961)

xviii. Illustrated Book on Fortune-Telling (1985.962)

xix. Illustrated Compendium of Loyal Persons (O-ryun Haeng-sil To) (1985.963)

II. 판목(1개)과 고활자(4개)

i. Printing Block: Pages Twenty Seven (recto and verso) and

Twenty Eight (recto and verso) of the Appendix to the Collected Literary Works of Hunsu Sŏnsaeng [Hun-su Sŏn-saeng mun-jip, pu-rok, i-sip-ch'il, i-sip-p'al] (2002.272): 조선후기 학자 훈수 정만양 鄭萬陽 (1664~1730)의 문집 판목

ii. Characters from Movable-Type Printing Machine: 1984.389, 1984.390, 1984.391, 1984.392: 瘴, 訣, 餞, 판독불가

III. 책거리 그림(2종)

i. Books and Scholars' Accoutrements (Ch'aekkŏri) (1920.22)

ii. Books and Scholars' Accoutrements (Ch'aekkŏri) (2014.198)

IV. 사진(1종)

Photo Album (1978.484) 안에 있는 "Seated Young Korean Man and Two Small Girls" (1978.484.89.2)

V. 책과 독서 혹은 문서가 묘사된 서화(4종)

i. Chin'gwang Wang, First of the Ten Kings of Hell (1974.77)

ii. Seated Chijang Posal (Chinese, Dizang Pusa; Sanskrit, Bodhisattva Ksitigarbha) Flanked by the Ten Kings of Hell, Monk Tomyŏng (Chinese, Daoming), and Three Officials (2010.567)

iii. Seated Chijang Posal (Chinese, Dizang Pusa; Sanskrit, Bodhisattva Ksitigarbha) Flanked by Monk Tomyŏng (Chinese, Daoming) and Demon King Mutŏk Kuiwang (Chinese, Wudu Guiwang) and Surrounded by the Ten Kings of Hell and

Their Retinues (2001.73)

iv. Ideographs Representing the Eight Confucian Virtues (1996.141)

VI. 일본 목판 판각에 사용된 기구(10종)

Tools Used for Cutting Woodblocks (1937.174.a)

목록에 등장하는 소장품은 하버드 미술관의 디지털콜렉션(https://harvardartmuseums.org/collections)이 제공하는 메타데이터와 고화질 이미지파일에 하이퍼링크로 연계되어 있다.

'소장품 형성 관련 인명록'은 하버드 미술관이 보유한 한국 고전적 소장품과 관련된 수집가 혹은 기증자에 관련된 정보를 제공한다. 현재의 인명록에는 필립 호퍼(Philip Hofer, 1898~1984), 그레고리 핸더슨(Gregory Henderson, 1922~1988)과 마리아 크리스틴 엘리자베스 핸더슨(Maria-Christine Elisabeth [von Magnus] Henderson, 1923~2007) 부부, 랭돈 워너(Langdon Warner, 1881~1955), 제리 리 머슬화이트(Jerry Lee Musslewhite, 1937~2009), 4명이 등재되어 있다.

향후 서책 이외에 문자가 묘사된 다양한 미술품(예를 들어, 12간지가 묘사된 동경)도 목록화 할 계획이다.

C. "Korean Rare Books @ the Harvard Map Collections"에는 자료 검색을 위한 설명 및 하버드 지도 콜렉션에 소장된 한국고전적 소장품의 목록이 포함되어 있으며, 관련 웹페이지가 하이퍼링크로 연결되어 있다. 현재 목록화된 지도는 아래와 같다.

I. 天下圖. Ch'ŏnhado [Korea] : [publisher not identified] [between 1776 and 1800] // Call no.: G2330.K6 1630

II. Carte des huit provinces du Tchao Sian Paris : Printed for the Oriental Translation Fund of Great Britain and Ireland 1832 // Call no.: G7901.F7 1832.C3

III. Karte von China mit dessen Eintheilung in 18 Provinzen Roost, J. B. / München : Verlag der liter. artist. Anstalt der L.G. Cotta'schen Buchhandlung 1841 // Call no.: G7821.F7 1841 .R6

IV. Map of China : compiled from original surveys and sketches Wyld, James, 1812~1887 / London : Jas. Wyld 1840 // Call no.: G7811.F7 1840 .W9

V. 大東輿地全圖. Taedong yŏji chŏndo [Seoul?] : [publisher not given] [between 1900 and 1999?]

VI. Map of Chosen (Korea) [S.l. : s.n. 1900?] // Call no.: G7900 1900. M3

VII. Korea Kotō, Bunjirō, 1856-1935. / [Tokyo?] : Tokio Printing Co. 1903 // Call no.: G7900 1903 .K6 vf

VIII. 首善全圖. Susŏn chŏndo // [Seoul : s.n., (Seoul : University of Seoul, 197- ?] between 1849 and 1863] // Call no.: G7904. S478A5 1849. S8 1970 (복각본)

"Korean Rare Books @ the Harvard-Yenching Library"에 목록화된 하버드옌칭도서관 소장 한국 고지도 역시 이 페이지에 하이퍼링크로 연결되어 있다.

D. "Beyond Harvard: Databases, Digital Collections, & Libraries Holding Korean Rare Books"의 간추린 내용은 다음과 같다.

• 한국 내 한국고전적 관련된 데이터베이스 목록(대부분 한국어자료)

- 목록 생략

• 나라별 한국고전적 소장처 및 디지털 콜렉션 소개

- 캐나다: 토론토대학교, 로얄 온타리오 박물관.
- 덴마크: 덴마크 왕립도서관
- 프랑스: 프랑스국립도서관, 콜레쥬드프랑스, 기메박물관, 이날코 동양어학교의 대학언어문명도서관
- 독일: 베를린 주립도서관, 바이에른 주립도서관
- 오스트리아: 오스트리아 국립박물관
- 일본: 동양문고, 도쿄대학교, 세이카도문고(정가당문고), 천리대학교, 교토대학교, 세이카도문고, 오사카시립 나카노시마도서관, 도야마대학교, 와세다대학교, 츠쿠바대학교
- 카자흐스탄 (현재 한국문화재단 목록)
- 한국: 국립중앙도서관, 장서각, 성균관대 존경각 고서서지시스템, 이화여자대학교 소장 고서, 연세대학교 소장 고서, 대구광역시립중앙도서관, 서울특별시교육청 전자도서관, 한국관련 서양고서DB 검색시스템, 명지대학교, 고려대학교 한적실, 현담문고(전 아단문고), 서울대학교 규장각도서관, 서강대학교 로욜라도서관, 경상대학교 문천각, 계명대학교 동산도서관, 한국은행 고서(현재 서울대학교 규장각한국학연구원으로 위탁소장을 목적으로 이관)
- 러시아: 러시아 과학 아카데미 동양고문서연구소
- 영국: 영국도서관, 영국미술관, 캠브리지대학교, 더럼대학교, 소아즈 런던대학교, 옥스포드대학교 보들리안 도서관
- 미국: 미국 디지털 공공도서관, 하버드대학교 옌칭도서관, 의회도서관, 버클리대학교 C.V. Starr 도서관, 클레어몬트 칼

리지, 콜럼비아대학교 C.V. Starr 도서관, 하와이대학교, 미시간대학교, 뉴욕 공립도서관, 유타대학교, 예일대학교 바이네케 고문서도서관

E. "Collectors, Bibliographers, and Catalogues of Korean Rare Books"의 내용 및 한국어 번역/설명은 다음과 같다.

〈표 2〉 "Collectors, Bibliographers, and Catalogues of Korean Rare Books" 페이지의 콘텐츠

항목	한국어번역/설명
I. Names of Book Collectors and Bibliographers	장서가와 서지학자
II. Book Lists from the Koryŏ and Chosŏn Periods	고려시대와 조선시대의 책 목록
III. Catalogues of Korean antiquarian books from Taehan Cheguk (1897-1910; Korea under the Japanese protectorate, 1905~1910), Colonial Korea (1910~1945)	대한제국시기와 일제시기의 책목록
IV. Catalogues of Korean antiquarian and rare books since 1945	1945년 이후 간행된 고전적목록
V. Catalogues of Korean Rare Books Published by Kungnip Chungang Tosŏgwan 국립중앙도서관, Kungnip Munhwajae Yŏn'guso 국립문화재연구소, and Kugoe Sojae Munhwajae Chaedan 국외소재문화재단 (Overseas Korean Cultural Heritage Foundations)	국립중앙도서관, 국립문화재연구소, 국외소재문화재단이 작성한 한국 고전적 목록
VI. Catalogues of Korean Rare Books Compiled by Libraries and Institutions outside of Korea	한국 밖의 소장처에서 발행한 한국고전적 목록

인명의 표기는 이미 알려진 모든 표기법을 소개를 목표로 하며, 성은 대문자로 표기 한다.(예 1: ASAMI Rintaro 아사미 린타로 淺見倫太郎 잔견륜태랑; 예 2: Victor Collin DE PLANCY 빅토르 콜랭 드 플랑시; 葛林德 갈림덕)

고서 장서가의 명단은 고려대학교 해외한국학자료센터에 소개된 인명을 기반으로 추가 확장 중이다. (추가 인물명 예 1KANG T'aeyŏng 강태영; 예 2: HAN Ch'anggi 한창기 韓彰璂; 예 3: KIM Yaksŭl 김약슬 金約瑟; 예 4: RUTT, Richard Rt. Reverend Cecil Richard Rutt 노대영 盧大榮).

F. "Bibliographies: History of Books and Reading; Comparative-Historical Philology; and Linguistic and Inscriptional Practices in History"는 가장 빈번하고 지속적으로 업데이트 되는 페이지이다. 학부 및 대학원 수업에서 교재로 사용되는 책과 논문의 서지사항, 책의 문화사 및 고서 소장처의 장서 형성사에 관련된 정보, 더불어 여러 도서관보에 실린 관련 정보를 수집 목록화한다. 한국어와 영어 및 다양한 언어와 다양한 지식의 전통 아래 산출되는 관련 연구를 한 곳에 집중함으로 연구현황을 살필 수 있으며, 책의 문화사를 글쓰기와 독서의 문화사를 보다 더욱 비교사적으로 접근할 수 있는 계기를 만드는 데 의의를 둔다.

하부 항목은 다음과 같다.

〈표 3〉 "Bibliographies: History of Books and Reading; Comparative Historical Philology; and Linguistic and Inscriptional Practices in History" 페이지의 콘텐츠

Korea-focused Publications	한국관련 연구
I. Toward Global and Comparative Research in the History of Books and Reading	세계사적 혹은 비교사적 연구

Korea-focused Publications	한국관련 연구
II. On Digital Approaches to Bibliography and Book History	서지학 및 책의 역사에 대한 디지털 접근관련 연구
III. Reports and Research on East Asian Collections in North America Written by Libraries and/or Librarians	도서관 및 사서가 작성한 북미 지역 동아시아 컬렉션에 관한 연구
IV. Toward Comparative Approaches to Literary Cultures and Ecologies of Linguistic-Inscriptional Practices in History	글쓰기 문화의 역사 및 언어와 문자사용의 역사에 대한 생태학적 접근에 관한 연구
V. Book Collecting, Book Commerce, and Libraries of the Koryŏ and Chosŏn Periods	고려와 조선시대의 서적수집, 서적 상거래 및 도서관에 대한 연구
VI. Films containing depictions of reading, the circulation of books, and book commerce in Chosŏn Korea	조선시대 독서와 서적의 유통 및 상거래에 대한 묘사가 담긴 영화

G. "Glossary of Korean Rare Book Terminology"는 한국 고전적의 서지학적, 문화사적 이해에 필요한 용어를 영어로 설명하는 웹페이지로 현재 개발 진행 중이다. 몇 가지 예를 들면 다음과 같다.

changjŏng 장정 裝訂/裝釘/裝幀: a method of binding. Typically, traditional Korean books are thread-bound with five needle holes (och>im sŏnjang 五針線裝 오침선장).

changsŏ 장서 藏書: the act of collecting books; a book collection

changsŏ 장서가 藏書家: bibliophile; collector of books

Ch'unbang changp'an 春坊藏板: lit. "printing blocks held by Ch'unbang." Ch'unbang is another name for Seja Sigangwŏn 世子侍講院 (Office of Crown Prince Tutorial), a government office established during the early years of King T'aejo (r. 1392~1398) of the education of crown princes in the Confucian Classics, histories, and moral cultivation.

Kwan'gak 관각 館閣: Refers to both Hongmun'gwan 홍문관 弘文館 and Yemun'gwan 예문관 藝文館. See also Hongmun'gwan. See also Yemun'gwan.

p'anmok 판목 板木: lit. "printing block." A wooden board created for the printing of books. Also called ch'aekp'an 冊板.

hwalchabon 활자본 活字本: lit. "movable-type edition." Refers to books printed in the traditional Korean metal movable type printing technology. Interchangeably used with hwalp'anbon 활판본 活版本. Despite the shared name, the actual mechanisms involved in the traditional Korean movable type printing and the Gutenberg-style letterpress printing technology differ significantly.

hwalp'anbon 활판본 活版本: see hwalchabon above.

Hwimun'gwan 휘문관 徽文館: A publishing house established by

Min Yŏnghŭi 閔泳徽 (민영휘; 1852~1935; active 1905~1909; associated with a school in Seoul Min Yŏnghŭi built called Hwimun ŭisuk 徽文義塾); published mostly educational texts such as literacy primers and books on history and practical manuals on geography, agriculture, etc.

H. "Digital Exhibitions"은 하버드대학교에 소장된 한국 고서를 필자의 책의 문화사와 한국고전문학 강의를 수강한 학생들이 발표한 과제를 전시한다. 현재는 박사과정생 연구자인 최정훈(Jeonghun Choi)이 하버드옌칭도서관 소장본인 제임스 스카스 게일과 해리엇 게일이 번역하고, 김준근의 일러스트레이션이 담긴 삼문사 (Trilingual Press)에서 간행된 목판본 『텬로력뎡(천로역정; Pilgrim's Progress)』(청구기호 TK 3490.88 4331)에 대한 상세 해제인 "The Pilgrim's Progress in Chosŏn Korea: A Bibliographic Note"가 유일한 전시이다. 이 전시는 오메카 플랫폼이 아닌 하버드대학에서 사용되는 다른 플랫폼을 사용하여 만들어졌으나 KRBATS페이지에 링크되어 있다. 이후 추가로 중국문학 박사과정생 연구자인 벤자민 랜다우워(Benjamin Landauer)가 이향금(이매창)의 시선집 Maech'ang chip 梅窓集 (청구기호 TK 5568.3 4442)을 논의한 과제를 오메카 플랫폼을 사용하여 전시할 계획이다.

마지막으로, I. "Premodern Korean Humanities Resources"에는 전근대 한국 인문학의 연구를 도울 수 있는 다양한 콘텐츠 및 온라인 공구가 하이퍼링크로 연계되어 있다. 현재 하이퍼링크되어 있는 콘텐츠 목록은 다음과 같다.

〈표 4〉 "Premodern Korean Humanities Resources" 페이지의 콘텐츠

Key Dictionaries for Reading Primary Documents
Research Guide for Korean Studies (Provided by the Harvard-Yenching Library)
어디메 Odŭime
Korean History Databases 한국사데이터베이스
Silloker
Glossary of terms for Korean history found in Korean secondary school-education text books 교과서 용어해설
Gateway To Premodern Korean Studies
Old Books About Korea Online
Timeline Of Historical Periods, China, Japan, Korea, Vietnam, South Asia
Chronological Tables Of Dynasties And Rulers Of East Asia, Including Post-Ming-Qing Transition Chronological Table (I.E., 崇禎後/崇禎紀元後)
Asia for Educators: Weatherhead East Asian Institute, Columbia University
Jiam Diary: Re-reading the Life of Chosŏn Yangban through Digital Data (The Diary of Chiam, Chiam ilgi 支菴日記) (PI: Jung Ji Young, 1967~2024)
Jangseogak Summer Hanmun Workshops: 장서각 여름 한문 워크샵 (The Academy of Korean Studies), 2016; 2017; 2018; 2019
Notices Biographiques sur des Personnages De L'histoire Pré-Moderne Coréenne: Matériau Pédagogique Pour Le Réseau Des Études Sur La Corée (RESCOR): Biographical notes on historical persons of premodern Korea in French. 후학 양성을 위한 전근대 한국의 역사적 인물소개 (프랑스어)
Répertoire historique de l'administration coréenne de Maurice Courant 모리스 꾸랑의 "한국 역대 행정-관직 총람"

The Online Glossary of Japanese Historical Terms
Society for Song, Yuan, and Conquest Dynasties Studies (SSYCDS)
Premodern Korean Historical And Literary Texts In English Translation: A Timeline
Databases of and Study Societies for Chinese and Japanese Materials (developed in Canada and the US): Chinese Text Project (ctext.org), Ming Qing Women's Writings 明淸婦女著作 Digital Archive and Database Project, McGill University, Biographical Database Project (CBDB), Databases managed by the National Institute for Japanese Literature, The Library of Chinese Humanities, Grand Secretariat Archives (Nei ge da ku dang an 內閣大庫檔案), List of papers presented at the Society of Korean Linguistics in Japan 朝鮮語硏究會 조선어연구회 (1983~2004), Manchu Studies Group, and Korea and Vietnam before the Twentieth Century: Comparisons and Connections

디지털 환경에 구축되고 활용되는 한국고전적자료와 관련 정보는 날로 증가하고 있고 이 추세는 앞으로도 지속될 것이다. 초기의 자료와 정보구축이 대체물의 생산 및 촉각적으로 경험하는 자료를 디지털 환경으로 옮기는 데에 주력했다면, 필자가 Si Nae Park (2022:34)에서 논한바, 디지털 환경에 구축되는 한국고전적자료 과정, 제기되는 의문점, 그리고 그 결과물은 변화하는 매체/미디어 환경의 변화로 생성되는 "디지털의 물질성"(the materiality of digital forms)과 매체특정성(media specificity)등 디지털 환경과 지식의 축적과 전승과의 관계에 대한 연구를 위한 활용 가치가 있으며, 또한 한국고전적

연구에 대한 새로운 지식, 담론, 문제의식의 생산을 위해 적극적으로 활용될 필요가 있다.[12] 이미 한문, 한글, 및 다양한 문자체계로 표기된 자료들이 디지털 이미지파일과 더불어 원문텍스트파일로 존재하고 있는데, 앞으로 광학문자인식(Optical Character Recognition; 약칭 "OCR")과 대규모 언어모델(Large Langauge Models; 약칭 "LLMs") 등을 머신러닝과(Machine learning) 생산적으로 연동하여 새로운 연구방법을 개발에 1차 자료로도 사용될 수 있지 않을까 생각해본다.

5. 나가는 말

한국 고전적의 연구자의 시각에서 개발된 KRBATS(Korean Rare Books & Textual Studies)는 지속적으로 업데이트되는 웹사이트형 디지털 공구이다. KRBATS를 소개할 수 있는 자리를 만들어 주신 성균관대학교 학회 주최자께 진심으로 감사드린다. 한국고전적의 연구를 위해 개발된 다양한 공구와 관련 지식이 새로운 지식을 생산하는 과정에 유용한 디지털 공구로 사용되어지길 바란다.

---

12) 특히 옥영정(2012)의 "해외고서 정리의 과제"가 언급된 바 있다."Si Nae Park, "Manuscript, Not Print in the Book World of Chosŏn Korea (1392~1910) in *The Routledge Companion to Korean Literature* edited by Heekyoung Cho (New York: Routledge, 2022), pp. 19－38.

지역적 관점에서 본 동아시아 한적과 명대 집부 문헌 구축 및 연구 방법의 확장

/
호우룽추안(侯榮川) · 룽페이위(龍飛宇)
(온주대학 인문학원) · (복단대학 고적정리연구소)

1. 중국 학술의 근대적 전환 과정에서의 사료학과 동아시아 관점

문헌은 모든 학술 연구의 기초이다. 공자는 "하나라의 예는 내가 능히 말할 수 있으나 기나라의 예는 증명하기에 부족하고, 은나라의 예는 내가 능히 말할 수 있으나 송나라의 예는 증명하기에 부족하다. 이는 문헌이 부족한 탓이니, 문헌이 충분하다면 내가 증명할 수 있다.[子曰, 夏禮吾能言之, 杞不足徵也. 殷禮, 吾能言之, 宋不足徵也, 文獻不足故也, 足, 則吾能徵之矣.]"[1]라고 하였고, 『신당서(新唐書) · 유자현전(劉子玄傳)』에서도 "역사는 재(才), 학(學), 식(識)이 뛰어나야 하는데, 세상에 이것을 모두 겸비한 사람이 드물어 역사를 기록하는 사람도 적다. 학문만 있고 재능이 없는 사람은 금을 가지고 있으나 이윤을 얻지 못하는 어리석은 장사꾼과 같고, 재능만 있고 학문이 없는 사람은 좋은 목재와 도구 없이 뛰어난 손재주만 가진 장인과도 같아 집을 지을 수 없다.[史有三長: 才 · 學 · 識, 世罕兼之, 故史者少, 夫有學無才, 猶愚賈操金, 不能殖貨; 有才無學, 猶巧匠無楩柟斧斤, 弗能成室.]"[2]라고 하여 역사 기록의 조건을 제시한바 있다. 여기서 '사학(史學)'이란 학자가 사료와 문헌을 다루고 이해하는 능력을 뜻한다.

문헌과 고증의 상관관계를 역설한 공자의 이 말에 장백위(張伯偉) 교수는 "'문헌'이 '입언(立言)'하는 자에게 객관적인 제약으로 작용한다는 사실을 밝힌 것"[3]이라 해석했으며 이는 곧 문헌은 학술 연

1) 정수덕(程樹德) 저, 정준영(程俊英), 장견원(蔣見元) 교정, 『논어집석(論語集釋)』 제5권 「팔일상(八佾上)」, 중화서국, 1990, 제1판, 160쪽.

2) [송] 구양수(歐陽修), [송] 송기(宋祁) 저, 중화서국편집부(中華書局編輯部) 교정, 『신당서(新唐書)』 제132권 열전 제57 유자현(劉子玄), 중화서국, 1975.2, 제1판, 4522쪽.

3) 장백위(張伯偉), 「문헌학과 Philologie: 기존 영역에 대한 새로운 인식과 그 가능성의 새 미래(文獻學與Philologie:舊領域的新認識及其可能的新未來)」, 『문헌』, 2023, 제6

구의 기초가 될 뿐만 아니라 그것의 양, 형태, 지역 등 요소에 따라 새로운 방법의 창출과 사고 확장의 계기가 된다는 점에서 방법론적 의미를 지닌다고 할 수 있다.

장백위 교수는 『방법으로서의 한문화권(作爲方法的漢文化圈)』의 서문에서 "20세기 중국 학술의 새로운 면모는 당시의 새로운 자료와 개념에 기반하여 이루어졌다."라고 언급하였다. 왕국유(王國維), 진인각(陳寅恪) 등은 근대 초기 구학(舊學)에서 처음으로 서양 학문을 받아들인 학자들로, 전통적인 문헌 고증의 차원을 넘어 문헌 사료를 중시하였다. 예컨대 왕국유는 1914년 출간한 『유사추간(流沙墜簡)』에서 '이중고증법(二重證據法)'을 제시하였고, 진인각은 1934년 『왕정안선생유서서(王靜安先生遺書序)』에서 "첫째, 땅속에서 출토된 유물과 종이에 남겨진 기록을 대조하여 해석한다. 둘째, 외국의 고서와 중국의 고문을 대조하여 참고한다. 셋째, 외부 개념과 고유한 자료를 서로 검증한다[一曰取地下之實物與紙上之遺文互相釋證 ; 二曰取異族之故書與吾國之舊籍互相補正; 三曰取外來之觀念與固有之材料互相參證.]"라며 현대 학술 연구의 모델을 제시하였다.

일찍이 코넬대학교에서 유학한 호적(胡適)은 당시 미국에서 유행한 랑케학파의 영향을 받아 객관적이고 실증적인 연구를 중시하였고 사료와 그 수준을 강조하였다.[4] 또한 근현대 문헌 사료학에 중

기, 36쪽.

4) 이거스의 이해에 따르면, 랑케 사학의 핵심은 만유재신론(萬有在神論)과 정치철학에 있으며, 랑케는 독일의 관념론적 학술 전통에서 중요한 위치를 차지하고 있다. 그러나 랑케 사학이 사료의 비판과 과학적 실증을 중시하는 것으로 이해된 것은, 미국 학계가 랑케 학파를 수용하고 재해석한 것과 관련이 있다. 이에 관한 내용은 게오르그 이거스(Georg G. Iggers) 저, 팽강(彭剛) 역, 『독일의 역사관(德國的歷史觀)』, 역림출판사, 2006, 83~86쪽, 95~97쪽 참조. 호적이 미국에서 배운 것은 미국 학계가 재해석한 '랑케 사학'이었다.

요한 영향을 미친 인물인 부사년(傅斯年)은 1928년 『역사언어연구소 사업 취지(歷史語言研究所工作之旨趣)』라는 저서에서 사료학 내용을 중심으로 근대 사학을 전통 사학과 구별할 것을 제안하였다.

> 어째서 중국의 역사학과 언어학은 출발이 좋았음에도 불구하고 지속적으로 발전하지 못해 지금 이렇게 뒤처지게 된 것일까? 그 이유는 매우 명확하며, 단순한 논리로도 설명할 수 있다.
>
> (1) 자료를 직접적으로 연구할 수 있으면 발전할 수 있다. 반대로 선행 학자가 연구하거나 만들어낸 체계를 간접적으로 연구하며 그 안에 포함된 사실을 포괄적이고 세밀하게 파악하지 않으면 퇴보한다.
>
> (2) 연구 자료를 확장할 수 있는 학문은 발전할 수 있으나 그렇지 못하면 퇴보한다.
>
> (3) 연구에 사용되는 도구를 확장할 수 있는 학문은 발전할 수 있으나 그렇지 못하면 퇴보한다.[5]

부사년은 위 저서를 발간하고 2년이 지난 후 왕헌당(王獻唐)에게 보낸 편지에서 "연구소 설립은 한학의 정통을 계승하기 위함이 아니라 '자료와 도구의 확장'을 통해 중국의 역사언어에 대한 연구를 자연과학의 위치로 끌어올리고자 한 것입니다."[6]라며 연구소 설립 목적을 다시 한 번 강조한바 있다.

---

5) 부사년(傅斯年), 『역사언어연구소 사업 취지(歷史語言研究所工作之旨趣)』, 부사년 저, 구양철생(歐陽哲生) 편, 『부사년문집(傅斯年文集)』 제3권, 중화서국, 2017, 9~10쪽.

6) 부사년, 『치왕헌당(致王獻唐)』(1930년 9월 13일), 장서학(張書學), 이용혜(李勇慧) 편, 『새로 발견된 부사년의 서신 집록(新發現的傅斯年書劄輯錄)』, 「근대사자료(近代史資料)」, 제91호, 중국사회과학출판사, 1997, 137쪽.

당시 과학적인 방법을 적용하는 것에 대해 많은 의문이 제기되었다. 집부(集部)의 연구를 주관한 전기박(錢基博)은 "국학은 때로 철학적인 깨달음이 필요하며, 과학적이고 객관적인 방법만 적용해서는 충분히 연구할 수 없다."[7]라고 주장하면서 객관적인 외적 고증과 주관적인 내적 고증의 통합을 추구하였다. 그러나 시대의 흐름에서 사료에 초점을 둔 과학적 방법론은 그 당시 왕성하게 발전하고 있던 고전문학의 연구에서 거의 지배적인 위치를 차지했다. 육간여(陸侃如), 나근택(羅根澤), 녹흠립(逯欽立) 등 학자들은 과학적인 방법을 추구한 호적, 부사년과 사우(師友)의 우정을 나누면서 중 · 서양을 관통하는 이러한 개념을 자연스럽게 받아들여 일련의 사료를 바탕으로 한 학술 저서를 집필하기도 하였다.

근대 학술의 전환 이후 고대 문학 연구를 위한 방법론적 자원의 유입과 발전을 회고해보면, 민국시기 고대 문학 연구의 개념과 방법론은 중 · 서양 학술 전통의 융합과 함께 발전했음을 알 수 있다. 따라서 당시 사료 연구는 미국의 랑케 사학, 과학적 고문학의 영향을 받은 동시에 청대 유학의 고증학과도 긴밀히 연결되어, 방법과 이론을 아우르는 완전한 지식 자원을 포괄하고 있다. 1949년 이후 21세기 초반까지도 중국의 고전학 연구는 이러한 패러다임이 상당 부분 유지되어 왔다.

이렇듯 '서구를 바라보는(向西看)' 역사적 과정에서 일본은 서양의 탁월한 성과를 학습하고, 지리적 이점을 내세워 중국 유학자를 대거 유치함으로써 중국이 서양의 현대 학문을 배우는 데 있어 가장 중요한 매개체가 되었다. 장백위 교수는 '문헌학'이라는 개념을 최초

---

7) 전기박(錢基博), 『중국 고대 학자의 학문 연구 방법(中國古代學者治學的方法)』, 전기박 저, 『경사자집입문(經史子集入門)』, 황산서사, 2009, 54쪽.

로 사용한 양계초(梁啟超)가 1898년 10월 20일 도쿄에 방문하여 '문헌학' 개념을 접한 것으로 보았으며[8], 임전갑(林傳甲)은 그가 저술한 『중국문학사(中國文學史)』의 머리말에서 "일본 사사가와 타네오(笹川種郎)의 『중국문학사(中國文學史)』를 본떠 집필하였다."[9]라고 밝히기도 하였다. 황인(黃人)의 『중국문학사』는 오오타 요시오(太田善男)의 『문학개론(文學概論)』을 참고하여 예술적 관점에서 문학사를 고찰하고 구성하였으며, 또한 증의(曾毅)의 『중국문학사』는 주로 코지마 켄키치로(兒島獻吉郎)의 『중국문학사강(中國文學史綱)』을 기반으로 편역, 수정된 것이다.[10] 이렇듯 중국은 문학 개념과 문학사 연구 방법에서 일본이 서양을 학습한 경험을 배움으로써 자국 학술사의 현대적 전환을 이룰 수 있었다.

'문학' 개념의 현대화가 일본과 밀접한 관련이 있는 것처럼, 근대 중국의 학술적 전환 과정에서 '동아시아' 개념 역시 일본으로부터 도입되었다. 니시지마 사다오(西嶋定生)는 『동아시아 세계의 형성(東亞世界的形成)』이라는 저서에서 "'동아시아 세계'는 중국 문명의 발생과 발전을 기축으로 형성되었다.……중국 문명의 발전으로 그 영향력은 주변 여러 민족에까지 미쳤고, 그곳에서 중국 문명을 중심으로 한 자족적인 문화권을 형성하였는데, 그것이 바로 '동아시아 세계'이다. 이러한 '동아시아 세계'는 중국을 중심으로 그 주변의 한반도, 일본, 베트남 그리고 몽골 고원과 티베트 고원 중간 지섬의 하서

8) 장백위(張伯偉), 「문헌학과 Philologie: 기존 영역에 대한 새로운 인식과 그 가능성의 새 미래(文獻學與Philologie:舊領域的新認識及其可能的新未來)」, 『문헌』, 2023, 제6기, 36쪽.

9) 임전갑(林傳甲), 『중국문학사(中國文學史)』, 무림모신실(武林謀新室), 1910, 1쪽.

10) 진광굉(陳廣宏), 『중국 문학사의 성립(中國文學史之成立)』, 제2편 개술, 143~144쪽 참조.

주랑(河西走廊) 동부 일대의 여러 지역을 포함하고 있다."[11] 일본 학자 하자마 나오키(狹間直樹)는 "일본은 중화문명의 성취를 바탕으로 근대 서구문명을 흡수하였고 이로써 근대적 세계가 동아시아로 확장되면서 '근대 동아시아 문명권'의 기초가 형성되었다."라고 주장하였다. 그는 또한 양계초에 대해 "초기 단계의 '근대 동아시아 문명권'을 중화문명의 본진으로 끌어오는 데 결정적인 역할을 한 인물"[12]이라고 평가하기도 하였다. 그러므로 동아시아 관점의 도입은 중국의 근대 학문이 전통의 시대를 벗어나 세계로 나아가는 첫 걸음을 뗀 것이라 할 수 있다.

2. 중국 학술의 근대적 전환 과정에서 명대 문학의 역할과 영향

근대 중국 학술의 전환은 총체적으로 중국 전통학술의 '구(舊)'와 서양 현대학술의 '신(新)' 사이에서 일종의 대화와 융합을 통해 이루어졌다. 학술사 전반을 관통하는 거시적 관점이 아닌 특정 시대 또는 전문 학술 연구의 맥락에서 관찰해보면, 고대 연구에서 새롭게 출토된 사료에 주목하거나 중세 연구에서의 돈황 문헌 활용, 한장(漢藏) 불교 연구에서 '어문학(語文學)으로의 회귀'를 주장하는 목소리의 등장 등 다양한 연구 분야에서 이러한 방법론적 재구성을 통

11) 니시지마 사다오(西嶋定生), 『동아시아 세계의 형성(東亞世界的形成)』, 유준문(劉俊文) 편, 『일본 학자의 중국사 연구 논저 선역(日本學者硏究中國史論著選譯)』, 제2권, 중화서국, 1993, 88쪽.

12) 하자마 나오키(狹間直樹), 『양계초: 동아시아 문명사의 전환(梁啟超:東亞文明史的轉換)』, 「서장(序章)」, 북경대학출판사, 2021, 6쪽.

해 적절한 학술 자원을 흡수했다는 사실을 알 수 있다. 그러나 명대 시문(詩文) 연구와 관련해서는 이러한 학술사의 전환이 상당히 복잡한 영향을 미쳤다.

명대 문학 또는 명대의 전반적인 정치윤리와 사회문화적 체계는 모두 '복고(復古)'를 기반으로 이루어졌는데, 이것은 청대에 호된 비판을 받았을 뿐만 아니라 근대 학술적 전환 과정에서도 주요 비판의 대상이 되었다. 1916년 호적은 자신이 집필한 『오국역사상의 문학혁명(吾國歷史上的文學革命)』이라는 책에서 다음과 같이 언급하였다.

> 문학혁명은 원나라 때 절정에 이르렀다. 그 당시 가사(歌詞), 곡(曲), 희곡, 소설은 모두 일류 문학으로 평가받았고, 모든 장르에 속언(俗諺)이 사용되었다. 그 당시 일종의 '살아있는 문학[活文學]'이 탄생했다고 말할 수 있는데, 만약 이러한 혁명적 흐름이 명나라의 팔고문(八股文)과 명초 칠자(七子) 문인의 복고 운동에 의해 방해받지 않았다면, 우리나라 문학은 백화의 문학이 되었을 것이고 우리나라 언어는 일찍이 언문일치의 언어가 되었을 것이다.……애석하게도, 500여 년 동안 반죽음의 고문(古文)과 반죽음의 시가(詩歌)가 '살아있는 문학'의 지위를 빼앗아 다시 주류가 되었고 이러한 '반죽음의 문학'이 오늘날까지도 그 생명력을 이어오고 있다.[13]

1919년 진독수(陳獨秀)는 「신청년(新青年)」에 '문학혁명론'을 기고하여 "오늘날 중국 문학은 유럽과는 비교조차 할 수 없을 만큼 초라하고 진부하다. 이러한 비극을 초래한 괴물은 누구인가? 명나라 전

13) 호적(胡適), 『호적사십자술(胡適四十自述)』, 중국문사출판사, 2013, 130쪽.

후칠자(前後七子)와 팔학파(八學派)의 귀유광(歸有光), 방포(方苞), 유대괴(劉大櫆), 요내(姚鼐) 등이 그들인데, 이 18괴물은 과거를 숭상하고 현재를 경멸하며 전고(典故)나 정형화된 문체만 고수하면서 문단을 지배하였다."[14] 18괴물, 명대 문단을 지배한 '15'인의 문인들[15]은 신문학과 신학술적 관점에서 비판의 대상이 되었다.

한편, 명말의 개성 해방 사조와 격식에 얽매이지 않고 오직 성령(性靈)을 펼칠 것을 주장한 공안파(公安派) 삼원(三袁)의 문학적 실천은 중국 문학의 현대화를 이룩하는 원천 중 하나라고 할 수 있다. 주작인(周作人)은 명말 성령을 중시한 '공안파'의 소품문(小品文 · 수필)을 높이 평가하며 그들의 개성 있는 작문과 감정 표현이 자신이 추구하는 '미문(美文)'의 원칙과 일치한다고 보았다. 주작인은 "그들의 주장은 매우 간단하며, 호적 선생의 주장과도 거의 비슷하다. 차이가 있다면, 그때는 16세기였고 마테오 리치가 아직 중국에 오지 않아 서양 사상의 유입이 부족했다는 점이다. 현대의 호적 선생의 주장에서 그가 받은 서양의 영향을 과학, 철학, 문학, 사상 등 모든 측면에서 빼고 본다면 그것이 바로 공안파의 사상이다."[16]라고 주장했다. 또한 1920년대 유평백(俞平伯)에 보낸 편지에서는 "저는 종종 산문은 5 · 4운동 이후 새롭게 창작된 산물이 아니라 사실상 '고대에 이미 존재했던' 것이며, 지금 다시 발전했을 뿐이라고 말합니다."라고 언급하기도 하였다.

따라서 이처럼 특수한 시대적, 문화적 배경에서 '복고'로 대표되는 명대의 주류 문학과 문헌의 발굴 및 연구는 필연적으로 경시되

14) 진독수(陳獨秀), 「문학혁명론(文學革命論)」, 『신청년(新青年)』, 1917, 제2권 제6호.

15) 위굉원(魏宏遠), 『왕세정의 문학과 문헌 연구(王世貞文學與文獻研究)』, 「서론(緒論)」, 2~6쪽 참조.

16) 주작인(周作人), 『중국 문학의 원류(中國文學的源流)』, 북경인문서점, 1934, 43쪽.

고 억압받게 되었다. 반면에 그 당시 주목받지 못했던 명대 작가와 문학 장르들은 자연히 새롭게 태어나는 기회를 얻게 되었다.

3. 명대 집부 문헌의 구축

전통 문학사는 왕조를 서술 단락으로 하여 비교적 완전한 왕조 문학 문헌을 취합하는데, 이는 문학사 연구가 성숙하는 데 있어 기초이자 상징이 되며, 일반적으로 상당히 긴 과정이 필요하다.

명 · 청 교체 이후, 명대 학술은 청나라 사람들의 거센 비판을 받았으며, 심지어 "명나라 사람들에게는 학문이 없다[明人無學]"는 말이 보편적 인식이 되었다. 청초(淸初) 문학의 재건은 기본적으로 명대 문학에 대한 비판과 성찰을 기초로 세워졌다고 할 수 있다.[17] 특히 정권 안정의 필요에 따라 집부 문헌을 포함한 명대 저작은 철저히 금지되고 파괴되었는데, 예를 들어, 요근원(姚覲元)의 『청대금훼서목(淸代禁毀書目)』에 수록된 『전훼서목(全毀書目)』의 146종은 모두 명나라 사람이 저술한 것이며, 이중 77종은 명인(明人) 별집(別集)이다.[18] 이 77종의 별집을 다시 검토하면 많은 책이 완전히 소실되거나 불완전하게 남아있다는 것을 알 수 있다. 나아가 『전훼서목』과 관련하여 소각, 파괴, 금지된 2,400여 종의 책으로 확장해보면, 관권(官權)이 명대 집부 문헌에 미친 억제 효과는 더욱 가늠하기 어려울 정도이다. 따라서 명대 시문학은 현대 문학 연구에서 개념부터 방법

---

17) 장인(蔣寅), 「청초 시 문단의 명대 시학에 대한 반성(淸初詩壇對明代詩學的反思)」, 『문학유산(文學遺産)』, 2006, 제2기 참조.

18) 요근원(姚覲元) 편, 『청대금훼서목(淸代禁毀書目)』 부보유(附補遺) 참고, 상무인서관, 1957, 5~13쪽 참조.

까지 은폐되거나 소외당했고, 청대 이후 문인의 문화적 비판이라는 영향까지 더해져 이중고를 겪게 되었다. 결국 이러한 배경은 명대 시문학의 문헌 구축이 상대적으로 뒤처지게 된 원인으로 작용하였다. 좌동령(左東嶺)이 "명대 문인의 별집 문헌 정리는 다른 왕조에 비해 가장 불만족스러운 수준일 것이다."[19]라고 언급한 것처럼, 명대 문학 문헌의 구축은 기대에 크게 미치지 못했다.

명대 시문집을 본격적으로 모으는 작업은 명나라 말기에 시작되었다. 시가는 조학전(曹學佺)이 편찬한 『석창십이대시선(石倉十二代詩選)』 중 『명시선(明詩選)』 전질(全帙)이 총 10집과 6속집(續集)으로 이루어져 있고, 규수(閨秀) 등 각 집을 합하면 1,300여 권에 달한다.[20] 문장의 경우, 진자룡(陳子龍)의 『황명경세문편(皇明經世文編)』 504권에 선별된 420개 문장이 수록되어 있으며, 명 · 청 시기 전겸익(錢謙益)의 『열조시집(列朝詩集)』 81권에는 시인 1,600여 명이 포함되어 있다. 또한 주이준(朱彝尊)의 『명시종(明詩綜)』 100권에는 시인 3,400여 명, 한순옥(韓純玉)의 『명시겸근시겸금시겸(明詩兼近詩兼今詩兼)』에 시인 1,000여 명, 진전(陳田)의 『명시기사(明詩紀事)』 187권에 시인 4,000여 명이 수록되어 있다. 이러한 명나라 시집들은 일부 빠진 부분도 있지만, 규모가 방대하여 명대 시가의 전반적인 양상을 보여주려는 의도를 엿볼 수 있다.

20세기 이후 명대 집부 문헌의 정리와 연구는 주로 문헌 목록의 조사, 문헌 영인(影印) 출판, 심층 정리 등 세 가지 측면에서 이루어

---

19) 좌동령(左東嶺), 『명대시문집진본총간(明代詩文集珍本叢刊)』, 「서문」, 진홍언(陳紅彥) 등 편, 『명대시문집진본총간』, 국립도서관출판사, 2019.

20) 주위동(朱偉東), 「〈석창십이대시선〉 전질탐고(〈石倉十二代詩選〉全帙探考)」, 『문헌(文獻)』, 2000, 제3기 참조. 허건곤(許建昆), 「조학전 〈석창십이대시선〉 재탐(曹學佺〈石倉十二代詩選〉再探)」, 『여운학간(勵耘學刊)』, 2013, 제4기 참조.

졌다.

구체적으로, 첫 번째는 명대 저술의 목록 조사와 편찬이다. 청나라 황우직(黃虞稷)의 『천경당서목(千頃堂書目)』은 명인 별집 5,252부, 총집(總集) 30여 부가 수록되어 있으며, 『명사(明史) · 예문지(藝文志)』의 기록도 대체로 이와 비슷한데, 이것은 훗날 명대 시문집 목록 편찬의 기초가 되었다. 20세기 이후 발간된 『중국고적선본서목(中國古籍善本書目)』(상해고적출판사, 1998)에는 명인 별집 11,000종과 총집 200여 종이 수록되어 있으며, 최건영(崔建英)의 『명별집판본지(明別集版本志)』(중화서국, 2006)는 이를 바탕으로 총서(叢書)와 총집의 영본(零本)을 삭제하여 약 3,500종으로 정리하였으며, 미국 프린스턴대학교 게스트 도서관이 소장하고 있는 명인 별집까지 재편집하여 3,600여 종이 수록되었다. 『중국고적총목(中國古籍總目)』(중화서국 · 상해고적출판사, 2012)에는 7,100종 이상의 별집과 300종에 달하는 총집이 수록되었고, 이중에는 대만, 홍콩 등 지역과 일본 등 해외 문헌도 포함되어 있다. 그 외에도 이옥보(李玉寶)의 『상해지구명대시문집술고(上海地區明代詩文集述考)』(상해고적출판사, 2021), 이순신(李舜臣)의 『명청석가별집 정리 및 연구(明清釋家別集整理與研究)』(2020년 국가사회과학기금 중점 프로젝트), 이성화(李聖華)의 『명인별집고초본 수집 정리 및 연구(明人別集稿抄本搜集整理與研究)』(2015년 국가사회과학기금 중점 프로젝트), 서영명(徐永明), 조소문(趙素文)의 『명인별집경안서록(明人別集經眼敘錄)』(절강고적출판사, 2013), 왕문태(王文泰)의 「명인편선명대시가총집연구(明人編選明代詩歌總集研究)」(복단대학 박사학위 논문, 2005) 등 명대 문인의 별집 및 총집 문헌의 수량과 판본 문제에 대해 심층적이고 세밀한 조사와 연구가 진행되었다.

두 번째는 명대 집부 문헌의 영인 출판이다. 『사고전서(四庫全書)』에는 명인 별집 264종, 총집 19종이 수록되어 있으며, 『사고전서존목총서(四庫全書存目叢書)』에는 명인 별집 599종(증보 32종), 총집 40종이 포함되어 있다. 『사고금훼서총간(四庫禁毁書叢刊)』에는 별집 225종(증보 55종), 총집 27종(증보 8종), 『사고미수서집간(四庫未收書輯刊)』에는 별집 108종, 총집 42종, 『속수사고전서(續修四庫全書)』에는 별집 159종, 총집 4종, 『북경도서관고적진본총간(北京圖書館古籍珍本叢刊)』에는 별집 76종, 『원국립북평도서관갑고선본총서(原國立北平圖書館甲庫善本叢書)』에는 별집 655종, 총집 25종이 수록되어 있다. 이 자료들 중 중복된 부분을 제외하면, 명인 별집은 약 1,600종, 총집은 100여 종에 달하는 것으로 보인다.

명대 집부 문헌의 총서를 전문적으로 영인 출판한 작업은 대만에서 비교적 이른 시기에 시작되었다. 『명인문집총간(明人文集叢刊)』(대북문해출판사, 1970)에는 명인 별집 29종, 『명대논저총간(明代論著叢刊)』(대북위문도서출판사, 1976)에는 3개 집(輯)으로 나뉘어 총 30종이 수록되어 있다. 왕국량(王國良) 등이 편찬한 『고초본명대시문집(古鈔本明代詩文集)』(대북신문풍출판공사, 2013)에는 17종이 수록되어 있으며, 대체로 짧은 분량의 작품집으로 구성되어 있다. 대북상무인서관이 『경인문연각사고전서(景印文淵閣四庫全書)』를 출판한 후, 1991~1993년 상해고적출판사가 이를 기반으로 『사고명인문집총간(四庫明人文集叢刊)』을 발간하였으며, 여기에는 명인 별집 212종이 포함되어 있다.

2013년 이후, 심내문(沈乃文)이 편집하고 황산서사(黃山書社)가 출판한 『명별집총간(明別集叢刊)』은 북경대학도서관, 복단대학도서관의 소장본을 바탕으로 5개 집으로 나누어 출판되었으며 여기에는 문헌 1,800종이 수록되어 있어, 명대 문학 문헌을 집대성한 대규모 작품집이라고 할 수 있다. 2022년 오격(吳格) 교수가 편집하고 황산서사가 출판한 『명별집총간(明別集叢刊)』 제6집은 일본의 나이카쿠분코(內閣文庫), 호우사분코(蓬左文庫)에 소장된 명대 문인의 희귀 별집

151종의 영인본을 소개하고 있다. 2019년 국립도서관출판사는 국립도서관에 소장된 명인 별집을 철저히 조사하고, 이를 기초로 이미 출판된 것을 제외한 후 『명대시문집진본총간(明代詩文集珍本叢刊)』을 발간하였다. 이 총서는 총 240권으로 구성, 명대 문인의 희귀 시문집 353종이 수록되어 있어 그 규모와 판본 가치 면에서 매우 드문 성과로 평가된다. 더불어 이성화(李聖華)의 『명인별집고초본총간(明人別集稿抄本叢刊)』은 국가사회과학기금의 중점 입찰 프로젝트인 '명인 별집 초고의 수집, 정리 및 연구' 단계의 성과로, 2021년 국립도서관출판사가 출판하였다. 여기에는 연구 가치가 높은 명인 별집 151종이 수록되어 있으며, 총 129명의 작가 문집으로 모두 보기 드문 희귀 문헌이라 할 수 있다.

세 번째는 명대 집부 문헌의 심층적 정리이다. 명대 시문집의 교정과 정리는 황영경(黃靈庚)이 교정한 『송렴전집(宋濂全集)』(인민문학출판사, 2014), 임가려(林家驪)가 교정한 『유기집(劉基集)』(절강고적출판사, 1999), 서징우(徐澄宇), 심북종(沈北宗)이 교정한 『고청구집(高青丘集)』(상해고적출판사, 2013) 등 대부분 중요한 작가들에게 집중되어 있다. 탕지파(湯志波), 이가영(李嘉穎)의 『명별집정리총목(明別集整理總目)』(중서서국, 2022)에 따르면, 현재까지 교정본이 나온 명인 별집은 총서와 총집에 수록된 영본까지 포함하여 총 1,542종에 달하며, 저자는 720명에 이른다.

이상 출판 및 정리된 명대 집부 문헌은 오늘날 명대 문학 연구의 기초를 형성하고 있으나, 현재 명대 집부의 문헌 정리에 있어서는 여전히 많은 문제가 있다.

첫째, 명대 집부 문헌의 총량 조사와 목록 작성은 여전히 상대적으로 미흡하며, 특히 명대 집부 문헌의 정보를 포괄적으로 반영하는 서록(敘錄), 제요(提要) 등 저작이 아직도 신뢰할 만큼 완전하지 않다.

또한 한국, 일본 등 동아시아 국가들의 소장 문헌에 대한 조사와 목록 작성 또한 더욱 강화될 필요가 있다. 둘째, 영인 또는 교정 출판된 명대 문헌의 수는 총량에 비해 여전히 큰 차이가 존재하며, 특히 심층 정리, 그 중에서도 주해, 주석이 달린 판본의 수는 더욱 적다. 셋째, 전면적인 명대 문학 문헌의 구축 작업이 실질적인 단계에 들어서지 못하고 있다. 넷째, 데이터베이스 구축이 상대적으로 뒤처져 있다. 현재까지 애여생(愛如生)이라는 회사에서 구축한 역대 시문집 라이브러리가 유일하며, 여기에는 명대 별집 제1기가 수록되었으며 총 2,000종의 명대 별집을 제공하고 있다. 다섯째, 명대 문인의 비문(碑文), 전기(傳記) 자료, 명대 집부의 서문과 발문, 명대 문학의 편년사 등과 같이 관련 전문 문헌의 수집 및 정리 작업이 시급하다.

4. 동아시아에 소장된 명대 집부 문헌의 정리와 연구

명 · 청 집부 문헌의 방대한 생산량과 보존된 규모는 송대 이전 시대의 문헌 보존 상황과 비교할 수 없을 정도로 큰 차이가 있다. 이처럼 방대한 명 · 청 집부 문헌의 규모는 학자들에게 풍부한 연구자료를 제공하는 동시에, 문헌 사용에 있어 큰 과제를 제기하고 있다. 최근 수 년간 사료 환경이 크게 개선되었음에도 불구하고 "원시 문헌은 그 끝을 헤아릴 수 없을 만큼 방대하고 별집에는 신뢰할 만한 주석이 없으며, 기초적인 고증 연구가 반복되는" 이른바 '삼중고(三苦)'[21]가 여전히 명대 문학의 연구자들을 괴롭히고 있다. 현재 학

21) 엽엽(葉曄), 『명인연보지견록(明人年譜知見錄)』, 「서(序)」, 탕지파(湯志波), 이가기(李佳琪) 편, 『명인연보지견록』, 중서서국, 2020, 1쪽.

계가 확보한 집부 문헌만으로는 명대 문학사 연구에 필요한 문헌의 완전성을 뒷받침하기에 충분하지 않은데, 이는 청대의 금서 지정과 소각 활동의 영향을 받아 적지 않은 명대 집부 문헌이 중국 본토에서 실전되었으며, 이로 인해 효과적인 문학 보급과 비평의 영역에 진입하지 못한 것이 중요한 원인 중 하나로 꼽힌다. 이러한 이유로 외부에 존재하는 명대 집부 문헌을 탐구하는 것은, 효과적이며 중요한 보완적 수단이 되고 있다.

동아시아에 소장된 희귀한 명대 집부 문헌의 정리와 연구에서 현재 학계의 연구는 주로 문헌 조사와 영인 출판에 중점을 두고 있다. 그 중 일본은 문헌의 총량과 판본의 완전성 면에서 모두 해외에서 가장 많은 양의 명대 집부 문헌을 소장하고 있다. 따라서 관련된 연구 조사와 정리 출판 작업은 주로 일본에 집중되어 있다.

1) 문헌조사

일본의 소장 문헌 조사와 관련하여 야마네 유키오(山根幸夫) 교수의 『일본에 현존하는 명인문집 목록 증정(增訂日本現存明人文集目錄)』(도쿄 급고서원, 1978)에는 명인 문집 1,700여 종과 저자가 불명확한 40여 종이 포함되어 있고, 추가적인 보완과 재보완 과정에서 100여 종이 더해져 총 1,800여 종의 일본 소장 명인문집이 수록되어 있어, 현재 해외에서 현존하는 명인 집부 문헌이 가장 많이 수록된 목록으로 알려져 있다. 이 목록은 주로 교토대 인문과학연구소, 교토대 문학부, 궁내청(宮內廳) 서릉부(書陵部), 일본국회도서관, 세이카도분코(靜嘉堂文庫), 손케이카쿠분코(尊經閣文庫), 도쿄대 동양문화연구소, 도요분코(東洋文庫), 나이카쿠분코, 호우사분코 등 11개 장서기관의 한적(漢籍) 목록을 토대로 작성되었다.

엄소탕(嚴紹璗) 선생은 20여 년에 걸쳐 『일본 소장 한적선본 서록(日藏漢籍善本書錄)』을 편찬하였으며, 여기에는 일본이 소장하고 있는 한적 선본 10,800여 종이 수록되어 있으며 이중 명대 별집이 1,335종, 총집이 95종에 이른다. 특히 이 목록은 문헌의 판본, 소장기관, 문헌 유통 정보 등을 상세하게 분석하고 소개하고 있어 연구자들에게 매우 가치 있는 자료로 활용되고 있다.

일본에 소장된 희귀 명대 시문집을 전문적으로 조사하고 고증한 것은 황인생(黃仁生) 교수가 쓴 『일본에 소장된 희귀 원 · 명대 문집의 고증 및 개요(日本現藏稀見元明文集考證與提要)』로서, 일본의 나이카쿠분코, 궁내청 서릉부 등 7개 장서기관의 원 · 명대 선본 문집 340종을 상세하게 소개하고 있다. 이 책은 판본 상태, 내용, 저자의 생애 등을 다루고 있으며 명인문집 307종, 유일본 100여 종이 포함되어 있다.

그 밖에 주명초(周明初), 팽지(彭志)의 『일본 소장 희귀 명사집보(日本所藏稀見明詞輯補)』, 왕조붕(王兆鵬), 하기와라 마사키(萩原正樹)의 『'전명사' 보편: 일본 소장 희귀 명인별집에 수록된 사집록(〈全明詞〉續補遺: 日本藏稀見明人別集所載詞輯錄之一(之二))』 등 모두 일본 소장 문헌을 활용하여 명대의 사(詞)를 보완한 것이다.

한국의 소장 문헌 조사에서 중국 고적문헌 목록을 최초로 편찬한 것은 샤쿠오 슌조(釋尾春芿)의 『조선고서목록(朝鮮古書目錄)』(1911)이며, 그 외에 『규장각도서중국본종합목록(奎章閣圖書中國本綜合目錄)』(1982), 『국립중앙도서관선본해제(國立中央圖書館善本解題)』(1970~1979) 등이 있다. 가장 완성된 목록은 전인초 교수가 편찬한 『한국소장중국한적총목(韓國所藏中國漢籍總目)』으로, 한국의 30종 도서목록에 수록된 12,500여 종의 중국 전적(典籍)을 집대성하였고, 이 중 명대 집부 문헌이 3,000여 종에 달한다. 연구팀의 1차 조사에 따르면, 이 중에 명대 집부 문헌의 유일본이 50여 종 있는 것으로 확인되었다.

베트남 문헌 조사와 관련하여 왕소순(王小盾), 유춘은(劉春銀), 진의주(陳義主)가 편찬한 『베트남 한남문헌목록제요(越南漢喃文獻目錄提要)』가 있으나, 이 책에 수록된 것은 모두 베트남 문헌 혹은 베트남 학자가 저술한 것이며, 중국 전적의 소장 상황에 대한 전면적 조사는 아직 이루어지지 않은 것으로 보인다.

2) 문헌 영인

일본의 소장 문헌에 있어서, 2001년 제로서사(齊魯書社)에서 출판한 『사고전서존목총서보편(四庫全書存目叢書補編)』에는 일본 나이카쿠분코에 소장된 장원정(張元禎)의 『동백장선생문집(東白張先生文集)』 등 명대 문인의 유일본 별집 6종이 수록되어 있다.

2008년부터 2015년까지 『역외한적진본문고(域外漢籍珍本文庫)』의 제1집에서 제5집까지 영인 출판되었는데, 여기에는 일본에 소장된 명인 별집 81종이 포함되어 있으며, 이 중 유일본이 39종에 달한다. 2017년에 출간된 『일본 소장 명인별집진본 총간 제1집(日藏明人別集珍本叢刊: 第一輯)』에는 일본이 소장하고 있는 희귀 명인 별집이 유일본 8종을 포함하여 11종이 수록되어 있다.

2018년 호개전(胡開全)이 편찬한 『명촉왕문집오종(明蜀王文集五種)』에는 일본 나이카쿠분코에 소장된 주춘(朱椿)의 『헌원예제집(獻園睿制集)』 17권 등 유일본 4종이 수록되어 있다.

2015년부터 현재까지 진광굉(陳廣宏), 후영천(侯榮川) 등은 일본에 소장된 명대 집부 문헌에 대한 전면적인 조사와 고증을 수행하고 있으며, 그 중 희귀 명대 집부 문헌을 우선 선별하여 정리하였다. 현재까지 『일본 소장 희귀 명인시문총집 휘간 제1집(日本所藏稀見明人詩

文總集彙刊: 第一輯)』, 『일본 소장 희귀 명인별집 휘간 제1집(日本所藏稀見明人別集彙刊: 第一輯)』, 『일본 나이카쿠분코 소장 희귀 명인별집 휘간(日本內閣文庫藏稀見明人別集彙刊)』 등 일련의 연구 성과를 책으로 출판하여 명대 시문 총집 33종과 별집 63종을 소개하였다.

한국에 소장된 문헌의 경우, 한국의 장서기관들이 한국을 비롯한 다른 나라의 학자들에게 영인 출판을 허가하는 데 있어 매우 신중한 태도를 보이고 있기 때문에, 현재 한국에 소장된 명대 집부 문헌의 정리 및 출판은 거의 이루어지지 않고 있다. 『한국성균관대 존경각 소장 한적 진본 총간(韓國成均館大學尊經閣藏漢籍珍本叢刊)』에 수록된 허흠(賀欽)의 『의려선생집(醫閭先生集)』 명각본(明刻本) 1종이 유일하다. 심지어 베트남에 소장된 명대 집부 문헌 유일본의 경우에는 현재까지 영인된 사례가 없다.

동아시아에 소장된 명대 집부 문헌의 유일본에 대한 조사와 연구는 이미 괄목할 만한 성과를 거두었지만, 여전히 보완할 점이 상당하다.

첫째, 문헌 조사가 충분하지 않아 포괄적인 문헌 정보를 파악할 수 없으며, 관련 문헌에 대한 서록 또는 제요도 부족한 상황이다. 일본이 소장하고 있는 명대 집부 문헌의 목록 작업은 비교적 잘 이루어졌고 희귀 문헌에 대한 학자들의 관심도 상당한 수준이나, 여전히 포괄적인 조사가 이루어지지 않은 데다, 특히 유일본에 대한 전문적인 수집과 연구는 더욱 드문 실정이다. 또한 한국, 베트남에 대한 전반적인 문헌 조사는 아직 미흡한 수준이고, 희귀 문헌에 대한 관심은 더욱 부족하여 더 많은 시간과 노력을 들여 조사할 필요가 있다.

둘째, 목록 편찬에서 관련 문제를 철저히 비교 검토하고, 가능한 한 원본을 직접 확인하여 정확한 정보를 제공해야 하지만, 기존의 문헌 조사와 검토 작업은 여전히 촘촘하지 못한 데다 저자, 판본 등 일부 목록에 기록된 정보에도 오류가 많다. 예를 들어, 『남거존고(南渠存稿)』 16권은 책의 각 권에 편차(編次)와 교정자만 명시되어 있을 뿐 저자는 기재되어 있지 않다. 나이카쿠분코의 목록에는 저자가 '왕찬(王贊)'으로 되어 있고, 『일본 소장 한적선본 서록』에도 '왕찬'으로 기록되어 있으나, 만사동(萬斯同)의 『명사(明史)』, 서건학(徐乾學)의 『전시루서목(傳是樓書目)』에서는 모두 이 책의 저자를 왕광(王爌)으로 기록하고 있다. 왕광은 황암(黃岩) 사람으로 홍치(弘治) 임술년(1502)에 진사가 되었고, 남경도찰원(南京都察院) 우부도어사(右副都御史)를 지냈다. 또다른 사례로 조경자(趙卿子)의 『현지집(玄芝集)』을 들 수 있다. 『일본 소장 한적선본 서록』에서는 "나이카쿠분코에는 동일한 판본의 『현지집』 3부가 소장되어 있다. 이 중 2부는 원래 모미지야마칸코(楓山官庫)에 소장되어 있던 것으로 각각 두 권씩이며, 나머지 1부는 원래 쇼헤이자카 가쿠몬죠(昌平坂学問所)에 소장되었던 것으로 한 권으로 구성되어 있다."라고 기록되어 있다. 그러나 현재 나이카쿠분코에 소장된 것은 2부 뿐이다. 첫 번째 판본[部]의 청구번호는 '集53-4'로 두 권이며, 두 번째 판본[部]의 청구번호는 '313-89'로 한 권이다. 전자는 권수(卷首)에 서문이 온전히 남아 있으나 목차가 없고, 후자는 권수 서문의 2장이 결락되어 있으나 목차가 있으며, 전자는 경체자(硬體字)로 쓰여 있고 각 권마다 권말에 시체(詩體) 수량이 기록되어 있으나, 후자는 연체자(軟體字)로 되이 있고 권4를 제외하고 서체 수량에 대한 기록이 없다. 또한 전자의 권1 하편에서 13장이 결락되어 있고 권2 말미에는 "그대는 보지 못하였는가 청해의 물가를[君不見青海濱]", "그대는 보지 못하였는가 빈한한 집에 여인이 있다는 것을[君不見貧家有女人易知]", "그대는 보지 못하였는가 비천한 노비와 늙은 여종이 맨발로 다니는 것을[君不見破奴老婢赤雙足]"이라는 제목 없는 시행(詩行) 세 편이 추가되어 있고, 후자의 권

1 하편에는 11장이 결락되어 있다. 두 판본을 비교해보면, 청구번호 '313-89'가 초각본(初刻本)이고, '集53-4'가 후각본(後刻本)으로 판단된다. 이처럼 판본상의 차이 및 오류에 관한 문제는 여전히 많이 존재한다.

셋째, 동아시아에 소장된 명대 집부 문헌 중 이미 정리되어 출판된 자료들에서 중복된 영인본이 많다. 예를 들어, 2008년부터 2015년까지 출판된 『역외한적진본문고』 제1~5집에서는 일본이 소장한 희귀 명인 별집 81종의 영인본이 수록되어 있고, 『일본 소장 명인별집진본 총간 제1집』에는 일본이 소장한 희귀 명인 별집 11종의 영인본이 수록되어 있는데(이 책의 「서문」에서는 "본 총서에 수록된 문헌이 총 12종"이라고 기재되어 있다), 이 중 소자(蕭鎡)의 『상약거사집(尙約居士集)』은 『역외한적진본문고(域外漢籍珍本文庫)』 제4집에 수록되어 있고, 임춘택(林春澤)의 『인서옹시집(人瑞翁詩集)』, 이찬(李瓚)의 『문시집기(聞詩集紀)』, 조정송(趙廷松)의 『폐추집(敝帚集)』, 이방광(李邦光)의 『소주고(少洲稿)』 등 4종은 『역외한적진본문고』 제5집에 수록되어 있다. 또한, 부적절한 저본(底本) 선정의 문제도 있다. 예를 들어, 유후(劉珝)의 『고직선생문집(古直先生文集)』은 총 16권 부록 1권으로 구성된 문집인데, 『역외한적진본총간(域外漢籍珍本叢刊)』 제4집에서는 나이카쿠분코에 소장된 가정(嘉靖) 9년 판본으로 영인하였다. 이 문집은 『사고전서존목총서』, 『명별집총간 제1집』, 『원국립북평도서관갑고선본총서』에서도 각각 영인되었는데, 이 중 『사고전서존목총서』에 수록된 국립도서관 소장의 가정 3년 판본이 가장 우수한 저본으로 평가된다.

넷째, 일부 명대 집부 문헌의 글자는 판각 인쇄 과정에서 일부 페이지의 먹색 농도가 고르지 않은데, 대부분 명대 문헌은 흑백으로 영인하여 보정 과정에서 배경의 회색 부분을 제거하다보니 먹색이 옅은 글자가 불완전하게 보이는 경우가 발생한다. 이로 인해 학자들이 원본을 확인하지 않을 경우, 종종 원본의 글자 자체가 손상된 것으로 오해하기도 한다. 예를 들어, 나이카쿠분코에 소장된 정덕(正德) 12년 서간본(序刊本)인 장원정의 『동백장선생문집』 24권은 중국 국내외에 단 한 부만 남은 유일본이다. 『사고전서존목총서보편』 제75권은 이 유일본으로 영인 출판하였는데, 여기에도 이러한 문제가 다수 발견된다(아래 그림 참고. 왼쪽은 『사고존목(四庫存目』영인본이며, 오른쪽은 필자가 촬영한 원본임).

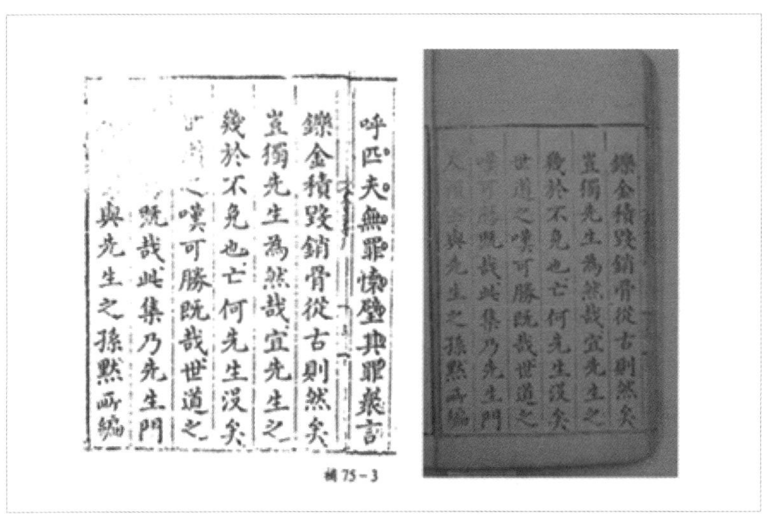
嗚呼匹夫無罪懷璧其罪衆言
鑠金積毁銷骨從古則然矣
豈獨先生爲然哉宜先生之
幾於不免也亡何先生沒矣
[illegible]之嘆可勝既哉世道之
[illegible]既哉此集乃先生門
[illegible]與先生之孫黙所編
補 75-3

앞으로 동아시아에 소장된 명대 집부 문헌의 정리와 연구는 여전히 희귀 문헌에 대한 조사와 연구가 중심이 되어야 한다. 기존 연구 성과를 충분히 활용하여 이를 바탕으로 가능한 한 포괄적이고 철저하게 조사하고, 비교와 대조를 통해 핵심 원본을 선별하여 적합한 방식으로 출판해야 한다. 이와 같은 대규모 문헌 발굴 작업은 명대 집부 문헌의 부족한 부분을 메우고 명대 문헌의 전반적인 체계 구축을 위한 중요한 자료를 제공할 뿐만 아니라, 현재 연구를 통해 메타 문학 개념의 한계를 넘어 명나라 문학 현장에 충실히 접근하고 이를 복원하는 데 기여할 것이다. 또한 동아시아 관점에서 명대 문학과 그 특징을 체계적으로 검토할 수 있는 기반이 되어줄 것이다.

5. 지역사적 관점과 명대 시문 전파의 공간적 차원

명대 시문 연구는 문헌 정리가 상대적으로 뒤처져 있을 뿐만 아니라 연구방법과 사고방식에 있어서도 어려움을 겪고 있다. 명대 문인들은 한나라와 당나라를 창작의 기준이자 모델로 삼고 스스로를 '한당(漢唐)을 초월했다'고 자부하였다. 그러나 연구자들은 주로 당송(唐宋) 시문을 기준으로 명대 시문을 평가했고, 그 결과는 명대 문인의 자기 인식과는 상반되는 결론으로 이어졌다. 장배항(章培恒) 선생은 『전명시(全明詩)』 서문에서 "우리 역사에서 명나라는 한(漢), 당(唐)과 비교할 때 자랑스럽게 여길 만한 시대는 아니다.…… 실수를 통해 배운 교훈은 성과에서 얻은 경험 못지않게 중요하다. 그러므로 우리는 명대의 연구에 충분한 관심을 기울여야 할 것이다."[22]라고 언급하였다. 왕조문학사의 관점에서 한당(漢唐) 이후 형성된 예술적 전통을 기준으로 명대의 시문 창작을 살펴본다면, 이러한 결론도 크게 문제될 것 같지는 않다.

에드워드 쉴즈(Edward Shils)는 『전통(Tradition)』에서 "전통이란 시간의 흐름 속에서 받아들여지고 전해지는 주제를 중심으로 한 일련의 변형"이라고 주장하였다. 이러한 관점에서 명대 시문을 사고하고 인식해 볼 때, 과연 변화를 일으키는 변수는 무엇일까? 시대를 막론

---

22) 장배항(章培恒), 『전명시(全明詩)』, 「전언(前言)」, 상해고적출판사, 1990, 1쪽.

하고 문학의 창작은 시간과 공간이 결합된 산물임에 틀림없다. 만약 명대 문인들이 시문 창작을 자신의 시대와 송(宋), 원(元)을 넘어 한·당과 연결하려 한 것이 시공간적 착오라고 한다면, 이전과 오늘날의 연구자가 한·당을 예술적 미학 전통의 불가변한 척도로 삼아 명대를 평가하는 것 또한 시공간적 착오라고 볼 수 있지 않을까?

지역 연구는 지역사 전통의 전개와 함께 비교적 이른 시기에 사회사와 경제사 연구에 활용되었다. 윌리엄 스키너(G.William Skinner)는 『중화제국 후기의 도시(The City in Late Imperial China)』라는 저서에서 "중국의 영토를 행정구획으로 개념화하는 이러한 특징은 또다른 공간적 차원에 대한 이해를 방해하였다."라고 지적하였다. 그가 말한 또 다른 공간적 차원은 사회경제적 차원인데 이에 대해 그는 "지방의 사회경제적 현상은 주로 그 지방과 해당 지역의 경제 계층 내 위치에 의해 좌우되며, 정부의 계획이나 배치에 의한 것은 아니다."[23]라고 강조했다. 이는 국가의 정치적 구획을 넘어 이른바 아홉 개 구역의 공간적 형태를 설명하려는 의도가 담겨 있다고 볼 수 있다. 하마시타 다케시(濱下武志)는 조공무역체계에 대한 연구에서 지역적 관점을 활용하여 동아시아 역사의 진행 과정을 재구성하였는데, 특히 정치적 구획이 아닌 중앙, 지방, 토사(土司) 및 기미(羈縻) 지역, 조공국, 무역국이라는 다섯 개 동심원 구조를 활용하여 중국의 세계 체계를 이해하고자 하였다.[24] 또한 해양 지배 질서 내에서 상하 계층 구조를 구축하여 조공, 회동관(會同館), 해상무역 등 공식적인 질서 아래 더욱 광범위하고 기초적인 민간무역을 드러내는 데 주력하였

23) 윌리엄 스키너(G.William Skinner) 편, 엽광정(葉光庭) 등 역, 『중화제국 후기의 도시(中華帝國晚期的城市)』 서문, 중화서국, 2000, 1쪽.

24) 하마시타 다케시(濱下武志) 저, 왕옥여(王玉茹) 등 역, 『중국, 동아시아와 세계 경제(中國·東亞與全球經濟)』, 사회과학문헌출판사, 2009, 16~22쪽.

다.[25] 민족국가 개념에서 '국가'와 '세계'를 기준으로 삼는다면, 전자의 '지역'은 국가보다 작은 단위이고, 후자는 국가와 세계 사이에 위치한 중간 규모의 단위일 것이다.[26]

문학 연구 내부에서 다국적 지역사적 접근에 대응하는 것은 주로 역외한적(域外漢籍) 연구와 동아시아 한문학 연구이다. 이미 광서(光緖) 6년에 양수경(楊守敬)이 주일대사 하여장(何如璋)의 수행원으로 일본에 따라가 그곳에 흩어져 있는 중국 고서들을 수집하여『일본방서지(日本訪書志)』를 저술하였고, 여서창(黎庶昌)의 부탁으로 일본에 소장된 비본(秘本)을 조사하여『고일총서(古逸叢書)』200권을 간행하면서 역외한적에 대한 관심을 불러일으켰다. 이후 동강(董康)의『서박용담(書舶庸譚)』, 손해제(孫楷第)의『일본 도쿄에서 본 소설 목록(日本東京所見小說目錄)』, 부석화(傅惜華)의『나이카쿠분코 방문서기(內閣文庫訪書記)』등 연구가 연이어 등장하였다. 이 학자들은 주로 사료와 문헌의 측면에서 역외에 주목했으며, 그들의 문헌 작업은 기본적으로 당시의 문학적 개념, 학술적 방법과 맞물려 진행되었기 때문에 소설과 희곡, 중세 및 중세 이전 시대의 문헌 수집에 특히 주력하였다. 1980년대 이후, 동아시아 한문화권을 중심으로 한 역외한적 연구가 점차 활발해지면서 지식 개념의 전면적인 갱신이 이루어졌다. 새로운 자료의 발굴 또한 민족 문명에 대한 관심에서 전적 문헌에 대한 관심으로 전환되었고, 그리하여 본토에서 이미 산실된 문헌이나 송 · 원대 희귀 문헌에 대한 조사와 연구에 초점이 맞춰졌다.

---

25) 『중국, 동아시아와 세계 경제』, 95~96쪽.

26) 왕휘의 정의에 따르면, 전자는 국가 행정구획에 따른 지역적 서술을 의미하며, 후자는 민족국가를 기반으로 한 다국적 지역 서술을 의미한다. 왕휘(汪暉), 『동서양 간 티베트 문제(東西之間的西藏問題)』 중편2 「지역주의에 대한 두 가지 서술」, 생활 · 독서 · 신지삼련서점, 2014, 151쪽 참조.

이에 따라 한문화권 내부에서 문화의 전이든 관념의 이동이든 간에, 서적은 직·간적접인 독서 자료로서 동아시아 내부의 문화 구조에서 더욱 중요한 역할을 담당하게 되었다.[27]

명대 문학의 공간적 측면에서 동아시아 지역을 논하기 위해서는 근세의 사회문화적 구조에 접근할 필요가 있다. 조공무역체계는 서구 학계에서 일반적으로 사용되는 개념으로, 중·서양 간 충돌이라는 배경에서 '충돌-반응' 모델과 같은 다양한 역사적 개념을 설명하기 위한 방식으로 자리를 잡았다. 그러나 이러한 입장을 배제하고 역사적 사실로만 본다면, 명대 대외무역교류의 영역이 이전 시대에 비해 비교적 뚜렷한 변화가 있었음을 알 수 있다. 갈조광(葛兆光)은 동아시아 해역을 새로운 역사적 세계로 보고, 그 시간적 단락을 '몽골시대 이후'로 설정하였는데, 이는 특별한 의미를 담고 있다. 15세기 전후, 명 제국의 교류 중심이 서북에서 동남으로 전환된 것이 핵심인데,[28] 이로 인해 동부 아시아 해역이 공시적인 무역, 문화 교류의 장이 되었다. 중세 유라시아 대륙의 빈번한 내부 교류와 달리, 근세 동아시아 주변국들은 편리한 해상무역을 통해 새로운 교류의 판도를 구성하는 요소가 되었다. 이러한 의미에서 장백위 교수가 새로운 세기의 역외한적 연구를 지난 세기의 돈황 연구와 같은 선상에 둔 것은 매우 적절한 판단이라고 본다.[29] 이는 근세 문학 연구에서 역외한적이 갖는 의미가 중세 문학 연구에서 돈황학이 갖는 의미와 거의 동일하기 때문이다.

---

27) 장백위(張伯偉), 「방법으로서의 한문화권에 대한 재논의(再談作爲方法的漢文化圈)」, 『문학유산』, 2014, 제2기 참조.

28) 갈조광(葛兆光), 「역사적 세계로서: 몽골시대 이후의 동부아시아 해역(作爲一個歷史世界: 蒙古時代之後的東部亞洲海域)」, 『문사철(文史哲)』, 2022, 제4기.

29) 장백위, 「신자료·신문제·신방법: 역외한적 연구의 세 단계(新材料·新問題·新方法:域外漢籍研究三階段」, 『사학이론연구(史學理論研究)』, 2016, 제2기 참조.

동아시아 지역과 근세 사회의 특수한 연관성을 인정하면, 둘의 연결을 통해 보다 풍부하고 방대한 연구 자원으로 활용할 수 있으며, 이는 명대 문학 연구를 확대하는 데 있어 중요한 의미가 있다. 동아시아 각국의 교류는 근세시대에만 국한된 현상이 아니라는 점은 틀림이 없다. 중국 시문이 최초로 일본에 전해진 것은 한위(漢魏) 시대까지 거슬러 올라가지만, 명대 전후로 한적의 동전(東傳) 방식에서 근본적인 변화가 일어났다. 나라, 헤이안 시대에는 주로 견당사(遣唐使)와 유학생들이 서적을 가져오는 방식에 의존하였으나 도쿠가와 막부는 나가사키항을 개항하여 중일무역을 전개함으로써 한적이 주요 상품으로 꾸준히 유통될 수 있게 되었다. 상업 출판이라는 거대한 흐름도 명나라에 '각본(刻本) 문화'를 각인시켰다. 이때 서적 전파와 소장이 용이해졌고 지식 교류의 효율성도 높아졌는데, 이는 지역 내부뿐만 아니라 명대 문학이 동아시아 전반으로 전파되는 과정에서도 확인할 수 있다. 전통적 관점에서 송대 이전 중국 문학이 일본에 전해지는 데는 약 100년의 시차가 있다. 그러나 에도 초기의 유학자 후지와라 세이카(藤原惺窩, 1561~1619)와 그 문하의 지식세계를 고찰해 보면, 칠자파(七子派), 성령파(性靈派), 명대 문장학을 포함한 명대 문학의 지식 자원이 명 만력(萬曆)부터 청 강희(康熙) 초 · 중엽에 걸쳐 이미 일본에 완전히 전해졌음을 알 수 있다.[30] 단부작 명집(明集)을 중심으로 살펴보면, 당시 중일 서적 유통의 편리성을 더욱 체감할 수 있다. 예를 들어, 호우사분코에 소장된 명 숭정(崇禎) 6년(1633) 장주(長洲) 진씨(陳氏)의 서간본 『진태사무몽원집(陳太史無夢園集)』은 간에이(寬永) 13년(1636)에 일본이 매입하였는데, 이는 소주

30) 진광굉(陳廣宏), 「명대 문학 동전과 에도 한시의 당송 논쟁(明代文學東傳與江戶漢詩的唐宋之爭)」, 『상해사범대학학보(上海師範大學學報)』, 2010, 제6기.

에서 간행되고 3년 만에 일본에 팔린 것으로, 북방의 각 주부(州府)로 전파되는 것보다 더 빠른 것으로 보인다. 잠정 통계에 따르면, 대량의 유일본 명집(특히 명 말기 별집)이 일본에 매입된 시기는 간에이 시대 전후로, 이 저술들은 청대 문인의 문화적 비판을 받기 이전에 이미 문화상품으로서 일본에 빠르게 판매되어 이후 체계적으로 소장되었다. 더 포괄적으로 살펴보면, 명 말기 유행한 문학서적은 대부분 일본으로 수출되었으며, 이 중에는 청대에 제한된 전겸익(錢謙益), 왕양명(王陽明) 등의 저술[31]뿐만 아니라 명대 문인이 가공하여 제작한 고전문학총집도 포함되어 있다. 이반룡(李攀龍)이라는 이름으로 출판된 『당시선(唐詩選)』이 그 대표적인 사례로, 이 책과 파생된 서적들은 이후 일본의 에도 시대 초기에 유행한 당시(唐詩) 도서가 되었다. 따라서 중국 서적이 처음 일본에 대량 유입되었을 때, 일본은 명대 문학과 그 관련 요소를 핵심으로 한 일련의 지식체계를 전체적으로 '복사'한 것이라 말할 수 있다.

청나라 강희 23년(1684) '해금령 해제' 이후, 상인의 해외무역이 허용되었고 일본을 오가는 중국 무역선[唐船]의 수가 급격히 증가하였다.[32] 이에 당시 본토에서 체계적으로 소장, 각인된 명대 문학 서적 또한 빠른 속도로 일본 시장에 유입되었다. 그 이후 근대 메이지 시대까지 청 제국과 교류하면서 청대 문인의 문학 관념이 점차 일본으로 전파되었다. 그러나 여러 정황을 보면, 청대 문학의 지식 개념이 명대 문학에 대한 일본의 기존 인식과 평가를 근본적으로 뒤

31) 대목강(大木康), 진정굉(陳正宏), 「명말 강남 지역의 출판 문화와 그 동아시아에서의 영향(明末江南的出版文化及其在東亞的影響)」, 『문휘학인(文彙學人)』, 2015. 6. 19.

32) 오바 오사무(大庭脩) 저, 척인평(戚印平) 등 역, 『에도시대 중국 전적의 일본 전파에 관한 연구(江戶時代中國典籍流播日本之研究)』, 항주대학출판사, 1998, 9쪽 참조.

흔들지는 못한 것으로 보인다. 에도 초기 조오(承應) 2년(1653)부터 메이지 31년(1899)까지 240여 년 동안 일본에서 편찬된 명대 시문 선본(選本)을 조사한 결과, 전반적으로 시간 순서에 따라 비교적 고르게 분포된 양상을 보였다. 이는 청대 중엽 이후 명대 문인 서적에 대한 금지 및 소각 풍조와는 확연히 다른 모습이다. 덴메이(天明), 간세이(寬政) 시기 전후로, 명대 시문 선본의 간행 수가 약간 감소하긴 했으나, 이는 일본 고문사파(古文辭派)의 쇠락 및 성령 문학의 부상과 직접적인 연관이 있다. 이러한 사조는 야마모토 호쿠잔(山本北山) 등이 공안파의 성령문화를 수용하면서 시작되는데, 당시 출판된 『원중랑 선생의 서간(袁中郎先生尺牘)』, 『삼가절구(三家絕句)』(서위, 원굉도, 종성 등 저) 등을 보면, 명대 문학과 관련한 요소가 근세 일본에서 재구성되었음을 알 수 있다. 분세이(文政) 8년(1824), 모미지야마분코(紅葉山文庫)에서 문고 관리직인 서물봉행(書物奉行)을 맡았던 하야시 줏사이(林述齋)의 여섯째 아들 하야시 아키라(林檉)가 『중정어서적목록(重訂禦書籍目錄)』을 편찬하였는데, 이 목록의 집부 별집 항목에는 총 724종의 책이 수록되어 있고, 그 중 명대 이전 별집이 202종, 명인집(明人集) 476종, 청인집(清人集) 46종이 포함되었다. 또한 여집(餘集) 항목에는 별집 29종이 수록되어 있는데, 그 중 26종이 명대 문인의 별집이다. 일본이 근세에서 근대로 거의 전환되던 시점에도 명인 별집의 수집은 여전히 중요한 위치에 있었다. 더구나 모미지야마분코는 초대 쇼군인 도쿠가와 이에야스가 설립한 도서관으로 공식적인 유학 교육을 주도하였는데, 이는 명대 문학이 근세 일본 문학 및 문화에 지대한 영향을 미쳤음을 보여주고 있다. 따라서 메이지 시대에 이르기까지 다나베 신노스케(田邊新之助)와 같은 학자들은 『명십가시선(明十家詩選)』을 편찬하여 명대 문인의 한시문(漢詩文)을 학습하는 방편으로 삼은 것이다.

이상은 근세 사회 구조 속에서 조공무역체계와 상업문화가 해역 양쪽에 영향을 끼치면서 에도 초기의 일본이 명대 문학과 문화로부터 폭발적인 지식 유입을 받아들였다는 사실을 말해주고 있다. 이러한 지식 수용을 기점으로 하나의 완전한 지식 체계가 형성되었고, 이는 근세 일본이 자신만의 문화적 체계를 형성하는 데 중요한 자원이 되었다. 명대 문학과 그 고전문학에 대한 이해는 일본이 한문학 전통을 학습하는 데 필수적인 요소가 되었으며, 이러한 과정 속에서 일본의 명대 시문 비평은 청대 문인의 문화적 비평과는 구별되는 양상과 특징을 보였다.

진한(秦漢)의 문학과 당시(唐詩)가 명대 문인에 의해 고전으로 자리잡은 것과 달리, 명대 시문 자체는 시간의 흐름에 따라 확장되었으나 중국 본토 문학의 고전 계보에 완전히 포함되지는 못하였다. 반면에 일본의 명대 시문 수용은 공간적 차원에서 전개되어 고전 반열에 오르는 과정을 거쳤고, 이 과정은 근세 일본의 한학(漢學) 사상의 발전 과정과 복잡하게 얽혀 있어 일반 문학의 고전화(古典化) 과정과 달리 서로 영향을 주고받는 쌍방향적 형태를 보인다. 이는 명대 문학 연구에 더욱 독특한 의미를 부여하고 있다.

역자: 전현정(성균관대)

『청인저술총목(清人著述總目)』의 편찬 전말

/
두저쒼(杜澤遜)
(산동대학 문학원)

1.『청인저술총목』의 성격

『청인저술총목』은 중국 정부의 청사(清史) 편찬 사업으로 2004년 9월에 시작되어 거의 20년이 되었다. 학계, 특히 목록 · 판본 전문가들이 큰 관심을 갖고 있으며, 본고에 이 사업의 편찬 과정에 대해 간략하게 기술하기로 한다.

먼저『청인저술총목』의 성격에 대해 기술한다.『청인저술총목』은 청나라 사람의 저서를 기록한 방대한 서적 목록으로, 청나라 사람의 저서 약 22만 7천 종을 포함하고 있다. 2002년 8월, 중국 정부는『청사(清史)』를 중수(重修)하도록 비준했다.『청사』 재수정 사업 중 중핵 사업은 총 160개이고 이 사업들이 중국 국가 사회과학 중핵 사업이나 교육부 중핵 사업에 해당한다.『청인저술총목』은 바로 그 중 하나이다. 필자는『청인저술총목』뿐만 아니라『청사(清史) · 예문지(藝文志)』(원고 제출 후 청사 편찬위원회가『청사(清史) · 전적지(典籍志)』로 개명)도 동시에 담당하였다. 두 사업은 각자의 부분을 담당하는데 서로 대체할 수 없으면서 매우 밀접한 관계가 있다.『예문지』는 바로『청인저술총목』에서 엄선된 것으로 청인 저술 3만 종이 기록되어 있다.『청사』 사업을 맡은 전문가들 중 두 부분을 맡은 사람은 필자뿐이다.

『청인저술총목』은 청나라 사람의 저서(存書 · 佚書)를 수집한 것이고 비저서 형식인 서류(檔案) · 계약서(契約) · 서찰(書札) · 비첩(碑帖) · 서화(書畫) 등은 수록되지 않았다. 한문(漢文)이 아닌 저서도 수록되지 않았다. 한문과 비한문(非漢文)을 대조한 저서, 예를 들어 만한합벽본(滿漢合璧本)은 수록되었다. 청인이 청나라 이전 저서에 대한 선택, 평가, 주석 및 집일(輯佚) 등도 모두 수록되었다. 청인이 청나라 이전의 저서를 다시 새긴 것은 수록되지 않았다. 청인이 번역한 외국 저서는 수록, 명청교체기 인물의 저서 중 확실히 명대에 완성된 책은 수록되지 않았다. 청과 민국 교체기 인물의 저서, 즉 민국 10년 이전의 시문사(詩文詞) 별집(別集)은 수록되었다. 창작 시간이 비교적 길기 때문이다. 창작 시기가 분명히 신해혁명 이후인 시문사집(詩文詞集)은 수록되지 않았다. 나머지 경부(經部) · 사부(史部) · 자부(子部) 중 시문사집이 아닌 저서와 한역 서학서(漢譯西學書)는 중화민국 초년 이전까지만 수록되었다.

2. 『청인저술총목』의 구성과 출처

『청인저술총목』은 경부(經部) · 사부(史部) · 자부(子部) · 집부(集部) · 서학부(西學部) · 총서부(叢書部) 6부분으로 나뉘며, 각 부는 하위 부분인 유(類)과 속(屬)으로 나뉘고, 더 나눌 수 없을 때까지 더 작은 부류로 나눠진다. 모든 종류의 책은 저자의 연대에 따라 배열되었다. 지리류(地理類)와 방지류(方志類) 저서는 지역에 따라 배열되고 동일한 지역은 연대순으로 배열되었다. 전기류(傳記類) 저서는 전기 주인의 연대순으로 배열되었다. 가보류(家譜類) 저서는 성(姓)의 획수에 따라 배열되고 동일한 성은 지역에 따라 배열되었다. 집일(輯佚) 및 주석류(注釋類) 저서는 원작자의 연대에 따라 배열되었다.

각 저서에는 제목, 권수, 저자, 본적, 저술 방법, 판본, 소장지 및 출처가 표시되었다. 같은 저서의 제목이 다른 경우 저서 뒤에나 판본 뒤에 표시되었다. 분권(分卷)이 없거나 권수가 없는 경우, 판본 뒤에 권수가 표시되었다. 판본이 많은 경우 3~4종을 선택하며, 초판본(初刻本) · 족본(足本) · 고본(稿本) · 관각본(官刻本) · 근대 정리본(晩近整理本)이 우선이다. 일반 방각본(坊刻本) · 석인본(石印本) · 배인본

(排印本)은 생략되었다. 각 판본에는 모두 소장지를 표시하고 있으며, 소장지가 하나 이상인 경우, 3~4곳을 비교하여 큰 곳을 선택하였다. 판본 뒤에 출처가 표시되어 있고 출처가 많은 경우 권위 있는 출처를 선택하였다. 지역 문헌인 경우 판본과 수집자가 없으면 출처만 표시하였다. 시문사집 중 해마다 간각되는 경우, 족본으로 목록을 작성하고, 앞에 나온 각 권의 수가 적은 경우 뒤에만 표시하고 별도의 목록을 작성하지 않았다. 방지와 족보는 책 제목이 같지만 한 번 증수(增修)할 때마다 일종의 신간으로 간주되며, 구판으로 간각하더라도 별도의 목록을 작성해야 한다.

범희증(范希曾)은 "역대 예문경적지(藝文經籍志)는 모두 선택된 서목이지, 전부가 아니다. 저속하고 비열한 저서들이 얼마나 많은데 어찌 다 실을 수 있겠는가?"라고 하였다.(중화서국(中華書局) 『청사고 예문지 및 보편(清史稿藝文志及補編)』 부록 『범희증의 청사고 예문지에 대한 평가(范希曾評清史稿藝文志)』) 『명사(明史) · 예문지(藝文志)』와 『청사고(清史稿) · 예문지(藝文志)』는 모두 폭넓은 범위의 저서가 수록되어 있으나 전체적으로 수록되지 않았다. 그러면 『청인저술총목』도 선택하면서 수록해야 하는가? 우리는 선택하지 않고 청나라 사람들의 저서라면 형식과 수준을 가리지 않고 모두 수록하기로 결정했다. 즉, 향후 『청인저술총목』에서 보이지 않는 청대 저서는 누락된 것으로 간주될 수 있다. 우리는 감히 선목(選目)을 구실로 이떤 지술도 버릴 수 없고, 선목이라는 구실로 누락을 변호할 수도 없다.

우리 자료의 출처는 각지에 소장되어 있는 서목이다. 우선 현존 고적을 수록한 대형 서목이다. 예를 들어 『중국고적선본서목(中國古籍善本書目)』 · 『중국총서종록(中國叢書綜錄)』 · 『중국지방지연합목록(中國地方志聯合目錄)』 · 『중의도서연합목록(中醫圖書聯合目錄)』 · 『중국중의고적총목(中國中醫古籍總目)』 · 『중국가보총목(中國家譜總目)』 · 『동북지구고적선장서연합목록(東北地區古籍線裝書聯合目錄)』·『내몽고자치구선장고적연합목록(內蒙古自治區線裝古籍聯合目錄)』·『북경도서관고적선본서목(北京圖書館古籍善本書目)』·『북경도서관보통고적총목(北京圖書館普通古籍總目)』·『사천성도서관장고적서목(四川省圖書館藏古籍書目)』·『복단대학도서관고적간명초고(復旦大學圖書館古籍簡目初稿)』·『북경사범대학도서관중문고적서목(北京師範大學圖書館中文古籍書目)』, 그리고 홍콩, 대만, 일본, 한국, 미국 등 국가나 지역에 소장되어 있는 중국 고적 서목도 포함되어 있다. 한국의 경우『한국소장중국한적총목(韓國所藏中國漢籍總目)』이 포함되어 있다. 연대가 조금 이른 장서목록도 포함되어 있고, 예를 들어『강소성립국학도서관도서총목(江蘇省立國學圖書館圖書總目)』·『북경인문과학연구원소장서목록(北京人文科學研究院所藏書目錄)』·『팔천권루서목(八千卷樓書目)』·『서수루장서목(書髓樓藏書目)』·『장초재서목(萇楚齋書目)』 등이 있다. 경안서목(經眼書目)으로『판서우기(販書偶記)』·『판서우기속편(販書偶記續編)』·『판서경안록(販書經眼錄)』 등은 장서 목록과 동등하게 수록된다. 대형 요약목록, 예를 들어『사고전서총목(四庫全書總目)』·『속수사고전서총목제요(續修四庫全書總目提要)』도 포함되어 있다. 지견서목(知見書目), 예를 들어『청인별집총목(清人別集總目)』·『청인시문집총목제요(清人詩文集總目提要)』·『청사고(清史稿)·예문지(藝文志)』·『청사고예문지보편(清史稿藝文志補編)』·『청사고예문지습유(清史稿藝文志拾遺)』도 포함된다. 전문 목록도 중요한 출처이고, 예를 들어『고전희곡존목휘고(古典戲曲存目彙考)』·『중국분성의적고(中國分省醫籍考)』·『만명사적고(晚明史籍考)』·『역대부녀저작고(歷代婦女著作考)』·『홍루몽서록(紅樓夢書錄)』 등이 있다. 또다른 출처는 지방 문헌목록으로 예를 들어『강소예문지(江蘇藝文志)』·『완인서록(皖人書錄)』·『안휘성관장완인서목(安徽省館藏皖人書目)』·『산동통지(山東通志)·예문지(藝文志)』·

『산동문헌서목(山東文獻書目)』·『광동문헌종록(廣東文獻綜錄)』·『호북예문지급보유(湖北藝文志及補遺)』·『중주문헌총록(中州文獻總錄)』·『역대중주명인존서판본록(歷代中州名人存書版本錄)』·『양절저술고(兩浙著述考)』·『운남서목(雲南書目)』·『귀주고적문헌제요목록(貴州古籍文獻提要目錄)』·『산서문헌총목제요(山西文獻總目提要)』·『온주경적지(溫州經籍志)』등 총 600여 종의 서목이 있다. 일부 서목은 중복되는데 예를 들어 각 지역에 소장되어 있는 방지 서목이나 전통의학 서목은 더 이상 수록되지 않았다. 그렇지 않으면 양이 더 많아질 것이다.

저서 목록 외에도 일부 도서관의 카드 목록도 사용했으며 주로 천진도서관(天津圖書館)·절강도서관(浙江圖書館)·청화대학도서관(清華大學圖書館)·산동성도서관(山東省圖書館)·산동대학도서관(山東大學圖書館)·하남도서관(河南圖書館)(경부)이 있다. 온라인 도서 목록으로 북경국가도서관(北京國家圖書館)·북경대학(北京大學)·중국과학원(中國科學院)·상해도서관(上海圖書館)·남경도서관(南京圖書館) 등 주요 도서관을 중점으로 점검하였다. 그 중 상해도서관의 온라인 도서 목록의 품질은 비교적 높다. 이 목록들은 대부분 검색 기능이 없어서 충분히 활용하지 못해서 유감이다.

3.『청인저술총목』의 편찬 과정

우리의 작업은 기본적으로 5단계로 나뉘어 진행해 왔다. 첫 번째는 장편 작성, 두 번째는 항목 병합, 세 번째는 분류 배열, 네 번째는 원고 재검토, 다섯 번째는 색인 작성이다.

첫 번째로는 장편(長編)작성이다. 우리는 '청인저술총목 참고 서목 편찬(編纂清人著述總目參考書目)'의 두 초안을 확정하고 각 서목과 도서관의 약칭을 확정했다. '청인저술총목 카드 작성 세부 규칙(清人著述總目抄製卡片細則)' 25조를 제정하고 많은 샘플을 첨부하여 '청인저술총목 분류표(清人著述總目分類表)'를 정했다. 그런 다음 산동대학도서관(山東大學圖書館) · 산동성도서관(山東省圖書館) · 산동대학 문사철연구원(山東大學文史哲研究院) · 산동대학교 문학원(山東大學文學院) · 산동대학교 역사문화학원(山東大學歷史文化學院) · 청화대학(清華大學) · 중산대학(中山大學) 등지의 전임인원, 석사, 박사 학생들을 초청하여 문서 카드를 각자 만들었다. '세부 규칙'에 대한 자세한 설명 외에도 각 저서 목록도 구체적으로 연구하고 목록 특징에 의해 10개 이상의 '주의 사항'을 만들며 참가자들에게 직접 설명하였다. 설명을 한 후 참가자에게 직접 카드 몇 개를 만들게 하여 그가 숙지하였음을 확인한 후 다시 가지고 돌아가 계속 완성하도록 하였다. 번체자, 간체자의 경우 그대로 베껴서 수정하지 않았다. 2004년 9월 1일부터 2006년 3월 초까지 카드 작성 작업이 기본적으로 완료되었으며, 참가자 수는 약 160여 명, 만든 항목은 100만 조 이상, 인터넷에서 다운로드한 약 20만 조를 포함하여 총 124만 조(이후 새로 출판된 도서 목록인 『중국가보총목(中國家譜總目)』을 포함하여 총 130만 조)에 달했다. 3개월 동안, 모든 카드를 저자의 이름 병음(拼音)에 따라 재배열하여 중복된 항목을 삭제할 수 있도록 동일한 저자의 저서를 병합한 것이었다. 2006년 5월 말에 카드 작성 작업이 완료되어, 장편 작성 작업이 끝나기까지 실제로 1년 8개월이 걸렸다.

두 번째 단계는 항목을 병합하는 것이다. 이것은 2006년 6월 초부터 시작했다. 먼저 '청인저술총목 조목 병합 세부 규칙(清人著述總目合併條目細則)' 26조를 규정하여 다양한 상황에서 어떻게 처리해야 할지에 대해 세부 규정을 마련하였다. 참가자들은 약 15명 내외, 모두 고전문헌학 전공 석사 · 박사 · 박사후생이다. 1인당 하루 4시간씩 작업하고 휴일에도 쉬지 않았다. 필자는 매일 오전, 오후, 저녁 시간까지 연구실에 나오고 참가자들과 함께 일하여 하나를 보면 열을 알 수 있도록 세부 항목들을 검토하고 문제를 지적하였다. 더불어 모든 사람의 문제에 대해 수시로 토론하고 해결하였다. 이를 통해 참가자들 모두 일정 기간을 거쳐 기본적인 요령을 터득하였다. 매년 여름방학에 우리는 하루에 8시간씩 한 달을 따로 일하였다. 수백만 항목을 병합하는 과정에서 많은 오류를 잡고 수정하여 각 청인 저서의 서명 · 권수 · 저자 · 본적 · 판본 · 분류 · 저자의 자(字)와 호(號) · 과거 급제 · 생몰년 등의 측면에서 많이 개선되고 품질도 크게 향상시켰다. 항목별 간의 모순, 차이, 서로의 보완은 '장편'의 우월성과 '상호 교정'의 참뜻을 뼈저리게 느꼈다. 이 과정을 통해 대부분 중복 항목이 통합되었다. 중복된 카드를 선택할 때 일반적으로 권위 있는 출처와 번체자 항목을 보유하고, 수준 낮은 저서, 간체자, 휘갈겨 쓴 항목은 삭제되었다. 삭제된 항목의 유용한 정보는 보유된 카드에 자세히 기록했다. 각 저자의 본적을 거의 다 추가했고, 각 카드에는 저자의 연대가 표시되었으며, 각 저서는 어느 부(部), 어느 유(類), 어느 속(屬)에 실어야 하는지 표시했다. 2008년 8월까지 항목 병합 작업이 기본적으로 완료되었으며 9월 초, 집중 토론을 통해 항목을 병합하는 과정은 사실상 수준을 부단히 향상시키는 과정이라고 생각한다. 앞의 병합된 항목이 아직 아쉬움이 있다고 생각하여 동일 저자와 관련된 항목들이 집중되는 기회를 이용하여 거의 1년에 걸쳐 재검토를 한 후, 비로소 2009년 7월에 첫 번째 검토가 완료되었다. 이어서 실제 상황에 따라 2차 검토를 수행했으며 '2차 검토 세부 규칙(二次覆核細則)' 27조를 작성하여 사례 문제를 해결하는 데 중점을 두었다. 2009년 겨울에 2차 검토를 완료했고 3단계 분류 배열로 넘어갔다.

세 번째 단계, 분류 배열이다. 항목 검토를 여러 번 진행했기 때문에 분류 및 저자 연대 문제가 기본적으로 해결되어 분류 배열이 비교적 순조롭게 진행되었다. 2009년 6월까지 거의 다 분류되었고 팀 구성원들이 각자 심사 및 배열 작업을 담당하며, 나머지 비교적 어려운 소설류와 희곡류는 대학 졸업 예정자이며 곧 대학원 진학을 앞둔 장학겸(張學謙), 이한광(李寒光) 두 명이 해보았다. 분류 배열의 어려움은 경 · 사 · 자 · 집 · 서학 · 총서의 6개 부(部)를 나누는 것이 아니라 6개 부 아래에서 다시 유(類)를 분류하고 유 아래에서 또다시 속(屬)을 분류하는 것이다. 이 과정에서 우리는 실제 상황에 따라 많은 탐색적인 작업을 시도해봤다. 또다른 어려움은 지리류와 지역 문헌의 분류이다. 먼저 지역에 따라 분류해야 하며, 전기 문헌은 해당자의 생활 연대에 따라 배열되어야 한다. 성씨 문헌은 먼저 성, 지역, 그리고 저자 연대에 따라 배열해야 한다. 다시 검토하고 조를 짜야 해서 매우 복잡하다. 그리고 소설, 희곡, 서학의 2급, 3급 분류는 통일된 분류 기준이 부족하고 소설에 대한 분류는 특히 어렵다. 우리는 여러 시도를 하였지만, 단지 참고로밖에 생각할 수 없다. 2010년 말까지 경부(經部)의 일부가 완료되었고 컴퓨터에 입력하기 시작했다. 그 후에 원고 및 입력은 동시 진행 단계에 들었다. 2011년 6월 초, 카드 검토 작업이 완료되었으며 카드 형식의 『청인저술총목』 초안이 완성되었다. 2011년 7월 말에 입력 작업이 완료되고 이에 따라 첫 번째 수정 작업도 마무리해서 전자판 『청인저술총목』 초안이 형성되었다. 우리는 『청인저술총목』을 통해 청인의 저서 수가 229,301종이라는 것을 처음 알게 되었다. 이전에는 『청사고 예문지(清史稿 藝文志)』 · 『청사고 예문지 보편(清史稿藝文志補編)』 · 『청사고 예문지 습유(清史稿藝文志拾遺)』를 통해 청인의 저술 수를 약 75,000종이라고만 알고 있었는데, 현재 파악된 정보는 약 3배인 23만 종에 달한다. 중복 항목을 추가로 삭제하기 위해 2011년 8월에 책 제목과 저자에 의해 재배열하고, 동일한 항목을 일일이 검토하여 많은 중복 항목을 제거하며 일부 오류를 수정했다. 9월 초에 두 번째 초안을 완성했으며 약 228,000개 이상의 저서를 기록했다. 2011년 9월 말에 두 번째 전면 수정 작업이 완료되었다. 2012년 4월까지 교정 작업을 마치고 세 번째 초안을 완성했다. 그 후 통일된 체제와 소량 수정을 거쳐 예비 원고가 형성되었다. 통계에 따르면 청인의 저술 수는 227,510종이며 전목은 1,200만 자 이상이다. 『청인저술총목』의 편찬 작업은 기본적으로 완료되었다.

네 번째 단계는 원고를 재검토하는 것이다. 『청인저술총목』과 『청사고 · 예문지』 두 사업의 재검토 작업은 항상 동시에 진행된다. 다음은 '예문지' 개정, '총목' 판본 있는 항목 수정, '총목' 판본 없는 항목 수정, 이 세 작업의 과정을 간략하게 소개한다. 2014년 4월부터 2018년 7월까지 우리는 『청사고 · 예문지』를 전면적으로 재검토했다. 동시에 수정된 『청사고 · 예문지』를 이용하여 『청인저술총목』 전자 파일을 수정했다. 2016년 7월 5일부터 2019년 7월까지 『청인저술총목』 속에 판본이 있는 항목을 전면적으로 재검토하여 저서의 출처를 확인하고 문제가 있는 경우 종이책에 주석을 달았다가 주석에 따라 전자 파일을 수정했다. 2017년 3월부터 10월까지 『청인저술총목』 속에 판본 없는 항목을 재검토했다. 주로 지방지 및 기타 지방 문헌의 디지털 자료를 확인한 것이다. 현재 우리는 원래의 인원을 조직하여 『청인저술총목』 샘플을 검토하는 중이며 2024년 1월 1일까지 완성할 수 있을 것으로 예상된다.

다섯 번째 단계는 제목과 저자 색인 작성이다. 색인은 약 75만 개 300만 글자이다. 2025년에 완성될 예정이고 2026년에 중화서국에서 출판될 예정이다.

이상의 서술로 본고의 논의를 마친다.

역자: 파양(巴揚)(산동대)

에도막부의 모미지야마문고(紅葉山文庫)와 목록

/

스미요시 도모히코(住吉朋彦)
(게이오 기쥬쿠 대학)

1. 들어가며

일본의 전적 수장 행보를 고찰할 때 에도막부가 구축한 모미지야마문고(紅葉山文庫)를 제외하고는 생각할 수 없다. 모미지야마문고는 일본 장서의 역사에서 척추를 이루는 중요한 역할을 한다. 이 문고는 일본의 각종 고전을 전하고 있을 뿐만 아니라 널리 동아시아의 전적을 정선(精選)하여 수집하는 등 다양한 가치를 갖고 있다.

조직으로서의 모미지야마문고는 에도시대에는 '고쇼모쓰구라(御書物庫)', '오쿠라(御庫)'라고, 또는 중국식으로 '풍산관고(楓山官庫)'나 '비각(秘閣)'이라고도 불리며 정이대장군(征夷大将軍: 쇼군)의 집안을 관리하는 어서물방(御書物方) 아래 놓여 있었으나, 그 기능은 에도막부 말기, 1866년(게이오 2)에 이르러 정지되었다. 그로부터 150년 이상 지나며 장서의 대부분은 보호되어 왔으나 분산과 혼합으로 인해 그 윤곽을 파악하기 어렵게 되었다. 이에 개별 전적의 존재를 이해하기 위해서는 서적 집산(集散)의 동태를 파악하는 '구장서 연구'가 필요하다.

본고에서는 문고의 성립과정, 장서의 가치, 문고를 뒷받침한 조직과 인사들을 소개하고, 그들이 관여한 목록 해제의 편집과 출판을 개괄하면서, 근현대에까지 이르는 문고의 계승을 살피고자 한다.

2. 문고의 성립

도요토미 히데요시 사후 1600년, 천하의 대세를 결정짓는 세키가하라 전투(関ヶ原の戦い)에서 승리한 도쿠가와 이에야스는 일본의 정권을 잡은 정이대장군에 임명되고, 쇼군의 집정 기관인 막부 개설을

위해 오늘날의 간토 지방인 에도(江戸)를 차지하며 성시 정비에 나섰다. 그러던 중 막부 설립 전 해인 1602년에 이에야스는 에도성 후지미테이(富士見亭) 지역에 문고를 창설했다고 한다. 후지미테이는 현재의 황궁, 구 에도성 혼마루(本丸)에 남아 있는 후지미야구라(富士見櫓) 근처에 있던 시설이라 추정된다. '에도막부의 장서'로서의 문고라는 의미는 여기서 비롯되었다.

이에야스는 1603년에 쇼군이 되어 막부를 열고 1605년에 장남 히데타다(秀忠)에게 쇼군직을 일찍 물려주고 스스로는 슨푸(駿府, 현재의 시즈오카 시)에 은거하며 그 후견자가 되었다. 이후 이에야스는 교토 시절부터 임용해 온 유학자 하야시 라잔(林羅山)과 선승 이심숭전(以心崇伝)에게 장서의 수집과 관리 및 활용을 맡기고 1616년에 사망할 때까지 여러 차례에 걸쳐 후손들에게 장서를 나누어 주며 이를 계승하도록 하였다.

처음 후지미테이 문고에 어떠한 서적이 들어갔는지에 대한 자세한 내용은 밝혀지지 않았다. 막부의 기초를 구축하는 작업의 일환이므로 쇼군의 집정에 바탕이 되는 전적이 선택되었을 것이라 짐작된다. 예를 들어 이에야스는 문고 개설 전 해인 1599년부터 11년에 걸쳐 교토 후시미(伏見)의 서암산(瑞巖山) 원광사(円光寺)에서 같은 목적으로 『공자가어(孔子家語)』와 『정관정요(貞觀政要)』, 『아즈마카가미(吾妻鑑)』 등의 전적을 활자로 간행하였는데, 이 책들의 서목은 곧이어 막부에도 수록되었을 것이다.

1614년 4월 28일, 슨푸의 이에야스는 안도 시게노부(安藤重信)를 통해 에도의 장남 히데타다에게 명판본 『본초강목(本草綱目)』 40권을 하사했다고 전한다.(後藤光次, 『駿府記』 同日条; 近藤正斎, 『御本日記附注』) 이어서 같은 해 7월 27일에는 역시 나루세 마사타케(成瀬正武)를 통해 조선판 『찬도호주주례(纂図互註周礼)』 이하 30종 490권의 한적과 조선본을 양도하였다고 한다.(後藤光次, 『駿府政事録』 同日条; 林述斎等 『御書籍来歴志』) 이것들은 에도 쪽에서 부족한 부분을 보충하기 위해 히데타다가 요청한 것이다. 이에야스가 이에 응하며 문고의 기초를 구축하는데 공헌하였다. 이를 이후의 기증과 구별하여 '게이초 오유즈리본(慶長御譲本)'이라고 부른다.

게이초 오유즈리본에는 경전과 역사서도 있지만 유가의 성리학서와 문집이 주를 이룬다. 조선본에는 이색의 『목은시정선(牧隱詩精選)』과 정사룡의 『호음잡고(湖陰雜稿)』, 1462년과 1536년의 『황화집』이 있다. 이 3종을 포함하여 현재 30부 중 22종의 전승본이 확인되는데, 그 중 20종까지가 조선본이라는 점이 큰 특색이다. 3종 이외에는 한적이라 해도 조선시대 교서관 활자본이나 주희의 『자양문집(紫陽文集)』과 같이 중국의 유포본과는 다른 조선 전승본이어서 모미지야마문고 구축의 기초에 조선 한학이 유입되었음은 분명한 사실이라 할 수 있다.

그런데 같은 시기에 이에야스는 교토의 '고잔(五山)' 사람들에게 명하여 일본의 고전을 다수 베끼도록 시켰다.(남선사 승려 이심숭전의 『본광국사일기(本光國師日記)』 「慶長19至20年条」). '고잔(五山)'이란 불교의 선종 교단이 국가의 지원과 관여 속에 구축한 관립 주요 사찰을 일컫는 말로, 고잔을 중심으로 한 조직 제도 전체를 지칭하기도 한다. 일본에서는 정치의 실권을 장악한 쇼군이 시주(施主)가 되어 공사(公私)의 종교 시책과 문사(文事) 자문을 고잔 선승에게 요청하였다. 이에야스는 이 전통을 확장하고 자신의 서적 수집을 위해 고잔 사람들을 기용하였다. 고잔 각 절에서 각각 10명, 최소 50명의 학승이 남선사(南禅寺)에 모여서(고잔 위의 별격인 남선사까지 포함하면 60명), 단기간에 다수의 서적을 베끼었다. 이 일은 중세 이전 일본의 서적 역사에서 매우 드물었던 집단 필사 사업이었다.

일본의 고전이라고 해도 필사된 것은 거의 한자 문헌이다. 구체적으로는 고대의 법률인 『율(律)』과 『영(令)』, 901~23(延喜 연간)에 집성된 그 시행 실칙 『연희식(延喜式)』을 비롯하여, 궁중의 의식 절차, 『일본서기』를 비롯하여 국사(國史), 공가(公家)의 일기, 『회풍조(懐風藻)』나 『관가문초(菅家文草)』 등의 시문집들이 그것이다. 현재 40여 종이 전존하는데, 대개는 세로 30cm 남짓의 대본(大本), 이에야스 취향의 짙은 감색의 유광 표지를 갖추고 백저지(白楮紙)에 선장(線裝)한 장정이며, 각 책마다 필체가 하나씩으로 여러 사람이 함께 필사한 책이다. 권수가 많은 서목에서는 한 사람이 여러 책을 맡고 있었으니, 예를 들어 45책의 『연희식』에서는 적어도 20개 정도의 필체가 확인된다.

필사자는 거의 알 수 없으나, 『속일본기』나 『명월기(明月記)』에 보이는 필체의 하나는 건인사(建仁寺) 양족원(兩足院)의 승려로 나중에 관에서 지급하는 '석학료(碩学料)'를 받은 학승 이봉동예(利峰東鋭)임이 밝혀졌는데, 이러한 점에서 각 사찰을 대표하는 문필 승려가 선정된 것으로 보인다. 또 『본광국사일기(本光国師日記)』에 따르면, 그 저본은 고요제인(後陽成院)이나 고미즈오텐노(後水尾天皇)의 고쇼(御所), 쿠조케(九条家), 니조케(二条家), 이치조케(一条家)나 다카쓰카사케(鷹司家), 산조니시케(三条西家), 하무로케(葉室家), 레이제이케(冷泉家), 미부케(壬生家) 등으로 전통을 자랑하는 황실이나 교토 공가(公家)들의 필사본을 이에야스의 권위를 이용해 제공하도록 시킨 것으로, 매우 훌륭한 자료들이다. 후에 이 책들을 '게이초고샤혼(慶長御写本)'이라 부르며 막부에서도 중시하였고, 황궁이나 니조케의 원본들이 불에 타서 사라졌을 때 이를 다시 필사하려는 요청에도 응하였다.

교토에서 후시미판(伏見版) 간행에 성공한 이에야스는 조선활자 인쇄술을 정착시키는 것을 목표로 만년에 다시 동활자 인쇄를 통해 쓰루가판(駿河版) 『대장일람집(大蔵一覧集)』과 『군서치요(群書治要)』를 인출한다. 특히 『군서치요』는 가마쿠라 막부의 요인이 베낀 가나자와문고(金澤文庫) 구장 필사본에 기초한 인쇄본으로 본문의 가치가 높다. 이에야스는 1616년 4월에 사망하면서 『군서치요』의 완성을 볼 수 없었으나, 나중에 이 책들도 몇 부가 막부에 수장되었다.

가장 중요한 서적의 계승은 1616년 이에야스 사망 후 그 유언에 따라 하야시 라잔이 실행한 슨푸(駿府) 장서의 분배였다. 이에야스의 아들들 중 에도막부를 이끄는 히데타다(秀忠), 오와리 나고야 번주가 된 요시나오(義直), 기이 와카야마(紀伊和歌山) 번주 요리노부(頼宣), 히타치 미토(常陸水戸) 번주 요리후사(頼房)가 분배 대상이었으나 그 분량은 균등하지 않았다. 무가(武家)의 동량이 가져야 할 핵심 장서는 에도의 히데타다, 즉 막부의 어분코(御文庫)에 인계되었다. 그 수량은 50종에 이르는 것으로 추산되는데 여기서 주목할 만한 것은 그 서품(書品)이다.

무가 장서의 핵심은 가나자와문고본 소장본이다. 한 예로 가마쿠라 막부 요직을 대표하는 호조 사네토키(北条実時)가 베끼기 시작해, 그 후손들이 보충한 가마쿠라 시대의 필사본 『군서치요』 또한 이에야스가 직접 활자 인쇄를 시도한 후 히데타다에게로 인계되었다. 이 책은 고대 말 헤이안시대 전기의 명군(名君)으로 꼽히는 우다 덴노(宇多天皇)가 유계(遺誡)로 친황의 후계자에게 일독할 것을 권하고 천황의 스승이 박사 가문(博士家)에서 형성된 훈법을 따라한 형태로 무가(武家)에 이식되었던, 역대 위정자의 견식의 근원이자 권위 계승의 상징이었다.

마찬가지로 사회적 의미를 지닌 문화 유품은 모두 막부 어문고에 수록되었다. 이 책들은 모든 번의 책들을 포함하여 후에 '스루가오유즈리본'이라고 불렸다. 여기서는 원화(元和) 시대에 에도막부로 분배된 것만을 가리켜 '원화오유즈리본(元和御讓本)'이라고 한다. 이로써 '장서'의 기초가 히데타다 시기에 완성되었다.

이어서 3대 쇼군 이에미쓰(家光)의 시대에, 부친 히데타다의 사후 1633년에 신설된 막부 각료 '와카토시요리(若年寄)' 아래로 '서물봉행(書物奉行)'이 임명되어 조직적인 장서 활용의 기점이 마련되었다. 또 1639년에 에도성 니시로마루(西の丸)의 모미지야마(紅葉山) 기슭에 서고가 신설되어 그곳으로 이전하였으며, 이 시설이 막부 말기 메이지 시대까지, 여러 차례의 증수를 거치면서 유지되었다.

모미지야마는 에도막부가 열리기 이전에 조성된 도관 해자(道灌堀)를 내려다보는 성내의 자연 제방이다. 그곳에는 무가의 수호신으로서 닛코(日光)에 받들어 모신 도쇼궁(東照宮) 즉 이에야스의 영위(靈位)가 나누어 모셔졌고, 이후 쇼군의 묘 또한 차례로 증설되어 역대 쇼군들이 정기적으로 참배하는 영지였다. 이에미쓰가 이 땅으로 문고를 옮긴 것은 분명히 이에야스 유품의 존재를 막부의 정신적 지주로 삼으려는 의도일 것이다. 그리하여 이에미쓰를 통해 문고의 조직적 기초도 완성되어 이에야스로부터 시작한 일본문화 계승 사업이 모미지야마문고로서 막부 내부에 도입되었다.

3. 장서의 가치

문고의 발전 과정에 대해 본 장에서는 대표적인 장서 몇 가지를 소개함으로써 문고의 특색을 지적하고자 한다.

1267~1268년에 필사된 『춘추경전집해(春秋経伝集解)』 30축(軸)은 가나자와문고에서 전래된 것으로서, 『군서치요』와 마찬가지로 명경(明經) 박사인 기요하라 가문(清原家)의 유학자들에게 부탁하여 가

나자와문고를 일으킨 호조씨(北条氏) 가문에서 직접 만들고 사용했던 필사본이다. 본 축은 당나라 필사본 이래의 옛 모습을 거의 온전하게 유지하고 있으며, 헤이안 시대 박사 가문의 훈법(訓法)을 더한 『춘추』의 최선본(最善本) 중 하나로 중세 무가의 지식 세계를 조명한 전적이다. 이처럼 수당(隋唐) 시대에 기원을 둔 일본 고대 한학의 전승을 유지하고 전통 지식과 그에 기초한 정치의 상징인 가나자와문고본을 다수 포함한 것이 모미지야마문고의 가장 큰 특색이다.

가나자와문고본의 또다른 양상으로 가마쿠라 시대에 배로 건너온 송판본을 많이 수장하고 있는 점을 들 수 있다. 예를 들어 송나라 악사(樂史)가 찬술한 『태평환우기(太平寰宇記)』는 남송의 광종 시대(光宗, 1190~1194) 이후 촉나라에서 새긴 판본으로 호접장(胡蝶裝)의 옛 형태를 유지하고 있다. 일단 가나자와문고에 입수된 후 중세 후기에 문고 밖으로 유출된 것을 에도막부에서 수집해 모미지야마 어문고에 전달했다. 본 첩은 전체 200권 중 49권만 남은 잔본이지만 중국에는 청나라 시대 필사본만 전할 뿐인 자료다. 가나자와문고본은 유일한 옛날 판각본이라는 점과 또한 청본에 빠져 있던 권113~119의 6권을 보충하는 선본(善本)이라는 점에서 일찍부터 중국의 양수경(楊守敬) 등이 주목하여 『고일총서(古逸叢書)』에 그 영각(影刻)을 수록하고 있다.

본 책이 막부에 수장된 것은 에도후기 이전(후술할 『중정어서적목록(重訂御書籍目録)』 수록)의 어느 시점인지 명확하지 않지만, 원화오유즈리본(元和御讓本) 안에도 1199년(宋 慶元 5) 간행본 『태평어람』, 남송 공주(贛州)의 주학간본(州学刊本) 육신주(六臣注) 『문선(文選)』이 포함되어 있다. 즉 가나자와문고본의 송판을 수장한 것은 이에야스 이후의 방침이었으나, 그 후에도 계속해서 집적되었다. 『태평환우기』 이외에도 이를테면 1803년에 대학두(大学頭)였던 하야시 줏사이(林

述斎)의 건의에 따라 민간에 흩어진 가나자와문고 구장본(송 효종 시기(1162~1189)) 간행 단소본(単疏本) 『상서정의(尚書正義)』를 수집하여, 그 전본(全本)을 모미지야마문고에 수장한 일은 큰 공적이었다. 이렇게 문헌 계승에 주의를 기울인 이에야스의 지침은 후대 모미지야마문고의 내실화를 이끌었다.

한편, 이에야스의 게이초오유즈리본(慶長御譲本)이 거의 조선판으로 구성되어 있음을 앞 장에서 서술하였다. 그중에는 조선의 교서관에서 만든 금속활자 인쇄본도 포함되어 있다. 예를 들어 갑인자 보자본(補字本)인 『진서산독서기을집상대학연의(真西山読書記乙集上大学衍義)』·『이태백문집(李太白文集)』·『황화집』, 을해자본 『문산선생문집(文山先生文集)』·『당음(唐音)』·『독두시우득(読杜詩愚得)』, 갑진자본 『문장변체(文章辨体)』(序目: 乙亥字), 을유자본 『신당서(新唐書)』가 있으며, 그 외에 미상의 금속활자본 『호음잡고(湖陰雑稿)』[1]도 있다. 원화오유즈리본(元和御譲本) 중에도 갑진자본 『문헌통고』가 보인다.

이 중 『문장변체』에는 1555년 임보신(任輔臣)에게, 『문헌통고』에는 1558년 윤의중(尹毅中)에게 내린 내사기(内賜記)가 있다. 일련의 활자 사용 연대로 볼 때 어느 것이건 대략 16세기 인쇄본으로 보인다. 말할 것도 없이 임진·정유년 조선을 침략한 행위가 그 전제가 될 것이지만, 다만 이에야스가 직접 한반도에 진출한 것은 아니며 게이초 시기(1596~1615) 이전에 일본에서 수집한 것이다. 그러나 역시 아무리 권력자인 이에야스가 힘을 썼다고 해도 단기간에 이 정도로 수집을 할 수 있던 배경에는, 조선으로부터 대량의 서적이 유입되었기 때문으로 오늘날 일본 사회의 여러 방면에 조선 전중기 인쇄본의 침투와 유통이 인정된다.

---

1) 역자주: 국내 학계에서는 『호음잡고』를 목활자본으로 보고 있다.

그 결과 조선에서 전래된 인쇄본은 모미지야마문고의 커다란 구성 요소를 이루게 되었다. 다만 그 수장 경로는 동일하지 않다. 예를 들어 에도 중기 서적 수집에 힘쓴 분젠 사에키(豊前佐伯) 번주 모리 다카스에(毛利高標, 1755~1801)도 자신의 '사에키문고'에 조선본을 수용했는데, 그 컬렉션도 대부분 1827년에 들어와 막부에 수장되었다. 사에키문고 중에는 1437년 발문 갑인자 간본 『역대장감박의(歷代將鑑博議)』와 같은 희귀서도 있다.

모리 다카스에는 에도 중기의 도자마 다이묘(外様大名: 도쿠가와의 일족이나 초기 공신이 아닌 다이묘)로서 그렇게 크지 않은 번정(藩政)을 책임지며 호학의 다이묘로 전국에 이름을 알렸다. 특히 한적을 중심으로 한 그 수집 서적은 질과 양 모두에서 월등했다. 그러나 후대에 농민들의 반란이 영내까지 침입하면서 무사 직위에서 밀려 날 위기에 처한 손자 다카나카(高翰)가 1827년에 장서의 대부분인 809종 18,305점을 막부에 헌납했다. 막부에서는 이듬해 그것을 창평횡(昌平黌: 막부의 학교)과 모미지야마문고로 나누어 수장하여 오늘날까지 전한다. 저명한 명판본 『도장경(道蔵経)』 4,115첩은 그 중에서 가장 큰 것이다.

일본 고전의 경우도 한문에 자국문자(가나)로 된 작품을 포함해 다양하게 축적되었는데 여기서는 생략한다. 이 밖에도 새로 건너온 명청 판본의 수장은 1639년 쇄국 이후에도 나가사키를 통해 계획적으로 이루어졌으며, 특히 제8대 쇼군이 계획한 중국 지지(地志) 수집 사업은 막부 말기까지 유지되어, 최종적으로 864종 8,420점을 헤아리는 세계 최대 규모의 컬렉션이 되었다. 거기에 더해 요시무네(吉宗)는 기독교의 종지(宗旨)에 관여하지 않는 범위에서 네덜란드를 통한 서양서적 수입의 금지를 해제했으며, 이렇게 들어온 난학서도 처음에는 모미지야마문고에 배치되었다. 이로써 이에야스의 문화 전승을 기둥으로 삼고 후손들이 한층 더 살을 붙이고 시야를 확대해 나간 일이 장서를 통해서도 짐작된다.

또한 조선이나 류큐와의 외교 관계부터 양자 간에 교환된 국서와 그 문서들도 모미지야마문고의 중요한 수장품이 되었는데, 이들 상황에 대해서는 추후 전문가의 분석과 연구에 맡기고자 한다.

4. 문고의 조직과 사람들

제1장에서 막부 기관으로서의 문고는 1633년의 서물방(書物方) 설치에서 시작되었음을 말하였다. 서물방에는 직접 편집한 연혁사인 「시말기(始末記)」(『元治增補御書籍目録』 제43책)라는 저술이 있다. 이 책에 따르면 당시의 막신 중에서 세키 마사시게(関正成), 호시아이 도모카즈(星合具枚), 미쿠모 시게카타(三雲成賢), 니시오 마사야쓰(西尾正保) 4인이 서물봉행(書物奉行)에 임명되었다. 서물방은 도쿠가와 가신단을 통솔하는 와카도시요리(若年寄) 휘하에 있던 고난도방(小納戸方)의 직할로서, 이곳은 쇼군의 자문에 응하기 위한 사적인 정치 기관으로 자리매김하였다. 3대 쇼군 이에미쓰가 근신들을 와카도시요리로 삼아 가신단 통솔의 요체로 한 시정 개혁 과정에서 문고의 운영이 일정한 위치를 갖게 되었다.

1693년에는 동심(同心) 4명이 더 임명되었다. '동심'이란 봉행을 도와 용무를 수행하는 관리들을 말하는 것으로 '속리(屬吏)'라고도 불렀다. 당초에는 고난도방의 고용인들이 적절히 사무에 응하였는데, 이 무렵 용무의 확대로 전임자가 필요하게 되면서 기관으로서의 독립성을 높인 것으로 알려졌다.

또한 막부에는 '하야시케(林家)'라고 부르며, 하야시 라잔의 역대

자손에게 대학두(3대 鳳岡 이후)의 직책을 부여하여 막부 내각의 자문에 응했던 실질적인 학무 기관이 있었는데, 이들은 문고의 운영도 감독하는 위치에 있었다.

문고의 내정(內政)적인 성격은 막부 말기까지 변함이 없었고, 이에 근대의 도서관과 같은 공공기관과는 달랐다. 그러나 쇼군의 막부 내각 이외에도 하야시 가문이나 정식 루트를 통해 막신의 조사와 편집 용도에 따라 책을 대여하는 일도 있었다. 또한 다른 가문으로 서적을 제공하는 등 서적을 통한 사교나 분가(分家)에로의 서적 분배 등 가문의 정사(政事)에 참여하기도 했다.

1706년부터 1857년까지 150년 간의 용무를 기록한 『어서물방일기(御書物方日記)』가 남아 있다. 거기에는 서물방의 실제 작업이 기록되어 있는데, 이에 따르면 봉행들의 일상은 서적의 출납 · 대차 · 포쇄 · 수집 · 정리 · 보수 · 서목 편집 등의 사업이 중심이며, 함가(函架) 및 서고의 중수가 여기에 추가되었다. 『일기』의 빠진 부분을 보충한 자료로서 『어서물방연보 오보에가키(御書物方年譜覚書)』(내각문고 소장본과 리쓰메이칸(立命館) 대학 시라카와 시즈카(白川静) 기념동양문자문화연구소 소장 별본)도 있다.

서고의 설비는 1633년에 어떠한 설비가 모미지야마에 만들어졌으며, 1710에 기존 서고의 개축이 이루어졌다. 이것을 후에 '동어고(東御庫)'라고 불렀다. 1711년에는 '서어고(西御庫)'가 증축되었고, 1713년에는 다시 '신어고(新御庫)'가 축조되어 3동 체제가 되었다. 이 급속한 증축은 에도성 내의 사쿠라다 고쇼(桜田御所)에 살고 있던 도쿠가와 이에노부가 6대 쇼군이 되면서, 그 '사쿠라다어문고'의 책이 모미지야마에 합류했기 때문이다.

이에노부는 원래 '쓰나토요(綱豊)'라는 이름을 받고 가이 코부(甲斐甲府)의 번주를 맡고 있었는데, 이에미쓰의 손자였기 때문에 후사가 없는 5대 쇼군 쓰나요시의 양자로서 에도에 들어갔다. 도쿠가와 종가에서 독립한 별가 출신으로 이미 자신의 문고를 만들고 있었으며, 당시의 목록에 따르면 그 수가 400종 가까이에 이르고 있었다.(『관고서적목록(官庫書籍目録)』, 「사쿠라다어문고어서물목록(桜田御文庫御書物目録)」) 또한 앞 장에서 언급한 사에키문고 서적이 들어올 때에도 서고 증축이 요청되어 1830년에 또 한 동이 추가되면서 총 4동이 되었다. 단순히 봐도 이 시기 서적 증가의 방향성을 알 수 있다. 또한 서고 외에 포쇄나 봉행, 동심의 용무에 사용되는 '회소(會所)'라는 공간이 존재했다.

그런데 「시말기」 등의 문헌에 근거하면, 서물봉행의 인재(人材)와 용무는 에도중기 무렵부터 약간 변화가 일어난 것 같다. 우선 인재상으로는 1723년 쇼군 직속의 학자였던 시모다 모로히사(下田師古)가, 1732년에는 하야시 가문에서 배운 유학자 가쓰라야마 요시키(桂山義樹)가 서물봉행을 맡았다. 에도후기에는 천문방(天文方)의 다카하시 요시토키(高橋至時)나 오유자(奥儒者)로 일본과 중국의 학문에 통달했던 나루시마 미네오(成島峰雄), 훗날 대학두가 되는 하야시 후쿠사이(林復齋)가 서물봉행을 맡는 등, 학술과 지식을 갖춘 인재가 봉행을 담당하였다.

8대 쇼군 요시무네 시대(1716~1745)에 문고의 실학적 활용을 목표로 쇼군이 직접 서적의 수집과 참조를 구하였는데, 그에 대해 상세한 자문을 한 일이 후대의 인사에 반영된 것이다. 따라서 그 용무도 서적의 유지 · 정리에 더해, 수집과 복사 및 본문의 음미와 교정, 편집과 같은 문헌학적 내용으로 기울어져 갔다.

역대 봉행 중에서도 특이한 인재 중 한 사람이 1734년부터 1765년 사이에 재직한 후카미 아리치카(深見有隣)였다. 그는 1745년에 '나가사키의 일(長崎書籍ノコト)'에 애를 쓴 공적으로 상여금 3매(枚)

를 얻었는데, 이는 나가사키로 내항하는 청나라 무역상에게 발주하여 중국책을 수집하는 업무였다. 당시 요시무네가 중국 지방지의 수집에 열의를 갖고 있었기 때문에 특히 바빴다.

나가사키에서의 서적 수집은 에도 초기 이래 도착한 서적 목록을 회람하고 비주(批注)하여 수납으로까지 연결된 것이다. 예를 들어 게이오대학의 사도문고(斯道文庫)에 소장된 1632년 작성의 『신도서목록(新渡書目録)』과 같은 것이 그러한 활동을 보여주는 원자료이다.

한편 후카미 씨(深見氏)는 원래 발해 고씨(高氏)에서 성을 바꾼(발해, 후카미에서) 씨족으로, 고조(高祖) 수각(寿覚)이 명말 복건의 장주(漳州)에서 일본의 사쓰마(薩摩) 지방으로 내항하여, 1603년에 그곳에서 아들 초방(超方)을 낳았다. 초방은 16세에 아버지를 따라 명나라에 들어갔다가 1629년에 귀국하였는데, 후카미 다이쇼(深見大誦)라 불리며 나가사키에서 역관으로 활동하였다. 그의 아들이 아리치카(有隣)의 아버지가 되는 고겐타이(高玄岱), 즉 후카미 덴이(深見天漪)이다. 덴이(天漪)는 나가사키에서 중국인 대립(戴笠, 独立性易)에게 유학과 서예, 의학을 배우고 사쓰마 번의 의사로서 교토와 에도에 올라가서는 막부의 유관(儒官)이 된 유명한 인물로, 아리치카는 바로 그의 아들이다. 중국어 지식과 나가사키의 인맥을 지닌 아리치카가 자신의 능력을 인정받아 봉행에 임명된 것이다. 이렇게 전문성을 갖춘 실무자의 등용이 요시무네 시대의 특색이다.

또한 서물봉행 중 고증 저술 방면에서 큰 공을 세운 사람으로서는 곤도 세사이(近藤正斎)를 손에 꼽을 수 있다. 세사이는 1771년 에도 고마고메(駒込)에서 하급 막신의 아들로 태어나 1789년 출사하여 지력과 체력을 발휘해 두각을 보인 인물로서 처음에는 나가사키 봉행출역(奉行出役)에 임명되었다. 이 시기에 청나라 사람의 생활을 그림으로 설명한 『청속기문(清俗紀聞)』을 정리하고, 베트남을 바깥에서

서 바라보며 『안남기략(安南紀略)』을 저술하였다. 국외로 향하는 눈은 에조치(蝦夷地)의 감독(取締)을 맡는 일을 통해 더욱 확장되었으니, 러시아인의 남하 국면에서는 북쪽 한계의 에토로후토(択捉島)나 리시리토(利尻島)를 탐험하여 『변요분계도고(辺要分界図考)』를 작성해 보고하고, 마침내 막부의 외교 통사(通史)인 『외번통사(外蕃通書)』를 저술하였다.

세사이는 에조치 탐험 보고의 상으로 서물봉행에 임명되었는데, 여기서도 조사의 손길을 멈추지 않고 막부 장서의 연혁을 조사, 『우문고사(右文故事)』·『호서고사(好書故事)』·『정재서적고(正斎書籍考)』라고 하는, 일본 서지학의 창시가 되는 중요한 저작을 연이어 저술하였다. 만년에 세사이는 그 능력으로 인해 교만해진 경향이 있었다고도 하며, 집안 사람의 불미스러운 일로 인해 유수(幽囚)의 몸이 되어 생을 마감하였는데, 훗날 그의 공적은 크게 현창되었다. 사실 이 글 또한 그 기사를 저술의 근간으로 한다.

5. 목록해제

1) 창건 초기의 편목과 『관고서적목록(官庫書籍目録)』

모미지야마문고에 대해서는 장서에 목록이 첨부되어 있어 일찍부터 서목 편찬 사적(事蹟)이 잘 알려져 있다. 후지미테이문고가 창건된 1602년에 이미 도쿠가와 이에야스의 신임을 받은 엔가쿠지(円覚寺)의 승려 류하 젠슈(龍派禅珠, 호 寒松)가 아시카가 학교의 교장이 되어 그 지역으로 부임하기 직전까지 에도성에서 장서 정리를 맡고 있었다(『寒松古』). 이때 목록이 만들어졌을 것으로 보이지만 그 본문은 오늘날 전하지 않는다. 다만 1680년에 대학두 하야시 호코(鳳岡)가 '목록 8책을 개정하였다'고 기록되어 있으니, 그 이전에 목록이 있었음은 확실한 것 같다. 다만, 이때의 개정 목록도 전하지 않고 있다. 1716년에는 모미지야마에 합병된 도쿠가와 이에노부의 사쿠라다 어문고의 목록을 서물봉행이었던 마쓰다 치요우지(松田長治)가 편집했다고 한다.

그 외에 창건 시기의 내용을 담고 있는 것으로 보이는 목록으로 세이카도문고와 도호쿠대학 부속도서관 가노(狩野)문고에 『어문고목록(御文庫目録)』이 전한다. 이 목록은 서명을 이로하(いろは) 순서로 구분하여, 각 부에 속하는 서명과 그 책수가 1633년부터 1722년까지 연도 아래에 배열되었다. 부에 따라서는 처음에 연도와 책수 없이 서목만 열거한 특수한 편성이 있기도 하다.

본 목록을 고증한 나가사와 기쿠야(長澤規矩也) 씨는 서목을 검토하여 모미지야마문고에 한적이 수입된 기록을 추정하였다. 아오키 마사루(青木正児) 씨도 본 목록이 시작되는 1633년(寛永 16)이 모미지야마문고가 설립된 연도라는 사실로부터 나가사와 씨의 학설을 인정하며 각 부 처음에 서목만 있는 기사는 1632년 이전 후지미테이 시대의 장서라고 하였다. 그 후 오오바 오사무(大庭脩) 씨는 이것들이 1633년부터 나가사키에서 한적 등의 수입 서적을 조사하던 무카이 겐쇼(向井元升)가 작성하고 그 후손이 이어 적은 것으로, 모미지야마문고로 보낸 박재서(舶載書) 헌납 기록이라고 추정하였다.

일단 연도를 기록하지 않은 목록이 1632년 이전의 모미지야마문고 서목에 해당할 수 있을지를 검증해 보기로 한다. 앞서 언급한 게이초오유즈리본 중 한적류의 저록과 관련하여 『어본일기부주(御本日記附注)』에 수록된 하야시 가문 문서에 기록된 30종의 경우를 보면, 19종은 『어문고목록』 중에 같은 서명이 있고, 9종은 이칭(異稱)이나 오자로 보고 추정 가능한 명칭이 있으며, 나머지 2종은 전하지 않는다. 분류할 수 있는 28종에는 희귀한 조선서나 조선재편찬본의 한적이 포함되었고, 또한 하야시 가문 문서와 『어문고목록』이 양자 모두 후세에 전사된 것으로 정확할 수 없음을 고려한다면, 충분히 의미 있는 숫자라고 인정된다.

한편으로 원화오유즈리본 중의 한적에 대해서는 가나자와문고본 『군서치요』, 『외대비요방(外臺秘要方)』이나 남화본(南化本) 『문선』, 산조니시 사네타카(三条西実隆) 필사본 『사기』 등 주요한 도서가 보이지는 않지만, 가나자와문고본 『춘추경전집해』, 『태평어람』이나 명판본 종류는 기록되어 있다. 이러한 점은 별치의 귀중서를 기록하지 않았다고 생각할 수밖에 없는 것으로, 그러한 예외를 인정한다면 그 성격을 대략 추정할 수 있다. 다만, 이는 어디까지나 후세의 간접적이고 특수한 목적에 따른 편성으로, 모미지야마문고의 전모를 전할 수 없다는 점에서 주의가 필요하다. 또한 이 서목을 막부가 편집한 목록이라 볼 수는 없다.

현존하는 가장 오래된 막부의 목록은 『관고서적목록』인데, 이는 1716년 이전의 목록에 근거한 것으로 보인다. 먼저 성립과 유포 연대를 보면, (가칭)아라이 하쿠세키 기념관(新井白石記念館)의 설립을 응원하는 모임이 편찬한 『서물에의 애정(書物への愛-桜田御文庫と新井白石)』(編者, 2016)에서 지적한 것처럼, 이 목록에는 권5 「화서부(和書部)」의 『우관초(愚管抄)』 항목(47장 전반)에 '月光院様へ正徳六年上ル'라고, 또한 부록 「御小納戸ヨリ御預御書物目録」 마지막의 『증경(増鏡)』 항목(33장 후반) 전후 9부에 대하여 '月光院様上リ御書物無之'라는 주기가 있다. 이와 관련하여, 『서물방류첩(書物方留牒)』이라는 서물방의 기록장에 이들 문서를 포함한 13종이 1716년 2월 24일에, '이에노부의 후궁 겟코인(月光院) 가쓰타 데루코(勝田哲子)에게 바

쳤다(이 중 3종은 3월 5일에 반환)'라는 기록이 있다. 따라서 본 목록은 1716년 이후의 정황을 덧붙이고, 같은 해 이후의 편성을 베낀 것이다. 그 본문은 겟코인에게 바치기 이전의 편집에 근거한다고 할 수 있다.

그런데 본 서목은 전6책(5권, 부록 1권)으로, 경서와 이학(理學: 소학류를 세외한 경부와 사부 유가류를 합쳐 성리학 서적을 독립시킨 형태)의 권1에서 시작하여, 권2에 제자백가와 역사, 권3에 시문, 권4에 천문 · 지리 · 유서 · 병서 · 자서(字書) · 법첩(法書) · 의서 · 불서(佛書)와 잡다한 분류를 수록하고, 권5에는 총서를 뜻하는 잡품(雜品)과 화서(和書) 부를 두어 일단 완결하고, 다시 제6책으로 「사쿠라다어문고 어서물목록」, 「当申五月六日御小納戸ヨリ参候御書物目録」을 첨부하였다. 「사쿠라다문고목록」의 내용은 분류체로 경사(經史)에서 시작하지만, 후반부는 착종되어 있다. 고난도(小納戸, 에도막부의 직급)의 「御預」 목록은, 함번호에 따른 수납순으로 동질(同帙) 관계의 서적이 표시되는 등 현재의 배가(配架) 목록으로 되어 있다. 「申五月六日」 목록에는 분류가 없다.

본 목록의 저록법은 각 행마다 서목 일칙으로 하고, 아래 부분에 총수만 부기하는 간단한 것이지만, 드물게도 제목 아래에 송판(宋版) · 백지선본(白紙善本) · 조선본(朝鮮本) · 서본(書本)이라며 간행과 필사 형태나 판종을 간난히 기록하였고, 고주(古註) · 점본(点本)이라며 메모(書入)에도 주의하고 있다. 또한 동일 서목에 복수의 전승본이 있을 때는, 각본의 책수만을 상세하게 부기하였다. 간편한 방식인데다 이것이 이후 주도되었다고는 할 수는 없지만, 제본 변별(諸本弁別)의 맹아로 인정받고 있다.

현존본은 쓰루미 대학 도서관에 소장된 (에도 후기에) 필사된 중본(中本) 형태로, 오사(誤寫)가 많아 정격의 필사본이라 말하기는 어렵다. 공식적인 제작본이나 기증본이 아니라 편의적으로 필사된 여벌본으로 간주된다. 그러나 기록을 보면, 1716년 요시무네에게 서목 상정을 요구받은 하야시 호코(鳳岡)가 1680년에 개정한 목록 8책을 헌상했더니, 이후 사쿠라다어문고 목록의 편집을 명령했다고 한 것은 본서의 편성에 합치된다. 따라서 본 목록은 8대 요시무네의 시대 초기에 모미지야마문고를 활용하여 분산되어 있던 이에노부(家宣)의 장서도 문고에 집어넣을 준비로서 편찬된, 에도 중기 막부의 수정 서목 혹은 그 2차적 집성이라 생각된다. 후술하겠지만, 1720년에 서목을 새로 정하자는 이야기가 나왔고 이후 14년에 걸쳐 완성되었다는 점에서 본서의 내용은 그간의 정황을 전하는 것으로 보인다.

모미지야마 문고에서는 후세에도 수시로 새로 수장된 책의 목록을 만들어, 그 시기가 무르익으면 기존의 목록과 「소목록」을 합치는 편성이 반복적으로 이루어졌다. 이러한 점에서 새로 들어온 사쿠라다어문고본이 독립적인 부록의 지위에 놓인 것은 향보(享保) 연간 신정(新定)이 완료되기 이전에 편성되었기 때문으로 추정된다. 그렇게 보면 본 서목은 에도 중후기에 새로 들어온 지방지, 새로 판각된 관판, 1827년 모리 집안의 기증본 등은 포함되지 않는 한편, 조선본을 중심으로 하는 게이초오유즈리본, 희귀한 가나자와문고본이나 국서(国書)의 게이초어사본(慶長御写本)을 포함한 원화오유즈리본(元和御譲本)이 모두 포함되는 것으로 보아, 에도 중기 이전의 수장 상황을 기록했다고 보는 것이 타당하다. 우스이 가즈키(臼井和樹) 씨도 지적했듯이 어쩌면 「정편(正編)」은 1688년에 개정한 목록까지 거슬러 올라갈지도 모른다.

2) 향보 『신정어서목(新定御書目)』 · 문화 『신정어서목(新訂御書目)』

향보 시기의 목록 신정(新定) 작업은 14년이라는 긴 시간에 걸쳐 이루어졌다. 이는 3가지 단계로 인정되고 있어, 이제부터 그 순서를 따라 설명하기로 한다. 먼저 제1차로 향보 5년(1720) 3월 15일 쇼군의 측근 아리마 우지노리(有馬氏倫)가 하야시 류코(林榴岡)와 하야시 가쿠켄(林確軒)에게 서목 개정의 명을 내리면서, 처음 문고에서의 조사가 시작되었다. 이 편집은 반년 정도로 끝나 9월 1일에 「신정어서목 7책(新定御書目七册)」(이하 '신정서목'이라 간칭)이 상정되었다. 그러나 10월 27일에 서목을 원본과 대조하여 권책수를 교정하라는 새로운 명령이 가쿠켄(確軒)과 봉행들에게 내려왔다. 기존 목록의 미봉적인 개정으로는 만족할 수 없다는 뜻이 포함되었을까. 따라서 그 일은 계속되었다. 원본에 근거할 것을 요구한 요시무네의 지시는 이후 원칙이 되어 모미지야마문고 편목 작성 역사상 큰 전환점이 되었다.

또한 이날 신목록의 교정이 완료된 이후에 구목록은 태워버리라는 명령도 있었다. 새로운 편집이 완성되면 실무상 필요 없어지는 기존의 목록은 폐기하여 혼란을 피하자는 것일텐데, 이 명령은 충실히 실행된 것 같다. 에도 중기 이전의 모미지야마문고의 공식 목록이 전혀 전하지 않는 것은 그러한 옛 관습 때문일지 모른다. 실제로 여기에서 설명하고 있는 「신정서목(新定書目)」의 편집도 경위만 기록되었을 뿐 그 본문의 소재를 알 수 없다.

두 번째 단계는 「신정서목」의 교정과 병행하여 이루어진 신수본(新收本)의 저술이다. 우선 1722년 2월 9일에 사쿠라다어문고의 목록을 증보하라는 명이 내려왔다. 이 일은 서적봉행인 이시카와 기요미쓰(石川清盈)와 우즈하시 도시아쓰(堆橋俊淳) 2명이 교정을 맡고, 하야시 류코가 이를 정리하는 방식으로 진행되었다. 그러나 연달아 1723

년 1월 14일, 제자백가부터 새로 헌상된 서적을 원본과 교정하여 서목으로 정리하라는 또다른 명령이 내려왔다. 이는 그 전년에 가가(加賀) 번주 마에다 쓰나노리(前田綱紀)나 나가사키에 내항한 선박으로부터 서책이 수집된 일을 반영한 조치이다. 이 역시 가쿠켄과 봉행들이 맡아서 10월 23일에 진헌하였다.

그런데 일련의 편목은 요시무네가 수집한 부분을 다루지 않아, 결국 그해 5월에 다시 서목 개정의 지시가 내려졌다. 이시가와 기요미쓰(石川清盈)가 예전의 관습을 전했지만 받아들여지지 않아, 세 번째 단계의 새로운 편집이 시작되었다. 여기서 하야시 류코, 가쿠켄과 봉행들은 특별한 이유도 없이 연일 교정과 편집을 하게 되는데, 세 번이나 완성하여 상정하였음에도 불구하고 편집상의 변경이 매번 내려오면서 교정은 수렁에 빠진 양상을 보였다.

그동안의 지시 내용에서 중요한 점을 몇 가지 살필 수 있다. 하나는 서목의 분류가 문제되어 기존의 틀이 부정된 것이다. 가령『관고서적목록』을 기존의 형태로 본다면 다소 자의적인 편성이라는 비방을 면할 수 없기 때문에 그러한 점이 시정되었을지도 모른다. 또한 이 서목 편성의 실시에 대해 하야시 가문의 지시를 받들면서도 봉행이 직접 실행해야 한다는 뜻이 위로부터 전달되었다. 이는 앞 장에서 다룬 바처럼 서물봉행이 전문 실무관으로 변화한 일과 궤를 같이하는 현상이라 하겠다.

또한 이번 편집에서는 '어당가류(御当家類)'에서 1책, '화서류(和書類)'에서 1책의 편집이 이루어졌다. 뒤에서 다시 살피겠지만, 이는 도쿠가와 가문의 서적과 기록을 모은 '어가부(御家部)'와 국서(國書)를 모은 '국서부'와 연결되는 것으로, 도쿠가와 가문의 권위 상승, 화학(和學)과 국학의 발흥이 반영된 일이다. 이 두 책은 1726년 12월 14일에 완성되었다.

마지막으로 이 편집을 장기화시킨 또다른 원인은 편목 작업이 중복본(重複本) 정리로까지 파급된 점이다. 1728년 2월 2일에 몇 부 중복된 서목에 대해서는 고필사본, 고역본(古譯本), 별본을 제외하고 두 부만 남긴 뒤 나머지는 처분하라는 명이 내려와, 그해 여름과 가을에 그 작업을 실시하였다. 편목 일은 중복 처리가 끝난 후 재개되었다. 편목에 더해서 무거운 짐이 되었겠지만 강제적으로 선본(善本)을 선정한 작업은 서물방 관리들에게 서지학과 문헌학적 지식의 축적을 촉구했다.

마침내 1733년 4월 2일 서목의 개정이 완성되고, 정부(正副) 2부가 고쇼(小性, 무사 직급의 하나) 도키 도모나오(土岐朝直)를 거쳐 와카도시요리 혼다 다다무네(本多忠統)의 손으로 요시무네에게 상정되어 '체재가 뜻대로 이루어졌다'라는 전달을 받았다. 관습에 따라 대학두 하야시 류코도 이를 베껴 쓰는 것을 허락받아 다른 한 부가 더 만들어졌다.

다음의 큰 편목은 1802년에 시작된 「신정어서목」(이하 '신정서목'이라 간칭)의 편집이다. 이 편목은 서물봉행 나루시마 도가쿠(成島東岳, 司直)가 대학두 하야시 줏사이(林術齋)와 의논하여 체례와 문목(門目)을 정하고, 직접 주편자가 되어 완성한 것이다. 이때의 편집은 비교적 순조롭게 진행되어 1805년에 정서본이 상정되었다. 그 사이에 히야시 줏사이의 제안으로 「御書籍ノ来歴オヨヒ御庫始末ノコト」을 적은 「御書目ノ末ニ列」가 되는 신편이 더해졌다. 이것은 후술할 『어서적내력지』와 그 부록인 「시말기」로 연결되는 저술이라 생각되며, 종래의 '제본변별(諸本弁別)'의 용무에서 한발 더 나아가, 서적 해제나 연혁 서술의 범주까지 진입한 것이다. 이 단계의 「시말기」로 보이는 전승본이 국립공문서관 내각문고에 전한다.

또한 이 단계의 주목록에는 본목의 뒤에 총서의 자목(子目)이 가

늘게 적혀 있고, 뒤의 휘각서목(彙刻書目)은 아직 편찬되지 않은 사실을 다음의 『중정목록(重訂目録)』의 범례를 통해 알 수 있다. 또한 그 「내력지」의 편린을 곤도 세사이(近藤正斎)의 『어본일기부주(御本日記附注)』에서 살필 수 있다.

그렇게 완성된 서목은 4부를 베껴 와카도시요리인 홋타 마사마쓰(堀田正敦)의 손을 거쳐, 1부는 쇼군 이에나리(家斉)에게로, 2부는 문고에 보관하고, 1부는 하야시 가문에 보냈다. 다만 이것들 역시 공식 사본은 말할 것도 없이 그 전사본의 존재도 알려져 있지 않다.

3) 『중정어서적목록(重訂御書籍目録)』

「신정서목」의 다음 편목 작업은 가장 난항을 겪은 『중정어서적목록』(이하 '중정목록'이라 간칭) 42책의 작성이었다. 이 목록은 대부분 전하고 있어 그 실태가 거의 증명된다. 『중정목록』의 편집은 1814년에 와카도시요리 교고쿠 다카마사로부터 앞의 「신정서목」 교정 명령이 내려오면서 시작되었다. 다카마사는 서물방에 지시하여 하야시 줏사이와 함께 서목 제호와 분류를 고치도록 명하였다.

이와 병행하여 서물방에서는 1816~1818년 경 어전본(御前本), 쓰루가어문고본(駿河御文庫本, 元和御譲本), 가나자와본(金沢本), 이에 더해 경장오유즈리본(慶長御譲本), 송원참본(宋元槧本), 경장사본(慶長写本), 경장활자판(活字版), 향보신사교합본(享保新写校合本) 등 서적의 전래에 기반하여 해제를 작성하고, 귀중서의 별치 등 서가 배치까지도 고려하는 작업을 실행했다.

서적 점검 과정에서 2대 쇼군 히데타다가 전수한 「축국팔경도(蹴鞠八境図)」, 3대 이에미쓰의 수택본인 경장판(慶長版) 『화옥편(和玉篇)』 등이 재발견되어 어전본으로 별치되는 등의 파급이 있었다. 이것들은 당연히 서목의 주기나 후술할 「어서적내력지」의 증정(增訂)으로 이어졌을 것이다.

아울러 이때에는 전문성이 높은 의학서의 저록에 대해서는 막부 의학관(幕府医学館)의 의사 스기모토 초엔(杉本樗園) · 다키 게잔(多紀桂山)에게, 국서에 대해서는 화학강담소(和学講談所)의 하나와 호키이치(塙保己一)에게 자문하여 상세히 설명하는 일을 시도하였다. 이는 저록에 상세함을 더함으로써 한학자 중심의 서물봉행이나 하야시 가문만으로는 대응할 수 없다는 인식을 전하는 동시에, 저록의 정미함 향상에 대한 의지를 보여준 것이다. 이들 서목과 내력지는 10년에 걸친 편집을 거쳐 1828년 7월에는 이미 상정을 위한 정서 작업에 들어갔다.

그러나 그 전 해, 편목의 행방과 크게 관련된 서적 기증이 있었다. 제2장에서도 언급했던 모리 다카나카(毛利高翰)의 사에키문고본 기증이다. 이는 모미지야마문고 역사상 질과 양 모두에서 가장 큰 기증인데, 거기에 수십 종의 송원판이 포함된 점에서도 충분히 짐작된다. 1828년에 막부는 사에키문고본 800여종 14,000여 점과 함께 명판(明版) 『도장경(道蔵経)』 4,105첩을 모미지야마문고와 창평횡에 나누어 수장하기로 결정하고, 1829년에 헌본(献本) 서목을 완성하였다(『佐伯毛利侯献納書目録』). 1830년에는 모미지야마 지역에 서고 1동을 신축하여 이 책들을 수장하였다. 1832년에는 거의 완성된 『중정목록』에 사에키문고본을 합집하는 일이 결정되었다.

이 작업을 완성한 서물봉행은 하야시 후쿠사이(林復齋) · 시노다 쓰토무(篠田懋) · 나카야마 도시노리(中山利紀) 3인으로 드디어 1834년 12월 8일에 정서본이 상정되면서 이들은 각각 상을 받았다. 그 구성은 목록「정편」이 총목 19책, 문고연혁사의「시말기」1책, 해제부의「내력지」4책, 총서자목총람인「휘각류(彙刻類)」18책이며, 쇼군 이에나리의 어전(御前)에 2부, 문고에 2부, 하야시 가문에 1부, 이렇게 총 5부가 배치되었다. 오늘날에는 그 주목록과 휘각류 중에서 한적의 일부 31책이 정서본으로 국립공문서관 내각문고에 전하고 있다. 막부 서목의 원본으로서는 현존하는 가장 오래된 자료이다. 국서의 주목록과 휘각류, 내력지는 각각 필사본으로 전하고 있어 전모를 알 수 있으며, 서목 해제의 내력지에도 사에키모리본이 증수(增修)되고 있어, 천보(天保) 연간의 증입(增入)을 확인할 수 있다.

본목의 범례를 보면 분류에 『건륭사고전서총목(乾隆四庫全書總目)』을 참조한 일이 명기되어 있으며, 실제로 한적 부문에 대해서는 사부(四部) 분류가 준수되었다. 각 부류 안에서는 대략 연대순으로 열거되었고, 다양한 저작을 모은 개인 전집이 집부에 있거나, 총서 대부분이 자부에 수록되어 있거나 하는 점 이외에는 한적 목록으로서 현대인의 눈으로 봐도 위화감이 없다. 그러한 점에서 후술할 『원치증보 어서적목록(元治增補御書籍目録)』(이하 '원치목록'이라 간칭)의 범례는 교정 이전의 난잡함을 하야시 후쿠사이가 사부(四部)를 구분하고 유속(類屬)을 판별한 취지를 서술한 점에서 볼 때, 문정(文政, 1818~1829)과 천보(天保, 1830~1843) 연간 사이에 확립된 방침으로 보인다.

서목의 각 항목을 보면 제목 권수와 총수, 저술 연대와 저자명을 한 줄로 기록하는 일반적인 규칙에, 통행본과 다른 내용은 '별본'이라 칭하고, 비교적 희소한 판본과 비주본(批注本), 막부에 중요한 내력을 지닌 책에는 간주(簡注)가 적혀 있다. 배가부호(配架符号) 등이 아니라 저작 목록으로서의 기능이 주를 이루는데, 원본에 해당하는 총수를 적고 있어 원본의 판별에도 대응한다.

각각의 책들마다 구두나 훈점, 주석의 메모가 주기(注記)된 점은 일본의 한적 목록으로서 선구적인 특색을 보인다. 또한 필사본 · 국판 · 관판이라 기입한 점이 주목되는데, 그 이외의 보통본은 거의 명청판이라는 점 또한 이 문고의 장서와 목록이 지니는 특수한 성격이다.

「휘각류」의 부록은 문화(文化, 1804~1817) 연간의 「신정서목」 이전에는 그 사례가 없으니 신설된 것으로 보인다. 아마도 청나라 고수(顧修) 편집의 『휘각서목(彙刻書目)』을 따라한 것으로, 막부에서도 같은 시기인 1818년에 '관판'으로 이 책을 간행하고 있다. 「내력지」는 「(문화)신정서목」에서 그 맹아가 나타나는데, 서목 해제 뒤에 고거(考據)를 덧붙이고, 인기(印記)를 모사하는 형식은 건륭 연간의 『흠정천록림랑서목(欽定天祿琳琅書目)』을 규범으로 삼은 것이다. 교정할 때 얼마나 개편했는지는 알 수 없지만, 후술하듯이 그때까지는 본문 내용이 대부분 확립되었다고 생각된다. 또한 「시말기」는 교정 시기까지 전하던 판본을 알 수 없어, 증수의 정도가 불분명하다.

종합적으로 볼 때 문화에서 천보에 이르는 시기에 개수된 『중정목록』의 완성은 서물방에서 이루어진 편목 사업의 하나가 도달한 것으로 획기적인 사건이다. 다만 그 모든 요소들은 향보(享保, 1716~1735) 시기와 문화 시기의 편목에 따라 순차적으로 추가된 것 같다. 『중정목록』의 주편자는 3인 중에도 훗날 대학두가 되는 하야시 후쿠사이인데, 1824년에 서물봉행에 임명되어 직접 편목 사업에 종사한 것은 본목의 완성을 목표로 했기 때문이다. 또한 「(문화)신정서목」 시기부터 학사(學事)를 감독해 온 부친 하야시 줏사이는 주사학과 함께 고본(古本)의 고증에도 통달하였고, 『일존총서(佚存叢書)』를 편간한 문헌학자이기도 하여 일련의 편집에 영향을 끼쳤을 것이다.

다만, 여기에 이르러서도 여전히 『중정목록』의 원본을 보면, 한적목록과 한적 휘각류만이 전하고 있고, 국서나 내력지는 필사본만 있어, 정서 원본을 통해서는 그 전모를 알 수 없다.

4)『원치증보 어서적목록(元治增補御書籍目録)』

위의 내용을 바탕으로『원치목록』에 대해 설명하면, 우선 전존본을 생각할 수 없는 역대 다른 목록에 비해 이 서목은 완전한 형태의 정서 원본 일부가 전한다. 궁내청 서릉부 도서료 문고에『모미지야마문고어서적목(録楓山文庫御書籍目録)』43책(451.51)으로 정리 · 등록되어 있다. 본목의 책서(冊序)에는 원본에 명시되어 있지 않은 불확실한 점이 있어, 졸고(「『元治增補御書籍目録』翻印と解題(上)」,『「斯道文庫論集』56, 2022)에 그에 대한 의견을 제시하였는데, 이는 현 소장 기관에서 채용하고 있는 순서와 다르다. 그러나 기본 구성과 체식은『중정목록』에 따랐으니, 제42책에「봉인물지부(封印物之部)」1책을 둔 것 외에는 분책 수에 이르기까지 동일하다.「봉인물지부」라 하더라도「御代々御法令(御老中封印)」이하의 7항목 1장이 남아 있는 것에 불과하다.

내용상의 주요한 변경은 천보 연간 이래의 신소장본 수백 부의 기록과 전출 · 매각본의 삭제이다. 전출본의 대부분은 중복본으로 전출된 장소는 창평횡(昌平黌) · 고부학교(甲府学校) · 슨푸학교(駿府学校) · 의학관(医学館) · 화학강담소(和学講談所) 등 도쿠가와 막부의 교육연구 기관이다. 그러나 번서(蕃書) 즉 요시무네 이래 수집된 양학(洋學) 관계 서적은 중복 유무와 상관없이, 1856년에 막 개설된 번서조소(蕃書調所, 후에 開成所, 東京大学)로 이관되었다. 또한 '누본(陋本)'이라 불리는 통속서들은 서점에 매각되어 함질 보수 비용으로 사용되었다. 신수본의 경우 나가사키로부터 유입된 신서와 막부의 관판 이외에도 신미 마사미치(新見正路)가 수집한 송판 5종이 1849년에 그의 아들 마사오키(正興)로부터 헌납되었다.

서물방에서는 이미 신수본만의 『속집어서적목록(続集御書籍目録)』을 만들어 사용하고 있었는데, 1864년 2월에 들어와 신목 편집에 대한 건의가 제기되자, 서물방에서 하야시 가쿠사이(林学斎), 오케이(鶯渓)와 상의하여 개편하기로 결정하였다. 이번에는 『중정목록』의 공적에 의거하여 비교적 단순한 개정에 그쳤고, 2년 뒤인 1866년에 새로 수정한 『원치목록』이 완성되었다. 다만, 단순한 개정이라고 해도 증가한 조목이 상당히 많아 『중정목록』과의 신중한 비교가 필요하다.

「내력지」 또한 개정이 이루어졌으니 필사 문제를 무시하면 25항의 증가와 2항의 삭제가 이루어졌다. 증가 항목에서는 신미 마사미치가 기증한 송판 5종(宋淳熙3年 閩山阮仲猷種徳堂刊本『春秋経伝集解』/ (南宋)刊本『三国志』/ (南宋)刊後修本『東都事略』/ (南宋初)刊本『王文公文集』/ (宋寧宗朝浙)刊本『崔舎人玉堂類藁』)이 모두 보충되었고, 그 외에 하야시 가문 신편의 어가부 서적(林述斎 等『歴朝御実記』·『東照宮御実記』 등), 국서(『後鑑』·『古今要覧稿』 등)의 증입이 많았다. 기존 해제의 개수는 거의 없어서 축자 교감이 가능한 정도였다. 「내력지」 말미에 붙은 「시말기」는 『중정목록』의 모든 책에 빠져 있기 때문에, 『원치목록』을 통해서 처음으로 참조가 가능하다.

이 『원치목록』을 편집한 것은 서물방 봉행인 아쓰미 다다아쓰(渥美忠篤) · 시오노야 가게도모(塩野谷景朝) · 사카키바라 요시유키(榊原好行) · 야마다 야쓰마쓰(山田安増) · 이시가와 마사카쓰(石川政勝) 5인이며, 『중정목록』에 이어 봉행이 직접 편집하였다. 그들은 서물방 최후의 재직자들로서, 이시가와 마사카쓰의 경우는 1866년 3월 서물방에 부임하였으나 본목이 완성된 후, 종가(宗家)를 상속받은 지 얼마 되지 않은 도쿠가와 요시히사(徳川慶喜)의 주도로 같은 해 11월에 이곳이 문을 닫았기 때문에, 재직 9개월 만에 다른 봉행들과 함께 고부신카타(小普請方)로 근무하게 되었다. 이때 서물방의 동심(同心)들은 창평횡으로 보내졌다. 본 서목은 서물방 사업의 대미를 장식하며 에도막부 모미지야마문고의 최후 모습을 오늘날까지 전해주고 있는 것으로, 오늘날 문고의 동태를 파악하고자 할 때는 가장 먼저 근거로 삼아야 할 목록이다.

6. 문고와 메이지유신, 그 이후의 일

메이지유신 전날 밤, 모미지야마문고를 관리하던 서물방이 문을 닫았다. 다음 해 1867년 대정봉환(大政奉還), 그 다음 해 무진전쟁(戊辰戰爭)이 일어났지만, 에도의 무혈입성(江戸開城) 덕분에 전쟁을 피할 수 있었기 때문에, 문고의 시설과 장서는 무사했으며 이후 다른 막부 시설과 함께 메이지 정부의 관리에 들어갔다. 다음에서 유신 이후의 변화를 간단히 추적하려는데 편의상 두 가지로 나누어 설명하겠다.

첫 번째로 서적 자체의 변화를 설명하면, 장서는 1884년에 이르기까지 모미지야마 지역에 놓여 있다가 아카사카 이궁(赤坂離宮) 안에 신설된 서고로 이동했다. 그 이전에 1873년 황궁에 화재가 일어나 수사(修史) 관계의 부국이 대출해갔던 5,000여 점의 국서류 서적이 소실되었다고 한다. 1884년 서고 이전 이후로는 구막부(旧幕府) 여러 기관의 구장서를 포함하여 메이지 정부의 장서 일반까지 모두 공통의 관리를 받게 되었다.

그 기간 동안 막부 시대에는 없던 '홍엽산본(紅葉山本)', '비각도서지장(秘閣図書之章)' 등 여러 종류의 장서인이 만들어져 순차적으로 날인되었으나, 다른 곳에 대여되어 날인하지 않은 경우도 있는 등 모든 책에 날인된 것은 아닌 것 같다.

이들 구(舊) 모미지야마문고는 1891년 3월 관리 체제의 변경에 따라 한적이 주를 이루는 귀중서 약 3만 점을 제외하고, 아카사카 이궁에서 황궁 와다쿠라몬(和田庫門) 안의 치요다(千代田)문고로 이전되었다. 이 치요다문고에서 1922년 간토 대지진 때 대출본 약간이 소실되고, 1945년 도쿄 대공습에서는 서고가 폭탄을 맞아, 화한서(和漢書)는 불타지 않았지만 연기에 그을려 약간 손상되었다. 전쟁 후 부흥을 이룬 1971년 황궁 북쪽 다케하시(竹橋) 근처에 개설된 국립 공문서관 내각문고(内閣文庫)의 일부가 되어, 그 지하 서고에 이송 · 수납되어 오늘날에 이르고 있다. 구 모미지야마문고본의 대부분은 현재 다케하시 지역에 보관되어 있다. 귀중서의 행방에 대해서는 다음 단락에서 다루기로 한다.

두 번째로 구 모미지야마문고본 관리 기관의 변화를 살피기로 한다. 메이지 정부의 관할은 크게 행정부인 태정관(太政官) 아래 있었는데, 그 부국은 설립 이래로 어지럽게 교체되었다. 단순한 명칭의 변경을 포함하면, 대학 · 태사국(太史局) · 정원식부료(正院式部寮) · 태정관역사과(歴史課) · 태정관수사국(修史局), 태정관문고(太政官文庫)가 그것이다. 1885년에 태정관이 '내각'으로 개칭되면서. 담당 부국도 내각기록국 도서과(内閣記録局図書課), 내각문고로 변천하였다. 전쟁 후에는 국립공문서관이 설치되었고, 여기로 소속을 옮겨 오늘날에 이른다. 이것이 모미지야마문고본의 첫 번째 잔존본이다.

그런데 1891년에 한적 등의 귀중서가 아카사카 이궁에 그대로 남아 있게 된 것은 이 서적들이 당시의 궁내성 도서료 아래로 관리 주체가 바뀌었기 때문이다. 이는 겉으로는 1889년에 내각 기록국장이었던 마타노 타쿠(股野琢)가 건의한 일이 1891년이 되어서야 궁내대신 히지카타 히사모토(土方久元)에게 동의를 얻어 받아들여졌기 때문이라 한다. 그러나 한편으로는 관제의 어지러운 변화로부터 귀중서 보존 사업을 분리해 '만고불변(万古不易)'의 황실에 맡기려는 것이 건의의 취지였다.

신정부 아래의 궁내성 도서료는 1884년 아카사카 이궁 안에서 발족하여, 1899년에 코지마치산넨초(麴町三年町)로 옮겨간 후 1927년에 황궁 내, 구 에도성 혼마루의 천수각 터 근처에 전용 청사와 서고가 건설되어 이전하였다. 또한 구 모미지야마문고본 한적 귀중서도 점차 기증되고 있던 공가(公家)와 무가(武家) 여러 집안의 구장서와 함께 제실용(帝室用) 도서의 일부로 여겨졌다. 현재 그 명칭은 '궁내청 서릉부 도서료 문고'라고 바뀌었고, 시설의 재건축은 있었지만 거의 같은 장소에 보관되어, 내각문고와는 히라카와보리(平川濠)를 사이에 두고 마주한 형태이다.

1891년 귀중서의 선정은 제4장에 소개한 「어서적내력지」를 기준으로 했지만, 한적만 이관의 대상이 되고 국서는 내각 소장인 채로 치요다문고로 보내졌다. 「내력지」는 하야시 가문과 서물방의 조사에 따라 당시 기준으로 희귀본을 골라내고, 이에야스의 오유즈리본(御讓本)이나 모리 가문, 신미(新見) 가문이 기증한 선본(善本)도 모두 저록했기 때문에, 적어도 한적에 대해서는 가장 좋은 책들이 궁내청에 전해졌다. 이것이 제2의 모미지야마문고의 유존본(遺存本)으로, 양으로 따지면 제1의 유존본이 구 모미지야마문고의 주류라 할 수 있으나, 그 희소성이나 내력의 중요성에 있어서는 제2의 부분도 역시나 빠뜨릴 수 없다.

내각문고도 도서료문고도 많은 구장자를 두고 있기 때문에 이른바 '가문별' 제도를 채택하여 구장서마다 정리되었으며, 전쟁 이후 발간된 『내각문고국서분류목록』, 『내각문고한적분류목록』에는 「楓

(山官庫)」, 『궁내청서릉부화한도서분류목록』에는 「秘(閣本)」라고 표기하여, 각 서목의 구장 사실을 나타내고 있다. 따라서 구 모미지야마문고본을 구분하는 일은, 목록이나 그에 근거한 양 기관의 데이터베이스에 따라서도 어느 정도 가능하다. 그러나 장서의 형성과 변천의 복잡한 경위로 구장자가 중복되어 모미지야마문고의 표기가 우선시되지 않는 경우도 있는 등 정확한 의미에서는 그 윤곽이 명료하지 않게 되어 있다. 상술한 장서인에 직접 근거하는 것이 비교적 효과적이지만, 원본 출납이나 이미지 참조가 필요하며 그것도 반드시 완전한 것은 아니기에, 구장 파악을 위해서는 『중정목록』이나 『원치목록』과 같은 옛날 목록을 고려하는 일이 더욱 필요하다.

모미지야마문고는 도쿠가와 이에야스부터 일본의 권위자에 걸맞는 문화 계승 장치로서 시작되어, 막부기관의 하나로서 오랜 기간 수집과 보전을 지속하였다. 그동안 쇼군의 막부 내각의 정책 결정을 위한 참고자료 이외에, 이것들을 사용한 막신이나 관서의 저술 편집이나 소장본에 근거한 출판도 다방면에 걸쳐 있지만, 그렇게 파생한 책도 곧이어 문고에 헌납되어 시간이 지날수록 지식이 집약되어 갔다. 한편으로는 중복서나 통속서의 폐기, 조정이나 공가, 도쿠가와 분가로의 서적 분배도 이루어져 265년에 걸친 이들 문고의 동태는 그 자체로 학술적으로 고찰해야 할 문화 현상으로서 충분히 큰 의의를 지닌다.

그러나 근대 이후 개별 서적 차원에서 공개적으로 이용되면서, 구장서로서의 서적군의 독립성을 희석시키게 되면서 이용자의 이해 또한 옛사람의 사적과 분리되어 가고 있다. 따라서 필자는 이제 일본과 중국 · 한국 · 미국의 문헌학 연구자들과 함께 모미지야마 문고의 공동 연구를 시작하여 그 회복을 시도하고자 한다. 그 방법으로서 본 문고의 연구에 「구장서연구」의 도입을 제창하고 있다.

연구 성과는 아직 충분하지 않지만 일단 2024년에는「Digital 모미지야마문고」[2]라 부르는 데이터베이스군을 개시하여, 경장 · 원화 시기의 이에야스 기증서나 화한한(和漢韓)의 희소본을 시작으로, 현 소장 기관의 공개 자원과 연계하면서 현존하는 모미지야마문고본의 전문 이미지와 서지, 과거의 목록 데이터, 출납 사용된 기록과 자료를 서로 탐색, 참조할 수 있는 시스템을 구축 중이다. 이제 그 정비 완성을 위해 널리 박아(博雅)의 가르침과 협력을 구하는 바이다.

역자: 노경희(울산대학교)

2) https://db2.sido.keio.ac.jp/momijiyama/

제임스 스카스 게일 – 한국 고서의 대리 수집가: 연희전문학교를 중심으로

/

로스 킹(Ross King)
(브리티시 컬럼비아 대학교)

1. 서론

최근 몇 년간 19세기 말과 20세기 초 한국에서 활동한 서양 학자, 탐험가, 외교관, 선교사들의 다양한 수집 활동을 탐구하는 흥미로운 새로운 출판물들이 등장했다. 예를 들어, 오펜하임(Oppenheim, 2016)은 도자기, 장난감 및 기타 물질문화를 중심으로 서양 인류학자와 민족학자들의 "수집 네트워크"를 조사했으며, 국외소재문화재재단(2015)의 연구들은 현재 러시아(상트페테르부르크)와 영국에서 발견되는 한국 고서 컬렉션을 탐구한바 있다. 이러한 맥락에서, 2023년 12월 성균관대학교 동아시아학술원이 주최한 "동아시아 문헌학 연구" 학술대회는 목록학과 문헌 발굴에 중점을 두고 진행되어, 캐나다 출신 한국 파송 선교사 제임스 스카스 게일(James Scarth Gale, 1863-1937)이 1927년 선교 현장에서 은퇴하기 전 1910년대와 1920년대에 한국 고서 수집을 위해 기울인 노력을 탐구하는 데 이상적인 장을 마련하였다.

이 논문에서 나의 목표는 세 가지이다. 하나는 게일의 수집 활동이 여타 식민지 및 제국주의적 맥락에서 서양 수집가들이 전형적으로 보이던 것과 많은 부분 동일한 동기에 의해 추진되었음을 입증하는 추가적인 증거를(King 2012 논의에 이어) 제시하는 것이다. 즉, "구(舊)세계를 되살리려는" 열망(Benjamin 1931), "동양 고대의 영광을 강조하는 고전적 오리엔탈리즘"(Brandt 2000, 744), "유산(遺産) 의식"(Connell 2000, 29), 한국 식민지 시기의 기록 문자와 고문헌의 보편적 중요성(Gur'eva 2011, 231), 그리고 "사라졌거나 사라져가는 이상화된 과거"를 회복하는 것과 관련된 바람과 정서(Shaddy 1994, 186) 등이 그것이다.

하지만 나는 또한 게일의 한국 고서에 대한 애서가적 열정 혹은 장서벽이 다른 식민지 수집가들의 "부르주아적, 물신주의적, 골동품

애호적"(Steinberg 1996, 88) 관행과는 몇 가지 면에서 달랐다고 주장한다. 우선, 게일의 수집 활동에서는 자아 형성적 측면("당신이 소유한 것이 곧 당신이다" - Jasanoff 2004, 111 참조)이나 "획득의 에로티시즘"(Treat 2015)을 찾아보기 어렵다. 그 이유는 다름이 아니라, 게일이 대개 자기 자신을 위해 수집한 것이 아니었기 때문이다. 미국 북장로교 선교회 소속의 선교사로서 경제적으로 소박한 삶을 살았던 게일에게는 희귀본을 구입할 개인 자산이 없었다. 더욱이 일제강점기 한국에서 활동하는 캐나다인으로서 게일의 위치는 예컨대 인도의 소규모 영국인 수집가 집단이나, 게일 자신과 다른 서양 수집가들이 자주 불평했던 일본의 많은 열렬한 한국 서적(및 기타 문화재) 수집가들과는 달랐다. 대신, 게일의 위치성은 "이(異)제국적(allo-metropolitan)"이라 할 만한 것으로, 그의 수집은 한국을 지배하고 있던 제국 권력의 후원을 받지 않았다. 게일의 수집은 또한 "대리(vicarious)"의 성격을 띤 것으로, 대부분의 경우 그는 다른 사람들의 자금을 사용하여 다른 사람들 또는 다른 기관의 수집 필요성을 위해 책을 구입했음을 뜻한다. 따라서 나는 King(2012)에서, 게일이 수년간 뉴욕 아시아연구소(Asiatic Institute of New York, 현재 클레어몬트 칼리지 도서관 특별 장서의 프레데릭 맥코믹 컬렉션으로 알려진 도서들)와 미국 의회도서관(U.S. Library of Congress)을 위해 방대한 규모의 한국 고서를 구매, 설명, 심지어 색인화하려 한 노력을 개략적으로 설명했다.

세 번째이자 가장 중요한 목표는, 게일과 그의 동료 선교사들이 경신학교(儆新學校)와 조선기독교대학(Chosen Christian College, 이하 CCC)[1]과 같은 선교 교육기관을 위해 한국 고서를 구매하려 한 노력

---

1) 게일은 일반적으로 이 대학을 "Chosen Christian College"(Chōsen은 朝鮮의 일본어 발음)라고 지칭하였지만, 당시에는 한국어 표기인 "Chosun"도 널리 사용되었다. 본고에서는 게일의 문서를 인용할 때 그의 철자를 따르는 경우를 제외하고 CCC라는 약어를

을 깊이 탐구하는 것이다. 이들 기관의 희귀 도서 컬렉션은 현재 연세대학교 도서관 "국학자료실"의 핵심으로 자리잡았다. 그러나 연세대학교 도서관의 출판물은 이 희귀 도서 컬렉션의 기원에 대해 거의 언급하지 않으며, 내가 아는 한 연세대학교의 관련 당국과 직원들은 이 중요한 한국 희귀 도서 컬렉션의 형성에 기여한 제임스 스카스 게일(및 트롤로프 주교)의 핵심적 역할을 인식하지 못하거나 아직 인정하지 않고 있다.[2]

게일의 한국 고서 애호와 서적 수집에 대한 풍부한 증거는 여러 곳에서 발견되지만, 주로 토론토 대학에 보관된 게일 문서(Gale Papers)와 그의 사망 후 여러 해가 지나 미(美) 의회도서관에 입수된 게일이 준비한 여러 문서들에서 찾아볼 수 있다. 본 논문의 나머지 부분은 광범위한 부록과 함께 이 자료들을 소개하면서, 특히 CCC, 경신학교, 그리고 동료 선교사 서적 수집가들을 대신한 게일의 노력을 다룬다.[3] 게일 문서는 1910년대와 1920년대 서울의 고서 시장에 대한 흥미로운 세부사항들, 즉 게일이 어디서, 누구를 통해, 얼마의 금액으로 이 책들을 구매했는지 등을 보여주며, 게일이 구매하고 기술했던 책들과 이 책들의 연세대학교 도서관 소장 현황에 대한 더 자세한 정보를 부록에서 제공한다.

사용한다.

2) 예를 들어, 허경진(2005)은 CCC 도서관이 학교 설립자인 호러스 그랜트 언더우드(Horace Grant Underwood, 1859~1916)가 기증한 230권의 서적으로 시작되었으며, 1924년으로 건너뛰어 이 당시 소장 도서가 5,797권에 달했다고 간략히 언급하였다. 게일에 대해 거론한 바는 없다.

3) 여기에서 초점은 트롤로프 주교에 맞춰져 있지만, 호주 선교사 제시 맥라렌(Jessie McLaren, 1883~1968; 한국 체류 기간: 1911~1941) 또한 한국 고서에 큰 관심을 가졌으며, 제임스 스카스 게일과 서적 거래를 했을 가능성도 주목할 만하다. 그녀의 딸이 1984년에 호주 국립도서관에 기증한 소규모 한국 서적 컬렉션에 대해서는 Gosling(2007)을 참조할 것.

2. "1917~1926년의 도서 목록"(Box 11)

토론토 대학교 토마스 피셔 희귀서 도서관(Thomas Fisher Rare Book Library)에 소장된 제임스 스카스 게일 문서(Gale Papers)는 MS Col 245 라는 청구 번호 아래 여러 상자들로 분류되어 있다. 도서관의 검색 목록상 Box 2번에서 5번은 "일지(Diaries)"로 분류되어 있지만, King(2012)에서 밝힌 바와 같이, 여기에는 실제로 게일의 번역 원고, 서신 초안, 도서 수집 기록과 더불어 목회자, 편집자, 번역가, 애서가, 남편이자 아버지, 연구자 등 그의 다양한 정체성과 관련된 기타 수기(手記) 자료들로 채워져 있다. 게일은 타자로 작성하거나 출판한 후에는 각 장부의 해당 부분을 색연필로 지워 표시했는데, 대부분의 원고 페이지들(18권에 걸쳐 각 장부당 약 200페이지 분량)은 지워지지 않은 상태이다. 다수의 장부에는 수년간의 도서 수집 활동과 관련된 게일의 자필 메모와 서신들이 포함되어 있다.

검색 목록의 Box 11번은 "1917~1926년의 도서 목록"(Lists of books, 1917~1926)"이라는 제목이 붙어 있으며, 이는 게일의 한국 고서 수집가로서의 일관된 활동과 직접적으로 연관되어 있다.[4] 이 상자 안에는 아래에 열거된 열아홉 개의 서로 다른 폴더가 있다. 이에 본 논문과 관련된 각 목록의 전체 내용을 논문 말미의 부록으로 재구성하고, 여기서는 각 목록의 배경과 맥락을 간략히 설명하고자 한다.

11.1. "한국서지 - 모리스 쿠랑(Maurice Courant), 프랑스 리옹"

이것은 쿠랑(1936)의 주요 저작 『한국서지Bibliographie coréenne』

4) 서강선(2018)은 게일 문서에 대한 최근 보고서이지만, King(2012) 및 그와 직접적으로 관련된 이전의 연구들을 놓치고 있다.

(1894~1896; 1899)의 중요하고도 긴 서문을 W. 매시 로이드(Massy Royds) 부인이 영어로 번역한 사본이다.[5] 물론, 게일 문서에 이것이 존재한다는 사실은 게일이 한국 고서에 대해 개인적으로 강한 관심을 가졌음을 시사해 준다. 다만 이 사본이 게일의 한국 체류 시기에 나온 사전 출판본인지 아니면 1927년 그의 은퇴 이후 제작된 것인지는 명확하지 않다. 게일은 당연히 프랑스어로 쿠랑의 원문을 완벽하게 읽을 수 있었으므로, 그가 이 번역본의 의뢰 및 편집 과정에 관여했을 가능성이 높다고 추정된다.

게일이 쿠랑의 작업에 대해 깊은 존경과 찬사를 보냈음을 보여주는 또다른 증거는 장부 14권 153페이지에 보이는데, 여기에는 "쿠랑 씨"라는 제목의 게일의 미완성 에세이가 실려있다:

> "오늘날 우리가 프랑스와 프랑스인들에게 진 많은 빚 가운데 한국의 학생들이 결코 잊어서는 안 될 것은 한국 문학 분야의 개척자인 쿠랑 씨이다. 그는 19세기 말 도쿄 공사관의 통역관으로 있을 때[6] 『한국서지(Bibliographie coréenne)』 작업을 시작했다.
> 쿠랑 씨는 서구에 한국 문학을 발견케 한 인물이라고 할 수 있다.[7] 그의 목록에 포함된 저명한 작가들과 그들의 저작들은 한국인들에게조차 거의 알려지지 않은 것이었다. 그 작품들은 거의 판매되지 않았기에, 쿠랑 씨가 인내심을 가지고 끈기 있게 한

5) 도리스 메리 로이즈(Doris Mary Royds, 결혼 전 성은 Todd, 1974년 卒, 향년 91세)는 영국 영사관 소속 윌리엄 매시 로이즈(William Massy Royds, 1879~1951)와 결혼했다. 매시 로이즈는 주로 일본과 포모사(대만)에서 근무했으나, 1931년 3월 31일부터 1934년 6월까지 잠시 한국 총영사로 재직한 바 있다. https://takaoclub.com/britishconsuls/william_massy_royds.htm 참조(2023년 12월 26일 접속).

6) 게일의 끔찍한 필체 때문에 해독이 불가능한 단어마다 "zzz"로 표기한다.

7) 게일의 원고 편집.

국의 문학적 성취에 대한 이 놀라운 기록을 그늘 속에서 끌어내지 않았다면 한국은 쉬이 문맹 국가로 여겨졌을 수도 있었을 것이다……"

이 에세이는 중간에 끊기며 게일이 쓰기를 포기했음을 뜻하는 줄이 그어져 있지만, 그의 심정은 분명히 드러나 있다.

11.2. "1924년 1월 9일 트롤로프(Trollope) 주교가 구매한 서적"

게일이 그의 가까운 친구이자 동료 선교사였던 마크 네이피어 트롤로프(Mark Napier Trollope, 1862~1930) 주교에게 판매한 열 권의 서적(그 중 8종이 문집)을 타이핑한 문서로, 각 서적의 가격이 명시되어 있다(부록 1 참조). 트롤로프 주교는 1911년부터 사망할 때까지 한국에서 활동한 성공회 제3대 주교이다. 옥스퍼드 대학교 뉴 칼리지를 졸업한 그는 1911년 한국으로 돌아오기 직전 모교로부터 명예 신학박사 학위를 받았다.

트롤로프는 게일 외에 한문에 대한 심도있는 연구를 수행한 유일한 선교사였으며, 게일의 고문헌에 대한 애호와 학구적 취향을 공유했다. 그는 한국과 관련된 주제에 대해 학술 논문을 발표했으며(Trollope 1901, 1915, 1917, 1918), 한국 고서, 저자, 인쇄에 대한 그의 깊은 흥미와 전문성은 사후 발표된 두 편의 짧지만 박식한 글들(Trollope 1932, 1936)에서 잘 드러난다. 또한 그는 상당히 인상적인 한국 고판본 개인 문고를 구축했는데, 이 장서들은 그의 사후 서울 성공회 대성당 구내에 보관되었다.

그의 여동생 콘스턴스 트롤로프(Constance Trollope, ?~1954)는 주교의 전기에서 그가 "서울의 고서점들에서 느꼈던 기쁨"에 대해 언급하며(1936, 2), 1898년(한국으로의 첫 부임 시기)에 이미 그가 편지에 썼던

내용을 인용한다: "한문과 한국어로 된 토착 서적들의 수집이 가장 신나는데, 특히 이제 내가 그 언어로 된 책들을 살펴볼 수 있을 만큼 충분히 한문을 알게 되어서 더욱 그렇다. 나는 이따금씩 소량 구매를 하고 있다. 내가 얼마나 책벌레인지 너도 잘 알텐데, 서울의 토착 서점들은 옛날 브롬튼 로드(Brompton Road)의 파슨스(Parsons) 서점만큼이나 매력적인 곳이 되어가고 있다. 한국에서 인쇄된 옛 판본들(대부분 한문으로 된)은 완벽한 예술 작품들이다. 종이, 활자, 만듦새 모두 중국에서 인쇄된 책들보다 훨씬 뛰어나다."(같은 책, 16)

그녀는 이후 25년이 지난 시점(추정컨대 1923년 말 또는 1924년 초)에 작성된 트롤로프 주교의 또다른 편지를 인용한다: "내가 특히 전문적으로 다루고 있는 한국 고서의 가격이 점점 엄두를 못 낼 만큼 높아지고 있다. 흥미롭게도, 일본의 애서가들과 문인들은 한국에서 제작된 옛 인쇄본들을 그 책의 '만듦새'와 주제(내용) 때문에 최고로 높이 평가한다. 그들은 수천 권에 달하는 한국의 역사서, 시문집, 철학서, 한문 고전 등의 고서를 사들여 일본으로 반출해 갔다. 그리고 최근 도쿄에서 발생한 화재와 지진[1923년 9월 1일—RK]으로 인해, 서울에 남아 있는 한국 고서점들에 대한 추가적인 약탈이 이루어지고 있다. 그래서 나는 내가 구매할 수 있는 모든 한국 고서를 손에 넣으며, 몇 년 후에는 매우 귀중한 가치를 지닐 수집품의 기초를 다지고 있다.……일전에 나는 1590~1600년 일본의 침략 당시 재위했던 왕이 작성한 여러 자필 서한과 그림을 포함한 오래된 덮개가 있는 포트폴리오 형태의 대단한 보물을 발견했다. 왕의 장녀는 한 귀족과 결혼했는데, 그 직계 후손들이 지금 그들의 문고를 처분하고 있는 상황이다."(같은 책, 17)[8)]

8) 콘스턴스 트롤로프와 마크 네이피어 트롤로프의 문서들은 버밍엄 대학교, 캐드버리

호러스 H. 언더우드(Horace H. Underwood)는 트롤로프의 부고문에서 다음과 같이 기록했다. "현재 그의 한국 고서 장서의 규모는 약 10,000권에 달하며, 그중에는 매우 귀중한 판본도 다수 포함되어 있습니다. 이는 현존하는 최고의 개인 소장 컬렉션 중 하나로서 후대를 위해 보존되고 있습니다."(Underwood 1931, 5) 여기서 언더우드가 언급한 트롤로프의 도서들이 여전히 성공회 성당 구내의 개인 소장 상태로 남아 있던 때인지, 아니면 이미 CCC로 소유권이 이전되었었는지는 명확히 알 수 없다.

트롤로프 주교가 소장했던 대부분의 한국 고서들은 현재 연세대학교 도서관에서 찾아볼 수 있는 것으로 보인다. 그러나 이 도서들에 대한 체계적인 목록이 있는지는 확인되지 않았으며, 트롤로프 컬렉션과 엘리 바 랜디스(Eli Barr Landis, 1865~1898)가 수집한 랜디스 문고(Landis Library) 사이의 구분이 명확히 이루어졌는지도 불분명하다. 한수당(Han Sudang, 2015)은 트롤로프는 랜디스 문고를 "확장"했다고 보고하며, 연세대학교 도서관에 소장된 두 컬렉션의 도서들은 모두 "영국 성공회 선교, 랜디스 문고(English Church Mission, Landis Library)"라는 소유 표시를 가지고 있을 가능성을 시사하고 있다.

옥스퍼드 대학교의 보들리언 도서관(Bodleian Library)은 트롤로프의 컬렉션에서 약 110권의 고서를 기증받았으며, 여기에는 제임스 스카스 게일이 호러스 언더우드에게 보낸 1933년 4월 27일자 편지가

연구 도서관과 옥스퍼드 대학교 보들리언 도서관 두 곳에 보관되어 있다(관련 내용은 Chung, 2019를 참조). 2024년 여름에 수행한 나의 예비 조사 결과, 트롤로프의 컬렉션 및 그것이 CCC(현 연세대학교)에 편입된 경위와 시기를 밝혀줄 만한 내용은 거의 발견되지 않았다. 트롤로프 주교의 컬렉션이 CCC 특별 컬렉션 형성에 기여한 기초적인 역할은 제임스 스카스 게일의 경우와 마찬가지로 한국에서 거의 연구되거나 알려지지 않았으며, 버밍엄과 옥스퍼드에 소장된 트롤로프 문서 또한 여전히 연구되지 않은 상태이다.

보존되어 있다. 이 편지에서 게일은 다음과 같이 썼다.

> "귀하께서 이 한국 서적 컬렉션을 특별히 관리해 주신다니 매우 기쁩니다.[9] 최근 귀하께로 이관된 1만 2천 권의 장서는 귀하의 도서관에 훌륭한 추가 자료가 될 것이며, 이를 통해 도서관이 더욱 성장할 것입니다. 서울은 도서관이 있어야 할 곳입니다…… 귀하께서 하고 계신 이 작업을 통해 한국 서적들이 미래를 위해 보존되리라는 사실을 알게 되어 매우 기쁩니다. 저는 최근 몇 년 동안 이러한 서적들이 모두 매입되어 대중의 손이 닿지 않는 곳으로 사라질까 우려해 왔습니다. 일본이 매입한 서적들은 사실상 영구히 소실된 것이나 다름없으며, 유럽 대륙에서 이루어진 매입도 마찬가지입니다. 오직 영국과 미국의 컬렉션만이 접근 가능성과 미래 세대를 위한 보존 가능성을 보장받고 있습니다."[10]

---

9) 보들리언 도서관의 에이드리언 로버츠(Adrian Roberts, p.c., 2006년 12월, 2007년 1월)에 따르면, 트롤로프 주교는 1902년과 1907년에 두 점의 한국 필사본을 기증했으며, 1927년에는 약 110권의 인쇄본을 기증했는데, 그중 최소 16권이 한국 서적으로, 용주사본 『불설대보부모은중경(佛說大報父母恩重經)』도 포함되어 있다. 트롤로프는 보들리언 도서관에 이외에도 추가적인 기증을 했던 것으로 보이며, 도서관은 그의 메모(1930년 9월 9일자)가 남아 있는 『삼강행실도(三綱行實圖)』 후기 판본도 소장하고 있다.(다시 한번 에이드리언 로버츠에게 감사의 뜻을 전한다.)

10) 같은 편지에서 게일은 CCC의 저명한 교수이자 후에 1946년 연희전문대학교의 초대 총장이 된 조지 백 박사(George Paik, 백낙준, 1895~1985)가 자신의 미발표 번역본을 CCC에 기증해 달라고 요청했으며, 게일이 이를 수락했음을 밝히고 있다: "그것들은 매우 다양한 종류입니다. 검토하는 대로 제가 가진 사본이나 원본 원고들을 귀하의 주소로 보내드리고자 합니다. 이를 보내드림에 어떠한 조건이나 제한도 두지 않을 것입니다. 귀하는 이 자료들을 일부든 전체든 자유롭게 활용하시거나 원하시는 만큼 보관하셔도 됩니다. 이 요청을 통해 제 소망이 이루어졌습니다. 이 메모들과 자질구레한 글들이 마땅히 있어야 할 곳에, 그리고 제가 남기고자 했던 그곳에 가게 되었기 때문입니다." 그러나 어떤 이유에서인지 이 기증은 끝내 이루어지지 않았다.

따라서 1933년에 작성된 게일의 서신은 트롤로프 컬렉션이 CCC로 향하고 있었음을 암시하는 듯하지만, 이는 두 가지 다른 자료와 일치시키기 어렵다. 첫 번째 자료는 1939년 1월 12일자 동아일보에 실린 "고(故) 성공회 마크 주교의 비밀 도서 10,000권의 희귀본 및 귀중본"이라는 제목의 기사이다. 버밍엄 대학교의 캐드버리 연구 도서관(Cadbury Research Library)이 소장하고 있는 트롤로프 관련 자료에는 이 원문 기사의 일부가 오려져 보관되어 있으며, 그와 함께 영문 요약본이 타자로 정리되어 있다. 아래는 해당 요약본에서 일부 발췌한 내용이다.

> "……한국에서는 안타깝게도 대부분의 고서가 유실되었다. 이는 한국인들이 최근까지도 자국의 고전을 연구하고 보존하려는 의지를 가지지 않았기 때문이다.……그러나 여기, 한 도서관에는 10,000권이 넘는 도서가 수집되어 있으니, 이러한 광경을 목도하는 것은 실로 놀라운 일이다.
>
> 도서관이 자리한 환경은 매우 매력적이다.[11] 부지 인근에는 아름다운 성당 건물이 있으며,……이 위대한 한국의 '보물'과 같은 서적들은 격조 있는 한국식 건물 안에 보관되어 있다.……이 도서관이 한 외국인에 의해 수집되었으며, 한국인들보다 오히려 타국 사람들이 이 서적으로 보러 더 자주 찾아온다는 사실은 한국 학자들에게는 일종의 질책이 될 수 있다. 그러나 이 귀중한 서적들이 한 지붕 아래에 안전하게 보존되고 있다는 사실은 모

11) "성공회의 고 '마가' 승정 진본희서만원을 비장(聖公會의 故 "瑪可" 僧正 珍本稀書萬卷을 秘藏)," p. 2.

든 한국인들에게 기쁨과 위안을 주는 일이기도 하다. 특히 이 컬렉션에는 희귀본을 비롯해 유일본인 고서의 판본도 다수 포함되어 있다는 점이 주목할 만하다. (일부 서명이 제공됨)"

두 번째 자료는 1939년 7월호 *The Morning Calm*에 게재된 찰스 헌트(Charles Hunt)의 기사 "지나가는 글(As a post that passeth by)"이다. *The Morning Calm*은 성공회 한국 선교부의 계간지로, 해당 글은 전 세계에서 성공회 선교지를 공식 방문한 여러 저명한 인사들—그중 몇몇은 학자들—에 대해 서술하고 있다. 예컨대, "프랑스 사제 피숑(Fr. Pichon)은 최근 라틴어로 한국 순교자들에 관한 저서를 출판했다. 피숑 신부는 유명한 예수회 신부인 앙리 베르나르(Fr. Henri Bernard)를 동반했는데, 그는 톈진의 동양학연구소에서 동양사 교수로 재직 중이다……그는 서울을 다시 방문하여 우리 한국 고전 도서관에서 연구하기를 희망하고 있다." 이 두 자료를 통해 1939년 여름 당시에도 트롤로프 컬렉션이 여전히 서울 성공회 선교부 구내에 보관돼 있었으며, 적어도 교회 공동체 내에서는 이 도서관이 "한국 고전 도서관"으로 알려져 있었음을 확인할 수 있다. 또한 해당 도서관이 외국 학자들에게 연구 목적의 방문지 역할을 했다는 점도 분명해진다. 오트니스(Otness, 1988)는 랜디스 문고의 서적이 "영국 성공회 선교부가 소장하고 있었으며, 제2차 세계대전 직전에 연세대학교에 기증되었다"고 서술하고 있다. 따라서 트롤로프의 컬렉션 역시 같은 시기에 CCC로 이관되었을 가능성이 크다고 추정할 수 있다. 그러나 만약 트롤로프 컬렉션의 서적들에 실제로 그 출처를 식별해 줄 장서표(ex libris)가 붙어 있다면, 연세대학교 도서관 측에서 보다 체계적인 목록 정리와 재고 조사를 수행하는 데 도움이 될 것이다.

어찌 되었든, 〈부록 1〉과 〈부록 6〉에 대한 나의 주석(특히 게일이 트롤로프에게 한국 고서를 판매한 내역을 상세히 기록한 다른 문서)은 이들 서적의 거의 전부가 현재 연세대학교 도서관에 소장되어 있음을 명확히 보여준다. 한편, 보들리언 도서관이 소장한 한국의 고서 가운데 Corean 13 『어제계술수연록(御製繼述受宴錄)』의 경우, 해당 도서에는 "1922년 J. S. G.에게서 구입"이라는 메모가 기재되어 있는데, 이는 게일을 지칭하는 것임이 분명하다.[12] 트롤로프 주교, 그의 한국 고서 수집에 대한 열정, 제임스 스카스 게일과의 우정에 대한 이 여담을 마무리하면서, 마지막으로 하나의 추가 자료를 언급하고자 한다. 토론토대학교의 게일 문서에 남아 있는 다양한 타자 원고 중에는 "다운사이드 수도원(Downside Abbey)"이라는 제목의, 날짜가 명시돼 있지 않은 다섯 쪽짜리 에세이가 있다. 이 에세이는 1930년 9월 트롤로프 주교가 영국 바스(Bath)에서 은퇴 생활을 하고 있던 제임스 스카스 게일을 방문한 기록을 다루고 있으며, 원고에는 게일이 직접 연필로 편집하고 교정한 흔적이 다수 남아 있다. 이 동일한 에세이는 게일의 수정사항을 반영해 다시 타이핑되어, 리처드 러트(Richard Rutt)가 보들리언 도서관에 기증한 게일 문서 가운데 "트롤로프 주교가 다운사이드 수도원을 방문하다(Bishop Trollope Visits Downside Abbey)"라는 제목의 수정본으로 확인할 수 있다. 마지막 단락은 다음과 같이 서술되어 있다.

"내 마지막 소망이자 제안은, 그가 머지않아 한국에서 은퇴하게 되면 바스(Bath)로 와서 함께 살자는 것이었다. 이곳에서 우리는 함

12) 트롤로프가 첫 페이지에 삽입한 메모에는 다음과 같이 적혀 있다: "1766년에 영종(英宗) 임금이 72세 때 베푼 연회에 대한 기록으로, 이는 그의 아버지 숙종(肅宗) 임금을 위해 이와 비슷한 연회를 열어 드렸던 것의 60주년을 기념한 것이다. 이 책은 영종 임금의 사위이자 화곤(Hwa Gon) 공주의 남편인 황인점(黃仁點)에게 헌정된 사본이다." 이 정보를 제공해 준 에이드리언 로버츠에게 감사를 전한다.

께 한국 문학을 연구하고, 익숙한 문학의 땅을 여행하면서, 한때 현실에서 함께 걸었던 먼 길을 다시 한번 상상 속에서 즐길 수 있을 터였다. 그러나 그 바람은 이루어지지 않았다."

트롤로프 주교는 그해 11월 6일, 한국으로 돌아가는 도중 고베 항구에 정박한 배 안에서 심장마비로 세상을 떠났다.

11.3. "검토된 서적 (한국 서적)"

게일이 1922~1925년 사이에 작성한 자필 기록으로, 그가 조선예수교서회(Christian Literature Society)에서 활동할 당시 그의 한학 전문가들(pundits)이었던 이창직(李昌稙, 1866-1936), 이원모(李源謨, 1875~?), 이교승(李敎承, ?~1951?)[13]과 함께 수행한 작업과 관련이 있다.

게일의 한국 고서 수집 활동과는 관련이 없다.

11.4. "한국 서적 목록(기독교대학용)"

"조선기독교 대학 도서관을 위해 제안"된 92종의 한국 고서 목록으로, 타자로 작성되었으며 각 서적에 대한 간략한 주석과 함께 지불된 가격이 기재되어 있다. 목록의 서두에는 게일의 로마자 표기 방식에 따른 서명 색인이 수록되어 있다. 2페이지 상단에는 게일이 다음과 같이 메모를 남겼다: "1918년 12월 27일 겐소(Genso) 씨에게서 수령, 251.85엔."

여기서 "겐소 씨"는 존 프레데릭 겐소(John Frederick Genso, 1884~1950) 목사를 가리킨다. 그는 1908~1941년, 그리고 해방 이후 한국전쟁 발발 전인 1945~1950년까지 한국에서 선교사로 활동했다. 겐

13) 게일의 CLS에서의 활동과 그의 학학 전문가들(pundits)에 대해서는 King(출간 예정-a)을 참조할 것.

소는 한국에서의 경력 대부분을 다양한 선교 단체의 재무 담당자로 활약했으며, 게일 문서의 다른 곳에서도 CCC 및 미국 의회도서관을 위한 도서 구입 자금과 관련하여 언급된 바 있다. 이 문서가 작성될 당시, 겐소는 세브란스 의대의 재무 담당으로 재직하고 있었다. 또한, 게일이 1917년 아시아연구소를 위해 작성한 "한국문학 색인(Index of Korean Literature)"에서 자신이 위원장을 맡고 있다고 밝힌 "서울에 새로 설립된 대학을 위한 도서 구입 위원회"의 일원(아마도 재무 담당)이었을 것으로 추정된다(자세한 내용은 King, 2012 참조). 11.4에 대한 나의 주석(부록 2 참고)에 따르면 이 목록에 포함된 거의 모든 서적이 현재 연세대학교 도서관의 희귀본 컬렉션에서 소장되어 있음을 확인할 수 있으며, 그중 일부에는 게일의 낙서도 남아 있다.

11.5. "조선기독교대학 도서 목록(한국어과)"

날짜가 기재되지 않은 32쪽 분량의 타자 문서로, "조선기독교대학 한국어과 도서 목록"이라는 제목이 붙어 있으며, 73종의 서적에 대한 상세한 주석이 포함되어 있다. 이 목록은 1932년 『한국왕립아시아학회지(Transactions of the Korea Branch of the Royal Asiatic Society)』 제21권에 수록된 트롤로프 주교의 "한국 서적과 그 저자: 한국 문학 입문" 바로 뒤에 실린 "한국 서적의 짧은 목록"과 내용이 일치한다. 다만, 이 목록에는 출처나 배경에 대한 설명이 전혀 포함되지 않았다. 그 결과 오늘날까지 학자들은 이 "짧은 목록"이 트롤로프가 작성한 것이라고 추정해 왔지만(e.g., 최효진, 2022, 317쪽 주석), 실제로 이 목록은 게일의 작업의 일부였다. 1932년 출판된 "짧은 목록"은 59~105쪽에 걸쳐, 총 73종의 서적이 정확히 동일한 서명과 내용으로 나열되어 있다.

11.6. "미국 의회도서관의 한국 도서 분류 목록"

본 논문과 관련 없음.

11.7. "구매 도서 색인—겐소 씨, 1917년 5월"

두 쪽 분량의 타자 목록으로, 네 개의 열로 구성되어 있다: 로마자 표기 및 한자 서명, 권수, 고유 식별 번호, 가격. 목록 상단에는 게일의 자필 메모가 적혀 있다: "겐소 씨에게서 수령(1917년 5월 4일) [¥]550.30." 두 번째 페이지 하단에는 손으로 계산된 총액이 ¥559.75로 기재되어 있다.

이 목록에 포함된 119종의 서적은 1932년의 "짧은 목록"에 수록된 모든 서적을 포함하며, 여기에 더해 게일의 초안 원고 목록(Ledger 12, 아래 참조)에 있는 추가 서명과 그 외 서적들이 포함되어 있다. 다만, 번호 체계는 다른 목록들과 상이하다. 본질적으로 이 문서는 게일이 CCC를 대신하여 구입한 소규모의 한국 고서 소장 목록을 간결하게 정리한 것으로서, 이것이 현재 연세대학교 도서관 한국 고문헌 장서의 핵심이 되었다.(부록 3을 참조)

11.8. "경신학교 도서 색인(한국어)"

날짜 미상의 3쪽짜리 타자 문서로, 160개의 로마자 표기 서명, 영어 번역, 질품당 권수가 기재된 목록이다. 이에 이어, 역시 날짜 미상의 "조선기독교대학 도서관 위원회 보고서"라는 제목의 한 쪽짜리 문서가 포함되어 있는데, 여기에는 "위원회를 대표하여 J. S. Gale(J. S. Gale for Committee)"이라는 서명이 있다(부록 4 참조). 게일이 뉴욕 아시아 연구소를 위해 작성한 『한국 문학 색인(Index of Korean Literature)』의 '서문(해당 문서는 1917년 1월 9일 완성됨)'을 통해 우리는 그가 '서울에 새로 설립된 대학을 위한 도서 구입 위원회의 위원장'이었음을 알고 있으므로, 이 문서가 게일이 이 위원회 위원장 자격으로 작성한 보고서임을 무리없이 추정할 수 있다. 이 보고서에서 주목할 만한 사항은 다음과 같다.

- 위원회는 700권 이상의 대표적 도서를 구입했다('160종'보다 더 인상적으로 들린다).
- 한국 서적은 "즉각 판매"되고 있으며 "서구 도서관에 매입되고 있다." 그러나 이는 전적인 사실은 아니었다. 게일은 미국 의회도서관 및 뉴욕 아시아연구소를 위한 자신의 추가적인 수집 활동을 염두에 두고 있던 것으로 보인다.
- 모든 서적이 "고판본(古版本)이며, 신판(新版)은 시중에 존재하지 않는다"
- "경신도서관이 궁극적으로 이 도서관(즉, CCC 도서관)과 통합될 수 있기를" 바라는 마음에서, 위원회는 중복 구매를 피했다.[경신학교의 도서들은 실제로 CCC 도서관으로 이관되었음]
- "경신도서관" 서적 목록의 여러 곳에서, 게일은 "색인 참조"라는 메모를 남겼다. 이는 중복 구입을 피하기 위한 참고 표시로서, 그가 뉴욕 아시아 연구소를 위해 수집한 서적들과 함께 작성해 둔 '한국 문학 색인'을 가리킨다. 해당 컬렉션은 현재 클레어몬트 칼리지 도서관(Claremont Colleges Library)의 특별 컬렉션에 있는 프레데릭 매코믹 컬렉션(Frederick McCormick Collection)으로 보관되어 있다.[14] 문서 말미에 게일이 남긴 자필

---

14) 이 컬렉션을 처음으로 소개한 학자는 주디스 볼츠(Judith Boltz, 1985)로, 게일이 이 컬렉션의 수집에 관여했음을 정확히 추정했다. 보다 자세한 내용은 King(2012)에서 확인할 수 있다. 최영창 · 차미애(2015)의 저서는 이 컬렉션을 설명하려는 야심 찬 책 분량의 시도이지만, King(2012)을 참고하지 않았으며, 저자들이 "남아 있는 기록이

메모에는 "경신도서관의 1,271권 중 874권이 아직 색인을 요함"이라고 적혀 있는데, 이는 게일이 자신의 한국인 '한학 전문가' 팀을 고용하여 아시아 연구소를 위한 색인 작업 외에도 경신도서관 서적을 추가로 색인할 계획이었음을 시사한다. 그러나 실제로 그 색인 작업이 진행되었다는 증거는 찾을 수 없다.

- 〈부록 4〉에 대한 나의 주석을 통해, 이 목록에 포함된 대부분의 서적이 현재 연세대학교 도서관에 소장되어 있으며, 이들 중 다수가 원래 경신학교의 설립자인 호러스 그랜트 언더우드에 의해 기증된 것임을 확일할 수 있다.

11.9. "원고 책 색인"

이 문서는 게일의 원고 "일지"(ledgers)에 대한 색인이다. 본 논문과 관련 없음.

11.10. "김도희 문고 색인, 미국 의회도서관"

게일이 사랑했던 학자 성암(誠菴) 김도희(金道熙, 1866~1925)가 소장했던 서적들의 목록이다. 해당 서적들은 게일이 1925년 미국 의회도서관을 대신하여 김도희의 미망인으로부터 매입하였다. 김도희는 조선기독교대학에서 한문을 가르쳤으며, 게일의 사택에서 생활했던 인물이다. 본 논문과 관련 없음.

11.11. "한남서원(백두용)에서 판매 중인 한국 서적"

없기 때문에 매코믹이 [그의] 옛 한국 기록을 언제, 어떤 경로로 구했는지는 명확하지 않으나, 1905년부터 1908년까지 한국에 머무는 동안 고문서에 관심을 가지게 되었고 그때 수집했을 것으로 추정된다"고 서술한 부분(21쪽)은 완전히 잘못된 주장이다.

총 다섯 쪽 분량의 타자 문서로, 날짜가 기재되지 않은 세 개의 개별 서적 목록으로 이루어져 있다:

한남서원(백두용)에서 판매 중인 한국 서적 3.5쪽

-총 188종 (번호 미기재)

일석서장(안동, 윤주찬)에서 판매 중인 서적 .5쪽

-총 24종 (번호 미기재)

한남서림의 총 47종 서적 목록 (번호 기재) 1쪽

각 목록에는 게일이 로마자 표기한 서명과 저자가 기재되어 있으며, 그 뒤로 권수(한국식 용어로 책수冊數) 및 엔화 가격이 적혀 있다.(부록 5 참조)

말할 것도 없이, "백두용"은 중인(中人) 출신 화원(畫員) 집안의 후손인 심재 백두용(心齋 白斗鏞, 1872~1935)을 가리킨다.(이중연 2007, 136) 백두용은 초기에는 중국어 역관으로 활동했으나, 1900년경부터 길거리 좌판에서 책을 판매하기 시작했다. 이후 1905년에서 1917년 사이에 한남서림(翰南書林)을 설립하였으며, 이곳은 일제강점기 인사동에서 운영된 유명 서점으로서 적어도 1921년까지 그곳에 자리하였다. 당시 회동서관이나 광학서포 등 신간 서적과 고서를 모두 취급하고 심지어 신간을 출판하기도 했던 다른 서점들과는 달리, 초기에는 오직 고서만을 전문적으로 취급했다는 것이 한남서림만의 차별점이었다.(ibid., 139) 이후 한남서림은 옛 목판본을 바탕으로 수많은 고전소설(주로 한글로 쓰인 허구적 서사물)의 신판을 출간하였다.(서혜은, 2016 참조)

백두용이나 그의 한남서림('한남서원'이라는 명칭도 사용된 것으로 보임)에 대해서는 알려진 바가 많지 않지만, 이민희(2010, 2013)의 연구를 통해 많은 유용한 정보가 밝혀졌다. 특히 본 논문의 목적과 관련하여 가장 흥미로운 것은, 이민희가 한국 국회도서관에서 발견해 소개한 『가장도서첩(家藏圖書帖)』이라는 자료이다. 이 시문첩은 1913년부터 1916년 사이에 백인해가 백두용의 한남서림 개점을 축하하기 위해 편찬한 12권 분량의 원고이다. 이 주목할 만한 시문집에는 짧은 시, 산문 작품들과 함께 약 324명의 축하사가 수록되어 있는데, 이 필자들은 모두 1910년대 중반 한국의 정치 · 지성계 지도층 인사들로 구성되었다. 여기에 서양인은 단 두 명만 포함되었다: 시카고 대학교의 인류학자 프레더릭 스타(Frederick Starr, 1858~1933)가 제8권(국회도서관 판본 기준 13쪽)에 "서울 1916년 1월 27일"이라는 날짜가 기재된 인사말을 실었고, 제임스 스카스 게일이 11권(국회도서관 판본 기준 18쪽)에 "1913년 10월 12일" 날짜의 글을 실었다.[15]

게일의 기고문은 다소 형식적인 것으로, 우정에 관한 두 개의 인용문으로 구성되어 있다. 하나는 로버트 브라우닝의 "공작부인의 도주" 제17연에서, 다른 하나는 셰익스피어의 햄릿 제3막 2장에서

15) 또한 최소한 여덟 명의 일본인 이름이 포함되어 있다: 시라이 시게토(和堂 白井重任), 관립 한성일어학교(官立漢城日語學校)의 교사이자 정치인 시라이 시게토(白井重遠, 1837~1913)의 장남; 도쿠토미 이이치로(蘇峰 德富猪一郎), 유명한 언론인이자 역사가인 도쿠토미 소호(德富蘇峰, 1863~1957)와 동일 인물; 나이토 토라지로(内藤虎次郎), 일본의 저명한 역사가이자 중문학자인 나이토 코난(内藤湖南, 1866~1934) 과 동일인물; 히사요시 나오스케(徽潭 久芳直介, 생몰년 미상), 1909년경 조선 총독부 재무부(度支部) 회계과장으로 재직한 세무 관료; 나카니시 센키치(古竹 中西千吉), 정보 미상, 치바 마사타네(鹿峯 千葉昌胤, 본명 야마시타 가메키치, 1866~?), 1881년 니쇼가쿠샤 학원(二松學舍)에 입학하였으며, 1891년에는 한문과 한시 분야에서 두각을 나타내며 사무총장 겸 조교수로 임명됨. 1894년부터 1897년까지 주한 특명전권대사 이노우에 가오루(井上馨, 1836~1915) 휘하의 참모로 근무했으며, 1907년 다시 한국으로 돌아와 무정(茂亭) 정만조(鄭萬朝, 1858-1936), 운양(雲養) 김윤식(金允植, 1835~1922), 이재극(李載克, 1864~1931) 등의 한국 지식인들과 교류하였다.(https://ameblo.jp/prativedha/ 및 Tsujii 2023 참조); 고쿠분 쇼타로(梧庭 國分象太郎, 1862~1921), 외교관이자 총독부 관료(중앙 서기)로 재직했으며, 1915년 이왕직(李王職) 서기관(書記官)으로 임명된 후 1917년부터는 차관(次官)으로 재직했다. 이들 일본인 중 누군가가 일본 어딘가에 아직도 고서 컬렉션을 숨겨두고 있는 사람이 있지는 않을지 궁금하다.

발췌한 구절이다.[16] 반면 스타의 기고문 역시 우정에 관한 것이지만, 게일의 글보다는 좀더 흥미로운 면이 있다. 해당 글의 내용은 다음과 같다: "한국을 연구하는 데는 많은 어려움이 따릅니다. 외국인 가운데 이에 대해 진지한 기여를 한 인물은 매우 드뭅니다. 그중에서도 으뜸가는 이들은 바로 쿠랑, 게일, 그리고 헐버트 세 사람입니다. 모든 연구자들이 그들에게 감사의 빚을 지고 있습니다. 저는 젊은 시절 이들과 인연을 맺고 그들의 영향을 받았던 한국의 젊은이들을 때때로 만나는 것이 큰 기쁨이었습니다.[17] 저는 이들이 한국을 진지하게 연구하고 이해하고자 하는 외국인에게 항상 도움을 주려 애쓴다는 것을 알게 되었습니다. 이러한 사람 중 한 명이 제가 이 헌정의 글을 드리는 백두용 씨이며, 그를 제 친구라 부를 수 있어 매우 기쁩니다."[18]

백두용에 대해 알려진 바가 없는 만큼, 4쪽 후반부에 나오는 안동(安洞) 일석서장이나 그곳의 소유주로 추정되는 "윤주찬"에 대해서

16) 브라우닝의 인용문은 다음과 같다: "너는 나의 친구-/ 우정이란 얼마나 끝없는 세계인가!/ 마음과 영혼을 흔들어 깨우는 이 느낌,/ 마치 누군가가 찬란한 술통을 열어/ 햇빛에 반짝이며 아름답게 흘러나오는/ 푸른 몰다비아(Moldavia)의 줄무늬 시럽을 따르는 것처럼./ 드루이드(Druids) 시대만큼 오래된 코트나르(Cotnar)처럼—/ 우정은 이 모든 술의 제왕만큼이나 훌륭하지./ 메마른 뇌를 부드럽게 적셔주고, 그 속과 겉을 가득 채워주는구나." 셰익스피어의 인용문은 다음과 같다: "위대한 이가 몰락하면, 그의 총애도 사라지는 법/ 가난한 이가 오르면, 적도 친구가 되는구나./ 사랑은 언제나 운에 기대어 흘러가니,/ 필요 없는 자에겐 친구가 부족할 리 없고,/ 궁핍 속에서 거짓된 친구를 시험하면,/ 그는 곧 적으로 변하는 법이다."

17) 판독 불가능.

18) 스타는 1911년부터 1930년 사이에 총 여섯 차례 한국을 방문했으며, 체류 기간을 모두 합하면 약 아홉 달 정도이다. 게일은 스타의 방문을 주선했으며, 스타의 이름은 게일의 원고 장부에도 적어도 한 번 등장한다. Ledger 10 76쪽(아마도 1916년 봄, 스타가 1918년에 출간한 한국 불교에 관한 책을 준비하던 때로 추정)에서, 게일은 스타가 "지난 수요일, 왕립아시아학회 한국지부(Korean Branch of the Royal Asiatic Society) 모임에서 매우 흥미로운 강연을 했다"고 언급하고 있다. 스타의 한국 연구에 대한 자세한 분석과 평가는 Oppenheim(2016)을 참조할 것.

는 더더욱 정보가 없다. 이경현(2013, 110)이 이 서점('一石書莊'이라는 표기와 함께)에 대해 언급한 바 있다. 1916년 12월 19일자 매일신보에는 일석서장의 광고가 실려 있는데, 여기에는 고서와 신서를 망라한 광범위한 서적 목록과 함께, 소유주의 이름을 한자로 '尹柱瓚'이라 써 놓았다.[19)]

어찌 되었든, 게일이 백두용과 가까운 사이였던 것은 분명하다. 원고 대장(ledger) 12권에는 백두용이 게일에게 보낸 『화서아언(華胥雅言)』의 대금과 관련된 메모 낱장이 들어있다.

〈그림 1〉 백두용이 제임스 스카스 게일에게 보낸 자필 메모

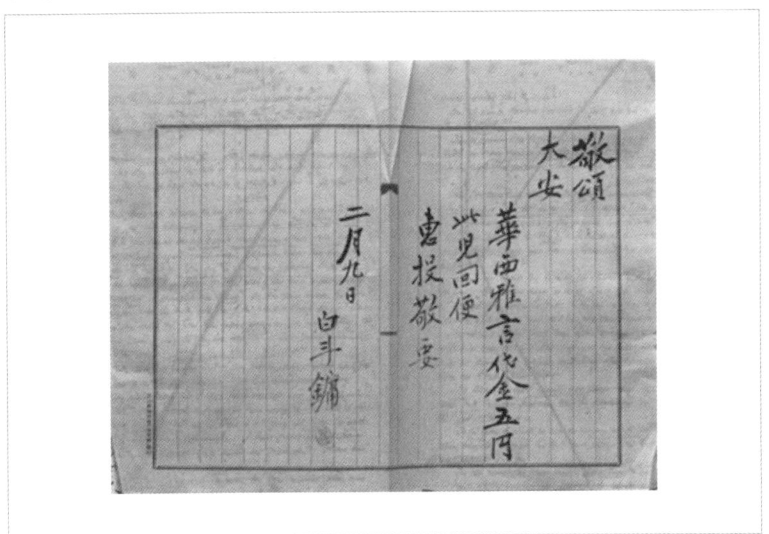
華西雅言代金五円
此見回便
書投敬要
敬頌
大安
二月九日 白斗鏞

11.12. "도서 목록. 아시아 연구소를 위한 한국 컬렉션"

본 논문과 관련 없음.

---

19) 출처: https://www.minjok.or.kr/archives/86898(2023년 11월 30일 접속).

11.13. “한국 서적 목록 [스윙글 씨를 위하여] 1925년 1월 7일”

본 논문과 관련 없음.

11.14. “한국 서적 목록, 의회도서관 1927년 3월 24일(2부)”

본 논문과 관련 없음.

11.15. “한국 서적 목록 [의회도서관을 위하여]”

본 논문과 관련 없음.

11.16. “트롤로프 주교를 위한 한국 서적 목록(1922년 10월 11일)”

이 문서는 도서 30종의 서명을 타이핑하고 쪽 번호를 매긴 총 5페이지 분량의 목록으로, 각각에는 간략한 설명, 권수, 가격이 기재되어 있다. 목록의 끝에는 “트롤로프 주교를 위해 작성된 서적 목록, 1922년 10월 11일”이라는 자필 메모가 덧붙여 있다. 이 파일에는 추가로 4종의 책 제목과 각 권수가 적힌 짧은 자필 메모도 포함되어 있으나, 가격은 기재되어 있지 않다. 〈부록 6〉을 참조하면, 이 목록에 있는 서적들이 모두 현재 연세대학교 도서관에 소장되어 있음을 알 수 있다. 온라인에서 열람이 가능한 일부 서적에는 게일과 트롤로프 모두의 자필 메모가 남아 있다.

11.17. “1926년 11월 29일, 월터 T. 스윙글 박사를 위한 한국 서적 목록”

본 논문과 관련 없음.

11.18. “이규보(한국 시인)의 작품 목록과 일부 영어 제목”

본 논문과 관련 없음.

11.19. "최 선생의 서적 목록 및 기타 목록"

이 마지막 폴더는 다양한 책 목록이 혼재된 형태로 되어 있다. 가장 긴 목록의 경우, 단순히 "조선본 목록"이라는 제목으로 1쪽부터 28쪽까지 이어지며, 여기에는 서명, 권수(책수), 가격(전액)이 포함되어 있다. 서적의 소유자는 명확하지 않다.

29쪽부터 36쪽까지는 다른 필체로 작성되어 있으며, 29쪽의 첫 줄에는 "문광당(文光堂)"이라고 적혀 있다. 문광당(일본어로 '분코도')은 일제강점기 서울의 인기 있던 일본 서점으로, 청계천 남쪽(일본인 거주 지역)에 위치했었으며, 게일이 자주 찾았던 곳으로 보인다.[20]

37쪽은 동일한 필체로 작성되었으며, 맨 위에는 게일의 자필로 "나의 서적을 스윙글 씨에게 판매함, 1926년 11월 25일"(즉, 의회 도서관용)이라고 적혀 있다. 첫 번째 줄에는 "광문회 간행 서적"이라고 적혀 있어, 이 목록의 서적들이 모두 최남선의 광문회에서 간행한 재인쇄본임을 나타낸다. 이 서적들은 현재 모두 미국 의회도서관에 소장되어 있다.

38~40쪽은 동일한 필체로 작성되었으나, 광문회 서적은 아닌 것으로 보인다. 41쪽 상단에는 게일의 자필로 "최 선생의 서적 목록"이라고 적혀 있다. 이 미스터리한 "최 선생"의 신원을 정확히는 알 수 없지만, 게일 문서의 박스 1, 폴더 1에 있는 "수신한 편지들(1898~1943)"에 포함된 1926년 11월 29일자 월디 스윙글(게일이 오랜 세월 함께 일했던 미 의회도서관의 중개인)의 편지에서 단서를 찾을 수 있다. 스윙글은 해당 편지에서 다음과 같이 썼다: "모세 최(Moses Choi)에게 소유구[서유구 徐有榘, 1764~1845]의 향포집[아마도 행포지 杏蒲志를 이르는 듯

20) 1937년의 정면 사진은 권영란(2018, 51쪽)을 참조. 게일은 주로 외국 서적을 주문하기 위해 이 서점을 이용한 것으로 보이지만, 이 서점이 한국 고서도 취급했다는 점은 흥미롭다. 일제강점기 서울의 서점들 대해서는 이민희(2013, 123~129쪽)을 참조.

함]을 구하는 데 최선을 다해 달라고 요청해 주십시오." 따라서, 이 둘은 같은 사람일 것이다.

42쪽의 첫 번째 줄에는 문광당(Bunkōdō)이라고 적혀 있는데, 맨 위에는 게일의 자필로 "스윙글 박사가 출발 후 구입한 서적들"(43쪽으로 이어짐)이라고 쓰여 있다. 추정컨대 이 서적들 역시 현재 미국 의회도서관에 소장되어 있을 것으로 보인다.

3. 게일 문서 다른 곳에서 보이는 게일의 서적 수집

게일의 원고 대장(ledger)에는 게일의 대리 서적 수집 활동을 보여주는 추가적인 증거들이 포함되어 있다. 게일 문서에는 서적 목록, 저자 및 내용 설명, 구매 가격 등이 기록된 자료들이 도처에 흩어져 있어, 정리하기에 벅찰 정도이다. 또한, 게일 문서에는 한국 고서에 관한 짧은 에세이나 에세이 개요, 그리고 한국의 문학 전통과 책 사랑을 향한 게일의 찬사가 담긴 글들이 포함되어 있다. 본고에서는 그중 몇 가지만 소개한다. 예컨대, Ledger 15의 107쪽과 109~110쪽에는 게일이 위원장으로 있었던 CCC 도서관 위원회를 위한 보고서 초안이 실려 있다. 제목은 "조선기독교대학 도서관"이며, 수정 흔적이 없는 것으로 보아 원칙적으로 타이핑되거나 출판되지 않은 초고본임을 알 수 있다. 이 보고서는 일부 판독이 극히 난해하지만, 다음과 같이 시작된다: "한국의 고대 문명은 문학과 문학적 성취를 기반으로 하고 있다……진정으로 재능 있는 문인들이 이토록 많은 비율로 존재했던 나라는 아마도 없었을 것이다." 이어 게일은 한국의 상황을 지적하였다: "한국은 오랜 역사에 걸쳐 책의 나라였음에도, 시장이나 어떤 공공장소에서도 책을 볼 수가 없었다. 하지만 시대가 크게 변하면서 이제 책들은 숨겨진 곳에서 나와 예상치 못한 기관들에 의해 매입되고 있다. 가장 큰 구매자는 일본 학자들이다……최근에 나는 처음으로 미수 허목(眉叟 許穆, Misu Hŏ Mok, 셰익스피어와 동시대 인물)의 저작들이 시장에 나와 있는 것을 보았는데, 총 22권으로 권당 2엔에 판매되고 있었다. 나는 그 가격에 구매를 제안했으나, 다음날 한 일본인 구매자가 권당 3엔에 이를 사 갔다."

이어서, 게일은 한문으로 쓰인 한국 문학의 역사를 900년부터 1900년까지 세기별로 간략하게 서술하였다: "900년부터 1900년까지 천 년에 걸쳐 셀 수 없이 많은 책들이 저술되었다. 모리스 쿠랑의 서지 목록을 수고로이 훑어본 사람이라면 그 방대한 양을 알 수 있을 것이나, 그럼에도 우리는 결코 그 전부를 보지는 못했다. 모든 책을 구매하는 것은 불가능하므로, 중요한 것은 최고의 작품을 선택하는 방법이다……" 이 글은 위원회의 서적 구매 현황에 대한 요약과 함께, 남은 자금을 활용해 그의 한학 전문가인 김도희를 고용하여(그가 아시아 연구소 도서를 정리한 것과 마찬가지로) 경신학교 도서관에 있는 추가 서적을 읽고 색인하는 작업을 이어가도록 요청하는 내용으로 마무리된다: "그는 이 작업을 약 7년 동안 해왔습니다."

게일 문서의 Ledger 8, 152쪽 상단에는 "C.C.C.를 위한 도서 구입 비용 550.30엔을 받았다"고 기록되어 있으며, 해당 페이지는 한글로 적은 책 제목과 가격으로 가득 차 있다. 그리고 "1917년 5월 10일, 백두용을 위하여"라는 또다른 메모도 적혀 있다. 다음 페이지(153쪽) 상단에는 "1917년 5월 10일, 해동서림에서 김상만을 위한 CCC용 책"이라고 적혀 있어, 게일이 CCC를 위한 책을 구매한 또다른 출처를 보여준다.

마지막으로, Box 12에는 게일 가족 관련 문서들이 들어 있는데, 여기서 Folder 7은 1943년 5월에 작성된 "1937년부터 1943년까지 J.

S. 게일 목사에 대한 부인의 회고"라는 제목의 글이다. 게일 부인은 다음과 같이 남편을 회상하였다: "……그는 외국인들이 훌륭한 한국 작가들에 대해 조금이라도 알기를 열망했고, 한국 사람들이 우리 문학에 대해 조금이라도 알기를 바랐다. 그는 조선기독교대학을 위해 자신의 소중한 책들 중 일부를 기증하여 컬렉션을 만들었다. 트롤로프 주교는 그의 선교부인 복음전파연합회[(United) Society for the Propagation of the Gospel]를 위해 서적을 수집하였고, 게일 박사는 1927년 한국을 떠날 때 자신의 책 일부를 그에게 판매하였다. 나는 이 컬렉션이 여전히 그 선교부에서 관리되고 있다고 믿는다. 나는 그 중 다수의 타이핑된 목록을 가지고 있다."[21]

4. 결론

게일의 장서와 문서들을 정리하는 일은 결코 쉬운 과제가 아니다. 특히 식민지 시기 한국에서 그가 수년간 대리로 수행한 서적 수집 활동을 재구성하는 일에 있어 더욱 그러하다. 이 시기에 게일은 다양한 개인과 기관을 위해 한국의 고서를 구매하고, 검토하고, 서술하며 때로는 색인 작업까지 진행하였다. 이러한 기관 중 가장 중요한 곳은 뉴욕 아시아 연구소와 미국 의회도서관이었는데, 이들에 대한 초기 연구는 King(2012)에서 제출된 바 있다. 게일이 그의 한학 전문가들과 함께 아시아 연구소를 위해 구매하고, 설명하고, 색인한 도서들은 현재 클레어몬트 칼리지 도서관의 특별 컬렉션인 프레더

21) 이 내용은 트롤로프 컬렉션이 CCC에 편입된 시기를 추정하는 데 부수적인 단서가 될 수도 있다.(즉, 1943년에서 1945년 사이쯤?) 게일 부인이 언급한 타이핑된 목록은 현재 남아 있지 않은 것으로 보인다.

릭 매코믹 컬렉션으로 보관되어 있다. 그러나 게일 사후 서적과 색인 자료가 분리된 데다, 아시아 연구소 자체도 불과 5년 만에 해체되면서, 게일과 매코믹 컬렉션, 그리고 한국 고서들 사이의 상관관계는 거의 한 세기 동안 흐릿해졌다. 이로써 불행히도, 게일과 그의 한학 전문가들의 노고는 King(2012)의 연구가 있기까지 알려지지도 인정받지도 못하였다.

게일이 미국 의회도서관을 위해 수집한 희귀본 한국 고서들도 유사한 운명을 맞이했다. 의회도서관은 게일이 한국 희귀본 컬렉션의 핵심을 확보하는 데 기여한 역할을 막연하게 인식하고 있지만, 게일의 주요 연락책이자 중개자였던 월터 스윙글이 남긴 일련의 문서들은 오히려 대부분이 게일의 역할을 가리고 있다. 마이애미 대학교에 소장된 월터 스윙글 문서에는 그가 게일과 한국 고서에 관해 장기간 주고받은 서신에 대한 언급이 단 한 건도 없다. 따라서 우리는 오로지 게일 문서와 1910년대부터 1920년대 중반까지의 미국 의회도서관 연례 보고서를 통해서만이 게일이 의회도서관 컬렉션을 구축하는 데 중추적인 역할을 했다는 사실을 재구성할 수 있다.

이 논문에서 나의 주요 목표는, 조선기독교대학(연희전문학교)를 위해 한국 고서들을 구입하고 갖추었던 위원회에서 의장직을 맡아 핵심적인 기여를 했으나 전혀 알려지지 않았던 게일의 역할을 탐구하는 것이었다. 조선기독교대학은 1915년에 경신학교의 후신으로 설립되었으며, 세브란스 병원과 함께 오늘날의 연세대학교의 전신이 되었다. 두 학교 모두 게일이 소속된 미국 북장로교 선교회의 선교사업이었으며, 게일은 1901년부터 1905년까지 경신학교의 네 번째 교장을 역임하고 1927년 은퇴할 때까지 이사직에 있었다. 게일과 함께 번역 및 서적 수집 작업을 긴밀히 수행했던 한국인 기독교 '한학 전문가' 중 일부도 경신학교와 CCC에서 학생들을 가르쳤다: 이

창직은 경신학교에서 한문을 가르쳤고(한편, 김원근은 경신학교의 자매 여학교인 정신여학교에서 한문을 가르쳤음), 김도희는 처음에는 경신학교에서, 그 다음은 CCC에서 1925년 사망할 때까지 한문을 가르쳤다. 경신고등학교가 소장했던 한국 고서들이 1910년대 후반에 새로 설립된 CCC로 이관되었다는 사실은 일반적으로 잘 알려져 있다.[22] 그러나, 이들 고서가 정확히 어떤 것들이었는지를 상세히 기록한 최고의 자료는 바로 게일 문서에 있는 것으로 보인다.[23] 게일 문서는 또한, 게일이 새롭게 설립된 CCC를 위한 서적을 구입하기 위해 구성된 특별 위원회의 위원장으로서 수년간 한국 고서를 찾아다니고, 구입하고, 설명하고, CCC를 위해 추가적인 한국 고서들을 마련하는 데 얼마나 많은 노력을 기울였는지를 분명하게 보여준다. 이 모든 고서들은 현재 한국 최고의 희귀서 보관소 중 하나로 평가받는 곳의 핵심이 되었다. 본 논문의 부록을 통해 확인할 수 있듯이, 게일이 경신학교와 CCC를 위해 작성한 여러 서적 목록들에 상세히 기록된 책의 거의 대부분이 현재 연세대학교에 소장되어 있다. 그러나 연세대학교 도서관은 게일과 그의 위원회가 수행한 역할을 거의 인식하지 못하고 있는 듯하다. 더욱이 연세대학교 도서관 출판물이나 웹사이트 어디에서도 현재 "국학자료실(Center for Korean Classics Collection)"이라고 불리는 곳의 기원과 초기 역사에 대한 최소한의 설명조차

---

22) 경신학교 초기 도서관 장서의 역사 또한 추가적인 설명이 필요하다. 경신사 편찬위원회(1991, 307쪽)에 따르면, 이 도서관 컬렉션은 경신학교의 설립자인 호러스 그랜트 언더우드(1859~1916)가 1915년에 기증한 230권의 서적으로 시작되었으며, 그해 말까지 총 657권으로 증가했다. "이것이 오늘날 연세대학교 도서관의 기원이다."

23) 〈부록 4〉에서 내가 정리한 내용에 따르면, 게일의 경신학교 목록에 포함된 많은 서적들(적어도 온라인에서 확인 가능한 것들)은 경신학교의 소장인(ex libris)이 부착되어 있다. 따라서 이러한 소장인 표식을 바탕으로, 경신학교에서 CCC로 편입된 소장 도서 목록을 원칙적으로 재구성하는 것이 가능할 것이다.

찾아보기란 놀라우리만큼 어렵다.

마지막으로, 게일의 한국 서적 애호와 수집 활동을 풀어내는 과정에서, 나는 그가 구매를 위해 활용한 개인적 네트워크도 함께 조명하고자 했다. 이러한 네트워크에는 성공회 주교 마크 네이피어 트롤로프와 같은 서양 선교사 동료들(아마도 호주 장로교 선교회의 제시 맥라렌도 포함)과, 백두용과 같은 식민지 조선의 주요 고서점 소유주들이 포함되어 있다. 게일의 서신과 서적 목록은 1910년대 후반과 1920년대 초반의 희귀 서적 시장의 윤곽, 특히 가격, 가용성, 일본 수집가들의 역할(이미 가장 큰 몫을 차지해 간 듯한)에 대해 귀중한 정보를 제공해 준다.

향후 연구에서는 게일의 서적 목록과 연세대학교 도서관에 실제로 소장된 판본을 대조해 재확인할 필요가 있다. 물론 이 도서관이 소장 자료들을 철저히 보호하기로 정평이 나 있음을 고려할 때, 결코 쉬운 과제는 아니다. 온라인으로 확인 가능한 몇 안 되는 서적들은, 책 표지에 부착된 작은 흰색 번호 라벨과 종종 발견되는 게일의 자필 메모 등의 형태로 그의 관여 흔적을 보여준다. 앞으로의 또다른 중요한 연구 과제는 트롤로프 주교의 서적 수집 활동을 규명하고, 그가 수집한 한국 고서의 향방을 명확히 밝히는 것이다. 분명한 것은, 게일과 트롤로프, 그리고 그들이 수집한 자료가 허경진 · 유춘동(2015)이 연구한 수집가와는 상당히 다르다는 점이다. 상기 연구에서는 러시아와 영국에서 조사한 한국 전적 컬렉션이 주로 책 대여점을 방문한 비전문가들에 의해 형성되었다고 결론지었다. 반면, 게일과 트롤로프는 훨씬 더 집중적이고 장기적이며, 박학을 바탕으로 학문적인 접근방식을 취했고, 그 과정에서 한국인 전문가들의 도움을 받았다. 이들의 유산은 클레어몬트 칼리지, 미국 의회도서관, 보들리언 도서관, 그리고 연세대학교 도서관의 컬렉션에서 여전히 살아 숨 쉬고 있다.

감사의 말

이 논문의 자료를 준비하는 데 있어 여러 해 동안 다양한 방식으로 큰 도움을 준 제레미 킹(Jeremy King), 데릭 드릭스(Derek Driggs), 민 청(Minh Chung), 백주희, 박시내, 송지연, 김은선, 스콧 웰스(Scott Wells), 크리스토퍼 러빈스(Christopher Lovins), 다니엘 피퍼(Daniel Pieper), 이상현 교수, 심경호 교수, 토론토대학교 피셔 희귀서 도서관(Fisher Rare Book Library) 직원분들, 그리고 전(前) 미국 의회도서관 한국 담당 사서 소냐 리(Sonya Lee)께 깊은 감사의 뜻을 전한다.

■ 참고문헌

Benjamin, Walter. 1931/1969. "Unpacking my library: A talk about book collecting." In *Illuminations*, translated by Harry Zohn, edited and with an introduction by Hannah Arendt, 59 – 67. New York: Schocken Books.

Boltz, Judith Magee. 1985. "McCormick Korean collection of Pomona College." *Journal of East Asian Libraries* no. 77/78: 25 – 38; continued in no. 79 (1986): 1 – 19.

Bouchez, Daniel. 1983. "Un défricheur méconnue des études extreme-orientales: Maurice Courant (1865-1935) (I)." *Journal asiatique* 271: 43–150. Reprinted (without glossary) in *Revue de Corée* 20(1 & 2)(1988): 59–106. Korean version in *Tongbang hakchi* 51: 153–194 & 52: 83–121 (1986).

Brandt, Kim. 2000. "Objects of desire: Japanese collectors and colonial Korea." *positions* 8(3): 711 – 746.

Breckenridge, Carol A. 1989. "The aesthetics and politics of colonial collecting." *Comparative Studies in Society and History* 31(2): 195 – 216.

Ch'oe Hyojin. 2022. "20 segi ch'o Yŏngguk Sŏnggonghoe sŏn'gyosa Sŭt'aelli Sŭmusŭ (Stanley T. Smith) ŭi Han'guk kŏ'lleksyŏn yŏn'gu" [A study of the Korea collections of missionary Stanley Smith of the Anglican Church of England]. *Han'guk kŭnhyŏndae misulsahak* 43: 295 – 325.

Ch'oe Yŏngch'ang and Ch'a Miae. 2015. *Miguk K'ŭlleŏmont'ŭ Taehak Tosŏgwan sojang Maekk'omik k'ŏlleksyŏn Han'guk munhwajae* [E. title: Frederick McCormick Collection of the special collections in the Claremont Colleges Library]. Seoul: Overseas Korean Cultural Heritage Foundation.

Chung, Minh. 2019. *Korean treasures: Rare books, manuscripts and artefacts in the Bodleian Libraries and museums of Oxford University,* volume 2. Oxford: Bodleian Library.

Courant, Maurice. 1894 – 1896. *Bibliographie coréenne, Tableau littéraire de la Corée,* contenant la nomenclature des ouvrages publiés dans ce pays jusqu'en 1890, ainsi que la description et l'analyse détaillée des principaux d'entre ces ouvrages. Publications de l'Ecole des langues orientales, III[e]série, tomes XVIII – XX, Paris, 3 vols. *Supplément à la Bibliographie coréenne (jusqu'en 1899)*, 1 vol., same collection, tome XXI, Paris, 1901, 122 p.

Courant, Maurice (translated by Mrs. W. Massy Royds). 1936. "Introduction to Courant's *Bibliographie coréenne." Transactions of the Korea Branch of the Royal Asiatic Society* 25: 1 – 100.

Gale, James Scarth (translator). 2016. Score one for the dancing girl, and other stories from the Kimun Ch'onghwa: *A story collection from nineteenth-century Korea,* edited by Ross King and Si Nae Park, with annotations by Donguk Kim. Toronto: University of Toronto Press.

Gale, James Scarth. 2022. Redemption and regret: *Modernizing Korea in the writings of James Scarth Gale*, edited by Daniel Pieper. Toronto: University of Toronto Press.

Gosling, Andrew. 2007. *Jessie's Korea: Guide to the McLaren-Human collection in the National Library of Australia*. Canberra: National Library of Australia.

Gur'eva, Anastasiia A. 2011. "Kniga kak chast' kul'tury Korei v kolonial'nyi period (1910–1945)" [The book as a part of the culture of Korea in the colonial period (1910–1945)]. *Pis'mennye pamiatniki Vostoka* 2(15): 231–237.

ŏnse Taehakkyo Haksul Chŏngbowŏn Kukhakcharyosil ŭi Landis Library" [The Landis Library in the Library of the Korean Classics at Yonsei University]. https://m.blog.naver.com/hahnsudang/220571697232. Last accessed Sept. 9 2024.

Han'guk Sŏjihakhoe (eds.). 1994. *Haeoe chŏnjok munhwajae chosa mongnok: Miŭihoe tosogwan sojang han'gukpon mongnok* [Index & report on overseas print culture assets: List of Korean editions held in the US Library of Congress]. Seoul: Han'guk Sŏjihakhoe.

Hŏ Kyŏngjin. 2005. "Kukhak yŏn'gu ŭi pogo, kosŏsil" [Treasure trove for Korean Studies, the Rare Books Room]. In *Yŏnse ŭi palchŏn kwa Han'guk sahoe* [The development of Yonsei and Korean society], edited by Yŏnse ŭi Palchŏn kwa Han'guk Sahoe P'yŏnch'an Wiwŏnhoe, 321–334. Seoul: Yŏnse Taehakkyo Ch'ulp'anbu.

Hŏ Kyŏngjin & Yu Ch'undong. 2015. "Kuhanmal~ilche kangjŏmgi oegugin ŭi Chosŏn chŏnjŏk sujip: Rŏsia Sangt'ŭ P'et'erŭburŭk'ŭ Kungnip Taehak kwa Tongbanghak Yŏn'guso, Ilbon Komajawa Taehak sojangbon ŭl chungsim ŭro" [Collecting of Korean books by foreigners during the Kuhanmal and Japanese colonial periods: With a focus on the materials held by St. Petersburg National University and the Institute of Oriental Studies in Russia and Komazawa University in Japan]. In *Rŏsia wa Yŏngguk e innŭn Han'guk chŏnjŏk 2. Yŏn'gu-p'yŏn: Charyo ŭi sŏngkyŏk kwa kach'i* [Korean books in Russia and England. Research section: Nature and value of the materials], edited by Kugoe sojae munhwajae chaedan [Overseas Korean Cultural Heritage Foundation], 167–196. Seoul: Pogosa.

Hunt, Charles. 1939. "As a post that passeth by." *The Morning Calm,* no. 24, vol. XLIX (July): 68–70.

Jasanoff, Maya. 2004. "Collectors of empire: Objects, conquests and imperial self-fashioning." *Past & Present* 184: 109–136.

Kim Changhwan & Pak Chaeyŏn (annotators). 2003. *Okchigŭi* 玉支璣. Seoul: Ihoe ch'ulp'ansa.

King, Ross. 2012. "James Scarth Gale, Korean literature in hanmun, and Korean books." In *Haeoe Han'gukpon komunhŏn charyo ŭi t'amsaek kwa kŏmt'o* [Unearthing and examining old Korean documentary materials overseas], edited by Sŏul Taehakkyo Kyujanggak Han'gukhak Yŏn'guwŏn, 237–264. Seoul: Samgyŏng Munhwasa.

King, Ross. 2014. "James Scarth Gale and the Christian Literature Society (1922–1927): Salvific Translation and Korean Literary Modernity (I)." In *Una aproximacion humanista a los estudios Coreanos*, edited by Won-jung Min. Unpaginated e-book distributed by Patagonia (Santiago, Chile); also available on Amazon.

King, Ross. 2016. "Further contextualizing the translations of James Scarth Gale. In *Score one for the dancing girl, and other stories from the* Kimun ch'onghwa: *A story collection from nineteenth-century Korea,* translated by James Scarth Gale and edited by Ross King and Si Nae Park, xxxvi–lxi. Toronto: University of Toronto Press.

King, Ross. 2017. "Keil kwa Chosŏn Yesugyosŏhoe (1922–1927): Kuje rosŏ ŭi Pŏnyŏk kwa Han'gugŏmunhak ŭi Kŭndaesŏng" [James Scarth Gale and the Christian Literature Society (1922–1927): Salvific Translation and Korean Literary Modernity]. In *Pŏnyŏk kwa hoengdan: Han'guk pŏnyŏk munhak ŭi hyŏngsŏng kwa chuch'e* [Translation and traversal: The formation of Korean translated literature and its subjects], edited by Kim Yonggyu, Yi Sanghyŏn, and Sŏ Minjŏng, 597–635.Seoul:Hyŏnamsa.[KoreantranslationofKing2014].

King, Ross. Forthcoming-a. "James Scarth Gale and the Christian Literature Society: The crusade against 'mongrel Korean'." To appear in Acta Koreana 27(2) [page numbers not yet available].

King, Ross. Forthcoming-b. "*I Thank Korea for her Books:" James Scarth Gale, Korean Literature in hanmun, and Allo-metropolitan Missionary Orientalism.* Toronto: University of Toronto Press (James Scarth Gale Library of Korean Literature).

Kwŏn Yŏngnan. 2018. "Kŭndae tosi yagan kyŏnggwan ŭi t'aedong kwa pyŏnhwa yangsang: 1887-1945nyŏn Sŏul ŭl chungsim ŭro" [E. title: The emergence and transformation of modern urban nightscape in Seoul, 1887–1945]. PhD dissertation, Seoul National University.

Kyŏngsinsa P'yŏnch'an Wiwŏnhoe (ed.). 1991. *Kyŏngsinsa* [History of Kyŏngsin (School)]. Seoul: Kyŏngsin Chung-, Kodŭnghakkyo.

Library of Congress. *Report of the Librarian of Congress*. Reports for the years 1915–1935. Washington: Government Printing Office.

Oppenheim, Robert. 2016. *An Asian frontier: American anthropology and Korea, 1882–1945*. Lincoln: University of Nebraska Press.

Otness, Harold. 1988. "A history of the first fifty years of the library of the Korea Branch of the Royal Asiatic Society, 1900 to 1950." *Transactions of the Korea branch of the Royal Asiatic Society* 63: 1–12.

Paek Chuhŭi. 2022. "Kyŏnch'ŏp nok e taehan munhŏnjŏk koch'al: Chakcha wa p'anbon, kŭrigo J. S. Gale ŭi yŏngyŏk wŏn'go rŭl chungsum ŭro" [A codicological study of Kyŏnch'ŏp nok: With a focus on its author and editions, and Gale's draft translations]. *Journal of Korean culture* 59: 361–389.

Paek Inhae 白仁海 (ed.). 1913-1916. *Kajang tosŏch'ŏp* 家藏圖書帖. Manuscript owned by the Kukhoe Tosŏgwan, call number 貴 741.318 ㅂ399ㄱ.

Pak Chaeyŏn & Kim Changhwan. 2003. "*Okchigŭi* 玉支璣 yŏn'gu: Koŏ charyo rŭl chungsim ŭro" [A study of *Okchigŭi:* With a focus on the Old Korean materials]. *Chungguk sosŏl nonch'ong* 18: 101–130.

Rutt, Richard. 1972. *James Scarth Gale and his history of the Korean people: A new edition of the history together with a biography and annotated bibliographies.* Seoul: Royal Asiatic Society, Korea Branch.

Sŏ Hyeŭn. 2016. "Hannam Sŏrim kyŏngp'anbon sosŏl taejunghwa pangan kwa kŭ sosŏlsajŏk ŭimi" [Hannam Sŏrim's project to popularize Seoul-imprint fictional narratives and its significance for the history of the novel]. *Ŏmunhak* 133: 169–200.

Sŏ Kangsŏn. 2018. "K'aenada T'oront'o Thomas Fisher Rare Book Library ŭi 'Keil Munsŏ' hyŏnji chosa mit mongnok chaksŏng yŏn'gu" [A field report and listing of the 'Gale Papers' in the Thomas Fisher Rare Book Library, Toronto, Canada]. *Tongyang kojŏn yŏn'gu* 71: 305–350.

Shaddy, Robert Alan. 1994. "A world of sentimental attachments: The cult of collecting, 1890-1930." *The book collector* 43: 185–200.

Starr, Frederick. 1918. *Korean Buddhism: History—condition—art*. Boston: Marshall

Jones.

Steinberg, Michael. 1996. "The collector as allegorist: Goods, gods, and the objects of history." In *Walter Benjamin and the demands of history*, edited by Michael Steinberg, 88–118. Ithaca: Cornell University Press.

Treat, John. 2015. "Orientalia, bibliophilia, fetish: A play in three acts. *Verge: Studies in global Asias* 1(2): 192–207.

Trollope, Constance. 1936. *Mark Napier Trollope: Bishop in Corea 1911-1930*. London: Society for Promoting Christian Knowledge.

Trollope, Mark Napier. 1901. "Kang-wha." *Transactions of the Korea branch of the Royal Asiatic Society* 2(1): 1–36.

Trollope, Mark Napier. 1915. *The church in Corea.* London & Oxford: A. R. Mowbray & Co.

Trollope, Mark Napier. 1917. "Introduction to the study of Buddhism in Corea." *Transactions of the Korea branch of the Royal Asiatic Society* 8: 1–41.

Trollope, Mark Napier. 1918. "Arboretum Coreense, being a preliminary catalogue of the vernacular names of fifty of the commonest trees and shrubs found in Chosen." *Transactions of the Korea branch of the Royal Asiatic Society* 9: 69–90.

Trollope, Mark Napier. 1932. "CoreanbooksandtheirauthorsbeinganintroductiontoCoreanliterature."*Transactions of the Korea branch of the Royal Asiatic Society* 21:1–58.

Trollope, Mark Napier. 1936. "Book production and printing in Corea." *Transactions of the Korea branch of the Royal Asiatic Society* 25: 101–108.

Tsujii Yoshiteru 辻井義輝. 2023. "Chiba-ken Ichihara-shi ni okeru kanbun sekihi · shiryō no honkoku (4) Chiba Masatane (kyūmei Yamashita Kamekichi) kanren shiryō (sono ichi)" 千葉県市原市における漢文石碑 · 資料の翻刻 (4) 千葉昌胤(旧名山下亀吉)関連資料 (その1) [Recarving of kanbun steles and materials from Ichihara City, Chiba Prefecture (4) Materials concerning Chiba Masatane (formerly known as Yamashita Kamekichi)(Part 1)]. *Tōyōgaku kenkyū* (60): 149–171.

Underwood, Horace H. 1931. "The Right Reverend Mark Napier Trollope D. D. Bishop in Corea." *Supplement to the transactions of the Korea branch of the Royal Asiatic Society*, 1–7.

Yi Chungyŏn. 2007. *Kosŏjŏm ŭi munhwasa* [A cultural history of (Korean) antiquarian bookshops]. Seoul: Hyean.

Yi Kyŏnghyŏn. 2013. "1910nyŏndae Sinmun'gwan ŭi munhak kihoek kwa Han'guk kŭndae munhak ŭi hyŏngsŏng" [The literary project of Sinmun'gwan in the 1910s and the formation of modern Korean literature]. PhD thesis, Seoul National University.

Yi Minhŭi. 2010. "Hannam sŏrim ŭi Paek Tuyong yŏn'gu: Sae palgul charyo *Kajang tosŏch'ŏp* ŭl chungsim ŭro" [A study of Paek Tuyong of Hannam sŏrim: Focused on the new material *Kajang tosŏch'ŏp* 家藏圖書帖]. *Kojŏn munhak yŏn'gu* 37: 175–201.

Yi Minhŭi. 2013. *Paek Tuyong kwa Hannam Sŏrim yŏn'gu* [A study of Paek Tuyong and Hannam Sŏrim]. Seoul: Yŏngnak.

Yi, Sanghyŏn. 2012. *Han'guk kojŏn pŏnyŏkka ŭi ch'osang: Keil (James Scarth Gale) ŭi kojŏnhak tamnon kwa kososŏl pŏnyŏk ŭi chip'yŏng* [Portrait of a translator of Korean classics: James Scarth Gale's discourse of classical studies and the horizons of translation of classical fiction]. Seoul: Somyŏng Ch'ulp'an.

Archival materials in the Library of Congress

Gale, James Scarth. 1917. *Index of Korean Literature: Prepared by James S. Gale for the Asiatic Institute (New York City).* 78 p. typescript.

Gale, James Scarth. Jan. 31, 1927. *A catalogue of Korean Literature: One Thousand of the Most Noted Works (6000 Volumes).* 97 p. typescript.

『화동창수집(華東唱酬集)』과 여항문학: 한문문헌의 발굴·고증과 문학사에서의 위치 짓기*

/
송호빈
(고려대학교)

* 본고는 「閭巷文學으로서의 『華東唱酬集』: 『華東唱酬集』의 성립과 19세기 말 譯官의 緣 脈」(『진단학보』 142호, 진단학회, 2024.06.30.)을 轉載한 것이다. 논문의 제목과 일부 자 구를 수정하였다.

1. 머리말

『화동창수집』은 역관 김병선(金秉善, 1830~1891)이 한국과 중국의 문인들이 주고받은 한시나 편지글 또는 양국의 교류에 관한 각종 기록들을 집대성한 거질의 미완·미정고이다. 우리나라와 중국 문인이 각각 일본·베트남·류큐 지식인들과 교환한 시문이나 서로의 문물에 대해 언급한 글들도 일부 들어 있다. 우리나라 간송미술관(7책)과 일본 동양문고(22책)·천리도서관(8책), 미국 하버드옌칭도서관(2책) 등에 전한다〈그림 1〉.[1]

필자는 이 책에 대해 한국과 중국을 비롯한 동아시아 교류의 자료라는 것에 방점을 찍기 보다는 이 책을 통해 한문문헌, 그 가운데서도 곧잘 '문학' 연구자의 시선에서 벗어나곤 하는 전사본(轉寫本)이 어떻게 성립되며 그것이 어떠한 가치를 지니는지 알아가는 데에 연구의 초점을 맞추고 있다. 전사본은 비록 그 내용이 새로울 것은 없으나 지식·정보가 어떻게 보존·전달·학습되는지 살펴볼 수 있는 소중한 흔적들을 지니고 있다. 특히

① 원본을 전사한 경우
② 현전하는 제본(諸本)과 전사본의 본문이 다른 경우
③ 전사한 사람 또는 전사본 소장자의 흔적이 있는 경우

그 가치가 높다. ①은 원본의 제작 시기에 근접할수록 값어치 있

1) 『華東唱酬集』은 김영진에 의해 처음으로 소개, 연구되었다. 김영진, 「'華東唱酬集' 연구 - 편찬자 金秉善과 자료의 梗槪 소개」, 『한국학논집』 53, 계명대학교 한국학연구소, 2013 ; 김영진, 「韓中 文學 交流 資料의 總集 『華東唱酬集』」, 『한문학논집』 44, 근역한문학회, 2016.

〈그림 1〉『華東唱酬集』의 諸本. 왼쪽부터 간송미술관, 동양문고, 하버드옌칭도서관 소장본의 表紙. 간송미술관 소장본의 사진은 성균관대학교 김영진 교수 제공(이하 同)

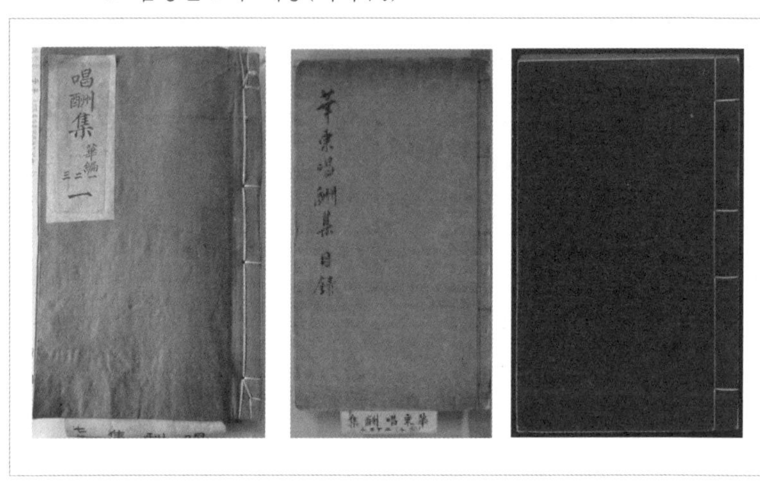

는데 원본이 현전하지 않는 경우 사실상 전사본이 원본에 준한다. 또한 현전하는 원본이 원형으로부터 달라졌다고 여겨지는 경우, 오리지널 텍스트의 변개가 이루어지기 전에 성립한 것으로 판단되는 전사본을 통해 원본 혹은 그에 준하는 텍스트를 재구할 수 있다. ②는 곧 원본이 여러 계통으로 전승되었음을 방증하며 해당 전사본은 원본의 유전과 이본 관계를 밝힐 실마리를 준다. ③은 유명인이 전사하였거나(自筆) 소장한 경우(藏書印), 주묵 · 비점 등 독서와 공부의 흔적이 있는 경우, 전사와 함께 정밀한 교정 · 교감이 행해진 경우 가치가 높다.

『화동창수집』은 비록 미완 · 미정고이나 상기한 거의 모든 사례들을 지니고 있다.[2] 그런데 그 자료의 집성과 전사가 역관에 의해 이

2) 관련 사례들은 송호빈, 「金秉善 編『華東唱酬集』研究」, 고려대학교 대학원 국어국문

루어졌다. 따라서 『화동창수집』이 지닌 전사본으로서의 가치를 따져보기 위해서는 이 책이 여항문학(사)에서 어떠한 의미와 위상을 갖는지 살펴보는 일 또한 빠뜨릴 수 없다. 이 일은 대개 다음 세 가지 질문을 부른다.

> 첫째, 근대전환기 여항인들의 관계, 그리고 그들이 펼쳐낸 문학 · 문화 · 사회적 활동의 장에서 김병선은 어디쯤 위치하며 여타 여항인들과 다소 달라 보이는 그의 성향과 생애가 『화동창수집』 성립에 어떠한 영향을 미쳤는가.
> 둘째, 『화동창수집』에 수록하였거나 수록을 기획한 작가와 작품, 즉 동아시아 교류 관련 인물 · 자료 가운데 여항인의 비중은 얼마나 되며 그 구체적인 양상은 어떠한가.
> 셋째, 역관이라는 신분과 연맥이 『화동창수집』이라는 자료 집성을 성립시키는 데 어떻게 작동하였는가. 김병선을 둘러싼 관계망 속에서 문헌과 자료들이 어떻게 전달되고 전사되어 미완이나마 하나로 집성되었는가.

첫 번째 질문에 대해서는 아직 남은 과제가 있지만 『화동창수집』에 관한 선행 연구들에 의해 일정한 얼개가 그려졌다. 본고는 먼저 두 번째 사안에 대해 일별함으로써 『화동창수집』의 편찬에서 여항인의 존재는 어떤 것이었는지를 살펴본다. 이것이 문헌의 표(表)를 살피며 드러난 정보를 정리하는 일이라면, 세 번째 질문의 답을 구

학과 박사학위논문, 2016의 곳곳에서 다루었다. 『화동창수집』이 전사본으로서 갖는 가치에 대해서는 송호빈, 「活字の国」の写本」, 河野貴美子 · Wiebke DENECKE · 新川登亀男 · 陳野英則 編, 『日本『文』學史』 第三冊, 勉誠出版, 2019(a)에서 요약하여 정리하였다.

하는 작업은 문헌의 리(裏)를 더듬으며 가려진 맥락들을 드러내는 일이다. 『화동창수집』은 짤막한 서문 외에 편찬의 전말을 파악하는데 참고할 만한 기록이 거의 없다. 김병선의 교유 · 사승 관계를 직접적으로 드러내는 시문이나 여타 기록도 많지 않다. 그러므로 이 작업은 사람의 관계를 통해 문헌이 성립되는 과정을 유추하는 일인 동시에 문헌에 남은 흔적들을 통해 사람의 관계를 확인하는 일이기도 하다.

2. 『화동창수집』 속의 여항인 : 수록 인물의 현황과 자료의 출처

『화동창수집』은 간송미술관 소장본(이하 간송본)과 동양문고 · 천리도서관 소장본(이하 동양문고본 · 천리본. 통칭 시 해외소장본) 모두 미완의 상태로 머물러 있다.[3] 중국 문인의 글은 화편(華編)으로 우리 문인의 글은 동편(東編)으로 묶었다. 간송본은 서문은 있으나 목차가 없다. 중국식 장정의 주사란(朱絲欄)에 정서(淨書)되어 있고 해외소장본에 비해 체제가 정연하나 상란(上欄)에 자료를 추기(追記)해두거나 추후 보완을 지시하는 기록들이 곳곳에 남아 있다. 해외소장본은 작품을 전사한 본문책과 앞으로 수집할 또는 이미 옮겨적은 작품들의 리스트를 정리한 목록책으로 구성된다. 목록책은 두 종류가 있다. 각

3) 現傳하는 『華東唱酬集』 諸本의 양상과 해외소장본의 原型 再構에 대해서는 송호빈, 앞의 논문, 2016, pp.41-59. 필자는 이전의 연구에서 해외소장본을 初稿本 · 草稿本으로 간송본을 再稿本 · 淨書本으로 추정하였으나, 현재 이 두 문헌(군)의 선후 관계에 대한 확정을 보류하고 원점에서부터 다시 검토하고 있다. 본고에서는 간송본과 해외소장본의 선후 관계를 논외로 한다.

종 정보들을 본문과 부전지(附箋紙)에 매우 난삽하게 기록한 구목록(舊目錄, 동양문고본 2-1책)과 이를 좀더 정리 · 보완 · 정서한 신목록(新目錄, 동양문고본 1-1책)이 그것이다.[4] 본문책은 대개 사란공권(絲欄空卷)에 말끔히 베껴져 있으나 절반 정도의 책은 그렇지 않으며 부전지 등으로 추록된 곳도 많다. 무엇보다 해외소장본은 편자 김병선의 미정 그리고 구장자 후지츠카 치카시(藤塚鄰, 1879~1948)의 의도에 의해 편차가 뒤섞여 있다. 간송본의 서문 외에 책을 어떻게 만들려 했으며 만들었는지에 대한 별도의 기록이 남아 있지 않다. 범례나 인용 서목도 없다.

신목록을 기준으로 삼아 보면 김병선이 『화동창수집』에 수록하였거나 수록을 기획한, 즉 동아시아 교류에 참여하였던 사실 및 그 시문 등의 존재를 파악한 인물은 약 1,195명이다. 대략 우리나라 515명(약 43%), 중국 641명(약 53%), 일본 27명(약 2%), 베트남과 류큐 각 6명(각각 약 0.5%)이다.[5] 조선시대 인물은 418명이며 임병양란 무렵을 기준으로 나누어보면 조선 후기에 속하는 인물은 약 200명이다. 이 가운데 여항인은 동편 제17과 제18에 걸쳐 약 14명이 기재되어 있다〈그림 2〉. 김병선의 집성 기획과 자료 수집, 정보 정리의 실상을

4) 新目錄 또한 完整된 것은 아니다. 신목록은 해외소장본 본문책의 내용을 모두 반영하고 있지 않다. 다시 말해 신목록의 내용이 해외소장본 본문책에 모두 구현되어 있지 않다. 김병선은 『화동창수집』을 만들어가는 과정에서 舊目錄을 신목록으로 한 차례 크게 수정 · 증보한 뒤 신목록을 일종의 기획안 · 설계도 · 작업기록노트로 삼아 간송본 및 해외소장본의 본문을 수집 · 정리하고 증보 · 산삭하는 데 수시로 사용했던 것으로 생각된다. 따라서 신목록에 기재된 인물과 작품들에는 이미 수집과 초록이 완료된 것, 그렇게 해두었으나 산삭한 것, 뒤이어 추가할 것 등이 뒤섞여 있다. 어떤 경우든 신목록에 등재된 인물과 자료는 김병선이 관련 자료를 입수 · 열람하였거나 적어도 그 존재를 파악하고 있던 것들임은 공통적이다.

5) 송호빈, 「人物錄으로서의 『華東唱酬集』과 조선후기 인물록의 한 系譜」, 『어문논집』 87, 민족어문학회, 2019(b), pp.60-66 ; 송호빈, 「『華東唱酬集』 所收 일본 · 베트남 · 류큐 관련 자료에 대하여」, 『어문논집』 91, 민족어문학회, 2021, pp.57-67.

〈그림 2〉『華東唱酬集』 동양문고본 1-1책 新目錄 가운데 여항인들이 등재되어 있는 부분

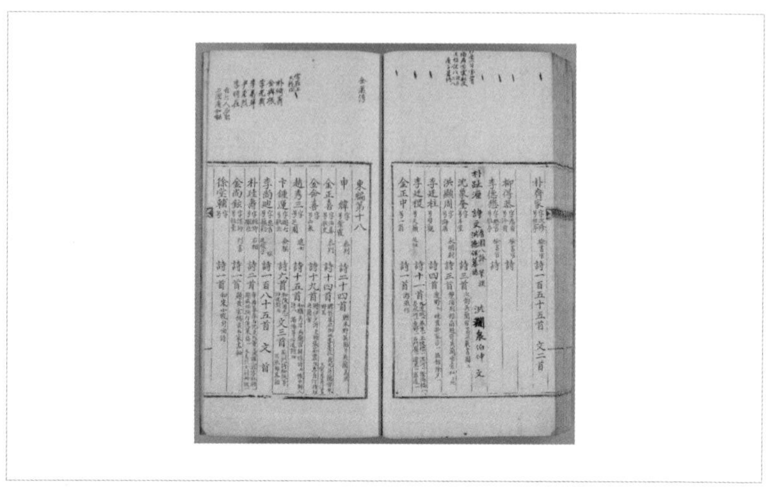

엿볼 수 있도록 김병선이 기록한 그대로 옮기되 열람의 편의를 위해 도표로 구성하여 보이면 다음과 같다. 소자(小字)는 괄호 안에 기록하였다.

〈표 1〉『화동창수집』 동양문고본 1-1책 신목록에 등재된 여항인 및 작품의 현황

인명	자호 등	기타	문체 · 작품수	작품	비고
南應琛		布衣	詩一首	宿遼陽太子河	醫官
崔承太	號 雪蕉	布衣	詩一首	送庾述夫(纘洪)赴燕	胥吏
庾纘洪	字 述夫		詩五首	永平夷齊廟(一) 次韻題寧遠衛祖大壽牌樓(一) 永平道中次李察訪韻(一) 送崔子紹赴燕(二)	
秦興祉		布衣	詩一首	送又赴燕	

인명	자호 등	기타	문체 · 작품수	작품	비고
洪世泰	字 道長 號 柳下	察訪	詩五十首	癸卯七月八日勅使在館中出一扇要題詩(一) 陽川乘舟過仙遊峰覽明天使故跡(二) 題季文蘭詩後(一) 送庾述夫赴燕詩(一) 日本沿途詩(二十六) 寄日本鶴野山詩(一) 奉送趙參議令公使日本詩(十六)	
			文四首	送李重叔製術官往日本詩(並)序(一) 金季明東槎錄序(一) 殳敏畫帖序(一 己丑勅使年羹堯從事官) 與日本野鶴山書	
李彦瑱	字 滄起 號 松穆		詩三十三首	日本路中題詠	
洪愼猷	字 號 白華		詩二首	送李鳳煥之燕(一) 送別朴敬行日本之行(一)	
李光稷	字 于野		詩二首	訪龔荻浦(一) 次汪劒潭(一)	
咸鎭嵩	字 聖中		詩一首	入燕途中詩	
李廷柱	號 夢觀		詩四首	遼野(二) 曉發孤家子(一) 燕館除夕(一)	
李廷稷	號 天籟	廷柱	詩十一首	九連城(二) 燕京(一) 玉蝀橋(一) 深河(一) 澄海樓(一) 亮水河(一) 遼野(一) 石門嶺(一) 遼東(一) 寧遠(一)	

인명	자호 등	기타	문체 · 작품수	작품	비고
趙秀三	字 號 芝園	進士	詩十五首	和權秀才吳蘭雪韓惇詩(三) 懷中朝人詩(八) 瀋陽等沿途詩(四)	上欄 墨書 "當在 上廷 稷後"
卞鍾運	字 鵬七 號 歗齋	僉樞	詩六首	和陳用光(一) 沿途詩(五)	
			文三首	薊山詩軸跋 等 附 燕都客話	
李尚迪	字 惠吉 號 藕船	樞 廷稷子	詩一百八十五首		
			文 首		

『화동창수집』은 신목록과 구목록 사이, 목록들과 본문 사이, 간송본과 해외소장본들 사이에 편제 · 인물 · 작품이 완전히 일치하지 않는다. 따라서 현재로서는 어느 쪽을 고정된 기준으로 삼기 어렵다. 그런데 구목록과 간송본을 통해 작품의 본문 수록 여부뿐만 아니라 전사할 때 저본으로 삼거나 참고한 자료들이 무엇인지 확인

〈그림 3〉『華東唱酬集』 동양문고본 2-1책 舊目錄 가운데 여항인들이 등재되어 있는 부분

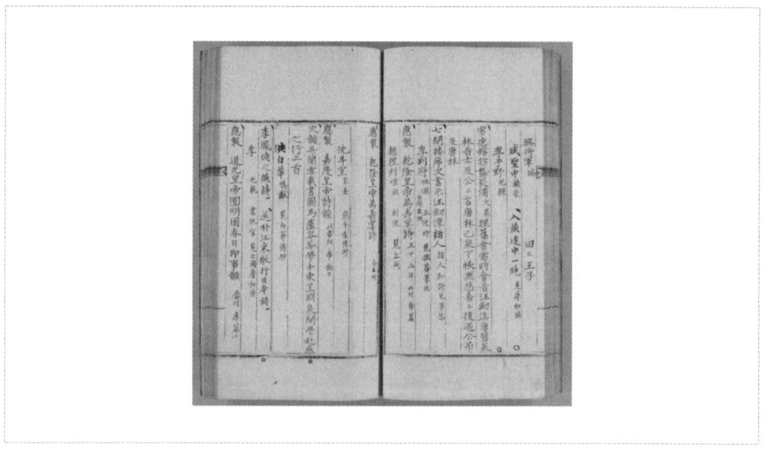

〈그림 4〉『華東唱酬集』 간송본 제7책 가운데 洪世泰 부분

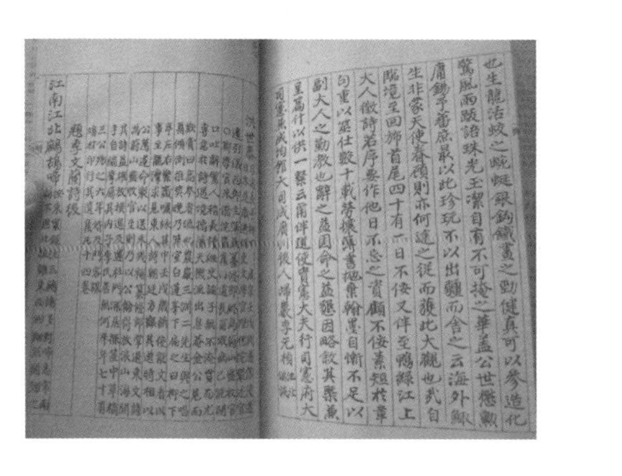

할 수 있다〈그림 3, 4〉. 이를 통해 『화동창수집』에 수록되었거나 수록을 기획하였으되 실현하지 못한 여항인들 및 그 작품들의 실상은 물론, 이 자료들이 어떻게 수집 · 정리되며 『화동창수집』 안으로 편성되어 갔는지를 짐작할 수 있다. 생년순으로 재배열하여 대조, 정리하면 다음과 같다.

〈표 2〉『화동창수집』 동양문고본 2-1책 구목록 및 간송본 본문 소재 여항인 관련 자료의 저본 및 참고 자료에 대한 기록

이름	저본 및 참고 자료에 관한 기록		비고
	구목록(동양문고본)	본문(간송본)	
南應琛 (1596~?)		『海東遺珠』	
秦興祉 (?~?)		『海東遺珠』	
崔承太 (?~1684)		『海東遺珠』	

이름	저본 및 참고 자료에 관한 기록		비고
	구목록(동양문고본)	본문(간송본)	
庾纘洪 (1628~1697)		『柳下集』「庾君傳」曰… 『海東遺珠』	
洪世泰 (1653~1725)	『東寰錄』 『外國詩抄』	鄭學官來僑『浣巖集』曰… 『柳下集』及『東寰錄』 以上諸詩及書·序, 皆見 『柳下集』, 容當鈔入	
洪愼猷 (1724~?)	見『白華詩抄』	『白華詩抄』	
金倫瑞 (1733~?)			동양문고본 2-7책에 본문 수록. 신·구목록 및 간송본에는 기록 없음.
李彦瑱 (1740~1766)	『松穆館集』舊本	李藕船尙迪撰先生「傳」 曰… 『松穆館集』	
李光稷 (1745~?)		『于埜燕行錄』	구목록에 등재되어 있으나 출처 관련 기록 없음
趙秀三 (1762-1849)	見『芝園詩艸』	著有詩文集 趙又峯熙龍『壺山外記』 曰… 『秋齋詩鈔』	
玄在德 (1771~1833)		『弇山燕行錄』	신·구목록에 기록 없음. 간송본에 詩 1수 채록
咸鎭嵩 (1773~1850)	見『華初編』	著詩文稿各一卷 『瓣香詩稿』	
李廷柱 (1778~1853)	見『夢觀集』	著有詩稿一卷	간송본 상란에 詩 3수의 제목만 기록되어 있음
李廷稷 (1781~1816)	見『天籟詩藁』	著有詩稿, 其子藕船尙迪 校刊 『天籟詩藁』	

이름	저본 및 참고 자료에 관한 기록		비고
	구목록(동양문고본)	본문(간송본)	
卞鍾運 (1790~1866)	『歡齋筆記』云 以上並見『歡齋詩文鈔』	別有詩文鈔	
李尙迪 (1804~1865)		著有『恩誦堂集』. 容俟選鈔	구목록에 등재되어 있으나 출처 관련 기록 없음

김윤서와 현재덕의 작품은 목록에 기재되어 있지 않으나 각각 동양문고본과 간송본의 본문 속에 삽입되어 있어 주의를 요한다. 이상 『화동창수집』이 집록한 여항인은 모두 약 16명이다. 수록 범위는 최초의 여항인 시선집인 『육가잡영(六家雜詠)』 간행에 참여한 남응침(南應琛, 1596~)[6]부터 변종운(卞鍾運, 1790~1866)과 이상적(李尙迪, 1804~1865) 무렵 즉 김병선의 약 한 세대 위까지 걸쳐 있음을 알 수 있다. 이들 자료가 어떠한 경위를 거쳐 『화동창수집』으로 갈무리 되었는지에 대해서는 장을 바꾸어 서술한다.

3. 『화동창수집』의 여항인 자료 집성: 역관의 관계망과 문헌의 유전

『화동창수집』의 편자는 김윤서를 제외하고, 자신이 전사한 여항인 작품의 출처를 구목록과 간송본에 밝혀두었다. 이 자료들은 원본[7]을

6) 南應琛에 대해서는 허경진, 「三淸詩社와 『六家雜詠』」, 『한국학보』 14권4호, 일지사, 1988 ; 강명관, 『조선 후기 여항문학 연구』, 창작과비평사, 1997, pp.141-142.

7) 原本은 엄밀히 정의하면 저자 혹은 편자가 책을 편찬하는 과정에서 최초로(原) 발생한 것(本)을 말한다. 따라서 原本은 단 한 종밖에 존재하지 않는다. 初稿本 · 原稿本 · 手稿本 등이 여기에 해당한다. 유일하게 존재하는 원본을 제외한 모든 책들은 원본이 원형 그대로 유지되거나 일부분 변화되며 복제 · 증식된 것들이다. 다만 본고에서는 변별

입수하여 『화동창수집』에 이록(移錄)한 것들과, 원본을 통해 김병선 자신이 별도의 전사본(抄本)을 만든 뒤 그것을 재차 전사하여 『화동창수집』에 편입한 것들로 구분된다. 또한 내용에 따라서는 총집(總集, 詩選集) · 별집(別集, 詩文集) · 연행록(燕行錄) · 지지(地誌)로 나누어 볼 수 있다. 이를 정리하면 아래의 표와 같다.

〈표 3〉『화동창수집』 여항인 관련 자료의 저본(성립 및 내용에 따른 구분)

<table>
<tr><th colspan="2">구분</th><th rowspan="2">저자, 서명</th><th rowspan="2">비고</th></tr>
<tr><th>성립</th><th>내용</th></tr>
<tr><td rowspan="5">스스로 만든 轉寫本(抄本)의 再轉寫</td><td>總集(詩選集)</td><td>『外國詩抄』</td><td></td></tr>
<tr><td rowspan="3">別集(詩文集)</td><td>洪愼猷, 『白華詩抄』</td><td>천리도서관 소장 『白華詩鈔』</td></tr>
<tr><td>趙秀三, 『芝園詩艸』, 『秋齋詩鈔』</td><td>천리도서관 소장 『芝園詩鈔』</td></tr>
<tr><td>卞鍾運, 『歗齋詩文鈔』</td><td>천리도서관 소장 『嘯齋集』
(『華東唱酬集』 천리본 2-1책)</td></tr>
<tr><td>燕行錄</td><td>李光稷, 『于埜燕行錄』</td><td>천리도서관 소장 『于野燕行錄中抄』
(『華東唱酬集』 천리본 2-5책)</td></tr>
<tr><td rowspan="11">입수한 原本의 轉寫</td><td>總集(詩選集)</td><td>洪世泰, 『海東遺珠』</td><td></td></tr>
<tr><td rowspan="8">別集(詩文集)</td><td>洪世泰, 『柳下集』</td><td></td></tr>
<tr><td>鄭來僑, 『浣巖集』</td><td></td></tr>
<tr><td>李彦瑱, 『松穆館集』 舊本</td><td></td></tr>
<tr><td>咸鎭嵩, 『瓣香詩稿』</td><td></td></tr>
<tr><td>李廷柱, 『夢觀集』</td><td>『夢觀詩稿』</td></tr>
<tr><td>李廷稷, 『天籟詩藁』</td><td></td></tr>
<tr><td>李尙迪, 『恩誦堂集』</td><td></td></tr>
<tr><td></td><td></td></tr>
<tr><td>燕行錄</td><td>玄在德, 『弇山燕行錄』</td><td></td></tr>
<tr><td>地誌</td><td>尹廷琦, 『東寰錄』</td><td></td></tr>
</table>

의 편의를 위해 '원본'을 문집 등을 입수한 뒤 다시 발췌하여 만든 轉寫本(抄本)이 아닌 책을 가리키는 의미로 사용한다.

이상은 『화동창수집』 수록 여항인 관련 자료의 저본에 그치지 않는다. 위의 정보는 역관의 관계망과 그것을 오가는 문헌의 유전 속에서 『화동창수집』의 여항인 관련 자료들이 어떻게 집성되었는지를 추적할 수 있는 일차적인 근거가 된다. 다만 문면에 명시되어 있는 것은 저본의 서명이라는 정보일 뿐, 『화동창수집』의 편자가 어떠한 저본을 어떻게 입수 · 취급하였으며 이러한 문헌 수집 · 활용의 의미와 한계가 무엇인지는 정보의 이면에 숨어 있다. 이를 살피기 위해 주로 두 가지 방법을 사용한다. 첫째, 『화동창수집』에 기록된 내용, 편자가 저본으로 밝힌 텍스트 그리고 해당 저본의 이본을 비롯한 관련 문헌들을 대조한다. 둘째, 편자가 언급한 텍스트를 확인하는 데에 머무르지 않고 해당 내용과 관련 있으되 인용하지 않은 문헌은 무엇인지 확인한다. 이는 문헌을 언제나 복수(複數)의 것으로 인식하며 그것들을 비교하는 일이며 '있는' 문헌에 의한 설명에 그치지 않고 '없는' 문헌 즉 문헌의 빈자리를 의식하고 그 비어 있음의 이유를 추측해보는 일이다.

1) 전사본(轉寫本, 抄本)의 재전사

총집(總集, 詩選集)

총집(시선집)으로 여겨지는 『외국시초(外國詩抄)』는 "동문초(東文抄)"라는 기록과 함께 구목록 몇 군데에서 찾아볼 수 있다. 김병선은 『화동창수집』을 편찬하는 과정에서 『동문선(東文選)』 소재 조선 초기 인물들을 별도로 정리하여 4권 이상의 『동문초』를 만든 것으로 추정된다. 『외국시초』 또한 자세한 성립 경위 및 현전 여부는 알 수 없으나 김병선이 『화동창수집』을 엮는 과정에서 중국 이외 국가의 문인과 우리 문인이 창수한 작품을 따로 모아 만든 전사본(轉寫本, 抄本)

으로 보인다.[8]

별집(別集, 詩文集)

후자의 자료들 가운데 별집(시문집)은 모두 천리도서관에 실물이 전한다. 홍신유(洪愼猷)의 『백화시초(白華詩鈔)』는 권수면에 "醉香山樓鈔"라고 명기되어 있다. 구목록과 신목록 모두 「送李鳳煥之燕」, 「送別朴敬行日本之行」(제목은 신목록 기준. 구목록은 각각 「李鳳煥之燕詩」, 「送朴江東敬行日本詩」)을 등재하였다. 간송본에는 후자가 「贈別朴矩軒(敬行)日本之行」이라는 제목으로 실려 있다. 이 두 편의 시가 송별하는 대상인 이봉환과 박경행 역시 여항인이다.[9] 김병선은 이 작품들을 스스로 만든 『백화시초』에서 취하였다. 『백화시초』에는 모두 55수의 시가 선록되어 있다. 이를 규장각 소장 『백화자집초(白華子集抄)』(2권 1책 필사본)와 대조하며 정리하면 아래와 같다.[10] 수록 작품의 이동(異同)과 수록 순서 등이 크게 달라 김병선이 저본으로 삼은 책은 『백화자집초』와 다른 계열의 것이며 홍신유의 시문집은 적어도 두 종 이상의 이본이 있었음을 알 수 있다.

---

8) 『東文抄』와 『外國詩抄』에 대해서는 송호빈, 앞의 논문, 2021, pp.67-72.

9) 李鳳煥과 朴敬行, 이들과 홍신유의 교유에 대해서 강명관, 『조선후기 여항문학 연구』, 창작과비평사, 1997, pp.289-293.

10) 洪愼猷의 詩는 천리대 소장 『白華詩鈔』 외에 규장각 소장 『白華子集抄』(2권 1책 필사본), 한국학중앙연구원 소장 『白華詩選』(1권 1책 필사본)으로 전하며 이 두 책은 『李朝後期閭巷文學叢書』 제6책(여강출판사, 1991)에 영인되어 있다. 文은 일본 靜嘉堂文庫 소장 『白華稿』(1권 1책 필사본)에 실려 있으며 이 책은 『閭巷文學叢書續集』 제1권(성균관대학교 대동문화연구원, 2022)으로 영인되었다. 洪愼猷의 문집 및 작품에 대해서는 위 두 총서의 해제 및 강명관, 「백화자 홍신유의 시에 대하여」, 『한국한문학연구』 13, 한국한문학회, 1990 참조.

〈표 4〉 천리대 소장 『백화시초』와 규장각 소장 『백화자집초』의 대조

	천리대 소장 『白華詩鈔』	규장각 소장 『白華子集抄』	비고
1	舍光軒別人		
2	換凡齋四月八日夜		
3	以通禮連日赴闕	○	
4	供職言志	○	
5	次金直齋		
6	題李美仲壁上	○	
7	題華陽李斯文(東祥)壁上	○	
8	贈製述官南時韞(玉)日本	○	규장각 8수, 천리대 1수(제5수)
9	贈忠州權琴師		
10	人影		
11	安所任承旨(瓊)養梅一樹, 余每往賞之, 偶閱蔡國子小草, 得詠梅詩, 次韻以呈且求和		
12	南麓寓居褋詠		
13	生昌郵軒		
14	新秋示李美仲求和	○	
15	崇陵齋室		
16	送雨念齋李(鳳煥)之燕排律		
17	西京雅集(留閒元公, 爲留守時, 與諸人從游)		
18	圃隱先生遺像		
19	鄭雲山(德均)邀飮		
20	車牛行	○	
21	夜起	○	본문 글자 異同
22	自西湖移家入城中		

	천리대 소장 『白華詩鈔』	규장각 소장 『白華子集抄』	비고
23	金履祥第, 送安察訪士受(祐)歸海島		
24	題雲擧金(啓澤)小像障子	○	
25	日本別章		
26	看花		
27	仲秋節拜先墓	○	규장각 2수, 천리대 1수(제1수)
28	宿洛東江	○	
29	贈別朴矩軒(敬行)日本之行	○	
30	衆香城	○	
31	懷換凡齋元子承	○	
32	燕鴉	○	
33	大歸嶺南歷訣先壟		
34	哀朴江東敬行		
35	感懷	○	
36	俶裝將發南行		
37	百迂鄭德均, 贐以五言長篇, 欲次其韻, 而偶失之用其韻	○	
38	閑中	○	규장각 3수, 천리대 1수(제3수)
39	李陽智斯學(鴻祥)謫所同賦	○	
40	壬寅元朝	○	제목은 같으나 본문은 다른 작품
41	古都柏栗寺倩人吹玉笛舞釼		
42	永嘉臺	○	
43	題誠信堂壁上		
44	贈月城老妓英梅	○	규장각 2수, 천리대 1수(제1수)
45	與癯仙金子容(得厚), 共次成興海大中韻	○	

	천리대 소장 『白華詩鈔』	규장각 소장 『白華子集抄』	비고
46	四疊客字韻示癯翁	○	규장각 제목 三疊客韻示癯翁
47	步月		
48	梅竹軒送李丞懋官(德懋)還京, 次昌黎答張徹韻		
49	澄淸雅集(按使靜修李公留興海, 守五日, 相與劇談, 每日賦詩一首)		
50	和李碩士君受(魯益)寄示韻		
51	愼猷少受知於留閒元丞相, 及丞相棄世. 愼猷無意於世, 又老且病, 沈冥於萊海之濱. 癸卯秋因人至達城, 巡相靜修李公拉而置之側, 其知遇不啻元丞相若也. 今當英簜還朝, 其別懷, 乃江·文通別賦, 所未道也. 謹賦一律以爲贐章.		
52	又用達句長韻, 寄興海成使君(大中)		
53	聖廟移建後, 贈文碩士(命顯)·郭碩士(舜衡), 兼示齋中諸儒生		
54	矗石樓	○	
55	阻風宿金海旅站		

조수삼(趙秀三)의 『지원시초(芝園詩鈔)』는 "醉香山樓藏" 판심의 사란공권卷에 쓰인 필사본이다. 후지츠카에 의해 개장되기 전의 원표지를 살펴보면 "醉香山樓叢書"라는 묵서가 부기되어 있음이 확인된다. 본문에는 후지츠카가 읽고 활용한 흔적이 다수 남아 있다. 그의 주묵은 중국 문인들과의 교유시에 집중적으로 가해져 있어서, 그가 추사 일파를 중심으로 조선 후기 문인들의 대청(對靑) 교류를 연구할 때 『화동창수집』과 함께 김병선의 초본들을 적극 참고하였음이 재차 확인된다. 이 책에 채록된 조수삼의 작품은 모두 51수이다. 이를 『화동창수집』 구목록 및 간송본과 대조해보면 다음과 같다.

〈표 5〉 천리대 소장 『지원시초』와 『화동창수집』 동양문고본 구목록, 간송본 본문의 대조

	천리대 소장 『芝園詩鈔』	동양문고 소장 『華東唱酬集』 구목록	간송미술관 소장 『華東唱酬集』 본문 * 숫자는 수록 순서	비고
1	鬪雀詩要金生書			문집총간 『추재집』 권2 「十雀」 첫 구
2	贈趙生			
3	月下對酌戱示小孫			
4	病中倩內子梳頭			
5	和松石山人			
6	同秋史上舍遊水岳			
7	與一芝過稚晦德隱丙舍, 用唐人韻			
8	沙河驛聞蟬		2. 沙河驛聞蟬	
9	嘉陵道中			
10	燕館襍詠		1. 燕館襍詠	
11	慈烏			
12	龍村襍詠			
13	善竹橋			
14	和問齋檢書(泠菴哲嗣)			
15	朴侍郎東郊別業, 陪趙雲石尙書同賦. 翌日方禁釀			
16	和呈薑山尙書(向日有一士, 以余宿搆爲已作, 而斤正於公者, 公言之如是)			
17	和朱老梅花詩			
18	東庄襍詠			

	천리대 소장 『芝園詩鈔』	동양문고 소장 『華東唱酬集』 구목록	간송미술관 소장 『華東唱酬集』 본문 * 숫자는 수록 순서	비고
19	過東庄			
20	新春初會			
21	登定州城樓			
22	暮春自青海至江州			
23	次洪老履祉韻			
24	野宿陽坪, 謹次行臺韻			
25	和權秀士蓂生	和權秀士(蓂生)詩		
26	山海關有談吳三桂事者		3. 山海關有談吳三桂事者	
27	曉發紅花店, 向淸節祠			
28	淸節祠			
29	豐潤文廟, 書贈諸生	豐潤文廟贈諸生	4. 豐潤文廟, 書贈諸生	
30	除夕			
31	和吳蘭雪	和吳蘭雪詩(二首)	5. 和吳蘭雪(崇梁)	첫 수만 수록
32	和韓擧人(惇)	和韓擧人(惇)詩	6. 和韓擧人(惇)	
33	丁卯橋中書(泰)	懷人詩(八首)	7. 贈丁卯橋中書(泰)	
34	劉燕庭給事(喜海)	〃	8. 贈劉燕庭給事(喜海)	
35	朱伯泉知縣(大源)	〃		
36	陳南叔隱居(克明)	〃	9. 贈陳南叔孝廉(克明)	
37	姚雪逸擧人(衡)	〃		
38	馬研珊擧人(書奎)	〃	10. 贈馬研珊擧人(書奎)	

	천리대 소장 『芝園詩鈔』	동양문고 소장 『華東唱酬集』 구목록	간송미술관 소장 『華東唱酬集』 본문 * 숫자는 수록 순서	비고
39	葉東卿主事(志詵)	〃	11. 贈葉東卿主事(志詵)	
40	繆梅澥助教(公恩)	〃		
41	盤山			
42	道中有懷			
43	桃花洞	桃花洞	12. 桃花洞	간송본 上欄에 "已上合十二首 秋齋" 기록
44	出瀋陽書贈送行諸公	出瀋陽書贈送行諸公		
45	宿連山關得家書			
46	檀嶺			
47	夜坐書懷			
48	宿君山			
49	午憩長橋店			
50	登白嶽			
51	東庄			

이 가운데 김병선은 신목록에 "和權秀才吳蘭雪韓惇詩(三), 懷中朝人詩(八), 瀋陽等沿途詩(四)"라 하여 모두 15편을 기록하고 있다. '懷中朝人'이라는 제목의 작품은 없으나, 자신이 엮은 『지원시초』를 작품 수집의 저본으로 삼았음을 밝힌 구목록을 살펴보면 이것이 정태(丁泰) · 유희해(劉喜海) · 주대원(朱大源) · 진극명(陳克明) · 요형(姚衡) · 마서규(馬書奎) · 섭지선(葉志詵) · 무공은(繆公恩)을 대상으로 한

일련의 여덟 작품임을 알 수 있다.[11] 또한 '瀋陽等沿途詩'는 「豐潤文廟, 書贈諸生」, 「桃花洞」, 「出瀋陽書贈送行諸公」 등을 가리키는 것으로 보인다. 그런데 간송본에는 저본이 『추재시초(秋齋詩鈔)』로 기록되어 있고, 위의 표와 같이 일부 작품의 제목이 다소 다르다. 특히 청나라 문인 8인과의 교유에 관한 일군의 작품은 회인시(懷人詩) 연작이 아니라 각각의 증별시(贈別詩)로 되어 있고 주대원 · 요형 · 무공은에 대한 시가 산삭되어 있다〈그림 5〉.

〈그림 5〉『華東唱酬集』 동양문고본 2-1책 舊目錄(左) 및 간송본 제7책(右) 趙秀三 부분

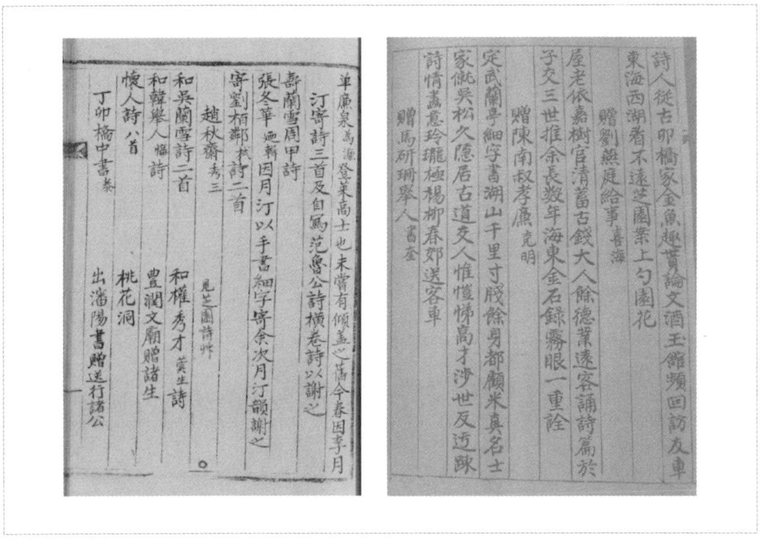
華廣泉 嵩源 登萊高士也 未嘗有傾蓋之舊 今春因李月
汀寄詩三首及自寫范魯公詩橫卷詩以謝之
壽蘭雪周甲詩
張冬華 延新 因月汀以手書細字寄余次月汀韻謝之
寄劉栢鄰 式 詩二首
趙秋齋 秀三
見芝園詩草
和吳蘭雪詩二首
和權秀才 英生 詩
和韓舉人 楠 詩
豊潤文廟贈諸生
懷人詩 八首
桃花洞
丁卯橋中書 ...
出瀋陽書贈送行諸公

詩人從古卯橋家金魚趣貫論文酒玉館頻回訪友車
東海西湖看不遠芝園業上勺園花
贈劉燕庭給事 喜海
屋老依嘉樹官清蓄古錢大人餘德業遠客誦詩篇於
子交三世推余長數年海東金石錄霧眼一重詮
贈陳南叔孝廉 克明
定武蘭亭細字書湖山千里寸牋餘身都願米真名士
家傲吳松久隱居古道交人惟愷悌高才涉世反迂疏
詩情畫意玲瓏極楊柳春郊送客車
贈馬研珊舉人 書奎

11) 이들과의 교류는 1829년 冬至兼謝恩使에 참여했던 제6차 연행 때 이루어진 것으로 보인다. 조수삼의 연행 및 관련 작품에 대해서는 김영죽, 「秋齋 趙秀三 文集의 編刊 재검토 및 오류의 是正 - 연활자본 『추재집』 편찬 오류의 是正과 필사본 교감을 통한 '燕行詩' 재정립을 중심으로 -」, 『동방한문학』 48, 동방한문학회, 2011 참조. 조수삼 관련 자료에 대해서는 같은 논문 및 박철상, 「趙秀三의 신자료 『聯床小諧』에 대하여」, 『한국학논집』 38, 한양대학교 한국학연구소, 2004.

『소재집(嘯齋集)』은 현재 후지츠카가 표지에 '華東唱酬集'이라 묵서를 남김으로써 『화동창수집』에 포함되어 있다. 그러나 개장 이전의 원표지에 쓰인 서명은 "嘯齋詩文鈔"이다. 또한 권수면 첫 행이 서명 표기 없이 비어 있으며 본문에는 '화동창수'와 무관한 작품들도 실려 있다. 이 책은 『화동창수집』에서 제외하고 취향산루총서 또는 미묵당총서(味墨堂叢書)로 기획되었던 것으로 보이는 초본(抄本)의 문헌군으로 취급해야 마땅하다.[12] 김병선은 이 책에 변종운의 시 39수, 문 28편을 채록해두었는데, 이 가운데 4수의 시와 16편의 시는 이후 간행된 연활자본 『소재집』 등 다른 문헌에는 실려 있지 않다.[13]

김병선이 『화동창수집』에 변종운의 작품을 선록하고자 하면서 스스로 만든 이 책을 저본으로 삼았음은, 그가 구목록에 작품들의 제목을 적은 뒤 "이상은 『소재시문초』를 볼 것(以上並見『歗齋詩文鈔』)" 이라고 덧붙인 데서 분명히 알 수 있다. 김병선은 구목록의 변란(邊欄) 안쪽에 「陳侍郎(用光)示其永平府之作, 和之者, 卓海帆(秉恬) · 郭羽可(羲) · 黃樹齋(爵滋), 皆海內之宗匠也. 卽和其韻」 한 작품을 신기로 하였다가 상란에 「遼東管寧祠詩」·「而已矣」·「遼野口占」·「早發玉河館」·「岳忠武廟」 이상 시 다섯(김병선이 "詩合六首"라고 한 것은 誤記로 보임), 「薊門萍水雅懷軸跋」·「登海樓三大白說」·「滹沱河說」·「謝虎石銘」·「燕都客話」 이상 산문 다섯 작품을 추기하였다 〈그림 6〉. 이 가운데 「岳忠武廟」(천리대 소장 『歗齋詩文鈔』의 원제는 「岳忠

12) 별책의 초본을 이루고 있는 『益齋集』(천리본 2-2책), 『圃隱集』(동양문고본 2-3책), 『青溪集』·『靄湖集』·『東崖集』(이상 동양문고본 4-5책), 『白沙集』,(천리본 1책), 『淸陰集』(천리본 2-7책), 『阮堂集』(천리본 2-6책), 『海隣尺牘』(하버드본)도 마찬가지이다. 이상에 대해서는 송호빈, 앞의 논문, 2016, pp.37-43.

13) 변종운 작품의 現傳 양상과 諸本 간의 同異에 대해서는 김홍매, 『소재 변종운 문학 연구』, 국학자료원, 2020, pp.20-34, pp.273-282에 자세하다.

〈그림 6〉『華東唱酬集』 동양문고본 2-1책 舊目錄 卞鍾運 부분

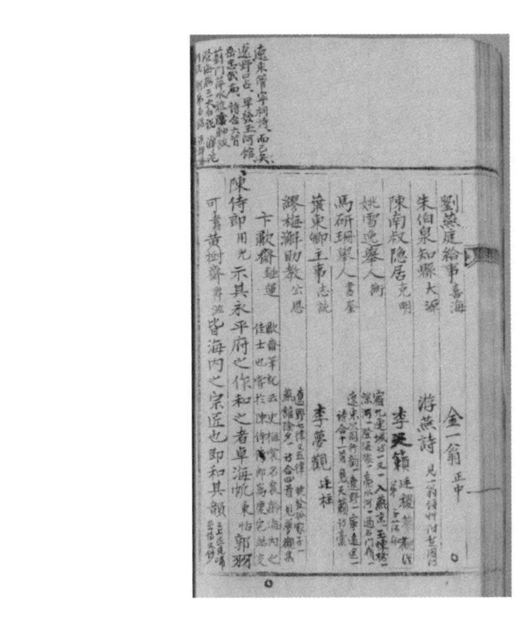

劉燕庭給事 喜海
金一翁 正中
朱伯泉知縣 大源
游燕詩
陳南叔隱居 克明
姚雪逸舉人 衡
馬研珊舉人 書奎
黃東卿主事 志淑
李夢觀 廷柱
繆梅澥助教 公恩
卞歡齋 鍾運
陳侍郎 用光 示其永平府之作和之者卓海帆 東怡 郭麟
可青 黃樹齋 爵滋 皆海內之宗匠也 即和其韻

武精忠廟(初謚武穆)」), 「薊門萍水雅懷軸跋」, 「燕都客話」는 천리대 소장 『歡齋詩文鈔』에만 전한다. 그리고 신목록에서는 이를 "詩六首 和陳用光(一), 沿途詩(五)"와 "文三首 薊山詩軸跋 等 附 燕都客話"로 추려냈다. 그런데 변종운의 이와 같은 작품들은 『화동창수집』 내에서 목록으로만 존재할 뿐, 작품의 본문은 보이지 않는다.[14] 간송본의 작품 본문 전사는 김매순(金邁淳)에서 그친다. 그리고 변종운을 비롯한 일련의 인물들에 대해서는 간략한 인적 정보와 작품의 출전

14) 같은 책, pp.27-29에서는 『화동창수집』에 「陳侍郎(用光)示其永平府之作 …」 한 수가 수록되었다고 하였으나 필자는 이상과 같이 목록책에 제목이 기록된 것을 확인하였을 뿐 『화동창수집』 동양문고본과 간송본에 전사된 본문을 찾지 못하였다.

〈그림 7〉『華東唱酬集』 간송본 제7책 卞鍾運 부분

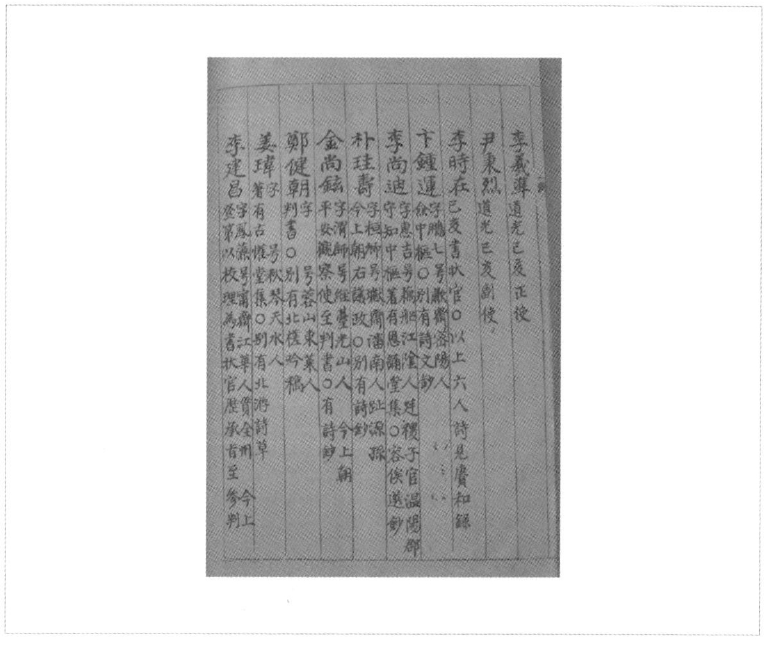
李羲準 道光己亥正使
尹秉烈 道光己亥副使
李時在 己亥書狀官○以上六人詩見賡和錄
卞鍾運 字朋七號歗齋密陽人 僉中樞○別有詩文鈔
李尚迪 字惠吉號藕船江陰人廷稷子官溫陽郡 守知中樞著有恩誦堂集○容俟選鈔
朴珪壽 字桓卿號瓛齋潘南人趾源孫 今上朝右議政○別有詩鈔
金尚鉉 字渭師號經臺光山人今上朝 平安觀察使至判書○有詩鈔
鄭健朝 字 號蓉山東萊人 判書○別有北樓吟稿
姜瑋 字 號秋琴天水人 著有古懽堂集○別有北游詩草
李建昌 字鳳藻號甯齋江華人貫全州今上 登第以校理爲書狀官歷承旨至參判

을 책의 말미에 기록해두었을 뿐이다〈그림 7〉. 『화동창수집』의 편성 기획과 자료 수집이 미완에 그친 양상을 잘 보여주는 사례이다.

연행록(燕行錄)

이광직(李光稷)의 『우야연행록(于野燕行錄)』은 현재로서는 『화동창수집』에 전하는 것이 유일하다.[15] 『우야연행록』은 1795~96년 북경에서 이광직과 중국 문인이 주고받은 시를 싣고 있다. 신목록에는 2편의 제목이 기재되어 있고 간송본에는 3편의 작품이 선록되어 있다. 그리고 그 저본이 되는 초본이 천리대 소장 『화동창수집』 2-5책

15) 김영진, 앞의 논문, 2013, p.330 등.

〈그림 8〉『華東唱酬集』 천리본 2-5책(于野燕行錄) 卷首

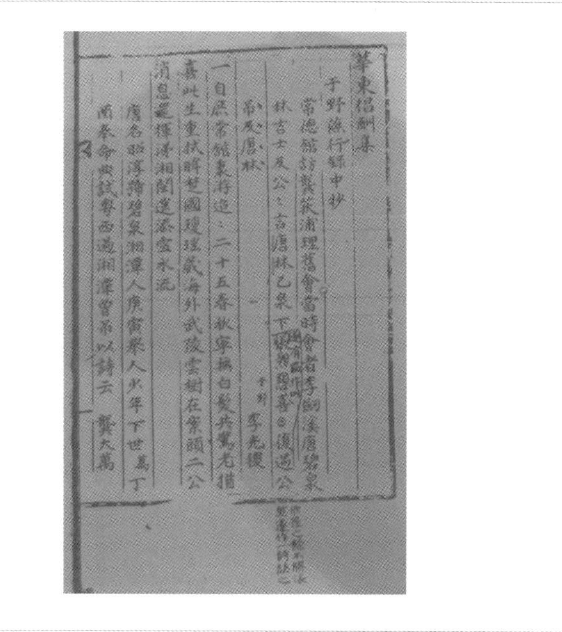
華東倡酬集

于野燕行錄中抄

常德舘訪龔荻浦理舊會當時會者李劒溪唐碧泉林吉士及公公言唐林已泉下復遇公

弔感唐林

于野 李光稷

唐名昭溥號碧泉湘潭人庚寅擧人少年下世焉

丁酉奉命典試粵西過湘潭曾弔以詩云 龔大萬

으로 남아 있다〈그림 8〉. 이 책은 이광직의 「常德館, 訪龔荻浦理舊會. 當時會者, 李劒溪 · 唐碧泉 · 林吉士及公. 公言唐 · 林已泉下, 復遇公欣握之餘, 不勝悵然, 隨作一詩誌之」(간송본 제목은 「常德館, 訪龔荻浦翰林(大萬)理舊會. 當時會者, 唐碧泉 · 李劒溪 · 林香海及公. 公言唐 · 林已泉下, 欣敘之餘, 不勝悵然, 隨作一詩誌之(嘉慶 丙辰)」)로 시작하여 청나라 문인들이 이광직에게 창수한 작품들(龔大萬 2수, 武士魏 3수, 趙溥 2수, 汪端光 1수, 潘志華 1수, 張問陶 1수)이 이어진 뒤 이광직의 짤막한 지(識)와 「七間樓席, 次書示汪劒潭(端光) · 張船山諸人」, 「發寧遠」 두 편의 시로 마무리된다.

그런데 그 뒤에 「題于野先生燕行詩卷帖後」라는 산문 한 편이 부록되어 있다〈그림 9〉. 작자는 운암(雲巖) 오대익(吳大益, 1729~1803)이

〈그림 9〉『華東唱酬集』 천리본 2-5책(于野燕行錄) 「題于野先生燕行詩卷帖後」 부분

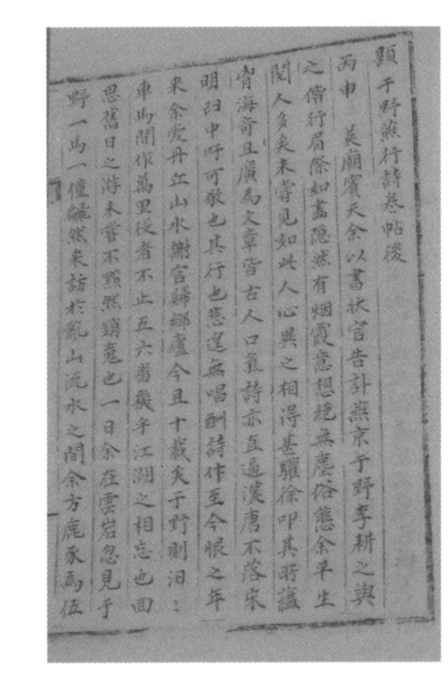

題于野燕行詩卷帖後
丙申 菱湖賓天余以書狀官告訃燕京于野李耕之與
之偕行眉際如畫隱然有烟霞意想絶無塵俗態余平生
閱人多矣未嘗見如此人心異之相得甚驩徐叩其所蘊
肯海奇且廣爲文章嘗古人口氣詩亦直逼漢唐不落宋
明曰中呼可敬也其行也悲道無唱酬詩作至今恨之年
來余覓丹丘山水謝官歸鄕廬今且十載矣于野則汨汨
車馬間作萬里役者不止五六番幾乎江湖之相忘也回
思舊日之游未嘗不黯然銷魂也一日余在雲岩忽見于
野一馬一僮翩然來訪於亂山流水之間余方鹿豕爲伍

다.[16] 그는 1776년 이광직과 함께 연행하였다. 이때 속진(俗塵)에 찌들지 않은 이광직의 초연한 인품을 보고 그에게 경모(敬慕)의 정을 갖게 된다. 이후 1800년, 단양(丹陽)에 돌아와 있는 오대익을 이광직이 문득 찾아와 은거의 뜻을 타진하기에 서로 출(出)과 처(處)에 대한 생각을 나눈다. 이때 이광직이 자신이 중국 문인들과 주고받은 시축을 오대익에게 보이고 오대익이 여기에 제(題)한 것이다. 이에 따르면 김병선이 옮겨 쓴 『우야연행록중초』의 원본은 본디 「연행시

16) 吳大益에 대해서는 이상주, 「雲仙九曲과 雲仙九曲詩」, 『청대학술논집』 1, 청주대학교 학술연구소, 2003 ; 이상주, 「槐園 李埈의 〈丹陽十景次武夷櫂歌韻〉에 대한 고찰」, 『고전과 해석』 25, 고전한문학연구학회, 2018 ; 김세호, 「조선 후기 丹陽 舍人巖에 살았던 사람들」, 『한문학논집』 65, 근역한문학회, 2023.

〈그림 10〉『華東唱酬集』 천리본 2-5책(于野燕行錄) 「題海岳集」 부분

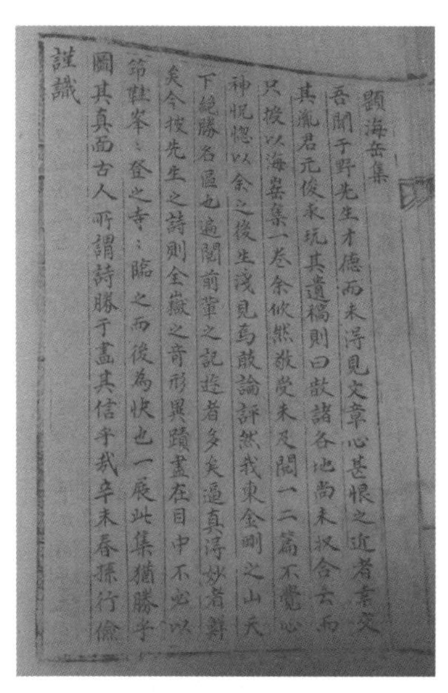

題海岳集

吾聞于野先生才德而未得見文章心甚恨之近者幸交其胤君元俊氏玩其遺稿則曰散諸各地尚未收合云而只授以海岳集一卷余欣然敬受未及閱一二篇不覺心神恍惚以余之後生淺見焉敢論評然我東金剛之山天下絶勝名區也遍閱前輩之記遊者多矣逼真得妙者鮮矣今披先生之詩則全嶽之奇形異蹟盡在目中不必以笻鞋峯峯登之寺寺臨之而後爲快也一展此集猶勝乎圖其真面古人所謂詩勝于畫其信乎哉辛未春孫行儉謹識

권첩(燕行詩卷帖)」이었음을 알 수 있다.

아울러 「題于野先生燕行詩卷帖後」 뒤로 다시 부록되어 있는 「題海岳集」(辛未 春 孫行儉 謹識)〈그림 10〉에 따르면 이광직 사후 그의 저술들이 곳곳에 흩어져 수습되지 못하였으나 이광직이 금강산을 유람하며 지은 시를 모은 『해악집(海岳集)』이라는 시집이 있었음을 알 수 있다. 「제해악집」에 이어 김병선은 "海岳集中抄"라고 쓴 뒤 "白頭之山, 西走爲寧古 · 醫巫閭諸山, 東走爲我東而金剛山 …"으로 시작하는 한 편의 산문을 제목 없이 덧붙여두었다〈그림 11〉. 이 글은 이광직이 병진년 즉 1796년 9월 25일 마가연(摩訶衍) 불등(佛燈) 앞에서 쓴 금강산 유기로, 금강산이라는 승경을 이루는 요소들 가운데 산의 소리(韻)에 집중하고 그것을 시운(詩韻)과 연결시킨 독특한

〈그림 11〉『華東唱酬集』 천리본 2-5책(于野燕行錄) '海岳集中抄' 부분

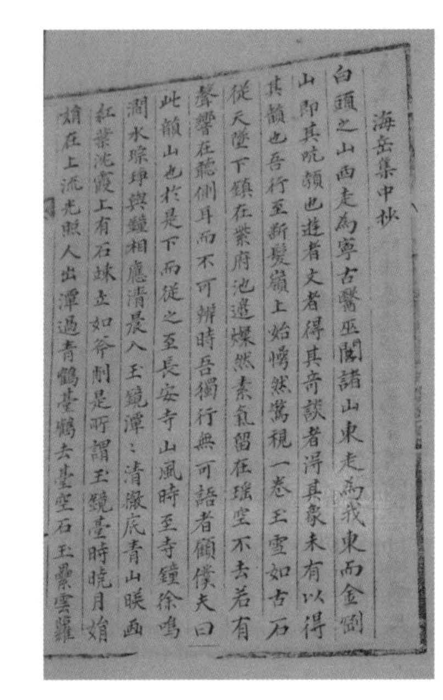
海岳集中抄
白頭之山西走爲寧古醫巫閭諸山東走爲我東而金剛
山即其吭頷也遊者丈者得其奇談者得其象未有以得
其顱也吾行至斷髮嶺上始愕然驚視一卷玉雪如古石
從天墜下鎮在紫府池邊爍然素氣留在瑤空不去若有
磬響在聽側耳而不可辨時吾獨行無可語者顧僕夫曰
此顱山也於是下而從之至長安寺山風時至寺鐘徐鳴
澗水琮琤與鐘相應清晨入玉鏡潭潭清澈底青山映函
紅葉沈霞上有石峽立如斧劃是所謂玉鏡臺時曉月娟
娟在上流光照人出潭過青鶴臺鶴去臺空石玉景雲羅

작품이다.

이상을 통해 이광직의 『연행시권첩』과 『해악집』의 현전 여부는 미상이나 김병선은 그 원본을 입수하여 초본을 만들고 일부를 재차 베껴 『화동창수집』에 편입하였음을 알 수 있다.

2) 원본의 전사

총집(總集, 詩選集)

김병선은 남응침(南應琛) · 진흥지(秦興祉) · 최승태(崔承太) · 유찬홍(庾纘洪)의 작품을 모두 홍세태(洪世泰)가 편한 『해동유주(海東遺珠)』

(한구자본 1책, 1712년)에서 취하였다. 이상 4인과 그들의 작품, 그리고 『해동유주』는 구목록에서 보이지 않고 신목록에 추록되어 있다. 따라서 『해동유주』가 다른 여항인의 문헌들에 비해 뒤늦게 입수되었음을 알 수 있다.

위의 4인 가운데 최승태의 경우 문집 『설초유고(雪蕉遺稿)』(목판본 1책, 1705년 홍세태 서문)가 있다. 김병선이 선록한 최승태의 「送庾述夫(纘洪)赴燕」은 『설초유고』 외 『소대풍요(昭代風謠)』(1737년 초간, 1858년 후기교서관인서체자인본 중간)에도 실려 있는데 김병선은 『설초유고』·『소대풍요』에서 인용하지 않았다.[17] 최승태의 『설초유고』는 여항인의 시문집으로는 드물게 목판본으로 간행·유통되었다.[18] 그럼에도 불구하고 김병선은 이를 입수·열람하지 못하고 『해동유주』에서 재인용하고 있다. 『육가잡영(六家雜詠)』·『풍요속선(風謠續選)』·『풍요삼선(風謠三選)』 등의 흔적도 『화동창수집』에는 보이지 않는다. 이규상(李奎象, 1727~1799)의 『병세재언록(幷世才彦錄)』(1797년 무렵)[19]과 유재건(劉在建, 1793~1880)의 『이향견문록(異鄕見聞錄)』(1862년)[20]은 『유하집』을 저본으로 삼아 유찬홍의 전(傳)을 싣고 있다. 그런데 이 두 책

17) 崔承太의 시에 대해서는 강석중, 「雪蕉 崔承太의 시세계」, 『한국한시작가연구』 11, 한국한시학회, 2007 ; 이국진, 「雪蕉 崔承太의 공주체류기 漢詩 고찰」, 『한문고전연구』 39, 한국한문고전학회, 2019.

18) 김영진, 「《여항문학총서속집》 수록 자료의 성격과 의의」, 『한국한문학연구』 85, 한국한문학회, 2022, pp.16-27.

19) 『병세재언록』에 대해서는 임형택, 「이규상과 『병세재언록』」, 『18세기 조선 인물지 - 幷世才彦錄』, 창작과비평사, 1997 ; 김성진, 「『幷世才彦錄』을 통해 본 이규상의 世界認識」, 『동양한문학연구』 36, 동양한문학회 2013 등.

20) 『이향견문록』에 대해서는 이지양, 「『里鄕見聞錄』을 통해 본 兼山 劉在健의 意識」, 『성균어문연구』 30, 성균관대학교 국어국문학회, 1995 ; 정병호, 「里鄕見聞錄을 통해 본 조선시대 閭巷人의 형상」, 『동방한문학』 12, 동방한문학회, 1996 ; 이지양, 「해제」, 『이향견문록 - 이조시대 탁월한 서민들의 이야기』, 글항아리, 2008.

역시 『화동창수집』의 인물 정보와 관련된 기록 어디에도 보이지 않는다. 간송본에서 인명 아래 인물 정보를 간략히 기술하면서 몇 차례 조희룡(趙熙龍)의 『호산외기(壺山外記)』(1854년)를 인용하고 있을 따름이다.[21] 이상을 통해 여항인의 시선집과 전기류에 대한 관심 또는 입수에 한계가 있었음을 짐작할 수 있다.

별집(別集, 詩文集) 외

별집(시문집)을 비롯한 나머지 자료들을 살펴보면 그 자료의 범위가 대체로 스승 이상적의 자장(磁場) 속에 놓여 있음을 알 수 있다. 『천뢰시고(天籟詩藁)』(목판본 4권 1책, 1858년 이상적이 연경에서 간행)〈그림 12〉의 저자 이정직(李廷稷)은 이상적의 생부(生父)이며 『몽관집(夢觀集)』(3권 1책, 李命藝字 1859년 초간, 全史字 1891년 중간)의 저자 이정주(李廷柱)는 이상적의 종숙(從叔)이다.[22] 이상적(李尙迪)의 『은송당집(恩誦堂集)』이 선록의 대상이 된 것은 물론이나 김병선은 갈무리를 마치지 못했다. 시는 작품들을 뽑아 그 제목과 수량을 각기 구목록과 신목록에 기재하였지만 산문은 애초에 수습하지 못했다. 간송본에는 다만 이상적의 이름 아래 "저서에 『은송당집』이 있음. 선별하여 전사할 것을 기다림(著有『恩誦堂集』. 容俟選鈔)"이라고 쓰여 있을 뿐이다.

홍세태도 일부 작품만 옮겨 쓴 뒤 나머지 작품들은 제목만 쓰고 "이상 여러 시와 서(書) · 서(序)는 모두 『유하집』에 보이니 베껴 써 넣을 것(以上諸詩及書序, 皆見『柳下集』, 容當鈔入)"이라는 메모를 붙였다.

---

21) 『호산외기』에 대해서는 한영규, 「중인층 전기집 '호산외기'의 성격과 위상」, 『고전문학연구』 29, 한국고전문학회, 2006 등.

22) 李廷柱와 李廷稷에 대해서는 이현일, 「夢觀 李廷柱 詩 研究」, 『한국한시연구』 21, 한국한시학회, 2013 ; 이현일, 「天籟 李廷稷 詩 研究」, 『한국한시연구』 23, 한국한시학회, 2015.

〈그림 12〉 하버드옌칭도서관 소장 『天籟詩藁』 表紙 및 卷首

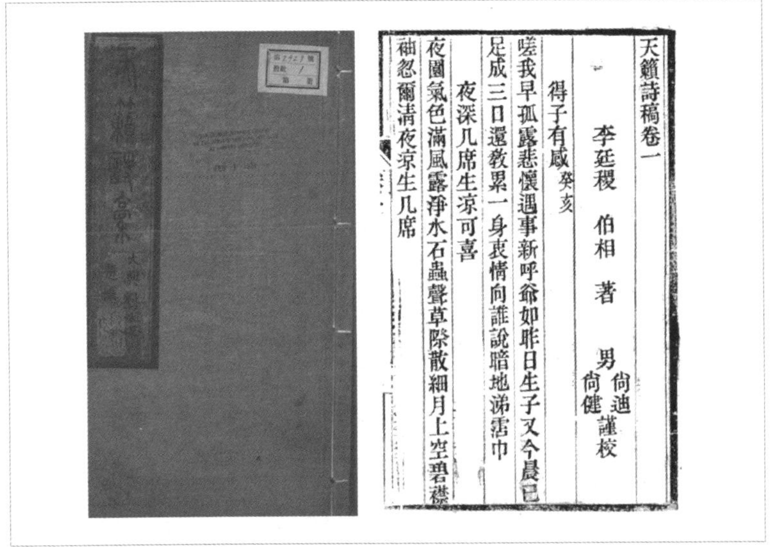
天籟詩稿卷一
李延稷 伯相 著　男 尚迪 尚健 謹校
得子有感 癸亥
嗟我早孤露悲懷遇事新呼爺如昨日生子又今晨巳
足成三口還教累一身衷情向誰說暗地涕霑巾
夜深几席生凉可喜
夜闌氣色滿風露淨水石蟲聲草際散細月上空碧襟
袖忽爾淸夜凉生几席

김병선은 교서관인서체자로 간행된 『유하집』을 입수하였던 것으로 보인다. 다만 이상적과 홍세태의 경우는 문헌의 입수가 뒤늦어서라기보다는 수록하고자 하는 작품의 양이 많아서 미처 정리를 하지 못한 것으로 생각된다. 주지하는 것처럼 이상적이 중국 문인들과 주고 받은 편지는 『해린척독(海鄰尺牘)』으로 전하는데 하버드옌칭도서관 소장 『해린척독』은 김병선의 초본이다.[23] 『화동창수집』 안으로 선록되지 못한 채 초본 자체로 남은 것으로 볼 수 있다. 홍세태

23) 『해린척독』에 대해서는 정후수, 「『海隣尺素』 轉寫本 考察」, 『동양고전연구』 19, 동양고전학회, 2003 ; 정후수, 「『海隣尺素』 13種 轉寫本 對照」, 『동양고전연구』 20, 동양고전학회, 2004. ; 천금매, 「『海隣尺素』 연구」, 연세대학교 대학원 국어국문학과 석사학위논문, 2006 ; 천금매, 「李尙迪이 중국 문인들에게 받은 편지 모음집 『海隣尺素』」, 『문헌과 해석』 46, 문헌과해석사, 2009 ; 허경진, 「이상적이 청나라 문인들에게서 받은 편지를 모은 『海隣尺牘』」, 『하버드대학 옌칭도서관의 한국고서들』, 웅진북스, 2003.

〈그림 13〉『華東唱酬集』 동양문고본 2-7책 咸鎭嵩 부분

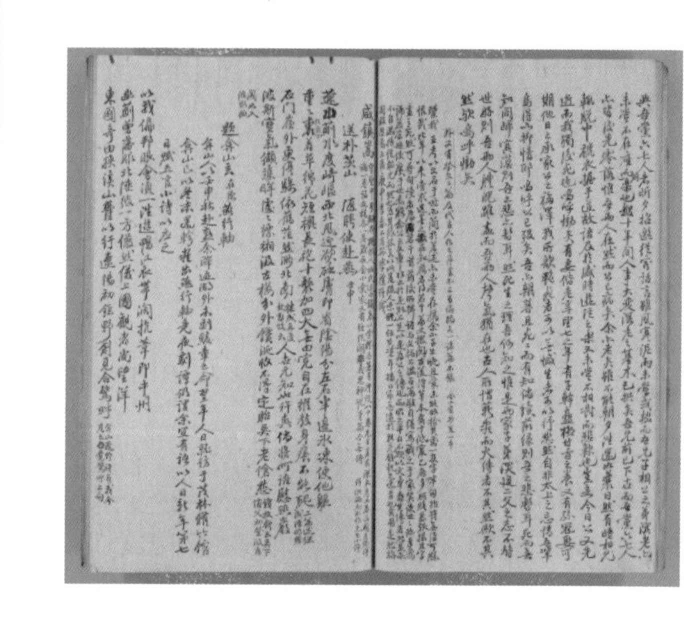

의 작품은 『유하집』 외에 『황화집(皇華集)』으로부터 뽑아 옮겨 써둔 것들도 『화동창수집』 내에 편성되어 전한다(동양문고 소장본 2-5책 말미).

김병선은 함진숭(咸鎭嵩)에 대하여 신목록에는 "詩一首 入燕途中詩"라고만 하였지만 간송본에는 함진숭의 저술로 시고(詩稿)와 문고(文稿)가 각 1권이 있다고 하고 「送朴茨山(善性)隨聘使赴燕(二首)」와 「題玄弇山(在德)燕行軸(弇山以壬申秋赴燕)」 두 작품을 적은 뒤 그 출처를 『판향시고(瓣香詩稿)』라 밝혔다. 동양문고본 2-7책에는 두 작품 외에 한중 문인의 교유와 관계없는 시와 산문도 싣고 함진숭에게 차운한 다른 문인의 시 몇 수를 부록으로 덧붙여두었다〈그림 13〉. 제목 및 관련 기록을 정리하여 보이면 다음과 같다.

〈표 6〉『화동창수집』 동양문고본 2-7책에 수록된 함진숭의 작품 목록

구분	제목	관련 기록(小字)
詩	送朴茨山隨聘使赴燕(壬申)	
	題弇山(玄在德)燕行軸	
附錄詩	讀史漫筆	七首錄二
	送別尹龍汝(致逵)赴江陵	
	仲春廿八薄暮, 訪美卿, 遇玄之共賦	
	次韻呈孝田居士沈員外文	
	戲題鄭碧山聘行圖(癸酉)	
文	題坤輿圖說	
	讀楞嚴圓覺經	以上二篇, 盖撰於甲午乙未間
附	次韻 斗南李景沈(最濬)	
	次韻 茨山朴繼成	
	沈斗室相之顯節祠詩(留守時)	瓣香次韻不錄

김병선은 동양문고본 2-7책에서 함진숭의 작품들을 베껴쓰기에 앞서 그 인명 아래 소자로 "자는 성중(聖中), 호는 판향(瓣香), 본관은 양근(楊根)이다. 만형 진태(鎭泰)는 예학으로 유명하며 저서에 『예설(禮說)』 80권이 있다. 선생이 지은 책으로는 『심의고(深衣考)』 2권, 『벽노불상편(闢老佛詳編)』 1권, 시고와 문고 각 1권이 있는데 김소당(金小棠)의 집에 소장되어 있다. 또 『경설궐의(經說闕疑)』와 『귀신설(鬼神說)』과 같은 책은 지금 전해지지 않는다. 홍해초(洪海初)가 지은 선생의 소전(小傳)에 상세하다(字聖中, 號瓣香, 楊根人. 伯氏進士鎭泰, 以禮學名, 著有『禮說』八十卷. 先生著有『深衣考』二卷及『闢老佛詳編』一卷, 詩文稿各一卷, 藏在金小棠家. 又有『經說闕疑』·『鬼神說』等編, 今無傳. 詳洪海初所作先生小傳)"

라고 적었다.

김병선은 함진숭의 작품들을 자신과 가장 가까운 친구 가운데 하나였던 김석준(金奭準, 1831~1915)의 소장본으로 보았던 것이다.[24] 또한 김병선이 홍현보(洪顯普, 1815~1896 이후)의 「판향선생전(瓣香先生傳)」을 열람하였음을 알 수 있다. 이 글은 홍현보의 『해초문고』에 실려 있는데 이 책은 『해초시고』와 함께 천리대에 소장되어 있다.[25] 같은 곳에는 김병선의 초본으로 보이는 『해초시초』도 전한다.[26] 김병선이 전하지 않는다고 한 『경설궐의』 등은 현전한다(이화여대도서관 등).[27] 김석준이 소장하였고 김병선이 보았던 『판향시고』와 『판향문고』는 현재 전해지지 않는 것으로 알려져 있다. 이 두 책은 김석준을 둘러싼 자료군에서 원본 또는 전사본으로 모습을 드러낼 수 있을지 모른다.

한편 동양문고 소장본 2-7책의 함진숭 바로 앞에는 역관 김윤서(號 嬉窩)의 산문(「請賜定例全編呈文」 외 5편)과 시(「在燕館悼夫人詩 十三首」 외 6수)가 옮겨져 있는데 그 말미에 "外又有祭文二篇 … 諸篇不錄.

---

24) 김병선과 김석준의 관계에 대해서는 김영진, 앞의 논문, 2013 ; 송호빈, 앞의 논문, 2016 등. 김석준에 대해서는 서한석, 「김석준과 『孝里齋逸集』에 대하여」, 『한문학보』 21, 우리한문학회, 2009 ; 한영규, 「추사의 말년제자 김석준의 『硏白堂初集』」, 『문헌과 해석』 40, 문헌과해석사, 2007 ; 한영규, 「金奭準을 통해 본 秋史派의 새로운 모습 : 『硏白堂初集』, 『孝里齋逸集』을 중심으로」, 『추사연구』 7, 추사연구회, 2009(a).

25) 한영규, 「추사파(秋史派) 의관(醫官) 홍현보(洪顯普)의 시문집 『해초시고(海初詩稿)』 『해초문고(海初文稿)』」, 『문헌과 해석』 47, 문헌과해석사, 2009(b) ; 한영규, 「19세기 여항 문단과 醫官 洪顯普」, 『동방한문학』 38, 동방한문학회, 2009(c) ; 김영진, 앞의 논문, 2022, p.18에 따르면 『해초시고』와 『해초문고』는 『여항문학총서속집』 제3, 4권 수록될 예정이다.

26) 송호빈, 앞의 논문, 2016, pp.38-39.

27) 김영진, 앞의 논문, 2022, p.18 및 p.22에 따르면 함진숭의 『廢言』은 『여항문학총서속집』 제3, 4권에 『經說存稿』, 『經說闕疑』, 『經說闕疑續稿』, 『金剛遊記』는 『여항문학총서속집』 제5권에 수록될 예정이다.

〈그림 14〉『華東唱酬集』 동양문고본 2-7책 金倫瑞 부분

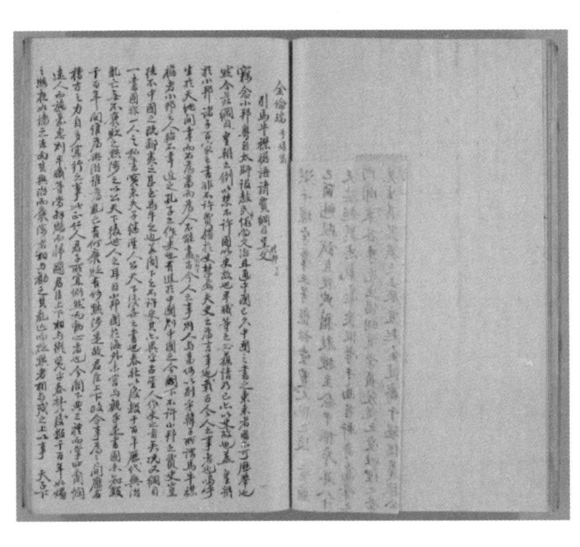

金小棠抄置一本"이라고 소자로 부기하였다. 즉 김병선은 김윤서의 작품들을 김석준이 전사해두었던 책으로 보고, 몇 편을 골라 다시 『화동창수집』 내에 옮겨둔 것이다〈그림 14〉.

윤정기(尹廷琦)의 경우 『동환록(東寰錄)』은 아니나 그의 『방산시고(舫山詩稿)』가 청대 유명 문인화가로 이상적 등과 교유하였던 주난서(周蘭西, 1806~1876)의 평비(評批)와 함께 천리대 소장 『근세시문략(近世詩文略)』(필사본 1책, 표제 韓客巾衍集抄種種) 말미에 전사되어 있다. 이 책 역시 김병선의 초본(抄本)으로 추정된다.[28]

28) 『近世詩文略』에 대해서는 송호빈, 앞의 논문, 2016, p.38.

연행록(燕行錄)

현재덕(玄在德)의 『엄산연행록(弇山燕行錄)』은 현재로서는 『화동창수집』에 전하는 것이 유일해 보인다.[29] 현재덕은 1812년 중국에 다녀와 연행록을 남긴 것으로 생각되는데[30] 『화동창수집』에 남아 있는 것은 간송본에 채록된 「到瀋陽」 한 편 뿐이다(吾鄕尙隔幾多州, 弊盡貂裘白盡頭. 病眼看山如讀畫, 氷程騎馬似乘舟. 休驚異域三冬暮, 贏得浮生萬里游. 聊爲紀行時覓句, 還添客子一端愁). 아울러 함진숭의 「題玄弇山(在德)燕行軸(弇山以壬申秋赴燕)」을 통해 『엄산연행록』 역시 『우야연행록』과 같이 시축으로 만들어진 원본을 김병선이 입수하여 초본으로 만든 뒤 그 중 일부를 『화동창수집』에 옮겨 적었으리라 추측할 수 있다〈그림 15〉.

〈그림 15〉『華東唱酬集』 간송본 제7책 玄在德 및 咸鎭嵩 부분

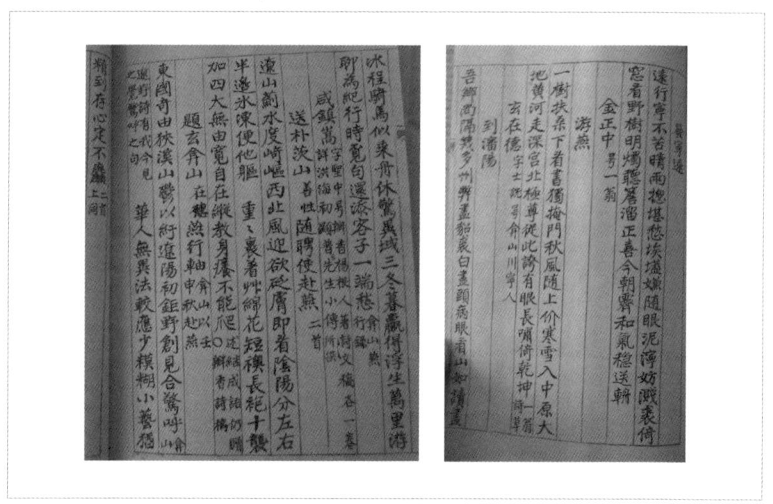

29) 김영진, 앞의 논문, 2013, p.330 등.

30) 최근에 玄在德의 일기가 학계에 알려졌다. 박철민, 「藏書閣 所藏 醫官 玄在德의 『弇山日記』에 대하여」, 『장서각』 46, 한국학중앙구원, 2021.

4. 맺음말

『화동창수집』은 역관에 의해 편찬되고 그 성립에 주변 역관들의 협력이 결정적이었다. 여항인과 관련된 자료 또한 김병선을 둘러싼 역관들의 관계망에 따라 이동 또는 재생산되며 『화동창수집』의 일부를 이루었다. 본고는 여항인 관련 자료에 한정하였기에 다시 언급하지 않았으나 『화동창수집』 내에는 김병선 자신과 주변의 인물들이 역관이었기에 즉각 원본을 입수하여 『화동창수집』으로 편성할 수 있었던 자료들이 — 특히 김병선의 당대로 가까워질수록 — 큰 비중을 차지한다.

그렇지만 김병선은 『화동창수집』을 편찬하며 여항인 작품의 집성을 기획하거나 여항문학 관련 문헌의 계보를 의식하지 않았던 것으로 보인다. 여항인 전기류의 입수과 집록에 적극적이지 않았던 것도 이를 방증한다. 따라서 『화동창수집』은 여항인에 의해 만들어지고 그들의 자료를 수록하였으되 전적으로 여항문학사의 선상에 올려두고 그 의미와 위상을 따지기에는 위화감이 없지 않다. 다만 오늘날 여항문학의 새로운 자료를 발굴하고 여항인의 활동을 재조명하는 데 있어서 『화동창수집』은 다음과 같은 의의를 갖는다.

첫째, 『화동창수집』은 본디 여항문학을 위해 만들어지지 않았으나 결과적으로 여항문학에 기여한다. 김병선은 동료들의 네트워크를 동원하여 '화동창수'에 관한 방대한 기록과 작품들을 수집하였음에도 불구하고 정작 '화동창수'에 참여한 동료들의 작품은 거의 수록하지 않았다. 동료들의 네트워크를 동원하여 한두 다리 건너에 있는 동시대 한·중·일 인물들의 교유 자료들까지 채집하(려고 하)였음에도 그렇다. 본인과 동료 집단은 애초에 제외할 생각이었거나 자신들과 관련된 자료의 정리는 뒤로 미루다 미완에 그쳤을 수 있다.

그러나 『화동창수집』에는 원본이 현전하지 않거나 그것을 찾기 어려운 여항인 관련 자료들이 전사되어 전한다. 이로써 『화동창수집』은 여항문학사의 끝자리에서 '본의 아니게' 여항문학의 자료를 확충하고 그 연구에 기여하고 있다.

둘째, 『화동창수집』은 근대의 초입에서 역관들이 행한 문화적·사회적 활동의 다른 일면을 보여준다. 이 책은 다소 소극적이고 은일적인 성향을 가졌던 김병선의 '퇴행적'이고 '시대착오적'인 기획이자 성과이나, 이 책을 엮는 데는 시대의 변화를 선도하거나 그것을 추수하였던 동료 역관들의 네트워크가 가장 중요한 토대가 되었다. 이는 근대전환기 기술직 중인들이 시사(詩社) 등의 문화 활동에 적극 가담하고 개화를 둘러싼 사회적 운동에 일정한 역할을 하였던 사실과 표리를 이루는 것으로, 당시 이들의 역할과 의의에 대해 재고할 여지를 준다. 김병선의 『화동창수집』과 『금석목고람(金石目攷覽)』 편찬을 가장 크게 도왔던 사람이 오경석(吳慶錫, 1831~1879)이었다는 것이 이를 대변한다.[31)]

필자는 주로 『화동창수집』이라는 거질의 전사본이 어떠한 경위와 방법으로 성립되어 왔는지를 고구해왔다. 이는 『화동창수집』을 구성하거나 그것과 관련된 문헌들이 어떻게 이합집산하였으며 그것이 한문문헌의 문화사에서 얼마만큼의 의미와 한계를 지녔는지 살펴보는 일이었다. 미완·미정의 어지럽게 헝클어진 현재의 상태를

31) 근대전환기 역관의 사회 인식과 활동에 대해서는 김영경, 「한말 서울지역 중인층의 근대화운동과 현실인식 - 역관 천영 현씨가를 중심으로 -」, 『學林』 20, 연세사학연구회, 1999 ; 이성혜, 「19세기 새로운 지식인의 출현」, 『동양한문학연구』 38, 동양한문학회, 2014 ; 김영죽, 「譯官, 士와 商의 경계에 서다 -조선 후기 역관과 士商(儒商) 사이의 개연성을 중심으로-」, 『한국언어문화』 79, 한국언어문화학회, 2022 ; 이현일, 「구한말 역관(譯官) 화가의 시조 한역(漢譯) -청운(菁雲) 강진희(姜晉熙)의 「일소헌방소악부(一笑軒仿小樂府)」, 『한국시가연구』 58, 한국시가학회, 2023.

넘어, 이러한 작업들을 통해 최종적으로 이루려는 목표는 두 가지이다. 첫째, 『화동창수집』의 원형을 재구하여 편자가 애초에 기획했던 텍스트(의 가장 가까운 형태)에 도달하는 것이다. 둘째, 근대 이전 동아시아 교류 자료를 가능한 집대성하려고 했던 편자의 취지를 이어 『화동창수집』의 정본(整本) 또는 정본(定本)을 만드는 것이다. 다만 『화동창수집』의 방대함과 난삽함은 일정한 성과의 도출을 지연시키고 있다. 이에 필자는 『화동창수집』의 성립과 원형의 재구, 정본의 구축이라는 문헌학의 과제들을 잠시 의식하지 않고, 『화동창수집』에 수록된 자료들 가운데 현재 『화동창수집』을 통해서만 확인되는 것으로 보이는 자료들을 『화동창수집』으로부터 분리시켜 그 내용을 소개 · 분석하는 일을 병행하고자 한다. 그 첫 번째는 위에서 살펴본 바, 이광직 · 현재덕 · 김윤서 · 함진숭 등 『화동창수집』을 통해 집일(輯逸)되는 여항문인들의 시문에 대해 그 원문(全文)과 번역을 소개하고 작품을 분석하는 일(『華東唱酬集』 輯逸稿 (1) 閭巷詩文)이 될 것이다.

■ 참고문헌

金秉善, 『華東唱酬集』, 필사본 22冊, 일본 公益財團法人 東洋文庫.

金秉善 , 『華東唱酬集』, 필사본 8冊, 일본 天理大學 附屬 天理圖書館.

金秉善 , 『華東唱酬集』, 필사본 2冊, 미국 하버드옌칭도서관.

金秉善 , 『華東唱酬集』, 필사본 7冊, 간송미술관.

『李朝後期閭巷文學叢書』 1~10책, 여강출판사, 1986, 1991.

『閭巷文學叢書續集』 1~2권, 성균관대학교 대동문화연구원, 2022.

강명관, 「백화자 홍신유의 시에 대하여」, 『한국한문학연구』 13, 한국한문학회, 1990.

______, 『조선 후기 여항문학 연구』, 창작과비평사, 1997, pp.141-142, pp.289-293.

강석중, 「雪蕉 崔承太의 시세계」, 『한국한시작가연구』 11, 한국한시학회, 2007.

김성진, 「『幷世才彦錄』을 통해 본 이규상의 世界認識」, 『동양한문학연구』 36, 동양한문학회, 2013.

김세호, 「조선 후기 丹陽 舍人巖에 살았던 사람들」, 『한문학논집』 65, 근역한문학회, 2023.

김영경, 「한말 서울지역 중인층의 근대화운동과 현실인식 - 역관 천영 현씨가를 중심으로 -」, 『學林』 20, 연세사학연구회, 1999.

김영죽, 「秋齋 趙秀三 文集의 編刊 재검토 및 오류의 是正 - 연활자본 『추재집』 편찬 오류의 是正과 필사본 교감을 통한 '燕行詩' 재정립을 중심으로 -」, 『동방한문학』 48, 동방한문학회, 2011.

______, 「譯官, 士와 商의 경계에 서다 -조선 후기 역관과 士商(儒商) 사이의 개연성을 중심으로-」, 『한국언어문화』 79, 한국언어문화학회, 2022.

김영진, 「'華東唱酬集' 연구 - 편찬자 金秉善과 자료의 梗槪 소개」, 『한국학논집』 53, 계명대학교 한국학연구소, 2013.

______, 「韓中 文學 交流 資料의 總集 『華東唱酬集』」, 『한문학논집』 44, 근역한문학회, 2016.

______, 「《여항문학총서속집》 수록 자료의 성격과 의의」, 『한국한문학연구』 85, 한국한문학회, 2022, pp.16-27.

김홍매, 『소재 변종운 문학 연구』, 국학자료원, 2020, pp.20-34, pp.273-282.

박철민, 「藏書閣 所藏 醫官 玄在德의 『弁山日記』에 대하여」, 『장서각』 46, 한국학중앙연구원, 2021.

박철상, 「趙秀三의 신자료 『聯床小諧』에 대하여」, 『한국학논집』 38, 한양대학교 한국학연구소, 2004.

서한석, 「김석준과 『孝里齋逸集』에 대하여」, 『한문학보』 21, 우리한문학회, 2009.
송호빈, 「金秉善 編 『華東唱酬集』 硏究」, 고려대학교 대학원 국어국문학과 박사학위논문, 2016.
______, 「「活字の国」の写本」, 河野貴美子 · Wiebke DENECKE · 新川登亀 男 · 陳野英則 編, 『日本『文』學史』 第三冊, 勉誠出版, 2019(a).
______, 「人物錄으로서의 『華東唱酬集』과 조선후기 인물록의 한 系譜」, 『어문논집』 87, 민족어문학회, 2019(b), pp.60-66.
______, 「『華東唱酬集』 所收 일본 · 베트남 · 류큐 관련 사료에 대하여」, 『어문논집』 91, 민족어문학회, 2021, pp.57-72.
이국진, 「雪蕉 崔承太의 공주체류기 漢詩 고찰」, 『한문고전연구』 39, 한국한문고전학회, 2019.
이상주, 「雲仙九曲과 雲仙九曲詩」, 『청대학술논집』 1, 청주대학교 학술연구소, 2003.
______, 「槐園 李埈의 〈丹陽十景次武夷權歌韻〉에 대한 고찰」, 『고전과 해석』 25, 고전문학한문학연구학회, 2018.
이성혜, 「19세기 새로운 지식인의 출현」, 『동양한문학연구』 38, 동양한문학회, 2014.
이지양, 「『里鄕見聞錄』을 통해 본 兼山 劉在健의 意識」, 『성균어문연구』 30, 성균관대학교 국어국문학회, 1995.
______, 「해제」, 『이향견문록 - 이조시대 탁월한 서민들의 이야기』, 글항아리, 2008.
이현일, 「夢觀 李廷柱 詩 硏究」, 『한국한시연구』 21, 한국한시학회, 2013.
______, 「天籟 李廷稷 詩 硏究」, 『한국한시연구』 23, 한국한시학회, 2015.
______, 「구한말 역관(譯官) 화가의 시조 한역(漢譯) -청운(菁雲) 강진희(姜晉熙)의 「일소헌방소악부(一笑軒仿小樂府)」, 『한국시가연구』 58, 한국시가학회, 2023.
임형택, 「이규상과 『병세재언록』」, 『18세기 조선 인물지 - 幷世才彦錄』, 창작과비평사, 1997.
정병호, 「里鄕見聞錄을 통해 본 조선시대 閭巷人의 형상」, 『동방한문학』 12, 동방한문학회, 1996.
정후수, 「『海隣尺素』 轉寫本 考察」, 『동양고전연구』 19, 동양고전학회, 2003.
______, 「『海隣尺素』 13種 轉寫本 對照」, 『동양고전연구』 20, 동양고전학회, 2004.
천금매, 「『海隣尺素』 연구」, 연세대학교 대학원 국어국문학과 석사학위논문, 2006.
______, 「李尙迪이 중국 문인들에게 받은 편지 모음집 『海隣尺素』」, 『문헌과 해석』 46, 문헌과해석사, 2009.
한영규, 「중인층 전기집 '호산외기'의 성격과 위상」, 『고전문학연구』 29, 한국고전문학회, 2007.

______, 「추사의 말년제자 김석준의 『硏白堂初集』」, 『문헌과 해석』 40, 문헌과해석사, 2007.

______, 「金奭準을 통해 본 秋史派의 새로운 모습 : 『硏白堂初集』, 『孝里齋逸集』을 중심으로」, 『추사연구』 7, 추사연구회, 2009(a).

______, 「추사파(秋史派) 의관(醫官) 홍현보(洪顯普)의 시문집 『해초시고(海初詩稿)』 『해초문고(海初文稿)』」, 『문헌과 해석』 47, 문헌과해석사, 2009(b).

______, 「19세기 여항 문단과 醫官 洪顯普」, 『동방한문학』 38, 동방한문학회, 2009(c).

허경진, 「三淸詩社와 『六家雜詠』」, 『한국학보』 14권4호, 일지사, 1988.

______, 「이상적이 청나라 문인들에게서 받은 편지를 모은 『海隣尺牘』」, 『하버드대학 옌칭도서관의 한국고서들』, 웅진북스, 2003.

고문서학 시각에서의 연행일기 연구 제언
–규장각 소장 『계하(啓下)』를 중심으로

/
왕웨이시아오(王微笑)
(복단대학 고적정리연구소)

1. 서론

연행록(燕行錄)[1]은 고려 · 조선 시대 사신들이 중국으로의 사행에서 지은 작품이다. 언어로 구분하면 한글 연행록과 한문 연행록이 있고, 형식으로 구분하면 시가 · 일기 · 필기 · 주소(奏疏) · 노정기(路程記)와 지도 등이 있으며, 기능으로 구분하면 공문서류 기록과 사적 기록이 있다. 연행록 자료의 정리와 출판은 1960년대 성균관대학교 대동문화연구원에서 『연행록선집(燕行錄選集)』을 간행하면서 시작되었다. 2001년에는 임기중 선생이 엮은 100권의 『연행록전집(燕行錄全集)』이 출판되었으며, 이후 보충 및 수정 작업을 거쳐 최신 버전인 『(2016년 6차 개정증보판) 연행록총간(燕行錄叢刊)』이 KRPIA 웹사이트에 공개되었다. 총 562건의 연행록이 수록되어 있다.

이 562건의 연행록 중 대부분은 필사본, 간본 형태로 남아 있는 서적 문헌이며, 오직 규장각한국학연구원에(이하 "규장각") 소장된 『계하(啓下)』 한 건만 원문서(原文書)[2] 자료이다. 문서의 저자는 서장관 김상규(金尙奎, 1682~1736)이고, 종류는 조선 시대 상달 문서의 일종인 계본(啓本)이며, 내용은 사행 중에 날마다 발생한 일과 듣고 본

---

1) 연행록 관련 연구는 1960년대부터 시작되었으나, 용어에 대한 이견이 여전히 존재한다. 일부 학자는 조선 전 · 후기의 대중국 사행 기록물을 朝天錄과 燕行錄으로 구별해서 명명해야 한다고 주장하고, 다른 일부는 조천록이든지, 연행록이든지 오늘날 학술 연구의 입장에서 모두 다 적절치 않은 용어이므로 使華錄, 中國行記 등의 중성적인 명칭을 불러야 한다고 하며, 또한 구별이 없이 연행록으로 통칭하는 학자들도 많다. 본 논문에서는 조천록과 연행록을 구분하지 않고 조선 전 · 후기의 모든 대중국 사행 기록물을 연행록으로 일컬어 연구를 진행하고자 한다.

2) 문서는 그 작성과 通用에 있어서 原文書, 草文書, 寫文書와 不發文書 네 가지로 나눌 수 있다. 原文書는 주고받은 과정을 완성한 문서이고 草文書는 원문서가 작성되기 이전에 만든 草本이며, 寫文書는 원문서를 謄寫한 寫本이다. 不發文書는 문서 작성 과정을 모두 거쳤으나 受取者에게 전달되지 못한 문서이다. 이상의 고문서 분류는 최승희, 『증보판 한국고문서연구』, 지식산업사, 32~34면 참조.

바에 대한 보고서이다. 계본은 조선 시대에 흔히 쓰였던 어전 상달 문서였지만, 이 문서 종류에 관한 선행연구는 많이 보이지 않는다. 이는 기존 원문서의 수량이 매우 적기 때문이다. 예컨대 규장각에 소장된 5만여 점의 고문서 중 계본 원문서는 9건에 불과하다. 더구나 이 중 8건은 지방 관원이 올린 것이고 단 하나만 재경(在京) 관원이 올린 것이다. 최승희는 『증보판 한국고문서연구』에서 계본 서식과 개념만을 고찰하였고 후속연구에서도 그다지 많은 진척을 이룩하지 못하였다.[3] 2021년에 이강욱은 이 9건의 원문서와 다른 사료를 가지고 계본을 포폄(褒貶) · 사핵(査覈) · 도배(到配) 등 몇 가지로 나누고 세밀히 고찰하였다.[4] 하지만 규장각은 본 논문에서 다루는 원문서 『계하』를 미처 정리하지 못해서 이강욱도 『계하』에 대해서 논의하지 못하였다.

그렇지만 『계하』는 연행록 연구자에게 낯선 자료가 아니다. 『연행록속집(燕行錄續集)』 및 그 뒤를 이은 『6차 개정증보판 연행록총간』에 이 책이 수록되어 있기 때문이다. 그러나 흑백으로 인쇄되어 있어 글자가 잘 보이지 않고 『계하』에 수록된 내용은 고부사행(告訃使行)에 대한 보고서로 내용이 간략하고 무미건조하다. 그러므로 고문서학 연구자는 물론, 연행록 연구자들도 이 책을 주목하지 않아 관련 연구로는 해제 정도만 있을 뿐이다.[5]

---

3) 啓本 관련 연구는 최승희, 『증보판 한국고문서연구』, 155~160면; 沈載權, 『朝鮮與明清公文比較研究』, 南京師範大學 博士學位論文, 2007; 조광현, 『朝鮮後期 褒貶文書 研究』, 韓國學中央研究院 碩士學位論文, 2015; 노인환, 「조선후기 水原府留守의 문서행정 연구」, 『장서각』 39, 한국학중앙연구원, 2018, 236~270면 등 참조.

4) 이강욱, 『조선시대문서개론』, 상, 은대사랑, 2021, 16-56면.

5) 『啓下』에 관한 연구는 김기중, 「啓下 해제」, 『국학고전 연행록해제2』, 동국대학교 국어국문학과, 2005, 310~325면과 漆永祥, 『燕行錄千種解題』, 北京:北京大學出版社, 2021, 714~15면 참조.

『계하』는 조선 시대의 계본 원문서이자, 사신이 귀국 후 제출한 사행 보고서이다. 이는 조선 시대 문서 제도와 사신의 사행 보고서 제도를 연구하는 데에 중요한 자료일 뿐만 아니라, 기존 연행 문헌을 반성하는 데에도 큰 가치를 지니고 있다. 본 논문에서는 『계하』라는 독특한 형식의 연행록을 통해 서장관 사행 보고서의 공문서 형식과 특성을 살펴보고, 이를 바탕으로 현재 공개된 다른 고문서 자료와 서장관의 연행일기를 점검할 것이다. 이러한 연구는 향후 고문서학과 연행록 연구에 새로운 시각을 제공할 것으로 기대된다.

2. 『계하』의 고문서학 해독

『계하』라는 원문서(그림 1)는 2008년 임기중이 엮은 『연행록속집』과 후속으로 나온 '연행록총간DB'에 모두 수록된 것으로 원래 소장처는 규장각한국학연구원이고, 번호는 古大5700-7이다.[6] 병풍처럼 접힌 첩(이른바 작첩식(作帖式)[7])으로 되어 있는 이 문서는 총 56폭이고 높이는 60cm이며, 한 폭의 넓이는 13.7cm이다. 문서 겉면(그림 2)의 가운데 윗부분에는 묵서로 "雍正三年乙巳五月日啓下"라고 적혀 있는데, 첫 글자인 '雍'자는 본문 평항(平行)의 위치에 해당한다. 본문은 첫 폭으로부터(그림 3) 해서(楷書)로 정시(淨寫)되고, 폭마다 5줄이며 평항은 37자(36자, 38자의 경우도 간혹 있음)이다. 첫 폭의 내용은 아

6) 『연행록속집』 책112, 상서원, 2008, 306~323면과 "2016년 6차 개정증보판 연행록총간DB" 참조. 이외에 규장각 사이트도 원문 이미지를 제공한다. 다만 문서는 한 폭씩 업로드되었기 때문에 겉면 오른쪽에 있는 2cm가량의 여백(掩首)이 잘려나갔다.

7) 조선 시대 문서를 접는 방식 중의 하나이다. 보통 啓本과 대중국의 事大文書는 作帖의 방식으로 접고, 狀啓와 대일본의 交隣文書는 卷子와 같은 周帖의 방식으로 말린다.

래와 같다.

㉮ 告 訃兼請 謚承襲使書狀官司僕寺正兼司憲府執義臣金尙奎謹

㉯ 啓爲聞見事件事臣跟同正使密昌君臣樴,副使吏曹判書臣李眞儒前赴北京一路聞見一一開坐謹具 啓

㉯ 聞

〈그림 1〉 奎章閣 所藏 原文書『啓下』本內

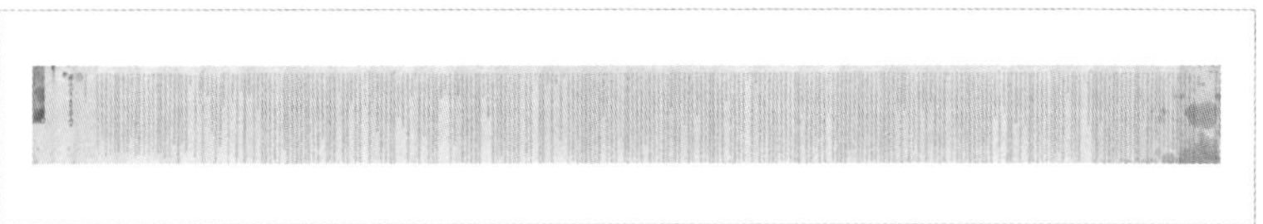

〈그림 2〉『啓下』本面

〈그림 3〉『啓下』本內 第一幅

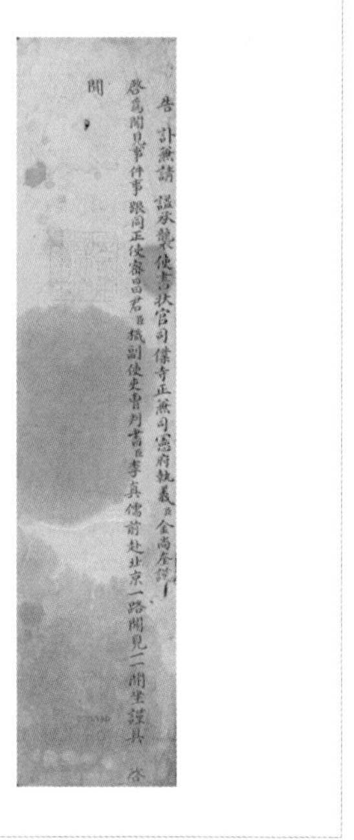

인용문을 보면 이 문서를 올린 관원은 "告訃兼請諡承襲使書狀官 · 司僕寺正 · 兼司憲府執義臣金尚奎"이고, 문서의 사유(事由)는 "爲聞見事件事"이며, 정문(正文)은 "跟同正使密昌君臣樴, 副使吏曹判書臣李眞儒, 前赴北京, 一路聞見, 一一開坐"이고, 결속어(結束語)는 "謹具啓聞"이다. 이 중 '臣'자는 모두 오른쪽으로 크기를 줄여 쓰고, 첫 줄의 직함과 이름 아래에 있는 '謹'자는 해당 줄의 마지막 글자 위치에 적었으며, 곧 이어지는 '啓'자는 줄을 바꿔 한 자를 높여서 썼다. 투식 말미의 "謹具啓聞"은 '啓'자 앞에 한 칸이 비어 있고, '聞'자는 다음 줄에 한 자를 올려 적었다. 이러한 서식으로 보아 이 문서는 조선 고부겸청시승습사서장관 김상규가 북경에서 돌아온 뒤에 올린 어전 상달 문서임을 알 수 있다.

제2폭부터는 해당 사행 경과에 대한 보고로 압록강을 건너가는 옹정(雍正) 2년(영조 즉위년, 1724년) 10월 17일부터 사행을 마치고 다시 건너는 옹정 3년 1월 21일까지 날마다 쓴 기록이다. 매일의 기록은 모두 줄을 바꿔 쓰고 내용은 해당 날의 일자와 간지로 시작했으며, 월별은 음력의 대월 · 소월로 표기하였다. 본문에는 소주가 쌍행(雙行)으로 되고, '臣'자는 모두 관례에 따라 작은 글씨로 오른쪽에 적었으며 효종(孝宗), 선대왕(先大王)과 대행대왕(大行大王, 모두 경종을 지칭함) 등 조선 국왕이 나오는 데는 모두 줄을 바꿔 한 칸을 올려 썼지만 대명(大明), 황명(皇明), 청황(淸皇)과 황제(皇帝) 등을 기록한 곳은 앞에 빈칸을 두지도 않고 행을 바꾸지도 않았다. 서두 투식 외의 부분에 나온 '啓'자와 '玄宮' 같은 단어는 개인의 편의상 글자 앞에 한 칸을 비워 쓴 것도 있고, 이어서 쓴 것도 있다. 문서 말미 부분에는 "雍正三年五月二十五日書狀官臣金"이라는 말이 한 행으로 폭 중간 부분의 평항부터 적혀 있고, 이 가운데 '二十五' 세 글자는 촘촘하게 적혀 있는 것으로 보아 일자가 나중에 기록되었음을 알 수 있다. 성씨 '金'자 아래에는 문서 저자의 화압(花押, 그림 4)도 그려져 있고, 왼쪽에는 계하(啓下)를 받았다는 뜻으로 찍힌 4.3×4.3cm가량의 사각형 묵서 '계'자인(그림 5)도 있다. 문서 말미의 투식과 '계'자인은 따로 한 폭에 새겨져 있고, 뒤에는 큰 글자로 묵서 두 행이 적혀 있다. 첫 줄은 평항의 위치부터 "雍正三年五月二十六日"이라고 적혀 있고, 두 번째 줄은 한 칸을 올려 '啓'자를 썼다. 이 마지막 두 줄은 당직이었던 승정원 관원이 적은 계하 날짜로 보인다.

〈그림 4〉 金尙奎의 花押

〈그림 5〉 '啟'字印

여기까지는 서장관 김상규가 북경에서 돌아와 올린 문서의 서식을 살펴보았다. 서장관 김상규가 올린 이 문서는 왕의 뜻을 묻는 일이 아닌(非取旨事) 조선 시대의 경사계본(京司啓本)에 해당하는 서식이다. 계본은 명·청 시기의 제본(題本), 주본(奏本)과 같은 문서의 종류로 신하들이 자주 사용하던 어전 상달 문서 중의 하나이다. 『경국대전(經國大典)』의 '용문자식(用文字式)' 조(條)에서 계본의 서식이 이미 규정되어 있고, 이후에 나온 『전율통보(典律通補)』에는 이를 보완하여 다시 '경사계본(京司啓本)'과 '외방계본(外方啓本)'의 두 가지로 구분하였다. 이 중 '경사계본'의 서식은 다음과 같다.

㉠ 單【初帖初行平行】銜臣姓名等謹
㉡ 啟為某事云云謹具啟
㉢ 聞
㉣ 年【當中平行】號印幾年某月某日單銜【並去司名堂上】臣姓署名

이상은 왕의 뜻을 여쭙는 일이 아닌(非取旨事) '경사계본'의 서식이다. 만약에 왕의 뜻을 여쭙고 싶다면 "謹具啓聞" 뒤에 "伏候敎旨, 謹啓" 등 여섯 자를 붙여야 한다.[8] 이는 명나라 때의 『예부지고(禮部志稿)』에 실린 청지(請旨)와 비청지(非請旨) 주본(奏本)의 서식과 같아 보인다.[9] 김상규가 올린 이 문서는 전형적인 비취지사(非取旨事) 경사계본의 서식이지만, 규정과 달리 청나라 연호인 '雍正' 위에 관인(官印)이 찍혀 있지 않았다. 참고로 규장각에 소장된 다른 원문서를 통하여 경사계본의 서식을 살펴보자.

〈그림 6〉은 건륭(乾隆) 60년(정조 19, 1795)에 혜민서제조 · 형조판서인 이재학(李在學, 1745~1806)이 올린 문서이다. 문서 말미의 연월일 위에 규정대로 관인이 찍혀 있고, 인문(印文)은 "惠民署印"이다. 같은 곳에 소장된 기타 외방계본 몇 점도 이처럼 연월일 위에 "慶尚右道節度使印", "咸鏡道觀察使之印", "全羅道觀察使之印" 등의 관인이 새겨져 있다.

---

8) 『典律通補』, 「別編」, '京司啓本式', 首爾大學校奎章閣, 1998年影印本, 274~275면.

9) 裴燕生, 『歷代文書』, 北京:中國人民大學出版社, 2009, 194면.

〈그림 6〉 규장각 소장 정조 19년 혜민서제조 이재학 계본

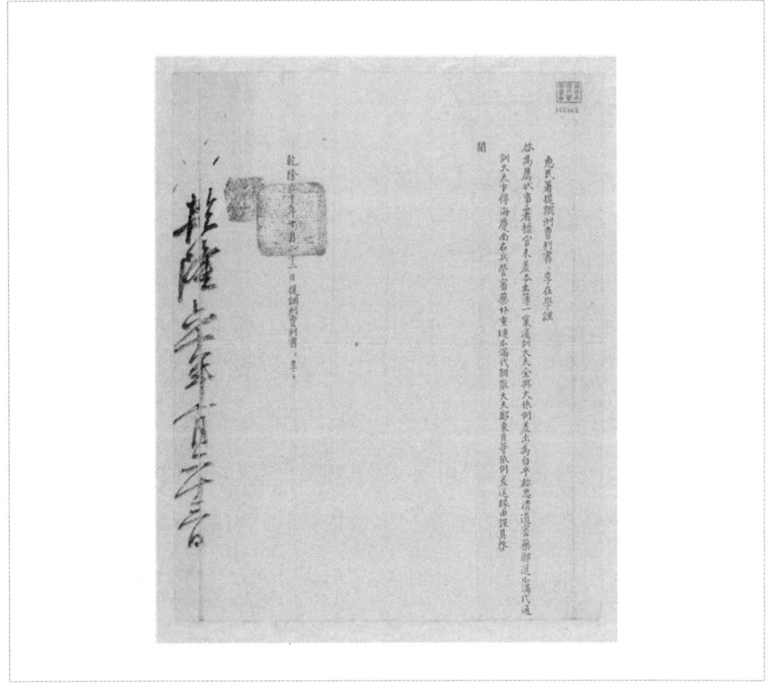

인신이 찍히지 않았다는 것 외에도[10] 『계하』는 이재학이 올린 계본과 또다른 점이 있다. 앞의 〈그림 2〉에 보이듯이 『계하』 겉면의

10) 영조 30년(1754) 比包節目 때문에 서장관에게 奉使之印 한 과를 지급하기도 하였다. 서장관에게 印信이 있게 된 시점은 이때부터이다. (『承政院日記』, 英祖 30年 10月 28日, "榛曰: '臣有所懷敢達矣. 比包節目中成冊踏印, 當用奉使印, 而留燕時, 則雖用奉使印, 還到義州後, 臣先爲復命, 而書狀則勢當落後, 奉使印則臣當持來, 書狀比包成冊時無印信. 臣雖不敢給印信, 而事甚掣肘, 問于大臣處之, 何如?' …… 天輔曰: '上·副使勢當先來, 則奉使印, 似難留置, 書狀印信, 別爲給之, 用於比包時無妨矣.' 上曰: '書狀印信一顆給之.'"; 『萬機要覽』, 「財用編五」, '燕行八包', 景仁文化社, 1972年影印本, 715면, "英宗甲戌, 定比包節目. 其法, 列錄各人包入物種及彼地售賣之價, 俗稱打發. 其下又列貿易物種價, 呈于書狀官較准, 然後着押踏印.【書狀官之有印信, 自此始.】") 하지만 봉사지인 한 과를 얻었음에도 불구하고 比包라는 특정 용도에 찍었을 뿐, 공식 문서에는 찍을 수 없었을 것이다.

중간 윗부분에는 묵서로 "雍正三年乙巳五月日啓下"라고 적혀 있는데, 이재학이 올린 문서의 겉면에는 아무 흔적도 발견되지 않는다. 기타의 외방계본 원문서 중 겉면에다 황첨(黃簽)을 붙인 실물이 있는데, 이에 관한 규정은 다음과 같이 『백헌총요(百憲總要) · 문자식(文字式)』에 실려 있다.

> 계본의 문서 형식은 다음과 같다. 작첩(作帖)으로 만든다. 계본의 겉면 한가운데에 노란색 쪽지를 붙이고 계본에서 아뢰는 내용의 요점을 적는다.[11]

철종 17년(1866) 강원도관찰사 조석여(曺錫輿, 1813~?)가 올린 외방계본 원문서(日本京都大學 河合文庫 所藏, R36)를 예로 들어보자. 〈그림 7〉에 보이듯이 본문의 평항에 해당하는 겉면 위치에는 노란색의 쪽지(黃簽) 하나가 붙어 있고, 작은 해서 글씨로 "下該司, 江原道觀察使 啓本罪人等刑訊次數開坐事"라고 적혀 있다. 이 가운데 "下該司" 세 글자는 촘촘하게 적혀 있고, "啓"자 앞은 한 칸이 비어 있다. 『백헌총요 · 문자식』에 의하면, 황첨은 문서 저자가 해당 문서를 요약해서 붙인 것이고 촘촘하게 보인 "下該司" 세 글자는 나중에 왕이 계하를 내린 후 승정원 관원이 쓴 것으로 보인다. 하지만 『계하』 겉면에는 "雍正三年乙巳五月日啓下" 등 11개 글자만 쓰여 있을 뿐, 황첨도 없고 계하의 일자도 비어 있다. 그리고 글씨도 문서 속의 승정원 관원이 적은 바(雍正三年五月二十六日啓)와 다르기 때문에 한 사람이 쓴 글씨는 아닌 것 같다. 또한, "啓下"라는 어휘는 왕이 열람

---

11) 『百憲總要』, 「文字式」, 法制處, 1979年影印本, 453면, "啓本式, 作帖, 外面當中付黃簽, 書某事要語."

하고 재결을 내린다는 뜻으로 문서 저자가 대신 쓸 수 있는 것이 아니므로, 문서 보존 임무를 맡은 관원이 한 것으로 추정할 수밖에 없다.

〈그림 7〉 일본 교토대학 가와이문고 소장 철종 17년 강원도관찰사 조석여 외방계본의 본면 및 본내

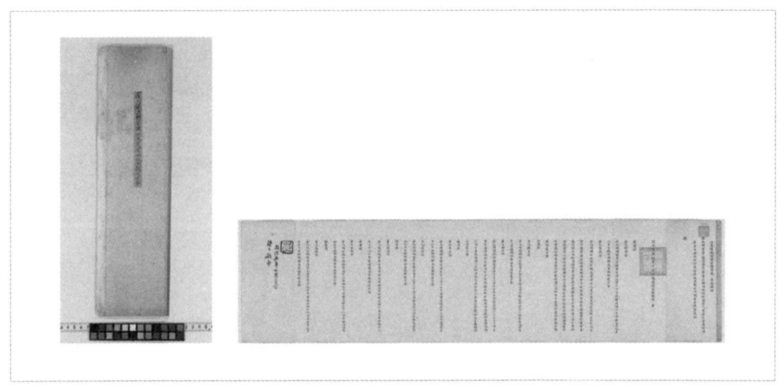

이상은 『계하』의 문서 특징이다. 내용에 있어서 『계하』는 서장관 김상규가 사행 중에 날마다 발생한 일과 듣고 본 바에 대한 보고서이다. 『계하』와 『승정원일기』에 따르면 김상규 일행은 청나라 조정에 경종의 사망 소식을 알리고 시호와 영조의 즉위를 청하고자 영조 즉위년 10월 6일에 한양에서 떠나 10월 27일에 압록강을 건넜다. 11월 27일 옥하관에 도착했으며 12월 24일 북경을 떠나 이듬해 1월 21일에 다시 압록강을 건너오고 2월 8일에 궁궐에 들어가 복명하였다. 서장관 김상규가 날마다 기록하여 왕에게 아뢴 내용은 주로 세 가지가 있는데, 첫째는 일행의 짐을 수사하는 일이다. 서두의 투식에 보이듯이 서장관은 "사헌부집의(司憲府執義)"의 겸관(兼官)도 있었다. 이 때문에 일행을 단속하는 책임도 있었고 이와 관련된 내용도 문서에 종종 등장하였다. 예를 들어 다음과 같은 일기의 첫날 기

록은 바로 관례에 의하여 압록강 강변에서 수사 임무를 수행하였다는 것이다.

> 신축년 10월 27일 정유, 맑음.
>
> 이른 아침 신은 의주부윤 이현장, 정사 밀창군 이직, 부사 대사성 이진유와 함께 차례로 길을 떠났습니다. 압록강 강가에 이르러 장막을 치고 들어갈 사람과 말을 점검하였습니다. …… 2경쯤이 되어서야 비로소 온정(溫井) 노숙처(露宿處)에 도착하였습니다. …… 먼저 청역(淸譯) 박창유를 보내 사행이 들어오는 이유를 봉황성(鳳凰城) 성장(城將)에게 전하게 하였습니다. 이날은 70리를 갔습니다.[12]

둘째는 듣고 본 청나라의 정보인데, 폐태자(廢太子) 윤잉(胤礽)의 매장 소문이 그러한 예이다.[13]

셋째는 청성묘(淸聖廟), 계문연수(薊門煙樹) 같은 도중에 경험했던 관광지와 상장례(喪葬禮) 같은 청나라 민속에 관한 묘사이다. 이 부분은 동시기와 이전의 개인 연행록에도 자주 등장하는 상투적인 내용으로 새로운 이야기가 거의 없다.

넷째로 날마다 적은 기록에는 일자, 간지, 날씨, 노정과 역참 등 기본 요소가 포함되어 있다. 눈여겨볼 만한 것은 사행 임무를 완성

---

12) 金尙奎, 『啓下』, "辛丑十月大 二十七日, 丁酉, 晴. 早朝, 臣與義州府尹李顯章 · 正使密昌君樴 · 副使大司成李真儒先後作行, 來到鴨綠江邊設幕處, 點檢入去人馬 …… 近二更, 始抵到溫井露宿處 …… 先送清譯朴昌裕, 傳以使行入來之由於凰城將. 是日行七十里. …… 二十一日, 庚申, 晴. 平明離發, 朝飯于九連城, 夕時還渡鴨綠江, 是日行七十里."

13) 金尙奎, 『啓下』, "十四日, 癸未, 晴, 留玉河館 …… 而曾前廢太子牢囚闕内, 以其病情極重, 方治送喪諸具, 舁出五龍亭云."

하고 북경을 떠난 후의 일기 부분이다. 이 부분은 다음과 같이 아뢸 일이 없더라도 서장관 김상규가 하루도 빠짐없이 이상의 기본 요소만을 기록했다.

(1월) 4일, 계묘, 맑음. 아침에 떠나고, 중후소(中後所)에서 아침밥을 먹고, 저녁때 동관역(東關驛)에 도착하여 조씨 성을 가진 청인의 집에 묵었습니다.
5일, 갑진, 맑음. 아침에 떠나고, 사하소(沙河所)에서 아침밥을 먹고, 저녁때 영원위(寧遠衛)에 도착하여 한인(漢人) 송문걸(宋文傑)의 집에 묵었습니다.[14]

이는 서장관으로서의 김상규가 임무를 건성건성 한 것이 아니라, 『경국대전』에 요구된 바를 이행했을 뿐이다.

3. 서장관 문견사건의 문서 실물 『계하』

『계하』의 정체는 무엇일까? 조선 시대는 북경에서 한양까지 왕복하는 데 대개 4개월이 걸렸다. 이 4개월 동안 정 · 부사, 서장관, 수역(首譯)과 재자행(齎咨行)의 재자관(齎咨官) 등 관원들은 직무에 따라 서로 다른 문서 업무를 처리해야 하였다. 문서의 종류로 보면 두 가지로 나눌 수 있는데, 하나는 표전(表箋) · 주문(奏文) · 자문(咨文) · 게첩(揭帖) · 정장(呈狀) 등을 포함한 중국의 조정과 관서, 관원들에게

14) 金尚奎,『啓下』, "(一月)初四日, 癸卯, 晴. 平明離發, 朝飯于中後所, 夕宿東關驛清人趙姓人家, 是日行六十里. 初五日, 甲辰, 晴. 平明離發, 朝飯于沙河所, 夕宿宁遠衛漢人宋文傑家, 是日行七十里."

보내는 공식 문서이고, 또 하나는 조선 사신들이 조선 조정에 올리는 사행 보고서와 이들의 문서에 첨부한 별단(別單) 등이다.

서장관의 사행 보고서는 조선 건국 초기 발표된 정치법전 『경국대전』에 다음과 같이 명시되어 있다.

> 서장관은 매일 보고 들은 사실을 기록하였다가(逐日記事) 중국에서 돌아온 뒤에 임금의 재가를 받고(啓下), 승문원에서 이를 등록(謄錄)한다.[15]

이 규정에 따라 돌아오는 길에 특별히 기록할 일이 없더라도 『계하』처럼 "시일의 날씨와 숙소 상황" 등을 기록해야 했다. 또한, "逐日記事" 외에도 서장관이 제출한 사행 보고서는 "聞見事件"으로 잘 알려져 있다.[16] 그렇다면 두 용어는 같은 말인가? 『통문관지(通文館志)』에는 문견사건의 유래에 대하여 다음과 같이 제시한다.

> 국초에 문강공(文剛公) 조말생(趙末生)이 경사(京師)에서 돌아오면서 귀로 듣고 눈으로 본 대로 따로 기록하여 조목별로 아뢰었다(別為條啓). 서장관이 문견사건을 기록하는 것은 이때부터 시작되었다.[17]

조말생(趙末生, 1370~1447)은 본관은 양주(楊州), 자는 근초(謹初) 혹

---

15) 『經国大典』, 「禮典 · 藏文書」, 首爾大學校奎章阁, 1997年影印本, 290면, "書狀官逐日記事, 回還後啓下, 承文院謄錄."

16) 『同文彙考』의 분류로 살펴보면 조선 시대의 사행 보고서는 주로 서장관의 聞見事件, 정 · 부사의 別單, 首譯의 聞見事件과 齎咨官의 手本 네 가지가 있다.

17) 『通文館志』, 88면, "國初, 趙文剛末生回自京師, 以耳目所睹記別為條啟, 書狀官為聞見事件自此始."

은 평중(平仲), 호는 사곡(社谷) 또는 화산(華山), 시호는 문강(文剛)이다. 태종 3년(1403) 하등극사(賀登極使) 서장관의 신분으로 명나라로 떠났다가 이듬해 4월에 귀국하였다. 인용문을 보면 서장관의 문견사건은 바로 사행 중의 "듣고 본 바"이며, 『경국대전』이 반포되기 이전부터 이미 규정되어 있었다. 그리고 이 규정은 조선 말까지 계속 이어졌다. 문제는 조목별로 올렸다는(別為條啓) 이 인용문의 의미가 명확하지 않다는 점이다. 날마다 적는 일기도 조목으로 기술하고 후술하는 별단도 조목으로 기술하기 때문이다. 애초에 문견사건이 날마다 기록되었는지, 별단처럼 조목으로 적혔는지는 분명하지 않으나 늦어도 세종 16년(1434)까지는 형식이 이미 확정되어 다른 사행 보고서의 본보기가 되었다.[18] 세종 21년 일본통신사(日本通信使) 첨중추원사(僉中樞院事) 고득종(高得宗, ?~?)도 중국 사행의 서장관에 해당하는 통신사 종사관에게 검찰관의 직무를 맡게 하여, 듣고 본 사건(聞見事件)을 일기로 기록하여 돌아와서 보고하게 하도록 건의하였다.[19] 이상에서 살펴본 바에 의하면 서장관의 문견사건은 『경국대전』에 기재된 '날마다 적는 것(逐日記事)'과 같은 것으로 단정할 수 있다.

하지만, 500년 가까이 지속된 문서 제도로서, 작성 방식이 한결같을 수는 없다. 18세기 중후기부터 정보 항목을 하나하나 나열하는 별단 양식이 등장하기 시작했다. 별단은 신하나 각 부서가 국왕에게

18) 『朝鮮王朝實錄』, 世宗 16年 11月 5日, "春秋館承教旨, 擬議廣記事之條以啓 ……. 一凡本國出使人員, 其關國家軍民事體者, 依書狀官聞見事件例, 備書首末, 進呈本館, 以爲恒式, 令本館檢察."

19) 『朝鮮王朝實錄』, 世宗 21年 7月 3日, "日本通信使僉中樞院事高得宗啓事目曰: 一. 一行之人, 違法買賣, 非處橫行, 私通言語者, 旣無考察之法, 以從事官兼檢察官, 專掌考察, 如有所犯, 密記回來啓聞. 格軍所犯, 隨卽論罪. …… 一. 凡聞見事件, 令從事官日記載錄, 回還啓達."

올리는 것으로 초기(草記), 계사(啓辭), 계본(啓本), 계목(啓目), 장계(狀啓), 서계(書啓) 등의 본 문서와는 별도로 인명(人名), 물명(物名), 문견(聞見), 절목(節目), 사목(事目) 등을 항목별로 열거하여 작성하는 문서이고 다음과 같은 다섯 가지의 특징을 가지고 있다고 하였다.

㉠ 별단은 내용상으로는 반드시 본 문서가 존재해야만 존재할 수 있는 것이고 형식상으로는 본 문서와는 별도의 종이에 작성하는 것이다.

㉡ 항목별로 열거하는 형식으로 기록하되, 항목별로 맨 앞의 시작하는 부분에 '一' 자를 쓰기도 한다.

㉢ 이두를 사용하기도 한다.

㉣ 일반적인 문서와 달리 문서 말미에 작성 일자, 작성자와 결재자의 서명, 관인의 날인 등이 없다.

㉤ 접어서 첩을 만든다.[20]

간단하게 말하자면 별단은 즉 공문서의 첨부 파일로 본래 꼭 첨부해야 하는 것이 아니다. 예를 들어, 김상규 일행이 귀국 도중 제출한 선행장계(先行狀啓)나 환도강장계(還渡江狀啓)에는 별단이 포함되어 있지 않았다.[21] 따라서 엄밀히 말하자면, 서장관이 귀국 후 제출한 공문 보고서는 하나만 존재하며, 이는 "逐日記事"의 본문과 별단 두 부분으로 구성되어 있다.

---

20) 이강욱, 「『日省錄』 別單의 형식 및 분류」, 『민족문화』44, 한국고전번역원, 2014, 121~177면.

21) 『承政院日記』, 英祖 元年 2月 8日, "(回還告訃正使密昌君)樴曰: '小臣前後再往, 其間歲月不久, 無他大段事情, 故先來狀啓及渡江狀啓皆無別單. 而其外不無道路所傳, 亦非可信的報, 故不欲煩達耳.'"

현존하는 자료를 보면 서장관 별단은 18세기 중후반에 등장하였으며, 그 원인은 두 가지 측면에서 찾을 수 있다. 첫째, 내용이 새롭기가 어려운 점이다. 청나라 때에 이르러서 조선 사신들은 이전 대명 사행의 육상 사행길을 따라 북경으로 향하였다. 사행길은 변함이 없고 사신의 수레는 해마다 이어졌기 때문에 후대 서장관이 올린 보고서는 실시간의 사건을 제외한 나머지 내용은 옛사람이 했던 말을 답습했을 뿐, 눈에 띄게 새로운 것이 없었다. 이 시기 서장관 문견사건에 자주 나오는 말미 투식처럼 이러한 유람과 지리 정보의 기록도 점차 상투적인 표현이 되고 있었다.[22)]

둘째, 청나라 정보에 대한 중시도 그 원인 중 하나이다. 청나라 초년의 요동치는 정세, 오랑캐에게 백 년의 국운이 없다는 설, '영고탑 회귀설(寧古塔回歸說)' 등이 함께 영향을 미쳐서 그런지 영조는 청나라의 최신 동향을 매우 중시하여 사신이 들어올 때마다 반드시 별단 외에 아뢸 만한 것이 없느냐고 직접 묻곤 하였다.[23)] 정조는 영조보다 청나라 정세와 사행 보고서의 작성에 더 관심을 가지고, 서장관 외에 역관에게도 문견사건과 수본을 정성껏 잘 쓰도록 명하였다.[24)] 사신 문서에 붙은 별단, 특히 서장관의 별단은 기타 문서의 별단과 비교하면 의미와 형식에서 다른 점이 없지는 않지만, 일기와의

---

22) 趙文命, 『燕行日記』, "自渡江至燕京, 山川形勝, 風謠習俗, 多在於從前聞見事件中, 臣不復贅陳." 이하 소장처를 명시하지 않은 연행록은 모두 『연행록총간』 수록 영인본 참조. 편의상 저자와 작품 제목만 제시한다.

23) 『承政院日記』, 英祖 6年 4月 2日; 英祖 12年 4月 19日 등 참조.

24) 『日省錄』, 正祖 13年 11月 18日, "時憲書齎咨官金重鈺手本以爲 …… 敎曰: '渠雖象譯, 名以奉使, 所謂事件聞見手本太不成樣, 前所未見. 所當各別嚴處, 而以萬里往返, 姑爲參酌. 此後齎咨官無得如是之意, 嚴飭該院."; 正祖, 『弘齋全書』, 卷169, 「日得錄九」, 한국문집총간, 267집, 334d면, "近來譯舌, 太不成樣, 使行及咨官所謂別單, 不過以關內外年事豐歉, 及市肆間浪傳漫應之草草數語, 塞責而止, 至於燕中事情, 漠然無所聞知. 或又有康熙 · 雍正間已出公文者, 認作新得聞見, 以此奏御, 絶可痛也. 此專由於譯語之漸不如古, 彼我之際, 不能通情而然也."

차이가 매우 뚜렷한 편이다. 첫 번째 다른 점은 조목의 끝에 이두가 적혀 있고, 두 번째는 날마다 적는 것이 아니고 '一'자로 시작된 항목별로 기록된다. 이처럼 생긴 별단은 4개월의 사행 일기에 비하면 짜임새가 있고 중요한 내용이 선명하게 드러난다. 매일 온갖 정사로 바쁜데 청나라의 중요한 정보도 즉각 파악해야 했던 국왕에게 일기보다는 별단 형식이 더 적절하였다.

그러자 서장관의 문견사건은 일기 중심에서 별단 중심으로 전환되고 있었다. 문견사건과 별단의 용어도 이즈음부터 혼용되기 시작하였다. 예를 들자면 순조 원년(1801) 동지겸진주사 서장관인 이기헌(李基憲, 1763~?)의 『연행록(燕行錄)』(古4810-10)이 있다. 규장각에 현존하는 이 『연행록』은 필사본 3책으로 제1책은 「연행시축(燕行詩軸)」, 「연행일기계본(燕行日記啓本)」과 「문견사건십삼조(聞見事件十三條)」이고, 제2책은 「좌목(座目)」, 「연행일기(燕行日記)」 상권이며, 제3책은 「연행일기」 하권이다. 여기의 「연행일기계본」은 즉 임금에게 올릴 공문서의 전사본(轉寫本)이고, 「연행일기」는 개인 연행일기에 해당하는 것이다. 주목되는 점은 규장각 소장 『연행록』에 저자 이기헌의 장서인 '李基憲印'이 찍혀 있다는 것이다. 다시 말하자면, '연행일기계본'과 '문견사건십삼조'가 서장관 이기헌 본인이 붙인 제목으로 보는 것이 설득력있다. 이 또한 문견사건이 별단 부분만 가리켰다는 점에서 조선 후기의 추세를 엿볼 수 있는 바이다.

결론적으로, 서장관이 귀국 후 제출한 보고서의 문서 종류는 계본이며, 그 내용은 사행 중 "듣고 본 바"이고, 형식은 일일 기록이다. 당시 사람들은 이를 "문견사건"이라고 불렀다. 그리고 현존하는 연행록 문헌과 고문서 중 유일한 계본 원문서 『계하』를 통해 다음과 같은 서장관 문견사건의 몇 가지 특징을 귀납하여 얻을 수 있다.

ⓐ 『계하』라는 문서 실물을 통해 일단 서장관이 사행을 끝내고 올리는 일기 보고서의 서식을 알게 되었다. 번거롭겠지만, 해당 문서의 투식은 여기서 다시 한번 첨부한다.

告訃兼請謚承襲使書狀官 · 司僕寺正 · 兼司憲府執義臣金尙奎謹啓, 爲聞見事件事. 臣跟同正使密昌君臣樴 · 副使吏曹判書臣李眞儒, 前赴北京, 一路聞見, 一一開坐, 謹具啓聞.

ⓑ 문서로서의 또 하나의 독특한 특징은 저자의 자칭이다. 연행일기이지만 일행 경과에 대한 어람 문서이기 때문에 '신(臣)', '신등(臣等)' 같은 인칭을 사용해야 한다.

ⓒ 일기의 범위이다. 보통 한양에서 떠나는 일자부터 적은 여타의 개인 연행일기와 달리, 문견사건은 압록강을 건너가는 날부터 다시 건너오는 날까지만을 기록하였다. 즉 연행 부분만을 기록해야 한다.

ⓓ 특별히 보고할 내용이 없더라도 일자, 간지, 날씨, 노정과 역참 등의 기본 요소를 해당 일의 기록에 적어야 한다.

ⓔ 문견사건은 기본적으로 왕에게 올리는 상달 문서이지만 장계, 별단과 같은 문서와 달리 이두를 쓰지 않는다.[25)]

하지만 18세기 중후반 이후에는 항목을 나열하는 별단 형식이 사

25) 일례로 『啓下』의 10월 27일 기록은 다음과 같다. "二十七日, 丁酉, 晴. 早朝, 臣与义州府尹李显章 …… 先送清译朴昌裕, 传以使行入来之由于凰城将. 是日行七十里." 참고로 철종 9년(1858) 서장관 金直淵(1811~1884)이 지은 別單의 한 조목도 여기서 함께 첨부한다. 金直淵, 『燕槎日錄』, 「聞見事件」, "一 皇上脚患雖未復常, 比前差減. 去臘月, 諭旨有曰, …… '爲敎堂子 · 太廟及天壇祭享, 使親王代行. 而皆於當日先詣, 親行三跪九拜禮.'是白齊."

용되기 시작했고, 일기 부분은 점차 형식적인 기록으로 변해갔다. 문견사건의 내용은 여전히 서장관의 "듣고 본 바"로 유지되었지만, 그 용어는 계본에 첨부된 별단 부분을 가리키는 좁은 의미로 사용되고 있었다.

4. 기존 연행일기에 대한 재조명

서장관들은 사행을 떠났을 때 이따금 개인 연행일기를 작성하기도 하였다. 문견사건의 저본이나 대강으로 지었을 수도 있고, 아예 개인 연행일기를 남기려고 지었을 수도 있다. 하나만 남은 경우는 별 큰 문제가 없고, 두 종의 연행일기가 다 남은 경우는 대부분 수정을 거쳐 간행되었다. 내용상 중복되는 부분이 많기 때문이다. 그래서 서장관 개인 연행일기의 존재로 인해 간본 또는 문집 수록본은 수정 양상이 더 복잡해지게 되었다.

기존 문헌을 보면, 개인 문헌으로 남은 서장관 사행 보고서에는 크게 두 가지의 정리 방식이 있다.

첫째, 저자 본인의 개인 연행일기가 남아 있지 않고, 기존의 일기가 계본에 따라 별도로 정리가 되어 있는 방식이다. 이러한 정리는 일부 투식을 삭제하거나 특수 자칭인 '신등(臣等)'을 '오등(吾等)'으로 바꾸기도 하였다. 영조 원년(1725) 조문명(趙文命)의 『연행일기』가 전자에 속하고, 중종 32년(1537) 정환(丁煥)과 숙종 8년(1682) 한태동(韓泰東)의 예가 후자에 속한다. 그러나 정환의 연행일기에는 '신등'과 '오등'의 자칭이 함께 등장하는데, 이것은 본인이나 후손이 철저한 수정을 하지 못하고 간행한 것으로 보인다. 그리고 한태동의 일기는 본인이 직접 고친 것으로 '신등'의 자칭을 개인 연행일기의 말투로 전환했을 뿐 아니라, 서두의 투식도 삭제하고 다음과 같은 내용으로 바꾸었다.

> 임술년(필자주: 숙종 8년, 강희 21년) 7월, 진하겸사은진주(進賀兼謝恩陳奏)의 일로 청나라에 갔다. 오삼계가 죽자 그의 손자 세번(世璠)은 남쪽 지역을 습격하여 차지하였다. 작년에 청나라 사람들이 토벌하여 평정하고, 또한 그의 두 태후에게 존호를 올렸으니 마침내 우리나라에 반사하여 하사하였다. 그리고 지난해 창성군(昌城君) 필(佖) 사행 때 표문 가운데에 벌칙을 면제한다는 한 조항이 '감벌(減罰)'이라고 적혀 있었으므로 저들은 잘못된 것으로 여기고 조사하는 일을 일으켰다. 고로 마침내 진하겸사은진주라고 하였다. 정사는 영창군(瀛昌君) 침(沉)이고 부사는 형조참판 윤이제(尹以濟)였으며, 나는 사복정겸장령으로서 서장관에 충원되어 떠나게 되었다.[26]

다행히 『사신별단(使臣別單)』 같은 왕실 등록이 남아 있는데, 비록 축약본에 불과하지만 이를 근거로 현존하는 한태동 연행일기의 속성을 판단할 수가 있게 된다.

둘째, 개인 연행일기와 계본 문서를 합쳐서 정리하는 방식이다. 이것은 또한 세 가지의 경우로 세분할 수 있다.

먼저, 계본 문서와 개인 연행일기가 앞뒤 순서대로 나뉘고 정리되는 방식이다. 영조 10년(1734) 황재(黃梓)의 『연행록』과 『연행별록』

26) 韓泰東, 『燕行日錄』, "壬戌七月, 以進賀兼謝恩陳奏事赴燕. 吳三桂死後, 其孫世璠襲據南方, 前歲, 清人討平之, 仍上其兩太后尊號, 遂頒赦錫賚於我. 而頃年昌城君佖之行, 表文中免罰一款以減罰為辭, 彼中以為穿錯, 有查照之舉, 故遂以進賀兼謝恩陳奏云. 正使瀛昌君沉 · 副使刑曹參判尹以濟, 余以司僕正兼掌令充下价而行."

을 비롯한 조선 후기의 서장관 연행일기는 대부분이 이러한 식으로 정리되어 있다. 그때까지의 계본 문서는 차츰 간략해지면서 헌종 8년(1842) 조봉하(趙鳳夏)의 『도리배참음청일기계본(道里排站陰晴日記啓本)』처럼 날씨, 날짜와 노정 등 기본적인 정보만 기록되어 있다. 그래서 개인 연행일기에다 계본 문서를 전문으로 첨부해도 많은 지면을 차지하지 않게 되었다.

다음으로는 날마다 적는 계본 문서에 개인 연행일기를 삽입하여 정리하는 방식이다. 대표적으로 선조 41년(1608) 최현(崔晛)의 『조천일기(朝天日記)』가 있는데, 이러한 연행일기에는 다음과 같이 공적과 서적 두 종류의 일기로 뚜렷이 구별되어 있다.

> 以上私日記 ……
> 聞見事件, 逐日附私日記 ……
> 以下私日記 ……

가장 골치가 아픈 것은 이 마지막 종류다. 속성이 서로 다른 두 가지 연행일기를 섞어서 하나의 새로운 문장으로 정리하는 방식이다. 김중청(金中淸)의 『조천록(朝天錄)』이 바로 그러한 예이다. 김중청(1566~1629)은 자가 이화(而和), 호는 구전(苟全) 또는 만퇴헌(晩退軒)이고, 본관은 안동(安東)이다. 광해군 6년(1614) 천추사겸사은사 서장관의 신분으로 정사인 허균(許筠)과 함께 사행을 떠났다. 문집은 순조 31년(1631)경에 와서야 목활자로 찍어냈지만, 편차 작업은 영조 20년(1744)에 이미 후손에 의하여 완성되었다. 『조천록』은 별집에 수록되어 있고 말미에 저자의 외현손인 눌은(訥隱) 이광정(李光庭, 1674~1756)의 「지(識)」도 붙어 있다.

> 조천(朝天)의 사적으로는 일록이 있고 문견사건이 있는데, 문견사건은 역시 날짜별로 기록한 것이다. 명나라의 국경에 건너간 후, 문견사건에는 상세함을 다하면서 일록에는 단지 문견사건에 자세히 보인다고 기록하였으니, 반드시 두 가지를 참고한 뒤에야 그 상세함을 알 수 있다. 하지만 두 가지의 기록을 함께 편집한 것은 역시 중복이 되는 듯하기에 문득 그 참람함을 잊고 사실을 검토하여 하나의 기록으로 만들기로 하였다. 그래서 의주(義州) 이전에는 전적으로 일록을 활용하고, 명나라에 들어간 이후에는 문견사건을 위주로 했으며, 가끔 일록의 내용을 첨부하기도 하였다. 그리고 문자가 서로 구애되는 부분은 수정을 면치 못하였다. 예로 '신(臣)'자는 '여(余)'자로 고쳐 썼고, 선배의 휘자는 별호로 고쳐 썼다. 대체 일록이라고 이르려면 문견사건의 체례를 편하게 활용할 수 없다. 그중에 또한 번거로운 것을 삭제하고 간략한 것은 취하였으며, 쓸모없는 부분은 버리고 편리한 것을 따른 것이 없지 않았으니 매우 망녕되어 함부로 한 것은 알지만, 그렇게 하지 않을 수 없었다. 보는 자들이 헤아려야 한다. 이광정이 삼가 쓰다.[27)]

위의 인용문은 이광정이 선조 문집을 편집하면서 연행록 부분의 수정 양상에 관해 쓴 것으로 계본 문서의 편집과 간행 상황을 이해하는 데에 큰 도움이 된다. 원문으로 보면 간본 문집에 들어있는 김

---

27) 李光庭,「識」, 載 金中清,『苟全集』, 한국문집총간, 속14輯, 280c-280d면, "朝天事蹟, 有日錄, 有聞見事件, 事件亦日錄也. 入境之後, 致詳於事件, 而日錄只書詳見事件, 必須參考二件而後可究其詳. 而俱編二錄, 亦似重複, 輒忘其僭, 參究事實, 通爲一錄, 而義州以前, 全用日錄, 入境以後, 則以事件爲主而間附日錄. 至其文字相碍, 不免脩改, 如臣字改余字, 書先輩諱字改以別號, 盖謂之日錄則不得便用事件例也. 其間亦不無删煩取約去冗從便者, 極知妄猥, 而有不得不然者, 覽者恕之. 光庭謹書."

중청의 연행록은 『조천록』의 이름으로 원본의 상태가 아니라 후손 이광정이 재편집한 버전임을 알 수 있다. 우선, 저자 김중청에게는 본래 한양에서 출발할 때부터 사행을 마치고 복명하는 날까지의 여정 전부를 기록한 개인 연행일기 『일록』과 압록강을 건너가는 날부터 건너오는 날까지의 연행 부분만 기록한 『문견사건』 등 두 가지 연행일기가 있었다. 개인 연행일기보다는 계본인 『문견사건』의 내용이 더 상세하다고 해서 이광정이 연행 부분을 편집하면서 문견사건을 위주로 하고 때때로 개인 연행일기의 내용을 첨부하기도 하였다. 이 때문에 문집에 수록된 김중청의 『조천록』은 개인 연행일기와 계본 문서가 혼재되어 편집된 것으로 보아야 한다. 문제는 계본이 '신(臣)'으로 자칭해야 하고 사신 이름도 노출시켜야 한다는 점이다. 이로 인해서 이광정은 '신'이라는 자칭을 '여(余)'로, 선배의 이름을 별호로 고쳐 놓았다.

인조 2년(1624) 서장관 홍익한(洪翼漢, 1586~1637)의 연행록도 그러한 예이다. 이 책은 개인 연행일기로 보아야 하지만 말미 부분에는 계본의 투식이 붙어 있다.[28] 그리고 '신등'과 '여등' 등 자칭이 함께 나오는 기타 계본 문서의 전사본과 달리 이 작품에는 '직(職)', '직등(職等)'이라는 특수한 자칭이 등장한다. 다음 인용문을 함께 살펴보자.

> 8월 4일, 병술. 오늘은 뱃길을 떠나기로 택한 날이다. <u>직(職)</u>이 본포(本浦)에 도착한 지 3일 만에 병이 났다.

28) 洪翼漢, 『朝天錄』, 國立中央圖書館 所藏 寫本(古貴2817-1), "謝恩兼奏請使書狀官 · 通善郎 · 龍驤衛副司果 · 兼司憲府監察臣洪霫(홍익한의 초명: 필자주)謹啓, 爲聞見事件事. 臣跟同臣使李德泂 · 吳翻, 前赴京師, 今已竣事回還, 一路聞見, 逐日開坐, 爲此謹具啓聞."

> 8월 29일, 신해, 맑음. …… 군문이 말하기를, "배신(陪臣)이 북경에 무슨 일로 왔느냐?" 하기에, 표정로(表廷老)를 시켜 사은 · 진하 · 주청을 하기 위해서라고 대답하고, 이어서 의정부의 신문(申文)과 직등(職等)의 정문(呈文)을 올렸다. …… 직등(職等)이 다시 말하기를, ……
>
> 9월 6일. …… 나는 부사의 소개로 인해 물어보았으니 과연 전에 들은 바와 같다. 야율초재(耶律楚材) · 유기(劉基) 같은 사람이 아닌가?[29)]

공교롭게도 광해군 13년(1621) 서장관 안경(安璥, 1564~?)의 연행록에도 직등의 자칭이 나타나 있다.[30)] 주지하듯이 '직등'은 오로지 관부 문서에서만 사용할 수 있는 자칭으로 왕 또는 세자에게 올리는 문서에는 있을 수가 없다. 이 두 가지 연행록의 저자는 모두 날마다 일을 적어야 하는 직임을 가진 서장관이었다. 안경은 광해군 13년에 바닷길로 사행을 떠나고 홍익한은 인조 2년(1624)에 떠났다. 이러한 직무와 당시 특별하고 위험한 해로 사행의 배경으로 미루어 보면 서장관이 계본 외에도 비변사 등 관아에 보고서 한 부를 보내야 했던 것으로 생각된다. 그래야 계본의 투식과 '직등'이라는 특수한 인칭이 한 작품에 동시에 나올 수 있기 때문이다.

이처럼 개인 문헌으로 남기게 된 서장관 문견사건을 수정하거나

---

29) 洪翼漢, 『朝天錄』, "(八月)四日, 丙戌, 乃開洋簡辰也. 職到浦三日疾病."; "(八月二十)九日, 辛亥, 晴 …… 軍門曰: '陪臣進京, 果是何幹?' 令表廷老答以謝恩進賀奏請之意, 仍進政府申文及職等呈文 …… 職等復告曰 ……"; "(九月)六日 …… 余因副使紹介試問之, 果如前所聞者, 無乃楚村 · 劉基之流耶?"

30) 安璥, 『駕海朝天錄』, "五月十七日, 晴, 在安州. 與使臣崔應虛行見官禮于两天使, 則【大明天子之使臣劉鴻訓 · 楊道寅两人方來留我國】副使楊道寅稱病不出, 正使劉鴻訓出見. …… 職等口頭稱謝."

재편찬한 것은 책의 보존이나 간행의 편의를 위해서였지만 연행일기에 대한 당대 사람들의 인식도 함께 반영되어 있다 하겠다.

5. 결론

규장각에 소장된 『계하』는 서장관 김상규가 귀국 후 제출한 문견사건이다. 내용은 간단하지만, 서장관이 문서를 작성하고 승정원에서 바친 뒤 국왕이 계하하는 과정을 거친 문서 원본으로, 현재의 고문서학과 연행록 연구에 중요한 의미를 지닌다.

『계하』를 통해 알 수 있는 점은 서장관 문견사건의 문서 종류가 왕의 뜻을 묻는 일이 아닌(非取旨事) '경사계본'이라는 것이다. 문서 말미에는 제출자의 인장이 없고, 겉표지에 기록된 내용도 현존하는 다른 계본 원문서와 다르다. 내용상 서장관 문견사건은 다음과 같은 특징을 가지고 있다. 첫째, 이는 일행의 보고서이므로 "신"과 "신등"이라는 인칭이 자주 등장한다. 둘째, 일반적으로 한양에서 떠나는 일자부터 기록하는 개인 연행일기와 달리, 서장관 문견사건은 압록강을 건넌 날부터 돌아오는 날까지의 기록만 포함되어 있다. 셋째, 왕에게 올리는 상달 문서임에도 불구하고, 장계나 별단과 달리 이두를 사용하지 않는다. 넷째, 일기는 날짜와 간시를 시작으로 그날의 날씨, 경과, 식사 및 숙소 상황, 그리고 보고된 내용을 포함한다. 돌아오는 길에 특별히 기록할 일이 없더라도, 하루가 빠짐없이 날씨, 경과, 숙소 등의 기본 정보로 채워 넣었다. 이러한 서장관 보고서 제도는 약 500년 동안 지속되었지만, 18세기 중후반 이후로는 보고서 내용이 별단 부분으로 기울어졌고, 일기 부분은 점차 "날씨, 경과, 숙소" 등의 기본 정보만 기록하는 형식으로 변해갔다.

서장관은 문견사건 외에도 개인 연행일기를 작성했다. 이 두 일기는 성격이 다르지만, 내용과 형식에서 매우 유사하기 때문에 문집에 수록하거나 단행본으로 보관할 때 나란히 수록하거나 하나의 새로운 일기로 혼합하기도 했다. 따라서 이본을 수집 · 비교하고, 서장관 본인의 연행시와 동행한 다른 사신들의 연행록, 실록 등의 다양한 자료를 참고하여야 공문서 쓰기 아래 숨겨진 사행 기록 실상을 복원할 수 있다.

일본에 전해진 조선 서적들: 1590년대부터 에도 시대 말기까지*

- Korean Books in Japan: From the 1590s to the End of the Edo Period -

/
피터 코니츠키(Peter Kornicki)**
(캠브리지대학교)

* 역자 주) 이 논문은 Journal of the American Oriental Society, Vol. 133, No. 1에 실려 있다. 저자의 동의를 얻어 번역하였다.

** 익명의 독자와 특히 로스 킹 교수의 소중한 의견과 정정에 감사한다. 아래 인용한 일본 과 한국의 책은 각각 도쿄와 서울에서 간행되었으며, 그 외의 경우 별도로 명시하였다.

1. 들어가며

에도 시대의 서적 문화에 관한 연구를 돌아보면, 일본에서 간행된 일본인 저자의 서적에 관한 연구가 오랜 기간에 걸쳐 주로 이루어졌다. 이는 유감스러운 현상이라 할 수 있으니, 다음의 세 가지 이유로 인해 심각한 왜곡과 누락이 발생한다. 첫째, 당대의 서적목록이 분명히 보여주듯, 상당한 양의 외국 저자의 책들이 17세기 시장을 지배했다. 이들은 거의 한문 서적인데 대부분은 중국 저자의 책이고 종종 조선 저자의 책도 포함되어 있었다. 둘째, 일본에서 상업출판이 발달했음에도 불구하고 많은 양의 필사본이 계속해서 제작되었으며, 그 가운데 대다수가 에도 시대에는 출간되지 못했다.[1] 셋째, 17세기 말 일본의 국내 서적 출간은 매우 활발했지만, 수입 서적은 계속해서 일본으로 유입되었다. 이러한 수입본은 세 가지 범주로 나눌 수 있다. 명 · 청 시기에 출판된 책들(만주어로 출판된 책들을 소량 포함); 네덜란드 책들(원래 다른 유럽 언어로 쓰였으나 네덜란드어로 번역된 것들도 포함); 그리고 조선의 책들(중국인 저작의 조선본을 포함)이다.[2] 비록 에도 시대의 학술 활동과 서적 시장에서 중국 수입본이 수행했던 역할도 아직 충분히 연구되지 않은 상황이긴 하지만, 조선 수입본에 대해서는 전혀 관심이 주어지지 않았다. 따라서 나는 이 논문에서 조선 수입본을 중점적으로 살펴보기로 한다. 중국 서적의 조선본뿐만 아니라 조선인 저자의 책도 포함하며, 그 책이 한문으로 쓰였든 한글로 쓰였든 가리지 않는다. 나는 그 책들의 분야와 수량을 파악

---

1) 서적 목록에 대해서는 Laura Moretti(2012), pp.201~310 참조; 필사본에 대해서는 橋口侯之介(2011), 5장 및 P. F. Kornicki(2006), 23~52면 참조.

2) 중국 수입본에 대해서는 大庭脩(1997)를 비롯한 大庭脩의 저술들 참고. 네덜란드 수입본에 대해서는 板沢武雄(1959) 참고.

하고 또 그들의 중요성과 영향에 대해서도 논의하고자 한다.

한국의 서적은 의심할 여지 없이 아주 이른 시기부터 일본에 전해졌다. 백제 사신들이 4세기에 일본으로 책을 가져왔다는 『일본서기』(720년에 완성됨)의 기록이나, 역시 『일본서기』에서 언급한 백제의 역사지리서로 추정되는 책의 신빙성에 대해서는 의심이 가지만, 8세기에 이르러 한반도에서 불교 서적이 수입되었다는 사실에 대해서는 명백한 증거가 있다.[3] 그러나 11~13세기에 한반도에서 대장경의 초판과 재판이 나오기 전까지 몇 세기에 관해서는 우리가 아는 것이 별로 없다. 고려 대장경 초판의 일부가 일본에 전해진 것은 1105년이고,[4] 이후로는 대장경 사본 여러 질이 전체 또는 부분적으로 전해졌다. 14세기에서 16세기까지 일본이 수많은 세력으로 분열되는 시기에, 여러 다이묘(大名), 특히 서남방의 오우치 다이묘(大内大名)와 쓰시마섬의 소 다이묘(宗大名)는 조선 조정에 대장경 재판 사본을 달라고 굉장히 여러 차례 요구하였다.[5] 이러한 노력은 종교기관이 아니라 대부분 지방의 세력가들, 특히 일본 서부의 다이묘들에 의해 이루어졌다.

비록 가마쿠라와 무로마치 시대에 한국 서적을 입수하려는 노력의 대부분은 대장경을 얻는 데 집중된 것처럼 보이지만, 이 시기에 불경이 아닌 다른 서적도 일본에 유입되었던 것이 분명하다.[6] 조선

---

3) 백제의 사신에 대해서는 David B. Lurie(2011), pp.109~113 참조. 일본서기에 백제 역사서라고 언급된 내용에 대해서는 많은 논쟁이 있다. 山尾幸久(1987), 317~341면; Lurie, ibid., pp.378~379 참조. 8세기의 수입에 대해서는 藤本幸夫(2006) 참조.

4) 池内宏(1923), 346~347면.

5) Kenneth R. Robinson(2001), pp.33~54; 峰町誌編纂編集委員会(1993), 『峰町誌』, 峰町, 508~513면.

6) 이준걸(1986)은 『走湯縁起』라는 책이 한국에서 일본에 전해진 30책의 의학서를 포함하여 1118년에 유입된 목록을 담고 있다고 주장하였다. 『走湯縁起』는 『走湯山縁起』를 잘못 표기한 것으로 보인다. 그런데 『新校群書類従』(内外書籍, 1932)에 수록된 이 책

왕조실록에는 일본 사신이 불경 이외의 서적도 요청하였던 기록이 보인다. 1464년 쓰시마의 소 다이묘가 조선으로 보냈던 사신은 『논어』와 당시 선집인 『삼체시(三體詩)』를 하사받았고, 1467년 다른 사신단은 사서와 오경을 받았다. 2년 뒤에 조선에 왔던 어떤 일본 사신은 '조선은 왜 『논어』와 『맹자』만 주는가' 하고 물은 일도 있었다. 그리고 1501년에는 호추 도토쿠(弸中道德)라는 자가 일본 '왕'의 사신을 가장하고 조선에 와서 소식(蘇軾)의 시집 한 질과 『벽암록(碧巖錄)』 및 다른 책들을 받아간 일도 있었다.[7)]

이러한 사실은 일본에 현전하는 몇몇 서적을 통해 확증되는데, 대부분은 중국 서적의 조선본이지만 반드시 그러한 것은 아니다. 예를 들면 혼슈(本州) 남부 스오국(周防国)의 다이묘인 오우치 요시타카(大内義隆, 1507~1551)의 장서 중에는 『속삼강행실도(續三綱行實圖)』(1514년에 출판된 조선의 사회관계에 관한 유교 지침서), 조선판 『당낙빈왕시집(唐駱賓王詩集)』, 선종(禪宗)의 가르침을 모은 『선림보훈(緇林寶訓)』 등이 현재까지 전하고 있다.[8)] 이와 유사하게, 명나라 우박(虞摶)이 지은 『신편의학정전(新編醫學正傳)』의 조선본도 일본에 현전하고 있다. 이 책에는 1544년에 해당하는 일본 연호가 소장 연도로 기록되어 있는데 소유자는 '오노(小野)'라고 하는 흔한 성씨로만 표기되어 있다.[9)]

의 현존 판본에는 이러한 내용이 보이지 않는다.

7) 여기서 인용한 『세조실록』 10년 1월 9일, 13년 1월 8일; 『성종실록』 20년 8월 26일; 『연산군실록』 7년 9월 17일 기사는 모두 국사편찬위원회 홈페이지에 실린 조선왕조실록에서 인용한 것이다. 그리고 호추 도토쿠의 가짜 신분에 대해서는 橋本雄(2005), 193, 199, 211~213, 237면 각주 7번을 참고할 수 있다.

8) 위에서 거론한 3종의 서적 東洋文庫에 소장되어 있으며(분류 번호는 각각 XI-4-B-3, XI-4-A-2, 2-Bb-90임) 모두 요시타카의 장서인이 찍혀있다. 도판은 東洋文庫(2007), 『東洋文庫の名品』, 240~241면에서 확인할 수 있다. 또한 藤本幸夫(2006), 265~290면 참고.

9) 『新編醫學正傳』은 宮内廳書陵部(403-90)에 소장되어 있으며 "天文十三小野家寶"

또한『십팔사략(十八史略)』의 조선본도 다음 두 가지 측면에서 볼 때 일본에 전해졌던 것이 분명하다. 첫째, 조선본의 번각본(기존 책을 그대로 똑같이 새긴 목판본 - 일본어로는 후코쿠(覆刻) 또는 가부세보리(被せ彫라고 함)이 무로마치 시대 초기 일본에서 간행되었다. 둘째, 명판의 조선 번각본이 1510년 일본에 존재했었음이 분명하니, 그 현전본에는 누락된 내용을 필사로 대체한 부분이 있는데 여기에 1510년에 해당하는 일본 연호가 쓰여 있는 것이다.[10] 이 시기에 조선의 활자본이 일본으로 유입되었는지에 대한 여부는 아직 알려지지 않았다. 그런데 만약 유입되었더라도, 혹은 일본인 여행객이 조선에서 그것들을 보았더라도, 아마 일본인은 그 책이 목판이 아닌 활자로 인쇄되었다는 것을 인지하지 못했을 것이다. 왜냐하면 조선의 활자 인쇄 기술자들이 일본으로 끌려가서 일본의 활자 인쇄를 자극하였던 16세기 말까지 일본 문헌에는 조선 활자에 대한 언급이 없기 때문이다.

1580년 이전 일본에서는 불교 이외의 텍스트가 거의 간행되지 않았다. 14세기에 사카이(堺)에서 간행된『논어』와 15세기 사쓰마(薩摩)에서 간행된『대학』정도가 예외일 것이다. 그런 점에서 일본에는 필사본 형태로만 존재하고 간행본은 없던 서적들을 조선에 가서 구하려고 애썼던 일본인의 열의는 이해할 만한 일이다.[11] 당연하게도 간행본이 필사본보다 원문 오류의 가능성이 적을 뿐만 아니라, 중국과 조선에서는 새로운 주석이 달린 고전 텍스트의 새로운 판본을 포함하여 점점 더 많은 책이 출판을 목적으로 저술되고 또

라고 소장 연도가 표시되어 있다. 이 책은 나중에 타키多紀 가문으로 넘어갔고 그들이 18세기 후반에 설립한 의학 학교로 전해졌다.

10) 阿部吉雄(1965), 14면; 川瀬一馬(1970), 1:240면; 蘇峰先生古稀祝賀記念刊行会(1932),『成簣堂善本書目』, 民友社, 343면.

11) 川瀬一馬(1967), 1:74~83, 91~93면; 川瀬一馬(1970), 190~211면.

한 실제로 간행본 형태로 활용되었기 때문이다. 그러므로 히데요시가 조선을 침략한 1592년에 일본 지식인들은 조선에서 많은 중국 서적의 간행본을 구할 수 있다는 점을 틀림없이 잘 알고 있었을 것이다.

2. 조선 침략과 그 이후의 상황

1592년 도요토미 히데요시의 관심은 일본에서 대륙으로 옮겨가서, 명나라 정복을 궁극적 목표로 하는 조선 침략을 개시했다. 그의 군대는 서울과 평양을 함락시켰지만, 조선 군대 및 조선을 돕기 위해 파견된 명나라 군대에 의해 밀려났다. 잘 알려진 대로, 일본 군대는 1598년에 한반도에서 철수할 때까지, 이후 일본에서의 도자기 생산과 활자 인쇄술의 발전을 이뤄낸 조선인 장인과 기술자들을 일본으로 데려갔다. 일본이 챙긴 전리품 가운데 또한 상당한 양을 차지한 것이 서적이었다. 한국에서는 간행된 책들을 쉽게 구할 수 있다는 사실을 당시 일본인도 잘 알고 있었다고 보이는데, 그 책들이 신중하게 골라낸 것인지 아니면 전리품을 챙기는 와중에 우연히 얻은 것인지 따져 보아야 한다. 그리고 얼마나 많은 책이 일본으로 넘어갔는지, 또 그 책들은 누구의 손에 들어갔는지, 이러한 질문들에 쉽게 답할 수는 없지만 약간의 실마리는 존재한다.

내가 아는 한, 이러한 문제와 관련하여 유일하게 남아있는 당대의 자료로는 안코쿠지 에케이(安国寺恵瓊, 1538~1600)가 1592년 부산에서 보낸 편지를 들 수 있다. 에케이는 오다 노부나가(織田信長)와 도요토미 히데요시(豊臣秀吉) 아래에서 여러 가지 국가적 임무를 수행했던 승려였다. 그는 당시 이미 성주 땅에 도착해 있었던 모리 데루

모토(毛利輝元, 1553~1625)에게 히데요시의 명령을 전달하기 위해 전쟁 개시 직후 조선으로 건너갔다. 이후 에케이는 성주에서 부산으로 와서, 그가 소속되었던 절 및 다른 수십 곳의 절과 개인들을 수신자로 하는 긴 편지를 보냈다. 그 편지에서 그는 한국이 곧 히데요시의 수하에 들어갈 것이며 명나라도 일본에 항복할 것이라고 보고한 다음, 다음과 같이 덧붙였다. "나는 불교 서적 및 기타 서적과 다양한 보물들을 배에 실어 그대들에게 각각 보낼 것이다."[12] 이때는 일본이 서울을 점령하기 전이었으므로 서적과 보물은 아마도 대부분 성주의 사고(史庫)와 부산의 관아에서 탈취하였을 가능성이 높은데, 이에 대해 에케이는 자세한 사정을 말하지 않았다.[13] 그렇지만 분명히 알 수 있는 점도 있다. 그는 상당한 수량의 책과 보물을 획득했는데, 이를 발견했을 때 그는 놀라지 않았으며, 오히려 이를 지인에게 나누어 주고자 하였다. 그의 개인적 입장에서는 침략에 수반하는 서적 획득의 기회를 지식인으로서 즐거워했을 수도 있겠다. 하지만 국가적 차원에서 보면, 조선에서 서적을 탈취해 가는 것은 문화적 정체성을 빼앗는 수단이기도 하였다. 이와 관련하여, 조선인에게 일본어를 가르치려 했던 시도에 에케이가 관련되어 있었다는 점을 상기할 필요가 있을 것이다.[14]

---

12) 이 편지는 『広島県史—古代中世資料編Ⅲ』, 広島:広島県, 1978, 144면에 전문이 있다. 이 편지는 6월 8일이라고 되어있지만, 내용을 보면 침략한 해에 쓰여진 것이 분명하다. 부분적인 번역과 논의에 대해서는 辻善之助(1905), 114~127면 참조.

13) 이준걸(1986), 157면 참조. 이준걸은 에케이의 약탈을 기정사실화하고 있는데, 문제는 그의 서술이 新村出(1925), 『南蛮廣記』, 岩波書店. 162면과 中村栄孝(1969), 144~147면 및 312~322면에 기반하고 있지만, 두 문헌 모두 이준걸이 그러한 결론을 내는 근거가 되지는 못한다는 점이다. 에이키에 대한 두 종의 傳記(河合正治(1959), 『安国寺恵瓊』; 渡邊大門(2011), 『戦国の交渉人——外交僧安国寺恵瓊の知られざる生涯』에서는 모두 이 일에 대해 언급하지 않고 있다.

14) 앞의 책, 『広島県史—古代中世資料編Ⅲ』, 144면. 조선에서 책을 얼마나 존중했는가에 대해서는 『증보문헌비고』 3(1957), 843면(권242); 신양선(1997), 18면 참

어떤 이들이 개인적인 수완을 발휘하여 조선에서 책을 입수하는 일도 분명히 있었다. 가고시마(鹿児島) 송학(宋學)의 선구자였던 난포 분시(南浦文之, 1555~ 1620)의 기록에 따르면, 그는 이치노우라(一浦, 현재 규수의 후쿠오카에 속함)에 사는 어떤 사람에게서 『주역전의대전(周易傳義大全)』을 샀는데, 책을 팔았던 그 사람은 조선에서 여러 경전과 역사책을 가지고 왔다고 한다.[15] 『주역전의대전』은 명나라 책으로 당시 이미 조선 활자본과 목판본이 존재했으며 다양한 조선본이 여러 경로로 일본에 들어왔다(아래 서술 참조).

서적 약탈에 관해서는 마나세 쇼린(曲直瀬正琳, 1565~1611)과 관련된 이야기가 가장 잘 알려져 있다. 의원이었던 그는 유명한 마나세 도산(曲直瀬道三, 1507~1594)의 제자였으며 스승의 성을 물려받았다. 그리고 그는 요안인(養安院)으로도 불렸는데 이 명칭은 그의 후손들도 사용하였다. 마나세 쇼린은 히데요시를 섬기는 높은 지위에 올라 히데요시의 조카인 히데쓰구(秀次) 및 몇몇 천황 그리고 히데요시의 장군 중 한 명인 우키타 히데이에(宇喜多秀家)의 아내도 치료하였다. 우키타 히데이에가 조선으로 떠나기 전 히데요시를 만났을 때 마나세 쇼린도 그 자리에 있었던 것으로 추정된다. 그리고 쇼린은 우키타에게 전리품으로 조선의 서적을 가져다 달라고 부탁했다고도 하며, 우키타의 아내를 치료한 것에 대한 보상으로 조선 서적을 받았다고도 한다. 그러나 이 이야기 및 이와 유사한 이야기들은 후대의

조. 중국에서 서적 관리를 중시한 점에 대해서는 R. Kent Guy(1987); Mark Edward Lewis(1999) 참고.

15) 난포는 이때의 구매가 文祿 2년(1592) 일이라고 기록하고 있었는데, 실제로 일본 군대는 그해 4월에야 부산에 상륙했다. 난포가 연도나 계절을 분명 잘못 기억했을 것이다. 南浦文之, 『南浦文集』, 『薩藩叢書』 第2編(鹿児島: 薩藩叢書刊行会, 1906), 20면.

자료에서만 발견되기에 그 진위를 확인할 수는 없다.[16] 그렇기는 하지만 그가 소유했던 것으로 보이는 조선 의학 서적과 유교 서적 목록이 남아 전하고 있다. 이 목록에는 그가 더 많은 조선본 서적을 가지고 있으나 다른 사람들도 많이 소유하고 있기에 기록하지 않는다는 메모가 적혀 있으며, 그의 가족들이 소장하던 일부의 서적들이 1717년 화재에 소실되었다는 기록도 남아있다. 이 목록은 마나세 가문 문서에 들어 있는 다른 도서 목록과 일치하므로, 이 목록은 쇼린 자신이 소유하던 서적 목록이라고 잠정적으로 결론지을 수 있다.[17] 더 많은 정보는 그 가문의 또다른 서적 목록을 통해 알 수 있는데 마치 센쥬로(町泉寿郎)는 이 목록이 1778년경에 나온 것이라고 추정하고 있다. 이 목록에 수록된 1,037권 가운데 242권이 조선 서적이고, 그중 47권이 의학 서적이다.[18] 마나세 가문은 에도 시기 내내 책을 수집하였으나, 그 책들은 메이지 초기에 모두 흩어지고 말았다. 대다수는 국립공문서관(國立公文書館)과 궁내청서릉부(宮內庁書陵部)에서 발견되는데, 10책은 대영도서관에 있고 나머지는 다른 곳

16) 新村出, 앞의 책, 162면 참조. 黒川道祐(1623~1691)는 일본 의학에 대해 서술한 『本朝醫考』 2, 田原仁左衛門(1663)에서 말하기를 히데요시가 마나세 쇼린에게 의복과 금은을 주었으며 우키다 히데이에가 조선에서 가져온 모든 책도 보상으로 주었다고 하였다(35b~36a). 이것이 이와 관련된 언급들의 출처인 것으로 보이는데, 구로카와가 어떤 자료를 근거로 했는지는 언급되지 않았다.

17) 그 목록은 대부분 『大日本史料』(1906), 제12편 8권, 693~700면에서 쉽게 찾을 수 있다. 이 책은 주로 다음 목록을 기반으로 서술되었다. 続群書類従完成会(1965), 『寛政重修諸家譜』10, 92~93면; 国立公文書館 소장, 『略譜』(사본, 156~0017), 139:73~78면(마이크로필름 022100 프레임1104에서 시작, http://www.digital.archives.go.jp/에서 온라인 접속 가능); 東京大学 史料編纂所 소장 사본, 『官醫家譜』 12:2b~7a(http://wwwap.hi.u-tokyo.ac.jp/ships/shipscontroller 에서 온라인 접속 가능). 여기서 『略譜』와 『官醫家譜』 모두 17세기 초로 추정되지는 않지만, 그 내용은 町泉寿郎(2009), 34면에 인용된 마나세 가문 문서와 일치한다.

18) 이 목록은 懷仙樓書目을 말하는데, 町泉寿郎(2009), 앞의 글, 29~34면에서 상세히 논의되어 있다. 또한 三木榮(1951), 263~270면에도 언급되어 있다.

에 있다.[19] 그러므로 '養安院藏書'라는 장서인을 통해 마나세 쇼린의 소유로 볼 수 있는 상당한 수의 조선본이 여러 도서관에 소장되어 있다. 그러나 센쥬로가 입증한 바와 같이, 이 장서인은 쇼린 생전에는 사용되지 않았고 사실 5대 양안원인 마나세 세이케이(曲直瀨正珪, 1686~1748) 때부터 사용되었다.[20] 그렇기는 하지만 지금까지 확인된 책들은 모두 1600년 이전의 조선 활자본 또는 목판본이다. 조선본을 입수하기 어려웠던 에도시기의 일반적 정황을 고려하면(관련 설명이 아래에 있음), 앞서 언급한 조선본 '242'권의 책 대부분은 1590년대 조선 침략 과정에서 쇼린의 손에 들어갔다고 볼 수 있다. 그런데 양안원 장서인이 찍힌 책 가운데 적어도 한 권은 조선에서 곧바로 마나세 가문으로 들어가지는 않았다는 것을 보여주는 사례가 『속삼강행실도』이니, 이 책은 원래 오우치 요시타카의 소유였다.[21]

비록 히데요시의 군대가 조선에서 책을 약탈해 간 것을 입증할 만한 정보는 부족하지만, 이러한 일이 실제 있었음은 의심의 여지가 없다. 서울이 탈환되고 조선 조정이 행정 기능을 회복한 1593년부터, 서적의 유실을 조사하고 이를 보완하기 위한 노력이 기울여졌다. 선조(재위 1567~1608)는 책들이 유실된 것을 안타까워하며, 도서를 나라에 기증하는 사람에게 보상을 줄 것을 제안했으니, 경연에 필요한 도서도 부족하다는 것이 드러났기 때문이다.[22] 1600년 이호민(李好閔)이 중국에 사신으로 다녀와서, 왕실의 도서가 '도적'의 손

---

19) 대영도서관에 소장된 사례는 藤本幸夫 · Elizabeth D. McKillop(2010), 1~63면에 기록되어 있다.

20) 町泉寿郎(2009), 앞의 글, 28~29면.

21) 東洋文庫에 사본이 소장되어 있다(XI-4-B-3). 東洋文庫(2007), 『東洋文庫の名品』, 240~241면 참고.

22) 신양선, 위의 책, 43~50면.

에 넘어가 큰 손실이 발생했기에, 사서오경 같은 기본서를 포함하여 중국에서 구할 수 있는 서적들을 입수했다고 보고하며, 그것들을 조정에 바치겠다고 하였다.[23] 이렇듯 조선의 기록에서는 서적의 손실에 대한 분명한 체감을 할 수 있다. 그리고 이는 1624년 만주족의 침략 이후 더욱 악화되었다. 그런데 이 책들은 정확히 어디로 가버린 것일까?[24]

안코쿠지 에케이가 입수했던 조선 서적의 실체를 현재 확인할 수는 없지만, 앞서 언급한 요안인 장서 책들을 포함하여 일본에 현존하는 다른 많은 책은 확실히 임진왜란과 관련이 있다. 그러한 결과로 난포 분시가 입수하여 1599년에 직접 주석을 단 조선본『주역전의대전』같은 책이 현전하고 있다.[25] 그리고 후지와라 세이카(藤原惺窩, 1561~1618)는 포로로 잡혀 온 조선의 학자 강항(姜沆, 1567~1618)과의 만남을 통해 송대(宋代) 유교에 대한 지식을 발전시킨 것으로 유명한데, 그는 임진왜란을 통해서만 입수할 수 있었던 권근(權近, 1352~1409)의『입학도설(入學圖說)』을 소유하고 있었다.[26]

후지와라 세이카의 제자인 하야시 라잔(林羅山, 1583~1657) 또한 조선에서 약탈한 조선본을 분명히 가지고 있었다. 조선 신유학이 일본에 영향을 미쳤다고 보는 아베 요시오(阿部吉雄)의 주장이 과장되었다고 힘주어 주장하는 빌렘 부트(Willem Boot)는 1657년 화재로 많은

23) 『선조실록』 33년(1600) 6월 7일 기사.

24) 만주족의의 침략에 따른 영향에 대해서는 신양선, 위의 책, 34면 참고.

25) 宮内庁書陵部 소장(401-13). 그 주석은 21장 끝에 있다. 이 책은 후에 쇼군의 도서관(紅葉山文庫-역자)에 편입되었다. 그 글의 본문에 대해서는 村上雅孝(1989), 37면을 참고.

26) 대영도서관(The British Library) 소장(15229.b.20). 이 책에는 "冷泉府書"라고 쓰인 장서인만 찍혀있다. 그러므로 1885년 대영도서관이 입수할 때까지 이 책은 개인 소유였음을 알 수 있다. 대영도서관의 한국 도서 입수에 대해서는 藤本幸夫 · Elizabeth Dorothy McKillop, 앞의 논문 참고.

책이 유실되었던 라잔의 장서 가운데 조선본이 거의 없음을 지적하고 있다.[27] 그런데 1604년 라잔은 그해까지 읽은 400종 이상의 도서 목록을 만들었는데, 그 가운데에는 다수의 조선 저자의 책도 들어있다.[28] 그중에는 라잔의 소유임을 나타내는 조선본 2종이 현존하고 있으며, 라잔 본인이 필사한 사본도 몇 건 현전하고 있다. 이 목록에 수록된 많은 중국인 저자의 책들은 더 많은 문제점을 제기한다. 아베와 이준걸은 라잔이 이 책들을 조선본으로 읽었다고 가정하고 있지만, 이는 '만약 조선본이 간행되었다면 라잔이 그것을 읽었을 것'이라는 전제에 기초하고 있다.[29] 라잔의 소장 도서 상당수가 회복할 수 없는 손실을 입었다는 점을 고려하면, 이 의문을 근본적으로 해결하기는 어려운 상황이며 위의 가정을 가능케 하는 선험적 근거도 없다고 할 수 있다.

도쿠가와 이에야스는 의심할 바 없이 조선에서 약탈한 방대한 서적을 소장하였다. 그가 전쟁에 직접 참여하지는 않았으므로 이 책들은 압수한 것이거나 선물로 받았을 것이다. 1601년 이에야스는 그의 밑에서 출판과 행정을 담당한 임제종 승려 산요 겐키쓰(三要元佶, 1548~1612)에게 200종의 서적을 주었는데, 그래도 그에게 남아있는 서적의 절반 이상은 여전히 조선본이었다.[30] 이에야스가 소유했던

27) Willem Jan Boot(1983), 75면; 阿部吉雄(1965), 앞의 글, 178면.

28) 阿部吉雄, 앞의 글, 162~166면. 「既見書目録」, 『羅山林先生文集』, 京都荒川宗長, 1662 , 附錄卷1, f.8a-20a. 마지막 부분의 주석에 따르면 편집자는 라잔 본인이 작성한 목록을 사용했다고 한다.

29) 阿部吉雄, 앞의 글, 172~178면; 이준걸(1986), 260면.

30) 川瀬一馬(1934), 5~6면. 일본국립국회도서관에 소장된 한국 간행본 儷語編類(1533, 청구기호 820-26)에는 그것이 겐키츠의 소유임을 밝히는 기록이 포함되어 있다. 후대의 막부 사서였던 콘도 세이사이(近藤正斎)의 보고에 따르면, 산요 겐키츠에게 전해진 책 중에는 세키가하라 전투 직후 처형된 안코쿠지安国寺(에케이恵瓊로 추정)로부터 압수된 것들이 포함되어 있다고 하였다. 콘도 세이사이는 이에 대한 근거로 『慶

대부분 서적은 도쿠가와의 방계인 미토(水戸), 기이(紀伊), 오와리(尾張) 가문에 배분되었는데 이 가운데 오와리 가문의 서적만이 나고야의 호사 문고(蓬左文庫)에 고스란히 보존되어 있다. 이 가운데에는 방대한 조선본이 포함되어 있는데 이것들은 조선에서의 약탈품의 일부임이 분명하다.[31]

조선본은 다른 저명한 학자나 기관의 장서에서도 발견된다. 그런데 그 책이 일본으로 전해진 과정에 대해 어떠한 단서도 없는 경우가 많다. 다음 두 가지 사례가 바로 그러한 경우이다.

a. 규슈 사이키 번(佐伯藩)의 다이묘이자 애서가였던 모리 다카스에(毛利高標, 1755~1801)는 거대한 장서를 조성한 바 있다. 이 장서는 이후에 막부로 넘겨졌지만, 여기에는 많은 조선본이 포함되어 있었다. 예를 들어 유희춘(柳希春, 1513~1577)이 지은 조선 유학자들의 전기 모음집인 『국조유선록(國朝儒先録)』의 16세기본과 양예수(楊禮壽)가 지은 의학 서적인 『의림촬요(醫林撮要)』의 16세기 활자본 등이 거기에 포함되어 있다.[32] 그가 어떻게 에도 시대

長年中記』를 들었는데 이 책은 이에야스의 의원이었던 이타사카 보쿠사이板坂卜斎가 저술하였으며 필사본 형태로 근대까지 유통되었다. 『近藤正斎全集 2』(1906), 国書刊行会 253면. 그런데 『改定史籍集覧 26』(1903), 近藤出版部에 실린 간본 『慶長年中記』에는 이와 관련한 언급이 없고, 와세다 대학에 소장된 필사본 『慶長年中記』(ri05-02053) 30면a~b에는 실려있다.

31) 이에 대한 목록은 이준걸, 307~324면 참조.

32) 오늘날 国立公文書館(217-3)과 대영도서관(15253.e.1)에서 각각 찾을 수 있다. 〈全國漢籍データベース〉(http://kanji.zinbun.kyoto-u.ac.jp/kanseki?detail)의 '키워드' 검색에서 毛利高標와 朝鮮을 검색하면 56개의 다른 조선본뿐만 아니라 모리 타카스에의 소유였다가 지금은 일본 도서관에 소장되어 있는 조선 필사본 1점과 조선본의 에도시대 필사본 2점을 발견할 수 있다. 藤本幸夫(2006), 『日本現存朝鮮本研究- 集部』, 556~557 참조. 모리 타카스에가 입수한 중국본 수입 서적에 대해서는 大庭脩(1997), 앞의 글, 268~278 참조.

라는 늦은 시기임에도 불구하고 이렇게 방대한 규모로 이른 시기의 조선본 장서를 모을 수 있었는지는 의문으로 남아있다.

b. 시부에 츄사이(澁江抽齋, 1805~1858)는 히로사키 번(弘前藩)의 의원이자 저명한 장서가로, 송대의 본초서인 『중수정화경사증류비용본초(重修政和經史證類備用本草)』의 조선 활자본과, 1592년에 간행된 『표제구해공자가어(標題句解孔子家語)』의 조선 활자본을 소유하였다.[33] 이는 임진왜란 이전에 간행된 책들이므로 이 또한 전리품으로써 일본에 처음 전해졌을 것이다.

위 같은 경우나 또다른 사례를 보면 장서인을 통해 그 책이 에도 시대에 일본에 들어와 있었다는 사실은 증명할 수 있지만, 이 책들이 임진왜란과 연관된다는 명시적 증거는 없다. 그러나 1598년 이후 조선으로부터의 서적 공급이 부족했음을 고려해 보면, 다른 계기를 통해 일본에 전해졌다고 생각하기도 어렵다. 물론 현재 방대한 양의 한국판 고서와 필사본이 일본 도서관에 소장되어 있긴하다. 후지모토 유키오(藤本幸夫)의 초인적인 서지학 작업은 이러한 텍스트의 귀중한 총합에 대한 상세한 정보를 제공하는 과정 중에 있다.[34] 이들 중 일부는 임진왜란 이후 상당한 시간이 지난 뒤에 일본에 들어온 것이 분명한데, 1600년 이후 간행된 조선본이 특히 그러한 경우이다. 그리고 대부분은 메이지 시기와 일제강점기에 일본으로 전해졌다. 덴리대학(天理大學) 도서관 장서의 경우, 대부분 이마니시 류(今

33) 각각 東洋文庫(X1-4-B-18)와 대영도서관(15201.c.13)에 소장되어 있다. 후자는 이후 1599년 도쿠가와 이에야스의 명령에 따라 후시미伏見에서 간행되었다.

34) 藤本幸夫의 『日本現存朝鮮本研究 - 集部』는 4권으로 계획된 시리즈 가운데 첫 번째 책이다.

西龍, 1875~1932)가 한국에서 입수한 것으로, 그는 1906년부터 한국에서 고고학 조사를 수행했다. 이마니시 장서에는 다른 일본인 장서인이 찍혀있지 않으므로 그가 조선에서 직접 입수했음이 명백하다. 대부분의 경우 어느 책이 언제 조선에서 일본으로 들어왔는지를 파악하기란 쉽지 않다. 그럼에도 불구하고 어떤 부류의 책들은 임진왜란과 연결짓기에 무리가 없다. 앞서 언급한 17세기 초 일본인 소장 장서인이 찍힌 서적도 여기에 포함된다. 이에 더해, 조선 조정에서 사용되어 '經筵'(왕실 강연)이라는 인장이 찍혀있는 책(예를 들어 약방문인 『온씨은거조도방복약수지(溫氏隱居助道方服藥須知)』라든가 백과사전인 『통전(通典)』) 그리고 그 외에 내사기(內賜記)가 있는 많은 종류의 서적은 분명히 궁궐과 양반가의 서고에서 강제로 일본으로 옮겨졌을 것이다.[35)]

한편 1600년 이전에 일본에 유입된 조선본 대부분이 중국인 저자의 저작이라는 점에 주목할 필요가 있다. 앞서 언급했던 바와 같이, 그중에는 후지와라 세이카가 소장하고 있던 『입학도설』 사본을 비롯한 조선 저자의 저술도 분명히 있었다. 그런데 현재 궁내청서릉부에 소장되어 있는 84종의 한국 서적 중 단 한 종만이 한국인 저자의 작품이니, 이는 고려와 조선에서 몇 차례 간행되었던 시인 최치원(崔致遠)의 문집이다.[36)] 일본에 전해진 몇몇 한국 서적 중에는 송·원·명판의 번각본도 있었지만, 나머지는 한국에서 새로 판을 짜서 간행한 목판본이거나 활자본이었다. 중국 문헌이 한국본 형태로 일본에 유입된 것은 상당히 중요한 의미가 있다.

---

35) 여기 언급된 두 책은 宮內庁 書陵部(서가기호 556-124와 400-1)에 소장되어 있다. 궁내청 서릉부에 소장된 여러 조선 왕실의 도서와 공적으로 하사한 책들은 〈全國漢籍データベース〉의 키워드 검색을 통해 열람이 가능한 경우도 있다. 일부 서적은 장서인을 통해 에도시기 또는 그 전에 입수되었다는 점을 확인할 수 있다.

36) 宮內廳書陵部 소장 『桂苑筆耕』(서가기호 512-8). 이 작품 역시 중국 작품으로 여겨질 수도 있다. 작가가 당나라에 체재할 때 집필되었기 때문이다.

물론 중국에서 출판된 중국 문헌은 10세기부터 이미 일본으로 직접 유입되었으므로 이런 서적이 새로운 것은 아니었다.[37] 그러나 명나라에서 수입된 서적의 수량, 범위와 연속성에 대해서는 거의 알려진 바가 없다. 그런데 임진왜란을 통한 서적 입수는 중국으로부터의 간헐적인 서적 수입을 훨씬 능가했을 것으로 생각된다. 특히 오닌의 난(1467~1467)으로 인해 교토 지역에 있던 서적의 상당수가 파괴되었던 점을 생각하면 더욱 그러하다.[38] 그리고 일본의 도서관에 소장된 송 · 원 · 명본이 언제 일본에 유입되었는지 명확하지 않은 점이 많기에 이 문제를 정확히 파악하기가 매우 어렵다.[39] 물론 몇몇 예외들도 있다. 남송판의 '삼사(三史)' - 『사기』, 『한서』, 『후한서』는 일본에 남아 있는데 그중 하나에는 임제선(臨濟禪) 승려 겟슈 쥬케이(月舟寿桂, 1470~1533)의 도장이 찍혀있다. 그리고 이 '삼사'는 함께 보관되어 있었으므로 그 책들은 16세기 일본에서 분명히 이용할 수 있었을 것이다.[40] 비슷한 경우로는 교토 덴류지(天龍寺)의 임제종 승려 사쿠겐 슈료(策彦周良, 1501~1579)가 중국에서 가져왔던 책들을 들 수 있다. 그는 명나라에 파견되었던 1539~1541년과 1547~1550년 두 차례의 공식 사절단에서 고위직 역할을 맡았는데, 중국에서 구했던 책들에 대해 자신의 일기에 기록을 남겼다. 첫 번째 여행에서 그는 15종의 책을 선물받거나 구매했고(구입 가격을 기록함), 두 번째 여행에서는 단지 2종만 구했는데, 그 책들은 다소 잡다한 컬렉션을 이

37) 森克己(1975), 224, 227~229면. 목록들에 대해서는 『山槐記』(『史料大成』 제20권(1934), 內外書籍, 225면) 治承3년(1179) 2월 13일 기사와 『妙槐記』(『史料大成』 제28권(1936), 內外書籍, 292면) 文応元年(1260) 4월 22일 기사 참조.

38) 오닌의 난에서 발생한 손실에 대해서는 小野則秋(1944), 557면 참고.

39) 가마쿠라와 무로마치 시대에 수입된 중국본에 대해 가장 참고할 만한 연구는 大庭脩와 王勇이 주편한 『典籍 日中文化交流史叢書』 제9권(大修館書店, 46~70면)이다.

40) 水澤利忠(1958), 27면과 大庭脩(1997), 앞의 책, 12~16면 참고.

루었다.[41] 사쿠겐 슈료는 그 책들이 간행본인지 아닌지를 명시하지는 않았지만, 당시 명나라의 출판 수준을 고려할 때, 특히 그가 상업적으로 책을 구매했다고 가정하면, 이는 분명 간행본이었을 것이다. 그리고 그 책들 가운데 우연히도 지금까지 전하고 있는 한 권이 있어 이러한 가정에 힘을 보태고 있다. 1539년 7월 4일(음력) 사쿠겐 슈료는 『청우기담(聽雨紀談)』을 선물받았다. 이 책은 잡다한 내용의 비망록으로 비 오는 날 도목(都穆, 1458~1525)이란 인물이 지은 것으로 알려져 있다. 그런데 이 책이 오늘날 남아 전하고 있으며 여기에는 사쿠겐 슈료의 도장이 찍혀있고 주석도 달려있는데 바로 16세기 초기의 간행본이다.[42] 그와 함께 명나라에 두 차례 다녀온 동료 가운데 한 명이 쇼군 아시카가 요시하루(足利義晴)의 주치의였던 요시다 소케이(吉田宗桂, 1512~1572)였다. 요시다 소케이는 중국에서 가정(嘉靖) 황제의 병을 치료해 그 사례로 북송 시대의 의학 서적인 『성제총록(聖濟總錄)』의 원나라판을 받았다. 그는 다른 많은 의학 서적을 가지고 일본으로 돌아왔는데 역시 그 대부분은 간행본이었을 것이다.[43]

이 사절단에 속한 다른 인원들이나, 이와는 별도로 중국을 여행한 고잔(五山) 선승들은 틀림없이 명판본을 얻어 일본으로 가지고 돌아왔을 것이다. 그런데 그 중국본들이 일단 일본에 들어온 후 그 수량은 어느 정도였으며 접근성은 어떠하였을까? 그중 일부는 사원에, 또 일부는 가나자와 문고(金沢文庫)에 소장되었으나, 현재 파악하기

41) 牧田諦亮(1959), 166~167면.

42) 牧田諦亮(1955), 65면; 蘇峰先生古稀祝賀記念刊行会(1932), 『成簣堂善本書目』, 民友社, 343면.

43) 『大日本史料』(1966), 제10편 12권, 東京大学, 451~453면.

로는 대개 유일본이다.[44]

3. 에도 시대에 유입된 조선본들

도쿠가와 시대에는 중국으로부터의 수입품에 대해 제도적인 검열이 이루어졌기 때문에 17세기 후반 이래로 공식적 수입에 대해서는 자세한 정보를 얻을 수 있다. 하지만 조선으로부터의 수입은 검열의 대상이 아니었기 때문에 관련된 정보가 없다. 조선본들은 오로지 쓰시마 번과 조선의 접촉을 통해 유입되었으므로 소 다이묘(宗大名)의 통제 아래에 있었을 것으로 추정된다. 반면에 중국 서적들은 나가사키를 왕래하는 중국 상인들을 통해 수입되었는데 그중에 기독교와 관련된 것은 없는지 확인하기 위해 꼼꼼한 조사를 받았다. 그렇다면 조선본의 유입에 대해서는 어떤 신뢰할 만한 자료가 있을까? 아래와 같은 종류의 자료들이 가장 좋은 정보를 제공해 주므로 이들을 순서대로 검토하기로 한다.

a. 일본과 조선을 오갔던 외교사절단과 그와 관련된 문서 자료
b. 쓰시마 번 기록 보관소의 자료
c. 조선본의 에도시기 일본 재간본
d. 조선본의 일본 필사본

44) 小野則秋(1944), 앞의 책, 586~646면.

1) 외교와 관련된 근거

조선본 서적이 대량으로 약탈당한 지 30년밖에 지나지 않았던 1629년에 겐보(玄方)가 이끄는 일본 사절단이 서울로 와서 약재, 악기와 함께 서적도 달라고 요청하였다. 그들은 14종의 서적을 요청하였으니 그 목록은 조선 조정의 기록에 축약된 제목으로 적혀 있다. 그 책 대부분은 중국 서적의 조선본으로 그 가운데 4종은 당시 조선 조정도 구할 수 없었던 것으로 보인다.[45] 두 나라의 자료를 보면 일본 엘리트 계층이 조선 간행본을 구하는 데에 여전히 관심이 있었다는 것을 알 수 있다. 놀랍게도 조선 조정은 기꺼이 그 책들을 하사하였으니, 이 경우에는 구할 수 있는 10종의 서적을 일본 사신에게 주었다. 그러나 1632년 겐보가 『입학도설』(후지와라 세이카가 사본을 소유하고 있었음)을 포함해 더 많은 종류의 서적을 요구했을 때는 조선 조정이 거절하였다.[46]

1663년 쓰시마 다이묘는 조선 조정에 명나라의 『사서오경대전』, 『사기평림』, 『주자어류』를 살 수 있게 해달라고 요청하였는데, 이러한 요청은 아마도 막부에서 나왔을 것으로 추정된다.[47] 이에 대해 『사기평림』과 『주자어류』만 판매 허가가 내려졌다. 이들은 조선본으로 추정된다. 그런데 『주자어류』를 제외한 다른 서적은 이미 일본에 출간되어 있었다. 그렇다면 그 책들은 실은 에도(江戶)가 아닌 쓰시마에서 원했던 것은 아닐까? 아니면 막부가 여전히 조선본을 갈

---

45) 田代和生(1980), 104면; 『승정원일기』 권2, 1629년 5월 7일 기사. 그중 한 책은 '通鑑'이라고 기록되어 있는데, 이 책이 이준걸(137면)이 제안한 바와 같이 한국의 『東國通鑑』인지, 아니면 중국의 『資治通鑑』인지는 의문이 있다. 『인조실록』 7년(1629) 5월 6일 기사도 참조.

46) 『인조실록』 10년(1632) 12월 11일 기사 참고.

47) 『현종실록』 4년(1663) 8월 21일 기사 참고.

망하고 있었던 것인가?[48] 어쨌든 이 사례를 통해 조선에서 서적을 사는 것이 쉽지 않았음을 알 수 있다. 특히 1632년과 1663년에 이루어진 서적 요청은 적어도 그 시기에는 조선에서 일본으로 서적이 꾸준히 유입되지 않았던 점을 보여주고 있다.

에도 시대에 조선의 사절단이 일본에 12차례 방문했으므로 당연히 서적과 시문을 교환하는 기회가 있었을 것이다. 서거정(徐居正, 1420~1488)이 편찬한 시화집인 『동인시화(東人詩話)』는 한 사례이다. 1687년에 간행된 화각본 『동인시화』의 발문에 따르면, 이 책은 1655년 조선 사신의 선물로 일본에 들어왔다.[49] 또한 이와 유사한 사례로, 1681년 한 조선 역관이 대마도의 번의(藩醫)에게 의학 서적 3종을 건넸는데 그중 하나가 『동의보감(東醫寶鑑)』이었다. 이 책은 일본과 중국에서 한국 의학의 개론서로 높이 평가를 받았는데 이 책에 대해서는 뒤에서 다시 논의하겠다.[50]

이러한 통신사행의 견문을 통해, 조선 조정은 조선본이 일본에서 복제되고 재간행된다는 점을 알게 되었다. 1636년 통신사행단의 부사는 일본에 있는 대부분 책은 1590년대에 조선에서 가져간 것이라고 기록하기도 했다.[51] 또한 1712년 조선 조정에서는 조선본이 일본에까지 전해진 것에 대한 놀라움을 표명하기도 하였다. 이러한 반응을 촉발했던 책은 바로 『징비록(懲毖錄)』이었다. 사실 그전에도 일본에 조선본이 많이 있다는 보고가 있긴 있었다. 그러나 『징비록』은 유성룡(柳成龍, 1542~1607)이 임진왜란을 기록한 책인데 1695년 일본

---

48) 長沢規矩也(1976), 30, 46, 63, 104면.

49) 1687년에 간행된 화각본 『東人詩話』 발문에 대해 藤本幸夫(2006), 1223~1224면 참고.

50) 田代和生(1999), 47면 각주 11번 참조.

51) 金世濂, 『海槎録』(『大系朝鮮通信使 2』(1993~1996), 142면.

에서 재간행되었다. 이러한 사실이 알려진 결과, 중국 서적의 조선본을 제외한 조선 서적의 수출은 전면 금지되었다.[52] 그런데 『징비록』은 왜군이 조선에서 물러간 뒤에 저술되었으므로, 이는 침략 이후에 조선 저자가 쓴 일부 책들이 일본에 실제로 전해졌다는 증거가 된다.

다른 서적들도 조선의 사절단을 통해 일본에 전해졌을 가능성이 있지만, 이와 관련한 상세한 증거는 부족하다. 한편 사절단의 제술 담당자와 일본인 교섭 담당자가 주고받은 한시는 종종 출판되었기에 일본의 독자들은 쉽게 조선인이 쓴 한시를 접할 수 있었다.[53]

2) 쓰시마 번의 문서고

주지하듯 막부와 조선 조정의 외교적 접촉은 쓰시마 번의 소 다이묘에 의해 중개되었는데, 소 다이묘는 교역의 최전방 거점인 부산에 위치한 왜관을 관리하였다. 소 다이묘의 중재 과정은 현전하는 방대한 양의 번 문서고에서 찾아볼 수 있으니, 에도시대에 조선에서 일본으로 이동한 서적과 관련 있는 내용도 포함되어 있다. 여기에는 쓰시마 다이묘가 소장했던 1683년도의 도서 목록도 포함되는데, 그 서문을 통해 이것이 1685년에 번교(藩校)를 설립한 쓰시마의 3대 다이묘인 소 요시자네(宗義眞, 1639~1702)가 소장했던 서적의 목록임을 알 수 있다.[54] 그 목록을 보면 일본의 간행본과 필사본을 기록한 부

52) 『승정원일기』 숙종 38년(1712) 4월 22일, 5월 20일; 『숙종실록』 1712년 4월 22일, 5월 20일 기사.

53) 자세한 내용은 이준걸, 115~121면과 『大系朝鮮通信使』 참조.

54) 長崎県立対馬歴史民俗資料館[이하 NKS], 宗家文庫, 記録類 3, 書物目録 1 : 御書物帳

분 뒤에, 42개의 서목이 당본(唐本, 중국에서 수입된 책) 부분에, 그리고 261개의 서목이 조선본 부분에 나열되어 있다. 그런데 그 가운데 몇몇은 화재로 인해 소실되었고 몇몇은 다른 곳으로 기증되었다고 언급되어 있다.[55] 그러므로 이 목록은 오늘날 문서고에서 찾을 수 있는 조선본과 완전히 일치하는 것은 아니다. 그런데 목록에 따르면, 거의 모든 조선본은 노란색 표지로 되어있다고 기록되어 있으니, 이는 고유한 조선식 장정일 것이다. 하지만 목록에 대응하는 현존본은 대부분 일본식 표지로 다시 장정이 되어있다. 이는 단순히 낡은 표지를 교체할 필요가 있어서 그렇게 된 것일 수도 있겠지만, 어쩌면 쇼군에게 진상되는 일반적인 다른 물건들과 같이, 그 책들을 '일본화'하려는 열망을 나타내는 것일 수도 있다.(아래 내용을 볼 것)

그런데 그 목록에는 책의 권수를 제외하면 서지학적인 세부 정보라 할만한 것이 별로 담겨 있지 않다. 그래서 쓰시마의 문서고에 책이 남아있는 경우를 제외하고는, 대부분 경우에 관련된 판본을 확인하는 것이 불가능하다.[56] 『십구사략통고(十九史略通攷)』(화재로 소실), 『동인시화』(쓰시마 번이 운영하는 에도번저(江戶藩邸)로 보내짐) 및 『징비록』의 두 사본을 포함하여 앞에서 언급한 몇몇 서적들이 그 목록에 기록되어 있음을 볼 수 있다. 그런데 실제로 남아있는 많은 서적은 확

---

55) 이 목록에 나열된 조선본 목록은 이준설, 273~290면과 藤本幸夫(1981), 199~219면 참조. 그러나 두 연구 모두 목록의 순서를 바꾸고 후대의 주석을 생략했는데, 그 주석 가운데 몇몇은 1775년에 작성된 것이다. 그리고 비록 이 목록의 작성 연대는 1683년(天和 3)으로 추정할 수 있지만, 정확한 책 제목은 "御書物帳"이다. 이 주석의 중요성을 인정하는 유일한 사람은 『江戶時代朝鮮薬材調査の研究』를 저술한 田代和生이다.

56) 문서고에는 현재 154책의 한국 고서들이 있다. 『宗家文庫史料目録』 記録類4 - 和書·漢籍(1990), 厳原町教育委員会, 271~284면 참조. 이 책 대부분은 長崎県立対馬歴史民俗資料館, 宗家文庫 記録類3, 書物目録 28, 『朝鮮板唐本御文庫御書物引合帳』(아마도 19세기 중반에 작성된 것으로 추정되는 필사본임)에도 수록되어 있다. 이 자료 덕분에 우리는 현재 쓰시마에 보관된 대부분 책이 더 후대가 아니라 에도시기에 획득한 것임을 확신할 수 있다.

실히 조선본 중국 서적이며, 이는 일찌감치 목록에 기록된 42종의 '당본'보다 더 많으므로, 적어도 17세기 쓰시마에는 조선본 중국 서적이 중국에서 수입된 서적보다 더 많았던 것이 분명하다.

그 목록에 기록된 몇몇 책을 보면, 그 책이 쇼군에게 진상된 것임을 나타내는 취지의 주석이 달려있는데, 어떤 경우에는 문서고에서 그 과정을 추적해 볼 수 있다. 이러한 도서 진상은 요시무네의 재위 기간(1716~1745) 동안 많이 일어난 것으로 보인다. 그는 쇼군이 된 다음 해인 1717년에는 『동의보감』 복본 한 질을 쓰시마에 요구했다. 『동의보감』은 허준(許浚, 1546~1615)이 지은 의학 백과사전으로 조선에서는 1613년에 처음 출판됐으며 위에서 언급했듯 1681년에는 쓰시마 번의에게 전달되기도 하였다. 그 이듬해에 쓰시마 다이묘는 『동의보감』 한 질을 요시무네에게 진상했는데, 조선식 원본 표지가 아니라 일본인이 만든 표지로 교체한 것이었다. 이후에 쇼군에게 진상된 책들은 관련 설명을 주석으로 기록하고 1683년 목록에서는 삭제되었다.[57] 쓰시마 번은 사실 『동의보감』을 입수하고자 한동안 애를 썼다. 특히 1660년대에서 1690년대 사이에는 부산에 있는 조선 당국에 최소한 5번 요청하였다.[58] 1657년에는 막부의 침술사가 총 85권의 조선 의학 개요서인 『향약집성방(鄕藥集成方)』(1433)을 포함한 4종의 서적을 입수해달라고 쓰시마 번에 요청하기도 하였으니, 일반적으로 조선의 의학 서적에 대해서는 많은 수요가 있었던 것으로 보인다.[59] 1683년 쓰시마 번은 『의림촬요』도 입수하였는데, 이는 나

57) NKS, 宗家文庫, 記録類 Ⅲ, 表書札方 R/3/1, 『吉宗様御代公私御用向抜書』, 21번 「海東諸国記被献候事」; 田代和生(1999), 앞의 책, 62면.

58) 田代和生(1999), 앞의 책, 20면.

59) 田代和生(1999), 앞의 책, 21~22면. 이 『鄕藥集成方』은 쇼군(=도쿠가와 요시무네?)에게 전달되었음을 나타내는 주석과 함께 1683년 목록에 나열되어 있지만, 그 실물은 현존하지 않는 것으로 보인다. 일본국립국회도서관(청구기호: 〈 -15)에는 76~85권

중에 에도에 있는 쓰시마 번저로 보내졌다.[60)]

1718년 초에 하야시 라잔의 손자인 하야시 호코(林鳳岡, 1644~1732)가 15세기 후반에 지어진 일본과 류큐 왕국의 역사서 『해동제국기(海東諸國記)』 간행본을 쓰시마에 요청했다. 쓰시마의 한 관리는 쓰시마의 다이묘조차 이 책을 가지고 있지 않으며, 게다가 조선 조정에서 이 책의 수출을 금지하고 있기에 필사본만 제공할 수 있다고 답했다.[61)] 1727년에는 요시무네가 쓰시마에 마의학(馬醫學), 의학, 행정 체계와 지도, 달력에 관한 조선의 서적을 입수하라고 요구했다. 그 해 말에 쓰시마 번은 지도, 달력, 『마의(馬醫)』, 그리고 지리학 저술인 『동국여지승람(東國輿地勝覽)』(1530)을 에도에 보냈다. '1683년 목록'에는 『동국여지승람』 3질이 있다고 기록되어 있으니, 그중 한 질은 쇼군에게 보내졌고 또 한 질은 아라이 하쿠세키(新井白石, 1657~1725)에게 보내졌다.[62)] 또한 1735년에는 한문을 한글로 풀이한 언해본 3책이 포함된 의학 서적을 더 요청했는데, 그중 일부는 서울에서 돌

이 소장되어 있는데, 이는 도쿠가와 이에야스의 주치의였던 板坂卜斎의 소장인이 있으며, 후대의 막부 의원인 多紀 가문의 소장인도 찍혀있으므로, 다른 사본으로 보인다.

60) 國立公文書館에 『醫林撮要』 간행본(子 259-1)이 소장되어 있으며 이는 일본에 현존하는 유일한 『의림촬요』 판본이다. 이 책은 아마도 1683년 목록에 나와 있는 『의림촬요』와 동일한 권수를 가졌을까?(역주-현재 국립공문서관에 소장된 『의림촬요』와 1683년 목록에 기록된 『의림촬요』는 모두 13권본이다. 그러므로 이 둘을 동일본으로 볼 수 있다는 의미로 볼 수 있다.)

61) NKS, 宗家文書, 記錄類 Ⅲ, 表書札方 R/3/3 『吉宗様御代公私御用向抜書1』 15번, 「海東諸国記被献候事」. 国立公文書館에 村兼葭堂(1736~1802)가 소장했던 필사본(KKNB 292-147)과 毛利高標(1755~1801)가 소장했던 활자본(史 233-2)이 소장되어 있다.

62) NKS, 宗家文書, 記錄類 Ⅲ, 表書札方, R/3/8 『吉宗様御代公私御用向抜書7』, 69번, 『馬醫』에 대해서는, 쓰시마는 1633년의 한 사본을 잘 보관하고 있는데, 제목은 『馬牛醫方』이다. 책에 기록된 주석에 따르면 이 책의 조선 간본(NKS C-4-3)이 1725년에 에도 막부에 제공되었다고 한다.

아오는 상인이 부산에서 입수한 것이었다.[63)]

그리고 쓰시마 문서고에는 '1683년 목록'에 없는 약간의 조선본이 또한 소장되어 있는데 이 책들은 아마 목록이 작성된 이후 얼마 뒤에 쓰시마에 들어왔을 것이다. 이 책들 가운데에는 『천자문(千字文)』 한 종도 포함되어 있는데 여기에는 한글 주석이 달렸으며 1696년에 간행된 것이다. 그리고 조선의 군사 교본인 『병학지남(兵學指南)』의 경주판(1681?) 3책도 포함되어 있다.[64)] 그러나 현재로서는 에도 시기 조선으로부터의 수입이 어떤 규모였는지 확정하기 어렵다. 조선 서적이 들어오는 경로는 간간이 이어지던 조선의 사절단과 부산의 왜관을 통한 쓰시마의 접촉뿐이었다. 한국에 전하고 있는 쓰시마 기록에 따르면, 1701년 미우라라는 이름의 개인이 조선을 두 번 여행하고서 지리서인 『동국여지승람』 사본을 포함한 다양한 책을 다이묘에게 기증했다고 되어있다. 그는 아마도 쓰시마 번의 사무라이거나 왜관에서 무역할 수 있는 권리를 가진 상인이었을 것이다.[65)]

앞서 일본 사절단이 조선에 도서를 요청했던 사례에서 확인할 수 있듯, 조선 서적이 일본에 일정하게 꾸준히 공급되지는 않았던 것으로 보인다. 이러한 추정은 1683년의 목록이나 현전하는 서적의 목록 가운데 1600년 이후에 간행된 서적의 수를 살펴보면 더욱 설득력을 얻는다. 17세기 조선에서 출간된 서적 일부가 쓰시마를 통하거나 조선 사신의 손을 거쳐 일본에 도달한 것은 확실하다. 조선 서적에 대한 일본판 번각본, 일본인 필사본, 장서인 등의 부정할 수 없

63) 田代和生(1999), 304~307면, 315면 각주 7.

64) 『천자문』과 『병학지남』의 소장 번호는 각각 A-8-2과 C-2-8/9/10이다. 『천자문』의 연도에 대해서는 안미경(2004), 273면 표의 19번 참조.

65) 이준걸(1986), 143면.

는 증거가 존재하기 때문이다.[66] 그러나 이후에 또 논하겠지만, 주목할 것은 이러한 서적들은 신간이 아니라 이미 출간된 서적의 신판이었으며, 실학 등 조선 후기의 학술적 발전을 보여주는 서적은 쓰시마 소장본의 목록이나 다른 일본의 소장 목록에 드물게 나타나 있다는 점이다. 이는 다시 말해 조선의 학술에 대한 일본의 관심이 제한적이었음을 시사한다.

3) 조선 서적의 재간행

여러 조선인 저자의 서적들이 에도 시기 일본에서 재간행 되었고, 몇몇은 번역되기까지 했다. 그런데 에도시대 초기에는 중국인이 저술한 서적들의 조선본이 일본에서 재간행 되었다. 아래의 네 가지 사례가 이를 보여주고 있다. 이 사례들은 조선본이 중국 서적의 중개자로 역할을 했던 점에 관하여 관심을 불러일으킨다.

a. 『십구사략통고』는 게이초(慶長) 연간(1596~1615)과 1617년에 활자로 일본에서 인쇄되었다. 두 경우 모두 1582년에 조선인이 쓴 발문을 포함하고 있다.[67]

b. 주희(朱熹)가 저술한 『소학집성(小學集成)』은 1658년에 일본에서 처음으로 출간되었다. 그런데 이 책은 김문(金汶, ?~1448)이 교정하여 1436년 조선에서 출간된 활자본의 번각본이었다. (사진1

66) 쓰시마로 도서를 밀수하는데 조선이 공모했다는 증거가 존재한다: 신양선(1997), 앞의 책, 112면

67) 宮内庁書陵部(서가 기호 556-30). 후기 버전은 東洋文庫에 있다. 『全國漢籍データベース』에 따르면, 10종의 초기 조선본이 검색되지만 중국본은 없다.

참고)[68]

c. 왕여(王與, 1260~1346)의 『무원록(無冤錄)』은 법의학에 관한 중국의 서적인데, 최치운(崔致雲)의 주석이 달린 조선본이 일본에 전해진 것으로 보인다. 조선에서는 이 책이 15세기에 『신주무원록(新註無冤録)』이라는 제목으로 여러 차례 간행되었다. 일본에서 이 서적에 대해 맨 먼저 언급한 이는 하야시 라잔이었다. 그런데 그는 틀림없이 조선에서 약탈한 『무원록』 조선본을 본 후에 관련된 언급을 하였을 것이다. 왜냐하면 일본 내에서 17세기에 가타카나 주석과 함께 재인쇄되고 일본어로 번역되었던 『무원록』의 저본이 바로 이 최치운의 주석본이었던 것이다.[69]

d. 『시인옥설(詩人玉屑)』은 송대에 편찬된 한시 작법 및 비평서이다. 1439년에 간행된 조선본은 사실 1324년에 나온 화각본을 재간한 것이지만, 1639년에 조선본이 일본에서 재간행되었으므로 일본 내에서는 화각본이 드물게 유통되거나 경시되었던 것이 분명하다.[70]

이렇듯 일본에서 재간된 조선본이 중국 서적을 중개했던 몇몇 사

68) 많은 사본들이 『全國漢籍データベース』에 수록되어 있다.

69) 김호(2003), 13~20면; 林羅山, 『梅村載筆』(『日本随筆大系1』(1927), 日本随筆大系刊行会 32면). 일본판은 간기가 기록되어 있지 않지만 '1670년 서쾌의 목록'에 포함되어 있다. 『(江戸時代)書林出版書籍目録集成 1』(총 4권, 1962~1964), 斯道文庫, 82 · 2면 참조. 일본어 번역본인 『無冤録述』은 1758년에 출판되고 1799년 재판이 나왔다.

70) 藤本幸夫(2006), 앞의 책, 1217~1219면. 東洋文庫 소장 『詩人玉屑』(청구기호 XI-4-B-10). 和刻本漢籍随筆集 17(1977), 汲古書院, 222면.

〈사진1〉 최초의 일본판 『소학집성』 발문의 마지막 부분이다.

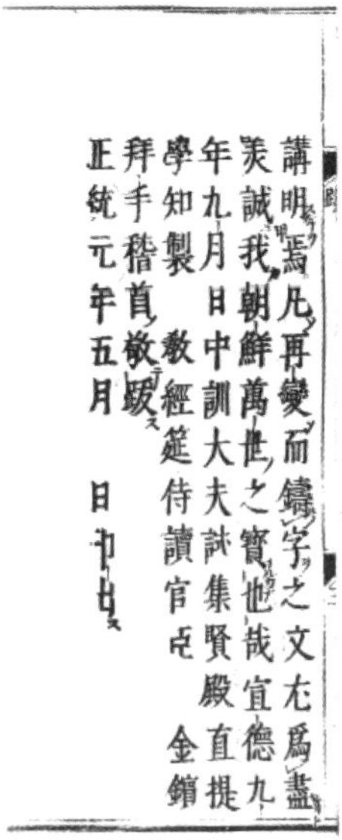

講明焉凡再變而鑄字之文尤爲盡
美誠我朝鮮萬世之寶也哉宣德九
年九月日中訓大夫試集賢殿直提
學知製教經筵侍讀官臣金鑌
拜手稽首敬跋
正統元年五月 日印出

* 이 책은 일본에서 1658년에 출판되었는데, 이는 1436년 조선에서 간행된 활자본의 번각본이었다. 발문 마지막 면의 첫 번째와 두 번째 줄 내용은 조선본이 활자본이었음을 말해주고 있다. 마지막 줄에는 정통제(正統帝) 원년(1436)이라고 날짜를 기록하고 있는데, 당시 조선에서는 일반적으로 명나라 연호를 사용하고 있었다. 마지막 줄의 훼손된 글자들은 아마도 기존 조선본의 간기(刊記)를 부주의하게 제거한 것으로 보인다.

례가 있다면, 조선 저자의 저작이 일본에서 재간된 사례는 더욱 많다. 이를 파악하기 위한 네 번의 시도가 있었는데 모두 소기의 목적을 이루지는 못했다.[71] 가장 최근의 경우는 아베 요시오의 연구로, 유학 서적과 17세기 판본을 주 대상으로 하였기에, 예외적으로 18세기 판본 두 권과 19세기 판본 세 권만이 포함되었다. 이러한 불균

71) 山口正之(1929), 52~70면; 三木栄(1956), 363~415(의학 서적만); 이준걸(1986), 263~272; 阿部吉雄(1965), 앞의 책, 17~18면.

형을 바로잡기 위해서, 그리고 지금까지 알려진 것보다 훨씬 많은 범위의 서책이 재간행 되었다는 점을 드러내기 위해서, 일부의 사례를 아래에 추가로 들어보겠다.

먼저 한국의 한시와 관련된 서적이다. 『난설헌시집(蘭雪軒詩集)』은 조선의 유명한 여성 시인인 허난설헌(許蘭雪軒, 1563~1589)의 시집으로, 일본에서 1712년에 간행되었는데, 1606년에 나온 조선본의 발문을 그대로 실었다. 이 책은 분명 17세기에 쓰시마를 거쳐 일본에 전해졌을 것이다.[72]

『삼한시귀감(三韓詩龜鑑)』은 초기 한국 한시 선집으로, 일본에서 1698년에 간행되었다. 이 서적은 아마도 시인이자 막부의 관리였던 히토미 치쿠도(人見竹洞, 1637~1696)의 개인 소장본을 바탕으로 하였을 것이다.[73] 이 책의 간기는 1566년에 나온 조선본이 저본임을 밝히고 있으며, 이 선집의 출판에 앞장섰던 스즈키 슈호(鈴木秋峰)는 이 책 서문에서 그가 소장하였던 많은 한국 서적을 열거하였다.

다음은 불교 서적이다. 고려시대의 승려 제관(諦觀)이 지은 『천대사교의(天臺四教儀)』는 일본에서 1654년, 1676년, 1693년, 1851년에 간행되었다.

『유심안락도(遊心安樂道)』는 저명한 승려 원효(元曉, 617~686)의 작품인데 원효가 다른 책에 붙인 주석과 함께 1658년 일본에서 간행되었다.(사진2 참고)

72) 国立公文書館 소장 『蘭雪軒詩集』(313~38). 허난설헌에 대해서는 Martina Deuchler(2003), 163~164면 참조.

73) 国立公文書館 소장 『三韓詩亀鑑』(359-19, 359-20).

〈사진2〉『아미타경소(阿彌陀經疏)』는 원효가 『아미타경』에 대해 쓴 주석서이다.

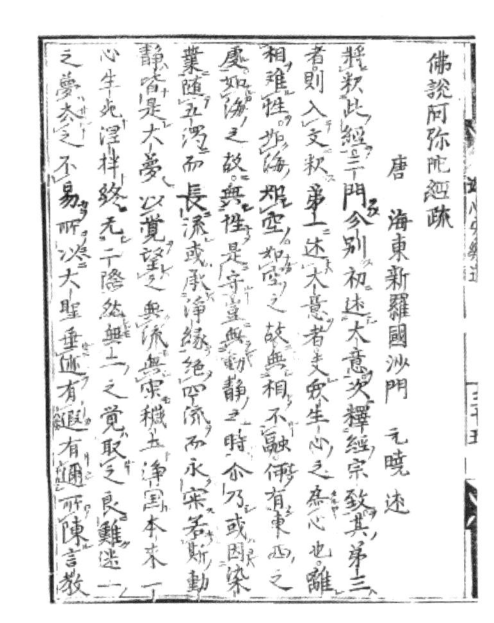

佛說阿彌陀經疏

唐 海東新羅國沙門 元曉 述

將釋此經三門分別初述大意次釋經宗致其第三
者則入文釋第一述大意者夫衆生心之爲心也離
相離性如海如空如空之故無相不融何有東西之
處如海之故無性是守豈無動靜之時爾乃或因染
業隨五濁而長流或承淨緣絕四流而永寂若斯動
靜皆是大夢以覺望之無此無彼穢土淨國本來一
心生死涅槃終無二際然無二之覺取之良難迷一
之夢去之不易所以大聖垂迹有遐有邇所陳言教

* 1658년에 일본에서 간행된 『유심안락도』의 부록으로 실려있다. 제목에 이어지는 행에 보이는 다소 복잡한 표현에 따르면, 그는 당나라 시기 해동 신라의 승려라고 언급되고 있다. 이것은 그가 당나라 초기 즉 신라가 삼국을 통일하기 전에 태어났다는 사실을 의미한다. 왜냐하면 '해동'은 한반도를 지칭하는 명칭이기 때문이다. 일본에서 일반적으로 간행된 한문 서적과 마찬가지로 이 책에도 일본인이 쉽게 읽을 수 있도록 훈점(訓點)이 광범하게 표시되었다.

가장 많이 재간되었던 책의 저자는 명실공히 한국 전통 학문을 대표하는 사상가인 이퇴계(李退溪, 1501~1570)였다. 그의 문집에 수록된 글 가운데 11편이 에도 시대에 재간되었으니, 대부분은 1640년에서 1670년 사이에 이루어졌고 가장 늦은 시기는 1809년이었다.[74] 그중 일부는 조선본을 번각한 것이어서 원래의 간기를 그대로

74) 이 자료들은 阿部吉雄(1983), 『李退溪全集(日本刻版)』, 李退溪研究會에 재수록되어

남겨 두면서도 일본 독자의 편의를 위해 모든 경우에 훈점(訓點)과 부분적으로 후리가나(振り仮名)가 첨가되었다. 하나의 예로서 『천명도설(天命圖說)』을 들 수 있다. 1646년에 나온 일본판 『천명도설』에는 하야시 라잔이 1621년에 쓴 발문이 첨부되어 있다. 그 글에서 하야시 라잔은 자신이 오랫동안 이 책을 소유해 왔으며, 비록 그 내용이 중국 유학자들의 학설을 반복하고 있지만 올바른 가르침에서 벗어나지 않으므로 살펴볼 가치가 있다고 썼다. 같은 해에 그는 자신을 따르는 세 명의 제자들에게 각각 다른 발문을 써주었는데, 여기서도 명백하게 『천명도설』을 추천하였다고 볼 수 있다.[75]

요시무네의 승인을 받아 재간된 책도 있으니, 바로 『동의보감』(1724)의 일본판이다. 이 책의 출간 두 해 전 요시무네는 휘하의 의원 한 사람에게 본문을 교정하라고 지시했으며, 관판본으로 출간하였다. 그러나 이 책은 시중에서도 살 수 있었으며, 1730년 요시무네는 가격을 낮춰 더 쉽게 구할 수 있도록 하라고 명령했다.[76]

일본에서 재간된 한국 서적에 대해 가장 주목할 만한 지점은 거의 모든 서적이 1600년 이전에 저술되었다는 점이다. 『동의보감』, 『난설헌시집』, 『징비록』 3종을 제외하고는 모두 1600년 이전의 서적이다. 이는 당시에 일본으로 조선의 최신 저작이 거의 수입되지 않았거나, 당대 조선의 학문과 문학에 대한 일본의 관심이 적었음을 시사한다.

있다. 阿部吉雄(1965), 앞의 책, 423~451면 참조.

75) 林羅山文集(1930), 弘文社, 620~622면.

76) 黒板勝美(1933), 288면; 高柳真三 · 石井良助(1934), 994~995면; 慶応義塾大学附属研究所斯道文庫(1963), 127.3면. 개정된 일본어판과 그 출처에 대해서는, 박경련(2000), 141~162면과 貫井正之(2007), 75~95면을 참조.

4) 한국 서적의 일본 필사본

지금 실제로 일본에 남아있지는 않지만, 일본인의 필사본을 통해서 해당 한국 서적이 에도시기에 일본에 있었던 것으로 추측할 수 있는 많은 사례가 있다. 예를 들면 다음과 같다.

a. 『역옹패설(櫟翁稗說)』. 이제현(李齊賢, 1287~1367)의 필기. 일본에 초기 간행본이 남아있지는 않지만, 아마도 18세기에 작성된 것으로 추정되는 필사본이 남아있다. 이는 하야시 가문의 8대 당주였던 하야시 줏사이(林述齋, 1768~1841)가 소장하고 있었다. 그는 이 책을 주의 깊게 읽으며 교정을 하고 메모도 해놓았다. 1683년 작성된 쓰시마 목록에는 2종의 『역옹패설』이 기록되어 있는데, 그 가운데 2권본은 화재로 소실되었고, 4권본은 에도의 쓰시마 번저로 보내졌다고 되어있다.(國立公文書館 308-184.)

b. 『청파집(青坡集)』. 이륙(李陸, 1438~1498)의 시집. 1512년 간행본의 필사본이 1802년에 작성된 막부 교육기관의 소장 목록에 수록되어 있다. 시나노국(信濃國) 우에다번(上田藩)의 사무라이였던 가토 이한(加藤維藩)은 이 책을 편집하면서 주의 깊게 적절한 취사선택을 했는데 아마도 간행본을 참고하였넌 것 같다. 그런데 1512년 간행본의 필사본이 미야기현립도서관(宮城縣立圖書館)에 소장되어 있긴 하지만 이 책이 언제 일본에 들어왔는지는 알 수 없다. (國立公文書館 318-173.)[77]

c. 『두창집요(痘瘡集要)』. 『동의보감』의 저자 허준이 지은 천연두

77) 藤本幸夫(2006), 679~680면.

에 대한 의서이다. 현재 일본에는 18세기 판본인 『언해두창집요(諺解痘瘡集要)』만 전하고 있는데, 언해 부분이 빠져있으며 표지에 '조선본'을 필사하였음을 명시하고 있다. 『언해두창집요』의 초간본은 한국에서 1608년에 나왔으니, 이 책(國立公文書館 子 259-3)은 에도 시기에 일본에 전해진 것이 틀림없다.[78]

이와 유사하게, 일본에 전해졌으나 현존하지 않는 조선 서적에 대한 정보와 더불어 일본인 개인의 조선 서적에 대한 흥미를 보여주는 필사본들도 많이 있다. 예를 들어 퇴계의 저작 중 하나인 『성학십도(聖學十圖)』는 17세기 초 일본에서 만들어진 필사본이 전하고 있다. 이 필사본은 하야시 라잔의 소유로 아마 자신이 찍은 것으로 보이는 훈점이 남아있으며, 저본은 노마 산치쿠(野間三竹, 1608~1676)가 소유했던 1572년 판본으로 보인다.(國立公文書館 299-163 및 子 250-3) 산치쿠는 라잔의 제자이자 막부의 의관(醫官)이었다. 이를 통해 우리는 라잔이 『성학십도』에 관심이 있었다는 것을 알 수 있다.

4. 한글 그리고 한국어에 대한 지식과 관련하여

에도 시대에 한글로 쓰인 고대소설이나 기타 서적이 일본에 전해졌다는 분명한 증거는 없다. 하지만 앞서 언급한 조선 서적 중 일부는 한글로 쓰인 몇몇 부분을 포함하고 있다. 이들은 대부분 한문과 한국어로 된 해설 또는 한국어 번역을 포함하는 이중언어 서적 곧 언해본(諺解本)이다. 한글이 에도 시대에 큰 관심을 끌었던 것은 아

78) 세종대왕기념사업회(2009), 『역주 언해두창집요』의 해제와 영인 자료 참고.

니지만, 몇 가지 주목할 만한 예외가 있다.

적어도 몇몇 언해본은 1590년대에 일본에 전해진 것이 확실하다. 나고야의 호사 문고에 소장된 도쿠가와 이에야스의 소장품 가운데에 다음 2종의 언해본이 포함되어 있다. 하나는 여성을 위한 도덕서 『내훈(內訓)』(서가 번호 122.6)의 간행본으로 1573년의 내사기가 있고, 다른 하나는 의서인 『구급방(救急方)』(서가 번호 167.8)의 사본이다. 그리고 1630년에는 도덕에 관한 입문서인 『삼강행실도(三綱行實圖)』가 일본에서 인쇄되었는데, 언해 부분은 삭제되고 한문 원문에 훈점과 오쿠리가나(送り仮名)가 추가되었다. 그리고 이는 이후 일본어로 번역되었다.[79] 또 쓰시마의 목록에는 간행 연대 미상의 활자본 『마경언해(馬經諺解)』가 수록되어 있는데, 1683년 목록에는 『삼강행실도』 이외의 언해본은 수록되지 않았다.[80] 그리고 1826년에는 필사본 『맹자언해(孟子諺解)』가 사서의 나머지 언해본과 함께 분명히 막부 도서관에 소장되어 있었다.[81] 비록 현재 어떤 책인지 확실히 알 수는 없어도, 일본에는 위에서 언급한 책 이외에도 상당한 언해본이 있었다는 것은 명백하다. 관련하여 이토 도가이(伊藤東涯, 1670~1736)가 분명히 조선의 언해본을 보았던 사례를 들 수 있다. 1698년 그는 한문 원문을 다룰 때 일본어를 사용하는 방법을 비판하면서 조선의 언해본 사서의 상황을 언급했다.[82] 덴리대학 도서관의 코기도(古義

79) 金永昊(2010), 17면. 저자는 18면에서 이 판본은 1581년 이후 것으로 언급했다.

80) NKS, 『馬經諺解』(C-4-2, C-1-12).

81) 國立公文書館 소장 『孟子諺解』(275-206). 이 책에는 안동향교에 기증한다는 내용의 1590년 기록, 昌平坂学問所의 자료임을 알리는 1826년 도장이 찍혀있다. 그리고 메이지 초기에 쓰인 표지를 보면, 이 책은 "사서 언해"의 일부임을 알 수 있다. 내각문고 목록에 따르면 이 책은 '江戶 寫本'으로 간주되는데 조선에서 수입된 필사본일 가능성이 더 높다.

82) 『作文眞訣』, 関儀一郎(1931), 『続日本儒林叢書』第2冊, 東洋図書刊行会, 32면(총서 면수 아님).

堂) 문고에 들어 있는 이토 가문의 현존 장서 중에는 관련된 언해본이 포함되어 있지 않다. 하지만 도가이는 1704년에 조선의 글쓰기 방법에 대해 기록을 남긴 바 있으니, 이는 분명 아메노모리 호슈(雨森芳洲, 1668~1755)에게 빌린 필사 자료에 기초하였을 것이다. 아메노모리 호슈는 쓰시마에 거주하였는데 부산에서 3년을 지내기도 했으며 조선어를 할 줄 알았다.[83] 1690년 그는 임진왜란 이후 일본에 전해졌을 것으로 추정되는 『경국대전(經國大典)』(1603)의 사본을 만들었고, 1689년에는 『해동제국기』 사본도 편집했다.[84]

그러나 한글 자체에 대한 이해는 매우 제한되어 있었으니, 이는 아마도 쓰시마의 통역이나 학자들에게만 국한되었던 것 같다. 1718년 에도의 하야시 가문의 당주는 쓰시마에 편지를 보내 '조선에 일본의 가나와 같은 자국어 문자가 있다는 말을 들었는데 그것을 무엇이라고 부르느냐'고 물었다. 이에 대한 대답은 '언문(諺文)'이라고 부른다는 것이었다. '언문'은 한글에 대한 당시의 일반적인 명칭이었다.[85] 1764년 당시 10대의 나이였던 의원 야마다 도난(山田圖南, 1749~1787)은 일본을 방문한 조선 통신사절단의 일원이었던 의원과의 대화를 기록하며, 한글과 가타카나 문자를 대응시킨 표를 제시했는데 이와 더불어 가타카나로 표기한 한국어 발음이 적힌 중국어 구절(ex '日本'은 'イルボン이루본')도 첨부하였다.[86] 일본에서 인쇄된

---

83) 天理圖書館 소장 『朝鮮國諺文』(古 207.9), 『朝鮮國諺文子母(1704년)』(古 10.3). 天理大學 出版部(1956), 『古義堂目錄 45』, 304면 참조. 『朝鮮國諺文』의 뒤에 남아있는 기록에 따르면 東涯는 1714년에 雨森에게서 필사본을 빌렸다. 小倉進平(1940), 143~46면에는 東涯가 한글에 대해 남긴 문장과 이에 대한 다른 사람의 언급에 대한 간략한 논평이 실려있다.

84) 天理圖書館 소장 『經國大典』(古 134.21), 『海東諸國記』(古 1134.19).

85) NKS, 宗家文書, 記錄類 Ⅲ, 表書札方 R/3/3 『吉宗樣御代公私御用向拔書』, 15번, 「海東諸国記被献候事」.

86) 山田圖南(1764), 16~17면.

다른 책들 가운데 한글이 포함된 책은 거의 없었지만, 1585년에 간행된 조선본 『천자문』을 재간한 『조선천자문(朝鮮千字文)』은 에도시대 후반에 한글 주석이 그대로 남아있는 상태로 출간되었다.[87] 아메노모리 호슈를 비롯한 쓰시마의 몇몇 통역사와 학자들은 분명 한글로 쓰인 한국어를 읽을 수 있는 능력이 있었다. 그러나 아메노모리 호슈를 포함하여 그들의 장서 목록이 확인되지 않기 때문에 그들의 한국어 능력을 가늠하기 어렵고 얼마나 활용하였는지도 모호하다.[88] 그런데 18세기에 대중 문학에 관심이 많았던 쓰시마의 한 사무라이가 조선 소설을 번역한 필사본이 전하고 있다. 그러나 이 번역이 한글 인쇄본을 바탕으로 한 것인지 한문 필사본을 바탕으로 한 것인지는 불분명하다.[89]

비록 16세기와 그 이후에 몇몇 언해본이 일본에 유입되었지만, 이러한 책들의 한글 부분에 흥미를 보였다거나 쓰시마 이외의 지역에서 한글을 읽기 위한 노력이 행해졌다는 흔적은 보이지 않는다. 조선의 언해본이 남긴 유일한 영향은 한문 서적의 일본어 번역본에 '언해'라는 제목을 붙이는 유행을 만들었다는 점이다. 이는 이전에 일본에서는 사용되지 않았던 방식이며 조선의 방식에서 빌려온 것이 분명하다. 그것은 '언문해설(諺文解說, 언문으로 해설함)'을 언해라고

---

87) 알려진 유일본은 프랑스 국립도서관에 소장(Japonais 369)되어 있다

88) 에도 시대에 필사본으로 유통된 아메노모리의 조선어 학습 교재인 『交隣須知』는 18세기 쓰시마에서 쓰인 것으로 추정되는 조선어 학습 규칙집에 지정된 텍스트로 수록되어 있다. NKS, 宗家文書, 記録類 Ⅱ, 朝鮮關係 9, "韓語稽古規則". Woobinn Kim(2010), 113~35면 참고.

89) 『新羅崔郎物語』, 즉 『崔孤雲傳』의 일본어 번역본은 厳原町資料館所蔵古典籍調査研究会(1994), 『厳原町資料館所蔵古典籍目録』, 113~31면에 재수록되어 있다. 번역자는 1764년 조선 사절단이 쓰시마를 통과할 때 통역사로 활동했다. 왜관에서 한국어를 가르치는 데 사용된 교과서 중 일부는 러시아에 보존되어 있다. 상트 페테르부르크에 있는 러시아과학아카데미 산하 동방학연구소의 B4 및 C6 항목이 이에 해당한다.

약칭한 것이었다. 이는 에도 시대 초기 하야시 라잔의 몇몇 글에서 시작되었다.

5. 결론

지금까지 논의해 온 조선본 서적은 일본에서 어떠한 의미를 지녔을까? 첫째, 중국 서적을 일본에서 직수입하거나 재간행하여 쉽게 이용할 수 있게 되기 전에, 일본에 전해진 한국 서적이 중국 문헌에 대한 접근성을 높이는데 상당히 기여하였다는 점을 제시하였다. 둘째, 위에서 언급한 조선본의 재간, 필사, 조선인의 저술에 대한 일본인의 주석 등은 일본 독자 측과 조선본 서적의 학술적 접촉을 확인해 준다. 이런 차원에서 볼 때, 이토 도가이가 조선본을 활용하고 또 한글까지도 관심을 두었던 것은 놀라운 일이다. 그는 한국에 대한 자신의 지식을 기반으로 『삼한기략(三韓紀略)』이라는 책을 저술하였다. 1704년에 완성하여 상당히 널리 퍼졌으나 간행되지는 않았다.[90] 이 책은 『삼국사기』부터 시작해 상당한 양의 한국 서적에 대한 간기, 서문, 내용 등 구체적인 이야기를 담은 항목이 있을 뿐만 아니라, 도가이에 의하면 『훈몽자회(訓蒙字會)』(1527)를 참고하여 정리했다고 하는 한글의 구조에 대한 항목과 위에서 언급한 한글 자모표

90) 『日本古典籍総合目録データベース』에 따르면 도가이의 자필본 외에도 다양한 시대에 만들어진 25종의 『三韓紀略』 필사본이 검색되는데, 도가이의 자필본은 天理圖書館(古10.50)에 소장되어 있으며 본고를 작성할 때 참고하였다. 『삼한기략』의 일부는 1711년 간행된 『朝鮮官職考』에서 추출한 것이다. 『삼한기략』에 언급된 대부분의 조선본은 이토 가문의 서적들을 포함하고 있는 天理圖書館의 古義堂 문고에서 발견되지 않는다. 그러므로 도가이가 소장했던 책들은 사라졌거나 아니면 다른 곳에서 참고한 것으로 보인다.

도 담고 있다. 여하튼 한국에 대한 이 정도 수준의 학술적 접근은 매우 흔치 않은 일이었다.

많은 수의 조선 유학서와 조선본 중국 서적이 일본으로 수입되었다는 점에 대해서는 의심할 여지가 없지만, 이들이 일본에 미친 영향의 성격을 파악하는 것은 그다지 쉽지 않다. 전술한 바와 같이, 후지와라 세이카와 하야시 라잔의 지적 성장에 있어서 조선 서적의 역할은 과장된 측면도 있지만, 퇴계의 저작은 특히 야마자키 안사이(山崎闇斎, 1619~1682)와 그의 제자들에게 인기가 있었다.[91] 우리는 퇴계가 일본에서 상당한 존경을 받았다는 흔적들을 발견할 수 있으니, 한 서점의 1670년 도서 목록을 보면 퇴계의 이름 뒤에 '선생(先生)'이라는 단어가 붙어 있음을 볼 수 있다. '선생'은 해당 목록에서 거의 사용되지 않았으며, 어떠한 일본 저자나 심지어 주희에게도 적용되지 않은 표현이다.[92] 그리고 놀랍게도 '선생'은 1871년에 출판된 퇴계의 한 저술에서도 사용되었다.[93]

그리고 일부의 조선본 서적에 직접 훈점을 추가한 것은 원문을 깊이 이해하고자 하였던 시도가 있었음을 보여주는 분명한 증거이다. 예를 들어 1544년 당시 일본에 존재하고 있던 조선본 『신편의학정전』에는 표점, 훈점과 주석이 풍부하게 포함되어 있으며, 조선본 『십구사략통고』에서도 이와 같은 양상을 볼 수 있다. 또한 17세기 초에 난포 분시는 『주역전의대전』 등 여러 조선본 중국 서석에 훈점과 주석을 추가했다.[94] 이와 유사한 사례로, 하야시 라잔의 아들 가

---

91) 阿部吉雄(1965), 앞의 책, 238~296면, 455~470면; 鄭鳳輝(2004).

92) 慶応義塾大学附属研究所斯道文庫(1962), 『江戸時代書林出版書籍目録集成』 巻1, 井上書房, 79.4; 80.3.

93) 李退谿, 『朱子書節要』, 柏原屋武助, 1871. 国立公文書館 298-273(내지에 표시됨).

94) 宮内庁書陵部, 『新篇醫學正傳』(403-90)과 『十九史略通考』(556-30); 村上雅孝

호(鵞峰, 1618~1680)가 1667년에 훈점을 추가하여 출판한 화각본 『동국통감』의 서문을 썼던 것을 들 수 있다. 가호는 이 책을 꼼꼼히 읽은 것이 분명하다. 이는 『동국통감』이 일본에 대한 조선의 복종을 언급하지 않은 것과 조선을 '동방군자국(東方君子國)'으로 지칭한 것에 대해 그가 비판했던 점에서 알 수 있다.[95]

1590년대부터 에도 시대 말기 사이에 일본에 전해진 모든 조선 서적 가운데 가장 지속적인 영향을 미친 것은 의학 서적이었던 것으로 보인다. 『동의보감』 및 기타 서적의 수입과 재간행 등은 이미 언급한 바 있지만, 일본 의원들이 조선의 통신사절단 소속 의원들과 한문 필담으로 진행했던 대화 내용이 정리되어 상업적 목적으로 출판된 것을 보아도 조선의 의학에 관한 관심이 지속되었음은 분명히 드러난다. 게다가 그 대화 중에는 『동의보감』의 내용에 관한 질문이 제기되기도 하였다.[96] 조선 의학에 관한 관심이 에도 시대 말기까지 이어졌음은 『의방유취(醫方類聚)』의 운명에서 확연히 볼 수 있다. 방대한 조선 의학 백과사전인 이 책은 1445년에 완성되어 1477년에 조선에서 간행되었는데 30질만 인쇄되었다. 그런데 이 책이 오늘날 한국에는 전하지 않고 있는 반면에 일본 궁내청서릉부에 한 질이 소장되어 있다. 확실히 이 책은 늦어도 18세기에는 일본에 전해졌다고 볼 수 있다. 왜냐하면 1801년에 사망한 모리 다카스에의 『의방유취』 필사본이 현재 전해지고 있으니, 그 필사본의 원본이 어느 시점엔가 막부의 세습 의료 고문이었던 다키 가문의 소유가 되었던

(1989), 앞의 책, 48~50면.

95) 『東國通鑑』(1667), 京都松栢堂, 1:4a~5a; 3b~4a 포함. 이 판본은 비토번(江戸藩)의 다이묘이며 이에야스의 손자인 도쿠가와 미쓰쿠니(德川光圀)의 한국본 장서를 바탕으로 간행되었다. 미쓰쿠니의 장서는 1590년대에 조선에서 가져온 것으로 추정된다.

96) 吉田忠(1988), 27~69면과 허경진(2010), 137~156면 참조. 『동의보감』에 대한 질문에 대해서는 예를 들어, 山田正珍(1764), 『桑韓筆語』, 1b를 참조.

것이다. 19세기 중반 막부 의학관에서 근무했던 기타무라 나오히로(喜多村直寛, 1804~1876)는 목활자를 사용하여 264책 규모로 이 책의 중간본을 출간하였다. 1852년에 쓰인 일본어 서문에는 이 책이 현존하는 가장 포괄적인 의학서라고 설명하고 있으며, 이 판본은 1590년대에 가토 기요마사가 약탈한 사본(현재 궁내청서릉부에 소장된 사본으로 추정)을 근간으로 하였음을 밝히고 있다.[97]

1590년대부터 에도 시대 말기까지의 시기에 걸쳐 일본에서 조선 서적의 중요성은 크게 변화하였다. 조선 서적은 이에야스, 그 이후에는 모리 다카스에 등의 수집가들에 의해 귀중하게 여겨졌으며, 에도 시대 초기에는 일본에서 구할 수 없거나 공급이 부족했던 중국과 조선의 문헌에 접근할 기회를 제공했다. 상업 출판의 성장으로 일본 국내 출간이 증가하기 시작한 1630년대 이전까지는, 조선으로부터의 수입이 신뢰할 만한 판본의 한문 문헌을 얻을 수 있는 가장 중요한 창구였을 것이다. 위에서 살펴본 바와 같이, 수집가들은 그 후에도 상당한 기간에 걸쳐 이 책들을 소중히 여겼지만, 동일한 텍스트의 일본 판본(독해의 편의를 위해 훈점이 달리기도 함)이 유통되면서 점차 그 중요성은 줄어들었다.

그러나 일본에서 에도 시기 말까지 훈점을 추가하여 상업적 목적으로 재출간하고 때로는 다시 필사가 이루어질 만큼 충분히 가치를 인정받은 한국인 저자의 서적들이 여럿 있었다. 그러한 책들은 대부분 유교나 의학에 관련된 서적이었고, 시집 몇 권도 있었다. 그런데

97) 宮內聽書陵部 소장 『醫方類聚』(558-25)(조선본); 國立公文書館 소장 『醫方類聚』(303-1)(일본 중간본으로 마지막 권에 1861년의 刊記가 포함됨). 그리고 內閣文庫에는 모리 다카스에 필사본(國立公文書館 302-0131)외에도 1830년 필사본(國立公文書館 302-0132)도 있다. 森潤三郎(1932), 47~52면; 福井保(1985), 168면; 三木栄(1963), 319~320면; 真柳誠(1992) 참고.

실학이나 병학과 관련된 조선 후기의 학문 발전은 일본에서 출간된 책들 가운데 발견되지 않는다는 점이 주목된다. 이는 일본 지식인들이 그러한 분야에 흥미가 부족해서인지, 그러한 책에 대한 접근이 제한적이어서인지는 불분명하다. 그러나 이 시기 조선본 서적의 일본 유입이 눈에 띄게 감소한 것을 고려해 보면, 일본의 지식인들은 조선 후기의 학문 발전에 대해 잘 모르고 있었던 것이 아닌가 생각된다. 어떻든 비록 일본에서 조선본의 영향력은 한문본에 제한되어 있었고 한글본은 포함하지 않았으며, 좀 더 최근의 한문본까지 확장되지는 못했다. 하지만 조선의 학문은 일본이 외국에서 지식을 유입할 때 중국의 학문과 네덜란드의 학문[蘭學-역자] 다음으로 세 번째의 대상이었던 것은 분명하다. 조선에 대한 반감의 유일한 흔적은 앞에서 언급했던 하야시 가호의 『동국통감』 서문에서만 찾아볼 수 있다.

그러나 조선본이 일본 학계에 끼쳤던 영향력은 에도 시기 말로 갈수록 격화된 팽창주의 담론의 유행에 따라 무력해질 수밖에 없었다. 이 팽창주의 담론의 기원은 적어도 1790년대 하야시 시헤이(林子平)의 논설들로 소급할 수 있는데, 그는 처음에 일본 국경의 방어가 취약하다는 문제를 다루다가 뒤에는 일본의 초기 역사서에 등장하는 고대 일본의 한반도 남부 통치 서사에 집중하였다.[98] 이러한 담론은 마침내 요시다 쇼인(吉田松陰)과 그 일파가 국가 안보 차원에서 일본의 한반도 통치에 대한 옹호하는 것으로 이어졌다. 막부가 붕괴되자 이러한 담론은 잘 알려진 바와 같이 1873년 정한론으로 이어졌고, 실제로 한반도에서 일본의 활동을 증가시켰으며, 1910

98) 하야시 시헤이는 「三國通覽圖說」에서 조선에 대해 넓게 다루고 있으며 「海國兵談」에서는 한글도 일부 다루었다. Friedrich Lederer(2003), 76~77면; 芳賀登(1986), 174~82면; Richard Anderson(2002), pp.247~270.

년 일제 강점에서 그 정점을 이루었다. 하지만 이러한 일련의 역사적 사건으로 인하여 에도 시기에 걸쳐 조선의 의학서가 높이 존중받았으며 한국 한문학, 한시, 그리고 다른 글쓰기가 여러 차례 인용되고, 재간행되고, 수집되었다는 사실이 경시되어서는 안 된다. 달리 말하면, 조선본은 일본의 출판 시장에서 조선인 저자의 서적이나 중국 서적의 조선본이 상업적으로 유통되는 형태로 존재했으며, 학자들의 연구에서도 존재감이 있었다. 이러한 점에서 일본이 외부로부터 지식을 수입하는 세 번째 대상이었다고 말할 수 있다. 비록 지금까지 이러한 사실이 상당히 무시되어 오긴 하였지만 말이다.

■ 참고문헌

• **저역서**

김호 역(2003), 『신주무원록』, 사계절.

신양선(1997), 『조선후기 서지사 연구』 2판, 혜안.

안미경(2004), 『천자문 간인본 연구』, 이화문화사.

이준걸(1986), 『조선시대 일본과 서적 교류 연구』, 홍익재.

高柳真三 · 石井良助(1934), 『御觸書寛保集成』, 岩波書店.

橋口侯之介(2011), 『江戸の本屋と本づくり－続 和本入門』, 平凡社.

橋本雄(2005), 『中世日本の国際関係: 東アジア通交圏と偽使問題』, 吉川弘文館.

大庭脩(1997), 『漢籍輸入の文化史－聖徳太子から吉宗へ』, 研文選書.

渡邊大門(2011), 『戦国の交渉人－－外交僧安国寺恵瓊の知られざる生涯』, 洋泉社.

藤本幸夫(2006), 『日本現存朝鮮本研究-集部』, 京都大學學術出版會.

牧田諦亮(1955), 『策彦入明記の研究 上』, 京都: 法藏館.

________(1959), 『策彦入明記の研究 下』, 京都: 法藏館.

芳賀登(1986), 『日韓文化交流史の研究』, 雄山閣出版.

福井保(1985), 『江戸幕府刊行物』, 雄松堂出版.

森克己(1975), 『日宋文化交流の諸問題』, 国書刊行会.

三木栄(1956), 『朝鮮医書誌』, 堺:三木栄.

______(1963), 『朝鮮医学史及疾病史』, 三木栄.

小野則秋(1944), 『日本文庫史研究』, 大雅堂.

小倉進平(1940), 『(増訂)朝鮮語学史』, 刀江書院.

阿部吉雄(1965), 『日本朱子学と朝鮮』, 東京大学出版會.

長沢規矩也(1976), 『和刻本漢籍分類目録』, 汲古書院.

田代和生(1999), 『江戸時代朝鮮薬材調査の研究』, 慶應義塾大学出版会.

鄭鳳輝(2004), 『朝鮮朱子学と日本 · 熊本 : 李退溪と横井小楠を中心に』, 熊本学園大学付属海外事情研究所.

中村栄孝(1969), 『日鮮関係史の研究』 2巻, 吉川弘文館.

川瀬一馬(1967), 『増補古活字版之研究』, 日本古書籍商協会, 1:74－83.

________(1970), 『五山版の研究 2』, 日本古書籍商協會.

板沢武雄(1959), 『日蘭文化交渉史の研究』, 吉川弘文館.

黒川道祐(1663), 『本朝醫考』 2, 田原仁左衛門.

黒板勝美(1933), 『国史大系 第45巻』, 「徳川実紀 第8篇」, 吉川弘文館.

David B. Lurie(2011), *Realms of Literacy: Early Japan and the History of Writing*, Cambridge, Harvard University Asia Center.

Friedrich Lederer(2003), *Diskurs über die Wehrhaftigkeit einer Seenation, Iudicium Verlag.*

Mark Edward Lewis(1999), *Writing and Authority in Early China*, SUNY Press.

R. Kent Guy(1987), *The Emperor's Four Treasuries: Scholars and the State in the Late Ch'ien-lung Era*, Harvard Univ. Press.

Willem Jan Boot(1983), *The Adoption and Adaptation of Neo-Confucianism in Japan: The Role of Fujiwara Seika and Hayashi Razan,* 레이던대학 박사학위논문.

• 논고

박경련(2000), 「東醫寶鑑의 國內 및 國外에 있어서의 刊行에 관한 考察 – 日中 양국에 있어서의 간행 및 보급에 관한 문제를 중심으로 – 」, 『醫史學』 제9권 제2호, 대한의사학회.

허경진(2010), 「조선 의원의 일본 사행과 의학필담집의 출판 양상」, 『의사학』 제19권 제1호, 대한의사학회.

貫井正之(2007), 「東アジアの文化交流 : 許浚撰著『東医宝鑑』と日本の受容」, 『名古屋外国語大学外国語学部紀要』 33, 名古屋外国語大学.

吉田忠(1988), 「朝鮮通信使との医事問答」, 『日本文化研究所研究報告』 24, 東北大学文学部附属日本文化研究施設.

金永昊(2010), 「浅井了意の『三綱行実図』翻訳―和刻本・和訳本の底本と了意」, 『近世文藝』(通号91), 日本近世文学会編.

藤本幸夫(1981), 「宗家文庫蔵朝鮮本に就いて―「天和三年目録」と現存本を対照しつつ」, 『朝鮮学報』 99/100.

(2006), 「朝鮮版『唐駱賓王詩集』攷」, 『朝鮮学報』 199・200.

藤本幸夫・Elizabeth D. McKillop(2010), 「大英図書館所蔵朝鮮本に就いて」, 『朝鮮学報』 216.

山口正之(1929), 「徳川時代における朝鮮書籍の翻刻」, 『文教の朝鮮』 48, 朝鮮教育会.

山尾幸久(1987), "「日本書紀」と百済系史料", 『立命館文學』 500.

三木榮(1951), 「養安院蔵書中の朝鮮医書」, 朝鮮学報1.

森潤三郎(1932), 「江戸時代後期に於ける木活字による三大出版」, 『書物の趣味』 第7巻.

水澤利忠(1958), 「上杉家藏慶元本史記の研究」, 内田智雄 編, 『米沢善本の研究と解題』, ハーバード・燕京・同志社東方文化講座委員会.

辻善之助(1905), 「安國寺惠瓊の書簡の一節」, 『弘安文禄征戦偉績』, 冨山房.

田代和生(1980),「寛永六年 御上京之時毎日記」,『朝鮮学報』95.

町泉寿郎(2009),「曲直瀬養安院家と朝鮮本医書」.

池内宏(1923),「高麗朝の大藏經(上)」,『東洋学報』13-3.

真柳誠(1992),「現存唯一無二の『医方類聚』初版:宮内庁書陵部に蔵せられる朝鮮古活字本」,『漢方の臨床』 39巻10号『日本思想文化研究』2.1.

川瀬一馬(1934),「駿河御譲本の研究」,『書誌学』3,4.

村上雅孝(1989),「文之玄昌と『周易伝義大全』」,『日本文化研究所研究報告』25.

Kenneth R. Robinson(2001), "Treated as Treasures: The Circulation of Sutras in Maritime Northeast Asia from 1388 to the Mid-sixteenth Century", *East Asian History* 21.

Laura Moretti(2012), "The Japanese Early-Modern Publishing Market Unveiled: A Survey of Edo-Period Booksellers' Catalogues", *East Asian Publishing and Society* Vol.2.

Martina Deuchler(2003), "Propagating Female Virtues in Chosŏn Korea", Dorothy Ko·Jahyuun Kim Haboush·Joan R. Piggott, *Women and Confucian Cultures in Premodern China, Korea, and Japan*, University of California Press.

P. F. Kornicki(2006), "Manuscript, Not Print: Scribal Culture in the Edo Period", *Journal of Japanese Studies* Vol.32.

Richard Anderson(2002), "Jingū Kōgō 'Ema' in Southwestern Japan: Relections and Anticipations of the 'Seikanron' Debate in the Late Tokugawa and Early Meiji Period", *Asian Folklore Studies* 61.

Woobinn Kim(2010), "Amenomori Hōshū's Chosŏn Language School in Tsushima", *Sungkyun Journal of East Asian Studies* 10.1.

역자 :

김용태(성균관대학교 한문학과 교수)

고탁(성균관대학교 한문학과 박사수료)

김종후(성균관대학교 한문학과 박사수료)

남승혜(성균관대학교 한문학과 박사과정)

우제인(성균관대학교 동아시아학과 박사과정)

이진서(성균관대학교 한문학과 석사과정)

정선우(성균관대학교 한문학과 박사과정)

17세기 일본 린케(林家) 소장 명판본 「자치통감강목(資治通鑑綱目)」 연구

/
이유리
(충청남도 역사문화연구원)

1. 서론

중국의 서적이 일본에 전래된 시기는 단적으로 현전하고 있는 다수의 나라(奈良) 시대(710~794) 필사본 불교 경전과 9세기 후지와라노 스케요(藤原佐世, 847~898)가 편찬한 『일본국현재서목록(日本國見在書目錄)』 등이 보여주듯이 고대로 올라간다. 이처럼 일본도 한반도와 마찬가지로 오랜 기간 중국 서적을 수용하며 종교를 비롯하여 경학과 문학 등 다양한 분야의 학술과 문화 형성에 영향을 받아 왔으나, 그중에서도 17세기는 외국 서적의 대규모 유입으로 기존 학술 및 출판문화사 경향에 전환점을 맞이했다는 점에서 서적교류사적으로 중요하다 할 수 있다. 전근대 동아시아에서 두 나라의 많은 서적이 비슷한 시기에 함께 유통된 것은 이 시기 일본 외에는 찾아보기 어렵다는 사실은 이 시기의 중요성을 잘 말해준다.

16세기 말부터 일본에는 전쟁과 무역으로 조선 및 명나라에서 서적이 유입되어 새롭게 등장한 장서가와 상업 출판을 통해 유통되었다. 따라서 17세기 일본에서 유통되고 있던 외국서는 당시까지 각 나라의 출판문화를 반영하고 있다고 생각한다. 다만 조선본은 임진왜란 이후 큰 유입이 없었으며, 그나마도 주로 지배층에 소장되어 막부 말까지 큰 산일 없이 유지되어 한정적으로 유통되었던 것에 비해, 중국본은 수량이 일정하지는 않아도 에도 말기까지 나가사키(長崎)를 통해 수입되었다. 그러므로 근세 전반에 걸쳐 보다 널리 수용된 외국서는 중국본이라 할 수 있다.

그러나 구체적으로 어떠한 중국본이 일본에 전래되었는지는 파악하기 쉽지 않다. 해당 시기 이전에 간행된 서적도 충분히 유입될 수 있으며, 당시의 목록에는 서지사항이 나타나 있지 않기 때문이다. 따라서 이를 위해서는 간행되거나 신원을 알 수 있는 이의 장서인을 통해 확인할 수밖에 없다. 그리고 이들 서적은 일본의 유통 경향뿐만 아니라 역으로 당시 동아시아 서적 유통의 실제도 보여준다.

그동안 이 시기 일본에서의 중국본 유통과 수용에 대해서는 여러 분야에서 개별 서적이 간행되거나 재가공된 경우에 주목하거나, 무역과 관련된 문서 및 목록을 분석하여 전체적인 면모를 밝힌 연구 등이 있다.[1] 다만, 전자의 경우 간행에 초점이 맞춰져 있어, 원본 혹은 필사로 수용된 경우에 대해선 크게 고려되지 않았다. 상업 출판은 당시 출판을 전담한 주체이나, 상업 출판과 별도로 중국본 원본을 직접 입수하여 소장한 이들이 있으며, 이들의 장서로 봤을 때 일본에 유입되었다고 해도 반드시 간행된 것은 아니기 때문이다. 따라서 앞으로는 간행뿐만 아니라 필사 및 소장 등 다양한 수용 방식과 주체를 고려하여 최대한 전반적으로 일본 내 중국본 유통과 수용에 대해 파악할 필요가 있다고 생각한다.

이 연구에서는 이상의 내용에 기반하여 근세 초 새롭게 등장한 장서가이자 학자로 근세 일본의 새로운 학술 경향을 이끌었던 하야시 라잔(林羅山, 1583~1657)의 일가, 이른바 린케(林家)에서 소장된 『자치통감강목(資治通鑑綱目)』을 통해 당시 일본에서 개인에게 원본으로 유통된 중국본에 대해 살펴보고자 한다. 이 책은 1668년(寬文 8) 山本平左衞門常知·八尾勘兵衞友久 간본을 비롯하여 17세기에 최소 네 차례 간행되었다. 그러나 이는 단적으로 하야시 라잔이 이 책을 처음 접한 지 60여 년 이후이며, 린케에서 소장하고 있던 판본은 화각본의 저본보다 훨씬 다양하다.

린케의 인물은 생몰년이 명확하며, 장서는 장서인을 통해 인물별

1) 대표적으로 大庭脩, 『江戸時代における唐船持渡書の研究』, 大阪:関西大学東西学術研究所, 1967가 있다.

로 식별이 가능한데, 현재 일본 국립공문서관을 중심으로 같은 시대 지식인 계층에 비해 비교적 많이 남아 있다. 『자치통감강목』은 주희가 강목체로 재편찬한 역사서로, 근세 초 주자학의 본격적인 수용과 함께 확산되었는데, 린케의 장서로 여러 판본이 확인된다. 따라서 이들 장서를 통해 17세기 일본에서 유통된 중국본뿐만 아니라, 수용 방식에 대해 보다 입체적으로 살펴볼 수 있다.

다만 『자치통감강목』은 많게는 113권에 달하는 거질로, 송대부터 꾸준히 간행되어 계통이 다양한 많은 판본들이 현전하고 있어 아직 전체 판본에 대한 서지학적 선행 연구가 없는 상황이다. 따라서 이들 장서 각각의 판본에 대한 서지적 검토까지는 이루어지지 못했다. 그러나 『자치통감강목』이 갖는 동아시아 역사학 및 사상사적 위상을 고려하면 향후 전체 판본에 대한 검토는 반드시 필요하다. 그러므로 이 연구에서는 이에 앞서 명대 『자치통감강목』의 출판 경향 변화 및 일본에서의 유통에 대해 전반적으로 파악하는 데 초점을 두고자 한다.

2. 명대 『자치통감강목』의 간행과 특징

『자치통감강목』은 주희가 말년에 사마광(司馬光, 1019~1086)이 편찬한 편년체 역사서인 『자치통감(資治通鑑)』 중 주요한 사건을 뽑아 『춘추(春秋)』의 체재에 따라 강목체로 엮은 주대(周代)부터 송대 이전까지의 역사서이다. 따라서 이 책은 『자치통감』을 기반으로 하고 있으나 사실상 다른 책이라 할 수 있다. 원대에 주자학의 권위가 공고해지면서 중국은 물론, 조선에서도 중시된 역사서 중 하나가 되어 활발히 간행되었다.

이 책의 간행은 주희가 죽은 지 20년 후인 1219년(嘉定 12) 진덕수(眞德秀, 1178~1235)에 의해 처음 이루어졌다. 진덕수는 당시 부임하고 있던 복건(福建)의 천주(泉州)에서 이 책을 간행하였는데, 현재 전하지 않는다.[2] 초간본이 간행된 후 책판은 항주(杭州)의 국자감(國子監)에 보관되었고, 이어서 강서(江西)의 길주(吉州)와 사천(泗川)의 기주(夔州) 등 다른 지역에서도 간행되었다.[3] 중국 및 대만 국가도서관 소장 송판본은 늦어도 명초에는 체수된 것들로, 이를 통해 송본이 원대까지 꾸준히 유통되고 있었던 것으로 보인다.[4]

명대에는 성조(成祖)의 명으로 1473년(成化 9)에 간행된 내부각본(內府刻本)도 있으나, 그 이전인 1388년(洪武 21)에도 『자치통감강목발명(資治通鑑綱目發明)』(건안서시(建安書市) 간행) · 『자치통감강목집람(資治通鑑綱目集覽)』(매계서원(梅溪書院) 간행) 등 원대에 이어 관련 서적들이 서사에서 간행되었고, 『자치통감강목』은 1435년(宣德 10) 건안의 출판업자인 유씨(劉氏)가 건양지현의 의뢰를 받아 간행되기도 하였다.[5]

이처럼 『자치통감강목』은 남송 말부터 꾸준히 유통된 것으로 보이는데, 명대에 주목하고자 하는 것은 이 시기부터 텍스트와 출판 양상에 변화를 보이기 시작하기 때문이다. 특히 텍스트의 변화가 두드러지는데, 송대부터 명초까지 동일 텍스트로 유통되다가, 15세기 이후에는 기존에 따로 유통되고 있던 관련 서적들이 주석으

---

2) 다만 이 판본의 후대 遞修本이 중국 및 대만 국가도서관에 각각 소장되어 있다고 한다. 阿部隆一, 『增訂中國訪書志』, 東京:汲古書院, 1983, 315 · 467.

3) 嚴文儒, 「『通鑑綱目』宋元板本考」, 『華東師範大學學報 哲學社會科學版』, 1993년 제3기, 仲砂明德, 『우아함의 탄생 : 중국 강남 문화사』, 서울:민음사, 2009, 106에서 재인용.

4) 대만 고궁박물원 소장본은 순우 연간(1241~1252) 武夷의 詹光朝月崖書堂 간본이다.

5) 井上進 저, 이동철 · 장원철 · 이정희 역, 『중국출판문화사』, 서울:민음사, 2012, 29.

로 추가되거나 이어 편찬된 『속자치통감강목(續資治通鑑綱目)』 등의 서적이 합질되어 전서(全書)의 형태로 간행되는 변화를 보이기 시작한다.

따라서 이 장에서는 현전하는 명판본을 중심으로 명대 시기별 『자치통감강목』의 전반적인 간행 경향과 해당 판본을 살펴볼 것이다. 이는 17세기 일본에 유입된 서적의 특징을 파악하는데 참고가 되리라 생각한다. 이에 중국 및 대만을 중심으로 현전본을 최대한 수록하고 있는 『중국고적선본총목(中國古籍善本總目)』[6] 및 『중국고적총목(中國古籍總目)』[7], 실물 이미지를 확인할 수 있는 각국의 디지털 아카이브[8]를 통해 『자치통감강목』의 체제 및 구성 등에 따라 분류하였다. 그 결과 간행 시기 및 주체 등을 고려하여 변화를 파악한 결과 명대 유통 판본의 내용은 크게 세 가지 – ① 기존(송원본)과 동일한 경우, ② 주석이 추가된 경우, ③ 전편 및 속편과 합편된 경우 – 인 것으로 파악된다. 이하에서는 각각에 대해 살펴봄으로써 명대 전반적인 간행 경향과 특징을 살펴보고자 한다. 다만 전체 판본의 실물 혹은 전문을 보지 못했기 때문에 세밀한 고찰은 이루어지지 못했음을 밝혀둔다.

1) 기존과 동일한 경우

중국 및 대만 국가도서관 소장 송판본과 대조했을 때 주희가 편

---

6) 翁连溪 校點, 『中國古籍善本總目』, 北京:线装书局, 2005.

7) 中國古籍總目編纂委員會 編, 『中國古籍總目』, 北京: 中華書局, 上海:上海古籍出版社, 2013.

8) 중국국가도서관 중화고적자원고 http://read.nlc.cn/thematDataSearch/toGujiIndex
臺灣中央研究院數立文化中心 典藏臺灣 https://digitalarchives.tw/
일본국립공문서관 https://www.digital.archives.go.jp/

찬한 59권과 기본적으로 내용 및 체제에 큰 변화는 없는 것으로 생각되는 경우이다.

① 일본 내각문고본 - 1473년 내부각본(內府刻本)
② 중국 국가도서관본[9] - 1493년(弘治 6) 강서관(江西官) 간(刊)
③ 『중국고적선본총목』 - 1496년 황중소(黃仲昭) 교각(校刻)
④ 『중국고적선본총목』 - 1513년(正德 8) 복주(福州) 각(刻)
⑤ 『중국고적선본총목』 - 1534년(嘉靖 13) 강서안찰사(江西按察使) 각(刻)
⑥ 『중국고적선본총목』 - 1556년(嘉靖 35) 조부거경당(趙府居敬堂) 각(刻)
⑦ 『중국고적선본총목』 - 『신각자치통감강목대전(新刻資治通鑑綱目大全)』 59권, 명(明) 양씨청강서당(楊氏淸江書堂) 각(刻)

내각문고 소장 내부각본(284-0041)으로 살펴보면, 기존과 동일하게 본문 59권과 서문 및 목록 등을 수록한 수(首) 1권으로 구성되어 있다. 제1책 책수에는 「어제자치통감강목서(御製資治通鑑綱目序)/(중략)/성화구년이월십륙일(成化九年二月十六日)」(1-3장, 중봉부(中縫部) 「어제통감서(御製通鑑序)」)가 있다. 이에 따르면 이 책이 전한 지 오래되어 빠지거나 잘못된 부분이 있어, 유신들에게 명하여 고증하여 수정하게 하였다고 한다. 이에 신하들은 여러 선본을 모아 「범례」에 따라 빠진 부분을 보충하는 등 정본을 만들어 간행하였다고 하였다.[10]

---

9) 청구기호 : CBM0166, 대만 고궁박물원에도 소장(平圖003749-003754)

10) 御製資治通鑑綱目序. "古傳刻歲久, 間有缺訛, 甚之書法與所著凡例提要, 惑有不同, 是以後人疑焉. (中略) 特命儒臣, 重加考訂集諸善本, 證以凡例, 缺字補之, 羨者去之. (中略) 因命繕錄定本, 附以凡例, 并刻諸梓以傳."

이어서 주희의 「자치통감강목서례(資治通鑑綱目序例)」와 「자치통감강목범례목록(資治通鑑綱目凡例目錄)」, 「자치통감강목범례(資治通鑑綱目凡例)」, 「자치통감총목(資治通鑑總目)」이 있다. 본문은 제2책부터 시작한다.

내부각본 이후의 명판본 대부분에는 「어제자치통감강목서(御製資治通鑑綱目序)」가 추가되어 있는 것으로 보인다.

2) 주석이 추가된 경우

『자치통감강목』이 나온 이후 명대까지 여러 학자들에 의해 이 책의 불분명한 점 등에 대해 밝히는 연구가 각각 간행되어 유통되고 있었다. 해당 서적으로는 송나라 윤기신(尹起莘)의 『자치통감강목발명』(이하 『발명』), 원나라 유우익(劉友益)의 『자치통감강목서법(資治通鑑綱目書法)』(이하 『서법』), 원나라 왕유학(王幼學)의 『자치통감강목집람(資治通鑑綱目集覽)』(이하 『집람』), 원나라 서소문(徐昭文)의 『자치통감강목고증(資治通鑑綱目考證)』(이하 『고증』), 명나라 진제(陳濟)의 『자치통감강목집람정오(資治通鑑綱目集覽正誤)』(이하 『정오』)와 풍지서(馮智舒)의 『자치통감강목질실(資治通鑑綱目質實)』(이하 『질실』), 원나라 왕극관(汪克寬)의 『자치통감강목고이(資治通鑑綱目考異)』(이하 『고이』)이다.

이들 서적 대부분은 저술된 시기부터 각각 간행되었는데, 명나라에 들어와 주석으로 합쳐지기 시작했다. 다만 현전본으로 봤을 때 처음부터 7종의 서적 모두 포함된 것은 아닌 것으로 보인다. 해당 서적은 『문공선생자치통감강목(文公先生資治通鑑綱目)』과 『자치통감강목』이다.

(1) 『문공선생자치통감강목』(이하 『문공강목』)

대만 고궁박물원[11] 및 중국 텐진도서관(天津圖書館) 소장본을 통해 보면, 제1책 권수에 1172년(乾道 8) 주희의 「자치통감강목서례」가 있고, 이어서 본문에 주석으로 수록된 서적들의 서문인 1324년(태정 1) 왕유학 「자치통감강목집람서례」, 윤기신의 「자치통감강목발명서」가 있다. 그리고 「자치통감강목」이라는 제목으로 권1~59의 목차가 있다. 기본적으로 내용은 기존과 동일하나, 기존 주석 뒤에 음각으로 출처를 표기한 후 세 서적의 내용이 추가되어 있다.

텐진도서관본을 포함하여 확인 가능한 범위에서 파악한 해당 판본은 다음과 같다.

① 대만 고궁박물원본[12] - 59권, 명초 간행, 3가주(집람 · 발명 · 고이)
② 프린스턴대학 도서관본 - 59권, 명초 간행, 3가주(집람 · 발명 · 고이) · 권수 오각(誤刻)
③ 대만 고궁박물원본[13] - 59권, 명초 간행, 4가주(집람 · 발명 · 고이 · 정오)
④ 텐진도서관본 - 59권, 명초 건안 유관유(劉寬裕) 간행, 4가주(집람 · 발명 · 고이 · 정오), 권수에 간행자 명시
⑤ 대만 국가도서관본[14] - 48책, 명초 건안 유관유 간행, 4가주(집람 · 발명 · 고이 · 정오), 권수에 간행자 명시

위의 현전본을 통해 동일 서명의 판본이라 해도 주석에 변화가

11) 청구기호 : 故善005803-005898
12) 청구기호 : 故善004890-004949
13) 청구기호 : 故善005899-005957
14) 주9와 동일

생겼음을 알 수 있다. 모든 판본에 간기가 없으므로 정확한 간행 시기는 알 수 없다. 다만 주석이 추가된 것이 후대 판본으로 보는게 자연스럽다면, 톈진도서관본 권59의 권말에 있는 주서 및 묵서 기록 중 가장 빠른 시기가 '成化 丁未' 곧 1487년(성화 23)이다. 따라서 이 책이 적어도 15세기에는 간행되었음을 알 수 있다.

또한 ④⑤는 같은 판본으로 건안 유관유가 간행한 것인데, 권수에 주석에 들어간 서적의 저자들과 함께 명시되어 있다. 유관유는 왕중민이 『자치통감강목』 개요에서 유염(劉剡)이 윤씨의 『발명』 이하 몇 사람을 넣어 편찬한 것을 유관(劉寬)이 간행했다고 했는데,[15] 같은 인물로 생각된다. 참고로 유염은 유관과 동족항렬로 15세기 인물로 보이며, 『소미통감(少微通鑑)』과 송원대의 『통감』을 편찬한 바 있다. 그는 『자치통감강목』을 가장 활발히 간행한 복건의 서사 신독재(愼獨齋)를 운영한 유굉의(劉宏毅) 혹은 유홍의(劉弘毅, 유홍이라고도 함)의 조부 혹은 증조부이다.[16]

그리고 ②는 ①과 같은 판본으로 보이나, 제5행에 '후학'만 새겨져 있다. 또한 '후'자와 제7행 마지막 글자인 '年'의 일부가 이지러져 있다. ①은 제5-6행을 비운 후 제7행부터 본문이 시작되는데, 한 행도 아니고 두 행이나 비워둔 것은 내용이 추가될 가능성을 염두에 둔 것이 아닐까 생각된다. 그러므로 ②는 ①보다 늦게 간행되었을 가능성을 생각해볼 수 있는데, 향후 실물 서적 전체를 비교하여 명확히 할 필요가 있다.

---

15) 黃鎭偉 저 이윤석 · 가첩 · 최묘시, 『중국의 방각본-중국 상업출판, 천 년의 역사를 고찰하다-』, 서울:민속원, 2020, 283.

16) 위와 동일.

〈그림 1〉 대만 고궁박물원 소장 『문공강목』 세 판본의 변화(위부터 ①, ③, ⑤)

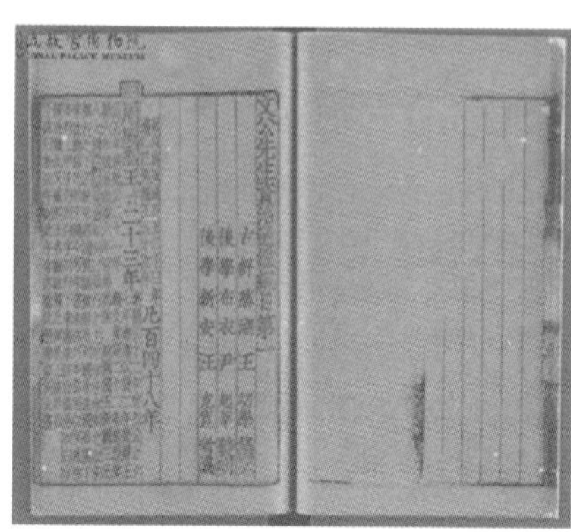

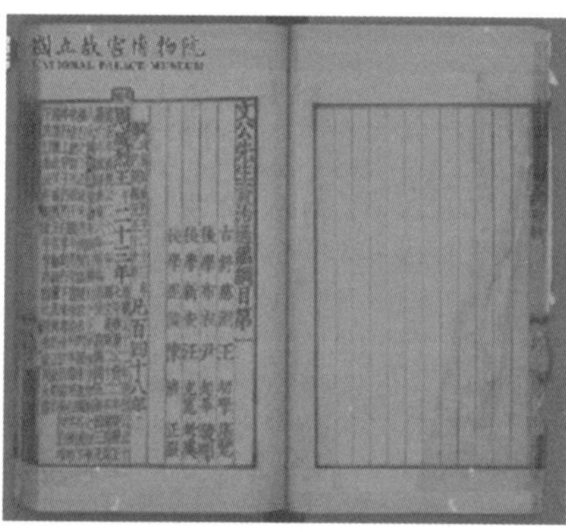

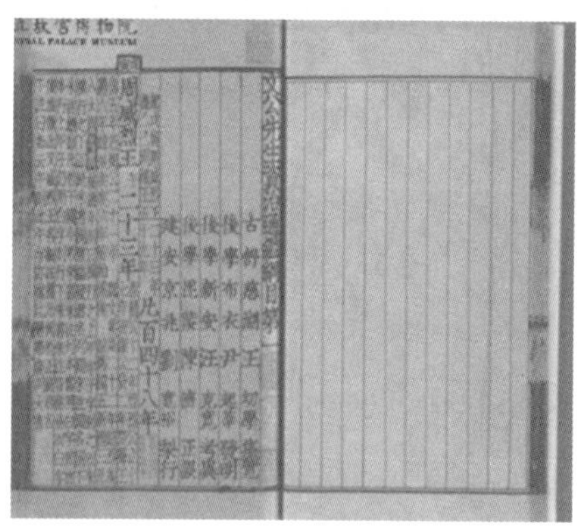

(2) 『자치통감강목』

『자치통감강목』 역시 송판본 및 내부각본 외에도 『문공강목』과 마찬가지로 주석이 추가되었다. 해당 판본은 다음과 같다.

① 『중국고적선본총목』 - 1496년 황중소(黃仲昭) 교각(校刻), 청(淸) 고사립(顧嗣立) 교발(校跋), 7가주(고이 · 고증 · 집람 · 정오 · 질실 · 시법 · 발명)

② 『중국고적선본총목』[17] - 1498년 건양 신독재 각, 7가주

③ 『중국고적선본총목』 - 1498년 건양 신독재 각, 1521년 유홍(劉洪) 개각(改刻), 7가주

④ 『중국고적선본총목』 - 1529년(嘉靖 8) 신독재 각, 7가주

⑤ 『중국고적선본총목』 - 『신간자양주자강목대전(新刊紫陽朱子綱目大全)』 59권, 1531년 건읍서림(建邑書林) 양씨청강서당(楊氏淸江書堂) 각(刻), 7가주

⑥ 『중국고적선본총목』 - 명각본, 7가주

⑦ 대만 고궁박물원본 - 1534년(가정 13) 강서안찰사(江西按察使) 각(刻), 5가주(고이 · 고증 · 집람 · 서법 · 발명)

⑧ 대만 고궁박물원본[18] - 정편(결본) 속편 27권 복건감찰어사길징교(福建監察御史吉澄校) 간(刊), 7가주

위의 판본들을 통해 7가주는 15세기 말부터 신독재를 중심으로 간행된 것으로 보인다. 앞서 언급한 바와 같이 당시 신독재를 운영한 이는 유홍의로, 그는 홍치 연간(1488~1505)부터 정덕 연간(1506~

---

17) 대만 고궁박물원 소장본(故善004950-004973)으로 보인다.

18) 청구기호 : 故善010117-010168

1521)까지, 즉 15세기 말부터 16세기 초까지 활동한 것으로 보이는데, 여기에 해당하는 『자치통감강목』의 간행 시기와 거의 일치한다.

한편, 1534년에 강서안찰사가 간행한 ⑦과 앞의 1)-⑤를 통해 강서에서는 원래의 텍스트와 5가주가 유통되었음을 알 수 있다.

3) 전편 및 속편과 합편된 경우

주희의 『자치통감강목』뿐만 아니라 송나라 김이상(金履祥)이 주나라부터 송대 직전까지의 역사를 편찬한 『자치통감강목전편』과 명나라 상락이 성조의 명을 받아 『자치통감강목』에 이어 송대부터 원대까지의 역사를 편찬한 『속자치통감강목』을 한 책을 엮어 전서로 간행한 것이다. 해당 판본은 아래와 같다.

① 『통감강목전서(通鑑綱目全書)』 107권(전편 22권 정편 59권 속편 27권), 명 양씨귀인재(楊氏歸仁齋) 각(刻), 7가주

② 『통감강목전서(通鑑綱目全書)』 108권(전편 22권 정편 59권 속편 27권), 만력 21년 촉번(蜀藩) 각(刻), 7가주

③ 『자치통감강목(資治通鑑綱目)』 113권(전편 25권 정편 59권 속편 27권 속편습유 1권)

- 명각본, 1600년(만력 28) 소주부(蘇州府) 주섭원(朱燮元) 각(刻), 7가주

④ 『중각자치통감강목전서(重刻資治通鑑綱目全書)』 113권(정정정편(訂正正編) 59권 수1권, 정정전편(訂正前編) 25권, 속편(續編) 27권, 속편습유(續編拾遺) 1권)

- 만력 연간 금릉당충(金陵唐翀) 각(刻), 7가주

⑤『자치통감강목(資治通鑑綱目)』59권『속자치통감강목(續資治通鑑綱目)』27권『자치통감강목전편(資治通鑑綱目前編)』25권
- 1603년(崇禎 3) 진인석(陳仁錫) 평점(評點)・각(刻)

앞서 살펴본 경우들에 비해 간각 시기가 늦은 편이며, 모든 해당 판본이 7종의 서적을 채용한 7가주본이다. 또한 방각본 외에도 관판이 있다는 점이 눈에 띄는데, 이는 명말이 되면 7가주본이 건안 외의 지역으로 관판을 통해 유통이 확대되었음을 시사한다고 생각한다.

여기에 해당하는 판본들은 모두 기존『자치통감강목』에 대한 연구를 종합했을 뿐만 아니라 주대부터 원대까지의 역사까지 다루지 않은 시기를 편찬한 서적을 합편함으로써 당대까지의 중국 통사를 한데 엮은 책들이다.

또한 ④⑤는 본문에 교정을 가하거나 평점을 달거나, 본문에 대한 보주(補註)를 단 서적이다. 특히 진인석은 이 책뿐만 아니라『사기』・『송원통감』 등의 역사서에도 평점 및 교정을 가하여 간행된 바 있다.

3. 17세기 린케 장서를 통한 일본 유통 중국본 검토

『자치통감강목』은『자치통감』과 더불어 근세 이전에 이미 일본에 전래되고 있었던 것으로 보인다. 이는 두 서적을 인용한 주해서가 다수 확인되기 때문인데,[19] 그렇다고 해도 중세까지 일본에서 중

19) 田中尙子,『室町の學問と知の繼承』, 東京:勉誠出版, 2017, 212.

요하게 읽힌 역사서는 『한서』·『사기』·『십팔사략』으로 파악된다. 『한서』와 『사기』는 「일본국현재서목록」에서도 확인되고 있어, 일본에서도 늦어도 헤이안 시대인 9세기에는 박사가(博士家)를 중심으로 수용되었을 것으로 생각된다. 중세에는 선승들이 『한서』 및 『사기』의 주요 내용을 뽑아 『한서초(漢書抄)』·『사기초(史記抄)』를 엮어 강의되기도 하였으며, 『십팔사략』은 오산판(五山版)으로 간행되었다. 수용 사실을 보다 확실히 파악할 수 있는 중세의 주석서로 역사서에는 이 세 가지 책이 확인되기도 한다.[20]

그러나 『자치통감강목』 등은 이에 비해 따로 주해되거나 간행 및 필사된 사례는 아직 알려진 바가 없다. 이는 아직 중세의 경향이 이어지고 있던 근세 초 고활자판 간행 서적을 통해서도 짐작할 수 있는데, 이 책의 고활자판은 확인되지 않는다. 이후에 자세히 다루겠지만 『자치통감강목』이 일본에서 처음 간행된 것은 17세기 중반이 지나서다. 다만 궁내청서릉부에 「妙覺寺〈常/住〉日典」가 날인된 원말명초 간행 추정 『자치통감강목』이 소장되어 있다.[21] 묘각사는 1378년(永和 4) 교토에 창건된 사원인데, 장서인을 통해 이곳의 주지였던 니치덴(日典, 1401~1463)의 장서임을 알 수 있다. 니치덴의 생몰년이 판본의 간행 시기 등과 부합하고 있다는 점에서 중세에 전래되어 원본 혹은 필사를 통해 수용되었을 가능성을 생각할 수 있다.

이 장에서는 『자치통감강목』을 중심으로 17세기 일본에서 소장 및 필사된 사례를 살펴봄으로써 당시 일본에서 유통되고 있던 중국본의 성격과 유입 시기 및 경로에 대해 생각해보고자 한다.

---

20) 堀川貴司, 『五山文學研究』, 東京:笠間書院, 2011, 5.

21) 청구기호 : 556-28. 다만 59권 중 권1~4 및 권7~8은 일본인에 의해 보사되어 있는데, 여기에는 묘각사 인기가 없다.

1) 하야시 라잔 소장 중국본의 성격

하야시 가호(林鵞峯, 1618~1680)가 남긴 「라잔선생연보(羅山先生年譜)」에 따르면, 라잔은 선대부터 전하는 가장본(家藏本)이 없었다.[22] 따라서 라잔의 장서는 그가 생전에 직접 수집한 것인데, 이는 곧 17세기 중반까지 일본의 서적 유통 경향을 반영하고 있다고 할 수 있다.

라잔의 장서는 기본적으로 「江雲渭樹」·「羅/山」·「道春」 등의 장서인을 통해 식별된다. 또한 장서의 전체 규모는 구체적으로 알려져 있지 않다. 다만 1657년(明曆 3)에 일어난 교토 대화재로 상심한 라잔이 며칠 후 세상을 떠날 만큼 상당수의 장서가 소실되었다고 전한다. 그럼에도 불구하고 단적으로 국립공문서관에 현전하는 장서만 2015년 기준 현재 한적(漢籍)[23] 422건, 준한적(準漢籍)[24] 16건인데, 이 중 중국본이 249건으로 가장 많다.[25] 가장본이 없다는 점을 고려하면, 17세기 전반까지 일본에 상당수의 중국본이 유통되고 있었음을 파악할 수 있다. 이외에도 라잔의 장서는 교토대학 · 궁내청 서릉부 · 와세대대학 등 다수의 기관에서도 최소 13건이 확인되고 있어, 실제 장서 규모는 상당했던 것으로 생각된다.

화재 이후 남은 장서는 그의 아들들에게 분배된 후 가숙(家塾) 등에 소장되었다가, 이곳이 에도 후기 막부 직할 관학인 쇼헤이자카

22) 羅山先生文集附錄 羅山先生年譜 卷2. 先生家素無藏書.

23) 일본에서는 일반적으로 중국인의 편저서를 의미하나, 넓게 조선인의 한문 편저서도 포함된다.

24) 일본인의 한문 편저서를 말한다.

25) 土屋裕史, 「當官所藏林羅山舊藏書(漢籍)解題①」, 『北の丸』 47, 國立公文書館, 2015, 238.

학문소(昌平坂學問所)가 되면서 자연스럽게 린케의 장서도 이곳에 흡수되었다. 그리고 메이지 유신 이후 다른 관공서의 소장본과 합쳐져 여러 차례 이관을 거친 후 현재 국립공문서관에 이르게 되었다. 그러나 다리 타카스에(毛利高標, 1760~1801) 등 이후 시대의 장서가에게도 소장된 것으로 보아 산일은 이미 에도시대에 진행되고 있었던 것으로 보인다.

현재까지 확인된 라잔 소장 중국본은 250건(국립공문서관 149건, 타 소장처 1건)이다. 이를 간행 시기별로 살펴보면 다음과 같다.

〈표 1〉 현재까지 확인된 라잔 소장 중국본의 시대별 건수

종류	합계	송판본	원판본	명판본 (만력 이전)	명판본 (만력 이후)	청본
건수	250	3	6	37	202	2

위의 표를 통해 송판본 『신간명현총화시림광기(新刊名賢叢話詩林廣記)』, 원판본 『신편고금사문유취(新編古今事文類聚)』, 『두공부초당시전(杜工部草堂詩箋)』, 『백선생잡저지현편(白先生雜著持玄篇)』 등도 있으나 대부분은 만력 연간 이후에 간행된 명판본이다. 이는 앞서 언급한 바와 같이 라잔이 선대부터 전하던 가장본이 없다는 사실과 부합하며, 당시 거의 같은 시기에 간행된 중국본이 일본에 유통되고 있었음을 알 수 있다.

또한 라잔 장서 중 필사본이 109건으로 4분의 1 가량 차지하는데, 시기는 중세도 있지만 대부분 17세기 초이다. 그리고 16세기 말부터 17세기 전반까지 간행되었던 고활자본도 다수 포함되어 있다. 이 두 사실 역시 명말본이 많다는 점과 더불어 17세기 초 일본에서의 서적 유통 경향을 반영하고 있다고 할 수 있다.

2) 소장 서적의 성격과 수용 방식

17세기 일본에 유통되고 있던 서적 전체를 확인하는 것은 어려우나, 현전하는 당시 인물의 장서와 필사 혹은 간행된 서적을 통해 어느 정도는 파악이 가능하다. 다만 대표적으로 막부와 오와리번(尾張藩) 도쿠가와 가(德川家)의 호사문고(蓬左文庫) 등 역사가 17세기로 올라간다고 해도, 서적 입수 시기가 반드시 그때 이루어졌다고 볼 수는 없다. 그러나 하야시 라잔 등 린케의 장서는 장서인을 통해 식별이 가능하며, 생몰년을 통해 입수 시기를 17세기로 한정할 수 있다. 또한 이들은 당시 일본의 대표적인 지식인으로, 서적을 수집만 한 것이 아니라 실제로 수용하여 일본 학계에 영향을 주었다. 따라서 이 절에서는 하야시 라잔과 그의 아들인 하야시 가호(林鵞峯, 1618~1680) 및 하야시 돗코사이(林讀耕齋, 1624~1661)의 장서를 통해 알아보고자 한다.

(1) 소장 서적의 성격

현재 하야시 라잔을 비롯한 린케의 구장서가 가장 많이 소장되어 있는 일본 국립공문서관 내각문고를 중심으로 확인되는 세 인물의 장서를 인물별로 제시하면 다음의 표와 같다.

〈표 2〉 17세기 린케 소장 중국본 『자치통감강목』

하야시 라잔 장서

번호	서명	편저자	권수	발행시기	현소장처 (청구 기호)	비고
1	자치통감강목 (資治通鑑綱目)	주희 찬	58권 (권3 결)	〔만력 연간 이후 간(刊)〕	국립공문서관 (283-0035)	하야시 가호 교정 (1636년)

번호	서명	편저자	권수	발행시기	현소장처(청구 기호)	비고
2	자치통감강목 전편(資治通鑑綱目前編)	김이상(金履祥)(宋) 진경(陳桱)(元)	18권 거요 1권 외기 1권	1506년 간(전편·외기) 1560년 간 거요	국립공문서관(284-0027)	전편·외기 : 신독재(愼獨齋) 거요 : 귀인재(歸仁齋)
3	속자치통감강목(續資治通鑑綱目)	상로(商輅)(明) 등 봉칙찬(奉勅撰)	27권	1630년 서(序)	국립공문서관(284-0006)	진인석각본(陳仁錫刻本) 정편·전편 결
4	정정통감강목 전편(訂正通鑑綱目前編)	남헌(南軒)(明) 찬 양광훈(楊光訓)(明) 교(校)	25권	1600년 서	국립공문서관(284-0041)	소주부(蘇州府) 간행 정편·속편 결
※	정정통감강목 전편(訂正通鑑綱目前編)			〔17세기 초〕사(寫)	국립공문서관(284-0042)	4번과 동일 판본이 저본 이후 가호 등 후손들에 소장

하야시 가호 장서

번호	서명	편저자	권수	발행시기	현소장처	비고
5	자치통감강목(資治通鑑綱目)	상로(商輅)(明) 등 봉칙찬	59권 속편 27권	1476년 간	국립공문서관(284-0001)	내부각본(內府刻本) 모미지야마 문고(紅葉山文庫)에도 소장
6	자치통감강목(資治通鑑綱目)			1498년 간 1529년 수(修)	국립공문서관(283-0033)	신독재(慎独斎) 간행

하야시 돗코사이 장서

번호	서명	편저자	권수	발행시기	현소장처	비고
7	자치통감강목(資治通鑑綱目)	남헌(南軒)(明) 저 상로(商輅)(明) 저 진경(陳桱)(元) 저	59권	1513년 간	국립공문서관 (283-0037)	정종영(鄭宗榮) 구장(舊藏) (제1 · 2책 필사)
8	자치통감강목(資治通鑑綱目)		59권 정정전편 25권 속편 27권 습유 1권	1600년 서	도쿄도립중앙도서관 (222-IW-15)	복건 간행

위의 표를 통해 하야시 라잔 및 가호 · 돗코사이 부자가 소장하고 있던 『자치통감강목』 한 종의 서적이 판본의 시기와 계통 · 목차 · 주석의 내용 등 다양하게 나타나고 있음을 확인할 수 있다. 하야시 라잔과 가호가 막부의 명으로 각각 일본의 편년체 역사서인 『본조편년록(本朝編年錄)』 및 『본조통감(本朝通鑑)』을 편찬한 바 있는데, 실제로 여러 판본을 입수하고 있었음을 알 수 있다. 하야시 가호의 경우, 1668년(간분 8)에 작성한 『삼국지』의 발문에서, 자신이 어렸을 때 역사를 좋아하여, 『십팔사략』을 읽은 후 『자치통감강목』을 읽었다고 언급한 부분이 있다.[26] 따라서 그는 어릴 때부터 이 책을 접하고 있었으며, 이처럼 다양하게 소장하고 있었던 것은 『본조통감』 편찬 때문만은 아닌 것으로 보인다.

26) 田中尙子, 앞의 책, 212에서 재인용. "余少而好史學, 讀史略, 而知鼎足割據之勢, 厥後覽通鑑綱目, 識正統僭僞之分."

세 사람 장서의 간행 시기는 이들이 생존했던 17세기도 있지만, 그보다 그 이전인 15~16세기도 다수 보이며, 하야시 라잔과 두 아들의 장서에 시기차는 없는 것으로 생각된다. 국립공문서관에 소장된 라잔 구장 중국본 149건에는 송대부터 명말까지 다양하게 나타나나,[27] 대다수를 차지하는 것은 만력 연간 이후에 간행된 명판본이다. 가호가 지은 라잔의 연보에 따르면 라잔이 어릴 때 가장서가 없었다는 사실로 볼 때, 이러한 경향은 자연스러운 것으로 생각된다. 그럼에도 불구하고 15~16세기 판본을 다수 소장하고 있었다는 것은 당시 전반적인 소장 상황을 고려해야 하므로 단언하기 어려우나, 일부러 수집했을 가능성을 생각할 수 있다. 이에 대해서는 향후 별도의 검토가 필요하나, 확실한 것은 17세기 일본에 다양한 명판본이 유통되고 있었다는 것이다.

이러한 점은 명판본의 간행 주체 및 내용을 통해서도 확인할 수 있는데, 간행 주체는 내부각본뿐만 아니라 소주와 복건에서 간행된 관판과 신독재 및 귀인재 등의 서사 등 확인된다. 내용 역시 앞서 제2장에서 살펴본 바와 같이 주희가 편찬한 원본도 있지만, 『자치통감강목』 신독재의 7가주, 전서 형식인 주섭원본과 진인석 평점본 등 15~17세기 명나라에서 유통되고 있던 『자치통감강목』의 주요 경향들이 반영된 서적들이 보인다.

라잔 소장 『자치통감강목』 중 완질본은 명말본(표의 1번)만 확인된다. 그의 장서인이 확인되는 『속자치통감강목』(표의 3번)은 원래 정편과 전편도 함께 구성된 판본이나, 현재 결본인 상태이다. 그렇다면 라잔은 『자치통감강목』만 적어도 세 종류의 판본을 소장하고 있었던 것으로 볼 수 있다. 라잔의 장서가 1657년 메이레키(明曆) 대화재

27) 土屋裕史, 「當官所藏林羅山舊藏書(漢籍)解題①」, 『北の丸』 47, 國立公文書館, 2015,

로 장서 상당수가 소실되었고, 남은 서적도 전승되는 과정에서 산일되었을 수도 있으므로 이외에 더 소장했을 가능성도 생각할 수 있다. 이러한 양상은 라잔의 다른 장서인 『초사(楚辭)』에서도 살펴볼 수 있는데,[28] 동일 서명에 대한 여러 판본 혹은 관련 서적을 함께 대조하며 읽었던 라잔의 독서 방식이 『자치통감강목』에도 적용되고 있었던 것으로 보인다.

또한 이들 서적에는 주점(朱點, 句點)과 주선(朱線, 단선:인명 · 나라명, 복선:서명), 그리고 상란에 관련 내용 혹은 교감주가 적혀 있다. 또한 구하지 못한 책은 필사하여 소장했는데, 필사본 『정정통감강목전편』도 이에 해당한다. 이 책에는 관련 기록이 남아 있어 이후에 자세히 언급하고자 한다.

가호 및 돗코사이의 장서는 직접 입수한 것으로 생각되나, 라잔의 장서 중에는 가호 등의 장서인과 읽은 기록이 확인되는 경우도 있다.(표 2 라잔 장서 중 1번 및 ※ 참고) 따라서 가호 등 후손들은 자신들이 입수한 서적 외에 라잔의 장서도 읽었던 것으로 보인다. 실제로 라잔의 장서는 그가 죽은 후 가호 등 그의 아들들에게 양도되었는데, 『자치통감강목』을 통해서도 이러한 사실을 확인할 수 있다.

28) 李裕利, 「十七世紀日本における朝鮮版『楚辭集註』の受容について」, 『日本文学ジャ—ナル』, 東京:古典ライブラリ—, 2023에 자세하다.

〈그림 2〉 일본 내각문고 소장 린케 장서

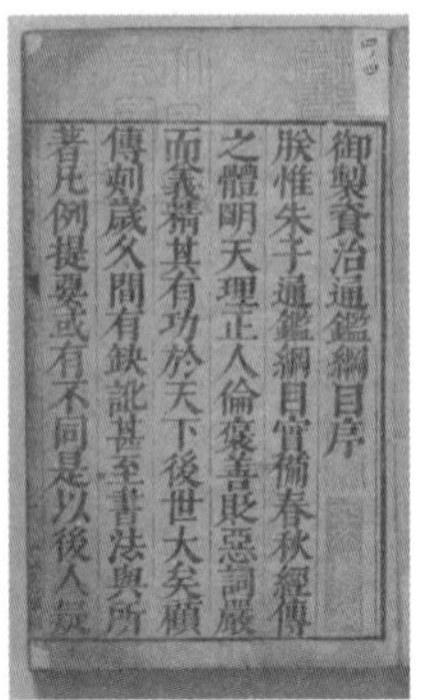

御製資治通鑑綱目序
朕惟朱子通鑑綱目實備春秋經傳
之體明天理正人倫褒善貶惡詞嚴
而義精其有功於天下後世大矣顧
傳刻歲久間有缺訛甚至書法與所
著凡例提要或有不同是以後人疑

명말본(내각문고) 라잔 · 가호 소장

御製資治通鑑綱目序
朕惟朱子通鑑綱目實備春秋經
傳之體明天理正人倫褒善貶惡
詞嚴而義精其有功於天下後世
大矣顧傳刻歲久間有缺訛甚至
書法與所著凡例提要或有不同
是以後人疑焉有考異考證之作

내부각본(내각문고) 가호 소장

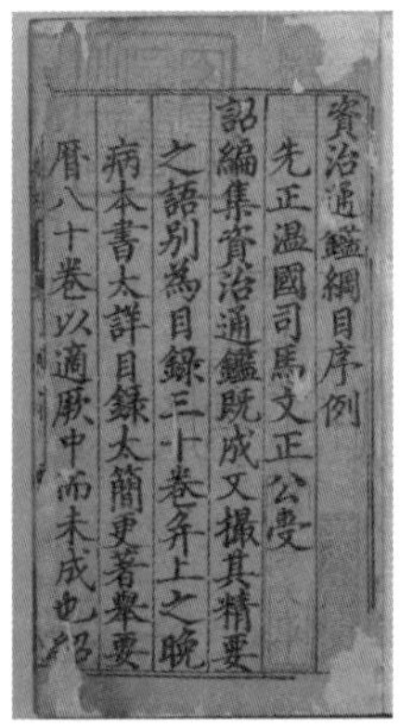

資治通鑑綱目序例
先正溫國司馬文正公受
詔編集資治通鑑既成又撮其精要
之語別爲目錄三十卷并上之晚
病本書太詳目錄太簡更著舉要
曆八十卷以適厥中而未成也紹

홍치 11년본(내각문고) 가호 소장

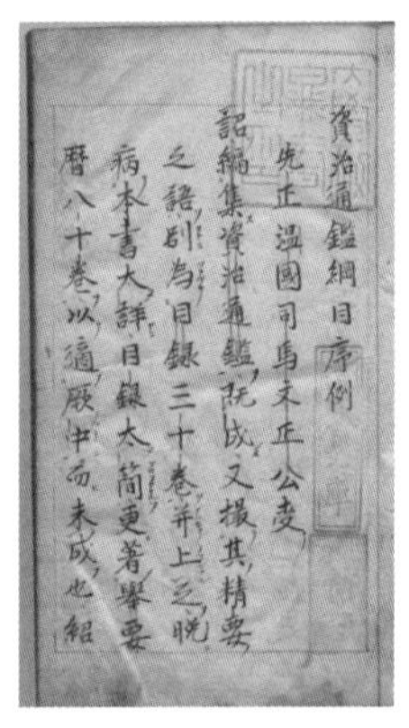

資治通鑑綱目序例
先正溫國司馬文正公受
詔編集資治通鑑既成又撮其精要
之語別爲目錄三十卷并上之晚
病本書太詳目錄太簡更著舉要
曆八十卷以適厥中而未成也紹

정덕 8년(내각문고) 도코사이 소장

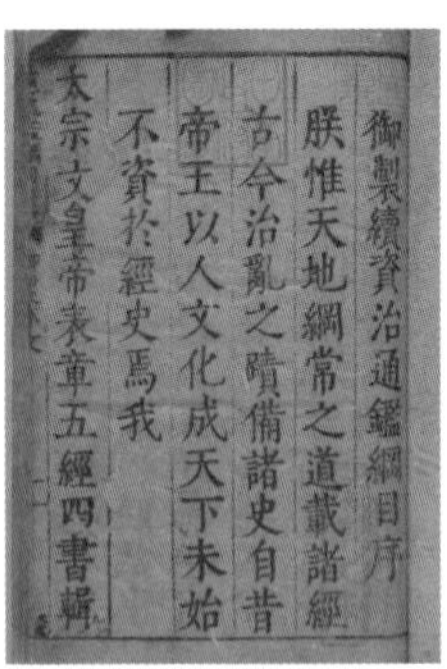

御製續資治通鑑綱目序
朕惟天地綱常之道載諸經
古今治亂之蹟備諸史自昔
帝王以人文化成天下未始
不資於經史焉我
太宗文皇帝表章五經四書輯

만력본(내각문고) 라잔 소장

資治通鑑綱目前編卷之一
仁山金履祥編
京兆劉弘毅刊

정덕~가정본(내각문고) 라잔 소장

참고로 이들은 『자치통감강목』 외에도 여러 통감류 서적들도 소장하였음이 확인되는데, 라잔은 『자치통감외기』·『통감석문변오』·『송원통감』, 가호는 『자치통감고이』를 소장하였다.

자치통감외기
(資治通鑑外紀)

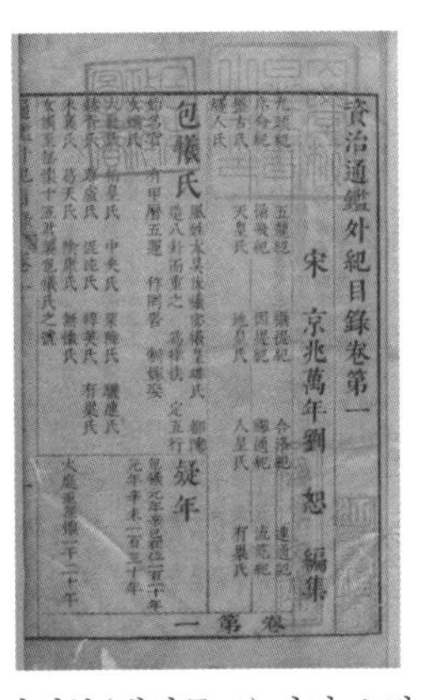
資治通鑑外紀目錄卷第一 宋 京兆萬年劉恕 編集

만력본(내각문고) 라잔 소장

통감석문변오
(通鑑釋文辯誤)

資治通鑑釋文辯誤序

명말본(내각문고) 라잔 소장

자치통감고이
(資治通鑑考異)

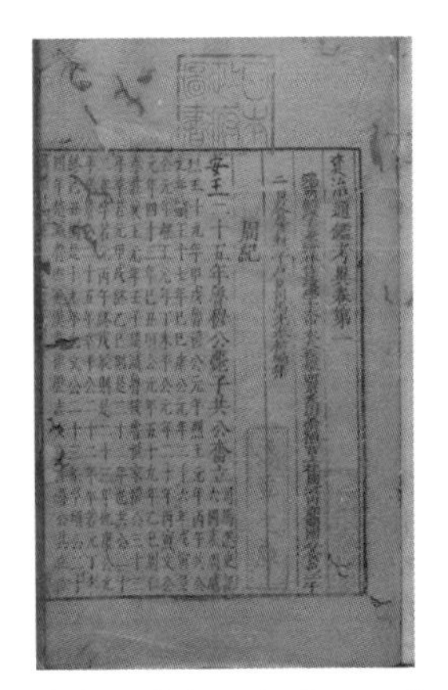
資治通鑑考異卷第一

명말본(내각문고) 가호 소장

송원통감
(宋元通鑑)

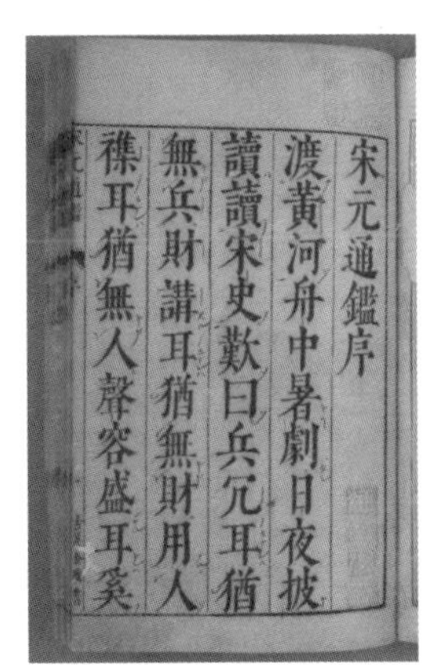
宋元通鑑序
渡黃河舟中暑劇日夜披
讀讀宋史歎曰兵冗耳猶
無兵財講耳猶無財用人
襍耳猶無人聲容盛耳奚

1626년본(와세다대) 라잔 소장

3) 일본 유입 시기 및 경로

이들 서적이 언제 어떠한 경로로 일본에 전해져 하야시 라잔에게 소장되었는지는 전하지 않는다. 다만, 라잔의 문집에 수록된 그의 연보와 이 책에 대한 발문, 그리고 장서에 남긴 기록을 통해 추정 가능한 서적도 일부 있다. 또한 당시 유통된 중국본, 특히 17세기 이후 명말 간본은 나가사키로 일본에 직접 유입되었을 것이나, 이전 서적들은 중세 이전 혹은 임진왜란 당시 조선을 통해 들어왔을 가능성도 생각해볼 수 있다. 이하에서는 이들 서적 중 추정이 가능한 사례를 중심으로 일본에 들어온 경로와 시기에 대해 살펴보고자 한다.

(1) 유입 시기 추정

하야시 라잔이 22세인 1604년(慶長 9)까지 그가 읽은 서적을 기록한 「기견서목(旣見書目)」에 '통감강목(通鑑綱目, 자치통감강목)'이 보인다. 따라서 라잔은 적어도 이때까지 이 책을 접했음을 알 수 있으나, 이 서목에 조선본도 상당수 포함되어 있어 라잔이 본 책이 조선본인지 중국본인지, 그의 소장본이었는지 타인에게 빌린 것인지는 알기 어렵다.

보다 구체적인 정보를 알 수 있는 것은 그와 관련된 기록들이다. 먼저 1629년(간에이 6)에 작성된 죽은 그의 장남 하야시 사몬(林左門)에 대한 비문인 「하야시 사몬 묘지명(林左門墓誌銘)」의 내용이다. 여기에는 하야시 사몬의 학습 과정이 나와 있는데, 1623년(겐나 9) 11세 당시 읽은 가장(家藏) 역사서 중 '통감'과 '강목'이 보인다.

또한 『라잔선생집(羅山先生集)』 권54 「제발(題跋)」 4에 수록된 3건의 관련 발문 중 가장 이른 시기에 작성된 것은 1624년(간에이 1)의 '제통감강목후(題通鑑綱目後)'이다. 이에 따르면, 당시 라잔은 『통감강

〈그림 3〉 라잔 소장 『정정자치통감강목전편』 · 『자치통감강목』 · 『자치통감외기』의 해당 부분(내각문고 소장)

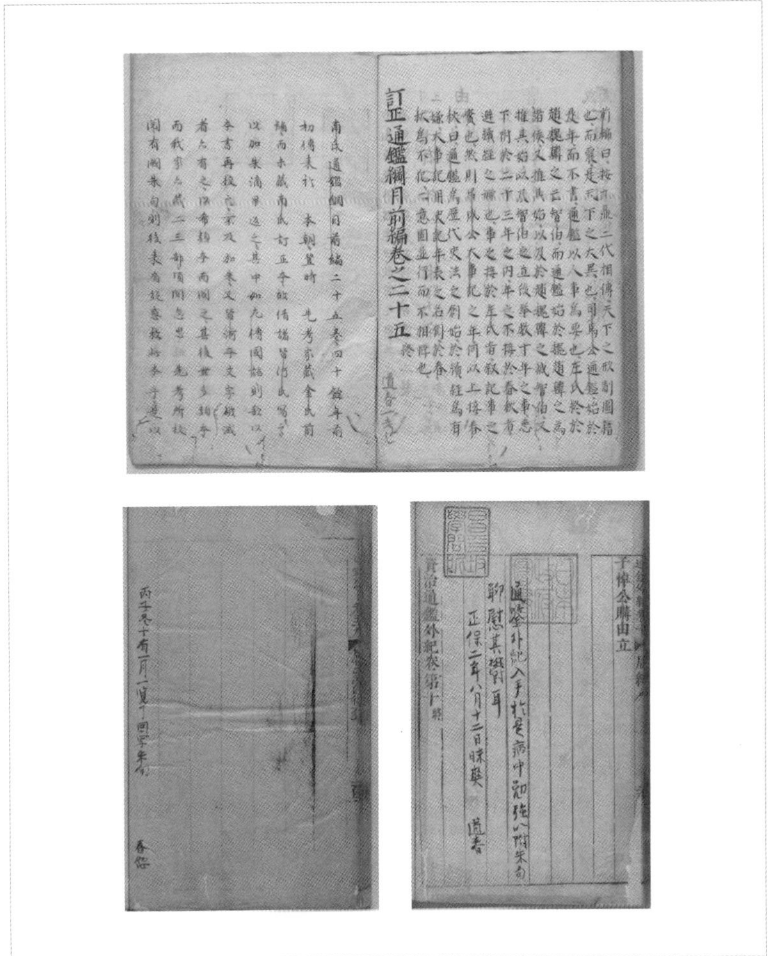

訂正通鑑綱目前編卷之二十五

子偉公爾由立

資治通鑑外紀卷第十終

通鑑外紀入手於是病中卽施以附朱句

聊慰其寂耳

正保二年八月十二日昧爽　道春

목』 59권을 빠르게 읽고 주점을 매겼는데, 이전까지 일본에서 전 책에 점이 달린 예는 없다고 하였다.[29] 이는 「기견서목」이 작성된 후

29) 通鑑綱目一部共五十九卷, 電矚之次, 卽加朱句訖. 此邦前此未有點朱於戰部者也. 姑

20년이 지나도 이 책이 일본에서 크게 수용되지 않았음을 시사한다.

다음으로 1638년(간에이 15)에 작성된 '자치통감발(資治通鑑跋)'에서, 그는 일찍이 주희의 『자치통감강목』과 7가해(家解)를 읽었는데, 1637년 가을에 한 책씩 완독할 때마다 책말에 주필을 남기기 시작하였다고 한다. 이 작업은 1638년 여름에 끝났는데, 모두 294권과 『통감석문변오』이며, 이를 한 번씩 교정까지 끝냈다고 한다.[30] 다만, 이 발문이 적힌 실제 책을 확인하지 못하여 라잔이 이때 읽은 책에 대한 정보는 구체적으로 알기 어렵다.

한편, 라잔 소장 만력본 『자치통감강목』(표 2의 1번) 권59 말에 '丙子冬十有一月, 一覽了, 同寫朱句. 春恕'라는 묵서가 있다. 춘서(春恕)는 하야시 가호로, 그의 생몰년으로 미루어 병자년은 1639년으로 생각된다. 따라서 이 책은 늦어도 1639년 이전에 라잔에 입수되었음을 알 수 있다.

또한 라잔 필사본 『정정통감강목전편』(표 1의 ※ 참고) 권25의 권말에 주필로 '道春一考之'라 되어 있고, 다음 장에 하야시 가호의 1677년(延寶 5) 발문이 있다. 이에 따르면 남씨(남헌)의 『통감강목전편』 25권이 40여 년 전에 처음 일본에 전해졌는데, 라잔은 당시 김씨(김이상)의 『전편』을 소장하고 있었을 뿐 남헌의 정정본은 갖고 있지 않았다고 한다. 이에 미나카와(皆河) 씨에게 청하여 필사한 후 주점과 훈점을 달았다고 하고 밝히고 있다.[31] 이를 통해 『정정통감강

藏之于家, 以爲敝帚. 甲子仲冬十三日.

30) 余嘗讀朱子綱目幷七家解, 然以其出自溫公通鑑. 故去歲仲秋月尾展卷塗朱句, 至今玆仲夏上旬, 終其功全部二百九十四卷幷辯誤, 皆一校訖. (中略) 戊寅夏五月九日羅浮子道春.

31) 南氏通鑑綱目前編二十五卷, 四十餘年前初傳來於本朝, 登時先考家藏金氏前編, 而未藏南氏訂正本. 故倩[請]諸皆河氏寫之, 以加朱滴平返之.

목전편』이 일본에 유입된 것은 1630년대 중반 정도로, 당시까지 라잔은 『통감강목』만 소장하고 있었으므로 이 책이 전래되자 지인에게 빌려 필사하여 읽었음을 알 수 있다. 그리고 이 필사본은 이후 가호의 장서가 된 것으로 보인다.

표 2에 제시된 라잔의 현전본으로 봤을 때, 그가 이전부터 소장해오던 『자치통감강목』은 1560년 신독재 후수본(표 2의 2번)이었을 것으로 생각된다. 또한 라잔은 필사본 외에도 원본인 명판본도 소장했음을 표 2를 통해 알 수 있는데, 이는 이후에 입수한 것으로 보인다.

이외에도 문집에는 '통감외기발(通鑑外紀跋)'이 수록되어 있는데, 이는 1645년(正保 2)에 남긴 것이다. 라잔은 여기에서 지금 병중에 입수한 이 책에 주점을 매기며 공부하는 것이 그나마 우울함을 위로할 뿐이라고 하였다.[32] 해당 서적은 내각문고에 소장되어 있어 실물로 확인할 수 있다.

참고로 막부는 1639년(간에이 16)부터 나가사키에 들어온 중국 서적을 완공된 모미지야마문고(紅葉山文庫)에 들이기 시작했는데,[33] 이와 관련된 목록인 『고쇼모쓰목록(御書物目錄)』이 세이카도 문고(靜嘉堂文庫)와 도호쿠 대학(東北大學) 가노문고(狩野文庫)에 한 건씩 소장되어 있다. 이 목록은 서명 첫 글자를 이로하(伊呂波) 순으로 분류한 후, 1640년(간에이 17) 이전부터 1722년(享保 7)까지 연도별로 제시되어 있다. 이에 따르면, 1639년까지 막부에 입수된 『통감강목』 중에는 '통감전편(通鑑前編)〈증정(增訂)〉'(곧 『정정통감강목전편』)과 '통감강목

32) 通鑑外記入手於是病中, 勉强以附朱句, 聊慰其鬱耳. 正保二年八月十二日昧爽, 道春.

33) 大庭修(), 「東北大學狩野文庫架藏の御文庫目錄」, 『関西大学東西学術研究所紀要』 39-90, 1970, 10.

칠가주(通鑑綱目七家注)'[34]가 있다. 따라서 막부에도 역시 1630년대 말까지는 이 두 책이 들어와 있었음을 알 수 있다.

(2) 조선 경유 유입

하야시 돗코사이의 장서 중에는 임진왜란 당시 조선에서 가져온 것임을 알 수 있는 사례가 있다. 정덕 8년본(283-37)은 그의 장서인인 「讀耕齋/之家藏」이 확인되는데, 결본(제1 · 3책)은 일본에서 필사되어 보충되었으나, 나머지는 중국본이다. 그런데 중국본 부분의 매책수 우측 하단에는 인장이 확인되는데, 「侖/道」 위에 날인된 인문은 각각 「宗榮/仁吉」과 「草溪/鄭氏」이다. 따라서 이 책은 원래 조선 중기 문신인 정종영(鄭宗榮, 1513~1589)의 장서였음을 알 수 있다.

참고로 그의 장서는 오와리번 호사 문고에도 을해자본 『이단변정(異端辨正)』이 소장되어 있다.[35] 이 책에는 그의 장서인이 날인되

〈그림 4〉 정종영 구장서(내각문고 소장)

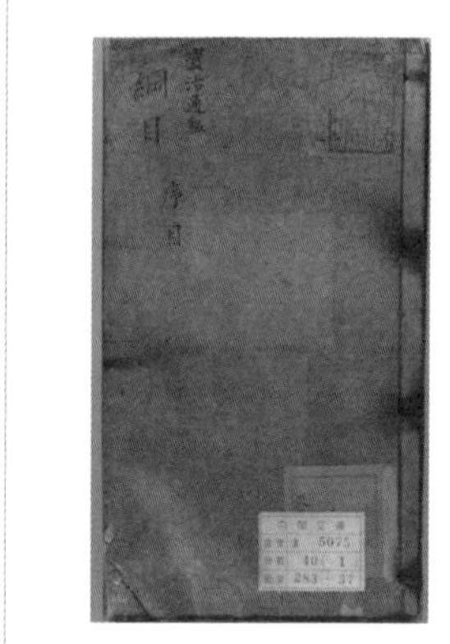

34) 내각문고에는 「祕閣/圖書/之印」이 날인된 7가주본이 소장되어 있다.(史22-4)

35) 천혜봉, 『日本 蓬左文庫 韓國典籍』, 서울:지식산업사, 2003, 144.

어 있지 않고, 제1책 표지에 내사기가 있다.[36] 호사문고 대다수는 도쿠가와 이에야스(德川家康)에게 양도 받은 스루가어양본(駿河御讓本)이나, 이 책에는 도쿠가와 요시나오(德川義直) 말년 및 2대 번주 도쿠가와 미쓰토모(德川光友) 때 사용된 「尾陽/文庫」가 날인되어 있는데, 당시의 목록에 의하면 1630년(간에이 7)에 구입된 것이다. 돗코사이 역시 이 책을 구입하여 소장했을 가능성도 생각할 수 있다. 또한 제3 · 7~8 · 32 · 36 · 40책을 제외하면 조선본의 특징인 황색연화문 표지로 개장되어 있다. 다만 전체적으로 사침안이며, 표지에 묵서된 표제 · 목차 등은 일본인 필체이다. 이로 보아 조선에서는 개장만 되었을 가능성을 생각할 수 있다.

4. 결론

이상에서 17세기 린케에서 소장된 여러 『자치통감강목』의 현전본을 통해서 17세기 일본에서 유통되었던 중국본의 성격과 유입 경로에 대해 살펴보았다. 『자치통감강목』은 송나라 사마광의 『자치통감』을 주희가 방대한 역사를 사건별로 찾아보기 쉽게 강목체로 다시 편찬한 것이다. 주희의 관점이 반영된 역사서인 만큼, 주자학의 권위에 따라 동아시아에서 널리 읽힌 역사서 중 하나이다. 이 책은 남송 말에 진덕수에 의해 간행된 이후 명초까지 텍스트에 큰 변화가 없었으나, 15세기 건양 서사 유씨 신독재에서 기존까지 전하고 있던 관련 서적을 주석으로 넣어 간행하기 시작하였다. 또한 전편과 속편을 합쳐 전서 형식으로도 간행되는 등, 명대에 들어오면 유통 서적에 변화가 생기기 시작한다.

36) 嘉靖三十年六月日/內賜持平鄭宗榮異端辨正一件/命除謝/恩/同副承旨臣尹(押)

한편, 일본에는 장서인과 기록을 통해 중세까지 이 책이 전래되었음을 알 수 있다. 그러나 『한서』와 『십팔사략』 등의 역사서에 비해 널리 읽히지는 않았던 것으로 보인다. 근세에 들어와서야 상업출판으로 최소 네 차례 간행되었는데, 주자학의 본격적인 수용과 출판문화의 발전을 바탕으로 확산된 것으로 생각된다.

그런데 이 책이 1667년에 간행되기 이전인 17세기 초에 중국본 그 자체 혹은 필사하여 이미 수용되고 있었음을 대표적인 학자이자 장서가인 하야시 라잔과 그의 아들들의 장서를 통해 단적으로 확인할 수 있다. 현재 이들 장서가 가장 많이 소장된 일본 국립공문서관에 해당 서적을 통해, 시기 · 텍스트 · 간행 지역 및 주체 등 전반적으로 다양한 명판본 『자치통감강목』을 수용하고 있었음을 알 수 있다. 장서의 상당 부분이 소실 및 산일된 것으로 추정되는 가운데, 동일 서명으로 다수의 판본이 확인된다는 것은 린케에서 『자치통감강목』에 대한 관심이 높았던 동시에 이 책이 활발히 유통되었음을 유추해볼 수 있다.

그런데 하야시 라잔은 선대로부터 물려받은 장서가 없었던 것으로 전해진다. 이를 뒷받침하듯 현전 장서의 간행 시기는 대부분 그가 생존했던 17세기이다. 이는 그의 장서 대부분이 그가 생전에 직접 입수한 것임을 방증한다. 그러므로 그와 두 아들의 장서는 당시 일본에서 유통되고 있던 서적의 경향이 반영되어 있다고 생각한다. 또한 이들 명판본은 명대 『자치통감강목』의 내용 및 구성 변화가 반영되어 있다. 라잔의 묵서를 통해 1630년대 이전에는 들어온 것으로 보이며, 유입 경로는 대부분 중국에서 직수입된 것이나 임진왜란 때 조선을 경유하여 유입되기도 했음을 조선인의 장서인을 통해 알 수 있다.

■ 참고문헌

羅山先生文集附錄 羅山先生年譜 卷2.

堀川貴司,『五山文學研究』, 東京:笠間書院, 2011.

大庭修,「東北大學狩野文庫架藏の御文庫目錄」,『関西大学東西学術研究所紀要』, 1970.

阿部隆一,『增訂中國訪書志』, 東京:汲古書院, 1983.

嚴文儒,「『通鑑綱目』宋元板本考」,『華東師範大學學報 哲學社會科學版』, 1993년 제3기.

翁连溪 校點,『中國古籍善本總目』, 北京:线装书局, 2005.

李裕利,「十七世紀日本における朝鮮版『楚辞集註』の受容について」,『日本文学ジャーナル』26, 東京:古典ライブラリー, 2023.

田中尙子,『室町の學問と知の繼承』, 東京:勉誠出版, 2017.

井上進 저, 이동철 · 장원철 · 이정희 역,『중국출판문화사』, 서울:민음사, 2012.

中國古籍總目編纂委員會 編,『中國古籍總目』, 北京:中華書局,上海:上海古籍出版社, 2013.

仲砂明德,『우아함의 탄생 : 중국 강남 문화사』, 서울:민음사, 2009.

천혜봉,『日本 蓬左文庫 韓國典籍』, 서울:지식산업사, 2003.

土屋裕史,「當官所藏林羅山舊藏書(漢籍)解題①」,『北の丸』47, 國立公文書館, 2015.

黃鎭偉 저 이윤석 · 가첩 · 최묘시,『중국의 방각본-중국 상업출판, 천 년의 역사를 고찰하다-』, 서울:민속원, 2020.

중국국가도서관 중화고적자원고 http://read.nlc.cn/thematDataSearch/toGujiIndex

臺灣中央研究院數立文化中心 典藏臺灣 https://digitalarchives.tw/

일본국립공문서관 https://www.digital.archives.go.jp/

중국에서 일실된 조선본 『진실주집(眞實珠集)』 고찰

/
진청위(金程宇)
(난징대학 문학원 역외한적연구소)

1. 서론

남송(南宋) 고항(古杭) 지역의 거사(居士) 예묘행(倪妙行)이 편찬한 선학(禪學) 입문서 『진실주집』 3권은 중국 본토에서는 오래 전 유실되었으나, 현재 조선 간행본만은 유일하게 남아 있다. 이 책에 관한 연구는 현재 한국 학자 강현경, 강찬수의 논문 「조선본 『진실주집』에 대한 문헌학적 고찰」, (『중국문학』 67호, 2011)이 유일하다(이하 '강문'이라 칭함). 해당 논문은 이 책의 판본과 문헌 인용 등의 문제를 고찰하였고, 『진실주집』의 성격, 내용, 사상적 경향도 대략 논의하면서, "이 책은 조선 시대 불교 서적이 조정 왕실에서 지방 사찰에 이르기까지의 전파 범위를 검토할 수 있는 귀중한 문헌사적 자료이며, 조선 전기 목판 인쇄를 연구하는 데 도움이 되는 중요한 문헌"이라고 평가했다. 그러나 여전히 논의할 부분은 남아 있다. 본 논문은 선행 연구를 바탕으로 『진실주집』의 판본 체계, 사료 출처, 사료적 가치를 심도 있게 살펴보고, 동아시아적 시각에서 이 책의 유통과 영향을 논의하고자 한다.

2. 『진실주집』의 판본

판본 측면에서 강문은 다섯 가지 판본을 검토하여 구인사(救仁寺) 소장 간경도감본(刊經都監本), 국립중앙도서관과 아단문고 소장의 왕실본, 그리고 고려대학교와 국립중앙도서관 소장의 사찰본으로 분류하였다. 본 논문에서는 조사의 범위를 확대함과 동시에 유실된 판본도 주목하였다. 필자는 대략 이 책의 판본을 다음과 같이 구분할 수 있다고 본다.

○ 송판(宋版) (유실)

함순(咸淳) 갑술년(1274) 예묘행의 서문에 "3권으로 간행되어 유통한다"라고 언급하였다. 비록 송간본(宋刊本)과 원간본(元刊本)의 서문 작성 시기는 겨우 10년의 차이지만, 『진실주집』의 편폭이 매우 작다는 점을 고려하면 당시에 이미 판본이 존재했을 것으로 생각된다.

○ 원판(元版) (유실)

지원(至元) 갑신년(1284)에 형산(荊山)의 지용(智瑢)이 서문을 썼다. 이 서문은 중간(重刊) 때 추가된 것으로 보인다.

- 조선 간경도감본(세조 8년, 1462년, 황오신(黃伍信) 서(書))
= 아단문고본: 보물 제921호, 청구기호 : 228.7-예35ㅈ
= 부산박물관본 : 보물 제921-3호, 소유자 삼광사(三光寺)
= 불교천태중앙박물관본 : 충청북도 유형문화재 제322호
= 대한불교천태종 구인사본 : 보물 제1014호

- 왕실본(성종 3년, 1472년, 인수대비(仁粹大妃)의 분부에 따라 김수온(金守溫) 등이 간경도감본으로 재인쇄한 3권 1책본이다.)
= 서울역사박물관본: 보물 제1775호
= 국립중앙도서관 소장본: 청구기호 朝21-296
= 성궤당문고본(成簣堂文庫本)

- 사찰본
= 고려대학교 도서관
= 국립중앙도서관

위 내용을 통해 조선본은 송 · 원판 『진실주집』의 모습을 보존하고 있으며, 송 · 원판을 이해하는 데 중요한 문헌이 되는, 중국 본토에서 유실된 귀중한 고서임을 알 수 있다.

3. 『진실주집』의 인용 사료 출처 – 『불법대명록(佛法大明錄)』의 활용에 관하여

『진실주집』은 권1에 가명현담(歌銘玄談), 권2에 심요법어문도(心要法語問道), 권3에 승의론기문시(僧儀論記文詩) 등의 문헌을 수록하고 있는데, 주요 인용서로는 『경덕전등록(景德傳燈錄)』의 15조를 제외하고, 필자는 『불법대명록』 또한 중요한 인용서라고 생각한다. 하지만 강문에서는 이를 언급하지 않았다. 『불법대명록』에 관해서 필자는 「일본 소장 남송 규당거사(圭堂居士) 『불법대명록』 문헌가치 고찰」(『고전문헌연구』 제19집 하권, 봉황출판사 2017)이라는 글을 발표한 바 있어 참고할 만하다.

그중에서 『진실주집』 권3의 「장로색선사(長蘆賾禪師)」조는 『대명록』 권7의 "공부상(工夫上)"에서, 『이장자화엄론(李長者華嚴論)』은 『대명록』 권19의 "규당론(圭堂論)"에서, 『한산자시(寒山子詩)』 3수는 『대명록』 권5에서, 『이태백시(李太白詩)』와 『소동파유여산시(蘇東坡游廬山詩)』, 『유자후시(柳子厚詩)』는 모두 『대명록』 권3에서 인용되었다.

이상 인용된 서적을 통해 『불법대명록』은 송나라 승려와 속인 사이에서 널리 유행하였을 뿐 아니라 『진실주집』의 시문 선별 · 수록에도 많은 영향을 미쳤음을 알 수 있다.

4.『진실주집』의 문헌 가치

이 책은 중국에서 저술된 송대 선종 서적 어디에도 보이지 않으며, 시이나 코요(椎名宏雄)의 『송 · 원판 선종 연구』(대동출판사, 1993)에도 역시 언급되지 않아 그 희귀함을 알 수 있다. 이 책은 『불법대명록』과 마찬가지로 송 · 원 삼교합일사상(三教合一思想)을 연구하는 데 중요한 문헌이나, 송 · 원대의 선종 역사를 다루는 연구자들에게 오랫동안 등한시 되어왔다. 이 책은 한편 송 · 원대 항주(杭州) 출판 역사 연구의 유용한 보충 자료이기도 하다. 이 책은 송 · 원대 인물의 일실된 글 세 편을 수록하고 있는데 『전송문(全宋文)』과 『전원문(全元文)』에는 수록되지 않은 내용이다. 지원 갑신(1284) 형산의 지용이 쓴 서문, 함순 갑술(1274) 예묘행의 서문 및 익명의 서문이 그것이며, 그 글들은 아래와 같다.

- 지용의 서문

불조(佛祖) · 공경(公卿) · 진산(眞仙) · 석덕(碩德)의 가(歌) · 명(銘) · 교언(敎言)을 무주대거사(無住大居士)가 발췌하고 절록(節錄)하여 한 편으로 엮어 『심법진실주집(心法眞實珠集)』을 짓게 되었다. 그런데 옛사람들의 천 가지 만 가지 말씀은 단지 사람마다 값을 따질 수 없는 진주를 하나씩 갖고 있음을 말한 것일 뿐이다. 이는 사람이 걷고 머물고 앉고 눕고 보고 듣고 먹고 쉬는 따위의 모든 거동 속에서 홀연히 다른 사람에게서 이 구슬을 찾을 적에, 못난 소승은 다만 헛손질하며 가까이 다가서지만, 가히 대답할 말도 없고 가히 펼쳐볼 만한 이치도 없다. 그러나 한 글귀가 있으니, 정녕 간절하여도 도리를 얻을 수 없다면 탁발을 내던져 버릴 것이다.

佛祖公卿眞仙碩德歌銘教言, 無住大居士將斷貫索穿, 作一串目, 爲『心法眞實珠集』. 然古人千說萬說, 只是說人人分上有一顆無價寶珠昭昭然. 於行住坐臥視聽食息之間, 忽被人索此珠時, 小此丘也, 只得叉手近前, 無言可對, 無理可申. 却有一句子, 叮嚀切不得道, 傾出一栲栳.

지용의 서문에 따르면 이 책의 본명은 『심법진실주집』(아래 인용한 익명의 서문에서도 심법진실주(心法眞實珠)로 언급한다)이며, 지금의 이름은 원간본에서 변형된 듯하다. 무주대거사는 예묘행의 호로 판단된다.

- 예묘행의 서문

견성성불(見性成佛)은 사람마다 분수가 있으니, 뜻이 생겨나고 지혜가 막히면 생각이 변하고 실체가 달라지게 된다. 이 한 티끌로부터 경계를 벗어나면 점점 알한고봉(戞漢高峯)을 이루게 되고, 떨어지는 물방울이 물결을 일으키면 결국 배를 삼켜버리게 되는데 거센 풍랑이 처음 상태로 돌아가고 본래로 회복하고자 하지만, 날은 어두워지고 갈 길은 까마득하니 장차 이를 어찌할 것인가? 그래서 우리의 조사(祖師)께서 서쪽에서 오서서 자비심을 불러일으키고 가장 높은 도리를 선창하여, 저들의 망령된 마음을 지적하여 진성(眞性)으로 돌아가게 하셨다. 후대 사람들이 비록 직접 귀로 듣고 면전에서 가르침을 받지 않더라도, 그 남기신 말씀으로 말미암아 깨달음으로 들어가는 자가 많을 것이다. 나는 근본이 둔하고 재주가 없어서, 병이 나서야 약의 효능을 알아보는 정도이다. 삼가 『전등록』 중에서 가명현지(歌銘玄旨)와 불문사우(佛門師友)들이 끊어놓은 어귀를 발췌하여 3권으로 엮어 간행하고 유통시킨다. 이 책은 간결하여 읽기 쉽고, 읽으면 쉽게 이해할 수 있으니 진실된 보물을 드러내는 것과 같다. 사용함은 끝이 없고, 은미한 법문으로 채워진 창고를 다 열어주니, 그 은혜 베풂을 어찌 다하겠는가? 마치 가난한 사람이 진귀한 보물을 얻고, 목마른 사람이 시원한 물이 있는 못을 마주하는 것과 같다. 자신이 수행하는 바에 따라 그 소원이 충족될 것이다. 바라건대 이 책을 통해 제상선인(諸上善人)이 빠르게 일승(一乘)의 완전한 씨앗을 내려주시고, 깊은 믿음을 가진 사람들은 진실로 빨리 용화(龍華)에서 삼회(三會)하기를 바란다. 허공은 측량할 수 없으며, 이 소원은 끝이 없다. 함께 이 도리를 널리 전파하여 부처님의 은혜에 보답하기를 도모한다.

見性成佛, 人人有分, 只爲情生智隔, 想變體殊. 從此一塵, 涉境漸成戞漢高峯, 滴水興波, 終至呑舟, 巨浪將欲返初復本, 其奈日薄途遙? 故我祖師西來, 興慈運悲, 唱第一義, 指彼妄心, 復乎眞性. 後之人雖不耳聆面命, 由其遺言悟入者多矣. 妙行根鈍才疎, 因病識藥, 敬於『傳燈錄』內撮其歌銘玄旨與夫大善知識要截語句, 集爲三卷, 刊梓流通. 所貴簡而易覽, 覽而易入, 可謂示眞實珠. 利用無盡, 傾秘密藏, 施惠何窮. 猶貧乏財之人, 植大寶聚 ; 若渴甘露之者, 遇淸涼池. 隨所修持, 應願充足. 仰冀諸上善人速下一乘之圓種, 具深信士早期三會於龍華. 虛空可量, 此願無盡, 共弘斯道, 圖報佛恩.

이 서문을 통해 예묘행이 이 책을 편집한 취지를 알 수 있다. 즉 "가명현지(歌銘玄旨)와 불문사우(佛門師友)가 끊어놓은 어귀", "간결하여 읽기 쉽고, 읽으면 쉽게 이해할 수 있다"라는 것이다. 그는 이 책을 통해 신자들이 "남긴 말씀으로써 깨달아 이해하기"를 바랬다. 이를 통해 당시 선종이 세속인들에게 끼친 영향을 알 수 있다.

- 익명의 서문

우리 부처 세존(世尊)께서는 세상에 머무르시며 49년 동안 367회의 설법을 통해 중생을 제도하셨으니, 이는 마치 연꽃이 세상에 나타난 것과 같다. 그러나 열반에 드신 후, 네 제자는 옛것을 싫어하고 새로운 것을 기뻐하게 되었고, 이에 따라 보살들이 세상에 나와 경전을 높여 논의하여, 아직 깨닫지 못한 이들을 인도하였으니, 이는 마치 연꽃이 피어나는 것과 같다. 성인의 시대가 점점 멀어지고, 본성도 습관에 의해 변해갔다. 이에 달마가 서쪽에서 와서 '직지인심(直指人心)'을 가르쳐 본성을 깨달아 부처가 되게 하였으니, 이는 마치 꽃이 지고 연꽃 열매가 생기는 것과 같다. 수행자들은 공부하는 과정에서도 차례대로 나아가야 하므로, 이 책은 우선 '가류(歌類)'와 '명류(銘類)' 문장을 먼저 읽은 후 현묘한 담론을 따라가 듣고, 삼미(三昧)에 들어서기를 생각하여 수행하게 하며, 그 다음에는 대사(大師)와 선사(禪師)들이 심전(心傳)하고 구수(口授)한 가르침으로써 내려온 가르침을 통해 무거운 관문을 여는 열쇠를 제공하고, 온전한 깨달음의 비밀을 드러내며, 중생을 이롭게 하기 위해 세상에 몸을 나누되, 허명을 깨뜨리지 않고 실상을 논하게 하였다. 또한, 유교 · 불교 · 도교의 성현들이 남긴 깊은 말씀과 오묘한 구절들은 이 도(道)와 부합하며, 세상을 교화하는데 유익하므로 하나로 꿰뚫어야 한다. 그렇게 보면 가르침은 본래 셋으로 나뉘지 않았음을 알게 될 것이다. 이 책은 마치 수많은 등불이 한 방을 비추어 그 빛이 가득 차서 손상되거나 뒤섞이지 않는 것과 같다. 문득 누군가가 '마음이 곧 부처'라고 묻는다면, 이를 '직지(直指)'라 부르는 순간 이미 빙 둘러 돌아가게 된다. 그런 헛된 생각이 무슨 소용이 있겠는가? 그저 그의 입을 막고 말할 것이다. '그만! 더 말할 필요가 없다. 나의 법은 오묘하여 헤아리기 어렵다. 여기에서 깨닫고 가라!' 처음부터 읽어 나가 본다면, 한 글자 한 구절 모두가 마음의 법이자 진실한 보배와 같으니, 이는 곧 살 곳 없는 노인의 삼십 년간의 애씀을 헛되이 하지 않길 바랄 뿐이다.

吾佛世尊, 住世四十九年, 三百六十七會, 說法度人, 如蓮華出現. 洎入滅後, 四衆厭故悅新, 由是菩薩出世, 宗經說論, 開發未悟, 如蓮華開敷. 去聖浸遠, 性因習移, 達磨西來, 直指人心, 見性成佛, 如華落蓮成也. 學者工夫亦當序進, 故此集首以歌銘玄談, 從聞思修入三摩地；次以祖祖心傳師師口授, 撤重關之鑰, 露全提之秘, 分身應世, 接物利生, 不壞假名而談實相；又以三教聖賢, 微言妙句, 合於斯道, 有補世教者, 貫而通之, 則知教未嘗三焉. 是集如百千燈光照一室, 其光遍滿, 無壞無雜. 忽有人問, 卽心是佛, 喚作直指, 早是迂曲了也. 箇一絡索堪作甚麽？卽掩其口云, 止止！不須說. 我法妙難思, 這裏悟去, 試與從頭看過, 則一字一句, 皆心法眞實珠, 庶不孤無住老人三十年老婆云爾.

이 서문은 저술자 미상이나, 말미에 "이는 곧 살 곳 없는 노인의 삼십 년간의 애씀을 헛되이 하지 않길 바랄 뿐이다."라고 언급된 것으로 보아, 저자가 예묘행과 동시대 인물이었을 것으로 추측된다. 그러므로 이 또한 송대 사람에 의해 작성된 것으로 추정된다. 또한 이 서문의 "유교 · 불교 · 도교의 성현들이 남긴 깊은 말씀과 오묘한 구절들은 이 도(道)와 부합하며, 세상을 교화하는 데 유익하므로 하나로 꿰뚫어야 한다. 그렇게 보면 가르침은 본래 셋으로 나뉘지 않았음을 알게 될 것이다"라는 구절을 통해 이 책이 삼교 융합의 중요성을 보여주는 중요한 문헌이라고 할 수 있을 것이다.

5.『진실주집』의 유통과 영향

『진실주집』의 조선 및 일본에서의 유통과 영향은 아래 몇 가지 방면에서 논의할 수 있다. 첫째는 속서(續書)의 출현이다. 청허휴정(淸虛休靜, 1520~1604)은 『속진실주집(續眞實珠集)』을 편찬하였으며, 『묘(고)사답려사인(杳(杲)師答呂舍人)』·『답왕교수서(答王敎授書)』·『고봉시중(高峰示衆)』 및 『치문(緇門)』·『선림보훈(禪林寶訓)』 등의 내용을 골라 수록하였는데 모두 13개 항목이다. 이 책의 발문에는 다음의 내용이 기록되어 있다.

> 위의 글은 오직 우리 등계대사(登階大師)께서 정밀히 뽑으신 것이다. 아! 우리 스승님은 85세까지 장수하시면서 후학을 위해 법을 전하는데 정성을 기울이셨다. 그러므로 옛 선인들이 제자들에게 가르친 몇 가지를 간추렸으나, 마음에 새기지 않고 붓을 휘둘러 적었으니, 형(荊)나라 사람들이 옥을 참새와 바꾼 것과 같은 어리석음을 저지른 것은 아닐까? 그러나 늙어서 붓을 놀리니 진실로 젊었을 때보다 둔한 것이 사실이다. 나는 남몰래 옛사람들의 아름다운 글귀에 감동하여 세상에 이 책을 널리 간행하고자 했다. 나는 월암(月庵)의 문인이다. 하루는 월암상인(月庵上人)에게 이 책을 보여주었는데, 상인께서 기뻐하시며 새기시어

하루도 못 되어 완성되었다. 아! 천년이 지난 후에도 스승의 가르침을 되살릴 사람이 있다면, 공이 아니면 또 누구겠는가? 나 또한 이에 발문을 남겨, 작은 힘이나마 보태고자 한다. 이는 마치 작은 횃불을 들고 하늘의 찬란한 빛을 인도하는 것과 같은 일일 뿐이다.

右奏惟我登階大師翁爲人精選也. 嗚呼, 我師行年八十有五, 爲法切於後學, 故粹抄古人示徒剋的一二家, 不留意而染揮之, 是乃荊人以玉抵鵲歟? 然而晩縱游毫, 固拙於靑壯. 竊感古人之瓊詞, 欲刊行世有年矣, 且月庵門人也. 一日擧似月庵上人, 上人欣然勒梓, 不日成之, 噫! 千載之下, 起師者非公而誰? 余亦隨跋, 共輔涓埃, 正如持爝火而引天光耳.

만력(萬曆) 갑진(1604) 양월(良月) 하순 제자 쌍운(雙運)이 분향하고 손을 씻은 후 백배(百拜)하며 삼가 발문을 남긴다.

함풍(咸豐) 10년(1860) 경신 11월 중간하여 묘향산(妙香山) 판전(板殿)에 보관한다.

비록 비교적 단순한 선집(選集)이지만, 이 책은 체제 면에서 분명히 『진실주집』의 영향을 받았음을 알 수 있다.

둘째는 조선 왕조가 이 책을 유구(琉球)에 증여했다는 것이다. 조선왕조실록(『세조실록』 권43) 1467년(세조 13) 8월 14일과 8월 17일에 따르면 조선은 두 차례 『진실주집』을 유구에 보냈다는 기록이 있는데 모두 간경도감본이었다.

8월 14일 기사는 "주서(注書) 경준(慶俊)을 태평관(太平館)에 보내어 유구국(琉球國) 사신 상관인(上官人)에게 『성도기(成道記)』·『법화경(法華經)』·『번역명의(飜譯名義)』·『기신론(起信論)』·『영가집(永嘉

集)』·『대비심경(大悲心經)』·『원각경(圓覺經)』·『사교의(四敎儀)』·『능엄의해(楞嚴義海)』·『도덕경(道德經)』·『법수(法數)』·『함허당원각경(涵虛堂圓覺經)』·『금강경(金剛經)』·『야부종경(冶父宗鏡)』·『능엄회해(楞嚴會解)』·『고봉화상선요(高峯和尙禪要)』·『진실주집(眞實珠集)』·『능엄경(楞嚴經)』·『벽암록(碧巖錄)』·『수륙문(水陸文)』·『유마힐경(維摩詰經)』·『금강경오가해(金剛經五家解)』·『능가경소(楞伽經疏)』·『아미타경소(阿彌陀經疏)』·『유마경종요(維摩經宗要)』·『법경론(法鏡論)』·『관무량(觀無量)』·『수경의기(壽經義記)』를 주었다."라고 기록되어 있으며, 8월 17일에는 "유구 국왕에게 『법경론(法鏡論)』·『법화경(法華經)』 2부, 『사교의(四敎儀)』·『성도기(成道記)』·『대비심경(大悲心經)』·『영가집(永嘉集)』·『원각경(圓覺經)』·『번역명의(飜譯名義)』·『금강경오가해(金剛經五家解)』·『능엄의해(楞嚴義海)』·『법수(法數)』·『유마힐경(維摩詰經)』·『수륙문(水陸文)』·『벽암록(碧巖錄)』·『능가경(楞伽經)』·『진실주집(眞實珠集)』·『고봉화상선요(高峯和尙禪要)』·『능엄회해(楞嚴會解)』·『금강경(金剛經)』·『야부종경(冶父宗鏡)』·『도덕경(道德經)』·『함허당원각경(涵虛堂圓覺經)』·『능가경(楞伽經)』·『아미타경소(阿彌陁經疏)』·『유마경종요(維摩經宗要)』·『관무량(觀無量)』·『수경의기(壽經義記)』를 주었다"라고 기록되어 있다. 세조 시기 해외 증서에 관해서는 사토 아츠시(佐藤厚)의 「15세기, 조선이 유구에 보낸 불전(佛典) - 세조의 간경사업(刊經事業)과 관련하여」, 『전수인문논집』 98, 2016, p.333~336를 참고하였다.

셋째는 일본의 소장 자료를 통해 그 전파 상황을 확인할 수 있다는 점이다. 현재 확인된 몇 가지 전본(傳本)은 다음과 같다.

- 성궤당문고본(成簣堂文庫本): 왕실에서 간행된 200부 중 하나이다. 도쿠토미 소호(德富蘇峰)는 대정(大正) 4년(1915) 10월 10일 금

강산 장안사(長安寺)에서 이 책을 입수하였다. 1932년에 출판된 『선본서목(善本書目)』에 이 책에 관한 가장 이른 제요(提要)가 실려 있다. 또한 이 책은 제26회 『대장회전관목록(大藏會展觀目錄)』에 드러난 바 있다.

- 진주장본(眞珠莊本) : 카미오 카즈하루(神尾弌春)가 소장한 판본으로 천순(天順) 6년에 간행된 간경도감본을 목판에 새겨 성화 8년(1472)에 인쇄한 것이다. 「조선 간경도감의 간행 불전(佛典)」(『자료공보』 제3권, 제5호, 1942)과 『동방문화잡고』에도 수록되었다.

또한 『전관입찰목록(展觀入札目錄)』(동경고전회, 1968)의 사진 136페이지와 목록 54쪽에 "천순 6년 임오년에 조선국 간경도감이 봉교하여 새김[天順六年壬午歲朝鮮國刊經都監奉教雕造]", "진의부위 황오신이 씀[進義副尉臣黃伍信書]"이라는 간기가 있다. 이를 통해 이 두 본이 조선 간경도감본임을 알게 해준다. 그 외에 게이오대학(慶應大學) 도서관에도 『진실주집』 한 부가 있다. 비록 열람하지 못하였지만, 간경도감본일 가능성이 있다고 생각한다.

6. 중국의 『진실주집』

『진실주집』은 최근 『해외한적진본문고(域外漢籍珍本文庫)』 제3집(2012년 6월 간행)에, 한국 국립중앙도서관 소장 간경도감본(제요 있음)이 영인본으로 수록되었고, 필자의 「일본소장남송규당거사불법대명록문헌가치고찰(日藏南宋圭堂居士佛法大明錄文獻價值攷述)」, 『고전문헌연구』 19집, 2017, 253페이지의 주석에서도 『진실주집』이 언급된 바 있다. 20세기 1930년대 후반에 역사학자 반서각(班書閣)이 『진실주집』의 제요를 작성하였다는 것은 이 책의 역사적 가치를 드러낸 것이라고 할 수 있다.

반서각(1897~1973)의 자는 효삼(曉三)이고 하남성 기현(杞縣) 사람이며, 근 · 현대의 저명한 역사가이다. 1932~1937년 하북성립(河北省立) 여자사범학원(女子師範學院) 역사 · 지리학과 교수와 학과장을 역임하였다. 뒤에는 국립 신민학원(新民學院) 역사 · 지리학과 교수를 역임하고, '동방문화사업총위원회(東方文化事業總委員會)'에서 『속수사고전서총목제요(續修四庫全書總目提要)』 편집에 참여하였다. 1948년부터는 산서대학(山西大學) 역사학과 교수로 근무하였다. 일본 동양문고(東洋文庫)에 소장된 『「속수사고전서총목제요」 편집자료』가 기록한 바에 따르면 1936년과 1937년 반서각이 찬한 제요 1446편이 수록되었고, 사부(정사, 편년, 기사본말, 별사 등), 자부(잡가, 예술 등), 집부(별집, 시평 등) 등 다양한 분야의 저술을 포함하고 있다. 반서각은 『속수사고전서총목제요』 편찬에 크게 이바지한 주요 저자이다.

현재 『속수사고전서총목제요』(초본) 제7책, 제745페이지에는 『진실주집』이 다음과 같이 기재되어 있다.

> 『진실주집』 3권(명 천순 6년 조선간본)
> 원나라 예묘행이 편찬함. 서두에는 "고항 무주거사 예묘행집"이라고 쓰여있다. 예묘행의 행적은 미상이나 그가 원나라 사람임을 알 수 있는 이유는 권두에 "지원 갑신 결제(結制)"가 있으며, 형산 지용의 『불조공경진선석덕가명교언(佛祖公卿真仙碩德歌銘教言)』 한 편이라고 기록되어 있기 때문이다. "지원 갑신"은 원 세조(世祖) 21년으로, 예묘행과 지용은 고항과 형산에 적을 두고 있으므로 조선 사람이 아님을 알 수 있다. 또한 그가 기록한 연

호는 중국 연호에 해당하므로 그가 원나라 사람임은 의심할 여지가 없다. 권두에는 예묘행의 자서가 있으며, 그 대강의 의미는 "나는 근본이 둔하고 재주가 없어서, 병이 나서야 약의 효능을 알아보는 정도이며, 삼가 『전등록』 중에서 가명현지(歌銘玄旨)와 훌륭한 불문사우(佛門師友)들이 끊어놓은 어귀를 발췌하여 3권으로 엮어 간행하고 유통한다. 이 책은 간결하여 읽기 쉽고, 읽으면 쉽게 이해할 수 있으니 진실된 보물을 드러내는 것과 같다. 끝없이 사용할 수 있다"라는 것이다. 책은 모두 3권이며, 제1권은 부대사(傅大士) 『심왕명(心王銘)』에서부터 동안찰 선사(同安察禪師)의 『십현가(十玄歌)』까지이며 총 16목이다. 제2권은 『달마대사심요(達摩大師心要)』에서부터 장무진거사(張無盡居士)의 『알두솔열선사문도(謁兜率悅禪師問道)』까지 총 22목이며, 제3권은 당덕종(唐德宗)의 『조담운광법사문도(詔曇雲光法師問道)』부터 승려 자수심(慈受深)의 『시』까지 총 14목이다. 『진실주집』의 전서(全書)는 우선 가류(歌類)와 명류(銘類) 문장을 먼저 읽은 후 현묘한 담론을 따라가 듣고, 삼미(三昧)에 들어서기를 생각하여 수행하게 하며, 그 다음에는 대사(大師)와 선사(禪師)들이 심전(心傳)하고 구수(口授)한 가르침으로써 내려온 가르침을 통해 무거운 관문을 여는 열쇠를 제공하고, 온전한 깨달음의 비밀을 드러내며, 중생을 이롭게 하기 위해 세상에 몸을 나누되, 허명을 깨뜨리지 않고 실상을 논하게 하였다. 또한, 유교 · 불교 · 도교의 성현들이 남긴 깊은 말씀과 오묘한 구절들은 이 도(道)와 부합하며, 세상을 교화하는데 유익하므로 하나로 꿰뚫어야 한다고 하여 가르침은 본래 셋으로 나뉘지 않았음을 알게 한다. 책의 말엽에는 "순천 6년 임오년에 조선국 간경도감이 봉교하여 새김" 18자가 있다. "천순"은 명나라 영종(英宗)의 연호이며, "6년"은 "임오년"이다. 이는 당시 조선이 명나라의 정통 연호를 따랐기 때문에 명나라의 연호를 기준으로 날짜를 기재한 것이다. 연을 기재한 후 간행자와 교감자의 직함은 "진의 부위 황오신 서", "위의장군(威毅將軍) 행 용양위섭호군(龍驤衛攝護軍) 지제교(知製教) 신 윤필상(尹弼商)", "관편수관(館編修官) 겸 판군자감사(判軍資監事) 지호조사(知戶曹事) 신 노충신(盧忠慎)", "통정대부(通政大夫) 승원(承院) 동부승지(同副承旨) 지제교(知製教) 충춘추(充春秋) 가선대부(嘉善大夫) 중추원부사(中樞院副使) 신 한계희(韓繼禧)" 등 세 명의 이름이 적혀 있다. 책의 행간은 11행 17자로 구성되어 있다.

반서각이 지은 제요는 현재 중국 국내에서는 발견되지 않았다. 직함이나 행간 등의 정보에 따르면 반서각 제요의 판본은 조선 간경도감본으로 추정된다. 당시 그는 일본 학자가 제공한 사진에 근거하여 작성했을 것이다. 그러나 예묘행의 서문을 보지 못했기 때문에 원대의 사람으로 오해하였다. 그러나 이 제요는 20세기 1930년대에 작성되었으며 초기 제요로 매우 귀중하다.

7. 결론

1. 『진실주집』의 판본은 두 계통으로 나뉘며, 간경도감본(7부, 초간, 중간, 후간 포함)과 사찰본(2부)이다.

2. 『경덕전등록』 외에 『불법대명록』은 『진실주집』의 중요한 사료적 출처이다.

3. 『진실주집』은 일실된 정보를 재구성하고 송 · 원대의 삼교 합일 사상에 있어서 중요한 문헌적 가치를 지닌다.

4. 『진실주집』은 조선, 유구와 일본에서 모두 소장하고 유통되었으며, 중국 근대의 학자들은 『속사고전서제요』의 집필을 통해 반서각이 우선 이 책을 접하게 되었고, 근래의 『역외한적진본연구』 제3집에 이르러서야 인쇄할 수 있었다.

5. 최근 일본에 소장된 『불법대명록』의 연구가 진전이 있었고, 그 관련 저작인 『진실주집』 또한 학계의 관심을 받기 시작하였다.

번역: 조민제(성균관대학교 한문학과 박사수료)

『한도십영』의 종합적 검토

/
장유승
(성균관대학교)

1. 머리말

국립한국문학관 소장 『한도십영』은 조선초기 한양의 명승 10개소를 소재로 지은 시를 엮은 책이다. 1434년 주조한 초주갑인자(初鑄甲寅字)로 간행했으며, 간행시기는 1479년(성종10)으로 추정된다. 국립한국문학관 소장본이 유일본이다.

이 책은 권두에 김수온(金守溫)의 서문이 있고, 서거정(徐居正), 강희맹(姜希孟), 이숙함(李淑瑊), 최숙정(崔淑精), 성현(成俔), 이승소(李承召), 성임(成任), 이봉(李封), 이정(李婷) 9인의 시가 순서대로 실려 있다. 수록된 시는 1인당 10편으로 총 90편이다. '한도십영'이라는 서명을 붙인 것은 9인이 각기 창작한 10편의 시가 한양의 승경 10개소를 소재로 지었기 때문이다.

10편의 소제목은 각각 '장의사로 승려를 찾아가다[藏義尋僧]', '제천정에서 달을 구경하다[濟川翫月]', '반송정에서 나그네를 전송하다[盤松送客]', '양화나루에서 눈을 밟다[楊花踏雪]', '목멱산에서 꽃을 감상하다[木覓賞花]', '살곶이에서 봄놀이하다[箭郊尋芳]', '마포에 배를 띄우다[麻浦泛舟]', '흥덕사에서 연꽃을 감상하다[興德賞蓮]', '종가에서 관등놀이를 구경하다[鍾街觀燈]', '입석포에서 낚시하다[立石釣魚]' 순이다. 성현과 이봉은 순서가 약간 다르지만 큰 의미는 없어 보인다. 다른 문헌에 수록된 〈한도십영〉 역시 순서가 다른 경우가 있다.

서거정 등의 〈한도십영〉 창작은 일찍부터 알려졌다. 서거정, 강희맹, 성현, 이승소의 문집에 실려 있으며, 『속동문선』, 『신증동국여지승람』에도 실려 있다. 1568년(선조1) 간행된 『고사촬요(攷事撮要)』에 『한도십영』의 책판이 상주(尙州)에 있다는 기록이 있고, 17세기 중반에 편찬된 김휴(金烋)의 『해동문헌총록(海東文獻總錄)』에서도 『한도십영』을 언급했으니, 단행본으로 간행되었다는 사실도 알려져 있었다. 다만 실물의 현전 여부는 알 수 없었으며, 활자본의 존재도 전혀 알려지지 않았다. 국립한국문학관 소장본의 출현은 단행본 『한도십영』의 존재를 최초로 확인했다는 점에서 의미가 있으며, 조선초기 금속활자 초주갑인자로 인쇄한 책이라는 점에서 가치가 높다.

2. 『한도십영』의 서지적 특성

본고에서는 형태서지학적 측면이 아닌 원문서지학적 측면에서 『한도십영』에 접근하고자 한다. 『한도십영』 수록 시는 『속동문선』, 『신증동국여지승람』 및 개인 문집에도 실려 있으므로 원문의 교감(校勘)이 가능한데, 원문을 교감하면 『한도십영』에 오탈자가 많다는 사실을 확인할 수 있다.

본디 활자본은 목판본에 비해 오탈자가 생길 가능성이 높다. 활자본은 원고를 조판하는 과정을 거쳐야 하므로 원고를 그대로 뒤집어 새기는 목판에 비해 오자가 많은 것이 당연하다. 그러나 이 점을 감안하더라도 『한도십영』의 오탈자는 상당히 많은 편이다. 우선 글자가 아예 누락된 탈자(脫字)부터가 적지 않다.

성임의 시에서 제10수는 소제목이 '立石魚'로 되어 있다. 성임을 제외한 나머지 8인의 시에서 제10수의 소제목은 '立石釣魚'이므로, '釣'가 누락되었다는 사실을 쉽게 확인할 수 있다. 이것은 조판상의 실수에 가까워 보인다. 그러나 이를 제외한 나머지 탈자는 그렇지 않다.

〈그림 1〉『한도십영』의 탈자

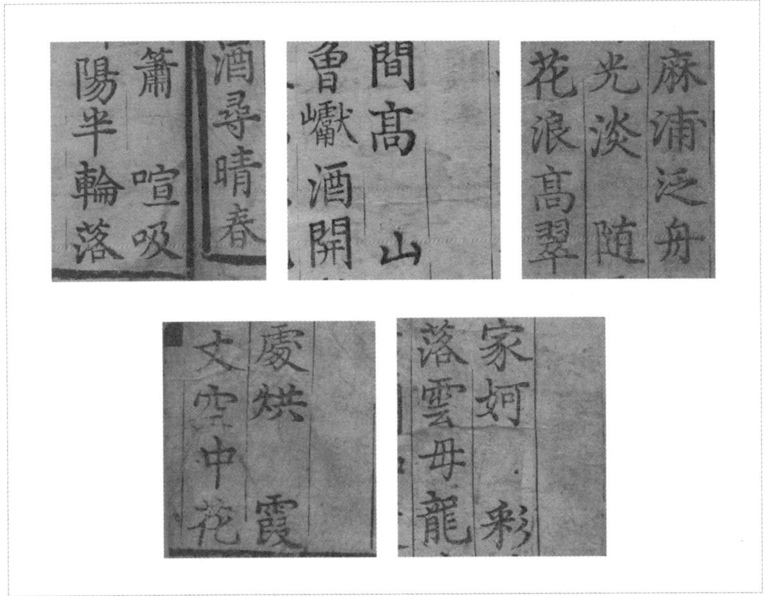
酒尋晴春
簫 喧吸
陽半輪落
間高 山
曾巘酒開
麻浦泛舟
光淡 随
花浪高翠
處烘 霞
文空中花
家婀 彩
落雲母龍

〈표 1〉『한도십영』의 탈자

연번	작자	소제목	위치	오류	수정
1	성현	箭郊尋芳	6구	高閣笙簫□喧吸	高閣笙簫謾喧吸
2	성현	木覓賞花	2구	□山石磴跨如橋	縈山石磴跨如橋
3	성현	麻浦泛舟	1구	春光淡□随處施	春光淡沱随處施
4	성현	鍾街觀燈	2구	燈開處處烘□霞	燈開處處烘赬霞
5	이봉	鍾街觀燈	2구	婀□彩竿干晴霞	婀娜彩竿干晴霞

이상의 5자가 실수로 빠뜨린 것이 아니라는 점은 빈 칸을 남겨두었다는 사실에서 확인할 수 있다. 실수로 글자를 빠뜨렸다면 빈 칸을 남기지 않고 다음 글자를 이어붙여 조판했을 것이다. 그러나 본서에는 탈자의 위치에 빈 칸을 남겨두었다. 여기에는 의도가 있다고

보아야 한다.

성현의 시는 『허백당집』과 『신증동국여지승람』에도 실려 있으므로 성현 시의 탈자는 복원 가능하다. 1은 '謾', 2는 '縈', 3은 '沱', 4는 '楨'이 들어가야 한다. 이봉의 시는 달리 수록된 곳이 없으므로 추정만 가능한 형편인데, 구법상 '婀□'는 '彩竿'을 수식하는 부사로 보인다. '婀娜'를 하나의 부사로 사용한 예가 자주 보이므로, 5의 누락된 글자는 '娜'로 추정된다.

누락된 5자는 모두 자주 쓰이지 않는 벽자(僻字)에 속한다. 여기서 빈 칸을 남겨둔 이유를 추정할 수 있다. 해당 글자의 활자가 아예 없었거나 쉽게 찾을 수 없었기에 빈 칸을 남겨두고 인쇄한 것으로 보인다. 이후 수기(手記)로 채워넣거나 목활자를 제조하여 인쇄할 계획이었으나 미처 채워넣지 못했을 가능성이 있다. 이러한 방식의 의도적인 누락은 활자본에서만 가능하다. 『한도십영』의 탈자는 활자본의 특성을 반영한다고 볼 수 있다.

오자는 탈자보다 많다. 우선 이숙함, 성현, 이승소, 성임의 시 소제목 '藏義尋僧'이 '藏魚尋僧'으로 되어 있다. 소제목에서 동일한 오류가 4번이나 반복되었다. 이숙함 시의 소제목 '盤松送客'도 '盤松送寒'으로 되어 있다. 그밖의 오자는 다음과 같다.

〈표 2〉『한도십영』의 오자

연번	작자	소제목	위치	오류	수정
1	강희맹	盤松送客	4구	去住有恨那能烋	去住有恨那能休
2	강희맹	盤松送客	7구	督然分袂冬千里	瞥然分袂各千里
3	이숙함	盤松送寒	1구	君向河處百錢遊	君向何處百錢遊
4	이숙함	盤松送寒	4구	人生離別河當休	人生離別何當休
5	최숙정	鍾街觀燈	2구	燈夕處處茎紅霞	燈夕處處蒸紅霞

연번	작자	소제목	위치	오류	수정
6	성현	箭郊尋芳	2구	滿郊皆色迷人行	滿郊春色迷行人
7	성현	立石釣魚	1구	蒻笠蓑衣乘雨去	蒻笠蓑衣乘雨立
8	성현	濟川翫月	2구	玉柱婆娑散秋影	玉桂婆娑散秋影
9	성현	興德賞蓮	2구	菡萏花時風日洗	菡萏花時風月洗
10	성현	興德賞蓮	4구	凌波步韈香塵細	凌波步韈香塵紵
11	성현	藏義尋僧	7구	金磬聲綫篆穗沈	金磬聲殘篆穗沈
12	성임	藏義尋僧	5구	枯藜柱入煙蘿去	枯藜拄入煙蘿去
13	성임	濟川翫月	7구	却疑身在廣漢宮	却疑身在廣寒宮
14	성임	鍾街觀燈	3구	欄街騎竹走且呼	攔街騎竹走且呼
15	이봉	鍾街觀燈	1구	燈燈無書知幾家	燈燈無盡知幾家
16	이봉	箭串尋芳	3구	春光九千亦無幾	春光九十亦無幾
17	이봉	楊花踏雪	7구	須湏更效白戰體	須臾更效白戰體
18	이정	盤松送客	6구	玄住彼此俱斷腸	去住彼此俱斷腸

이밖에 '燃'을 '然'으로, '層'을 '曾'으로 오기한 사례 등이 있으나, 통용하는 문헌이 더러 있으므로 문제삼지 않는다. 위에 제시한 사례는 오자가 확실한 경우에 한정한다. 필자의 소견으로 『한도십영』의 오자들은 공통점이 하나 있는데, 바로 초서(草書)로 쓸 경우 혼동하기 쉬운 글자라는 점이다. 간행 과정에서 해서(楷書)로 정서(正書)한 원고가 아닌, 초서로 쓴 친필 원고를 저본으로 삼았을 가능성이 높다.

『한도십영』의 분량은 1책 28장, 글자수는 약 6천 자이다. 6천 자가 많은 듯하지만 단행본 고서 한 권이 6천 자면 소략한 문헌에 속한다. 오탈자를 모두 합하면 30자가 넘는다. 약 0.5%에 해당한다. 이것은 결코 적지 않은 양이다. 중종조에 편찬된 『대전후속록』에 따르면, 활자 인쇄를 담당한 교서관은 감인관(監印官)과 감교관(監校官)을 두어 인쇄 과정을 감독하였다. 권당 1자의 착오가 있으면 관련자를 장 30대로 처벌하고, 권당 오자가 5자를 넘으면 담당 관원은 파출이다. 이처럼 감독이 엄격하였기에 조선 초기 활자본은 오탈자가 드문 편이다. 『한도십영』처럼 단출한 문헌에서 오탈자가 적지 않다는 사실은 어떻게 해석해야 할까.

우선 이 책이 일종의 교정쇄일 가능성을 상정할 수 있다. 그러나 조선시대 활자본 서적의 교정쇄는 남아 있는 것이 없으므로 비교가 불가능하다. 『한도십영』의 이본도 존재하지 않으므로 이 책이 교정쇄인지 완성본인지 알 길이 없다. 따라서 교정쇄일 가능성은 접어둘 수밖에 없다.

『한도십영』에 오탈자가 많다는 사실은 국가의 엄격한 감독이 이루어지지 않았다는 점을 시사한다. 다시 말해 『한도십영』의 간행을 주도한 것은 국가가 아니라 개인일 가능성이 높다. 『한도십영』 간행에 사용한 초주갑인자는 국가 소유지만, 개인이 빌려 사용하였을 가능성은 충분하다. 이 점은 조선후기의 사례에서 확인할 수 있다.

조선후기에는 국가 소유의 활자를 개인이 임대하여 서적 간행에 사용하는 일이 관행적으로 이루어졌다. 교서관인서체자(校書館印書體字)를 개인이 임대하여 문집 간행에 사용한 사례는 잘 알려져 있다. 이는 전적으로 비용 때문이다. 개인 문집의 간행은 저자의 제자 및 후손이 지방관으로 부임하여 해당 지방의 인력과 물자를 이용하여 목판으로 간행하는 것이 관례였다.

목판으로 간행하는 이유는 첫째, 활자 인쇄는 교서관에서만 가능하다는 점, 둘째, 판목이 간행의 부산물로 남는다는 점이다. 판목을 소유하고 있으면 필요에 따라 추가로 문집을 간행할 수 있다. 이 때문에 조선시대 사대부들은 활자 인쇄보다 목판 인쇄를 선호했다. 다만 목판 인쇄는 비용이 많이 든다. 목재를 확보하여 판목으로 가공하고, 판목에 글자를 판각하고 종이로 인출하는 복잡한 과정을 거쳐야 하기 때문이다.

활자 인쇄는 활자 주조 과정에서 가장 많은 비용이 든다. 이미 주조된 활자를 사용할 수 있다면 간행비용은 목판 인쇄보다 훨씬 저렴하다. 이로 인해 목판본 문집 간행을 위한 중간 단계로서 활자 인쇄가 이루어졌다. 원고의 보존을 위해 복본(複本)을 제작하기 위해서다. 다만 이 경우 간행 부수는 많을 필요가 없다. 조선시대 활자본의 간행부수는 그리 많지 않았다.

『한도십영』 역시 창작에 참여한 이들에게 나누어주기 위해 소량만 간행했을 가능성이 높다. 소량만 간행했다는 점은 불과 수십 년 만에 목판본으로 다시 간행되었다는 점에서도 추정할 수 있다. 1568년(선조1) 간행된 『고사촬요(攷事撮要)』에 『한도십영』의 책판이 상주(尙州)에 있다는 기록이 있다. 그러나 이밖에는 관련 기록이 없고, 현전하는 판본도 없다. 활자본 『한도십영』이 간행된 1479년(성종10) 이후부터 1568년 이전 사이에 목판으로 간행한 것으로 추정할 뿐이다. 본서에 수록된 9인의 후손이 경상도 관찰사 또는 상주 목사로 부임하여 간행하였을 가능성이 높다.

활자가 국가의 소유라고 해서 활자본 문헌이 모두 국가 주도로 간행되었다고 할 수는 없다. 활자본 『한도십영』은 국가 소유의 활자를 개인이 임대하여 사용한 조선 후기의 출판 관례가 이미 조선 전기부터 존재했다는 것을 보여주는 증거이다. 활자본 『한도십영』 간행에 국가가 개입한 흔적은 찾을 수 없다. 애당초 『한도십영』이라는 문헌 자체의 성격이 국가가 간행을 주도할 만한 것이 아니다. 조선 전기 활자본 중에는 국가가 간행을 주도하였으리라고 생각하기 어려운 문헌이 존재한다. 이를테면 소설 따위이다. 활자본 『한도십영』

은 이러한 조선전기 활자본 역시 개인의 주도로 간행되었을 가능성을 시사한다.

3. 『한도십영』의 창작 배경

『한도십영』 첫머리에 실려 있는 김수온의 서문에 따르면, 〈한도십영〉의 창작을 선도한 인물은 서거정이다. 그가 한양의 명승 10개소를 선정하여 처음 시를 지었으며, 이후 여러 사람이 차운했다는 것이다. 서거정의 〈한도십영〉 창작은 그의 개인적 동기에서 시작된 것이다.

〈표 3〉 『한도십영』 수록 작가

순서	성명	생몰년	본관	자	호	소과	대과	중시	발영시
1	徐居正	1420~1488	대구	剛中	四佳亭	1438	1444	1457	1466
2	姜希孟	1424~1483	진주	景醇	私淑齋	1441	1447		1466
3	李淑瑊	?~?	연안	次公	夢菴		1454	1457	1466
4	崔淑精	1432~1480	양천	國華	逍遙齋	1462	1462	1466	1466
5	成俔	1439~1504	창녕	磬叔	虛白堂	1459	1462	1476	1466
6	李承召	1422~1484	양성	胤保	三灘	1438	1447	1447	
7	成任	1421~1484	창녕	重卿	逸齋	1438	1447	1457	1466
8	李封	1441~1493	한산	蕃仲	蘇隱	1459	1465	1466	
9	李婷	1454~1488	전주	子美	風月亭				

서거정은 집경시의 창작을 즐겼다. 그의 문집 『사가집』에는 〈공주십경(公州十景)〉, 〈밀양십경(密陽十景)〉, 〈패향(전주)십영(沛鄕十詠)〉, 〈영평부팔경(永平府八景)〉, 〈경주십이영(慶州十二詠)〉, 〈대구십영(大丘十詠)〉, 〈문경현팔영(聞慶縣八詠)〉, 〈여주팔영(驪州八詠)〉, 〈비인팔경(庇仁

八景)〉, 〈풍천팔경시(豊川八景詩)〉, 〈평해팔영(平海八詠)〉 등 다양한 지역의 집경시가 실려 있다. 대부분 『동국여지승람』에서 전재(轉載)한 것이다.

창작 경위를 전부 밝히지는 않았으나, 〈패향십영〉은 이파(李坡)의 시에 차운한 것이고, 〈영평부팔경〉은 찰방 조정(曹整)에게 전해듣고 지은 것이며, 〈풍천팔경시〉는 임원준(任元濬)의 시에 차운한 것이다. 여기서 서거정의 집경시가 반드시 현지의 경험을 바탕으로 창작된 것은 아니라는 사실을 알 수 있다.

또 서거정은 『동국여지승람』 편찬자의 한 사람이니, 그의 집경시가 『동국여지승람』에 다수 수록된 것은 그의 의지가 반영되었을 가능성이 높다. 그런데 〈한도십영〉은 1481년 간행된 『동국여지승람』에는 수록되지 않았다. 〈한도십영〉의 창작이 1479년 이전이니 서거정에게 의지가 있었다면 『동국여지승람』에 수록하는 것도 가능했을 것이다. 그러나 『동국여지승람』 「한성부」에 서거정의 시가 많이 실려 있으니, 굳이 〈한도십영〉까지 수록할 필요는 느끼지 못했던 것으로 보인다.

1518년(중종13) 간행된 『속동문선』에 서거정, 강희맹, 이승소의 〈한도십영〉이 실려 있고, 1530년 간행된 『신증동국여지승람』에는 이 세 사람의 작품을 포함하여 이정, 성임의 〈한도십영〉도 함께 실려 있다. 이상의 문헌들을 통해 서거정이 〈한도십영〉을 창작하고, 여러 문인이 이에 차운하였다는 사실은 조선 전기부터 알려져 있었던 것으로 보인다.

서거정의 『사가집』(1705), 강희맹의 『사숙재집』(1805), 성현의 『허백당집』(1841), 이승소의 『삼탄집』(1515), 이정의 『풍월정집』(1727)에도 실려 있으나, 『삼탄집』을 제외하면 모두 조선 후기에 간행된 문헌이며, 『속동문선』 또는 『신증동국여지승람』에서 초록하였을 가능성이 높다.

『사숙재집』에 수록된 〈한도십영〉의 제목은 〈사가의 한도십영 병풍에 쓰다[題四佳漢都十詠屛風]〉이며, 『풍월정집』에 수록된 〈한도십영〉의 제목은 〈한도십영, 서 정승의 시에 차운하다[漢都十詠次徐相國韻]〉이다. 『허백당집』에 수록된 〈한도십영〉 역시 “서 달성의 시에 차운하였다.[次徐達城韻]”라는 주석이 부기되어 있으므로 서거정이 먼저 창작하였다는 것은 의심의 여지가 없다.

이밖에 1500년 간행된 『사우정집(四雨亭集)』에 부림군(富林君) 이식(李湜)의 〈달성 정승의 한도십영에 차운하다[次達城相公漢都十詠]〉가 실려 있는데, 본서에는 수록되지 않았다. 본서에 시를 수록한 9인이 서로의 창작을 공유한 반면, 이식은 자의로 차운하였기 때문이 아닌가 한다. 본서가 간행된 1479년, 부림군의 나이는 22세에 불과하였으므로 서거정 등의 수창에 어울렸을 가능성은 희박하다. 『사우정집』의 편차를 보더라도 이식의 〈한도십영〉은 1485년에 지은 〈을사년 시월 보름밤 거센 바람이 불어 아우 낭수가 떠올라[乙巳十月望夜大風因憶舍弟浪叟]〉 뒤에 실려 있다. 따라서 이식의 〈한도십영〉은 본서에 수록된 9인과 같은 시기에 창작된 것은 아닌 듯하다. 김근(金近, 1579~1656)의 『오우당집(五友堂集)』에도 〈사가 서거정의 한도십영에 삼가 차운하다[敬次徐四佳居正漢都十詠]〉가 실려 있는데, 역시 후대에 자의로 차운한 것이므로 본서에 수록되지 않은 것이 당연하다.

이처럼 〈한도십영〉은 여러 문헌에 산견되나, 이중 본서가 시기상 가장 앞설 뿐만 아니라 가장 많은 작품을 수록하였다. 특히 본서에 수록된 김수온의 서문과 이숙함, 최숙정, 이봉의 시는 다른 문헌에 없는 것이다. 서거정의 〈한도십영〉 창작이 정확히 언제 이루어졌는지는 알 수 없다. 다만 본서에 수록된 김수온의 서문이 1479년(성종10)에 지은 것이므로 이에 앞서 창작한 것만은 틀림없다. 서거정은

1478년 6월부터 9월까지 한성부 판윤을 역임하였는데, 이것이 창작의 계기가 되었을 가능성이 있다.

〈한도십영〉 창작에 참여한 이들의 친분이 각별했다는 점은 여러 문헌에서 확인할 수 있다. 이들에게는 공통점이 있다. 종친(宗親) 신분으로 애당초 과거 응시가 불가능한 이정을 제외한 나머지 8인은 모두 문과 급제자이다. 또 이들의 대부분이 관원을 대상으로 치르는 중시(重試)와 발영시(拔英試) 합격자이다.

특히 이승소, 이봉, 이정을 제외한 7인은 모두 1466년 발영시 합격자이다. 발영시는 세조가 2품 이상 관원을 대상으로 시행한 시험이다. 이때의 장원이 다름아닌 본서의 서문을 쓴 김수온이다. 한편, 같은 해 시행된 등준시(登俊試)에서도 김수온, 서거정, 강희맹 3인이 합격하였다. 일회성 행사였으나 이 시험의 합격자들은 대단한 영광으로 여겼다.

이승소는 1466년 연달아 부친상과 모친상을 당하였으므로 응시가 불가능했을 것이다. 그러나 이미 문학으로 명망이 높았고, 서거정, 강희맹 등과도 친분이 두터웠다. 이봉은 1467년에야 통정대부(정3품)에 올랐으므로 응시 자격이 없었다. 그러나 1465년 문과에 장원하여 명성이 있었기에 참여한 것으로 보인다. 이정은 종친의 신분이니 어떠한 과거에도 응시할 수 없었다. 그러나 성종의 형으로 성종의 각별한 총애를 받아 저명 문인들과 두루 교유하였으므로, 〈한도십영〉의 창작에 가담한 것이 이상해 보이지 않는다.

〈한도십영〉 창작자의 대다수가 발영시 합격자라는 점은, 이들이 문학적 능력을 인정받은 고위 관원이라는 사실을 입증한다. 이들의 관력을 살펴보더라도, 집현전, 예문관, 홍문관 등 관각(館閣)에 오래 근무하였으며, 명나라 사신과의 수창 경험이 있다는 점도 공통적이다. 특히 서거정과 성현은 대제학을 역임했다. 따라서 이들은 관각

문인(館閣文人)의 범주에 넣을 수 있다.

4. 『한도십영』의 문학적 특성

관각문인은 문학적 능력을 인정받고 홍문관, 예문관에 재직하면서 국왕 문서 및 외교 문서 등의 작성을 담당하는 문인이다. 국왕을 칭송하고 당대를 태평성대로 묘사하여 "문학으로 나라를 빛내는[文章華國]" 것이 이들의 역할이다. 이들의 시문은 칭송 일변도이며 전고를 남용하고 수식이 과도하다는 특징을 보인다. 요직을 차지하고 국가를 위해 복무하면서, 역설적이게도 이들이 사적 영역에서 창작한 시문은 은거지향적인 경우가 많다. 〈한도십영〉이 바로 그러한 사례이다. 이 점은 〈한도십영〉에 앞서 창작된 정도전의 〈신도팔경(新都八景)〉과 비교하면 분명해진다.

정도전의 〈신도팔경〉 창작은 태조의 신도팔경 병풍을 하사와 맞물려 있다. 내적 동기에 의한 창작이 아니라 수도의 번영을 구가하여 국왕을 칭송하려는 뚜렷한 목적을 지니고 있었다. 이 점은 〈신도팔경〉의 구성에서도 드러난다. '경기의 산하[畿甸山河]', '도성의 궁궐[都城宮苑]', '별처럼 에워싼 관청[列署星拱]', '바둑판처럼 펼쳐진 행정구역[諸坊棋布]', '동대문의 교련장[東門敎場]', '서강에 정박한 조운선[西江漕泊]', '남쪽 나루의 행인[南渡行人]', '북쪽 교외의 목장[北郊牧馬]'의 8가지 주제로 구성되어 있다. 명승보다는 건물 및 활동 중심이다.

〈신도팔경〉은 대궐의 위용을 과시하고, 한양의 관청 및 행정구역이 질서정연한 모습을 묘사하였으며, 동대문 밖 교련장의 군사훈련, 서강나루에 조운선이 드나드는 광경, 노량진을 통해 한양으로 오가는 인파, 살곶이 목장의 번성 등 새로 건설한 한양의 인문지리적 환경의 묘사에 집중하였다. 〈신도팔경〉은 새로운 도읍의 번화한 모습을 드러내려는 의도에서 기획된 것이다.

반면 〈한도십영〉은 지극히 개인적이다. 정도전의 〈신도팔경〉이 공적 영역에서의 관각문인의 역할을 보여준다면, 〈한도십영〉은 사적 영역에서의 관각 문인의 면모를 보여준다.

〈표 4〉 〈한도십영〉의 소주제

순서	소제목	장소	현위치
1	藏義尋僧	장의사	서울 종로구 신영동
2	濟川翫月	제천정	서울 용산구 한남동
3	盤松送客	반송정	서울 서대문구 천연동
4	楊花踏雪	양화나루	서울 마포구 합정동
5	木覓賞花	남산	서울 용산구 용산동
6	箭郊尋芳	살곶이	서울 성동구 성수동
7	麻浦泛舟	마포나루	서울 마포구 마포동
8	興德賞蓮	흥덕사	서울 종로구 혜화동
9	鍾街觀燈	종가	서울 종로구 관철동
10	立石釣魚	입석포	서울 성동구 응봉동

소제목에서 앞의 두 글자는 장소, 뒤의 두 글자는 행위에 속한다. 그 행위가 제한된 기간에만 가능한 것이라는 점에서 뒤의 두 글자는 시간에 속하기도 한다. 예컨대 '목멱상화'와 '전교심방'은 꽃피는 봄이 배경이며, '흥덕상련'은 연꽃이 피는 여름, '종가관등'은 초파일 행사이므로 여름에 속한다. '양화답설'은 눈 내리는 겨울로 계절적 배경이 분명하다. 나머지 주제 역시 계절적 배경이 대체로 비슷하다. 달구경은 사계절 가능하지만 '제천완월'은 모두 가을이 배

경이고, '반송송객'과 '마포범주'도 모두 봄이 배경이다. 다만 '입석조어'는 봄과 가을이 혼재한다. '장의심승'은 계절적 배경을 뚜렷이 드러낸 작품이 없다. 겨울을 제외한 봄, 여름, 가을 어느 때로 보아도 무방하다. 이로 보건대 〈한도십영〉 창작에 참여한 9인이 계절적 배경을 명확히 규정하지는 않았던 것으로 보인다. 다만 해당 승경이 가장 돋보이는 시기를 선택한 결과, 저절로 비슷해졌다고 보는 것이 타당하다.

〈한도십영〉의 10가지 소주제 중 엄밀히 따지면 도성에 속하는 것은 '종가관등'과 '흥덕상련' 뿐이다. 종가는 도성 중심부에 속하고, 흥덕사는 도성 내에 있기는 하지만 도성 동북쪽 끝에 겨우 들어와 있다. 나머지는 모두 도성을 나가야 볼 수 있는 풍경이다. 요컨대 〈한도십영〉은 교외의 풍경이 중심이다. 도성 밖 10리까지는 도성에 포함되기는 하지만, 화려하고 활기찬 도성의 모습을 통해 국가의 번영을 구가하려는 정치적 의도가 있었다면 교외의 한가로운 풍경 중심의 구성은 바람직하지 않다. 〈한도십영〉에서는 정치적 의도가 감지되지 않는다.

〈한도십영〉에 대한 문학적 비평은 찾기 어렵다. 다만 임사홍(任士洪)이 지은 이정의 신도비명에 다음과 같은 내용이 있다. "(필자주: 이정이) 여러 공의 〈한도십영〉에 차운한 시는 강운(强韻)인데 온건하게 압운하였고, 말이 예스러우면서 뜻이 깊어 흥취가 저절로 남들과 달랐다." 〈한도십영〉이 강운이라는 점을 강조하였다. 강운은 생소한 글자를 운으로 삼았다는 뜻이다.

〈한도십영〉의 형식은 7언 8구의 칠언율시로 보이지만, 엄밀히 따지면 그렇지 않다. 첫째, 율시는 평성운(平聲韻)을 사용하는 것이 원칙이나 〈한도십영〉은 그렇지 않다. 상성운(上聲韻), 거성운(去聲韻), 입성운(入聲韻)을 자유롭게 사용하고 있다. 둘째, 율시는 비슷한 운을 넘나

〈표 5〉〈한도십영〉 운자

연번	소제목	운		
		위치	운자	운목
1	莊義尋僧	1	玉	入聲 燭韻
		2	百	入聲 陌韻
		4	裂	入聲 薛韻
		5	去	上聲 語韻
		6	語	上聲 語韻
		8	處	上聲 語韻
2	濟川翫月	1	靜	上聲 靜韻
		2	影	上聲 梗韻
		4	餠	上聲 靜韻
		5	徹	入聲 薛韻
		6	髮	入聲 月韻
		8	曲	入聲 燭韻
3	盤松送客	1	遊	平聲 尤韻
		2	甌	平聲 侯韻
		4	休	平聲 尤韻
		5	商	平聲 陽韻
		6	腸	平聲 陽韻
		8	茫	平聲 唐韻
4	楊花踏雪	1	響	上聲 養韻
		2	掌	上聲 養韻
		4	丈	上聲 養韻
		5	屋	入聲 屋韻
		6	竹	入聲 屋韻
		8	息	入聲 職韻
5	木覓賞花	1	高	平聲 豪韻
		2	橋	平聲 宵韻
		4	萄	平聲 豪韻
		5	塢	上聲 姥韻
		6	雨	上聲 麌韻
		8	鼓	上聲 姥韻
6	箭郊尋芳	1	茵	平聲 眞韻
		2	人	平聲 眞韻
		4	春	平聲 諄韻
		5	曲	入聲 燭韻
		6	吸	入聲 緝韻
		8	落	入聲 鐸韻
7	麻浦泛舟	1	施	平聲 支韻
		2	漪	平聲 支韻
		4	枝	平聲 支韻
		5	頭	平聲 侯韻
		6	洲	平聲 尤韻
		8	鷗	平聲 侯韻
8	興德賞蓮	1	底	上聲 薺韻
		2	洗	上聲 齊韻
		4	紵	上聲 語韻
		5	數	上聲 麌韻
		6	麈	上聲 麌韻
		8	雨	上聲 麌韻
9	鍾街觀燈	1	家	平聲 麻韻
		2	霞	平聲 麻韻
		4	花	平聲 麻韻
		5	晝	去聲 宥韻
		6	狖	去聲 宥韻
		8	漏	去聲 候韻
10	立石釣魚	1	立	入聲 緝韻
		2	碧	入聲 昔韻
		4	躍	入聲 藥韻
		5	羹	平聲 庚韻
		6	甁	平聲 靑韻
		8	名	平聲 靑韻

드는 통압(通押)이 제한적인 데 반해, 〈한도십영〉은 통압을 자주 사용한다. 셋째, 율시는 일운도저(一韻到底)가 원칙이지만 〈한도십영〉에서는 중간에 운이 바뀌는 환운(換韻)이 이루어진다. 다시 말해 본디 칠언율시에서 운자의 위치는 1, 2, 4, 6, 8구의 마지막이다. 칠언율시에서 이 6자는 하나의 운목에 속해야 한다. 그러나 〈한도십영〉은 1, 2, 4구가 하나의 운목에 속하며, 5, 6, 8구가 또 하나의 운목에 속한다.

〈한도십영〉이 칠언율시가 아니라는 사실은 위의 표를 보면 명백해진다. 한시는 일반적으로 짝수구에 운자를 사용하는데, 〈한도십영〉의 모든 시는 5구에 운자를 사용하였다. 이곳에서 환운(換韻)이 이루어지기 때문이다. 장편고시에서 환운할 경우, 홀수구에서도 운자를 사용하는 것이 관례이다.

입성(入聲)에 해당하는 글자는 수가 적으므로 운목(韻目)을 따지지 않고 통압(通押)하는 것이 관례다. 상성(上聲)과 거성(去聲)도 통압하는 경우가 드물지 않다. 그러나 평성(平聲)의 통압은 극히 드문데, 〈한도십영〉에서는 거리낌없이 이루어지고 있다. 이 역시 〈한도십영〉을 고시로 보아야 하는 이유다. 따라서 〈한도십영〉은 칠언율시가 아니라 중간에 한 차례 환운(換韻)이 이루어지는 칠언고시로 보아야 한다. 『속동문선』을 비롯하여 『풍월정집』, 『사숙재집』 등 〈한도십영〉을 수록한 문헌에서 모두 이 작품을 칠언고시로 분류한 이유가 이것이다.

운자는 시상의 전개를 제약한다. 〈한도십영〉 1편의 총 글자수는 56자이며, 이중 운자가 6자로 10%를 넘는다. 그러니까 시인은 10%가 넘는 글자를 이미 정해진대로 따라야 하는 것이다. 이 때문에 〈한도십영〉은 내용이 비슷해질 수밖에 없다.

의미가 풍부한 글자는 서로 다른 의미로 사용하는 것이 가능하지만, 문제는 의미가 제한된 글자다. 이 때문에 '제천완월'에는 항상 떡[餠]이 등장하고, '반송송객'에는 항상 술잔[甌]이 등장하고, '양화답설'에서는 항상 대나무[竹]가 등장한다. '목멱상화'에는 포도[萄]와 화단[塢], '전교심방'에는 돗자리[茵], '마포범주'에는 나뭇가지[枝]를 언급해야만 한다. '흥덕상련'에는 반드시 먼지떨이[麈]가 나오고, '종가관등'에서는 반드시 원숭이[猍]가 나오며, '입석조어'에서는 국[羹]을 언급하지 않을 수 없다. 9인이 창작한 시에 언급한 소재에 비슷한 것이 많은 이유가 이것이다. 이처럼 운자의 존재는 한시 창작에 크나큰 제약임은 분명하나, 이것이 다름아닌 한시의 묘미이기도 하다.

〈한도십영〉과 같은 8구의 비교적 짧은 고시에서 환운이 이루어지는 경우는 상당히 드문 편이다. 서거정은 어째서 이처럼 드문 형식을 차용한 것일까? 본디 차운시는 창작을 어렵게 하려는 의도에서 시작되었다. 차운시의 창작은 당나라 원진(元稹)과 백거이(白居易)로부터 시작되었다. 『구당서(舊唐書)』에 따르면, 원진은 자신의 재주가 백거이에 미치지 못한다고 여겨 독특한 작법을 구상해냈다. 기존 시의 운자를 그대로 사용하되, 새로운 의미를 담은 시를 짓는 것이다. 시를 짓기 어렵게 만들려는 의도였다. 이것이 차운시의 유래다. 이들이 장난삼아 시작한 차운은 순식간에 유행으로 번졌다. 같은 운자를 사용하여 시를 주고받는 차운 수창은 문인간의 경쟁과 교류에 효과적인 수단이었다.

또한 〈한도십영〉 창작에 참여한 이들은 대부분 명 사신과의 수창 경험이 있다. 명 사신이 조선측 관원을 시험하기 위해 어려운 운자를 사용한 시 및 장편시의 차운을 요구한 사실은 이미 잘 알려져 있다. 〈한도십영〉의 창작은 이들에게 시재(詩才)를 과시하기 충분한 새로운 도전이었다.

5. 맺음말

국립한국문학관 소장 『한도십영』은 한양의 명승 10개소를 소재로 창작한 시를 엮은 책이다. 서거정을 비롯하여 문학적 능력을 공인받은 관각문인들과 종친 신분으로서 역시 문학으로 인정받은 월산대군 등 9인이 창작에 참여하였다. 이 책에 수록된 시의 일부는 다른 문헌에도 실려 있어 일찍부터 알려졌으나, 김수온의 서문, 이숙함, 최숙정, 이봉의 시는 이 책의 발굴로 비로소 그 존재가 알려졌다. 무엇보다 단행본 『한도십영』의 존재가 이번에 처음으로 확인되었다는 점에서 발굴의 의의가 크다. 1479년 초주갑인자로 간행된 희귀한 조선전기 문헌이며, 현전하는 유일본이라는 점에서도 가치가 높다.

『한도십영』은 여타 조선전기 활자본과 달리 오탈자가 많은 편이다. 그러나 이것이 이 책의 가치를 평가절하할 이유는 되지 않는다. 『한도십영』의 오탈자는 국가 소유의 활자를 개인이 임대하여 사용했을 가능성을 시사한다. 국가가 출판을 독점하였다는 고정관념에 균열을 일으키기 충분하다. 아울러 문학작품이 문집에 수록되어 저자 사후 간행되는 것이 일반적이었던 당시, 저자들이 활발히 활동하던 시기에 간행했다는 점도 특기할 만하다.

〈한도십영〉의 형식은 한 차례 환운이 이루어지는 단형의 칠언고시이다. 굳이 복잡한 형식을 사용한 것은 어떠한 조건 하에서도 창작이 가능한 관각문인들의 문학적 역량을 과시하기 위한 목적으로 보인다. 〈한도십영〉은 개국 초에 창작된 〈신도팔경〉과 나란히 거론되곤 하지만, 두 작품의 성격은 전혀 다르다. 〈신도팔경〉이 국가의 번영을 구가하여 국왕을 칭송하려는 뚜렷한 목적에 입각하여 창작된 반면, 〈한도십영〉은 이러한 공적 목적과는 무관한 내적 동기에서 창작되었다. 이 점에서 〈한도십영〉은 〈신도팔경〉과 구별되며, 조선

후기에 창작된 〈성시전도시〉와도 차이가 있다. 〈한도십영〉은 어디까지나 자발적 동기에 의해 창작되었다. 그리고 국가의 출판 역량을 활용했다는 한계는 있으나 역시 자발적 동기에 의해 간행했다는 점에서 『한도십영』은 이례적인 문헌이다.

■ 참고문헌

권정은, 「집경시에 투영된 한양의 시적 형상과 풍경의 특징」, 『새국어교육』 112호, 한국국어교육학회, 2017.

김영진, 「朝鮮朝 文集 刊行의 諸樣相」, 『민족문화』 43집, 한국고전번역원, 2014.

이은주, 「조선 초기 '新都八景' 詩의 제작과 성격」, 『한국한시연구』, 한국한시학회, 2014.

이종묵, 「16세기 한강에서의 연회와 시회」, 『한국시가연구』 9집, 한국시가학회, 2001.

장유승, 「조선후기 문집 간행 및 유통 양상 재고」, 『국문학연구』 43집, 국문학회, 2021.

최진경, 「15세기 관료 문인의 '한양' 이미지 –「한도십영(漢都十詠)」 및 그 차운시 분석을 중심으로」, 『열상고전연구』 72집, 열상고전연구회, 2020.

『옥호빙(玉壺氷)』의 조선 전래와 그 판본 재검토*

/
박철상
(한국문헌문화연구소)

* 본 논문은 『문헌과해석』 85호(2019년, 문헌과해석사)에 수록된 바 있는데, 이후 추가 발견 된 자료를 반영하여 보완한 것이다.

1. 시작하는 말

『옥호빙』은 명대 도목(都穆,1458~1525)이 편찬한 청언소품집이다. 특이한 것은 중국에서 편간되었지만 명청대에는 그다지 유행하지 않았고, 오히려 조선에서 유통되며 문인들의 사랑을 받았다는 점이다. 김장환이 『옥호빙』의 조선 전래와 판본에 대해 연구를 시작하였고, 교석(校釋)과 함께 번역본을 간행하기도 하였다.[1] 또 이창숙은 규장각에 소장되어 있는 『옥호빙』에 대한 조사와 연구를 통해 조선에 유통된 새로운 판본을 소개하였다.[2] 이후 안대회는 『옥호빙』을 청언소품집으로 규정하고 조선에서 유행한 이유를 제시하였다.[3] 즉, '단권 73칙의 소박한 분량에다가 명말 청언의 주류적 특징에 속하는 노장(老莊)의 취향과 선종(禪宗)의 성향이 미약하여 조선 사대부의 심미취향에 적절하게 부합한 점'과 '짧은 아포리즘보다는 조금 길이가 길어 문장의 멋을 감상할 수 있는 문예문 선집이라는 점' 및 '우월적 태도로 독자를 훈계하려 드는 격언류 청언과는 달리 강요하지 않고 자연스럽게 심취할 수 있는 서정성을 지녔다'는 점을 『옥호빙』이 조선에서 큰 인기를 누린 요인으로 들고 있다.[4]

그러나 이러한 연구에도 불구하고 『옥호빙』의 조선 판본에 대해

---

1) 김장환, 「명대필기 『옥호빙』의 국내전래와 조선간본」, 『인문과학』 83권, 연세대학교인문과학연구소, 2001; 김장환, 「都穆의 『玉壺氷』 校釋」, 『중국어문학논집』 61호, 중국어문학연구회, 2010; 都穆 編 · 김장환 옮김, 『옥호빙』, 지식을만드는지식, 2010.

2) 이창숙, 「규장각 소장 『玉壺氷』」, 『규장각소장 중국도서 선본정리 및 해제 연구』, 규장각, 2010.

3) 안대회, 「조선 중후기 청언소품의 향유와 창작」, 『한국한문학연구』 59호, 한국한문학회, 2015.;안대회, 「동아시아 청언소품의 전파와 향유」, 『민족문화연구』 75호, 고려대학교 민족문화연구원, 2017.

4) 안대회, 「조선 중후기 청언소품의 향유와 창작」, 『한국한문학연구』 59호, 한국한문학회, 2015, 4면.

서는 여러 가지 문제가 남아있다. 특히, 『옥호빙』의 조선 전래와 판본을 다룬 김장환은 임란 이전의 판본을 다루면서 임란 이전의 책판목록(冊版目錄)은 전혀 검토하지 않았다. 이 때문에 무안현본(務安縣本)을 조선 최초의 간본으로 규정하는 오류를 범하였고, 이는 이후 연구자들에게 그대로 수용되었다. 따라서 조선 간본을 재검토할 필요가 생겼다. 이를 위해 필자는 문헌 기록 및 책판목록을 검토하고 임란 이전 간본을 새롭게 발굴하여 소개함으로써 『옥호빙』의 조선 간행 및 유통 현황을 새롭게 규명하고자 한다.

2. 『옥호빙』의 조선 전래

『옥호빙』은 명나라 도목(都穆, 1458~1525)이 한(漢) · 송(宋) · 원(元) · 명(明)의 여러 서적에서 청언(淸言)류의 짧은 글들을 뽑아 정리하여 간행한 책이다. 모두 33종의 서적에서 72조목을 뽑아 기록하였다. 제목인 '옥호빙(玉壺氷)'은 '옥으로 만든 병 속의 얼음'이란 의미로 은자의 고고한 성품을 가리키는데, 이 책에 수록된 청언(淸言)의 성격을 잘 표현하고 있다. 조선본 『옥호빙』 끝에는 도목이 쓴 짧은 발문이 붙어 있어 편간(編刊)의 개략을 살펴볼 수 있다.

> 나는 젊어서 탁한 속세를 싫어하고 청한(淸閑)함을 즐기는데 뜻을 두어 30년 전에 이 책을 엮었다. 중간에 부모님은 늙고 집안이 가난하여 조정에 나가 봉록(俸祿)을 훔쳐 먹다 이제야 벼슬을 그만두고 숙원을 이루게 되었다. 다시 펼쳐 읽어보니 딴 세상에 있는 듯 황홀했지만 나 역시 늙어버렸다. 이에 다시 기록하여 수장하고는 나를 알아주는 사람이 아니고는 보여주지 않았다.

정덕 을해년(1515) 여름 6월에 오군(吳郡) 도목(都穆) 현경보(玄敬父)[5]

발문에 따르면 『옥호빙』은 도목이 20대에 처음 편찬한 책이었지만, 벼슬을 그만둔 57세 때인 1515년에 다시 정리하여 완성했다고 볼 수 있다. 도목은 명대의 장서가이자 금석학자(金石學者)였으며 벼슬은 예부낭중(禮部郎中)에 이르렀다. 자는 현경(玄敬), 호는 남호선생(南濠先生)이라 불렸으며, 아버지는 도앙(都昻, 자는 維明)이다. 저서로 『옥호빙』 외에도 『금해임랑(金薤琳琅)』, 『남호시화(南濠詩話)』, 『철망산호(鐵網珊瑚)』 등이 있다. 『옥호빙』은 도목 생전에 이미 간행되었으며, 그 후에도 여러 차례 간행되었지만 중국본 전본은 거의 없다. 중국에서는 크게 유통되지 않았다는 방증이기도 하다. 그러나 조선에 유입된 『옥호빙』은 여러 차례 간행되었고, 많은 문인들이 즐겨 읽었다.

『옥호빙』의 조선 판본에 대해서는 앞서 언급한 김장환과 이창숙의 논문에서 그 개략이 제시된 바 있다. 김장환은 행자수와 간기를 기준으로 크게 4종으로 분류하여 제시했는데, 무안현본의 경우 간기가 있는 판본과 없는 판본이 있다. 또 이창숙은 규장각 소장본의 필사기를 근거로 1609년 전주 인출본을 추가로 확인하였다. 이를 정리하면 다음 표와 같다.

---

5) "予少厭塵濁, 志樂閒曠, 三十年前, 嘗爲此書, 中間以親老家貧, 竊祿於朝, 玆得請致仕, 宿願始遂. 再披閱之, 恍如隔世, 而予亦老矣. 乃重錄而藏之, 非知我者不以示也. 正德乙亥夏六月吳郡都穆玄敬父."

연번	소장처	행자수	간기	근거
1	만송문고, 규장각	9행 18자	庚辰年十月日務安縣刊	김장환
2	규장각, 간송문고	9행 18자	없음(무안현 간본과 동일)	김장환
3	국도, 한중연, 규장각, 연대도서관 외 다수	9행 17자	없음	김장환
4	연세대 도서관	10행 18자	없음	김장환
5	박재연 구장본	10행 20자	없음	김장환
6	규장각	9행 17자	죽창옹(竹窓翁) 발문(1617) 1609년 완산(完山) 인출 기록	이창숙

특히, 김장환은 전라도 무안현(務安縣)에서 간행한 판본을 1580년에 간행된 우리나라 최초의 『옥호빙』 간본으로 보았다. 이는 간기에 표기된 '경진(庚辰)'과 성혼(成渾, 1535~1598)의 〈옥호빙발(玉壺氷跋)〉에 기록된 경진(庚辰)을 동일한 해로 보았기 때문이다. 성혼의 발문을 무안현본에 대한 발문으로 본 것이다. 이후 이창숙과 안대회의 글에서도 이 부분은 그대로 수용되었다. 하지만 이는 명백한 오류이기 때문에 재검토할 필요가 있다. 『옥호빙』 판본을 재검토하기 위해 먼저 문헌에 보이는 『옥호빙』과 각종 책판목록에 보이는 『옥호빙』 판본을 확인하기로 한다.

1) 문헌에 보이는 『옥호빙』

문헌에 보이는 『옥호빙』 관련 시문은 다양하다. 대부분 문집에 실려 있는데, 이를 통해 『옥호빙』의 간행 및 유통 현황을 확인할 수 있다.

출 전	내 용	비 고
成渾『牛溪集』	〈玉壺氷跋〉	1580년
徐思遠『樂齋先生年譜』	〈二十三年乙未 先生四十六歲〉	1595년
李廷馨『知退堂集』	〈偶吟〉(7언절구)	1607년 이전
竹窓翁『玉壺氷』題識	『玉壺氷』題識	1609년 이전
許筠『閑情錄』	〈閑情錄序〉	1610년
黃汝一『海月先生文集』	〈山樓避暑卽事〉	1622년 이전
都聖兪『養直先生文集』	〈遺事〉	1649년 이전
姜世晃『豹菴稿』	〈題舊藏玉壺氷後〉	1651년 이전
趙翼『浦渚先生集』	〈十畝閑覽序〉	1655년 이전
高用厚『晴沙集』	〈寄贈金士剛〉(5언절구)	1652년 이전
朴泰輔『定齋集』	〈題申公美獲所寫玉壺氷〉	1688년
李栽『密菴集』	〈申養叔哀辭〉	1710년
鄭宗魯『立齋先生文集』	〈孝子十友處士高靈申公行錄〉	1710년 이후
崔昌大『昆侖集』	〈道長載大同至,次老杜苦熱韻〉	1720년 이전
李時恒『和隱集』	〈玉壺冰書帖後跋〉, 〈玉壺冰後跋〉	1723년경
趙龜命『東谿集』	〈靜勝熱銘〉	1730년
姜俔『三當齋稿』	〈玉壺氷跋〉	1769년

서사원(徐思遠, 1550~1615)의 『낙재선생연보』에는 1595년에 김우옹(金宇顒, 1540~1603)을 찾아가 『옥호빙』을 빌려 온다는 기록이 남아있다.[6] 이정형(李廷馨, 1549~1607)의 『지퇴당집(知退堂集)』 〈우음(偶吟)〉은 『옥호빙』을 읽고 있는 모습을 묘사하고 있다.

半生多病又無能　　반평생 병도 많고 무능했는데
靜坐還如入定禪　　정좌하니 마치 선정(禪定)에 든 듯.
啼鳥落花春晝永　　새 울고 꽃 지니 봄 낮은 긴데
睡餘閑看玉壺氷　　졸다가 한가롭게 『옥호빙』 보네.

6) 徐思遠, 『樂齋先生年譜』, 〈二十三年乙未 先生四十六歲〉. "退拜東岡金先生, 借鶴林玉露及玉壺氷兩冊子."

끝에는 '玉壺氷, 乃元時人都穆所撰也'라는 주석이 달려 있다. 도목을 원나라 사람으로 잘못 적고 있다. 또 허균(許筠, 1569~1618)은 『한정록(閑情錄)』을 편찬할 때 『옥호빙』을 주요 자료로 이용했다.[7] 황여일(黃汝一, 1556~1622) 또한 〈산루피서즉사(山樓避暑卽事)〉라는 시에서 '三盃秋露驅霾瘴, 一卷壺氷爽肺腸'라고 읊었는데, 끝에 '玉壺氷冊名'이란 주석을 달고 있다. 도성유(都聖兪, 1571~1649)의 『양직선생문집(養直先生文集)』 〈유사(遺事)〉를 보면 서사원이 도성유에게 『옥호빙』을 선물한 사실이 기록되어 있다.[8] 강세황(姜世晃, 1713~1791)은 『표암고(豹菴稿)』에서 자신의 집안에 전해오던 『옥호빙』이 증조부인 죽창(竹窓) 강주(姜籒, 1566~1650)의 인장이 찍혀 있는 수택본이었다고 하였다.[9] 고용후(高用厚, 1577~1652)가 김집(金集, 1574~1656)에게 『옥호빙』을 선물하며 시를 보내자, 김집은 이에 화답하여 시를 지어 보내기도 하였다.[10] 박태보(朴泰輔, 1654~1689)는 1688년에 통진현감(通津縣監)으로 있던 신확(申矆, 1652~1698)이 쓴 『옥호빙』을 보고 〈제신공미확소사옥호빙(題申公美矆所寫玉壺氷)〉을 지었다.[11] 이시항(李時恒, 1672~1736)은 어천찰방(魚川察訪)으로 있던 1722년에 필사하고 〈옥호빙후발(玉壺冰後跋)〉을 썼다.[12] 조귀명(趙龜命, 1692~1737)은 1730년에 지은 〈정승열명(靜勝熱銘)〉에서 여름에 『옥호빙』을 읽지 않고 힘들게

7) 許筠, 『惺所覆瓿藁』, 〈閑情錄序〉. "近以疾移告杜門, 偶閱劉何棲逸傳, 呂伯恭臥遊錄, 都玄敬玉壺氷, 其寓情蕭散, 犁然有當於心, 遂合四家所箚, 間附以所覩記, 彙爲一書. 又取古人詩賦雜文詠及於閑逸者爲後集, 爲編凡十, 題曰閑情錄."

8) 都聖兪, 『養直先生文集』, 〈遺事〉. "樂齋先生嘗以周易總目贈公曰君精微之學, 亦當在此.又以玉壺氷贈之."

9) 姜世晃, 『豹菴稿』, 〈題舊藏玉壺氷後〉.

10) 高用厚, 『晴史集』 권1, 〈寄贈金士剛. 以玉壺氷一卷送之.〉.

11) 朴泰輔, 『定齋集』 권3, 〈題申公美矆所寫玉壺氷〉.

12) 李時恒, 『和隱集』 권5, 〈玉壺氷後跋〉.

『도덕경(道德經)』을 읽는 이유를 말하고 있다.[13] 이러한 자료들은 모두 당시 문인, 학자들이 『옥호빙』을 얼마나 탐독했는지 알려주고 있는데 『옥호빙』 열독(閱讀) 열풍이라 할 만하다. 이러한 열풍 속에 『옥호빙』 증보판이 등장하기도 했다. 바로 윤흔의 『십무한람(十畝閑覽)』이다. 윤흔(尹昕, 1564~1638)이 편찬한 『십무한람』에 조익(趙翼, 1579~1655)이 서문을 썼는데, 여기에는 다음 내용이 있다.

> 내 외숙인 도재(陶齋) 윤공(尹公, 尹昕)께서는 전(傳)이나 기(記) 속에서 은거(隱居), 한퇴(閑退)에 관해 말한 내용을 모아 책으로 만들고 『십무한람』이라 하였다. 대개 도현경의 『옥호빙』에서 빠진 것을 모은 것이다.[14]

윤흔의 『십무한람』은 현전하지 않고 있지만[15], 조익의 기록에 따르면 도목의 『옥호빙』에서 누락된 내용을 모아 책으로 편찬한 것임을 알 수 있다. 이는 『옥호빙』의 증보판이라 할 수 있을 것이다. 또, 『옥호빙』을 너무 좋아하여 순장하는 인물까지 등장했다. 신호(申浩, 1686~1710)는 『옥호빙』을 너무 좋아했는데, 그가 죽자 밀암(密菴) 이재(李栽, 1657~1730)는 〈신양숙애사(申養叔哀辭)〉에서 '『옥호빙』만 늘 손에 들고 있었다.'라고 했으며[16], 정종로는 〈효자십우처사고령신공

---

13) 趙龜命, 『東谿集』권5, 〈靜勝熱銘)〉. "余今年夏, 偶讀道德經, 栗峰督郵李君挺郁戲之曰, 暑月宜讀玉壺氷 · 鶴林玉露, 讀道德經良苦. 且有何得力處也. 余曰, 靜勝熱, 正可得力, 賢於壺氷 · 玉露十倍矣."

14) 趙翼, 『浦渚先生集』, 〈十畝閑覽序〉. "吾表叔陶齋尹公, 裒聚傳記中凡言隱居閑退之事者爲一書, 名之曰十畝閑覽. 蓋採掇都玄敬玉壺氷之所遺也."

15) 윤흔의 문집 『도재선생유고(陶齋先生遺稿)』권3에는 〈십무한람발(十畝閑覽跋)〉이 실려 있는데, 만력(萬曆) 갑인(1614)에 썼다. 따라서 『십무한람』의 편찬 시기는 1614년으로 볼 수 있다. 〈십무한람발〉의 존재는 김영진 교수를 통해 확인한 내용이다.

16) 李栽, 『密菴詬餘』, 〈申養叔哀辭〉. "惟玉壺氷常在手."

행록(孝子十友處士高靈申公行錄)〉에서 다음과 같이 기록했다.

> 타고난 성품이 맑고 고고하여 맘에 맞는 사람이 아니면 사귀지 않았고, 책에 있어서는 『옥호빙』을 너무 좋아하여 임종할 때 순장(殉葬)하라고까지 하였다. 그밖에 『이소경(離騷經)』 등 애송하던 6편과 가산(佳山), 여수(麗水), 청풍(淸風), 명월(明月)을 합쳐 십우(十友)라 하고는 자호(自號)하였다.[17)]

무엇보다도 중요한 것은 성혼(成渾, 1535~1598)이 『옥호빙』에 쓴 〈옥호빙발(玉壺氷跋)〉이다. 문집에는 '경진하(庚辰夏)'로 표기되어 있으니, 1580년 여름에 쓴 것이다. 이 글은 조선에서 『옥호빙』에 관해 쓴 가장 빠른 기록이다.

> 이 책은 한가함을 좋아하는 말을 가져다 엮은 것인데, 완상하고 즐기며 세상을 잊고자 한 것이다. 이른바 '옥호빙'이란 것은 얼음으로 만든 병처럼 깨끗하고 맑다는 뜻을 취한 것이다. 비록 그렇기 하지만 도연명의 한가함은 산수(山水)와 어조(魚鳥)에 있지 않고 고상한 정서와 원대한 식견에 있으니, 고상한 정서와 원대한 식견을 가지고 있지 않으면서 외물(外物)로써 한가함을 삼고자 한다면 진정한 한가함이 아닌 것이다. 끝내는 그런 식견이 있어야 사물의 이치에 달관할 만하며, 그러한 것을 지켜야 자신의 처지를 편안히 여기며 천리에 순응할 수 있는 것이다. 그런 뒤에야 비록 단표누항(簞瓢陋巷)의 생활을 하더라도 모두 남에게 알

---

17) 鄭宗魯, 『立齋先生文集』, 〈孝子十友處士高靈申公行錄〉, "資稟淸高, 非其人不交, 於書酷好玉壺冰, 至遺命殉葬, 而他如離騷經等所愛誦者凡六篇, 及佳山麗水淸風明月, 合之爲十友以自號."

> 려지길 구하지 않을 수 있으며, 그 즐거움을 바꾸지 않게 되는 것이다. 산음(山陰) 길가의 빼어난 경관만 즐길 수 있는 게 아닌 것이다. 이 책을 엮은 사람이 기이한 걸 좋아하고 외물에만 힘쓰며 그 근본을 탐색하지 않는 듯해 왼쪽에 이 글을 써서 보는 자들로 하여금 그 내면에 힘쓰고 한가함에서 찾지 않게 되기를 바라고자 한다.[18]

성혼은 『옥호빙』 편찬자를 '호기무외(好奇務外), 불탐기본(不探其本)'으로 규정하였다. 이 책의 편자를 '기이한 걸 좋아하고 외물에만 힘쓰며 그 근본을 탐색하지 않는 사람'으로 본 것이다. 따라서 성혼의 입장에서는 탐탁지 않았던 것이다. 성혼은 이 책을 보는 사람들이 외물에서 한가함을 찾을 게 아니라 내면에 고상한 정서와 원대한 식견을 갖추기를 바라는 마음에서 쓴 것이다. 성혼의 이 글은 이후 유학자들에게 영향을 끼친다는 점에서 그 의미가 있다 할 것이다. 실제로 현전하는 『옥호빙』 중에는 성혼의 이 글을 필사해 놓은 경우가 종종 있다. 유학자들 사이에 이 책이 유행하게 된 한 계기가 되기도 한 것이다.

2) 책판목록에 보이는 『옥호빙』

18) 成渾, 『牛溪先生集』권6, 〈玉壺氷跋〉, "此書編取愛閑之言, 欲以玩樂而忘世. 所謂玉壺氷者, 取氷壺瑩徹之義也.雖然, 淵明之閑, 不在於山水魚鳥, 而在於高情遠識, 不有高情遠識, 而要以外物爲閑, 非眞閑者也. 必也有其識足以達觀物理, 有其守可以安土順天, 然後雖簞瓢陋巷, 皆可以不求人知, 不改其樂也. 不獨山陰道上秀水靑山爲可娛也, 輯是書者, 似乎好奇務外, 而不探其本, 故書此于左方, 欲使觀者有以專其內, 而毋求於閑云."

앞서 살펴보았듯이 조선조 문인들 사이에 『옥호빙』 열독의 열풍이 불었다. 당연히 간본이 존재했다. 이를 책판목록을 통해 살펴보면 다음과 같다.

출 전	간 년	간 행 처
『攷事撮要』	1568년 간본(을해자)	기록 없음
『攷事撮要』	1576년 간본(을해자 복각)	기록 없음
『攷事撮要』	1585년 목판본	경상도 固城, 황해도 延安
『耽羅志』〈冊板庫〉	1653년 목판본	濟州
『完山誌』〈書板〉	17세기 후반 필사본	全州
『三南所藏冊板』	1743년경	務安(12丈)
『諸道冊板錄』	1750년경	務安(12丈)
『完營冊板』	1759년	務安(白紙六丈 刓)
『冊板錄』	1780년경	務安(13張)
『完營客舍冊板目錄』	1885년	務安(紙13張)
『全羅道各邑所在冊板目錄』	19c	務安(白紙13張)

도목이 『옥호빙』을 완성한 것은 정덕(正德) 을해(1515)이다. 이후 명대에 몇 차례 간행됐지만, 제일 빠른 시기가 언제인지는 분명치 않다. 이후 조선에 유입되어 간행됐는데, 책판목록으로 보면 1585년에 간행된 『고사촬요(攷事撮要)』에 2종이 기록되어 있을 뿐이다. 현전하는 가장 빠른 판본인 1568년 을해자 간본과 1576년 간본에는 기록이 없다. 따라서 우리나라에서 『옥호빙』이 처음 간행된 것은 1576~1585년 즈음으로 추정할 수 있다. 임란 후에 제작된 책판목록에는 전라도 무안현(務安縣)에서 간행된 『옥호빙』 1종만 확인되고, 군읍지 중에서는 『탐라지(耽羅志)』와 『완산지(完山誌)』에 각각 1종씩

실려 있는 것이 확인되었다.[19]

3.『옥호빙』 조선 판본 검토

책판목록으로만 볼 때 조선에서 간행된『옥호빙』은 5종이 확인되었다. 그러나 현전하는『옥호빙』 실물을 확인해보면 그보다 많은 곳에서 간행된 것을 알 수 있다. 간기와 장서인을 통해 조선에서 간행된『옥호빙』을 살펴보겠다.[20]

〈성혼 수택본 첫면〉

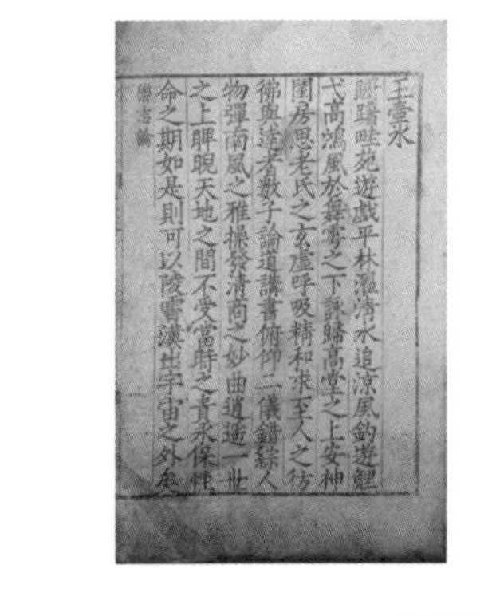
玉壺氷
躕躇畦苑遊戲平林濯清水追涼風釣遊鯉
弋高鴻諷於舞雩之下詠歸高堂之上安神
閨房思老氏之玄虛呼吸精和求至人之彷
彿與達者數子論道講書俯仰二儀錯綜人
物彈南風之雅操發清商之妙曲逍遙一世
之上睥睨天地之間不受當時之責永保性
命之期如是則可以陵霄漢出宇宙之外矣
樂志論

〈성혼 장서인〉

1) 성혼(成渾) 수택본

19) 처음 연구에서는 책판목록만 확인했으나, 이후 군읍지 확인 과정에서 2종이 추가로 확인되었다. 따라서『옥호빙』이 수록된 군읍지가 추가로 확인될 가능성이 남아 있다.

20) 판본 검토과정에서 서울대 이푸르메 학생이 연세대와 규장각 소장본의 사진을 구해주었다. 지면을 빌어 감사의 말을 전한다.

성혼(成渾)이 1580년에 쓴 〈옥호빙발〉은 앞서 살펴보았다. 아울러 이 글은 성혼이 1580년에 쓴 것도 확인하였다. 그런데 최근 성혼의 수택본 『옥호빙』의 존재가 확인되었다.[21] 이 책 첫 면 하단에는 성혼의 수장인 '昌寧成渾浩原'이 찍혀 있고, 끝에는 성혼의 친필 발문이 문집에 실린 내용과 동일하게 실려 있다. 다만, 발문 끝에 '萬曆庚辰仲夏昌寧成渾謹跋'이라 되어 있어, 성혼이 1580년 5월에 쓴 사실을 확인할 수 있다. 이 간본의 출현은 아주 중요하다. 먼저 김장환이 무안현 개간본을 1580년이라 확정한 근거가 사라진다. 무안현에서 개간한 것은 경진(庚辰) 10월이기 때문이다. 이는 무안현 간본이 1580년에 간행된 것이 아니라는 방증이기도 하다. 아울러 여기에는 발문이 끝난 뒤쪽에 '歲在丁丑買得於道中'이라는 글귀가 따로 묵서되어 있다. 정축년은 1577년 또는 1637년이다. 성혼이 이 책을 구하고 쓴 것이라면 1577년이 될 것이고, 그 뒤에 쓴 것이라면 1637년 또는 그 후의 정축년이 될 것이다. 다만, 성혼의 수장인과 친필 발문이 있는 책이 그 당대에 유통되기는 어려웠을 것으로 볼 때 성혼이 이 책을 구한 1577년을 기록한 것으로 추정하고 있다. 당시 성혼은 관직이 제수되고 이를 사직하는 상소를 올리는 일이 빈번하여 서울과 파주를 오가는 생활을 하고 있었다. '도중(道中)'이라 한 것은 이를 가리키는 것으로 보인다. '정축(丁丑)'이 언제인지는 명확하지 않지만, 책이 1580년 이전에 간행된 것은 분명하다. 또한 이 목판본은 중국본을 그대로 복각한 판본이다. 중국본을 방불케 할 정도로 새김이 정교하다. 간행지를 알 수 없다는 게 아쉬울 뿐이다. 현전하는 판본 중에서 간행 시기가 가장 빠르며, 이후 조선 간본의 저본이 된다는 점에서 아주 중요한 판본이라 할 것이다. 다만, 이 책이 임란 이

21) 개인 소장본이다.

전에 황해도 연안(延安)에서 간행된 판본인지는 추가 자료의 출현을 기다려야 할 듯하다.

〈성혼 친필 발문〉

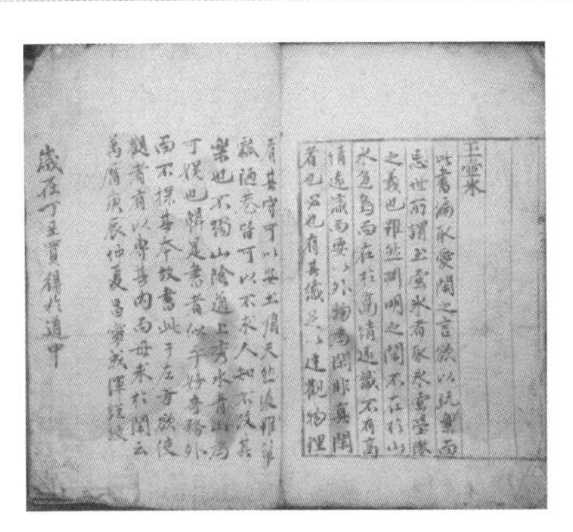

2) 경상도 고성(固城) 간본

〈고성 간본 첫면〉

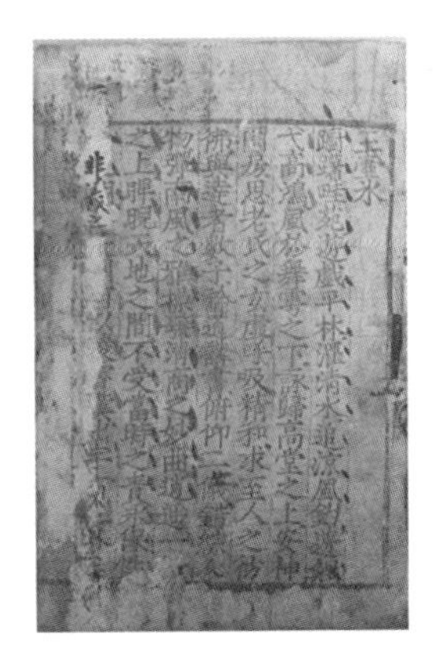

〈고성 간본 간기〉

世所謂玉壺氷者取氷壺瑩徹之義
玉壺氷淵明之閒不在於山水魚鳥而在
於高情遠識不有高情遠識而要以
外物為閒非真閒者也必也有其識
足以達觀物理有其守可以安其順天
然後雖簞瓢陋巷皆可樂不求人知
不改其樂也不獨山陰道上秀水青
萬曆九年辛巳五月

책판 목록에 보이는 임란 이전 간본 2종 중에서 경상도 고성(固城) 간본이 처음으로 확인되었다. 끝에 간기가 있는데 '萬曆九年辛巳十一月日固城官開刊'이라 하였다. 1581년 11월에 간행한 것이다. 그리고 이 책 여백에는 성혼이 『옥호빙』에 쓴 발문을 필사해 놓았다. 중요한 점은 이 판본은 성혼 수택본과 동일한 판본을 그대로 복각했다는 것이다. 성혼 수택본과의 영향관계를 살필 수 있는 대목이다. 당시 고성현령(固城縣令)은 경진(1580) 11월에 부임하여 1584년 4월까지 재임한 이추(李錘, 1533~?)로 추정된다.[22] 다만, 그가 이 책을 간행한 사유는 확인할 수 없다.

3) 전라도 전주(全州) 간본

〈전주 간본 마지막 면〉

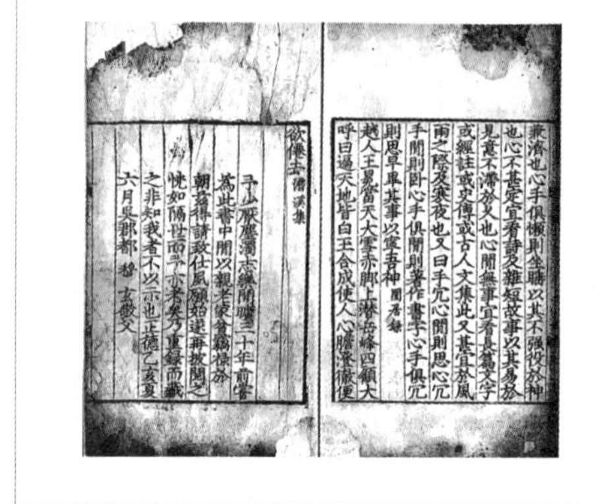

兼濟也心手俱懶則坐睡以其不强役於神也心不甚定宜看詩及雜短故事以其易於見意不滯於久也心閒無事宜看長篇文字或經註或史傳或古人文集此又甚宜於風雨之際及寒夜也又曰手冗心閒則思心冗手閒則卧心手俱閒則著作書字心手俱冗則思早畢其事以寧吾神 閒居錄

越人王冕當天大雪赤脚上潜岳峰四顧大呼曰遍天地皆白玉合成使人心膽澄澈便

欲僊去 儒林集

予少厭塵濁志緣閒曠三十年前嘗為此書中間以親老家貧竊祿於朝玆得請致仕夙願始遂再披閱之恍如隔世而予亦老矣乃重錄而識之非知我者不以示也正德乙亥夏六月吳郡都穆玄敬父

〈죽창옹 발문〉

玉壺氷

[illegible]

萬曆四十五年丁巳夏四月竹窓翁書

이 판본은 앞서 소개한 이창숙의 글에서 처음 소개되었다. 간기는 없지만 이 판본에는 죽창옹(竹窓翁)의 발문이 실려 있다.

---

22) 규장각 소장 『固城縣邑誌』에 수록된 〈先生案〉 기록을 근거로 추정한 것이다.

나는 일찍이 『옥호빙』이 누가 지은 것인지 몰랐다. 마침 기유(1609) 가을에 우연히 완산(完山, 전주)에서 인출해 오고 나서야 로소 상당히 좋다는 걸 알게 되었다. 다만 깊이 음미하지는 못하고 벼슬살이하느라 책보기를 그만뒀다. 어느 날 벼슬살이를 그만두고 돌아와 다시 보니 청한(淸閑)에 뜻을 둔 게 적절하여 사람으로 하여금 다른 시대에 사는 심정이 들게 하였다. 비로소 현경부(玄敬夫,都穆)의 기상이 속세에서 훌쩍 벗어난 것을 존경하여 칭찬해 마지않았다. 이에 여기에 기록한다. 만력 45년 정사(1617) 여름 4월에 죽창옹(竹窓翁) 씀.[23]

이 발문은 죽창옹이 1617년에 쓴 것이다. 다만, 죽창옹이 누구인지 특정하기는 어렵다.[24] 중요한 것은 1609년에 완산(完山, 전주)에서 인출해왔다는 중요한 정보가 담겨 있다는 점이다. 이 책판은 성혼 수택본과 동일한 판본을 복각한 것이다. 게다가 최근에 발견된 필사본 『완산지』의 〈서판(書板)〉에 『옥호빙』이 실려 있는 것이 확인되었다. 이 필사본 『완산지』는 17세기 후반에 편찬된 것이다. 이를 종합해보면 임란 이후 전주에서 『옥호빙』을 복각했지만, 얼마지 않아 소실된 것으로 추정할 수 있다. 다만, 본래 간기가 없었는데 죽창옹의 발문을 통해 전주판 『옥호빙』의 실체를 확인할 수 있게 되었다. 현재 전주판 『옥호빙』은 몇 군데 소장되어 있는 게 확인되는데, 모두

23) "余曾不知玉壺氷之誰所作也, 何所刊也. 會己酉秋, 偶於完山印出來, 始見頗好. 第未得深味, 而宦遊廢看. 一日休歸再閱, 着意淸閑格切, 令人興起隔世之性情, 始欽玄敬夫之氣象, 卓出塵表, 稱美不已.仍記此云. 萬曆四十五年丁巳夏四月竹窓翁書."

24) 필자는 죽창옹(竹窓翁)이 강세황의 증조부 강주(姜籒)일 가능성을 두고 조사했지만, 강주는 아니라는 결론을 내렸다. 강주는 1604년에 뇌물사건에 억울하게 연루되어 관직에서 물러났고, 1623년 인조반정 이후에 다시 관직에 나간다. 따라서 '宦遊廢看'이라는 문구와 강주의 행적이 일치한다고 볼 수 없다.

간기는 기록되어 있지 않다.

4) 전라도 무안현(務安縣) 간본

〈무안현 간본 마지막 면〉

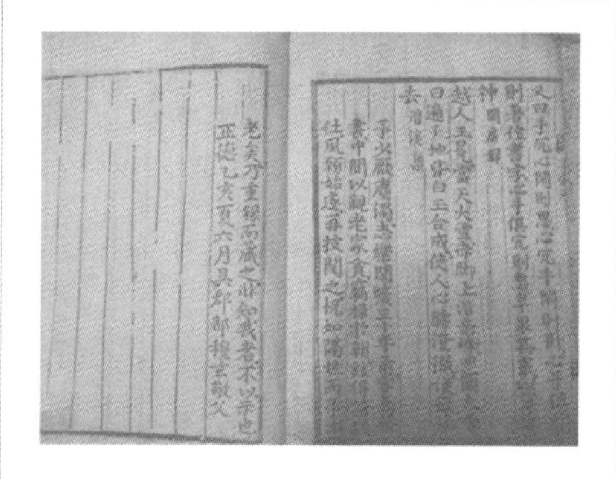

〈무안현 간본 간기〉

앞서 살펴봤듯이 무안현 간본에는 '庚辰十月日務安縣刊'이라는 간기가 있어 1580년 간본으로 잘못 알려졌던 판본이다. 몇 종의 동일 판본을 검토한 필자는 애초에 이 판본의 간행시기를 1640년으로 추정했었다. 그러나 성균관대학교 김영진 교수가 새로운 자료를 제공해주었다.[25] 바로 강세황의 아들 강완(姜俒, 1739~1775)이 남긴 〈옥호빙발(玉壺氷跋)〉이다.

> 검주(黔州) 이웅징(李雄徵) 어른은 경진(庚辰, 1700)년 무안(務安)에 부임하여 이 책을 간행했는데, 그 첫 번째 책판은 바로 이공(李

25) 이 판본의 간행시기 고증은 전적으로 김영진 교수가 제공한 자료에 의한 것이다. 지면을 빌어 감사드린다.

公)께서 손수 쓴 것이라고 한다. 세월이 오래되어 글자가 이지러지고 결락되었지만 아직도 읽을 수 있다. 옛날에 난우(蘭嵎) 주지번(朱之蕃)이 우리나라에 사신으로 와서 이 책을 반관(館伴)인 허균(許筠)에게 주었다. 대개 이 책은 주지번이 손수 써서 간행한 것인데, 이에 우리나라에 처음으로 이 책을 전하게 되었다. 또 이 책에 앞서 간행한 사람이 도목인데, 바로 도유명(都維明)의 아들이다. 도유명은 박학하고 재주가 많았는데 이름을 숨기는데 힘쓴 것은 조물주가 꺼리는 바 되었기 때문이다. 그 아들 현경(玄敬, 도목의 字)이 이름 내기 좋아하는 걸 탓하고 매번 나무라며 '남들은 저서를 다른 사람이 간행하는데, 우리 집 도목은 저서를 자신이 간행했다'고 했다. 이 책은 바로 도목이 지은 것인데, 또한 도목 자신의 저서를 자신이 간행한 것인가? 기록한 게 모두 물외(物外)의 말이니, 이를 저술한 것과 이름 내기 좋아하며 자신을 자랑하는 것은 또한 현격한 차이가 있다. 가끔 한 번씩 펼쳐보면 사람으로 하여금 속세에 대한 생각이 문득 사라지게 하니, 어찌 꼭 지은 사람이 어떠한지 따져봐야 하겠는가? 도목과 육여거사(六如居士) 당인(唐寅, 1470~1524)이 사이가 좋지 않았던 것은 지금 와서 자세히 논의할 수 없다. 기축(1769)년 봄에 송영(宋鍈, 字는 和叔)이 무안현감이 되어 이 책을 인출해서 내게 주기에 뒤쪽에 몇 자 쓴다.[26)]

---

26) 姜俒,『三當齋稿』,〈玉壺氷跋〉. "黔州李公熊徵, 庚辰莅務安刊此本. 其第一板, 乃李公手書云. 歲久刓缺, 尙可讀也. 昔朱蘭嵎之蕃, 奉使東來, 以此書與館伴許筠. 盖朱之手書而刊者, 於是東國始傳此書. 又有前此本而刊行者都穆, 乃都維明之子. 維明博學多藝, 務爲韜晦以名者, 造物所忌也. 怪其子玄敬好名, 每嗤之云, 別人著書, 別人開, 我家都穆, 著書自開云. 此書乃都穆所著, 亦穆之自著自開者耶. 所錄皆物外語, 與著此者, 好名自衒, 亦逕庭矣. 時一披覽, 令人塵慮頓消, 何必問所著者之如何哉. 穆與唐六如有隙, 今不可詳論也. 己丑春宋和叔鍈宰于務, 印此餉余, 漫書于後."

강완의 기록은 몇 가지 중요한 정보를 제공하고 있다. 먼저 무안현에서 『옥호빙』을 간행한 인물이 이웅징(李熊徵, 1658~?)임을 밝히고 있다. 이웅징은 자(字)가 성보(聖輔), 호는 검주(黔州), 본관은 광주(廣州)이다. 1673년에 진사시에 합격했고, 1691년에 문과에 급제했다. 이후 1699년 8월 28일 정사(政事)에서 무안현감에 제수되었다. 무안현감에 부임한 이웅징은 그 다음해 10월에 『옥호빙』을 간행했던 것이다. 간행 당시 이웅징은 『옥호빙』의 첫 번째 장을 손수 써서 목판에 새기도록 했다고 한다. 이 판본은 중국본을 복각한 게 아니라 사각본(寫刻本)인 것이다. 다음으로 우리나라에 이 책을 처음 전한 사람이 주지번(朱之蕃, 1546~1624)이라고 기록하고 있다. 주지번이 조선에 사신으로 왔을 때 자신이 손수 써서 간행한 『옥호빙』을 허균에게 선물하면서 조선에 이 책이 알려졌다는 것이다. 그러나 앞서 살펴봤듯이 이 내용은 오류임이 분명하다. 그럼에도 주지번이 사각(寫刻)한 『옥호빙』이 존재한다는 사실은 처음으로 알려진 것이다.[27] 다음으로 강완이 이 책을 인출하여 선물한 사람이 송영(宋鍈, 1733~1812)임을 밝히고 있다. 송영은 1768년 4월 9일에 무안현감이 되었는데, 다음 해에 『옥호빙』을 인출하여 강완에게 선물했던 것이다. 판각한 지 70년이 다됐기 때문에 글자가 이지러지고 결락된 부분도 있었지만 열독에는 큰 문제가 없었던 듯하다. 강완의 이 글은 부친 강세황(姜世晃)의 〈제구장옥호빙후(題舊藏玉壺氷後)〉와 관련되어 있다.

> 도유명(都維明)은 도목의 부친이다. 자신의 재능을 감추는데 힘써 그의 아들 현경(玄敬)이 이름 내기 좋아하는 걸 탓하고 매번

27) 주지번(朱之蕃)이 간행한 판본의 존재는 확인되지 않고 있다. 다만, 개인소장 필사본 중에 주지번 발문이 있는 게 전하고 있다. 이를 보면 주지번이 간행한 판본이 출현할 가능성도 있다 할 것이다.

> 그를 나무라며 '남들은 저서를 다른 사람이 간행하는데, 우리 집 도목은 저서를 자신이 간행했다'고 하였다. 적수(赤水) 도륭(屠隆,1542~1605)이 말했다. "도목이 청사(淸事)를 모으고 그 책 이름을 '옥호빙'이라 하였다. 내 생각에는 종이 위의 옥호빙은 마음속의 옥호빙만 못하고, 마음속에 옥호빙이 있는 것은 마음속에 옥호빙이 없는 것만 못하다." 내 생각에 도목의 이 책은 그 아버지가 나무랐고, 당시 사람들이 인정하지 않았다. 그러나 기록한 청사(淸事)는 절로 주목을 끄니 책상위에 두고 한 번씩 펼쳐 읽어봐도 무방하다. 이 책이 우리 집에 소장된 지 이미 100년이 넘었고, 할아버지 죽창공(竹窓公, 姜籒)의 인장이 있으니 손자 강이벽(姜彛璧)에게는 5세(世)를 전해온 것이다. 개장하여 주니 잘 보관하여라.[28]

이 글은 강세황이 조부 죽창(竹窓) 강주(姜籒, 1567~1651)의 수택본 『옥호빙』 뒷부분에 쓴 글이다. 강세황은 조부로부터 내려온 이 책을 개장하여 손자 강이벽(姜彛璧)에게 주면서 이 글을 썼던 것이다. 강이벽(姜彛璧, 1759~1812)은 강세황의 장자 강인(姜傾, 1729~1791)의 장자로 자는 성공(聖拱)이다. 내용을 보면 강인의 글이 부친 강세황의 글에서 왔음을 알 수 있다. 이런 인연 때문인지 강세황과 주변 인물들은 『옥호빙』을 아주 아꼈던 것으로 보인다. 무안현 간본은 이후 간기가 산거(刪去)된 채 유통되기도 하였다. 규장각에는 강세황의 처

28) 姜世晃, 『豹菴稿』권5, 〈題舊藏玉壺氷後〉. "都維明, 穆之父, 務爲韜晦, 恠其子玄敬好名, 每嗤之云, 別人著書, 別人開, 我家都穆, 著書自開.屠赤水曰, 都穆輯淸事, 名其書曰玉壺氷. 愚意紙上玉壺氷, 不如心中玉壺氷, 心中有玉壺氷, 不如心中無玉壺氷. 余謂穆之此書, 爲其父所嗤, 爲時人不許, 然所錄淸事, 自可醒眼, 不妨置案頭, 時一展閱.此書爲吾家所藏, 已百餘歲, 有曾王考竹窓公印章, 於璧孫爲五世之傳, 改裝以付, 珍之珍之."

남 유경종(柳慶種, 1714~1784) 집안의 유경용(柳慶容, 1718~1753) 수택본이 남아 있는데, 바로 그 판본이다. 유경용 역시 강세황과 교유하였다. 강세황 집안이 조선의 『옥호빙』 유통에 크게 기여했음을 알 수 있다.

5) 제주 간본

이 판본은 김장환이 처음 소개한 판본이지만, 그 정체에 대해서는 전혀 언급이 없었다. 10행 20자의 조선 사각본(寫刻本)으로 기존 판본과는 전혀 달랐는데 필자를 이를 17세기 간본으로 추정하였다. 그러나 사진 한 장만 남아있는 상태이고 현재 소장처를 확인할 수 없어 더 이상의 추정은 불가능했다. 본래 박재연 교수가 소장하고 있었기 때문에 '박재연 구장본'으로 소개했다. 그런데 최근 개인 소장의 동일 판본을 확인하였다. 10행 20자인데, 판심에 대흑구(大黑口)가 있다. 이 책에도 맨 뒷면에 성혼의 발문이 필사되어 있다. 판각 솜씨 또한 거친 편이다. 간기가 없어 간행지를 알 수 없지만, 필

〈박재연 구장본〉

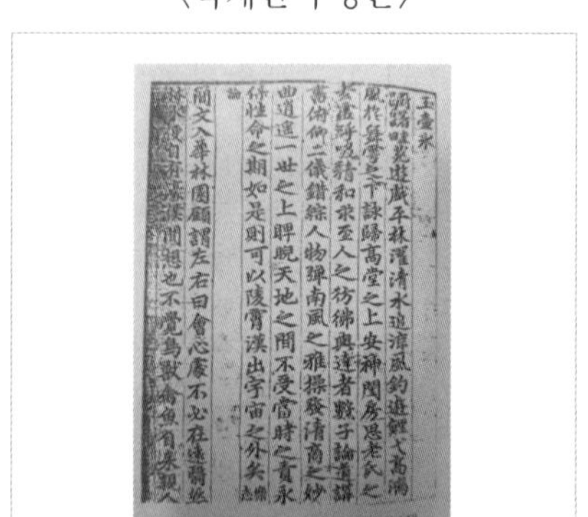
玉壺氷
躕躇畦苑遊戲平林濯清水追涼風釣遊鯉弋高鴻
諷於舞雩之下詠歸高堂之上安神閨房思老氏之
玄虛呼吸精和求至人之彷彿與達者數子論道講
書俯仰二儀錯綜人物彈南風之雅操發清商之妙
曲逍遙一世之上睥睨天地之間不受當時之責永
保性命之期如是則可以陵霄漢出宇宙之外矣仲長統樂志
論
簡文入華林園顧謂左右曰會心處不必在遠翳然
林水便自有濠濮間想也不覺鳥獸禽魚自來親人

십행이십자본(十行二十字本) 박재연(朴在淵) 개인 소장

〈개인 소장본〉

玉壺氷
躕躇畦苑遊戲平林濯清水追涼風釣遊鯉弋高鴻
諷於舞雩之下詠歸高堂之上安神閨房思老氏之
玄虛呼吸精和求至人之彷彿與達者數子論道講
書俯仰二儀錯綜人物彈南風之雅操發清商之妙
曲逍遙一世之上睥睨天地之間不受當時之責永
保性命之期如是則可以陵霄漢出宇宙之外矣仲長統樂志
論
簡文入華林園顧謂左右曰會心處不必在遠翳然
林水便自有濠濮間想也不覺鳥獸禽魚自來親人

자는 실물을 확인해 보고 제주 간본으로 추정하였다. 임란 이후 제주에서 간행된 판본과 유사한 판식을 보여주고 있기 때문이다. 게다가 1653년에 간행된 『탐라지(耽羅志)』의 〈책판고(冊板庫)〉에는 『옥호빙』 책판이 실려 있다. 그러나 『탐라지』에 수록된 책판들은 17세기 후반에 화재로 소실되었다, 『옥호빙』 책판 역시 함께 사라졌던 것으로 추정된다.

새롭게 발견된 『옥호빙』에는 소장자를 확인할 수 있는 정보가 담겨 있다. 먼저 첫 면 하단에는 장서인이 세 방 있다. 위로부터 '愼在恒', '士能', '望夫堂'이다. 장서인의 주인 신재항(愼在恒, 1795~1846)은 본관이 거창(居昌), 자는 사능(士能), 호는 망부(望夫)이다. 그리고 맨 뒷면에는 '이우당책(二友堂冊)'이란 묵서가 있다. 이우당은 누구일까? 김수항(金壽恒, 1629~1689)의 『문곡집(文谷集)』에는 〈신상사성윤구제이우당차운기증(愼上舍聖尹求題二友堂次韻寄贈)〉이란 시가 실려 있다. '상사(上舍) 신성윤(愼聖尹)이 이우당(二友堂)에 시를 써 달라 요청하기에 차운(次韻)해서 부쳐주다'라는 내용이다. 신성윤(愼聖尹, 1617~1683)의 자는 여임(汝任), 호는 성옹(惺翁)이며 신광익(愼光翊)의 아들이다. 또, 신재항은 신성윤의 5대손이다. 그런데 신광익이 신천익(愼天翊, 1592~1661)의 동생이니 신성윤은 신천익의 종질인 것이다. 김수항 시의 주석에는 '이우당(二友堂)'이 신씨 집안의 구옥(舊屋)인데, 대나무와 연꽃을 심었기 때문에 '이우(二友)'라는 당호를 썼다고 한다. 그러면 이우당은 누구의 당호일까? 임억령(林億齡, 1496~1568)의 『석천시집(石川詩集)』에는 〈이우당차령천운(二友堂次靈川韻)〉이란 시가 있는데, 여기에는 이우당(二友堂)이 신희현(愼希賢)의 자호(自號)라고 하였다. 거창신씨 족보에 따르면 '희현(晞賢)'[29]은 신우장(愼友張, 1481

29) '晞'자로 되어 있지만, 동일 인물로 보인다.

~?)의 자(字)이다. 그리고 신우장은 신천익의 고조부이다. 주목할 것은 신천익의 문집 『소은선생유고(素隱先生遺稿)』가 1696년에 제주도 정의현(旌義縣)에서 간행된다는 사실이다. 당시 정의현감은 신성원(愼聖源, 1650~?)인데, 그는 무과(武科) 출신으로 1696년에 정의현감에 제수되었다. 그는 신천익의 족질(族姪)이다. 따라서 그의 집안에 제주에서 간행된 『옥호빙』이 소장되었을 가능성이 매우 높다 할 것이다.

6) 연세대 소장 신육(申淯) 수택본

이 판본 역시 앞의 김장환 논문에서 처음 소개되었다. 다만 판본에 대한 구체적 설명은 없었다. 이 판본은 10행 18자의 사각본(寫刻本)으로 간기는 없는데, 이전의 판본들과는 전혀 다른 새로운 판본이다. 장서인이 있는데 확인해보니 신육(申淯)의 수택본이었다. 모두 4방의 인장이 앞뒤로 있는데 '遷改'(鐘形), '月潭'(香爐形), '靈川後人申淯得源章', '忍山居士'이다. 이중 '月潭'과 '忍山居士'는 신육의 호로 보이며, '遷改'은 '천선개과(遷善改過)'를 의미하는 한장(閑章)으로 보인다. 신육(申淯, 1596~?)의 본관은 고령(高靈), 자는 득원(得源)이며, 1618년 진사시에 합격했다. 1637년에 의령현감(宜寧縣監), 1643년에 형조좌랑(刑曹佐郞), 1648년에 금부도사(禁府都事), 1649년에 호조정랑(戶曹正郞) 등에 제수되었고, 이후 한산군수(韓山郡守)를 지낸 듯하다. 부친은 신경락(申景洛, 1556~1615)이며, 신숙주(申叔舟)의 5대손이다. 아우인 신속(申洬, 1600~1661)은 1644년에 신숙주의 문집 『보한재집』을 재간했고, 1655년에는 『농가집성(農家集成)』을 간행했다. 판각 및 인출 상태가 아주 좋은 것으로 볼 때 판각 초기의 인출본으로 보인다. 따라서 이 책은 17세기 초중반경에 판각되었다고 추정

〈신육수택본 첫면〉

〈신육 장서인〉

할 수 있다. 다만, 이 책의 말미에 붙인 도목의 발문 중에서 '恍如隔世'가 '恍如隔書'로 잘못 사각(寫刻)되었다.

이상의 내용을 정리하면 『옥호빙』은 16세기에 조선으로 유입되어 임란 이전에 이미 최소 두 차례의 판각이 이루어졌다. 책판목록으로 볼 때 연안과 고성에서 판각이 됐는데, 이중 고성 판본은 필자가 이번에 소개하였다. 다만, 성혼 수택본이 연안 판각본인지 여부는 또 다른 자료의 출현을 기다려야 할 듯하다. 임란 이후에는 17세기 초에 전라도 전주(全州)와 제주(濟州)에서 판각한 판본이 남아 있고, 이후 1700년에 무안현에서 판각한 판본이 있나. 무안현 간본은 간기가 없는 상태로도 널리 유통되었다. 그밖에도 17세기에 판각된 판본이 1종 현전하고 있는데, 판각 장소나 시기는 정확히 알 수 없다. 따라서 현전하는 조선 간본은 모두 6종이 확인되었다. 이들의 판각 형태는 중국본 복각, 조선본 복각, 조선 사각으로 나눌 수 있다. 먼저 중국본 복각(覆刻)은 ①이 해당되고, 이를 복각한 조선본 복각(覆刻)은 ②, ③이 해당된다. 그리고 조선에서 사각(寫刻)한 판본이 ④,

⑤, ⑥, ⑦이다. 이를 정리하면 다음 표와 같다.

연번	소장처	행자수(장수) / 어미	刊記/筆寫記/印記	비고
①	개인	9행 17자(24장) 상하내향흑어미	• 첫면에 성혼 수장인: 昌寧成渾浩源 • 성혼 발문: "萬曆庚辰仲夏昌寧成渾謹跋" • "歲在丁丑買得於道中"	1580 이전
②	개인	9행 17자(24장) 상하내향흑어미	• ①의 복각본 • 간기: "萬曆九年辛巳十一月 日固城官開刊" • 마지막장 여백에 성혼 발문 필사	1581
③	규장각	9행 17자(24장) 상하내향흑어미(화문혼합)	• ①의 복각본 • 필사기: "萬曆四十五年丁巳夏四月竹窓翁書" • 『완산지(完山志)』	1609 이전
④	규장각	9행 18자(23장) 상하하향이엽화문어미	• 조선 사각본(寫刻本) • 간기: "庚辰十月日務安縣刊"	1700
⑤	규장각	9행 18자(23장) 상하하향이엽화문어미	• ④와 동일본이나 간기 산거(刪去) • 인기: 柳慶容印, 澗雲流水, 我法齋	1700
⑥	개인	10행 20자 상하내향흑어미, 대흑구	• 조선 사각본(寫刻本) • 『탐라지(耽羅志)』	17c
⑦	연세대	10행 18자(20장) 상하내향삼엽화문어미	• 조선 사각본(寫刻本) • 인기: 遷改, 月潭, 靈川後人申湝得源章, 忍山居士	17c 추정

4. 맺음말

『옥호빙』은 명대에 편간되었지만 중국보다는 조선에서 더욱 활발하게 유통된 책이다. 『옥호빙』의 조선 전래와 판본, 그리고 그 의미에 대해서도 기존에 연구가 진행된 상태다. 다만, 조선에서 간행된 『옥호빙』의 판본에 대해서는 연구의 오류와 함께 미진한 내용이 확인되었다. 본 논고에서는 이를 보완하기 위해 문헌과 책판목록에 보이는 『옥호빙』 자료를 검토하고 새로운 판본을 발굴, 소개하였다. 이를 통해 다음 사실을 새롭게 밝혀냈다.

첫째, 기존 연구에서는 무안현 개간본을 1580년 조선 최초의 간본으로 잘못 추정하였다. 성혼의 친필 발문과 장서인이 찍힌 판본을 새롭게 소개함으로써 그 추정 근거가 오류임을 밝혔다. 현전하는 최초의 조선간본은 성혼 수택본으로 1580년 이전에 간행되었다. 둘째, 임란 이전의 판본으로 1581년 고성(固城)에서 간행한 판본을 발굴, 소개하였다. 성혼 수택본과 동일한 판본을 복각한 판본이다. 셋째, 강완의 〈옥호빙발(玉壺氷跋)〉을 근거로 무안현 간본은 1700년에 이웅징(李熊徵)이 간행한 판본임을 고증하였다. 넷째, 전주와 제주에서 17세기에 간행된 간본을 고증하여 제시하였다. 다섯째, 연세대 소장본(10행 18자)이 신육(申淯)의 수택본임을 밝힘으로써, 이 판본이 17세기 간본임을 확인하였다. 이러한 연구에도 불구하고 여전히 몇 가지 사항이 미진한 채 남아 있다. 먼저 성혼 수택본이 연안(延安) 간본인지, 별도의 판본인지 확인되어야 한다. 또, 성혼 수택본의 저본이 되는 중국본의 정체를 밝히지 못했다. 이 모두 추가 자료의 발굴이 있어야 가능한 일이다. 새로운 자료의 출현을 기대해본다.

한국에서 간행된 『명심보감(明心寶鑑)』 초략본(抄略本)의 판본과 특징*

/
안대회
(성균관대학교)

* 이 논문은 『한국문화』 105호(규장각한국학연구원) 2024, 195~229쪽에 수록한 같은 제목 의 논문을 수정하였다.

1. 머리말

『명심보감』은 범립본(范立本)이 1393년 명나라에서 처음 간행한 이후 동아시아 여러 나라에서 큰 인기를 얻어 간본과 사본으로 널리 읽혔다. 지식인에게도 널리 읽혔으나 보통 수준의 식자나 아동에게 더 크게 환영받았다. 초보적인 한문을 익힘과 동시에 인간다운 윤리 도덕의 가치를 배우고, 권선징악의 실천적 교훈을 가르치는 계몽서의 대표작으로 인정받았다. 여러 나라 가운데서 한국은 유난히 『명심보감』을 중시하여 간행과 유통에서 중요한 역할을 수행하였다.

범입본의 현존하는 저술은 2종으로 그중 『명심보감』은 1393년에, 『치가절요(治家節要)』는 1406년에 간행되었다.[1] 2종은 멀지 않은 시기에 조선에서 번각되었는데 전자는 충청도 청주에서 1454년에, 후자는 경상도 밀양에서 1431년에 간행되었다. 초간본이 전하지 않는 상황에서 조선 번각본은 초간본의 원형을 보존하고 있는 거의 유일한 판본이다. 『치가절요』는 중국에 남아 있지도 않고, 최근까지 아예 존재조차 알려지지 않았다. 유명한 인물도 아닌 범입본의 저술 2종이 조선에서 이렇게 번각된 것은 드문 사례이다.[2]

조선에서는 이후 2종의 저술이 원형을 준수한 형태로는 다시 간행되지 않았다.[3] 하지만 그중 『명심보감』은 조선 중기 이후 내용을

---

1) 김동환, 「范立本이 편찬한 『治家節要』에 대한 考察」 『서지학연구』 25, 2003; 김광일, 「密陽本 『新刊明本治家節要』의 문헌가치」 『中國語文論譯叢刊』 28, 2011. 323~346면.

2) 성해준, 「각국 『명심보감』의 판본」, 『동아시아 『명심보감』의 연구』, 도서출판 문, 2011. 111~181면.

3) 宣祖 1년(1568)에 간행된 魚叔權의 『攷事撮要』 冊板目錄에는 청주 외에 충청도 洪州에도 『明心寶鑑』의 책판이 보관되었다고 기재하였다. 현재 洪州板 『明心寶鑑』으로 추정되는 어떤 책도 전하지 않아 판단하기는 쉽지 않으나 抄略本이 아닌, 청주본과 유사

간추린 초략본이 방각본으로 널리 간행되었다. 초략본은 완본을 완전히 대체하였다. 『명심보감』 방각본은 인기를 누려 늦어도 17세기 초반부터 20세기 초반까지 400년 이상 방각본의 주요 서목 가운데 하나였다. 초략본은 크게 보아 조선 중기 이후 일제강점기 초기까지의 방각본과 20세기 이후의 활판본으로 나누어 볼 수 있다. 방각본만 해도 적어도 20여 종이고, 석인본과 목판본, 활판본은 수십 종을 넘는다. 그 종수가 많아서 조선 중기 이후 출판의 역사에서 작지 않은 위상을 차지한다.

필자는 수십 종의 판본을 종단하여 검토한 결과 『명심보감』 초략본은 시기에 따라 다음 세 단계의 큰 변화 과정을 거치는 것으로 파악하였다. 첫 번째 단계는 17세기에 방각본으로 간행된 초략본으로 책명을 『명심보감초략』으로 쓰고, 상권과 하권의 체재를 유지하는 등의 특징을 보인다. 두 번째 단계는 19세기 이후 20세기 초까지의 방각본으로 책명을 대체로 『명심보감초』로 쓰고, 상권 하권의 구분 없이 출간되는 등의 특징을 보인다. 세 번째 단계는 20세기 이후 활판본으로 현토와 언해가 가해지고, '초략'과 '초'라는 이름이 없이 완본 『명심보감』임을 표방하며, 초간본에 없는 새로운 내용을 추가한 증보본이 대세를 이룬 특징을 보인다. 이 논문에서는 세 단계의 변화 과정을 분석하여 각 단계별로 『명심보감』이 어떤 큰 변화와 특징을 보이는지 추적하였다.

『명심보감』 초략본은 수백 년 동안 조선 사회에 수용되면서 교육과 문학, 출판 등 여러 분야에서 중요한 위상을 차지하였다. 그에 따라 판본의 변화 과정과 차이를 분석한 연구 논문이 여러 편 제출되

한 책이었을 것으로 추정한다.

었다.[4] 그러나 각 단계의 구도가 분명하게 밝혀지지 못했고, 수십 종에 이르는 판본을 포괄적으로 조사하거나 그 차이와 특징을 명확하게 제시하지 못하였다. 이 논문에서는 조선 중기 이후 출간된 초략본을 세 가지 단계로 구분하여 판본의 간행 과정과 그 과정에서 발생한 여러 변화와 특징을 검토한다. 이와 동시에 『명심보감』 초략본이 정본 취급을 받으면서 발생한 저자의 오해, 본문의 교감과 내용의 증보 등을 함께 분석하고자 한다.

2. 17세기 방각본 『명심보감초략(明心寶鑑抄略)』 계통

명나라에서 『신간교정대자명심보감(新刊校正大字明心寶鑑)』이 1393년에 초간되었고, 그 번각본이 조선의 청주에서 1454년에 간행되었다. 중국에는 초간본이 남아있지 않고, 서문이 빠진 명나라 초기의 흑구본(黑口本) 『신간대자명심보감(新刊大字明心寶鑑)』 등 몇 종의 목판본이 전해진다.[5] 중국 국가도서관에는 『신각교정산보명심보감(新刻校正刪補明心寶鑑)』 1책이 소장되어 있어 1368년에 간행된 책으로 보는 연구자도 있지만 분명한 근거가 있는지 의문이다.[6] 현재 청주에

4) 권오석, 「書堂教材에 관한 書誌的 硏究」 『서지학연구』 10, 1994; 김동환, 「明心寶鑑의 書誌的 硏究」 『서지학연구』 10, 1994. 599~652면; 나영원, 「『明心寶鑑』 初刊本과 抄略本의 版本 比較 硏究」, 부산대학교 교육대학원 석사학위논문, 2009; 성해준, 『동아시아 『명심보감』의 연구』, 도서출판 문, 2011.

5) 周安邦, 『『明心寶鑑』硏究』, 臺灣 逢甲大學 中國文學系 박사학위논문, 2009. 110~178면.

6) 周安邦, 위의 논문, 124면; 성해준, 2016 『일본 명심보감의 전래와 수용 연구』, 學古房, 14면. 中國 國家圖書館 사이트(www.nlc.cn) 초기 화면에는 明이 건국된 "1368년" 출간으로, 상세 화면에서는 "明[1368~1644]"으로 기재하였다. 이 책을 확인하거나 그 연대를 명확하게 인정한 연구자는 아직 없고, 필자도 미처 확인하여 검토하지 못했다. 다만 출간 연대를 파악할 근거가 없어 "明[1368~1644]"이라고 표기한 1368년을 출간 연

서 간행된 목판본이 초간본의 원형을 보존하고 있는 유일한 판본으로 인정받고 있다.

흑구본은 명나라 간본의 저본이나 오자가 너무 많고, 격언 각 조를 ○ 표시로 떼어놓지 않는 등 상당히 편집이 거칠다. 그 문제점을 보완한 판본이 다수 나왔는데 그중 1553년에 조현(曹玄)이 흑구본을 저본으로 간행한 『중간명심보감(重刊明心寶鑑)』이 가장 우수하다. 간본 대부분 흑구본을 저본으로 삼아 오류를 수정하기는 하였으나 격언 각 조를 ○ 표시로 떼어놓지 않은 문제점을 답습한 고질적 문제는 해결되지 않았다. 후대로 갈수록 편자의 시각으로 격언을 추가하거나 축약하여 원형을 훼손하였다. 명나라 시기에는 지식인에게도 『명심보감』은 호응을 받았으나 청나라에 들어온 이후로는 주로 서민층에 읽히는 방각본 위주로 유통되었고, 지식 계층의 눈에는 뜨이지 않는 서적이 되었다.[7] 일본에서는 임진왜란 시기에 조선에서 약탈해 간 청주본을 비롯하여 명나라 왕형(王衡)이 간행했다고 하는 『신계경판정위음석제두대자명심보감정문(新鍥京板正譌音釋提頭大字明心寶鑑正文)』 등이 번각되거나 읽혔다. 조선에서는 청주본이 다시 재간되지 않은 관계로 조선 중기 이후에는 대단히 희귀한 서적이 되어 현재 겨우 4종이 전해지고 있다.[8]

조선 중기 이후 조선에서는 『명심보감』 초간본은 거의 볼 수 없

대로 오기한 것으로 추정한다. 〈그림9〉에서 보듯이, 『明心寶鑑』 下卷 제11장 「省心篇」 제1조에서 朱元璋이 明을 건국하고 황제가 된 이후인 1375년에 간행한 『資世通訓』을 수록한 점을 근거로 볼 때 그 眞僞가 의심된다.

7) 각주 3과 4에서 제시한 성해준과 周安邦의 저서와 논문에서 자세하게 다루었다.

8) 청주고인쇄박물관, 일본 도쿄의 쓰쿠바 대학 도서관, 서울대학교 중앙도서관, 고 화봉문고 여승구 회장 소장본 4종이 현존한다. 한편, 각주 9에 제시한 이우성의 동방문화사 영인본과 황순구의 태학사 영인본은 같은 사람이 소장하던 판본을 영인하였는데 이후 그 원본이 사라져 현재는 확인할 수 없다.

는 희구본(稀覯本)이 되었고, 그 대신 본문을 3분의 1 아래로 뽑아 정리한 초략본이 큰 인기를 끌며 거듭 간행되었다. 그 이후 현재까지 400여 년 동안 수십 종이 넘는 서로 다른 판본이 출현하였다. 대부분 간행의 경위와 과정을 밝힌 서발문이 달리지 않은 방각본인 데다가 20세기 이후 다양한 출판사에서 저작권에 대한 존중 없이 간행되었기 때문에 몇 종이 있는지조차 명확하게 헤아리기 힘들다. 초략본의 판본을 고찰한 논문이 몇 편 나와 있어 개략적인 논의가 진행되기는 했으나 자료 조사가 전면적이지 않고 논의가 충분하지 않아 출간 과정과 변화의 실상을 분명하게 드러내지 못하였다. 그런 탓에 청주본이 재발견되어 영인되고,[9] 청주본의 번역본이 몇 종 나왔음에도 불구하고 여전히 초략본을 『명심보감』의 완본으로, 저자를 추적으로 알고 있는 독자가 적지 않다. 그에 따라 현존하는 판본을 최대한 수집하여 전면적으로 조사 분석할 필요가 있다.

『명심보감』 초간본은 상권 10장 372조, 하권 10장 401조로 전체 2권 20장 773조로 구성되었다. 조선 중기 이후의 초략본은 773조의 3분의 1 정도인 253조로 축약되었다. 많은 초략본을 구하여 조사한 결과 시기에 따라 세 단계로 나뉘고, 대체로 『명심보감초략(明心寶鑑抄略)』, 『명심보감초(明心寶鑑抄)』, 『명심보감(明心寶鑑)』이란 책명으로 간행되었다. 세 단계로 구분한 초략본은 각 단계에 따라 적지 않은 큰 변화를 보였다. 이 논문에서는 각 단계를 자례로 검토하여 그 변화의 양상과 특징을 추적하였다.

먼저 첫 번째 단계로 초략본의 선행 형태인 17세기 방각본을 추적하였다. 현재까지 조사한 17세기 초략본 『명심보감』은 4종으로

9) 이우성 편, 『淸州版明心寶鑑』, 東邦文化社, 1977; 黃淳九 편, 『原本明心寶鑑』, 태학사, 1986; 이우성 편, 『淸州版明心寶鑑』, 아세아문화사, 1990; 藤本幸夫, 「東京 教育大學藏 朝鮮本について」 『朝鮮學報』 81, 1976, 303-356면.

그 목록은 다음과 같다.

	제명	간기	판심제/장수	성심편 제목	소장처	비고
1	明心寶鑑抄略	天啓元年 辛酉 十一月 日 (1621)	明心/25장	상권 하권/9행 17자	修綆室	상권에는 명심보감초 하권에는 명심보감하 책끝에는 명심보감초략
2	明心寶鑑	崇德二年 丁丑季夏 開刊(1637)	26장	상권 하권	奎章閣	崇德本의 필사본으로 영조 말엽 필사본임
3	明心寶鑑抄略	丁亥 季夏 開刊(1647)	明心/24장	상권 하권/9행 18자	紹修書院, 日本對馬歷史民俗資料館, 필자, 개인	상권 하권 첫장과 하권 끝장에서 모두 명심보감초략
4	明心寶鑑抄略	辛丑仲春 開刊(1661)	明心/	상권 하권	日本對馬歷史民俗資料館, 藏書閣(?)	

17세기 방각본은 전해지는 수량이 매우 적다. 이 목록에서 ①의 천계본과 ③의 정해본은 학계에 처음 보고되는 판본이다. 이전에는 가장 오래되고 원형에 가까운 방각본으로 ④의 신축본을 꼽았다. 장서각과 일본대마역사민속자료관에 소장되어 있는데, 실물을 확인하지 못하였다.

이전에는 신축년을 1601년으로 추정하였으나 명확한 근거는 없다. 국립중앙도서관에서 2004년에 조사한 결과 신축년을 1661년으로 판단하였는데 사실에 부합하는 판단으로 보인다.

현존하는 가장 오래된 방각본은 천계(天啓) 원년(광해군 원년, 1621)에 간행된 천계본(天啓本)이고, 현재 수경실(修綆室)에 유일본이 전해진다. 천계본은 〈그림 1〉에서처럼 간기에 “天啓元年辛酉十一月日”로 표기되어 이 책이 광해군 원년인 1621년에 간행되었음을 분명히 보여준다. 이 판본은 표지에는 책명이 누락되었고, 내제(內題)에는 『명심보감초』, 하권 첫장에는 『명심보감하』, 책 끝에는 『명심보감초략』으로 혼란스럽게 쓰였다.

이 판본은 지금까지 학계에 보고되지 않은 새로운 문헌이다. 간행처는 밝혀지지 않으나 전주 일대로 추정된다. 천계본보다 앞서는 방각본은 없으므로 현재로서는 최초의 초략본이다. 다만 그 사실을 확정하기에는 이르니 그 이전에 유사한 방각본이 출간되었을 가능성을 완전히 배제할 수 없기 때문이다. 천계본은 이후 400여 년 동안 출간된 『명심보감』 초략본의 원형을 간직한 가장 이른 시기의 방각본이라는 점에서 중요한 의의를 지닌다. 천계본 이후 초략본의 대체적인 특징은 뒤에서 정리하여 살펴본다. 천계본은 오자도 적지 않고 편차의 오류도 있는데 이후 초략본에서 개선된 것도 있고, 개선되지

〈그림 1〉 수경실 소장 ‘天啓元年 辛酉十一月 日(1621)’

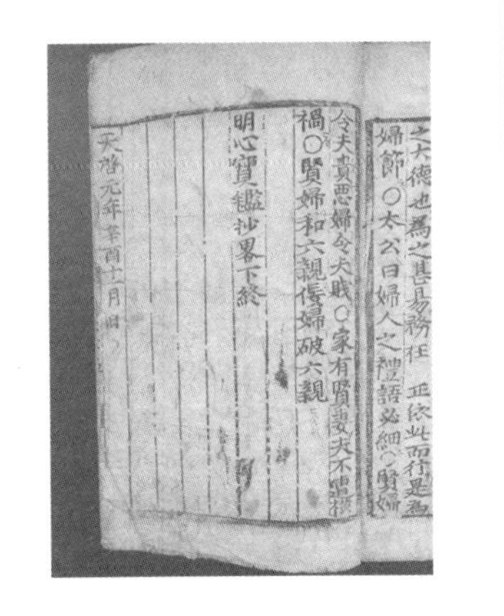

〈그림 2〉 필자 소장 ‘丁亥 季夏 開刊(1647)’

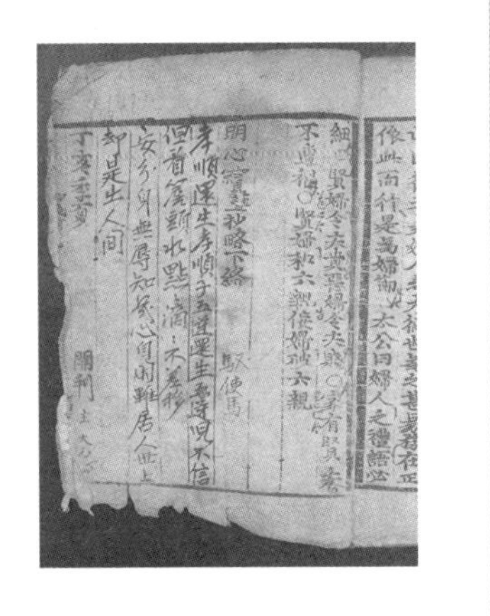

〈그림 3〉 청주본(1454)

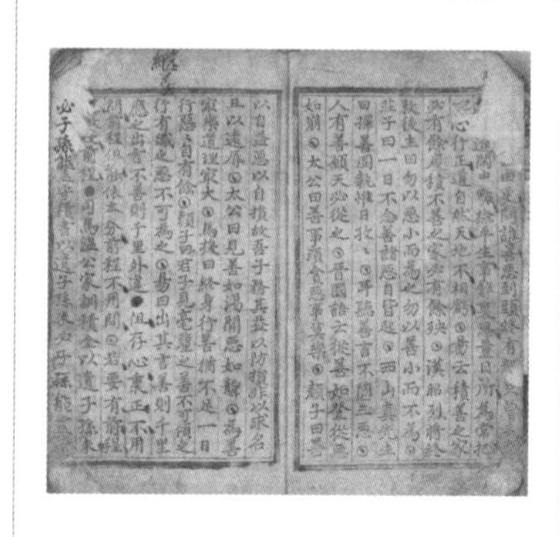

〈그림 4〉 천계본(1621)

〈그림 5〉 손기조본(1844)

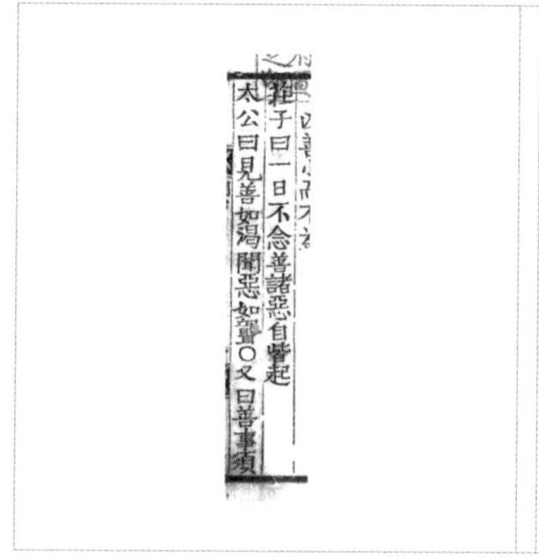

莊子曰一日不念善諸惡自皆起

太公曰見善如渴聞惡如聾○又曰善事須

〈그림 6〉 남궁준 본(1914)

○太公曰見善如渴聞惡如聾又曰善事須貪惡事莫樂

○馬援曰終身行善善猶不足日月行惡惡自有

않은 것도 있다.

하나의 사례로 천계본 〈계선편〉에는 『태공가교(太公家敎)』에서 인용한 4조 "선행을 보거든 목마른 사람처럼 달려들고, 악행을 듣거든 귀머거리처럼 모른 체 하라[太公曰: 見善如渴, 聞惡如聾.]"와 5조 "착한 일은 악착같이 실천하고, 나쁜 짓은 절대로 즐기지 말라[太公曰: 善事須貪, 惡事莫樂.]" 2개 조를 각기 독립된 격언으로 수록하였다. 이 격언을 〈그림 3〉처럼 청주본에서는 각기 16조와 18조에 수록하였는데 천계본에서는 〈그림 4〉처럼 2개 조를 앞뒤 순서를 바꿔 수록하였다. 〈그림 7〉에서 보듯이 숭덕본에서도 각각 『태공가교』에서 인용한 독립된 격언으로 수록하였다. 문제는 〈그림 5〉에서처럼 1844년의 손기조본에서는 태공(太公)이 중복된다고 하여 태공을 삭제하고 그 자리에 우(又)자를 넣어서 2개 조를 한 개 조인 것처럼 오해하게 하였다. 그래도 손기조본에서는 ○을 넣어서 독립된 격언임을 표시해 주었으나 교동본(1895)부터는 ○이 삭제되어 하나의 격언으로 오해하게 만들었다. 이후 대다수 본에는 〈그림 6〉의 남궁준본과 같이 한 개 격언으로 굳어졌다. 20세기 이후 거의 모든 번역본에서는 한 개의 격언으로 완전히 굳어졌다. 천계본이 오류를 저지른 것은 아니나 손기조본부터 오해를 사도록 편집하면서 이후 방각본에서는 하나의 격언으로 둔갑하였다.

②의 숭덕본은 필사본이라서 논의에 포함하기 어려우나 방각본을 저본으로 필사한 것이 분명하므로 논의에 포함한다. 더욱이 초기 초략본의 형태를 보존한 필사본으로 중요한 의미가 있다. 초략본 초기 형태의 하나는 책 끝에 적혀 있는 간기로 이 책에는 "崇德二年丁丑季夏開刊"이 적혀 있는데 이 해는 1637년이다. 숭덕은 청나라 제2대 황제인 태종 홍타이지가 사용한 두 번째 연호로 병자호란에서 조선이 패한 다음 해라, 명나라 연호를 버리고 청나라 연호를 사용할 수밖에 없었다. 현재 숭덕본 판본은 실물로 전해지지는 않으나 실제로는 간행되었음을 확인할 수 있다.

흥미롭게도 이 책의 첫장 서미(書眉)에는 세보(世寶), 내제(內題) 아래에는 관물헌(觀物軒), 이극지장(貳極之章)의 장서인 3방이 찍혀 있다. 이 장서인은 정조가 세손일 때 보던 책에 압인한 인장이다. 세보는 전세보장(傳世寶藏)의 뜻으로 아끼던 책임을 표시하고, 관물헌은 세손 때 머물던 건물명이다. 세손의 인장을 의미하는 이극지장은 똑같은 형식으로 압인한 책이 확인된다.[10] 규장각에는 세보와 똑같은 수장인이 압인된 『남한일기(南漢日記)』가 소장되어 있다.[11] 영조 후반기에 사자관(寫字官)이 숭덕본 방각본을 필사하여 정조의 학습에 이바지한 책으로 추정한다. 왕실에서 『명심보감』 초략본을 읽었다는 사실과 『명심보감』 초간본이 왕실 장서에는 없었음을 확인할 수 있다.

초기 초략본의 형태를 충실히 간직한 숭덕본의 특징은 다음과 같다. 먼저 상권과 하권의 체재를 갖추었다. 하권이 시작되는 제11장 〈성심편〉 첫 행에 『명심보감하』로 하권이 시작됨을 표시하였고, 〈그림 8〉처럼 끝장에 행을 달리하여 『명심보감종』을 쓰고 다음 행에 간기를 밝히고 있다. 일관되게 『명심보감』을 책명으로 써서 초략본이 아닌 듯하나 〈그림 7〉처럼 내제 제목 아래에 필체가 다른 글씨로 초(抄)라고 써서 초략본임을 밝혔다. 다른 초략본과는 달리 제목을 『명심보감』으로 통일하여 쓰고, 각 조를 ○으로 구별하지 않고 별행으로 처리한 것은 초간본 및 여타 방각본과는 다른 숭덕본의 독자적 방식이다. 숭덕본이 천계본이나 천계본을 필사한 선행 사본을 저본으로 필사하면서 ○의 방식을 버리고 별행 처리하는 방식을 선택한 듯하다. 이 별행 처리방식은 뒤에 나온 많은 방각본에서 재현되었다. 이처럼 숭덕본은 비록 필사본만 남아 있으나 여러 측면에서 중요한 의미를 지닌다.

③의 정해본 역시 학계에 보고된 적이 없는 간본이다. 〈그림 2〉처

10) 백승호 · 김영진 · 박철상, 「奎章閣 所藏 中國本에 압인된 正祖 藏書印 고찰」 『한국한문학연구』 60, 2015, 339-374면.

11) 박철상, 『인장대왕 정조』, 수원화성박물관, 2018, 108면.

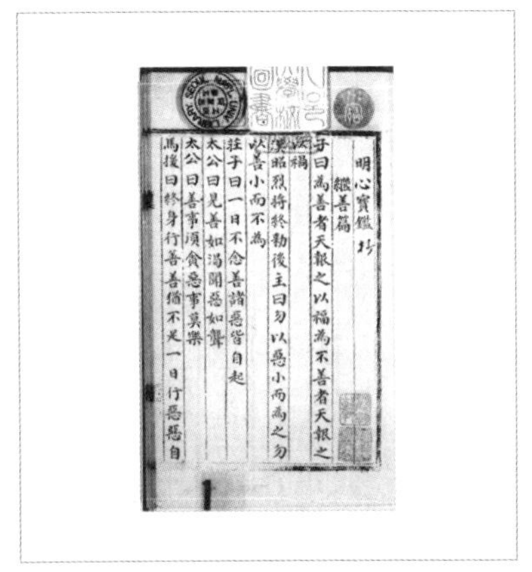

明心寶鑑抄
繼善篇
子曰爲善者天報之以福爲不善者天報之
以禍
漢昭烈將終勅後主曰勿以惡小而爲之勿
以善小而不爲
莊子曰一日不念善諸惡皆自起
太公曰見善如渴聞惡如聾
太公曰善事須貪惡事莫樂
馬援曰終身行善善猶不足一日行惡惡自
1

〈그림 7〉 규장각 소장 숭덕본 사본 장서인 '世寶', '觀物軒', '貳極之章' 등

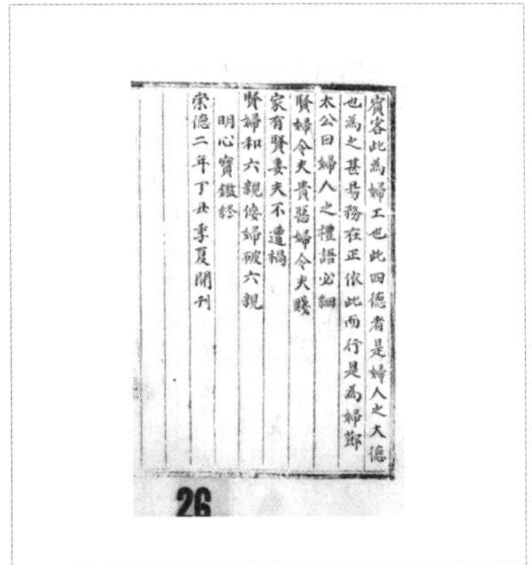

賓客此爲婦工也此四德者是婦人之大德
也爲之甚易務在正依此而行是爲婦節
太公曰婦人之禮語必細
賢婦令夫貴惡婦令夫賤
家有賢妻夫不遭禍
賢婦和六親佞婦破六親
明心寶鑑終
崇德二年丁丑季夏開刊
26

〈그림 8〉 숭덕본 '崇德二年丁丑季夏開刊(1637)'

럼 간기에 정해년에 간행하였음을 기재하였다. 정해년을 1647년으로 추정하는데 그 근거는 책의 상태나 판식, 활자 등 여러 면에서 천계본과 유사한 점이다. 혼란스러운 천계본과는 달리 책명을 『명심보감초략』으로 통일하여 더 질서가 있다.

천계본 이후 ④의 신축본까지는 초략본 초기 계통인데 이들 계통 방각본의 특징은 다음 여섯 가지로 정리할 수 있다.

1) 범입본이 편찬자임을 밝히지 않았다. 천계본 이후 초략본이 저자를 알 수 없는 책으로 유통되도록 오류를 범하였다.

2) 책명을 거의 모두 『명심보감초략』으로 썼다. 천계본은 청주본의 3분의 1 정도로 격언을 축약하여 초록한 선집으로 압축적인 소형 책자를 독자에게 보급하였다.

3) 각 장의 격언을 배열하는 방식은 청주본을 따라 행갈이를 하지 않고 ○으로 구분하였다. 다만 숭덕본은 별행 처리하였는데 나중에는 두 가지 방식을 혼용하되 ○으로 구분하는 방식이 우세하였다.

4) 상권과 하권으로 구분하여 청주본의 체제를 유지하였다. 하권이 시작되는 제11장 〈성심편〉 첫 행에 『명심보감초략하』라고 써서 하권이 시작됨을 표시하였다.

5) 끝장에는 본문 끝에 한 행을 띄어 『명심보감초략하종』을 쓰고 마지막 행에 간기를 밝혔다.

6) 대략 17세기초부터 17세기 말까지 간행되었고, 18세기까지 천계본 계통의 초략본이 널리 읽힌 것으로 보인다.

3. 19세기 이후 20세기 초의 『명심보감초』 계통

두 번째 단계는 19세기 이후 20세기 초까지의 방각본으로 『명심보감초』 단계이다. 신축본 이후 18세기에는 새로 출간된 간본이 확인되지 않는다. 숭덕본이 18세기에 필사된 것을 제외하면 명확하게 18세기 간행물이나 필사본으로 판단할 책이 보이지 않는다. 그렇다고 책이 읽히지 않은 것은 아니다. 여전히 17세기 이래의 초략본이 인출되어 읽혔고, 새로운 방각본도 출간되었으리라 예상하지만 남아 있는 실물이 없어 확정할 수 없다. 신축본 이후에 간행된 새로운 방각본은 태인에서 간행된 손기조(孫基祖) 방각본이 첫 사례이다. 손기조본 이후 1910년 이전까지 나온 『명심보감』 방각본을 전수 조사하여 다음 표에 보인다.

	제명	간기	판심제/장수	성심편 제목	소장처	비고
1	明心寶鑑抄	崇禎後甲辰春泰仁孫基祖開刊(1844)	明心/28장	단권/8행 17자	규장각 외 다수	유탁일 교수는 1664년으로, 김동환 등은 1784년 간행으로 봄
2	明心寶鑑抄	戊辰至月武橋新刊(1868)	明心寶鑑抄/ 23장	단권/10행 17자	한국국학진흥원 등	
3	明心寶鑑	當宁 己巳 新刊 藏板于大丘仁興齋舍(1869)	明心寶鑑/ 26장	단권/10행 18자	국립중앙도서관 등	앞뒤에 서발문 다수로 저자를 고려말 秋適으로 추정
4	明心寶鑑抄	歲在乙未孟冬校洞開刊(1895)	明心/23장	단권/9행 19자	충남대, 필자	木活字本. 상하 구분 없이 단권. 끝에〈朱夫子十當銘〉 추가
5	明心寶鑑抄	乙巳冬 完西溪新刊(1905)	明心寶鑑/ 19장	단권/11행 19자	연세대 등	
6	明心寶鑑抄	丙午季春完山開刊(1906)	明心寶鑑抄/ 19장	단권/11행 19자	계명대 도서관 외	1915년 京城 洞美書市, 1916년 多佳書鋪 발간본도 같은 판임

가장 먼저 나온 판본이 ①의 손기조본이다. 손기조는 태인에서 방각본을 간행한 출판업자로 추정되나 이 책의 간기 외에 다른 기록이 보이지 않는다. 숭정후 갑진년에 간행되었다는 간기를 근거로 유탁일 교수는 1664년에 전라도 태인에서 간행되었고, 청주본에서 격언을 뽑아 만든 초략본의 시발점이 된 책으로 이후 여러 방각본의

모본이라고 설명하였다.[12] 일정한 근거가 있어 한동안 이 주장이 받아들여졌다. 그러나 숭정후 갑진년이 통상적으로는 1664년이지만 태인 방각본의 경우에는 1784년과 1844년을 표기하기도 하여 오류로 판명되었다. 18세기 말에서 19세기 초에 태인에서 출판업을 한 전이채(田以采)와 박치유(朴致維) 등이 『사요취선(史要聚選)』과 『농가집성(農家集成)』 등의 방각본을 간행한 사례를 볼 때 1664년이 아님이 분명하게 확인되었다.[13] 그에 따라 손기조가 출간한 방각본을 김윤수와 김동환, 옥영정은 1784년이나 1844년으로 보았고, 1840년에 작성된 『각도책판목록(各道冊板目錄)』에 등장하지 않는다는 사실을 근거로 숭정후 갑진년은 숭정후사갑진인 1844년으로 보는 것이 타당하다고 보았다.[14] 여기에서 나아가 손기조본이 1644년에 간행되었다고 보기 힘든 결정적인 근거는 책의 형태상 17세기 초략본과는 상당히 다른 점에 있다.

손기조본 이후 계통의 방각본은 17세기의 천계본 계통과 비교할 때 다음과 같은 특징이 있다.

1) 천계본 계통을 이어서 범입본이 편찬자임을 밝히지 않았다.

2) 책명을 대체로 『명심보감초』라고 써서 『명심보감초략』이라고 쓴 17세기 초략본과는 차이를 보였다.

3) 손기조본은 각 장의 격언을 배열하는 방식에 차이와 혼란이 있다. 처음 2장인 〈계선편〉, 〈천명편〉에서는 각 조를 행갈이하여 별행으로 구분하였다. 다만 〈천명편〉 마지막 2조에서는 별행 처리하

---

12) 유탁일, 「호남지방간행 방각본의 내맥」, 『韓國文獻學研究』, 아세아문화사, 1989, 179~215면.

13) 김윤수, 「泰仁坊刻本 〈詳說古文眞寶大全〉과 〈史要聚選〉」, 『서지학연구』 5 · 6, 1990, 355~401면.

14) 옥영정, 「조선시대 태인지역의 고인쇄문화에 대한 일고」, 『서지학보』 30, 2006, 63~88면.

지 않고 ○으로 구분하였고 이후 모든 장에서는 각 조를 ○으로 구분하였다. 이에 따라 각 조의 배열에서 통일성이 흐트러진 편집상의 오류가 발생하였다. 이런 혼선이 발생한 이유가 없지 않다. 〈계선편〉, 〈천명편〉의 배열 방식은 정조의 세손 시절 필사본인 숭덕본의 배열과 같고, 그 이후는 천계본 계통 초략본의 배열과 같다. 처음에는 숭덕본의 배열 방식을 따르다가 〈천명편〉 끝에 가서는 통용 초략본의 배열 방식을 따른 셈이것으로 이해할 수 있다. 이후에도 이 혼란스러운 편집이 방각본에 두루 나타났다.

4) 17세기의 천계본 계통 초략본이 상권과 하권으로 구분하여 출간된 것과는 달리 단권으로 편집되었고, 상권과 하권의 구분을 없앴다. 이런 편집은 손기조본에서 처음 나타났다. 특이한 점은 〈그림 9〉와 같은 청주본 하권 제11장인 〈성심편〉의 제목 부분이다. 17세기 초략본에서는 〈그림10〉에서 보듯이 하권이 시작되는 〈성심편〉 첫 행에 "명심보감초략하"로 하권이 시작됨을 표시하였다. 그런데 손기조본에서는 〈그림11〉에서 보듯이 하권의 표시가 사라지고 대신 "〈성심편 상〉"으로 표시하였다. 여기서 문제는 "상"이란 표시인데 이 표시가 있으면 당연히 있어야 할 "〈성심편 하〉"가 없어서 편집상의 큰 실수가 벌어졌다.

5) 끝장 마지막 행에 간기를 밝혔다. 그러나 초략본에 있었던 본문 끝에 한 행을 띄워 "명심보감초략하종"과 같이 책이 끝났음을 밝힌 기록이 없어졌다.

6) 손기조본은 이후 초략본 방각본의 모본이 되었다. 17세기 천계본 계통 초략본과는 여러 측면에서 달라졌다.

손기조본은 간행된 시기가 1784년이든 1844년이든 상관없이 19세기 이후의 초략본을 선도하는 방각본으로서 중요한 위상을 지닌다. 다만 이와 같은 새로운 모습을 보인 방각본을 손기조본이라고 단정하기는 어렵다. 그 이전에 선행 방각본이 있어서 이를 저본으로 손기조본이 나왔을 수도 있기 때문이다. 하지만 현재로서는 천계본 계통 이후 150년 동안 선행하는 판본이 확인되지 않고 있어 손기조본을 이와 같은 형태를 가진 가장 앞선 판본으로 자리매김하게 된다.

〈그림 9〉 청주본『신간명심보감권하』 권하〈성심편〉(1454)

〈그림 10〉 천계본『명심보감하』〈성심편〉(1621)

〈그림 11〉 손기조본『명심보감초』〈성심편 상〉(1844)

食○人皆愛珠玉我愛子孫賢
省心篇 上
景行錄云寶貨用之有盡忠孝享之無窮

〈그림 12〉 교동본『명심보감초』, 木活字本,〈성심편〉(1895)

1895년에 교동(校洞)에서 간행된 ④의 『명심보감초』는 여러 면에서 새로운 특징을 보인다. 1) 대부분 방각본이 목판본인데 반하여 목활자본이다. 『명심보감』이 목활자로 간행된 유일한 사례이다. 2) 첫 장에 목록을 수록하였고, 3) 〈그림 12〉처럼 〈성심편〉의 제목에서 “상”을 삭제하였으며, 4) 각 장의 격언을 배열할 때 〈계선편〉, 〈천명편〉에서 각 조를 행갈이한 별행 처리 방식을 수정하여 전체를 ○으로 구분함으로써 편집상의 통일성을 이루었고, 5) 마지막에 4행의 〈朱夫子十當銘〉을 부록으로 추가하였다. 3)과 4)의 수정안은 이후 여러 판본에서 채택되었고, 5)의 시도는 이후 일제강점기에 들어와 남궁준과 박건회가 새로운 내용을 증보하는 물꼬를 텄다. 출판 방식과 편집에서 상당한 진보를 이루었고, 이후 방각본에 영향을 크게 미쳤다.

〈그림 13〉 병오본 『명심보감초』 〈성심편〉(1906)

嚴父出孝子嚴母出孝女○憐兒多與棒憎兒多
與食○人皆愛珠玉我愛子孫賢
省心篇
景行錄云寶貨用之有盡忠孝享之無窮○家和
貧也好不義富如何但存一子孝何用子孫多○

〈그림 14〉 병오본 『명심보감초』 간기(1906)

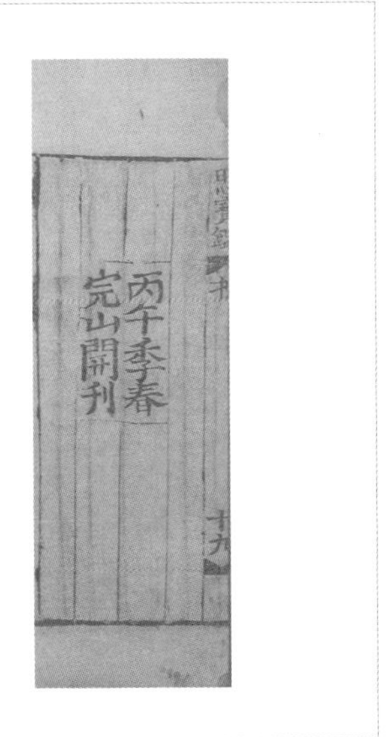
丙午季春
完山開刊

〈그림 15〉 완산본『명심보감초』 간기 (20세기초)

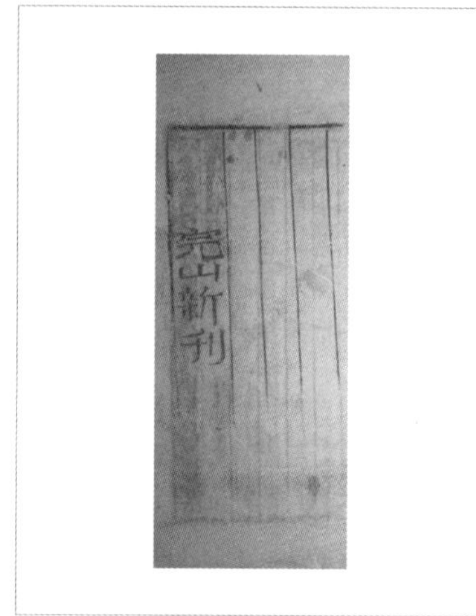

〈그림 16〉 완서계본『명심보감초』 간기 "乙巳冬完西溪新刊" (1905)

⑥의 병오본『명심보감초』는 〈그림 14〉에서 보듯이 병오년(1906) 3월에 전주[完山]에서 간행된 방각본으로 ④의 교동본을 충실하게 따라서 제작하였다.[15] 손기조본에서 "〈성심편 상〉"으로 표시한 편집의 문제점을 보완하여 〈그림 13〉과 같이 "상"이란 글자를 지워서 책으로서 완결성을 꾀한 데서 확인할 수 있다.

병오본은 이전의 여러 판본이 지닌 장점을 수용하여 하나의 완결된 방각본 형태를 이루었다. 이후에 나온『명심보감초』 방각본은 병오본의 편집을 따라 기본 형태를 이루었다. 간기가 없이 유통된 방각본 역시 병오본 계통으로 매우 널리 유통되었다. 태인과 전주를 중심으로 한 전주 일대의 방각본이『명심보감초』의 유통에 큰 영향

15) 병오년을 1906년 목판으로 보아야 하는 것은 박철상 선생의 조언을 따랐다. 나중에 이 완판본은 전주 多佳書鋪의 주인 梁珍泰가 소유하여 일제강점기까지 인출하여 판매되었다.

을 미치고 있음을 확인할 수 있다. 완서계본은 병오본과 같은 19장본으로 자체가 아름다운데 이용한(李容漢)이 주인으로 있는 서울의 동미서시(洞美書市)와 전주의 다가서포(多佳書舖)에서 1910년대까지 판매되었다.

이제 다른 여러 방각본과 구별되는 ③의 인흥재사본(仁興齋舍本)을 특별히 주목하여 검토한다. 대구에서 1869년에 간행한 목판본 단권으로 상업적 목적에 따라 간행한 일반 방각본이 아닌, 가문에서 간행한 판본이다. 권두에 가정(嘉靖) 경술년(1550)에 쓴 이이(李珥)의 서문, 병인년(1866)에 쓴 허전(許傳)의 서문, 무진년(1868)에 쓴 이원조(李源祚) · 조기승(趙基升) · 유주목(柳疇睦)의 서문이 있고, 책 뒤에 가정 경술년(1550)의 이이, 기사년(1869)의 신좌모(申佐模)와 이휘재(李彙載) · 추세문(秋世文)의 발문이 있다. 장판기(藏板記)에는 '當宁己巳, 新刊匪板于大丘仁興齋舍'로 되어 있다.[16)]

이 판본은 이전에 나온 여타 초록본과 비교할 때 형태와 내용은 크게 다르지 않으나 앞뒤에 적지 않은 서발문을 달아 간행 경위를 밝힌 점과 저자를 고려말 문신 추적(秋適)으로 제시한 점에서 문제성 있는 큰 변화가 일어났다. 여러 서발문에서 이 책을 추적의 저술이라고 확인하였는데 이는 『명심보감』 방각본을 필사한 사본을 근거 없이 추적의 저작으로 확인한 것에 지나지 않는다.

이 판본을 제작한 인물은 마지막에 나오는 추세문이다. 그는 선조인 추적과 추유(秋濡) · 추수경(秋水鏡) 등을 모시는 인흥서원(仁興書院)을 창건하고, 조정에 상소를 올리며, 가문의 문헌을 수집하여 편

16) 이 판본의 板木도 대구광역시 달성군 화원읍의 仁興書院에서 발견되어 대구광역시 유형 문화재 제37호로 지정되었다. 1926년에는 전라도 담양에서 추적의 후손 秋丙九가 木活字로 다시 간행하였는데 내용은 차이가 없다.

찬하는 등 추씨 현창 사업을 적극적으로 추진하였다. 그 과정에서[17] 집안에 소장되어 있던 『명심보감』 초록본 사본에 저자가 밝혀져 있지 않음을 이용하여 추적의 저술로 만들었다. 신좌모는 발문에서 이 책이 간행된 지가 오래되었는데도 편찬자의 인명을 밝히지 않았다고 지적하였다.[18] 이 책에 서발문과 묘지명 등을 쓴 저자 누구도 추적의 책이라는 합당한 근거를 제시하지 못하였다. 추세문의 말에 따라 합당한 근거없이 추적을 저자로 추인하는 그릇된 판단을 하였다.

많은 문제점을 지닌 판본임에도 성해준, 김동환, 나영원 등은 인흥재사본에 수록된 여러 서발문의 가치를 제한적으로 인정하였다. 또한 인흥재사본이 범입본의 청주본을 저본으로 초록했다고 보았다.[19] 그러나 인흥재사본의 저본은 청주본이 아니라 기존 초략본의 사본일 뿐이다.

인흥재사본은 기존 초략본에서 나오기는 하였으나 천계본 계통과도 다르고 손기조본 계통과도 다르다. 그 특징은 다음과 같이 정리할 수 있다.

1) 오랫동안 미상으로 처리한 저자를 추적에 가탁함으로써 일제강점기 이후 범입본의 저술을 추적의 저술로 둔갑하도록 유도하였다.

2) 초록본이 명백함에도 책명을 『명심보감』이라 하였다. 숭덕본과 같이 책명을 『명심보감』이라고 함으로써 선집이 아닌 완본처럼 보이게 하였다.

3) 각 장의 격언을 배열하는 방식은 일반 초록본과는 달리 각 조를 행갈이하여 별행 처리하였다. 정조의 세손 시절 필사본인 숭덕본

---

17) 秋世文 편, 『秋氏家藏』(사본, 필자 소장)에 관련한 글이 편집되어 있다.

18) 申佐模(黃淳九 편), 앞의 책, 「跋」, 259~266면. "是書刊行盖久, 而不書撰人名氏. 卷有謄傳, 栗谷李文成序跋, 而亦不言誰人所輯, 可異也."

19) 김동환, 앞의 논문, 599~652면.

의 배열과 같다. 그래도 행갈이하면서 각 조의 첫 글자 앞에 ○을 불규칙하게 사용하여 천계본 계통의 형식을 반영하였다. 계통상 숭덕본과 유사하다.

4) 상권과 하권으로 나누지 않고 단권으로 편집하였는데 그 점에서 천계본 계통과 차이가 난다. 따라서 손기조본 계통의 방각본과 유사하다. 다만 손기조본 계통에 있었던 "〈성심편 상〉"이 사라졌다.

5) 일반 초록본과는 다른 편집 양상이 곳곳에 흩어져 나타난다. 상업용 목적의 방각본이 아니라, 조상 현창 사업의 일환으로 출간된 목판본이라는 점에서 특별하다.

이상의 특징으로 볼 때, 인흥재사본은 상당한 문제를 안고 있는 판본인데 나중에는 큰 영향을 후대 판본에 끼쳤다. 무엇보다 『명심보감』의 저자를 범입본이 아닌 추적의 저작으로 둔갑시킨 점이다. 범입본이 『명심보감』의 편찬자라는 사실은 의심할 여지가 없다. 천계본 이래 방각본과 그 사본에서 편찬자를 기입하지 않았고, 초간본은 벌써 희구본이 되어 박식한 독자의 눈에도 뜨이지 않았다. 인흥재사본에서 추적을 저자로 내세웠으나 출판계의 추인을 받지 못하다가 수십 년이 흐른 뒤인 1914년에 남궁준이 증보본을 내면서 인흥재사본의 저자 표기를 인정하였다.

해방 이후에는 거의 모든 판본에 추적을 저자로 표시하였다. 해방 이후 본격적인 번역서이자 연구서인 『국역증보 명심보감』[20]에서 추적을 저자로 인정하고 그 가치를 인정한 것이 확산의 도화선이 되었다. 20세기 후반에 들어와 이우성 교수에 의하여 청주본 초간본이 발견되어 영인되기 이전에는 추적의 저술로 누구나 인정하였

---

20) 김종국 옮김 및 해설, 『국역증보 명심보감』, 성균관대학교 대동문화연구원, 1959, 176~237면.

다.[21] 그 영향은 지금도 사라지지 않아서 거의 모든 도서관 서지사항에 추적을 저자로 밝혀놓았고, 수백 종에 달하는 출판물 대부분에 여전히 추적이 저자로 표기되어 있다. 인흥재사본의 악영향이 여전히 계속되고 있다.

4. 일제강점기 이후의 『명심보감』 출판

19세기에도 『명심보감』은 큰 인기를 누렸으나 일제강점기 이후에는 전국민의 교양 도서와 아동 학습서로 큰 인기를 누렸다.[22] 사회적으로 여전히 큰 세력을 가진 전통 지식인들은 일본제국주의의 서양식 근대 교육에 불만을 품고 공교육 밖에서 다음 세대를 교육하였다. 그로 인해 더욱 활성화된 전국의 서당에서는 전통적 한문 교육을 자체적으로 실시하였다. 『명심보감』은 본격적으로 서당과 가정에서 아동 교육의 필수 교재의 하나로 활용되었다. 학습열을 한층 촉진한 것은 1918년에 조선의 사설 서당 교육을 통제하기 위해 조선총독부에서 제정한 〈서당규칙(書堂規則)〉으로 이 포고령에는 교과목록의 하나로 『명심보감』을 포함하였다.[23]

이 시기에 『명심보감』은 이전보다 다양한 방법으로 출판되었다.

---

21) 이우성 편, 『淸州版明心寶鑑』, 아세아문화사, 1990, 7~13면.

22) 임완혁, 「朝鮮朝 『明心寶鑑』의 收容 樣相」 『한자한문교육』 30, 2013, 213~244면.

23) 그 목록은 『천자문』, 『유합』, 『계몽편』, 『격몽요결』, 『소학』, 『효경』, 四書, 三經, 『通鑑』, 『古文眞寶』, 『명심보감』, 『문장궤범』, 『당송팔가문독본』, 東詩, 唐詩, 法帖, 朝鮮總督府編纂敎科書으로 1918년 2월 21일 朝鮮總督府 官報 제1661호에 수록되어 공포되었다. 『명심보감』이 다른 교재와 함께 서당의 정식 교재로 채택되어 교과서처럼 이용되었음을 알 수 있다. 이 사실은 울산대학교 국어국문학과 노경희 교수가 제공해 주었다.

당시에 새롭게 등장한 상업 출판사의 인기 있는 서목 가운데 하나가 『명심보감』이었다. 인기를 누린 고소설과 아동 교육용 서적, 편지 쓰는 법, 유교 경전 등과 함께 빠질 수 없는 목록의 하나였다. 신구서림, 회동서관, 영창서관, 세창서관, 박문서관 등 명성이 높던 많은 출판사에서 이 책을 출간하였다. 하지만 이들 근대적 출판사의 활동과 출판업자에 관해서는 고소설 출판과 관련하여 주로 연구되었을 뿐,[24] 『명심보감』의 간행 상황을 포괄적으로 깊이 있게 밝힌 연구는 김동환의 논문 외에는 거의 없다. 일제강점기의 『명심보감』 출판에서 핵심적인 사항은 다음 세 가지이다.

첫째, 전통적인 목판본과 목활자본으로 출간한 방각본과 함께 새롭게 도입된 석판본과 신식 활자본이 등장하여 다양한 출판이 이루어졌다. 둘째, 편집에서는 순한문으로 출간한 것과 함께 토를 단 현토본 및 한문과 번역문을 함께 제시한 대역본, 난외에 한자를 풀어 써주는 해설본 등 다양한 편집 방법을 도입하여 독자를 끌어들였다. 셋째, 초략본을 바탕으로 새로운 내용을 증보한 판본이 대세를 이루었다. 초략본에는 들어있지 않은 격언을 새로 추가한 증보본이 점차로 기존 초략본의 자리를 몰아내고 정본의 자리를 차지하였다. 이와 같은 점을 중심으로 일제강점기에 출판된 『명심보감』 판본과 주요한 변화 양상을 검토한다.

1) 순한문 방각본의 출간

순한문으로 된 방각본은 19세기에 널리 출간된 『명심보감초』를

24) 엄태웅, 「회동서관의 활자본 고전소설 간행 양상」 『고소설연구』 29, 2010, 475~509면; 최호석, 「지송욱과 신구서림」 『고소설연구』 19, 2005, 255~282면.

거의 그대로 계승하여 출간되었다. 먼저 일제강점기에 방각본으로 간행된 판본을 조사하여 검토한다. 일제강점기 초기에도 방각본은 영세한 출판업자의 손에서 활발하게 간행되었다.[25] 모두 상권과 하권을 구분하지 않은 단권의 초략본이다. 목판본 방각본으로는 적어도 다음 8종 이상이 출간되었다.[26]

① 지송욱(池松旭) 편, 『명심보감(明心寶鑑)』, 19장, 경성(京城) 신구서림(新舊書林), 대정 2년(1913)

② 이종성(李鍾星) 편, 『명심보감(明心寶鑑)』, 경성 지물서책포(紙物書冊鋪), 대정 2년(1913)

③ 양진태(梁珍泰) 편, 『명심보감초(明心寶鑑抄)』, 19장, 전주 다가서포(多佳書鋪), 대정 5년(1916)

④ 이민한(李敏漢) 편, 『정본명심보감(訂本明心寶鑑)』, 18장, 경성 동일서관(東一書館), 대정 6년(1917)

⑤ 고유상(高裕相) 편, 『명심보감(明心寶鑑)』, 19장, 경성 회동서관(匯東書館), 대정 7년(1918)

⑥ 윤태성(尹泰晟) 편, 『정본명심보감(訂本明心寶鑑)』, 18장, 경성 천일서관(天一書館), 대정 8년(1919)

⑦ 장이만(張二萬) 편, 『명심보감(明心寶鑑)』, 23장, 안성 신안서림(新安書林), 대정 12년(1923)

⑧ 박용준(朴容濬) 편, 『명심보감초(明心寶鑑抄)』, 14장, 안성 광안서림(廣安書林), 소화 9년(1934)

---

25) 이창헌, 「20세기초 방각소설의 변모」, 『이야기문학 연구』, 보고사, 2005, 91~113면.

26) 일제강점기 이후의 많은 판본은 대체로 확인하기 수월하므로 소장처를 일일이 밝히지 않는다.

①과 ⑤는 표제는 『명심보감』이나 내제는 『명심보감초』이고, 모두 11행 19자이다. ④와 ⑥은 표제는 『정본명심보감』이나 내제는 『명심보감초』로 다른 방각본과 큰 차이가 없다. 18행 19자로 두 판은 완전히 같은 판이다. 국립중앙도서관에 소장된 ⑤는 ②와 완전히 같아서 ②의 목판을 회동서관에서 구입하여 인출하였거나 이미 인출한 책을 재판매한 것으로 추정된다. 1910년대에 출간된 목판본은 대부분 표제를 『명심보감』으로 썼고, 일부만이 『정본명심보감』으로 썼으나 내제는 모두 『명심보감초』로 썼다. 내제에는 『명심보감초』로 쓰더라도 표제에는 『명심보감』으로 써서 독립된 완본임을 강조하려는 추세를 보였다. 추적을 저자로 표시한 사례는 나타나지 않았다. "〈성심편 상〉"이란 불완전한 체제를 유지하였고, 각 장의 격언을 배열하는 방식이 손기조본과 대부분 동일하다. 이 시기 방각본은 19세기 중후반의 방각본 체제를 충실하게 유지하고 있다.

③은 표제와 내제가 똑같다. 손기조본과 형태가 거의 같고, 간기를 밝히지 않은 19장본과 동일한 판본으로 복수의 출판사에서 간행되었다. 양진태의 출판사 겸 서점에서는 1916년 판매 목록에 『명심보감』이 구판 목록으로 올라 있고, 경성의 출판사에서 간행한 『증보명심보감』을 동시에 판매하였다.[27]

이들 방각본 중에서 주목할 책은 ⑦과 ⑧이다. ⑦은 표제는 『명심보감』이나 내제는 『명심보감초』이고, 23장 10행 17자이다. ⑧은 표제는 『명심보감』이나 권말제가 『정본명심보감』이고, 14장 12행 24자이다.[28] 모두 안성 방각본이다. 순한문 방각본의 출간이 1910년대에 주로 경성에서 이루어졌는데, 〈그림 17〉에서 보듯이 ⑦과 ⑧은

27) 이태영,「완판방각본의 유통 연구」『열상고전연구』 61, 2018, 143~171면.

28) 김한영,『안성판방각본과 안성의 인쇄출판 전통』, 한국학술정보, 2013, 273~287면.

각각 1920년대와 1930년대에 안성에서 출간되었다. 경성에서는 이미 새로운 출판 방식과 편집을 채택하여 출판하고 있을 때 문화적으로 조금 낙후된 안성과 수원, 전주 등의 지역에서는 구식 출판 방식과 편집으로 방각본을 출간한 것으로 보인다.[29] 책명과 편집 등을 볼 때 1910년대의 경성 방각본을 채택하고 있다.

2) 다양한 현토본의 출간

위에서 검토한 방각본은 전통적 방식에 따라 순전한 한문으로 간행하였다. 토를 달거나 표점을 달지 않은 백문(白文)이다. 1910년대 이후 『명심보감』은 점차 토를 달아서 출간하는 사례가 등장하기 시작하였다. 조선의 출판계에서 대한제국기를 전후한 시기에 다양한 저술을 출간하면서 이전과는 달리 현토체가 급속하게 확대되었다. 독자의 편리한 독서와 아동의 효과적인 교육에 이바지하기 위하여 현토체 출판이 인기를 얻자 빠른 속도로 파급되었다. 『명심보감』의 출간에서도 빠른 속도로 현토체가 적용되어 책명에서 현토체임을 빠짐없이 밝혔다. 토를 갖추었다는 구토(具吐), 토를 달았다는 현토(懸吐), 언문으로 토를 달았다는 언토(諺吐) 등의 어휘를 표기하여 토를 달았음을 책명에서 명확히 밝혔다. 현토본 『명심보감』이 10년대 이후 점차 출판의 대세를 이루기 시작하였고, 시기가 진전되면서 과거로 되돌아갈 수 없는 대세로 굳어졌다. 출판 방식도 목판본에서 석인본, 신연활자본으로 확대되었다. 먼저 목판본에는 다음과 같은 것이 있다.

29) 이정원, 「安城板 坊刻本 출판 현황」 『어문연구』 33(3), 2005, 161~184면; 최호석, 「안성판 방각본 출판의 전개와 특성」 『어문논집』 54, 2006, 173~197면.

① 노익형(盧益亨) 편, 『현토명심보감(懸吐明心寶鑑)』, 18장, 경성 박문서관(博文書館), 대정 6년(1917)

② 박원식(朴元植) 편, 『언토명심보감(諺吐明心寶鑑)』, 17장, 경성 박원식서점(朴元植書店), 대정 7년(1918)

③ 편자 미상, 『현토명심보감(懸吐明心寶鑑)』, 경성 우주서림(宇宙書林), 소화 7년(1932)

④ 홍종응(洪鍾應) 편, 『현토명심보감(懸吐明心寶鑑)』, 수원 수원서관(水原書館), 소화 8년(1933)

⑤ 신태삼(申泰三) 편, 『현토명심보감(懸吐明心寶鑑)』[30], 14장, 경성 세창서관(世昌書館), 소화 11년(1936)

〈그림 17〉 張二萬 편, 『명심보감』, 안성 新安書林, 판권지(1914)

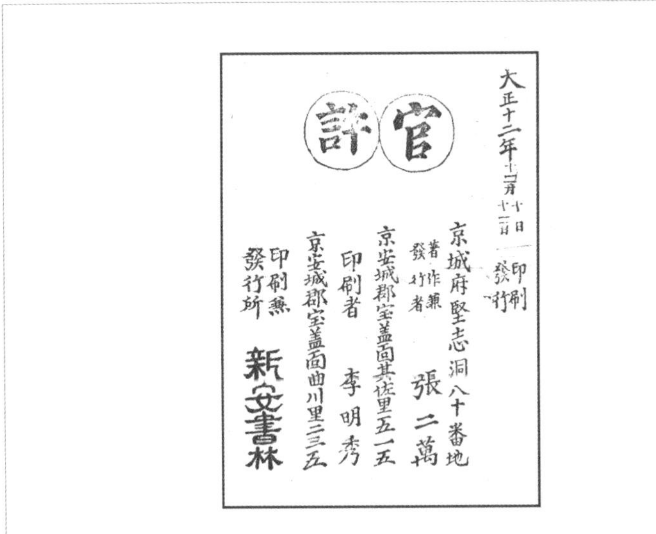

大正十二年十二月十日 印刷
十二月十二日 發行

官許

京城府堅志洞八十番地
著作兼發行者 張二萬
京安城郡宝蓋面其佐里五一五
印刷者 李明秀
京安城郡宝蓋面曲川里二三五
印刷兼發行所 新安書林

30) 이 책의 제목을 『原本懸吐舊明心寶鑑』으로 달기도 하였다.

懸吐明心寶鑑
繼善篇
○子ㅣ曰爲善者는天이報
之以禍하니라○漢昭烈이將終에勅後主曰勿以善小而不
爲하고勿以惡小而爲之하라○莊子ㅣ曰一日不念善이면諸惡
이皆自起하니라○太公이曰見善如渴하고聞惡如聾하라又曰善
事란須貪하고惡事란莫樂하라○馬援이曰終身行善이라도善

〈그림 18〉 강의영 편, 『현토명심보감』, 永昌書館(1929)

懸吐明心寶鑑
繼善篇
◑子ㅣ曰爲善者는天이報之以福하고爲不善者는天이
報之以禍하니라
◑漢昭烈이將終에勅後主曰勿以善小而不爲하고勿以
惡小而爲之하라
◑莊子ㅣ曰一日不念善이면諸惡이皆自起하니

〈그림 19〉 노익형 편, 『현토명심보감』, 博文書館(1917)

5종의 목판본은 표제와 내제에 모두 『현토명심보감』과 같이 토를 단 사실을 밝혔다. 장수는 14장에서 18장 내외이다. 〈그림 19〉에서 보듯이 ①과 ②는 손기조본 계통으로서 〈계선편〉, 〈천명편〉에서는 각 조의 격언을 행갈이하여 배열하다가 그 이후에는 전체를 ○으로 배열하였다. 그러나 〈성심편〉 목차를 유지하고 있어 병오년 완산본 『명심보감초』와 유사하다. ③과 ④, ⑤는 대략 14장본으로 편찬 체제는 ① ②와 유사한 것으로 추정한다. 14장 본으로 간기가 없이 출간된 목판본도 여럿이 있다.

다음은 석판본으로 현토하여 간행한 책이다.

① 편자 미상, 『명심보감』, 경성 신구서림(新舊書林), 소화 4년(1929)

② 이상훈(李相焄) 교(校), 『명심보감』, 13장, 수원 삼성서림(三成書林), 소화 10년(1935)

③ 고경상(高敬相) 교(校), 『명심보감』, 13장, 경성 삼문사(三文社), 소화 10년(1935)

3종의 석판본은 표제에는 『명심보감』, 내제에는 『현토명심보감』으로 썼다. 손기조본 계통이면서 〈성심편〉 목차를 유지한 점에서 병오년 완산본 『명심보감초』와 유사하고, 전체를 ○으로 구분하여 편집상의 통일을 이룬 점에서는 교동본 『명심보감초』와 유사하다. 그와 같이 편집한 경우 한글로 토를 달면서도 석판의 숫자를 줄여 13장으로 출간하였으므로 제자비를 줄이는 효과가 있었다.

다음은 신연활자본이다. 출판계에서 1910년대에 신연활자 출판이 본격화하였는데 현토본 『명심보감』은 1920년대 말에 다음 2종이 나왔다.

① 강의영(姜義永) 편, 『현토명심보감(懸吐明心寶鑑)』, 16장, 경성 영창서관(永昌書館), 소화 4년(1929)

② 이종수(李宗壽) 편, 『현토석자명심보감(懸吐釋字明心寶鑑)』, 13장, 경성 성문당서점(盛文堂書店), 소화12(1937)

이상 2종의 편집과 체제는 석판본과 차이가 없다.

3) 증보본과 대역본의 성행

일제강점기 이후 『명심보감』은 인기를 누리면서 다양한 독자의 요구를 충족하기 위해 토를 달거나 어려운 한자어를 난외에서 설명하는 한편, 원문과 국문 번역문을 함께 제시하여 대역본으로 출간하였다. 대한제국기에 『논어』와 『맹자』 등 경서에서는 대역본이 출간되는 경향을 반영하여 『명심보감』에서도 번역을 함께 달았다. 조선 후기에 『소학』이나 『동몽선습』, 『논어』, 『맹자』 등 유교의 기본 학습서 가운데 구결을 단 대역본이 흔히 출판되었다. 대한제국기 이후에는 주요 경서의 대역본 출간과 일반 독자를 위한 국한문 혼용의 출판이 하나의 추세를 이뤄 언해(諺解), 구해(具解), 상해(詳解), 주해(註解), 토해(吐解) 등의 제목을 달고 나왔다. 번역문만으로 출간하는 경우는 없었다.

더욱 중요한 변화는 초략본 『명심보감』에는 들어있지 않은 새로운 격언을 추가하여 내용을 증보한 점이다. 증보(增補)와 신(新)이라는 명칭을 제목에 추가하여 과거의 책과는 달리 증보가 이루어진 새로운 책임을 표방하였다. 이 시기에 유행한 무쌍(無雙)이라는 표현을 넣어 다른 출판사의 책과 차별화된 우수한 책임을 광고하였는데 실제로 『명심보감』은 여러 출판사에서 다투어 책을 내어 출판사끼리 경쟁이 치열하였다.

새롭게 등장한 증보본과 대역본은 대부분 신연활자로 출간되었다. 시기가 진전될수록 방각본은 도태되어 시장에서 사라졌고, 석판본도 등장하였다가 세력을 잃었다. 지방의 출판사에서도 점차로 새로운 출판 방식과 편집을 도입하였다. 수원이나 안성, 전주 같은 지방에서는 경성보다 대체로 10년에서 20년 정도 늦은 경향을 보였다. 지방에서는 1930년대까지 주로 순한문본이나 현토본 위주로 출간한 반면, 경성에서는 1910년대에 이미 증보본과 대역본을 출간하였다. 1930년대에 이르면 대부분 간행물이 신연활자로 출간되는 추세였다. 신연활자로 출간된 책 중에서 토를 달고 원문과 번역문을 함께 제시한 대역본을 먼저 검토한다.

① 윤태성(尹泰晟) 편, 『구토언해명심보감(具吐諺解明心寶鑑)』, 경성 천일서관(天一書館), 대정 8년(1919)

② 이종수(李宗壽) 편, 『언토상해명심보감(諺吐詳解明心寶鑑)』, 경성 성문당서점(盛文堂書店), 소화 11년(1936)

①은 같은 해에 목판본으로 간행된 같은 출판사의 『정본명심보감』의 자매편이라 할 수 있다. 각 장의 원문에 토를 달아 제시하고 원문 뒤에 일괄하여 번역문을 제시하여 함께 읽을 수 있도록 하였다. ②도 거의 같은 체제를 지닌 것으로 추정한다. 손기조본 이래의 초략본을 채택하여 출판하였기 때문에 증보라는 말을 제목에 넣지 않았다. 다음은 증보본의 목록이다.

① 남궁준(南宮濬) 편, 『현토구해증보명심보감(懸吐具解增補明心寶鑑)』, 경성 유일서관(唯一書舘) · 신구서림(新舊書林), 대정 3년(1914)

② 박건회(朴建會) 편, 『증보주해명심보감(增補註解明心寶鑑)』, 경성 회동서관, 대정 3년(1914)

③ 강의영(姜義永) 편, 『증보상해명심보감(增補詳解明心寶鑑)』, 경성 영창서관(永昌書館), 대정 5년(1916)

④ 현공렴(玄公廉) 편, 『대증보주해석자명심보감(大增補註解釋字明心寶鑑)』, 경성 대창서원(大昌書院), 대정 12년(1923)

⑤ 강은형(姜殷馨) 편, 『현토구해증보무쌍신명심보감(懸吐具解增補無雙新明心寶鑑)』, 경성 대성서림(大成書林), 소화 2년(1927)

⑥ 김동진(金東縉) 편, 『증보토해무쌍명심보감(增補吐解無雙明心寶鑑)』, 경성 덕흥서림(德興書林), 소화 4년(1929)

⑦ 고병교(高丙敎) 편, 『특별대증보명심보감(特別大增補明心寶鑑)』, 경성 회동서관(滙東書館), 소화 6년(1931)

⑧ 신태삼(申泰三) 편, 『현토구해교정증보신무쌍명심보감(懸吐具解校正增補新無雙明心寶鑑)』, 경성 세창서관(世昌書館), 소화 9년(1934)

⑨ 이종수(李宗壽) 편, 『증보구해무쌍신명심보감(增補具解無雙新明心寶鑑)』, 경성 광한서림(廣韓書林), 소화 11년(1936)

⑩ 강범형(姜範馨) 편, 『현토구해교정증보무쌍신명심보감(懸吐具解

校正增補無雙新明心寶鑑)』, 경성 화광서림(和光書林), 소화 11년(1936)

⑪ 신태화(申泰和) 편, 『현토구해교정증보신무쌍명심보감(懸吐具解校正增補新無雙明心寶鑑)』, 경성 삼문사(三文社), 소화 11년(1936)

증보본은 1910년대부터 꾸준히 출간되기 시작하여 1930년대에는 다수를 차지하였다. 1914년에 초간된 남궁준의 책에는 자신을 저작자 겸 발행자로 표지에 표시하였다. 1930년대에도 손기조본에 뿌리를 둔 『명심보감초』 백문본과 현토본, 대역본이 출간되어 판매되었으나 이제는 대세가 증보본으로 확연하게 옮아갔다. 그 물꼬를 튼 저작이 바로 남궁준이 편찬하여 1914년 첫판을 출간한 ① 『현토구해증보명심보감』이다. 남궁준의 증보본이 출간되어 큰 인기를 끌면서 위에서 보는 것처럼 많은 증보본이 뒤따라 출간되었다. 이후 『명심보감』은 남궁준의 증보본이 다른 모든 『명심보감』을 대체하여 현재에 이른다. 남궁준의 증보본을 자세하게 살피기에 앞서 같은 해에 박건회가 증보하여 회동서관에서 출간한 ② 『증보주해명심보감』부터 살펴본다.

조선서관의 주인인 박건회는 고전소설의 창작자이자 출판업자이며, 다양한 한문서적을 현토하고 주해하는 일에 종사한 사람이었다.[31] 『춘향전』 『수호지』 『삼국지』 『서유기』 『서상기』와 같은 인기 있는 작품과 『격몽요결』 『고문진보』와 같은 한문의 기초를 공부하는 고전에 토를 달아 출간하는 일에 적극적이었다. 『명심보감』도 그 중 하나였다. 그가 간행한 『명심보감』에는 다른 출판사의 『명심보감』과는 달리 윤녕구와 편자의 서문 2편이 수록되어 출간의 동기를

31) 장효현, 「근대전환기 고전소설 수용의 역사성」, 『한국고전소설사 연구』, 고려대학교 출판부, 2002, 561면.

설명하고 있다. 먼저 이 책의 저작자가 누구인지를 알 수 없다고 하였고, 옛사람의 가언선행(嘉言善行)을 참작하여 증보하였으며, 국문으로 주해하여 궁벽한 시골에 사는 밥짓는 아낙네와 농사짓는 사내라도 혼자서 쉽게 익힐 수 있도록 했다고 밝혔다.[32)]

실제로 이 책은 기왕의 『명심보감초』에 적지 않은 변화를 주어 편차를 수정하고 내용을 첨가하여 초략본 253조의 격인을 304소의 격언으로 크게 증보하였고, 전체를 국문으로 번역하여 대역본으로 출간하였다. 변화의 실례를 보면, 『명심보감초』 제5장 〈효행편〉에는 5조가 실려있는데 이 책에서는 〈계선편〉 앞에 제1장으로 편차하고 10개 조의 격언을 증보하여 전체 15조로 확대하였다. 상당히 크게 수정하고 보완하였다. 또 제8장 〈계성편〉에서는 맨 끝에 『명심보감초』와 청주본에는 없는 격언을 추가하였고, 또 본디 〈성심편〉에 수록된 여러 조의 격언을 한 개 조의 격언으로 묶어서 수록하였다. 박건회는 전체 19장이란 체제는 유지하되 세부에서는 많은 격언을 추가하였고, 구성에도 변화를 주었다. 추가한 격언은 길이가 길고 산문투로 운율이 있는 잠언의 문체가 중심이 된 『명심보감』의 특징과는 차이가 있었다.

박건회의 증보본은 인기를 얻어 1919년까지 5판을 간행하였다. 남궁준의 증보본과 함께 경쟁하며 인기를 얻었으나 제3의 여러 출판사가 박건회의 책보다 남궁준의 책을 선호하여 새로운 표준으로 삼았다. 점차로 박건회의 책은 존재감을 잃어갔다.

이제 20세기 『명심보감』의 표준으로 군림한 남궁준의 증보본을

32) 尹寧求, 「增補註解明心寶鑑序」(朴建會 편, 『增補註解明心寶鑑』), 경성, 匯東書館, 大正 3년(1914), 장1. "明心寶鑑은 不知何人所作이나, (중략) 參酌古人之嘉言善行ᄒᆞ야 增焉補焉ᄒᆞ야 (중략) 用我東國文以註解之ᄒᆞ야 俾山椒水厓의 竈婦耘夫라도 亦莫不訓誥而私淑焉케ᄒᆞ야."

본격적으로 검토한다. 남궁준은 독립운동가이자 교육자인 남궁억(南宮檍)의 동생으로 한학의 기초 위에 외국어교육까지 받은 지식인이다. 남궁준은 다방면에서 사회운동을 하면서도 유일서관을 통해 사서삼경 등 유교 경전에 토를 달아 간행한 대한제국기와 일제강점기 초반의 대표적인 출판인이었다.[33] 1910년을 전후한 시기에 유교 경전과 아동 계몽서, 『조선전지(朝鮮全誌)』와 같은 지리지, 『구운몽』『불로초(不老草)』 같은 많은 수량의 고소설을 저술하고 간행하여 가장 활발하게 활동한 저작자 겸 출판업자였다. 당시 출판계와 문예계, 학계에 큰 영향을 미친 지식인으로 손꼽히는데 그의 대표적 저작 중 하나가 바로 『명심보감』 증보본이다. 그의 증보본은 『명심보감』 간행사에서 중요한 의미를 갖는 책이므로 자세히 검토한다. 다만 박건회의 증보본과는 달리 편찬 의도를 밝힌 서문 등이 없어 책 자체의 분석을 통해 특징을 찾아내고자 한다.

첫째로, 남궁준은 『명심보감』의 저작자를 추적으로 인정하였다. 〈그림 21〉과 같이 내제 아래에 "露堂 秋適 原著"라고 명확하게 썼다. 천계본 이래로 초략본에서는 저작자를 표시한 경우가 없었다. 유일한 예외로 꼽을 수 있는 판본이 추세문이 대구 인흥재사에서 1869년에 간행한 목판본인데 남궁준이 이 증보본에서 추적을 저자로 내세웠다. 박건회가 자신의 책에서 확인한 것처럼[34] 20세기 초까지만 해도 『명심보감』의 저자는 누구인지 모른다는 것이 세상이 다 아는 상식이었다. 그런 상황에서 남궁준은 인흥재사본의 저자 표기를 아무런 근거없이 가볍게 인정하였다. 이는 심각한 오류였는데 이

33) 이기현, 「舊活字本 『西廂記』 연구」 『우리문학연구』 26, 2009, 43-75면.

34) 각주 23번 및 「朴建會自序」(朴建會 편), 앞의 책, 장2. "明心寶鑑者는 不知始出於何人之手로대."

후 책이 인기를 얻으면서 추적은 『명심보감』의 저자로 공인받게 되었다. 다만 일제강점기 동안에는 남궁준의 증보본을 전적으로 수용한 다른 『명심보감』도 추적을 저자로 표기한 점은 대부분 수용하지 않았다. 당시에 유통되던 다양한 초략본 대부분이 저자를 기입하지 않은 영향으로 보인다. 그러나 남궁준 증보본의 영향이 더욱 거세진 1945년 이후에는 추적 저작설이 보편화되었다.

둘째로, 제목과 같이 마지막 편인 19장 〈부행편〉 뒤에 〈증보편(增補篇)〉과 〈효행편속(孝行篇續)〉, 〈염의편(廉義篇)〉 3개 장을 증보하였다. 〈증보편〉에는 『주역』의 한 구절과 〈팔반가팔수(八反歌八首)〉 8수를,[35] 〈효행편속〉에는 손순(孫順)과 상덕(向德), 도씨(都氏)의 효행 일화 3편을, 〈염의편〉에서는 인관(印觀), 홍기섭(洪夔燮), 온달(溫達) 일화 3편을 수록하였다. 〈팔반가팔수〉는 청나라 문인의 『계궁지(桂宮誌)』에 나오는 시이고, 나머지는 조선의 인물 행적인데 조선 말기의 인물까지 포함하였다. 전체가 청주본 『명심보감』에는 수록되지 않은 내용이다. 〈증보편〉이 『명심보감』의 격언집 성격에 그나마 부합할 뿐, 〈효행편속〉과 〈염의편〉은 성격과 문장이 전혀 동떨어진다. 그러나 증보된 부분은 이후 거의 모든 『명심보감』에 채택되었다.

셋째로, 〈성심편〉을 처음 상하로 나누어 편집하였다. 〈그림 11〉에서 보듯이 손기조본 이래로 『명심보감초』 초략본은 "〈성심편 상〉"으로 표시하기는 했으나 〈성심편 하〉가 없는 결함있는 편집이었다. 청주본에서도 〈성심편〉은 상권과 하권으로 나누지 않았고, 이전에는 어떤 판본에서도 상권과 하권으로 나누지 않았다. 남궁준이 증보본을 편찬하면서 〈그림 22〉와 〈그림 23〉에서 보듯이 처음으로 〈성

---

35) 본문에서는 〈팔반가팔수〉가 마치 다른 장과 함께 독립된 장처럼 보이지만 篇名이 없으므로 〈증보편〉의 하위 목록으로 보아야 한다.

〈그림 20〉 남궁준 편, 『懸吐具解增補明心寶鑑』 판권지(1914)

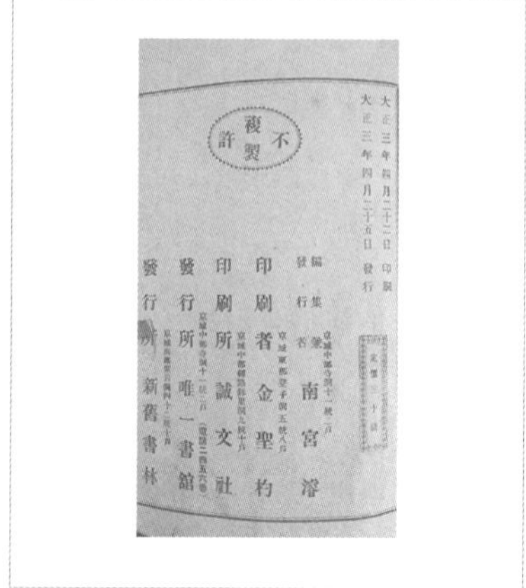
不複製許
大正三年四月二十二日 印刷
大正三年四月二十五日 發行
編輯兼發行者 南宮濬
印刷者 金聖杓
印刷所 誠文社
發行所 唯一書館
發行所 新舊書林

〈그림 21〉 남궁준 편, 옆의 책, 내제 원저자 표시

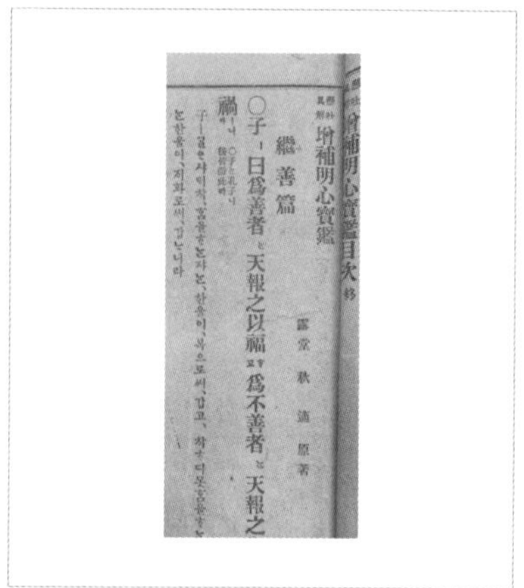
增補明心寶鑑目次 終
懸吐具解 增補明心寶鑑
露堂 秋適 原著
繼善篇
○子 ㅣ 曰爲善者 는 天報之以福 하고 爲不善者 는 天報之禍 ᄒᆞᄂᆞ니

〈그림 22〉 남궁준 편, 옆의 책, 〈성심편 상〉

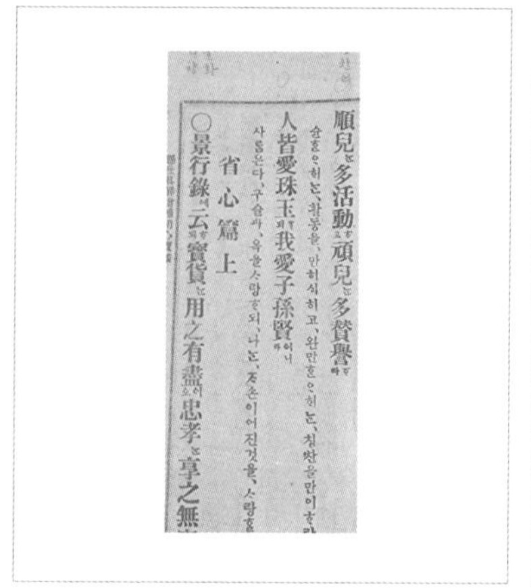
順兒 는 多活動 하고 頑兒 는 多贊譽 ᄒᆞ니
人皆愛珠玉 호되 我愛子孫賢 이니라
省心篇上
○景行錄 에 云 하되 寶貨 는 用之有盡 이오 忠孝 는 享之無

〈그림 23〉 남궁준 편, 옆의 책, 〈성심편 하〉

一日淸閑 이면 一日仙 이니라
하로, 청한ᄒᆞ면, 하로, 신선이니라
省心篇下
○眞宗皇帝御製 에 曰知危識險 이면 終無羅網之
賢 이면 自有安身之路 이오 施仁布德 은 乃世代之
冤 은 與子孫之爲患 이오 損人利己 면 終無顯達雲

심편〉을 상권과 하권으로 나누었다. 초략본의 〈성심편〉이 94조로 『명심보감초』 253조의 3분의 1이 넘는 많은 분량이라서 책으로서 균형을 고려하면 상하권으로 분리 편집하는 것이 합리적인 측면이

있다. 편집의 의도를 충분히 인정할 수 있으나 자의적 편집인 것은 분명하다. 이 새로운 편집 역시 이후에 거의 모든 책에서 채택되었다.

넷째로, 『명심보감초』 19편을 그대로 수록하고 있으나 실수나 의도적 수정에 따라 추가되거나 누락된 조가 십여 개 이상이다. 〈효행편〉에서는 1조가 추가되었고, 〈훈자편〉에서는 한 조를 다른 조로 교체하였다. 예컨대, 『명심보감초』 〈성심편〉 37조에 "재주 있는 사람은 재주 없는 사람의 종이다[巧者拙之奴.]"라는 내용이 남궁준의 증보본 〈성심편 상〉에는 "재주 있는 사람은 재주 없는 사람의 종이고, 괴로움은 즐거움의 어머니다[巧者拙之奴, 苦者樂之母.]"로 바뀌었다.[36] 엉뚱한 내용을 의도적으로 추가한 것이나 앞뒤 격언의 성격으로 볼 때 잘못된 내용이다.

또 『명심보감초』 〈입교편〉 4조에는 『공자삼계도(孔子三計圖)』를 인용하여 "일생의 계획은 근면함에 있고, 일년의 계획은 봄에 있으며, 하루의 계획은 새벽에 있다[一生之計在於勤, 一年之計在於春, 一日之計在於寅.]"라는 격언이 실려있다. 그중 첫 구절이 남궁준 증보본에는 "일생의 계획은 어릴 적에 있다[一生之計在於幼.]"라는 말로 바뀌었다. 근(勤)자를 유(幼)자로 바꾸었다. 크게 문제삼지 않아도 될 교체로 볼 수도 있으나 실제로는 그렇지 않다. 유(幼)자로 바꾸어야 할 문헌적 근거가 전혀 없다. 필자의 판단으로는 뒤에 나오는 문장의 유(幼)자

36) 이 내용이 청주본 『명심보감』 〈성심편〉에는 "능력 있는 사람은 능력 없는 사람의 종이다[能者拙之奴.]"로 되어 있다. 이는 원나라 때의 속담으로 元末明初의 학자 劉基(1311~1375)의 〈拙逸解〉에 "만물은 함께 살아가므로 재주 있는 사람과 재주 없는 사람이 섞여 있다. 재주 있는 사람이 일을 하면 재주 없는 사람은 그 뒤를 따라가니 이것이 하늘의 도이다. 그래서 상말에 재주 있는 사람은 재주 없는 사람의 종이라고 한다[萬物並育, 巧拙參焉. 巧者爲之, 拙者隨之, 天之道也. 故諺有之: 巧者, 拙之奴也.]"라는 글에서 가져온 격언이다. "괴로움은 즐거움의 어머니다[苦者樂之母.]"라는 내용이 덧붙을 이유가 없다. 필자 역주 『명심보감』(민음사, 2024) 참고.

를 보고 수정한 것으로 추정한다.[37] 일생은 어린 시절, 일년은 봄, 하루는 새벽이라는 시간에 초점을 맞춰서 수정했다면 합리적 수정이고, 의도적 수정으로 볼 수는 있으나 문헌상으로는 오류이다. 청주본과 조선 후기 초략본 모두 근(勤)자로 되어 있고, "一生之計在於勤"이라는 구절은 중국의 오랜 속담이므로 그릇된 수정임이 분명하다. 이와 같은 자의적 수정 또는 의도적 수정, 편집상 오류가 적지 않은데 그 오류가 이후 대다수 번역본에서 수정되지 않은 채 지금까지 거듭되고 있다.

남궁준 판본의 추적 원작설은 1950년대 말까지 인정받지 못했으나 1959년 김종국(金鐘國)의 『국역증보명심보감(國譯增補明心寶鑑)』이 성균관대학교 대동문화연구원에서 출간되면서 정설로 굳어졌다. 김종국의 번역서는 교감과 주석, 해설을 본격적으로 진행한 책으로 권위를 인정받았다. 이 책의 출판에는 역사적 배경이 있다. 1957년 9월 새로 건국한 월남의 응오딘지엠(고 딘 디엠) 대통령이 이승만 대통령의 초청으로 한국을 공식 방문하였고, 1958년 11월 이승만 대통령이 답방하여 열렬한 환영을 받았는데 그때 월남의 공학회(孔學會)에서 1957년에 출간한 초략본 『명심보감』을 헌정하였다. 귀국후 대통령은 그 책을 성균관대학교에 하사하고 우리나라에서도 널리 보급하라는 지시를 내렸다. 이때 대구의 추적 후손이 찾아와 인흥재사(仁興齋舍)에서 간행한 책을 증정하자 김종국은 그대로 추적을 편자로 인정하였다. 이후 추적 원작설은 한국에서 정설로 되고, 중국 등에까지 오류가 전파되었다. 1970년 성균관대학교 대동문화연구원

37) 그 뒤에 나오는 문장은 "어려서 배우지 않으면 늙어서 아는 것이 없고, 봄에 논밭을 갈지 않으면 가을에 바랄 것이 없으며, 새벽에 일어나지 않으면 그날 하루 한 일이 없다[幼而不學, 老無所知. 春若不耕, 秋無所望. 寅若不起, 日無所辦.]"이다. 필자 역주 『명심보감』의 해당 조항 참고.

원장을 지낸 이우성 교수가 청주본을 발굴 소개한 이후 오류로 판명되었다.

이상에서 살펴본 네 가지 특징은 이전에 나온 초략본 『명심보감』과는 상당히 큰 변화이다. 남궁준의 증보본이 1919년에 7판을 낼 만큼 인기를 누렸고, 여러 출판사에서 남궁준의 증보본을 저작권을 존중하지 않고 그대로 본떠서 출판할 정도로 대세를 형성하였다. 1910년대부터 30년대까지 순한문 방각본과 현토본과 대역본이 동시에 판매되기는 했으나 새롭게 등장한 남궁준의 증보본이 점차로 『명심보감』의 표준이 되어갔다. 추적을 저자로 인정한 것, 격언의 증보와 잘못 편집한 격언 등은 이후 거의 수정 없이 받아들여져 현재에 이르고 있다. 다만 추적을 원저자로 인정한 것은 일제강점기에는 받아들여지지 않았다. 간혹 수정되기도 한 것이 있고[38], 청주본이 등장하면서 추적을 보는 관점이 흔들리고 있으나 이 증보본의 오류가 아직 제대로 극복되지 않고 있다.

5. 맺음말

위에서 청주본 『명심보감』이 희구본이 된 조선 중기 이후 초략본의 간행 및 편집과 내용의 변화 양상을 추적하여 검토하고 분석하

38) 예컨대, 〈그림13〉에서 보듯이 〈훈자편〉의 "예쁜 아이에게는 매를 많이 들고, 미운 아이에게는 밥을 많이 주어라[憐兒多與棒, 憎兒多與食.]"라는 격언을 남궁준은 〈그림22〉에서 보듯이 "순종하는 아이는 많이 활동하게 하고, 억센 아이는 칭찬을 많이 하여라[順兒多活動, 頑兒多贊譽.]"라는 격언으로 교체하였다. 원나라 이래의 유명한 속담을 근거를 알 수 없는 격언으로 대체한 것이다. 일제강점기의 대부분 판본에서는 교체된 격언을 사용하였으나 1960년대 이후 일부 판본에는 원래의 격언으로 복원되었다.

였다. 773조의 격언이 수록된 청주본에서 3분의 1 수준인 253조로 축약한 초략본이 독자에게 환영받아 거듭 방각본으로 간행되었다. 수백 년을 거치는 동안 청주본을 몰아내고 초략본이 원본의 대접을 받았고, 원저자인 범입본을 삭제하여 추적을 저자로 둔갑시키는 현상까지 일어났다. 그 사이에 『명심보감』은 독서 대중의 교양서이자 아동에게 한문과 윤리 도덕을 가르치는 학습서로서 갈수록 큰 명성을 누렸다. 최근 20여 년 전에는 〈대장금〉 등 한류 드라마에서 『명심보감』을 소재로 사용함으로써 그 존재조차 망각하고 있던 중국에서 『명심보감』을 재조명하여 번역서가 몇 종 나오고, 연구가 활발해지기도 하였다.

『명심보감』 초략본의 출간은 역사와 교육, 문학과 출판 등 다양한 부문에서 중요한 논쟁거리임에도 기초적인 조사와 분석이 미흡하였다. 이 논문에서는 이에 착안하여 수십 종에 이르는 판본을 조사하고 새로운 사실을 밝혀냄과 동시에 초략본의 주요한 특징을 추적하여 찾아냈다. 그 내용은 다음과 같다.

새로운 판본을 발굴하여 학계에 소개하고 그동안의 오류를 바로잡았다. 천계 원년(광해군 원년, 1621년)에 간행된 천계본을 발굴하여 이 판본을 초략본의 가장 오래된 판본으로 확정하였다. 정해년에 간행된 정해본을 새로 발굴하고 1647년 간본으로 추정하였다. "崇德二年(1637) 丁丑季夏 開刊"의 간기가 필사된 숭덕본이 세보, 관물헌, 이극지장 등 정조가 세손일 때 사용한 장서인이 찍힌 점을 통해 정조가 학습에 이용한 책으로 추정하였다. 이밖에도 다양한 판본을 새로 발굴하여 학계에 소개하였다. 또한 "辛丑仲春開刊""의 간기가 있는 신축본이 1601년일 것이라는 의견을 바로잡아 1661년으로 추정하였고, 손기조본을 1844년에 간행된 판본으로 추정하는 등 그동안 잘못 알려진 사실을 바로잡았다.

17세기 초엽 이래 400년 동안 지속적으로 간행된 『명심보감』 초략본을 세 단계의 큰 변화 과정을 거치는 구도로 분석하였다. 첫번째 단계는 17세기에 간행되어 18세기까지 활용된 방각본으로, 책명을 『명심보감초략』으로 쓰고, 상권과 하권의 체재를 유지하며 저자를 밝히지 않는 등의 특징을 보인다고 요약할 수 있다. 두번째 단계는 18세기 이후 20세기 초까지의 방각본으로, 책명을 대체로 『명심보감초』로 쓰고, 상권 하권의 구분이 없이 출간되며, 저자를 밝히지 않는 등의 특징을 보인다고 요약할 수 있다. 세번째 단계는 20세기 이후 활판본이 대세가 된 단계로, 현토와 언해가 가해지며, '초략'이나 '초'라는 선본을 뜻하는 단서가 사라져 완본 『명심보감』으로 유통되었고, 추적을 원저자로 표방하기도 하였으며, 초간본에 없는 새로운 내용을 추가한 증보본이 대세를 이룬 특징을 보인다고 요약할 수 있다.

각 단계별 초략본이 보여준 주요 특징을 세밀하게 추적하고 분석함으로써 초략본이 시대에 따라 변화하며 청주본과 더욱 멀어지고 독립된 단행본으로 자리매김되는 과정을 확인하였다.

이 논문의 조사와 분석을 통해 교육과 문학, 출판 등 여러 분야에서 중요한 위상을 지닌 『명심보감』이 한국의 독자에게 수용된 실상을 더 정확하게 이해하는 데 기여할 수 있게 되었다.

서유구(徐有榘)의 『금화경독기(金華耕讀記)』 연구 –19세기 학술 필기의 한 전형

/
진재교
(성균관대학교)

1. 머리말

서유구(徐有榘, 1764~1845)의 『금화경독기(金華耕讀記)』[1]는 19세기의 필기(筆記)다. 흔히 필기는 잡록(雜錄) · 찰기(札記) · 수필(隨筆) 등을 포괄한다. 조선 후기의 필기도 일관된 체제로 구성한 경우는 드물고, 그 제재와 내용도 자못 광범해서 문헌 · 문학 · 역사 · 경제 · 문화 · 자연현상 · 이용후생 등 광범한 영역에 이른다. 하지만 『금화경독기』는 다양한 학술적 주제를 저자의 학지(學知)를 토대로 비평한 점에서 학술 필기로 부를 수 있으며,[2] 차기 방식으로 서술한 점에서는 차기체(箚記體) 필기(筆記)라 할 수 있다.[3]

『금화경독기』는 동경도립일비곡도서관(東京都立日比谷圖書館)[4] 소장본으로, 곡촌문고(谷邨文庫)의 소실(小室)에 보관되어 있다. 7권 7책으로 되어 있으며, 전체 289면 약 80,000자 분량이다. 본래 모두 8권이 완질이지만 현재 권8이 결락이다.[5] 이유원(李裕元, 1814~1888)이 지은 저자의 묘지(墓誌)를 보면 『금화경독기』를 8권으로 기술하면서 가장

---

1) 서유구의 『金華耕讀記』 7권 7책은 도쿄도립중앙도서관의 소장본인데, 조창록 박사가 처음 소개하였다. 『금화경독기』의 내용 소개와 대략적인 정보는 조창록, 「楓石 徐有榘의 金華耕讀記」, 『한국실학연구』 19, 한국실학학회, 2010, 287~305면.

2) 여기서 '학술 필기'란 필기의 내용을 근거로 제시한 것인데, 주로 조선조 후기 필기에서 문예와 학술적 사안을 주목하여 비평하거나 고증한 내용을 담고 있는 것을 말한다. 『금화경독기』도 이러한 성향을 잘 보여주고 있다. 이 점에서 '학술 필기'라 한 것이다.

3) 조선조 후기 차기체 필기의 탄생과 그 성격은 진재교, 「李朝 後期 箚記體 筆記 硏究 - 지식의 생성과 유통의 관점에서」, 『한국한문학연구』 39, 한국한문학회, 2007, 387~423면.

4) 소장인은 '東京都立日比谷圖書館'으로 되어 있는데, 지금의 東京都立中央圖書館이다.

5) 조창록, 「楓石 徐有榘의 金華耕讀記」, 『한국실학연구』 19, 한국실학학회, 2010, 287~305면.

(家藏)이라 한 서술을 보면, 본디 8권이 완질임을 알 수 있다.[6] 다만 이유원이 말한 8권의 가장본과 지금 동경도립일비곡도서관본의 일치 여부는 확인할 수 없다. 하지만 『임원경제지』가 『금화경독기』를 대거 인용하고 있는데, 인용한 내용이 현존하는 『금화경독기』에 없는 내용도 있다. 두 책의 내용 대조를 통해 현재 결락된 『금화경독기』 권8도 복원할 수 있겠다.[7]

주지하듯이 서유구는 이용후생의 구상을 실제 행정에서 실천한 관료이자, 『임원경제지(林園經濟志)』라는 방대한 저술을 남긴 실학자다.[8] 서유구가 포천의 금화산(金華山)으로 솔가(率家)하여 정착한 뒤, 이곳에서 『임원경제지』를 수정 · 보완하고, 『금화지비집(金華知非集)』과 『금화경독기』를 저술한 바 있다. 서유구의 학술적 성과를 가장 잘 보여주는 『임원경제지』와 『금화지비집』은 『금화경독기』과 밀접한 관련을 지닌다는 점에서 『금화경독기』의 존재는 남다르다. 특히 『금화경독기』는 형식에서 조선조 후기 학술 필기의 한 전형을 보여

---

6) 李裕元, 『嘉梧藁略』 18책, 「吏曹判書致仕奉朝賀文簡徐公墓誌)」. "若文章, 根柢於兩漢, 規橅於八家. 公少時作, 先輩見之, 輒曰非東人語也. 其灑落綺麗, 源於歐陽子三蘓之法, 爲文家以楓石體效之. 所著林園經濟志一百十四卷, 楓石鼓篋集六卷, 金華知非集十四卷, 樊溪耄餘稿二卷, 金華耕讀記八卷, 杏浦志六卷, 種藷譜一卷藏于家."

7) 『임원경제지』는 항목 내용의 끝에 인용 문헌을 모두 제시하고 있는데, 특히 『임원경제지』의 「贍用志」가 『금화경독기』를 가장 많이 인용하고 있다. 모두 72종의 서적을 인용하고 있는바, 특히 『금화경독기』를 439회(전체 비중 45.3%) 인용하고 있어, 그 비중이 가장 높다. 또한 「섬용지」가 인용한 내용 중에 현재 7권의 『금화경독기』에 없는 내용도 포함하고 있다. 따라서 『임원경제지』와 『금화경독기』를 대조한다면, 없어져 버린 권8의 내용을 알 수 있을 것이다. 차후 다른 글을 통해 밝힐 예정이다. 「섬용지」의 내용과 인용 문헌의 구체적인 면모는 임원경제연구소 역, 『섬용지』 1 · 2 · 3, 풍석문화재단, 2016, 해제 참조.

8) 서유구의 학술적 성과는 상당히 많다. 최근에는 서유구의 다양한 학적 성취를 종합적으로 검토하여 성과를 내기도 하였다. 조창록 · 김문식 · 염정섭 · 박권수 · 김호, 재단법인 실시학사 편, 『풍석 서유구 연구』 上, 사람의 무늬, 2014; 김왕직 · 이민주 · 송지원 · 문석윤 · 이봉규, 재단법인 실시학사 편, 『풍석 서유구 연구』 下, 사람의 무늬, 2015.

주고 있을 뿐만 아니라, 내용에서 자신이 구상한 학술적 지향과 이용후생의 방안을 구체적으로 제시하고 있는 특장(特長)을 보여준다. 여기서 『금화경독기』의 성립 배경과 내용의 특징을 통해 19세기 학술 필기의 한 면모를 확인하고자 한다.

2. 『금화경독기』의 창작 배경

서유구는 조선조 후기 대표적인 경화세족인 달성서씨 가문의 후예다. 고조 서문유(徐文裕, 1651~1707)는 예조판서를, 증조 서종옥(徐宗玉, 1688~1745)은 이조판서를, 조부 서명응(徐命膺, 1716~1787)과 그의 아우 서명선(徐命善, 1728~1791)은 판서를 역임한 뒤 정승의 반열에 오른 바 있다. 부친 서호수(徐浩修, 1736~1799)는 이조판서에까지 올랐다. 숙부인 서형수(徐瀅修, 1749~1824)가 자신의 가문을 두고 "아, 신의 집안은 대대로 총애와 작록을 받은 것이 하늘처럼 끝이 없으니, 4대에 걸쳐 6명의 경(卿)이 나온 집안은 우리 조정에서 찾아보기 어렵습니다"[9]라 언급하고 있거니와, 서유구 가는 대표적인 문한세가이자 경화사족이다.

정조는 세손 시절 자신의 사부 서명응의 학문과 문학을 존중하여 영조의 행장을 찬술할 것을 명하였고, '보만재(保晩齋)'라는 호를 내린 바 있다. 여기에 그치지 않고, 그의 아들 서호수에게 『보만재총서(保晩齋叢書)』를 올리게 하고, 외각(外閣)에 명하여 그의 문집 간행을 명하였다. 국왕 정조의 각별한 예우를 계기로 서유구가는 문한세가

9) 徐瀅修, 『明皐全集』 권3, 「辭左尹疏」. "嗚呼! 臣世荷寵祿, 與天無極, 四葉六卿, 同朝所罕."

로 더욱 명성을 얻기도 했다.

이러한 문한세가의 배경을 지닌 서유구는 1764년 서호수(徐浩修)와 한산 이씨(韓山李氏, 1736~1813) 사이의 차남으로 태어난다. 자는 준평(準平), 호는 풍석(楓石)인데, 이유원이 쓴 그의 묘지[10]를 보면 관로(官路)를 비롯하여 삶의 이력을 비교적 잘 포착하고 있다.[11] 홍한주(洪翰周, 1798~1866)는 『지수염필(智水拈筆)』에서 서유구의 가문과 학문적 배경을 이렇게 언급하고 있다.

> 풍석 서유구는 자가 준평으로 판서 서호수의 아들이고, 문형을 지낸 보만재 서명응의 손자이다. 대대로 사륜(絲綸)을 관장하여 문한의 집안을 이어왔는데 풍석 역시 더욱 고문에 힘써 오로지 목재(牧齋) 전겸익(錢謙益)을 공부하였고 천문과 역학에 더욱 밝았다. 다만 시와 변려문은 애당초 힘쓰지 않아 다른 글에 미치지 못하였으니 대개 재주가 미치지 못한 것이다.[12]

홍한주는 문한세가의 후예로 서유구를 주목한 다음, 고문을 중시한 문학적 지향과 천문과 역학을 깊이 이해한 학문적 성향도 함

---

10) 李裕元, 『嘉梧藁略』 18책, 「吏曹判書致仕奉朝賀文簡徐公墓誌」 참조.

11) 서유구의 삶과 그의 이력은 유봉학의 저술과 조창록, 김대중의 논문에서 이미 상세하게 밝힌 바 있다. 여기서는 『금화경독기』 관련 서유구의 가학과 학문적 성향을 중심으로 간략하게 제시하고자 한다. 서유구의 구체적인 이력과 학문적 성과를 비롯한 자세한 정보는 기왕의 성과에서 언급하고 있다. 유봉학, 「徐有榘의 學問과 農業政策論」, 『연암일파 북학사상 연구』, 일지사, 1995 참조. 그리고 조창록, 「楓石 徐有榘에 대한 한 硏究」, 성균관대학교 박사논문, 2003; 조창록, 「楓石 徐有榘의 삶과 행적」, 『문헌과 해석』 34, 태학사, 2005 참조. 특히 풍석 산문의 특징과 양상은 김대중, 『풍석 서유구 산문 연구』, 돌베개, 2018 참조.

12) 洪翰周, 『智水拈筆』 권8, 「楓石徐有榘」. "楓石徐公有榘, 字準平, 判書浩修子, 保晩齋文衡命膺孫. 世掌絲綸, 文翰傳家, 而楓石又力治古文, 專學牧齋, 又精於天文曆學. 但其韻語及騈儷, 始不致力, 遜於他文, 然蓋才有不逮也."

께 거론하고 있다. 홍한주가 서유구를 주목한 것은 가학과 그의 학문을 염두에 둔 발언일 터, 이는 가학의 전통을 이은 그의 학문 경향과 여러 학문을 섭렵한 서유구의 박학(博學)이다. 서유구가 선배학자로 존숭하였던 홍석주(洪奭周) 역시 서유구의 학문 성격을 "박학과 호고(好古)는 물론 고증가(考證家)"[13]라고 언급하였다. 여기에서 서유구가 가학을 계승하여 박학과 고증으로 명성을 얻었음을 확인할 수 있다. 그런데 박학과 고증은 기본적으로 다양한 서적의 독서와 관련이 깊다. 풍부한 독서 경험을 토대로 형성된 박학은 가문의 장서를 토대로 형성되는 경우가 많기 때문이다. 당시 서유구는 장서가로 주목받은 바 있다.[14] 홍한주의 지적처럼 조선조 후기 경화세족의 특징은 장서에 있고, 이들 가문의 후예들은 소장 서적을 활용하여 학예(學藝)에 새로운 바람을 불러일으켰다. 서유구 역시 가문의 장서를 활용하여 자신의 학문을 형성하고 학술활동을 하였음은 물론이다.

조선조 후기 장서는 대체로 청조에서 수입한 것이 다수다. 서적의 국내 유입은 주로 연행(燕行)을 통해 이루어지기 때문에 장서와 연행은 깊은 관련을 지닌다. 서유구가의 장서 역시 연행에 참여한 가문의 다양한 인사들의 역할로 이루어졌다. 서유구가 "우리나라 사람들이 중국 서적을 사는 통로는 연행 사신길 하나뿐이다."(『금화경독기』 권5, 「저서(儲書)」)"라 한 것은 서적의 국내 유입 상황을 설명해 준다. 서유구가 역시 마찬가지다. 조부 서명응은 1769년 연행에서 『수

13) 洪奭周, 『淵泉先生文集』 권16, 「答費吉士蘭墀書」. "徐君博而好古, 間有考證家言, 要非如近日大言誑誤者."

14) 홍한주, 『지수염필』 권1. "雖以我國之編小, 沈斗室公之績堂, 太過四萬, 趙遊荷秉龜·尹石醉致定二公之家, 亦不下三四萬卷, 其他鎭川縣草坪里華谷李相慶億之萬卷樓, 徐楓石有榘斗陵里之八千卷, 又其下也. 盖京師故家, 有書之至千萬卷者, 指不勝摟."

리정온(數理精蘊)』과 『역상고성후편(曆象考成後編)』, 그리고 『팔선표(八線表)』 등을 비롯하여 과학 지식을 담은 500여 책을 청에서 사들여 새로운 학술적 시야를 얻은 바 있다.[15] 당시 서명응이 구입한 『팔선표』는 일종의 삼각함수표인데, 국내에서 구하기 힘든 산학서의 하나다. 이들 서적은 서유구가 인사가 실제 연행에 정기적으로 참여하여 새로운 서적을 구매하지 않았으면 불가능하다.

여기서 서유구 가문의 직계 인물이 연행에 참여한 상황을 보면 다음과 같다.

〈표 1〉 서유구가의 연행 상황

인물	자격	연행 시기	관계
서문유(徐文裕, 1651~1707)	사은부사	1704년	고조부
서종옥(徐宗玉, 1688~1745)	진위겸사은부사	1739년	증조부
서명응(徐命膺, 1716~1787)	진위겸사은사 서장관	1755년	조부
	동지사 정사	1769년	
서호수(徐浩修, 1736~1799)	진위겸사은부사	1776년 1790년	부
서형수(徐瀅修, 1749~1824)	진위겸사은부사	1799년	숙부

서유구의 직계만을 제시했다. 그의 고조 서문유는 형조 · 예조판서를 역임한 바 있다. 이후 그 후손들은 서유구 대에 이르기까지 모두 판서를 역임할 정도로 고위직을 역임한 데다, 고조로부터 19세기 중반에 이르는 6대 동안 삼정승과 대제학을 배출한 바 있다. 이처럼 서유구 가문은 문한세가로 이름을 난 명문이다. 그리고 그의 증조부 서종옥 역시 이조판서를 역임하고, 조부 서명응은 대제학을

15) 黃胤錫, 『頤齋亂藁』 권14, 1770년 4월 19일 조 참조.

거쳐 정승에까지 오르고, 2차례나 연행한 바 있다. 부친 서호수는 판서를 역임하고 두 차례 연행한 뒤, 『열하기유(熱河紀遊)』 4책과 『연행기(燕行紀)』 2책을 남긴다. 숙부인 서형수 역시 참판과 경기도 관찰사를 역임하고, 연행한 바 있다.

서유구가의 방계 인물도 연행한 사례가 상당하다. 서문중(徐文重, 1634~1709)은 1690년 부사로 참여해, 『연행잡록(燕行雜錄)』을 남긴다. 뒤이어 서명신((徐命臣, 1701~1771)은 1760년 부사로 참여해, 『경진연행록(庚辰燕行錄)』을 남기고 있으며, 서유문(徐有聞, 1762~1800)은 1798년 연행에 서장관으로 참여해 『무오잡록(戊午雜錄)』과 『무오연행록(戊午燕行錄)』을 남긴다. 그리고 서유소(徐有素, 1775~1848)는 1822년 연행에 서장관으로 참여하여 『연행잡록(燕行雜錄)』을 남긴 바 있다. 그런가 하면, 서염순(徐念淳, 1800~1859)은 1852년 정사로 참여하여 『연행별곡(燕行別曲)』을 남긴 바 있으며, 서경순(徐慶淳, 1803~1859)은 1855년에 정사(正使) 서희순(徐熹淳, 1793~1857)의 자제군관(子弟軍官)으로 참여해, 『몽경당일사(夢經堂日史)』를 남기고, 이어 서상정(徐相鼎, 1813~1876)은 1870년에 부사로 연행에 참여하여 『연사필기(燕槎筆記)』를 남긴 바 있다. 이처럼 서유구가의 인물의 연행 참여는 모두 13인이지만, 참여 횟수는 14회나 될 정도나 많다. 참여 인물과 횟수를 고려하면, 서유구가는 경화세족에서도 손꼽힐 정도로 연행과 깊은 인연을 지니는 셈이다.

이처럼 서유구가의 장서와 학문 형성에 연행은 중요한 역할을 하고 있다. 서유구 가문의 다양한 인물이 연행을 통해 새로운 서적을 구입하고, 청조 학계의 흐름과 정보를 확인하는가 하면, 청조 인사들과도 인적 네트워크를 구성하여 교류함으로써 서울 학예계에 신문물과 새로운 지식 · 정보를 전해주는 역할을 했음은 미루어 짐작할 수 있다.

특히 서유구가 인사들의 정기적인 연행체험은 서유구 역시 새로운 지식 · 정보를 획득하고 장서가로 성장하는 계기를 주었음은 물론이다. 실제 서유구는 선대로부터 이어진 연행과 서적을 사들임으로써 장서가의 명성을 얻거니와, 앞서 언급한 홍한주의 서술은 과장이 아니니다.[16] 더욱이 다양한 장서의 소장은 지식 · 정보의 축적과 함께 가학의 형성에도 적지 않은 영향을 주기도 한다. 연행 체험과 이(異) 문화를 통한 견문 지식의 획득이 대를 이어 축적되는 것은 서유구의 학적 성취의 토대를 제공한다는 점에서 유의미하다. 당시 수많은 장서를 소유한 경화세족은 연행에서 구매한 서적과 체험으로 가문 내 소통은 물론 다른 가문과 교류의 물꼬를 트기도 한다. 이러한 교류의 장에 참여한 가문의 인사들은 새로운 지식 · 정보를 주고받음으로써 학술 장에 새로운 지식을 유통한 바 있다.

3. 가학(家學)의 전통과 『금화경독기』

서유구는 가문을 배경으로 학술활동을 하였을 뿐만 아니라, 가학을 계승한 바 있다. 『금화경독기』는 조부인 서명응이 편찬한 『고사신서(攷事新書)』와 서호수가 편찬한 『해동농서(海東農書)』의 학술 전통을 잇고 있다. 서명응이 편찬을 주도한 『고사신서』는 사대부와 일반 민을 포함하여 일상에 필요한 정보를 담은 유서(類書)다. 『고사신서』는 편찬자가 여럿이지만, 12문(門) 체제와 15권 7책으로 확정하고 분량을 늘이고 편찬을 주도한 인물은 서명응이다. 또한, 서명응

16) 장서가로서 서유구의 언급은 『임원경제지』의 「怡雲志」 권6과 권7을 보면 자세히 알 수 있다.

은 자신이 편찬을 주도한 『고사신서』를 증보하여 『고사십이집(攷事十二集)』을 편찬하고, 이를 자신의 '저술'로 생각하여, 문집에 수록한 바 있다.[17]

여기서 주목할 사안은 『고사십이집』이 12문으로 내용을 분류한 점이다. 수많은 지식 · 정보를 효율적으로 배치하기 위한 것이 바로 분류 체계다. 서명응이 『고사십이집』에서 보여주는 분류방식과 배치는 편찬자의 학지(學知)와 사유의 실마리를 보여주는 것이기도 하며, 가독의 효율성을 위한 배려다. 서명응의 학통을 이은 사람은 아들인 서호수(徐浩修)와 서형수(徐瀅修)다. 서유구의 부친인 서호수는 1781년 규장각의 각신으로 있으면서 정조의 명을 받아 규장각의 장서를 사부(四部)로 분류하여 『규장총목(奎章總目)』을 편찬한 바 있거니와, 숙부인 서형수 역시 「규장총목서례(奎章総目叙例)」를 통해 목록학에 남다른 관심을 가진다.

> 고금의 목록가는 체재를 셋으로 둔다. 유흠(劉歆)의 『칠략(七畧)』, 왕검(王儉)의 『칠지(七志)』, 정초(鄭樵)의 『예문략(藝文畧)』, 마단림(馬端臨)의 『경적고(經籍考)』와 같은 종류는 모두 고금의 도서를 기록하고 있다. 진나라의 『의희목록(義熙目錄)』, 수나라의 『개황목록(開皇目錄)』, 당나라의 『집현서목(集賢書目)』, 송나라의 『숭문총목(崇文総目)』과 같은 종류는 한 시대의 도서를 누루 기록하고 있다. 이숙(李淑)의 『한단도서지(邯鄲圖書志)』, 종음(鍾音)의 『절강유서총목(浙江遺書総目)』, 우무(尤袤)의 『수초당서목(遂初堂書目)』, 진진손(陳振孫)의 『직재서록해제(直齋書錄解題)』와 같은 종류는 단

17) 『고사신서』의 편찬 과정과 성격은 박권수, 「규장각 소장 『攷事新書』에 대하여」, 『奎章閣』 36, 규장각한국학연구원, 2010, 4~22면.

지 한 지방과 한 가문의 도서를 계통을 적어 기록한 것이다.[18)]

서형수는 서목을 분류하는 목록의 범주를 셋으로 나누고 있다. 이에 앞서 그는 분류의 어려움을 토로하면서 “저서의 어려움은 도서 목록보다 더 어려운 것은 없다[著書之難, 莫難於書目]”라 한 다음, 도서 목록 작성의 어려움을 말한다. 위의 언급처럼 고금의 도서와 한 시대의 도서, 그리고 한 지방의 도서와 한 가문의 도서를 파악하고 이를 체계적으로 분류하여 목록을 작성할 경우, 학문적 역량은 필수적이다. 서형수가 강조한 목록 작성의 필요성을 이해하고 가문의 목록을 실천하고자 했다. 실제 서유구는 숙부와 서적 구비와 도서 목록을 두고 왕복 편지로 의견을 개진할 만큼 가문의 학적 전통을 충실히 계승하기도 했다.[19)] 『금화경독기』에서도 목록에 남다른 관심을 보인다.

그는 책을 구하는 여덟 가지 방법을 제시한 것 중의 하나도 도서 목록을 통한 구매다.

『칠략(七略)』은 높일 만하니 조공무(晁公武)와 진진손(陳振孫)이 저록한 것을 헤아려보면 옛날에는 있었고 지금은 없는 책이 열에 대여섯이다. 목록에 따라 책을 찾아보는 것은 종일토록 주

---

18) 徐瀅修, 『明皐全集』 권9, 「奎章総目叙例」. “古今目錄之家, 體裁有三. 如劉歆七畧, 王儉七志, 鄭樵藝文畧, 馬端臨經籍考之類, 総記古今之啚書者也. 如晉義熙目錄, 隋開皇目錄, 唐集贒書目, 宋崇文総目之類, 通紀一代之啚書者也. 如李淑邯鄲圖書志, 鍾音浙江遺書総目, 尤袤遂初堂書目, 陳振孫直齋書錄之類, 但紀一方一家之圖書者也.”

19) 徐瀅修, 『明皐全集』 권5, 「答有榘」. “來示輯釋之不可無於斯世, 誠得之矣.…… 而其寓於倭本章啚者, 未甞如汲冢漆字枕中秘書之荒唐不可信. 則吾輩所以愛玩表章, 豈有窮已哉? 舊閱浙江書目, 載元刊四書輯釋三十六卷, 而亦缺論語泰伯子罕鄉黨三卷. 浙江, 卽故家遺書之所萃, 而僅有未足之一本, 自以爲希覯異珍, 則是書之絶罕於天下, 槩可推知.”

> 린 배를 붙들고 앉아 휘장 안의 음식을 고르거나, 재미있는 이야기를 나누며 맛있는 술과 함께 곰을 구워 먹는 것과 같지 않겠는가. 내가 말하는 것은 근래에 저록한 책을 가리키는 것일 뿐이다. 『사고전서총목』과 같은 경우 건륭(乾隆) 신축(1781)과 임인(1782) 연간에 모아서 내놓은 것이고, 『절강서록(浙江書錄)』 또한 건륭 연간에 조서를 내려 유서(遺書)를 구한 것으로 이때 사고전서관(四庫全書館)에서 엮어서 내놓은 것이다. 두 책은 지금과의 거리가 불과 3, 40년 밖에 떨어져 있지 않다. 건륭 초에 명하여 찬수한 『천록림랑서목(天錄琳琅書目)』과 황우직(黃虞稷)의 『천경당서목(千頃堂書目)』 또한 모두 근래에 편찬한 것으로 이 몇 가지 사례에 의거하여 그 존일(存佚)을 살펴보면 비록 꼭 맞지 않더라도 크게 틀리지는 않는다. 그러므로 서목에서 찾는다고 하는 것이다.[20]

서유구는 장서목록을 토대로 동시대의 서책 구입을 좋은 방안으로 예시하면서 여러 목록집을 예로 든다. 『사고전서총목』과 『절강서록』, 그리고 『천록림랑서목』과 『천경당서목』을 대표적 사례로 들고 있다. 『사고전서총목』은 『사고전서총목제요』다. 이 책은 1782년 200권으로 편찬되었고, 『사고전서』에 수록된 모든 책을 경 · 사 · 자 · 집으로 분류하고, 각 서적의 이름 밑에 그 대요(大要)를 해제한 것이다. 『절강서록』은 『절강서목(浙江書目)』이라고도 한다. 1774년에 완

---

20) 서유구, 『금화경독기』 권5, 「儲書」. "七略尙矣, 卽論晁公武陳振孫之所著錄, 其書之昔有今無者, 什居五六. 按目錄而求書, 不殆類於終日枵腹坐閱食帳, 津津說醍醐熊燔也乎. 余所云者, 指近世著錄之書耳. 如四庫全書總目, 卽乾隆辛丑壬寅年間, 纂進者也, 浙江書錄, 亦乾隆中詔求遺書, 時編進於四庫全書館者也. 二書距今不過三四十年. 乾隆初命纂, 天錄琳琅書目, 黃虞稷千頃堂書目, 亦皆近代編纂, 據此數種以考其存佚, 雖不中不遠. 故曰求之於書目."

성한 『절강채집유서총록(浙江采集遺書總錄)』[21]을 약칭한 것이다. 이 목록은 12권 10책으로 심초(沈初, 1732~1807) 등이 절강에 전해 오는 서적들의 서명, 권수, 작자, 요지, 판각 연대를 기록하고 서발(序跋)을 모아서 편집한 것이다. 『천록림랑서목』은 10권인데, 청의 건륭제가 1775년 우민중(于敏中, 1714~1779) 등 18인에게 명하여 궁정(宮庭)의 선본(善本) 장서를 정리하여 편찬한 목록집이다. 『천경당서목』은 32권인데 청대의 서가이자 목록학자인 황우직(黃虞稷, 1629~1691)이 편찬하였고 명대의 서적을 두루 수록한 것이다.

위에 제시한 목록집 중, 17세기 후반에 나온 『천경당서목』을 제외하면 나머지는 서유구와 동시대의 것이거니와, 이 목록집을 근거로 중국 서적 구입을 가장 효율적으로 할 수 있음을 제시하고 있다. 서유구가 목록집을 거론한 것은 이 목록집의 존재를 인지하고 있다는 것을 의미하며, 그중 일부 목록집은 실제 본 바도 있다. 예컨대 서유구는 이웃의 소장가로부터 『사고전서총목』을 빌려 본 후, 기존의 경사자집과 다른 새로운 칠목(七目)의 분류방식을 제시한 적도 있는 바,[22] 이는 지식 · 정보를 효율적으로 습득하고 배치하기 위하여 자신의 가장(家藏) 장서를 분류한 것으로 이해할 수 있다.

대체로 목록과 분류의 인식은 학술활동과 연결되기 마련인데, 실제 서유구는 학술활동 과정에서 분류를 심각하게 고민한 경험도 있

21) 현재 규장각(奎中 4564)에 12권 10책 본이 『浙江遺書』라는 표제로 소장되어 있다.

22) 서유구, 『金華知非集』 권9, '雜著', 「題圖書待訪錄」. "昔之論書畫者, 分好事鑑賞二家. 余謂儲書亦然. 苟無鑑識以栽之, 而徒侈揷架縹緗, 則燕石魚目, 雜然叢淆, 有儲書之名而無考古之實矣. 曩寓三湖, 偶從鄰人借見四庫全書總目, 愛其品栽精核. 每遇藏書家所不可闕者, 隨手鈔錄, 且益之以平日所見. 及欲見而未見者, 分爲七目, 曰經, 曰藝, 曰史, 曰志, 曰子, 曰薈, 曰集, 總名之曰圖書待訪錄. 然余實寒窶, 無以按名購求, 遂並原書歸之本主, 以代借書一瓻. 噫漁仲八道, 安有典籍中經濟, 昇平三本, 願借鄰壁之餘光云."

다. 『임원경제지』에서 이를 확인할 수 있는데, 저술 과정에서 새로운 분류 체계를 구상하여 내용에 접목하고 있다. 이를테면 새로운 분류 체계 자체가 학술적 시야를 표출하는 것인데, 『임원경제지』의 분류 체계와 지식 · 정보의 배치 방식, 분류의 성격은 예언(例言)을 통해 뚜렷하게 드러낸다.[23)]

이에 반해 『금화경독기』는 권차(卷次)만을 두고 있다. 권차 하위에 주제를 따로 두어 분류하지 않고 바로 표제어를 제시하는 방식을 취한다. 하지만 내용을 들여다보면 잡다하게 단순 나열한 것은 아니다. 분류를 하려고 한 고민을 엿볼 수 있다. 우선 각 권의 각 항목과 목차를 보면 대개 어슷비슷한 내용을 모아 두고 있는 데서 알 수 있다. 이를테면 권1은 '고전 문헌의 내용 고증', 권2는 역법과 천문학, 권3은 '문장 비평과 문장 작법', 권4는 '시문의 비평과 시화(詩話)', 권5는 '서화 예술', 권6은 '일상생활과 관련한 잡사(雜事)', 권7은 '문방사우와 광물 및 양생술(養生術) 등의 내용을 배치하고 있다. 얼핏 보면 두서없는 잡록처럼 보일 수도 있지만, 각 권의 내용을 자세히 들여다보면, 표제어를 제시하지 않았을 뿐 분류를 구상하고 배치한 사실을 확인할 수 있다. 각 권의 주제를 구상하고 그 주제에 부합하는 내용을 각 권에 배치하려는 경향도 구체적인 증명이다.

---

23) 『임원경제지』의 분류는 현대 서술에서 흔히 볼 수 있는 章 · 節이나 그 하위 항목과 같은 분류방식과 분류 체계를 하고 있다. 지금의 분과 학문 단위나 세부 전공의 분류와 흡사하다. 이러한 분류와 배치는 체계적이고 합리적이다. 16志의 체계는 志 → 大目 → 細條 → 標題語의 분류인데, 이는 표제어로부터 각 志에 이르기까지 『임원경제지』의 분류와 구성은 마치 씨줄과 날줄처럼 지식 · 정보를 유기적으로 결합하여 일목요연한 지식 · 정보를 보여준다. 각 標題語는 實事에 맞는 어휘를 제시하고 있어, 임원 생활을 실천하는데 유용한 지식 · 정보를 효율적으로 제공하고 있다. 표제어 하위의 구체적인 내용도 견문 지식을 단순하게 전재하거나 제시하는 것이 아니라, 다양한 문헌을 참고하여 고증하고 있다. 『임원경제지』의 분류방식은 진재교, 「조선조 후기 類書와 人物志의 學的 視野 - 지식 · 정보의 集積과 分類를 중심으로」, 『대동문화연구』 101, 대동문화연구원, 2018, 79~80면.

이 외에도 『금화경독기』는 서명응의 『고사십이집』이 지향하였던 서술 태도를 잇고 있으며, 서호수의 『해동농서』가 제시한 정신을 계승하여 농서를 중시하는 태도도 함께 보여준다.[24] 이는 『해동농서』가 인용한 왕정(王禎)[25]의 『왕정농서(王禎農書)』와 서광계(徐光啓, 1562~1633)의 『농정전서(農政全書)』를 인용한 것이나, 가사협(賈思勰)의 『제민요술(齊民要術)』,[26] 세종대의 『농사직설(農事直說)』을 비롯하여 강희맹(姜希孟, 1424~1483)의 『금양잡록(衿陽雜錄)』, 신속(申洬, 1600~1661)[27]의 『농가집성(農家集成)』 등을 두루 참고하여 서술하는 것 등에서 확인할 수 있다.

4. 『금화경독기』의 성립과 구성 방식

1) 『금화경독기』의 성립

『금화경독기』의 제명은 어떤 뜻인가? 금화(金華)는 지명으로 금화산(金華山)을 말한다. 금화산은 '금화산(金花山)' 혹은 '금화산(金華山)'

24) 서유구는 『금화경독기』와 『임원경제지』에서 이미 조부인 서명응의 『고사신서』와 부친인 서호수의 『해동농서』라는 저술의 학통을 잇고 있다.

25) 王禎은 원나라 때 인물로 농업기술에 박학하여 농기구를 직접 설계하고 재작하여 보급했다. 그의 저서 『王禎農書』는 농작법과 재배법, 농기구에 관한 이론을 자세히 서술하여 그림 273폭과 함께 실었다.

26) 賈思勰이 편찬한 『齊民要術』은 중국 最古의 농서이다. 6세기 중국의 농업기술을 싣고 있다. 모두 10권 72편이다. 『氾勝之書』, 『四民月令』 등, 이미 실전된 晉漢의 중요한 農書 200여 종 정도 인용하고 있다.

27) 申洬의 본관은 高靈, 자는 浩仲, 호는 二知堂이다. 1655년(효종 6) 공주 목사로 재직하고 있을 때 농서(農書)를 쉽게 구할 수 없어 농민들이 어려움을 겪는 것을 보고 『勸農文』·『衿陽雜錄』·『四時纂要』 등을 참고하여 『農家集成』과 『救荒撮要』 등을 편찬하였다.

이라고도 하는데, 경기도 영평현(永平縣) 남면(南面) 뒤에 있는 산이다.[28] 18세기 후반에 간행된 『여지도서(輿地圖書)』를 보면 금화봉(金華峰)으로 되어있다.[29] 경독(耕讀)은 주경야독(晝耕夜讀)을 말한다. 그러니까 『금화경독기』는 서유구가 금화산에서 은둔할 때 주경야독하며 지은 저술이라는 의미다. 서유구가 금화산의 산장에 거주하면서 지은 또 하나의 저술로 『금화지비집』이 있다. '지비(知非)'는 50세를 말한다. 이를 고려하면 『금화경독기』와 『금화지비집』은 금화산에서 생활하면서 지은 저술임을 알 수 있다.

서유구는 금화산에서의 생활과 저술 활동을 비롯하여 일상적 삶을 다음과 같이 남긴다.

> ① 사견(四堅)의 기이함은 내 귀에 익은 지 오래되지만 즐겨 구경하지 못하였다. 기사년(1809) 내가 금화산장에 있을 때 이웃에 사는 벗 최중수(崔仲受)와 함께 2월 신축일에 출발하였다. 낮에 가정점(柯亭店)에서 쉬었는데 산에 의지한 촌락이 자못 번성하였다. 앞의 들이 탁 튀어 있어 또한 경기 북쪽 또한 살만한 곳이다. 큰 여울을 건너 저녁에 연천(漣川)의 통연점(通硏店)에서 잤다.[30]

> ② 어머니께서 금화 산장에 계실 적에 나는 밭에 물을 대고 밭을 갈아서 아침과 저녁을 해 드렸나. 어머니께서 밥을 마주 대하고 문득 웃으시면서 말씀하시기를 "이 그릇에 수북하게 담긴 것

---

28) 규장각 소장본, 『朝鮮地圖』, 2005, 193면.

29) 『輿地圖書』, 「京畿道」 '永平縣' 지도 참조. 이 책은 전주대 고전국역총서로 2009년에 번역되었다. 문용식 역주, 「경기도」 1, 『여지도서』 2, 흐름 2009.

30) 서유구, 『金華知非集』 권5, 「四堅記」. "四堅之奇, 余耳之久而未之賞焉. 歲己巳在金華山莊, 偕鄰友崔仲受, 以二月辛丑發行. 午憩于柯亭店, 依山村落頗殷盛. 前坪平濶, 亦畿北可居地也. 涉大灘夕宿漣川通硏店."

은 모두 너희 손에서 나온 것이다. (…중략…) 근래에 너의 손에 박힌 굳은살을 보니 더욱 곡식 농사의 어려움을 알겠다. 저 서울 가까이 살면서 눈으로 쟁기, 가래, 괭이 등도 알지 못하면서 배를 채우고 옷을 입으려는 것은 어찌 천지의 도둑이 되는 것이 아니겠냐?"[31)]

③ 자네는 기억하는가? 옛날 기사년(1809)에 우리 형제가 금화 산장에 어머님을 모셨는데, 어머님이 우리에게 뜻을 말해보기를 명하셔서 나는 곧 대답하기를 "한 언덕의 한 골짜기를 얻어 네 형제가 초라한 집을 각각 바라보며, 공전을 두어 식구를 먹이기를 상산(象山)의 육구연(陸九淵)과 같이 하고, 사면(絲綿)을 세금으로 내고 사공(事功)에 나아가는 것을 보전(莆田)의 정초(鄭樵)와 같이 하는 것이 바로 소자의 뜻입니다"라 하였네."[32)]

①은 금화 산장 인근 경승지를 유람한 내용이고, ②와 ③은 서유구 형제가 금화에서 어머님을 봉양하며 생활하는 일상의 모습이다. 서유구는 1809년 40대 중반부터 형제들과 함께 금화산으로 이사한다. 여기서 적지 않은 기간 동안 거주하면서 직접 경작하면서 저술하는 말 그대로 경독의 시절을 보낸다. 금화산이 있는 영평현은 서쪽 30리에 연천현이 있고 남쪽 10리에 포천현을 마주 대하고 있

31) 서유구, 『金華知非集』 권8, 「書本生先妣貞夫人韓山李氏遺事」. "其在金華山庄也, 有渠灌園耕田, 以供饔飧. 先妣對飦輒笑曰, 是饎饎者, 皆從汝十指中出也. (…中略…) 近見汝胼胝, 益知稼穡之艱難. 彼居輦轂之下, 目不識耒耜銚鎛而欲穀腹絲身者. 寧不爲天地之盜耶?"

32) 서유구, 『金華知非集』 권3, 「與季弟士忱書」. "君尙記有否? 昔在己巳, 吾兄弟侍先妣于金華山莊也, 先妣命諸子言志, 余率爾對曰, "願得一邱一壑, 兄弟四人, 衡宇相望, 置公田給口食, 如象山之陸, 賦絲綿獻事功, 如莆田之鄭, 是小子志也."

다.[33] ①은 영평현의 금화산에서 연천 방면으로 유람하면서 유유자적한 삶을 사는 모습이다. 뒷부분에서 40년 동안 이러한 기이한 풍경은 보지 못했다고 한 것으로 보아,[34] 서유구는 40대에 금화산에 이주한 것으로 보인다.

②는 서유구 네 형제가 손에 못이 박히도록 직접 경작하며, 어머니를 봉양하면서 경독하는 모습의 제시다. ③은 육구연(陸九淵, 1139~1193)과 정초(鄭樵, 1104~1162)를 본받아 경독의 삶을 실천하고 있음을 밝힌 내용이다. 서유구가 모델로 삼았던 육구연은 모두 6형제였다. 이들 형제는 가정 연합체를 형성하여 종족의 공전(公田)을 경작하고, 그곳에서 나오는 수확을 전체 가족 구성원에게 배분하였다. 이들은 이러한 경제력을 바탕으로 경독(耕讀)함으로써 뛰어난 학술적 성취를 이룬 바 있다. 요컨대 종족 공전과 공동 분배의 새로운 경제적 모델을 창안하여 학술활동을 지속하고, 한 학파를 형성한 것이다.[35]

서유구 역시 형제와 함께 육구연 가문의 공전 모델을 수용하여 금화산에서 이를 실천하였다. 어머님을 봉양하고 오랜 기간 학술활동을 위하여 가족 공전을 만들어 직접 경작하고, 거기서 나는 경제적 자산을 바탕으로 학술에 전념하였다.[36] 그런데 이때 서유구가 추

33) 『輿地圖書』, 「京畿道」 '永平縣' 지도 참조.

34) 서유구, 『金華知非集』 권5, 「四堅記」. "丁未還山莊, 叔弟朋來迎門而問曰四堅何如? 余曰奇麗. 曰何奇? 曰篆家山字形, 主峰一奇也, 草書之字形, 朝水一奇也, 幾朶芙蓉之外眺一奇也. 至若村後村前翠幢華蓋之松, 吾行年四十所未見之奇也."

35) 陸九淵 형제의 가족과 가족 경제를 자세히 살핀 것은 王法貴, 「陸九淵兄弟家世 · 家政考述」, 『合肥學院學報』 第30卷 第4期, 2013, 21~24면.

36) 기왕의 연구에서는 『임원경제지』의 내용을 바탕으로 '자립적 삶'을 위한 거주의 문제를 서유구의 사상의 측면과 내밀한 사적 공간의 측면, 그리고 생업의 공간과 공공성 구축 등을 통해 임원 경제학을 추구한 것으로 본 바도 있다. 이는 김대중, 『풍석 서유구 산문 연구』, 돌베개, 2018, 347~384면.

구한 공전은 광작(廣作)을 하여 토지를 겸병하여 무한 확장하는 방식으로 치부(致富)한 것은 아니다. 토지의 균분(均分)과 일정한 이상의 토지를 소유할 경우 초과 토지에 세금을 부가하는 일종의 잡차(雜差)를 설정하여 부유세를 부과함으로써, 토지 균분을 통한 빈부 격차의 해소를 지향한다. 서유구는 가족 공전을 통해 이 안을 직접 실험하여 실천한 것으로 보인다.[37] 그러니까 금화산장에서 경독한 결과물의 하나가 바로 『금화경독기』인 셈이다.

위에서 언급한 정초는 송나라 보전(莆田)이 고향으로 박학강기(博學強記)했으나, 과거에 응시하지 않고 30여 년 동안 협제산(夾漈山)에 은거하며 독서와 저술에 몰두했다. 그는 틈틈이 명산대천을 유람하면서 기이하거나 오래된 사실들을 견문하고, 장서가를 만나면 그곳에 머물며 장서를 완독한 뒤에야 떠날 정도로 독서광이었다. 또한, 산림에 거주하며 농민들에게 배워 직접 농사짓고 세금을 내면서 『통지』 200권을 비롯하여 603권의 저술을 남긴 당대의 문제 인물이다.[38] 서유구는 이러한 육구연의 삶의 방식뿐만 아니라 정초의 삶의 태도를 본받아 경독과 독서는 물론 유람을 통해 임원(林園)에서의

37) 서유구는 『금화경독기』 권6 「限田」에서 "予覃思五年, 作限田三篇. 其法; 一夫百石, 止出十一正賦, 過百石者, 等而上之, 加以雜差. 若田多者, 賣與無田之人, 或分授子孫, 百石不過, 則仍止出正賦. 是同此田也, 貧者得之則賦輕, 富者得之則賦重. 所以驅富民賤賣, 而田不必均而可均矣.私謂三代以後最爲善法, 質諸君子, 亦皆歎服"이라 하였다. 한 사람이 밭에서 백석을 생산하면 10분 1의 부세를 내며, 백석을 넘기면 부세를 附加할 것을 주장하였다. 하지만 백석을 넘긴 토지 소유자가 가난한 사람에게 토지를 판 뒤, 백석을 생산하면 다시 부가하지 않는다. 이렇게 하면 부유한 사람은 가난한 사람에게 싼값으로 토지를 팔고, 가난한 사람은 토지를 가지게 되어 결국 토지 균분이 이루어진다는 것이 서유구의 限田法이다. 지금의 부유세처럼 빈부의 격차를 없애는 획기적인 방안이다.

38) 정초가 민에게 직접 배워 이를 실천하며 학술과 연결하는 삶의 이력과 태도를 주목한 논문으로는 劉福鑄 主編, 『莆田史話』 北京, 社會科學文獻出版社, 2014, 31~32면; 吳懷祺, 『鄭樵研究』, 厦門大學出版社, 2010, 117~208면.

가정경제와 학문 활동을 실천한 것이다.

여기서 『금화경독기』의 편찬 시기를 확인할 필요가 있다. 흔히 조선조 후기의 학술을 다룬 필기는 대체로 저자들이 만년에 정리한 경우가 많다. 『금화경독기』 권3의 「화통(化統)」을 보면 "나는 수십 년 동안 교정에 교정을 더해서 저술한 『임원십육지』 100여 권을 최근에 겨우 끝마쳤다. 다만 이 책을 맡아 관리할 만한 아들도 아내도 없으니 안타까울 뿐이었는데, 우연히 웅집역(熊執易)의 사연을 보고 나니 나도 모르게 서글퍼져 한참 동안 눈물이 흘렀다"라 적고 있다. 부인 송씨(宋氏)는 1799년에 사망하였고, 아들 서우보(徐宇輔, 1795~1827)는 1827년에 사망하였다. 『금화경독기』 권7의 「금(金)」 항목에서 "내가 탁지(度支)에 있었을 때 산원(筭員) 중에 서관(西關)에서 온 자가……"라는 구절이 보인다. 서유구는 1832년 9월에 호조판서로 임명된 바 있다. 이를 고려하면 『금화경독기』는 1832년(68세) 이후 완성한 듯하다. 반면에 『임원십육지』의 최종 교정본의 탈고는 1827년(63세) 즈음으로 추측할 수 있다.[39]

2) 『금화경독기』의 구성

앞서 언급한 바 있듯이 현재 『금화경독기』는 7권인데, 권마다 각 조목이 있고, 모두 244조목으로 구성되어 있다. 권별 조목과 그 조목 이름을 제시하면 다음과 같다.

39) 『임원십육지』가 『금화경독기』를 대거 인용하고 있는 점을 감안하면, 『금화경독기』의 편찬 시기는 1827년 이후가 확실하다.

〈표 1〉『금화경독기』의 구성과 조목

권차	조목	합
권1	戰國策紕繆, 史記糾謬, 《史記》稱謚之誤, 《史記》疊句, 《史記》累語, 《史記》贅語, 史記晦語, 《史記》句讀, 承乘通用, 刺齒肥, 《國策》·《史記》優劣, 漢書訛謬, 古今人表, 宋史訛謬, 綱目減字	15
권2	朞三百, 用數, 解說, 讚曰, 律呂新書, 十二律之實, 變律, 變聲, 八十四聲圖, 六十調圖, 司馬遷律書改正, 律書生鍾分, 《易象啓蒙》, 尙書枝指	14
권3	詩秦風集傳, 子衿, 儀禮釋宮, 孟子狗彘食人食而不知檢, 知言疑義, 齊民要術注, 遺山集, 本草綱目, 化統, 五代史, 種樹書, 星經, 農事直說, 通志疎略, 群碎錄, 紳瑜, 佚存叢書, 省心錄, 周侯農書,《臥遊錄》, 《玉壺清話》訛謬, 《四朝聞見錄》訛誤, 《花潭集》,《高麗史》, 碑誌傳後, 墓碑御撰, 韓文公王適墓銘, 六一碑誌, 歐陽公王文正神道碑, 自銘, 比干墓銘, 碑陰列門生, 倒語, 歇後, 〈離騷〉句法, 《韓詩外傳》, 僅, 杖銘, 《列子》, 商君三見, 斧政, 松膚, 文章宗旨, 簡易文, 《脚氣集》論東坡文, 東坡代作滕章敏啓, 至喜亭記, 楊愼論朱子文, 喬*趙上梁文, 藏于家, 俗字, 絲竹管絃, 青雲之士, 美且都	54
권4	斜川詩文, 蔣超偈, 詩忌凄切, 成汝學警句, 謝艮齋勸農詩, 傳逸人題壁詩, 李雨村見一亭詩, 杜詩柏莊子櫟, 荊公詩, 石雁, 窮道疾足, 辛仲宣, 豫讓, 歐陽觀, 張子野, 魏祥, 羅德憲, 周倬使高麗, 魏叔子論歐陽公論狄青箚子, 于忠肅請復儲, 蘇子容辨謗, 潘向是非, 名人子不肖, 浿水, 西漢職方, 《方輿記要》言黑水之誤, 平壤地形, 屯羅, 練光亭扁, 四堅, 狎鷗亭, 翫鷗亭, 煎鐵, 寒具, 蓼花, 上元藥飯, 上工日, 燈夕, 重明鳥【重明鳥一名雙睛, 言雙睛在目】, 傳坐, 流觴曲水	41
권5	玉刻, 文三橋何雪漁鐵筆, 蛺蝶圖, 百子圖, 火炎積雪圖, 禊帖, 朱之蕃筆, 儲書, 造裝書紙法, 裝潢, 雌黃, 割付, 藏書, 書肆, 活板, 鋟書, 藏經	17
권6	文章知遇, 聖人觀物, 用志不分, 生前作棺, 姻家先輸, 盜倉穀律, 屠牛之禁, 禁酒具, 扇枕溫被, 隨年杖, 縱囚, 玉帶盜, 大車, 地産麪, 雨麥, 再生, 人異, 百歲老人, 六更, 義莊*義塾, 日用節嗇, 人生受用, 眉毛落盡, 蜡蜜, 食料, 看書驅睡, 黃道, 策題, 神樹, 畵指劵, 房堗之始, 玉堂, 內閣待敎, 檢校官, 辭避遭喪代, 月俸, 戶布, 宣德徵牛, 樂成, 笙黃, 琵琶皮絃, 古今度量, 限田, 區田, 濕耕澤鉏, 神農許行之書, 棉餠飼牛, 溫泉催苗, 金城方略, 牛耕之始, 馬喜高寒, 西漢畜牧之盛	52

권차	조목	합
권7	油煙墨, 東紙, 側理紙, 甕鏈, 懶版, 摺疊扇, 團扇, 鹽井, 石炭, 石灰木, 樅檜, 馬藺, 桐油, 女貞, 芋, 鼠狼, 鯢魚, 倭松, 樺, 丁公籐, 代赭石, 一寸椹, 觀音竹, 吸毒石, 松耳, 丁公實, 蒼耳, 木綿油, 石花, 廣魚*舌魚, 匾桃, 碧桃, 稷, 蜀黍, 鱣, 鶴, 蝦爲蝗, 晋人樹藝, 蔗, 烏桕, 玉美人, 秋海棠, 海棠, 密花, 琉璃石, 銅, 金, 導引療病, 固齒方, 黑細頭, 長生酒	51
7권	1자부터 12자의 표제어	244

각 권의 조목 수가 들쭉날쭉하지만, 권별 분량은 대체로 어슷비슷하다. 각 조목의 이름은 그 조목의 특성을 보여주고 있는데, 1자부터 12자의 내용을 대변하는 어휘나 단문을 달아 놓고 있어 내용의 특징을 잘 보여주고 있다. 각 조목의 이름을 근거로 각 권의 특징을 서술하면 다음과 같다.

〈표 2〉 『금화경독기』의 권별 내용

권차	권별 내용
권1	『사기』나 『한서』와 같은 제자백가서를 독서한 후의 비망기. 독서 내용의 비평과 대상 문헌의 오류를 바로잡고 문헌 간의 상호 비교와 고증과 비평.
권2	역법(曆法)을 비롯하여 천문학, 율서와 악론(樂論)을 비롯하여 주역의 내용 서술.
권3	경전과 문집을 비롯하여 문장 작법과 문장 등을 비평.
권4	전 시대 한시의 비평 및 인물과 관련한 시화 등을 서술.
권5	전각(篆刻)과 인장(印章)을 비롯한 서화(書畫)와 법첩(法帖), 서적의 구입 방법과 서적 간행 등을 서술.
권6	행정과 제도, 법률과 기이한 사건이나 고사, 관직제도와 주거와 음식문화, 그리고 악기와 토지제도 등 이러저러한 내용을 잡기(雜記).
권7	사대부의 일상생활에 필요한 물건과 동·식물, 어류 및 광물 등의 이용후생(利用厚生)의 실상과 양생법을 서술.

권별 내용을 보면 대체로 권차에 따른 각 내용의 경향을 어느 정도 파악할 수 있다. 모든 권이 조목의 이름을 보면 내용을 파악할 수 있는 것은 아니다. 대체로 권1부터 권4까지는 비교적 권의 전체 주제를 고려하여 조목의 내용을 적절하게 고려해 배치하고 있는 것으로 보인다. 구체적으로 권1은 '고전 문헌의 내용 고증', 권2는 역법과 천문학, 권3은 '문장 비평과 문장 작법', 권4는 '시문의 비평과 시화' 등을 배치하여 각 권에 동일한 내용을 배치하고 있음을 알 수 있다.

하지만 권5부터 권7까지 조목을 살펴보면 각 권은 여러 내용을 섞어 배치하고 있어, 1권부터 4권까지의 배치와 다르다. 각 권에 내용상 성격이 같지 않은 조목을 배치하고 있다. 권5는 '서적, 출판문화, 서화', 권6은 '행정, 제도, 일상생활 등의 잡사', 권7은 '광물, 이용후생', '양생술 등에서 알 수 있다. 아마도 하나의 권에 적당한 분량이 되지 않아 성격이 다른 내용을 섞어 배치한 것으로 보인다. 이처럼 하나의 권에 이처럼 이질적 조목을 모두 배치하는 것은 구성방식에서 일관성이 없음을 보여주는 것이기는 하다. 그렇지만 전체적으로 서유구는 『금화경독기』의 조목을 배치할 때, 조목의 내용을 고려하여 권차를 정하고 각 권에 배치하려고 노력한 흔적은 엿볼 수는 있다.

특히 『금화경독기』는 조선조 후기 유서나 필기에서 볼 수 있듯이, 서유구의 풍부한 독서체험을 토대로 다양한 지식 · 정보를 포착하고, 각 내용을 고려하여 배치하려는 의식은 분류를 의식한 것으로 보인다. 그런 점에서 『금화경독기』는 잡다한 내용을 두서없이 배치한 잡기(雜記)나 잡록(雜錄)이 아니라 일정한 범주를 구상하고, 거기에 맞게 지식 · 정보를 배치하려 한 서유구의 고민도 함께 확인할 수 있다.

5.『금화경독기』의 내용상 특징

『금화경독기』는 독서후기(讀書後記)나 독서차기(讀書箚記)한 것에 견문 지식과 체험을 합친 내용을 토대로 한다. 자신이 읽은 독서물 중에서 특정 사안에서 오류나 보완할 부분이 있을 때, 그 사안을 두고 차록(箚錄)이나 차기(箚記)의 방식으로 정리한 것이다. 일부 내용에서는 독서 후기의 성격을 뛰어넘어 고증의 방법으로 비평하거나 학술장에서 논쟁하는 것처럼 비평하기도 한다. 특히 문헌의 내용이나 서술 과정에 오류가 있을 때, 기존 문헌을 동원하여 바로잡거나 자신의 주장을 펼치는 내용도 상당하다. 이는 자신이 독서한 내용을 토대로 다른 책의 오류나 의심처를 다시 바로잡거나 비평하는 이른바, '이서증서(以書證書)'의 방식이다. 흔히 조선조 후기 유서나 필기에서 볼 수 있는 고증적 방법인데, 특정한 사안에 관심을 두고 고증하거나 비평한다는 점에서 차기체 필기의 성격을 보여주고 있다. 다음은 구체적 사례다.

> 근래에 찬술(纂述)한 이익(李瀷)의 『성호사설(星湖僿說)』, 안정복(安鼎福)의 『동사강목(東史綱目)』, 신경준(申景濬)의 『동국지리고(東國地理考)』, 이덕무(李德懋)의 『앙엽기(盎葉記)』와 『정연국사(靖蜓國史)』, 유득공(柳得恭)의 『발해고(渤海考)』와 『사군고(四郡考)』[40]는 모두 수집하여 고증에 대비해야 한다.[41]

40) 신경준의 『東國地理考』는 『輿地考』의 오기다. 李德懋의 『靖蜓國史』는 『蜻蛉國志』의 오기다. 또한 柳得恭의 『사군고』는 『四郡志』의 오기다.

41) 『금화경독기』 권5, 「儲書」. "近代纂述如李瀷星湖僿說, 安鼎福東史綱目, 申景濬東國地理考, 李德懋盎葉記靖蜓國史, 柳得恭渤海考四郡考, 皆可收儲以備考証."

비평을 위해 독서 대상으로 든 저술이다. 제시한 『성호사설』은 다양한 학술적 내용을 담은 대표적 유서다. 『동사강목』과 『발해고』, 그리고 『정연국사』는 자국사와 발해사 및 일본의 역사를 기록하고 있어 역사 고증을 위해 필요한 저술이다. 『동국지리고』와 『사군고』는 국토의 인문지리와 지방지라는 점에서, 『앙엽기』는 풍속과 다양한 일상 지식을 담고 있다는 점에서 고증에 대비할 수 있겠다. 대체로 역사 · 문학 · 문화 · 지리 · 풍속 · 일상사 등을 포함한 이들 저술을 언급한 것은 『금화경독기』의 서술의 방향을 보여주는 사례다. 이러한 차기체 필기의 성격을 지닌 『금화경독기』는 내용상에서도 몇 가지 중요한 특징을 보여주는데, 특히 서적과 출판문화를 비롯하여 학술적 시각을 두고 고증과 비평을 하는 경우가 많다. 이는 조선조 후기 다른 필기 저술에서도 보인다.[42] 여기서 『금화경독기』 어떤 내용상 특징을 보여주는지 알아보고자 한다.

1) 풍부한 국내 · 외 문헌의 인용

조선조 후기 다른 학술 필기도 그렇지만 『금화경독기』 역시 다양한 국내외 문헌을 인용하고, 그 내용을 근거로 비평적 글쓰기를 하고 있다. 무엇보다 도서 목록을 비롯하여 전집류, 유서와 잡록, 총서 등의 문헌을 인용하며 저술에 활용한 것은 흥미롭다. 우선 주목할 수 있는 것은 도서 목록의 활용이다. 인용한 도서 목록과 전집 중 대표적인 사례를 제시한다.

---

42) 19세기 필기의 대표적 저술인 洪奭周(1774~1842)의 『鶴岡散筆』, 洪翰周(1798~1866)의 『智水拈筆』 등이 그러한데, 대체로 이 시기 서적과 학술과 문예를 비롯하여 출판문화 등을 중요한 내용으로 다루고 있다.

〈표 3〉 서목과 목록

편 · 저자	서명	권 · 집 · 책수
진진손(陳振孫, 1179~1262)	『직재서록해제(直齋書錄解題)』	22권
모진(毛晉, 1599~1659)	『진체비서(津逮秘書)』	15집
황우직(黃虞稷, 1629~1691)	『천경당서목(千頃堂書目)』	32권
장정석(蔣廷錫, 1669~1732) 외	『흠정고금도서집성(欽定古今圖書集成)』	10,000권/ 목록 40권
우민중(于敏中, 1714~1779) 외	『천록림랑서목(天祿琳琅書目)』	10권
기윤(紀昀, 1724~1805)	『사고전서총목제요(四庫全書總目提要)』	200권
심초(沈初, 1732~1807)	『절강서목(浙江書目)』	12권 10책

서유구는 『금화경독기』에서 서적의 구입과 소장, 정리와 분류, 판목과 장서 등 출판문화를 소재로 한 내용을 많이 제시하고 있다. 대체로 서유구는 필요한 서적의 구입과 소장 장서의 분류를 위해 목록집의 중요성을 주목한다. 그가 제시한 대표적 목록집을 들면, 『사고전서총목제요』와 『절강목록』, 『천록림랑서목』과 『천경당서목』 그리고 『흠정고금도서집성』 등이다. 이 중 『사고전서총목제요』와 『절강서록』은 청조의 대표적인 도서 목록이다. 특히 『흠정고금도서집성』은 정조가 1777년 청나라에 사은사로 파견한 서유구의 부친 서호수에게 은자 2,150냥을 주고 사 올 것을 명한 거질의 전집이자 유서다.

모진(毛晉)은 명말(明末)의 장서가이자 출판가다. 그의 『진서비채』는 전대의 필기와 잡록 중 선본(善本)을 모아 교감하여 간행한 것으로 송대의 필기를 가장 많이 수록하고 있다. 당시 정조를 비롯하여 성해응(成海應, 1760~1839)과 김매순(金邁淳, 1776~1840) 등 일부 학자만 그 존재를 알 정도로 널리 알려지지 않았다. 이 점에서 서유구의 독서 범위를 짐작할 수 있다. 요컨대 『금화경독기』는 다른 필기와 다르게 도서 목록과 전집을 주목하고, 이를 저술에 활용한 것은 서유구의 독서량은 물론 그의 학적 지향과 『금화경독기』의 경향을 보여준다는 점에서 의미를 지닌다. 이뿐만 아니라 『금화경독기』는 자국의 선배학자들이 남긴 유서와 잡록 · 필기 등을 인용하여 서술하기도 한다. 대표적 서종(書種)을 제시하면 다음과 같다.

〈표 4〉 유서와 잡록 · 필기(한국)

편 · 저자	서명	권 · 책수
심수경(沈守慶, 1516~1599)	『견한잡록(遣閑雜錄)』	1책
이정형(李廷馨, 1549~1607)	『동각잡기(東閣雜記)』	2권 1책
이수광(李睟光, 1563~1628)	『지봉유설(芝峯類說)』	20권 10책
민주면(閔周冕, 1629~1670) 등	『동경잡기(東京雜記)』	3권 3책
김창협(金昌協, 1651~1708)	『농암잡지(農巖雜識)』	4권
이익(李瀷, 1681~1763)	『성호사설(星湖僿說)』	30권
이덕무(李德懋, 1741~1793)	『앙엽기(盎葉記)』	8권

서유구는 이수광의 『지봉유설』을 비롯하여 김창협의 『농암잡지』, 이익의 『성호사설』, 그리고 이덕무의 『앙엽기』 등을 적잖게 활용한다. 이는 조선조 후기의 대표적인 유서인바, 조선조 후기 많은 학자가 이를 인용한 바 있다. 유서와 잡록 이외의 국내 저술을 인용한 사례도 적지 않다. 예컨대 인용한 『동각잡기』는 『대동야승』에 실려 있는데, 조선조 건국부터 16세기까지의 명신(名臣)과 관련한 일화를 기록한 야사집(野史集)이다. 조선왕조실록과 후대의 학자도 자주 인용할 정도로 널리 알려진 문헌이다. 특히 경주 지역의 풍속과 인문지리를 서술한 『동경잡기』는 『성호사설』과 『동사강목』 등에서 인용하거니와, 대체로 경주의 역사와 지리를 언급할 때 자주 등장한다. 유서와 필기 외에도

『금화경독기』는 김창업(金昌業, 1658~1721)의 『노가재연행일기(老稼齋燕行日記)』, 박지원의 『열하일기(熱河日記)』와 같은 연행록과 정조의 명으로 편찬한 군사 실전 훈련용 『무예도보통지(武藝圖譜通志)』를 인용하는가 하면, 허준(許浚)의 『동의보감(東醫寶鑑)』과 같은 의서, 지리지인 유형원(柳馨遠)의 『동국여지지(東國輿地志)』 등도 두루 활용하고 있다.[43]

이 외에도 『금화경독기』는 중국과 일본에서 간행된 총서와 유서와 잡록 · 필기 등을 인용하기도 한다. 대표적 서종을 제시하면 다음과 같다.

〈표 5〉 유서 · 총서 · 필기(중국 · 일본)

편 · 저자	서명	권 · 집 · 책수
위거원(韋巨源, 631~710)	『식보(食譜)』	1책
심괄(沈括, 1031~1095)	『몽계필담(夢溪筆談)』	26권
문형(文瑩, 11세기 승려)	『옥호청화(玉壺淸話)』	10권
조언위(趙彦衛, 송대)	『운록만초(雲麓漫抄)』	15권
육유(陸游, 1125~1210)	『노학암필기(老學庵筆記)』	10권
왕무(王楙, 1151~1213)	『야객총서(野客叢書)』	31권
왕응린(王應麟, 1223~1296)	『옥해(玉海)』	204권
비곤(費袞, 1190~1194)	『양계만지(梁溪漫志)』	10권
주밀(周密, 1232~1298)	『계신잡지(癸辛雜志)』	6집(전·후·속·별집)
작자 미상	『거가필용(居家必用)』	10책
정영(程榮, 16세기)	『한위총서(漢魏叢書)』	251권
양신(楊愼, 1488~1559)	『단연잡록(丹鉛雜錄)』	10권
	『단연총록(丹鉛總錄)』	27권 9책

43) 이 외에도 서유구는 권2에서 천문학자 김영과 교유하면서 천문학 저술과 그의 삶을 자세히 서술하고 있다. 나아가 김영이 고안한 '曆數'를 풀이하는 계산법의 독창성 풀이를 구체적으로 제시하였다. 역사에 묻힐 뻔한 한 과학자의 저술 활동과 탁월한 천문학 성과를 기술한 것은 특기할 만하다. 김영의 존재와 그의 과학적 지식은 이미 연구자들이 주목한 바 있다.

편 · 저자	서명	권 · 집 · 책수
정원(鄭瑗, 명대)	『정관쇄언(井觀瑣言)』	3책
유원경(劉元卿, 1544~1609)	『현혁편(賢奕編)』	4권
진계유(陳繼儒, 1558~1639)	『군쇄록(群碎錄)』	1권
	『보안당비급(寶顏堂秘笈)』	48책
사조제(謝肇淛, 1567~1624)	『오잡조(五雜俎)』	16권
왕상진(王象晋, 1561~1653)	『군방보(群芳譜)』	30권
송응성(宋應星, 1587~1648?)	『천공개물(天工開物)』	3권 18편
강소서(姜紹書, 17세기)	『운석재필담(韻石齋筆談)』	2권
곡응태(谷應泰, 1620~1690)	『박물요람(博物要覽)』	16권
염약거(閻若璩, 1636~1704)	『잠구차기(潛邱箚記)』	6권
장조(張潮, 1650~?)	『소대총서(昭代叢書)』	150권
포정박(鮑廷博, 1728~1814)	『지부족재총서(知不足齋叢書)』	30집
이조원(李調元, 1734~1803)	『연서지(然犀志)』	2권
	『미자총담(尾蔗叢談)』	4권
	『담묵록(淡墨錄)』	16권
사도양안(寺島良安, 1654~?)	『화한삼재도회(和漢三才圖會)』	105권

대표적 총서로는 『옥해』[44]와 『야객총서』,[45] 『소대총서』[46]와 『지부족재총서』[47]를 들 수 있다. 이 중 『야객총서』는 김창협(金昌協,

44) 이 책은 남송의 왕응린이 편찬한 204권의 유서다. 왕응린이 천문, 지리, 관제, 식화 등 21문으로 나누었다. 여러 문헌에 나타난 기록과 문장을 종류별로 편집하였다.

45) 송의 王楙(1151~1213)가 저술한 일종의 학술 필기로 모두 31권이다. 왕무의 자는 勉夫로 당시 사림들이 讀書君이라 칭할 정도로 독서광이었다. 이 총서의 내용은 광범하여 經史子集에까지 미쳤고, 시인과 묵객의 숨겨진 이야기를 적었다. 문헌의 고증하고 변증하거나 송나라와 역대의 드러나지 않은 내용을 위주로 기록하였다.

46) 이 책은 장조가 清代 학자들의 雜著를 모아서 편집한 총서이다. 장조의 자는 山來, 호는 心齋이다. 처음에는 甲集과 乙集만 출판하고, 얼마 뒤에 丙集을 만들었는데, 그후에 楊復吉과 沈懋悳 등이 이어서 丁, 戊, 己, 庚, 辛, 壬, 癸集까지 출판하였다.

47) 이 책은 중국 청나라 때의 장서가인 鮑廷博이 엮은 총서이다. '知不足齋'는 그의 서재

1651~1708)이 『농암잡지』에서 인용한 이래 적지 않은 인물들이 이 총서를 인용하여 자신의 저술에 활용하고 있다. 양득중(梁得中, 1665~1742)과 이덕무가 대표적이다. 이덕무는 『앙엽기』에서 이 총서를 활용하여 『논어』에 나오는 '재여주침(宰予晝寢)'의 정확한 의미를 제시하고 있다.

『소대총서』는 조선조 후기 서울의 일부 지식인들이 읽고 활용한 바 있는데, 박지원과 서형수, 그리고 성대중(成大中) 등이 대표적이다. 이들은 이를 참고하여 자신의 의견을 개진한 바 있다. 박지원은 『열하일기』에서, 서형수는 총서 편찬과 관련한 편지글에서 성대중의 도움을 청하면서 이를 언급하고 있다.[48] 그런가 하면 『열하일기』와 한치윤(韓致奫, 1765~1814)의 『해동역사』에서는 『지부족재총서』를 자세하게 소개하고 있다. 위에 언급한 총서류는 국내에 수입된 이후 널리 유통하지 않았음에도 서유구가 이 책을 읽고 『금화경독기』에서 활용하고 있는바, 그의 독서 범위를 가늠할 수 있어 흥미롭다.

여기서 『화한삼재도회』의 활용은 주목의 대상이다. 18세기 서울 학계는 에도막부에서 간행된 이 책의 존재를 알았지만, 실제 이를 직접 보거나, 이 책의 구체적인 정보를 아는 사람은 많지 않았다. 그런데도 서유구는 이러한 총서류를 읽고 『금화경독기』에서 활용하는 바, 여기서 다시 서유구의 독서 범위가 넓었음을 알 수 인는 대목이다.

서유구의 서적 인용은 총서류에 한정되지 않는다. 이 외에도 『금화경독기』는 다양한 문헌을 인용하고 있는데 어류와 식물 관련 저

이름이다. 자신이 소장한 珍書와 다른 장서가들과도 자료를 교환하여, 그중에서 골라 이 총서를 만들었다. 경서와 사학의 고증, 제자의 주석, 수필, 잡기, 시화 및 시문집 등의 전본이 드문 것, 혹은 종래의 전본에 오자나 탈자가 많은 것 등을 선택하고 있다.

48) 徐瀅修, 『明皐全集』 권5, 「答成秘書大中」 참조.

술이 그것이다. 이조원이 편찬한 『연서지』와 명의 왕상진(王象晉)이 편찬한 『군방보』가 대표적이다. 『연서지』는 중국의 광동(廣東) 연해 인근의 해양 생물 93종의 생태를 기록한 어류지다. 그리고 『군방보』는 곡물, 채소, 과일, 화훼 등의 종류와 재배법을 비롯하여 그 효능 등을 기록한 식물지다. 서유구는 이들 저술을 정독하고 어류의 생태를 비롯하여 식물과 음식 재료를 고증하고 있다. 또한, 음식 문화를 담고 있는 위거원(韋巨源, 631~710)의 『식보』를 인용하여 음식 관련 지식을 고증하는 것도 같은 맥락이다. 이처럼 『금화경독기』는 다방면의 학술 저서에 관심을 가지고 세상의 많은 지식 · 정보를 담아내고 있다.

『운석재필담』의 인용도 흥미롭다. 이 저술은 서화와 골동의 형태와 전해진 과정을 상세히 기술한 필기다. 일찍이 김창업은 『노가재연행일기』에서, 박지원은 『열하일기』 등에서 인용한 바 있고, 성해응과 심상규(沈象奎)도 두루 인용한 바 있다. 당시 서울 학계의 일부 인사만 이 책의 존재를 알았을 뿐인데, 서유구는 자신의 저술에 적극적으로 이를 활용한 것은 흥미로운 사실이다. 또한, 쉽게 구하기 힘든 진계유(陳繼儒)의 『군쇄록』과 이조원이 편찬한 『미자총담』 등도 활용하고 있어, 여기서 『금화경독기』의 학술적 지평을 엿볼 수 있다.

여기에 그치지 않고 서유구는 다방면의 문헌을 인용하여 박학의 면모를 보여주고 있다. 농서와 지리지 등의 활용도 한 사례다. 널리 알려진 서광계(徐光啓, 1562~1633)의 『농정전서(農政全書)』, 청대의 『행수금감(行水金鑑)』[49]과 유형원(柳馨遠)의 『동국여지지(東國輿地志)』의

---

49) 이 책은 중국의 水利史 資料書로 175권의 거질이다. 「禹公」으로부터 청나라 康熙 말년(1721)에 이르기까지 黃河와 長江을 비롯하여 運河와 永定河 등 水系의 원류와 변천 및 施工과 經過하는 곳을 고찰하고, 河流 등을 분류하였다. 이 책은 傅澤洪이 主

활용 등이 그러하다. 무엇보다 조선조 후기 학술 장에서 『행수금감』의 존재를 파악하고 이를 활용한 것은 『금화경독기』가 처음이다.

그런가 하면, 『금화경독기』는 명 · 청대 주요 문인들의 문집을 두루 활용하고 있다는 사실이다. 위희(魏禧, 1624~1680)의 『위숙자집(魏叔子集)』, 왕세정(王世貞)의 『엄주산인사부고(弇州山人四部考)』와 『속고(續稿)』를 비롯하여 청조가 금서로 묶어 유포를 금지한 선겸익(錢謙益, 1582~1664)의 『초학집(初學集)』과 『유학집(有學集)』, 여유량(呂留良, 1629~1683)의 『만촌집(晩村集)』, 고염무(顧炎武, 1613~1682)의 『고정림집(顧亭林集)』 등이 그것이다. 서유구는 금서로 지목한 문집은 물론 청대 학예의 흐름을 파악할 수 있는 중요 문집을 적극적으로 활용하여 학술적 수준을 제고하고 있다.

여기서 서유구가 『금화경독기』에서 만년에까지 읽으려 한 서적을 제시하고 구매 장소까지 언급한 점은 이채롭다. 에도막부의 하야시 주사이(林述齋, 1768~1841)가 편찬한 『일존총서(佚存叢書)』가 그것이다. 이 책은 중국에서 이미 유실된 고적을 수집하여 편찬한 것으로 17종 111권의 거질이다. 서유구는 중국에서 이미 없어진 희귀본을 수록한 이 책의 가치를 생각하고 대마도에서 구매할 의사를 피력하고 있다.[50] 일본에서 간행된 최신 서적의 존재를 파악하고, 그 구매를 희망하는 것은 박학한 그의 학문 성향과 지적 호기심의 한 단면일 터다. 이처럼 서유구는 국내 · 외의 서적 유통과 간행 상황을 두루 섭렵하고, 다양한 서적을 책을 읽은 지적 축적 위에서 『금화경독

編하고 鄭元慶이 편집하였는데, 청나라 雍正 3년(1725)에 완성되었다.

50) 『금화경독기』 권3의 「佚存叢書」를 보면 다음과 같은 기록이 있다. "歐陽公日本刀歌, 爲後世口實, 蓋傳聞之誤耳. 近見鮑廷博叢書, 載隋蕭吉五行大義, 且有跋語云 : "此書失傳已久. 近德淸許氏得自日本『佚存叢書』中校而刻之"云云. 佚存叢書卽日本人所集也. 必有古有今無之稀種, 當購之對馬島."

기』를 저술한 것이다.

2) 새로운 식물종과 이기(利器)의 활용

『금화경독기』는 다양한 서적의 독서를 통한 신지식의 내용을 포착한 예도 있지만, 실제 실물을 견문한 뒤, 이를 구체적으로 서술하고 그 효용성을 논리적으로 제시하기도 한다. 그중 외래 식물 종과 안경이 대표적이다. 이를 소재로 서술하는 것은 단순히 새로운 지식의 차원에서 서술하는 것을 넘어 실생활과 결부되는 점에서 사회·문화적 의미를 담고 있다. 일찍이 서유구는 고구마 연구에 매진하여 자신이 고구마를 재배하였을 뿐만 아니라, 관찰사로 재직하면서 농민에게 고구마를 보급하여 이용후생의 성과를 직접 경험한 바 있다.[51] 여기서 외래종인 사탕수수를 보자.

> 사탕수수의 쓰임은 다양하다. 달여서 정제하여 햇볕에 쬐어말리면 돌처럼 단단하게 응고된 것은 석밀(石蜜)이 되고, 서리처럼 가볍고 하얗게 된 것은 당상(糖霜, 백설탕)이 된다. 사람이나 사물의 모양으로 찍어낸 것은 향당(饗糖)이 되고, 여러 색의 열매를 끼워 넣으면 당전(糖纏)이 되며, 우유와 수락(酥酪, 연유)을 섞으면 유당

51) 서유구는 전라도 관찰사에 재직하면서 고구마 보급을 위한 저서를 작성하여 이를 통해 고구마를 널리 보급한 바 있고 자신이 길러 친지들에게도 나누어 주었다. 李裕元의 『임하필기』 권32 「旬一編」의 '甘藷'條를 보면 다음과 같은 내용이 있다. "순조 갑오년(1834)에 楓石公 徐有榘가 호남에 관찰사로 나가 급히 고구마 종자를 찾게 하여 모든 고을에 반포하고, 또 명나라 徐玄扈의 『甘藷疏』와 우리나라의 姜必履와 金長淳이 지은 『甘藷譜』와 『甘藷新譜』를 취하여 종류별로 편집하고 간행한 다음 널리 배포하여, 심고 가꾸는 방법을 알게 하였다. 내가 서공에게서 찐 고구마를 얻어서 먹어 보니 떡 같은 것이 매우 맛이 좋았으므로 그 방법을 취하였다." 번역은 한국고전번역원, '한국고전종합DB' 참조.

(乳糖)이 된다. 중국의 감미료는 대부분 사탕수수에서 나온다. 그런데 우리나라에서는 유독 사탕수수를 심을 줄 몰라 항상 멀리 연경에 있는 가게에서 사당(沙糖, 설탕)과 상당을 구입하니 부귀한 이가 아니면 구할 수가 없다. 우리나라 영호남 바닷가 일대의 고을은 기후가 중국의 사탕수수 생산지와 비교해 크게 차이 나지 않는다. 만약 종자를 가져와 재배 방법에 따라 심도록 권장한다면 분명 성공할 것이다. 다만 강성(江城) 문익점(文益漸)처럼 좋은 일을 할 사람이 없다는 게 문제이다.[52]

설탕의 원료인 사탕수수는 감자(甘蔗)[53]라고도 한다. 본디 사탕수수는 열대지방에서 자라기 때문에 조선조에서는 기후에 적합하지 않아 재배하지 않았다. 사탕무인 감채(甘菜)는 온대나 한랭기후에서 자라기 때문에 재배할 수 있는 식물 종이지만, 한반도에 전래 되지 않아 재배할 수 없었다. 조선조는 사탕수수나 사탕무 대신 감미료로 사용하는 꿀은 생산하고 있었지만 그다지 생산량이 많지 않아 단맛을 내는 데는 엿과 조청을 사용하였다. 실제 사탕수수는 식생활은 물론 음식의 감미(甘味)에 필요한 것인데도 이를 심을 줄 몰라 연행과정에서 청으로부터 이를 수입해 온다고 기술하고 있다. 당시 사탕

52) 서유구, 『금화경독기』 권7, 「蔗」. "蔗之用, 博矣. 煎而煉之, 曝而乾之, 凝堅如石者, 爲石密, 輕白如霜者, 爲糖霜. 印成人物之形者, 爲饗糖, 夾諸色果紘, 則爲糖纏, 和牛乳酥酪, 則爲乳糖. 中國有俎之羞, 太半自蔗出也. 東人獨不知藝蔗, 必遠購沙糖·霜糖於燕肆, 非豪貴不能致. 我東嶺湖南沿海州郡, 氣候寒暖, 視中國産蔗地方, 不甚相遠. 苟能傳種, 勸相按法蒔藝, 蔑不成矣. 特患無好事如文江城其人耳."

53) 고전 문헌에 사탕수수(甘蔗)라는 용어가 자주 보인다. 이것은 晉나라 때 顧愷之가 사탕수수를 먹을 때마다 꼬리부터 먹어 들어가므로, 어떤 이가 그것을 괴이하게 여기자, 고개지가 말하기를, "점차 가경으로 들어가기 위해서다.(漸入佳境)"라 한 것에서 연유한다. 고전 문헌은 이 고사를 用事로 활용한 경우가 다수다. 실제 문장에서 단맛을 거론할 때 관습적으로 고개지의 고사를 활용하기 때문에 사탕수수의 실제 재배 상황과는 무관하다.

수수는 약재로도 수입하지만, 대부분의 경우 일부 상류층의 사치스러운 기호품에 충당되고 있었다. 실제 서유구는 일부 계층의 사치품으로 소비되는 문제점을 지적하고 그 대안으로 사탕수수의 재배를 주장하고, 적지로 영호남의 해변을 제시하고 있다.

『금화경독기』에서의 주장과 같이 사탕수수의 종자를 가져와 재배하자는 논의는 이미 세종대부터 있었지만, 실현되지 못한 듯하다.

> 사역원 생도 이생(李生)이 말하기를, '감자(甘蔗, 사탕수수)는 맛이 달고 좋아서 생으로 먹어도 사람의 기갈(飢渴)을 해소하게 되고, 또 삶으면 사당(沙糖)이 되는데, 유구국(琉球國)에서는 강남에서 얻어다가 많이 이를 심고 있으며, (…중략…) 엎드려 바라옵건대, 모두 채취해 오게 하여 그 재배를 널리 보급하도록 하소서.[54]

조선조 초기 통신사의 일원으로 사행에 참여한 사역원의 한 인사가 유구국(流球國)이 중국의 강남에서 수입하여 기른 사탕수수의 사례를 들어 우리도 이를 채취하여 널리 보급할 것을 건의하고 있다. 이 건의는 통신사가 이국의 문화를 견문한 뒤 올린 여러 안건 중의 하나였지만, 조정은 이를 수용하지 않고 만다. 아마도 우리 기후와 자연조건이 사탕수수를 재배하는 데 적합하지 않은 이유가 있었을 것이다. 세종대 이후 사탕수수를 재배하여 보급하자는 문제 제기는 더는 없었고, 거의 400여 년이 지나 서유구가 다시 이를 거론하고 있다.

사실 서유구의 주장은 터무니없는 것은 아니다. 중국의 재배지와

54) 『세종실록』 세종 11년, 12월 3일조. 번역은 한국고전번역원, '한국고전종합 DB' 참조. 이후 번역도 이 사이트 해당 부분 참조.

기후 조건을 고려하여 해풍이 불고 비교적 기후가 따뜻한 영호남의 해변에서부터 재배하자는 것은 실현 가능한 주장이다. 서유구가 성공을 확신하는 것은 재배지를 고려하고 재배 방법을 정확히 파악하였기 때문이다. 이는 서유구의 안목과 실사구시의 면모를 보여주는 사례다.

사실 서유구가 사탕수수의 성공적인 재배를 확신하고는 있지만, 영 · 호남 해변 적지에 사탕수수를 찾아 심는다 하더라도 성공 여부는 누구도 장담할 수 없는 것은 사실이다. 여기서 주목할 점은 새로운 종자를 재배하여 다양한 계층의 생활과 음식 문화를 향상하고 고가의 수입품을 대체할 수 있다고 인식한 그의 시각이다. 오히려 실현 여부보다 새로운 물질을 향한 그의 열린 시각과 이를 활용하여 현실에 접목하려는 실사구시의 자세를 주목해야 한다.

그런데 새로운 종자를 수입하여 재배하려는 서유구의 열린 시선은 식용작품의 재배에 그치지 않는다. 『금화경독기』에서는 심미안과 완상을 위해 새로운 화훼의 수입을 권장하기도 한다.

> 옥미인은 옛날에는 그 종자가 없었는데 20년 전 연경에 간 사람이 그 종자를 가지고 왔다. 잎은 국화잎과 비슷하지만 좀 더 길쭉하고 가늘다. 5월에 꽃이 피는데 분홍색과 진홍색 두 가지가 있다. 분홍색 꽃은 여러 겹으로 되어있고 진홍색 꽃은 홑겹이다. 아침에 피었다가 저녁에 지는데 계속해서 피고 진다. 2월에 비옥한 땅에 심어야 한다.[55]

---

55) 서유구, 『금화경독기』 권7, 「玉美人」. "玉美人舊無其種. 卄年前, 赴燕者得其種而來. 葉如菊葉而瘦細. 五月開花, 有粉紅 · 深紅二色. 粉紅者千葉, 深紅者單葉. 朝開暮落, 接續開謝. 二月, 種土宜肥." 그런데 玉美人은 牧丹種 芍藥科의 낙엽관목이다.

옥미인(玉美人)은 옥매화를 이른다. 옥매화의 형태와 개화시기를 비롯하여 심는 시기까지 자세하게 일러두고 있다. 본디 매화는 불의에 굴하지 않는 선비정신의 표상이어서 시와 회화의 소재로 자주 등장한다. 위의 언급처럼 연경에서 수입한 옥매화를 식목하는 것은 매화와 마찬가지로 완상을 위한 것임은 물론이다. 완상은 삶의 일차적 욕구를 뛰어넘어 심미안을 기르고 삶의 질과 문화적 욕구를 충족하는데 필요한 것이다.

서유구는 「예원지인(藝畹志引)」에서 어떤 사람이 실생활에 유익한 채소와 달리 화훼란 보고 즐기는 것에 지나지 않으니, 굳이 『임원경제지』 안에서 「예원지」를 저술할 필요가 있었느냐는 질문에 "모든 물건은 그것을 기르는 데 '허'가 있는 뒤에야 '실'을 기르는 것이 완전해진다. 다만 실을 기르는 데만 힘을 쓴다면, 기르는 것이 도리어 황무지의 잡초처럼 엉클어지고 말 것이니 허와 실을 함께 길러야 완전해질 수 있을 것이다"[56]라 하며 감상의 필요성을 주장하기도 한다. 필요한 먹거리의 재배도 중요하지만, 완상을 위한 식목과 화훼의 돌봄도 있어야 참다운 생활을 이룰 수 있다는 것이 서유구의 인식이다.

완상을 위하여 식목과 화훼를 재배하는 것은 심미안의 구비를 전제로 한다. 이는 일차적 생존 본능을 넘어서서 식물을 완상하는 삶이야말로 의미있는 것이라 인식하는 것이거니와, 곧 서유구는 보고 즐기는 것을 의문시하는 것에 '어떠한 삶이 진정한 것일까?' 라는 문제를 본격적으로 제기하는 것이다.

완상의 대상으로 베고니아의 재배를 언급한 것도 같은 맥락에서

56) 大阪府立中之島圖書館 所藏, 『林園經濟志』, 「藝畹志引」. "凡物之養, 有虛者然後, 養實者全矣. 若但知養實之是務, 則所養反鹵莽矣必也. 虛實兼養, 乃可完矣."

이해할 수 있다.

> 추해당(秋海棠)[57] 잎은 박 잎과 비슷하나 비스듬히 길쭉하며 앞면은 녹색이고 뒷면은 자주색이고, 가지 마디와 잎 무늬에는 모두 붉은 테두리가 있다. 과음했을 때 잎을 따서 씹으면 쉽게 술이 깬다. 6월에 작은 꽃이 피는데 붉은색이다. 뿌리는 토란 같다. 서리 내린 뒤에 캐내어 상자에 보관하되 오랫동안 사람의 온기를 가까이하여 얼지 않게 하여, 2월에 그림이 그려진 도자기 화분에 심으면 완상하기에 상당히 만족스러울 것이다.[58]

외래종인 베고니아의 형태와 생태를 상세하게 제시하고, 꽃이 지고 서리 내린 이후의 관리와 다시 심는 시기 등을 정확히 설명하고 있다. 지금도 서유구가 설명한 방법대로 베고니아 구근을 보관하였다가 봄에 심는 것이 일반적이다. 서유구는 식물의 생태적 특성과 관련 지식을 습득하고, 이를 토대로 심고 가꾸어 그 꽃을 보면 저절로 완상의 맛을 느낄 수 있다고 한다. 그는 식물을 심고 가꾸는 노동과 시간을 투여한 뒤에 그 꽃을 완상할 때와 그렇지 않고 완상할 때를 비교하면, 완상의 재미와 맛을 달리 느낄 수밖에 없다는 사실을 글의 행간에 깔고 서술하고 있다.

---

57) 秋海棠은 베고니아로 아메리카가 원산이다. 예로부터 觀葉植物로 애용하였으며 많은 개량 품종이 있다. 줄기는 곧게 자라는 것과 덩굴성이 있고 뿌리줄기 또는 알뿌리가 있다. 잎은 어긋나고 좌우가 같지 않으며 가장자리가 밋밋하나 갈라지고 또 톱니가 있는 것도 있으며 대개 떡잎이 없다. 球根種, 根莖種, 纖根種의 세 가지로 크게 나뉘는데, 여기서는 구근종을 가리킨다

58) 서유구, 『금화경독기』 권7, 「秋海棠」. "秋海棠, 葉似匏葉而斜長, 面綠背紫, 枝節及葉紋皆有紅暈. 飮酒過醉, 取葉嚼之, 易醒. 六月, 開小花, 色紅. 其根如土芋, 霜後堀取, 藏之箱篋, 長近人氣, 勿令凍損. 二月, 種之畫磁盆, 頗愜淸賞."

여기서 서유구가 새로운 화훼 종자를 수입하여 직접 기를 것을 요구하는 것은 음미할 만한 대목이다. 이는 직접 재배를 통해 경제적 자립과 함께 심미안도 기르고 완상하는 취미와 그 깊이를 위한 것이겠는데, 이는 자신이 금화 산장에서 추구한 사대부의 가정경제학[59]의 실천이기도 하다. 서유구가 추구한 가정경제학은 경제적 자립에만 시선을 둔 것이 아니라, 이처럼 심미안과 취미를 함께 제시함으로써 삶의 질을 고려한 이상적인 생활방식의 추구였음도 확인할 필요가 있다.

그런가 하면 『금화경독기』는 새로운 종자나 식물 외에, 외래 문명의 이기(利器)에도 시선을 두고 있다. 대표적인 것이 안경과 흡독석(吸毒石)이다. 당시 안경은 이미 내부에서 수정 안경을 생산하고 있었지만, 값이 비싸 살 수 있는 사람은 한정되었다. 흡독석은 『열하일기』에서도 보이는데, 이것은 독충과 종기 치료에 약효가 있는 것으로 알려진 바 있다. 무엇보다 생활의 이기로 일상에 큰 변화를 가져다준 것은 안경의 보급과 확산이다. 『금화경독기』는 안경의 사회적 효용을 이렇게 서술하고 있다.

> 안경은 옛날에는 없었다. 명나라 때 서양으로부터 들어와 과도하게 기이한 보물로 여겨져서 가치가 좋은 말 한 필 값이나 되었다. 지금은 거의 천하에 두루 퍼져서 세 가구 사는 작은 마을에 토원책자(兎園冊子)를 끼고 있는 사람까지도 안경을 쓰지 않은 이가 없다. 여름철에는 수정으로 만든 것이 쓰기 알맞고, 겨울철에는 유리로 만든 것이 쓰기 알맞다. 수정은 겨울철에는 냉

59) 서유구의 가정경제학의 면모와 실천은 김대중, 「倪圭志의 가정경제학」, 『한국한문학연구』 51, 한국한문학회, 2013, 363~415면.

> 기가 눈에 어려 쓸 수가 없다. 일본에서 만든 것도 종종 좋은 제품이 있다. 우리나라의 경주에서도 오수정(烏水晶)이 나오는데, 안경을 만들 만하다. 그러나 연마하고 꾸며서 만드는 기술이 중국과 일본만큼 좋지는 않다.[60]

애체(靉靆)는 안경을 말한다. 중국으로부터 수입된 서양 안경은 보물로 취급되어, 귀한 것은 말 한 필 값에 이른다는 것이다. 이는 안경의 효용 가치가 매우 크다는 것을 의미한다. 19세기 초에 오면 수정 안경은 물론 유리 안경도 다양한 계층에 보급되고 있었다. 위에서 서유구는 국내산 안경의 품질을 중국과 일본 안경과 비교하며 각국 안경 품질을 상세히 기술하고 있다. 18세기에 오면 안경 보급의 확대로 가격이 내려가지만, 17세기 초만 하더라도 안경 1부는 말 한 필에 해당하는 고가인데다, 구하는 것 또한 쉽지 않은 희귀품의 하나였다. 안경은 누구나 쉽게 가질 수 있는 것이 아니고, 일부 사대부 계층만 사용하였다. 그러다가 18세기에 오면 토원책자(兎園冊子)와 같은 비속한 책을 읽는 사람도 안경을 쓰고 읽을 정도로 안경은 일상품이 된다.

그럼에도 불구하고 안경은 독서조차 어려운 노년을 해결해 줌으로써 사대부 지식인들에게 엄청난 영향을 끼쳤다. 특히 일부 사대부 지식인은 안경을 끼고 만년의 학문성과를 정리하고, 저술하게 된다. 이를테면 안경은 사대부 지식인의 독서와 학문 세계에 커다란 변화를 몰고온 것이다. 안경의 보급으로 사대부 지식인은 독서 시간을

60) 서유구, 『금화경독기』 권7, 「靉靆」. "靉靆古未有也. 皇明時, 來自西洋, 詫爲奇寶, 價直一匹良馬. 今殆遍天下, 三家村裏挾兎園冊子者, 無不掛靉靆也. 夏月宜用水晶造者, 寒月宜用玻瓈造者, 水晶者, 寒月冷氣逼眼, 不可用也. 倭造者, 亦往往有佳品. 我國慶州, 亦出烏水晶, 可爲靉靆, 然琢磨粧造, 不如華倭之美也."

연장하고 오랜 기간 지식을 축적하기도 하며, 이를 토대로 풍부한 학문적 성과를 내게 된다. 이제 안경은 예전에 상상조차 할 수 없던 지식 · 정보의 축적과 확산에 공헌하고, 학술과 문화, 나아가 일상에까지 혁명적 이기(利器)로 영향력과 함께 변화를 몰고 오게 된다.[61]

3) 이용후생학과 해로무역의 전망

『금화경독기』는 이용후생학과 관련한 내용을 다양하게 담았다. 이러한 이용후생의 방안은 이미 『임원경제지』에서 확인할 수 있다.[62] 서유구는 수레와 벽돌과 관련한 이용후생의 방안을 누구보다 정밀하게 파악하고 있었다.[63] 『금화경독기』에서는 이 문제를 보다 진전된 문제의식을 통해 실천적 방안까지 아우르고 있다. 구체적인 사례로 서유구는 당시 가장 민감한 사회문제였던 채광의 문제를 정면에서 다루기도 한다.

---

61) 안경과 조선조 후기 사대부 지식인의 독서환경 변화와 저술의 경향을 논한 것으로는 진재교, 「조선조 후기 眼鏡과 文化의 生成 - 안경으로 읽는 조선조 후기 문화의 한 국면」, 『한국한문학연구』 62, 한국한문학회, 2016, 265~298면.

62) 『임원경제지』의 이용후생학은 안대회, 「임원경제지를 통해 본 서유구의 이용후생학」, 『한국실학연구』 11, 한국실학학회, 2006, 47~73면.

63) 일례로 서유구는 수레 제도와 관련하여 당대 누구보다 소상하게 알고 있었다. 이유원의 『林下筆記』 권34 「華東玉糝編」, '水車'에 그러한 정황이 나온다. "楓石 徐有榘가 龍尾車記에서 말하기를, "西洋에서 물을 푸는 방법에 세 가지가 있는데, 통을 위아래로 끌어서 물을 푸는 것을 玉衡이라 하고, 통을 기둥으로 오르내리며 물을 푸는 것을 恒升이라 하고, 담을 에워싸고 바퀴를 굴려서 물을 푸는 것을 龍尾라고 한다. 용미는 강물을 푸는 데 이용하는 것이 마땅하고, 옥형과 항승은 우물을 푸는 데 이용하는 것이 마땅하다. 그러므로 효능이 광범위하기로는 용미가 최고다. 이 세 가지는 모두 서양의 물 푸는 방법으로 명나라 太傅 徐文定이 전한 것이다. 기계 제작의 정교함에 대한 설명이 『周禮』 考工記에 버금간다" 하였다. 炯菴 李德懋가 말하기를, "내가 「奇器圖說」을 읽을 때는 뒤얽혀 있어서 더러 이해하기가 어려웠으니, 풍석의 이 책만큼 손금을 들여다보는 것처럼 분명하게 기록한 것이 없었다"라 하였다." 번역은 한국고전번역원, '한국고전종합 DB' 번역본 참조.

그는 설점수세(設店收稅)의 제도화 이후 나타난 채광 관련 두 가지 폐단을 주목한다. 하나는 농번기에 물가에서 금을 거르는 방법 때문에 발생하는 농사의 작파(作破), 또 하나는 잠채(潛採)로 인한 탈세와 무뢰배들이 집단으로 모여드는 소요다. 서유구는 이 문제는 단순히 농사를 해치는 것에서 끝나지 않고, 결국 사회적 문제로 확산할 것을 우려하고 있다.

특히 그는 이러한 폐단과 사회적 문제를 예방하기 위하여 발본적인 해결 방안을 제시하는데, 이는 현실에서 실천 가능한 대안을 제시한 것으로 보인다.

그는 당시 공조판서로 있으면서, 자신이 구상한 9가지 방책을 현실 정책에 반영하고자 노력한 것도 구체적인 사례다.[64)]

> ① 돌아보면 금을 몰래 캐는 폐해는 어느 곳이든 있었고 어느 때든 있었다. 폐해를 일일이 막을 수가 없어서 결국 시끄러워진 것이다. 그렇다면 차라리 이 방법을 써서 편법적이고 난잡한 무리들을 금하려고 하지 않아도 저절로 금하게 되는 것이 낫다. 오늘날 채금에 대한 승인이 곧, 채금을 금하는 좋은 법이 되는 셈이다. 나라에서 전에 없던 정세(定稅)를 얻을 수 있다면, 어찌 큰 행운이 아니겠는가.[65)]

---

64) 서유구, 『금화경독기』 권7, 「金」. "余在度支時, 筭員□自西關來者謂 : "有不妨農不害民而設爲科條富國饒民之道" 撰定條約以納. 余亦謂 : "以今財竭民窮, 苟有一分紓力之策, 烏可不試, 可乃已乎?" 欲筵稟施行, 竟因遞未果. 今錄其方略如左, 以俟後人採施"라 언급하였다. 서유구는 1832년에 호조판서에 임명되었다.

65) 같은 책, 같은 곳. "顧今潛採之弊, 無處無之, 無時無之. 旣不得一一防過, 而卒之狼藉焉. 則毋寧用行此法, 而使私逕亂雜之類, 不期禁而自禁也. 然則今之許採, 乃所以禁採之良法. 而在公家, 但得無前之定稅, 豈非大幸歟?"

② 금, 은, 동, 납은 이용후생의 도구 아닌 것이 없다. 그러나 동광(銅鑛)이나 연광(鉛鑛)은 애초 이익의 효과가 없었고 금광이나 은광은 난잡한 폐해만을 초래하였다. 이 때문에 금지하는 명령이 있었다. 그러나 지금 만약 폐해를 없앨 방법을 공모하여 재화를 생산하는 방법으로 삼는다면 금, 은, 동, 납은 베풀어 개설하지 않을 이유가 없다. 재정이 텅 비고 고갈되었을 때 마땅히 힘써야 하는 요체로 이보다 더 중대한 것은 없다.[66]

제시한 인용문은 서유구가 제시한 해결책 중 결론 부분에 해당하는 두 개의 제안이다. 결론에 앞서 서유구는 7가지 구체적인 방안을 자세하게 제시하고 있다. 이를 대략 요약하여 제시하면 다음과 같다.

첫째, 도감(都監)을 만들어 채금을 감독하는 직책을 맡기고, 각 도(道)의 채금(採金)을 매년 허락하되 한 도에 한 곳을 초과해서는 안 된다. 둘째, 구들장을 만들어 채금하되, 거지법(車芝法)을 써서 흙을 버리고, 사제법(篩蹄法)을 써서 작은 것을 채취하고, 목조법(木槽法)을 사용하여 채금하도록 한다. 그러면 화도법(火淘法 : 물 대신 불을 이용하여 금을 걸러 내는 방법)을 사용할 수 있어 농한기(10월부터 2월) 때도 채금할 수 있어 농사에 피해가 없다. 셋째, 채금에 전답을 침범할 경우 값을 계산해 주고, 채금 후 다시 주인에게 돌려준다. 그러면 시월에서 정월까지 4개월 동안은 농사짓는 시기가 아니니 주인도 좋아하여 문제없이 잠시 전답을 빌려줄 것이다. 하지만 큰 마을이나 묘지가 가까운 곳은 절대로 금 캐는 일을 승낙해 주어서는 안 된다. 넷

66) 같은 책, 같은 글. "金銀銅鉛, 無非利用厚生之具也. 而銅鉛許店, 初無理益之效, 金銀設礦, 但見亂雜之弊. 故至有禁斷之令矣. 然今若購求無弊之法, 以爲生財之道, 則金銀銅鉛, 無施不可, 而方此罄之時, 當務之要, 尤莫大於此."

째, 화도법을 사용하되, 금액을 정하여 고용인에게 지급하는 방식을 쓰면 유실되는 금이 없을 것이다. 그리고 각 도에서 해마다 200냥을 정세(定稅)한다면, 설점수세로 거둬들이는 것보다 세수를 늘릴 수 있다. 다섯째, 해마다 채금하는 곳은 그대로 두며, 안 하는 곳도 그대로 둔다면 자연스럽게 잠채의 근심도 없어지게 된다. 게다가 매년 전국 팔도에서 1,600냥의 세수를 거둘 수 있어 국가 재정에도 기여할 수 있다. 여섯째, 시월 초하루에 채광을 시작하기로 정하면, 매해 앞서 각 도의 해당 채읍지(採邑地)를 정한다. 이어서 목패(木牌)를 각 도로 내려보내고, 관리자도 준비를 위하여 20일 먼저 가도록 한다. 정월 그믐(음력 1월 29일)에 채굴이 끝나더라도, 열흘 동안 더 머물게 하여 폐해가 없도록 관리하도록 한다. 일곱째, 광부의 인원을 정해놓으면 무뢰배들도 오지 않을 것이다. 그리고 채금 관리자들이 채금을 관리하며 일생 의지할 수 있게 해 준다면, 관에서 내리는 법령이 없이도 광부의 무분별한 이동은 저절로 없어질 것이라는 제안이다.

위에 제시한 7가지 방책의 경우, 서유구는 실제 현실에서 적용할 수 있는 구체적인 안이며, 국가 차원의 제도적 장치로 바로 전환할 수 있는 안이라 확신한다. ①에서 서유구는 자신이 제시한 7가지 안에 채금을 위한 준비 단계부터 채금과정, 그리고 채금 이후 예상할 수 있는 폐난을 두루 고려하여 그 대안을 제시한 것이라 강조한다. 만약 이를 토대로 전국 8도에 채금을 허락하면, 종전처럼 채금으로 인한 폐단의 방지는 물론 종국적으로 채금을 금지하였을 때와 같은 효과를 얻을 수 있을 것이라 확신하고 있다.

②는 앞서 제시한 안을 정책에 반영하였을 때의 현실적 효과를 나타내는 언급으로 이 안의 결론 부분이다. 여기서 서유구는 금, 은, 동, 납 등의 채광(採鑛)은 현실에서 그 파급력이 큰 이용후생의 도구

라 적시한다. 이어서 이익이 많은 채광부터 먼저 허락한다면 폐단이 있는 나머지 채광은 자연스럽게 정리될 것으로 예견하고 있다. 이를 바탕으로 점차 전국적으로 설점수세를 확대하면 채광의 문제는 발본적으로 해결할 수 있다는 것이다.

사실 채광의 문제는 조선조 후기 지속해서 제기된 사회적 이슈였다. 선조 대에 재정의 확대를 위하여 호조에서 민간의 은광 채굴을 허용할 것을 주장하였지만 받아들여지지 않았다.[67] 이후에도 채광 문제는 늘 거론된 사회적 이슈였지만, 19세기까지도 근본적인 해결을 보지 못한 채 계속 이어지고 있었다.

그리하여 서유구가 호조판서로 재직하기 전에도 이미 조정에서 이 문제를 심각하게 논의한 바 있다.

> 호조판서 서영보(徐榮輔)가 아뢰기를, "기호 · 양서 · 동북 등 6도에 금맥(金脈)이 점점 성하여 몰래 채취하는 무리가 거의 없는 곳이 없는데, 수령이 비록 징금(懲禁)을 엄중히 더하고 있으나 잠깐 흩어졌다가는 바로 모여들어서 막을 수가 없다고 합니다. 지금에 만일 엄중히 징금하여 영원히 막는다면 진실로 대단히 좋겠습니다마는, 그것을 기필코 금하지 못할 것이라고 명확하게 알고 있으니, 관아에서 구검(句檢)하여 오로지 통기(統紀)함이 있는 것보다 더 나을 것이 없습니다. 제도(諸道)의 금이 생산되는 곳에는 거기에 설점(設店)을 허락하고 탁지(度支)에서 은점(銀店)의 예에 의해 구관(句管)하여 세금을 거두어들이되, 먼저 그 풍

67) 『선조실록』 선조 39년 병오(1606) 7월 14일 조를 보면, 호조에서 바닥난 국가 재정의 확충을 위하여 호조에서 양주에서 은광을 채굴하는 데 단천의 은광과 같은 양질이니 민에게 채굴을 허가하고 세금을 거두는 일종의 設店收稅를 건의하지만, 선조는 백성이 채취하는 곤란하니 관아에서 채굴하라고 비답을 내리고 있다.

성에 따라서 전파되는 소문이 낭자한 곳에 시행토록 하는 것이 아마도 편의에 합당할 것입니다" 하니, 임금이 대신에게 물어본 다음 가하다 하였다.[68]

위 내용은 1806년 순조 초의 언급이다. 조정은 채광과 금점(金店)·은점(銀店)이 사회적 문제로 드러난 것에 적실한 답을 얻지 못하였다. 이 문제는 22년이 지나 서유구가 호조판서에 재직할 때까지도 여전히 해결하지 못하고 이월되고 있었다. 위에서 호조판서 서영보가 은점의 사례를 참조하여 금점에 설점수세하여 무뢰배들이 무분별하게 채금하는 것을 막을 것을 건의하자, 이에 순조가 하교하는 대목이다.

사실 서영보는 오직 은점의 사례에 따라 설점수세를 제기할 뿐 다른 폐단의 발생은 전혀 고려하지 않고 있다. 당시 무분별한 채광의 문제는 적지 않은 기간 사회적 쟁점이 될 정도였지만, 여전히 미해결 상태여서 국가가 해결해야 할 난제 중의 하나였다. 채광이 증가하면서 생겨나는 추리(趨利)의 민심과 국가 이념의 균열, 여기에 무분별한 채광으로 인한 진전(陳田)의 족출(簇出) 등은 농본(農本)을 추구하는 정부로서는 작은 문제가 아니다. 성대중(成大中, 1732~1809)은 『청성잡기(靑城雜記)』에서 이러한 무분별한 채광으로 인한 민심의 동요와 폐단[69]을 포착한 것도 사회적 문제로 인식한 결과다. 해서

---

68) 『조선왕조실록』 순조 6년 병인(1806년) 12월 10일(계미) 기사조 참조. 실록의 번역은 한국고전번역원 '한국고전종합DB'를 참조하였음.

69) 成大中,『靑城雜記』 권3,「醒言」. "江界礦銀之盛, 四方雲集, 屋及山頂, 皆游食無賴者也. 聚首注眸, 惟礦戶之伺焉.穴有守者, 封閉甚固, 時或微啓, 伺者輒投身而入, 穴深不測, 泥石滅頂, 而死傷之不恤, 惟幸其入也. 蛇行緣火, 至鑿銀之所, 銀塊磊落, 應鎚而顚, 遽抱之伏, 抵死不釋, 詈罵捶掇, 甘之如飴, 工亦無如之何, 推之使去. 提銀出穴, 視天而譆, 神精躍躍而騰騰. 持錢者趨而易之, 爭價相詈, 狗豚不離口也. 卒乃易錢而

성대중이 사실적인 필치의 서사로 포착한 것은 당대 역사의 이면을 들춘 것이자 실상의 반영이기도 한 셈이다.

정약용 또한 『목민심서』에서 "채금법에는 또 새로운 방법이 있는데, 만일 조정에서 명령을 내린다면 시험에 보아도 무방하다.[採金之法, 又有新方, 苟有朝令, 試之無妨]"라 한 뒤, 채금을 위한 별도의 규제책을 4가지 방안을 제안한 바 있다. 정약용은 이 안을 시행하면 채금으로 생기는 폐단을 막을 수 있다고 하였다.[70)]

하지만 위에서 서용보가 해결책으로 제시한 안이나 다산이 제시한 것은 모두 잠채나 채광에서 발생한 이후의 문제에 방점을 두고 있다. 이는 사후 징벌 위주로 처리하는 방안이거니와, 이면에서는 채광의 금지를 함께 담고 있는 안이기도 하였다. 하지만 이런 방안으로는 채광의 사회적 문제를 근본적으로 해결할 수는 없다. 오히려 서유구가 제시한 9가지 방안이 당대 현실에서 실현 가능한 안이다. 서유구가 제시한 방안은 광산업을 진작시키고 농업도 안정시킬 뿐만 아니라, 국가 재정 수입을 증대시키는 묘책이기도 하다. 이는 종국적으로 산업경제를 활성화함으로써 사회의 생산구조의 거점을 마련할 수 있는 데까지 나아갈 수 있는 탁견이다.

서유구는 다른 글에서 "내가 일찍이 석탄 몇 개를 구했는데, 색이 검고 재질이 무르며, 열기가 불을 붙이면 하루나 이틀 정도 지낼 수 있었으니, 만일 쓰임새를 넓힐 수 있다면 이용후생의 한 가지 방법이 될 것이다"[71)]라 하여 관북과 관서에서 나는 석탄을 개발하여 널

返, 詑而四顧曰, 孰知我一丐而獲百金耶?"

70) 다산연구회 역, 임형택 교열, 제일조 '山林', 「工典 · 六條」, 『역주 목민심서』 5, 창비, 2018 참조.

71) 서유구, 『금화경독기』 권7, 「石炭」, "余嘗得數枚, 色黑而質脆, 熱之能引火可經一兩日之久, 如得推廣其用, 則亦利用厚生之一端也."

리 보급하자는 주장을 한 바도 있다. 석탄은 땔감을 대신하기 때문에 산림을 보호하는 한편 광업을 개발할 수 있다는 점에서 채광과 같은 사회적 효용을 지닌다.

어쨌거나 채광을 둘러싸고 발생한 사회적 문제의 해결책으로 제시한 서유구의 안은 실현 가능성이 컸다. 하지만 서유구는 자신의 이 정책을 당대 현실에서 실현하지 못한 채, 공조판서에서 물러나고 만다. 채광은 금할 대상이 아니라 이용후생과 국가의 세수증대를 위해 필요하다는 서유구의 인식은 그야말로 국가를 위한 이용후생학인 셈이다. 이러한 탁견은 현실 상황을 깊이 통찰하고 실물경제를 알지 못하면 나올 수 없는 최선책이자 국가적 비전이었다. 그런데도 이 안은 결국 국정에 반영되지 못하고 말았다.

한편, 『금화경독기』에서 확인할 수 있는 이용후생의 중요한 안은 해로의 개방을 통한 무역의 확대다. 이는 기왕의 수레 사용의 발상과 그 지향과는 그 길을 달리한다.

> 대개 먼 지역에서 운반하는 방법은 말보다는 수레가 낫고, 수레보다는 배가 낫다. 신라는 해로를 통해 당나라와 교역하여 중국의 문헌을 얻어 다른 나라보다 뛰어날 수 있었다. 당시 강서성과 절강성의 상선들이 예성강에 정박하는 것을 허락했고 기이한 서적, 진귀한 책과 여러 물품이 함께 팔려서 당시 서적이 크게 갖추어졌다. 해외의 여러 나라는 일본과 같이 구석에 치우쳐 있어도 능히 중원에도 이를 수 있었으니 겸가당(蒹葭堂) 목홍공(木弘恭)이 모은 책은 삼만 권이었다. 즉 『도서집성』과 같은 거작이 그동안 일본에 흘러 들어간 것이 서너 부나 되었으니 이 역시 배로 강남과 교역했기 때문이다. 우리나라는 유독 다른 나라의 상선이 정박하는 것을 허락하지 않아서 중국 서적을 구매하는

> 방법은 단지 조공 사신을 통한 육로뿐이었다. 그러나 수레의 비용이 왕왕 책값보다 비싸서 전대에 넣어 간 재화를 살펴보면 10분의 1에도 미치지 못하니 어찌 낙담하여 손을 거두고 기가 죽어 물러나지 않겠는가. 우리나라가 문물이 융성했던 때에는 중국에 비견되었는데, 책을 모으는 양이 전대보다 훨씬 못해진 것은 다만 배와 수레를 이용해 사들이지 않은 데 따른 것이다. 해로로 통상하는 것이 금지되었을지라도 육로로 운반하는 계책은 누차 말했던 바이다.[72)]

조선조 후기 실학자들이 이용후생을 위하여 수레 사용을 주장한 것은 주지하는 바이거니와, 해로를 통한 무역의 제기는 매우 드물다. 해로의 개방과 해로무역은 두 가지 중대한 전망을 지닌다. 하나는 해로를 통해 들어오는 새로운 지식 · 정보의 확대인데, 이를 통해 청이나 에도막부가 아닌 대항해 이후의 서양의 지식 · 정보를 광범위하게 확인할 수 있다는 점이다. 다른 하나는 해로의 개방은 궁극적으로 조선조 정부가 추진하던 해금 정책의 전환과 함께 집권층의 시대조류와 관련의 인식의 대전환을 촉구한다는 점이다.

위에서 관련하여 서유구가 주목한 것은 선박을 통한 해로 개방과 국제 교류의 효과다. 이는 앞서 말한 두 가지 전망을 아우르는 시선이다. 운반의 효율성과 물화 유통의 경제성을 위하여 수레와 배를

---

72) 같은 책, 권5, 「儲書」. "蓋遠地搬運之道, 馬不如車, 車不如舟. 新羅從海路通唐, 故所得中華文獻, 甲於外 勝. 時, 江浙商舶許泊於禮成江, 奇書善本與百貨共售, 故當時書籍大備. 海外諸國, 如日本之僻在一隅而能致中原, 木弘恭蒹葭堂, 儲書三萬卷. 卽如『圖書集成』鉅編, 前後流入日本, 至於三四部之多, 亦以舟揖通江南故也. 我朝獨不許他國商船來泊. 其所購買華本, 但有貢使便陸運, 而車脚之費, 往往浮於書直, 顧視橐中之裝, 不及什之一, 安得不廢然而斂手沮退乎. 我朝文物之盛年, 擬中華, 而聚書之多, 遠遜於前代者, 特坐不購舟車之用耳. 海路通商, 雖有約禁, 而陸運之策, 所宜亟講."

함께 사용하자는 문제 제기는 새롭다. 해로를 적극적으로 개척하여 해상무역과 물화의 유통을 확대하자는 주장은 조선조부터 시행한 해금 정책을 폐지해야 가능한 일이다. 이 점에서 국가 정책의 차원에서 문제를 제기한 것이다. 해금 정책과 해로의 봉쇄는 해상무역을 불가능하게 만든다. 서유구가 해로를 통해 무역을 주장하는 것은 해금이 시대에 어울리지 않는 정책이라는 것을 비판한 것이기도 하다.

조선조는 건국 초부터 명이 추진한 해금 정책의 영향으로 대명률(大明律)을 준용하고, 그 결과 사행을 제외한 사적 출해(出海)는 물론, 해로를 통한 인적교류와 통상도 가능하지 않았다. 명의 해금 정책은 청조에서도 변하지 않았고, 조선조 역시 19세기 중반까지 이러한 해금 정책을 준용하고 있었다. 명청(明清)은 동아시아에서 해금과 조공체제를 연결해 국제질서를 정립하고 조선조는 이를 준용하여 해금 정책을 따랐다. 하지만 19세기까지 이어진 이 정책은 시대를 거스르는 역작용을 하고 만다.[73] 해금 정책으로 타국의 선박도 국내로 마음대로 들어오지 못했기 때문이다. 이는 결국 해로를 통해 전해져 오는 새로운 지식 · 정보와 시대 조류에 눈 감는 쇄국을 의미한다. 마침내 동아시아 내 국가 간의 인적 · 물적 교류를 통한 문화적 경제적 확산과 외국 상인의 내항을 불가능하게 만듦으로써 경제적 활성과 동아시아지역 내의 교류, 나아가 이(異) 문화와의 접촉을 막아 비리는 결과로 이어진다. 해로 개방과 해로를 통한 통상 문제는 이규경(李圭景)도 주장한 바 있거니와,[74] 이러한 해금 정책이 가져오는

73) 17~19세기 초, 동아시아에서의 해금 정책과 해륙 경계의 인식은 손승철 외, 『중 · 근세 동아시아지역의 해륙 경계인식』, 경인문화사, 2013, 11~305면. 그리고 민덕기, 「중 · 근세 동아시아의 해금 정책과 경계인식 - 동양 삼국의 해금 정책을 중심으로」, 『한일관계사연구』 39, 한일관계사학회, 2011, 105~125면.

74) 李圭景은 『五洲衍文長箋散稿』의 「西洋通中國辨證說」과 「與番舶開市辨證說」 등에서 적극적인 개국통상을 주장하였다. 특히 「與番舶開市辨證說」에서 "與異國開市交

폐해와 시대적 실효성에 의문을 제기한 것이다. 해로의 개방과 국제적 통상무역은 박제가(朴齊家)가 『북학의(北學議)』에서 제기한 바 있고, 다산학단(茶山學團)의 일원이었던 이강회(李綱會, 1789~?)도 해로를 향해 학지를 열어 놓은 새로운 실학의 방향이다.[75] 서유구의 주장은 이러한 문제의식을 수용하여 실학의 방향 전환을 적극적으로 개진한 제시인 것이다.

6. 맺음말

『금화경독기』는 서유구가 만년에 저술한 학술 필기다. 서유구가 조선조 후기 대표적인 경화세족인 달성서씨 가문의 후예로 선대에서 연행을 통해 형성한 장서와 가학을 토대로 『금화경독기』를 저술하였다. 『금화경독기』는 잡다한 내용을 두서없이 배치한 잡기나 잡록이 아니다. 독서후기나 독서차기의 성격은 물론, 실제 자신이 견문한 학술적 지식과 정보를 덧붙여 기록한 것이다. 서유구는 『금화경독기』에서 다양한 문헌의 독서와 견문체험을 기반으로 학술적 사안을 비평하고, 실사구시의 태도로 정책적 대안까지 제시하였다. 서유구가 『임원경제지』에서 『금화경독기』를 대거 인용한 것 역시, 『금화경독기』의 학술적 성격과 그 위상을 보여주는 사례다.

易, 有無相資, 何害之有? 中國與萬邦互相交通, 而貿遷有術. 故大爲公私之利, 家國贍裕, 而獨我東慮其有構釁招兵, 不敢生意. 故號爲寰宇至弱奇貧之國, 至如麗朝. 宋商朝往夕至, 而未聞有患也, 若與西南蠻舶通市, 則足以富國. 李土亭創言, 柳磻溪識論, 未知如何, 而若言經濟生財之策, 無過此議也. 略爲之辨證焉"라 하여 개국통상의 입장을 지지하였다.

75) 임형택, 「茶山學團에서 해양으로 學知의 열림 - 李綱會의 경우」, 『대동문화연구』 제56집, 대동문화연구원, 2006, 75~108면.

『금화경독기』는 특정한 학술적 사안에서 오류나 보완할 부분이 있을 때, 그것을 두고 차록이나 차기 방식으로 정리하는가 하면, 어떤 경우 고증학적 태도로 학술장을 마련하여 다른 문헌을 근거로 비평하고 여기에 자신의 견해를 덧붙이고 있다. 이는 조선조 후기의 필기류에서 흔히 보이지만, 서유구의 경우 매우 치밀하고 다양한 문헌의 인용을 통해 고증하고 자신의 견해를 펼치고 있는 특장이 있다. 이른바, '이서증서(以書證書)'의 방식이다. 조선조 후기 유서나 필기에서 간혹 볼 수 있는 고증적 글쓰기의 사례로 학술 필기의 한 전형을 보여주고 있다.

서유구는 금화산에 이주한 후, 『금화경독기』 집필을 구상하고, 1832년(68세) 이후에 탈고하였으며, 『임원십육지』도 수정하였다. 『금화경독기』에서 『임원십육지』의 최종 탈고를 1827년으로 기록하고 있다. 『임원십육지』는 『금화경독기』를 대거 인용하고 있는바, 두 저술은 상호 관련 속에 탄생한 것임을 알 수 있다. 더욱이 『금화경독기』는 서유구의 학술활동은 물론 다양한 문헌의 인용을 보여주고 있어 이를 통해 서유구의 독서 폭과 지식의 너비 또한 알 수 있다. 이처럼 풍부한 문헌의 독서를 통한 학술적 문제를 폭넓게 포착하고, 생활 주변의 문제를 실사구시의 시각으로 저술한 사례는 19세기 다른 필기에서 보기 드물다.

특히 『금화경독기』는 사당수수나 베고니아와 같은 새로운 식물종을 국내에 들여와 재배할 것을 촉구하였다. 이러한 인식은 사회적 효용은 물론 완상으로 심미안이 길러지는 등, 사회 · 문화적 차원의 열린 시야를 보여주었다. 사회적으로 큰 반향을 가져다줄 안경에 주목하고 이의 보급을 서술한 것도 같은 맥락이다. 이 외에도 정책적 대안으로 채광과 해로 개방과 국제 통상을 촉구하는 구체적인 정책적 대안을 제시하기도 하였다. 채광을 둘러싸고 발생한 사회적 문제의 해결책을 제시한 내용이라든가, 해금 정책을 폐지하여 해로를 열어 해상무역을 제기한 것은 그야말로 탁견이자 실현 가능한 정책적 대안이라는 점에서 현실 개혁을 지향한 관료의 모습도 보여준다. 이처럼 국가를 위한 이용후생학을 제기하고 국가적 비전을 담은 내용은 이 시기 필기 저술의 새로운 면모다. 이 점에서 『금화경독기』는 19세기 학술 필기의 새로운 전형을 보여주고 있다.

■ 참고문헌

• 기본자료

徐有榘,『金華耕讀記』. 東京都立中央圖書館 소장.

徐有榘,『金華知非集』

徐瀅修,『明皐全集』.

成大中,『青城雜記』.

申景濬,『東國地理考』

李圭景,『五洲衍文長箋散稿』, 한국고전번역원 '한국고전종합 DB'.

李裕元,『嘉梧藁略』.

李裕元,『林下筆記』.

洪奭周,『淵泉先生文集』.

洪翰周,『智水拈筆』.

黃胤錫,『頤齋亂藁』.

한국고전번역원,『조선왕조실록』.

• 논문 및 단행본

김대중,「倪圭志의 가정경제학」,『한국한문학연구』 51, 한국한문학회, 2013.

______,『풍석 서유구 산문 연구』, 돌베개, 2018.

김왕직 · 이민주 · 송지원 · 문석윤 · 이봉규, 재단법인 실시학사 편,『풍석 서유구 연구』 下, 사람의 무늬, 2015.

다산연구회 역, 임형택 교열,『역주 목민심서』, 창비, 2018.

劉福鑄 主編,『莆田史話』, 北京 : 社會科學文獻出版社, 2014.

문용식 역주,『여지도서』 2, 경기도 1, 흐름, 2009.

민덕기,「중 · 근세 동아시아의 해금정책과 경계인식 - 동양 삼국의 해금 정책을 중심으로」,『한일관계사연구』 39, 한일관계사학회, 2011.

박권수,「규장각 소장『攷事新書』에 대하여」,『奎章閣』 36, 규장각한국학연구원, 2010.

유봉학,「徐有榘의 學問과 農業政策論」,『연암일파 북학사상 연구』, 일지사, 1995.

손승철 외,『중 · 근세 동아시아지역의 해륙 경계인식』, 경인문화사, 2013.

안대회,「임원경제지를 통해 본 서유구의 이용후생학」,『한국실학연구』 11, 한국실학학회, 2006.

吳懷祺,『鄭樵研究』, 厦門大學出版社, 2010.

王法貴,「陸九淵兄弟家世 · 家政考述」,『合肥學院學報』第30卷 第4期, 2013.
임원경제연구소 역,『섬용지』1 · 2 · 3, 풍석문화재단, 2016.
임형택,「茶山學團에서 해양으로 學知의 열림 - 李綱會의 경우」,『대동문화연구』56, 대동문화연구원, 2006.
조창록,「楓石 徐有榘에 대한 한 硏究」, 성균관대학교 박사논문, 2003.
______,「楓石 徐有榘의 삶과 행적」,『문헌과 해석』34, 태학사, 2005.
______,「楓石 徐有榘의 金華耕讀記」,『한국실학연구』19, 한국실학학회, 2010.
조창록 · 김문식 · 염정섭 · 박권수 · 김호, 재단법인 실시학사 편,『풍석 서유구 연구』上, 사람의 무늬, 2014.
진재교,「19세기 箚記體 필기의 글쓰기 양상 -『智水拈筆』를 통해 본 지식의 생성과 유통」,『한국한문학연구』36, 한국한문학회, 2005.
______,「李朝 後期 箚記體 筆記 硏究 - 지식의 생성과 유통의 관점에서」,『한국한문학연구』39, 한국한문학회, 2007.
______,「조선조 후기 眼鏡과 文化의 生成 - 안경으로 읽는 조선조 후기 문화의 한 국면」,『한국한문학연구』62, 한국한문학회, 2016.
______,「조선조 후기 類書와 人物志의 學的 視野 - 지식 · 정보의 集積과 分類를 중심으로」,『대동문화연구』101, 대동문화연구원, 2018.

위사(韋史) 신석희(申錫禧)의 저술에 대하여 -대외인식을 중심으로

/
김용태
(성균관대학교)

1. 머리말

위사 신석희(1808~1873)는 19세기 중반 서울 북촌시단의 주요 작가였다. 이유원(李裕元)은 『임하필기(林下筆記)』에서 "내가 일찍이 여러 재상들과 함께 중국에서 온 문서를 열람하는데 그중의 한 구절이 문리가 통하지 않았다. 좌우의 의론이 분분하여 어느 것을 따라야 할지 몰랐는데, 그때 위사 신석희가 분석하여 판단하니, 모든 사람들이 그 의견에 쏠렸다. 위사는 문원(文苑)의 명망 있는 사람이다."[1]라고 언급한 바 있다. 이유원은 소론이었기에 신석희와는 당파가 서로 달랐지만 이같은 고평을 하였다는 점이 눈길을 끈다. 당대 신석희의 문명(文名)이 매우 높았음을 짐작케 하는 일화라 할 수 있다.

또 황현(黃玹)은 『매천야록(梅泉野錄)』의 '위사(渭士) 김상현(金尙鉉)' 조에서 "당시에 신석희가 북촌에 살았는데 호가 위사(韋史)로 그 또한 글을 잘했다. 그래서 한때 노론 재자(才子)를 손꼽을 때, '북에는 위사(韋史)요, 남에는 위사(渭士)로다'라고들 하였다."[2]라고 하는 당대의 인물평을 소개한 바 있다. 신석희와 김상현(1811~1890)은 연배가 비슷한데 둘 다 시를 잘하고 아호의 음도 똑같이 '위사'여서 병칭되는 경우가 종종 있었던 듯하다. 이 또한 신석희의 문명이 높았음을 보여주는 기록이라 할 수 있다.

그리고 조두순(趙斗淳)은 신석희의 문학에 대하여 "관각에서 지은 글들은 크게 꾸며 아름다움을 윤택하게 하고 아홉 빛깔 봉황의 반

---

1) 李裕元, 「字音誤解」, 『林下筆記』 卷29 春明逸史.

2) 황현 저, 임형택 외 역, 『역주 매천야록』 상, 문학과지성사, 2005, 103면.

짝임을 약동시킨다."[3]고 칭송한 바 있다. 실제로 신석희는 1866년 예문관 제학의 신분으로 왕을 대신해 「유중외대소민인등척사윤음(諭中外大小民人等斥邪綸音)」 즉 병인년 '척사윤음'[4]을 찬술하기도 하는 등 당대의 대표적 관각문인으로 활동하였다.

신석희가 처음 학계의 관심을 받게 된 것은 박규수(朴珪壽)와의 교유 때문이었다. 김명호 교수는 박규수와 신석희가 "같은 해에 문과 급제한 동방으로 나란히 정계에 진출하여 더욱 가까운 사이"였으며, 신석희는 "박규수와 마찬가지로 서화에 관심과 조예가 깊었"다고 보고하였다.[5] 김명호 교수는 이 논고에서 신석희의 형 해장(海藏) 신석우(申錫愚, 1805~1865)도 언급하였던바 이후 신석우에 대한 본격적인 연구가 이어지고 있다.[6] 하지만 아직까지 신석희에 대한 구체적 연구는 이루어지지 못했는데[7] 이는 그의 저술이 흩어져 있어 연구가 힘들었기 때문이다. 우선 국내 공공기관에 소장되어 있어 검색목록에 오른 신석희의 저작목록을 정리하면 다음과 같다.

---

3) 趙斗淳, 「申尙書(錫禧)六十一歲序」, 『心庵遺稿』 卷28. "館閣上所述作, 有以潤大賁之華, 而騰九苞之曜."

4) 박종천, 「척사윤음 연구」, 『종교학연구』 제18집, 한국종교학연구회, 1999, 127면 참조.

5) 김명호, 「환재 박규수 연구(2)-은둔기의 박규수 상」, 『민족문학사연구』 통권 6호, 1994, 64면. 이 논문의 내용은 수정 보완되어 『환재 박규수 연구』, 창비, 2008에 수록되었다.

6) 김윤조, 「실학파문학의 계승양상에 관한 연구-특히 북학파의 경우를 중심으로-」, 『대동한문학』 제8집, 대동한문학회, 1996; 김명호, 「해장 신석우의 『입연기』에 대한 고찰」, 『고전문학연구』 제32집, 한국고전문학회, 2007; 이관성, 「해장 신석우의 생애와 문학론」, 『한문학보』 제17집, 우리한문학회, 2007; 장진영, 「海藏 申錫愚의 『入燕記』 硏究」, 성균관대학교 석사학위논문, 2011; 이지은, 「신석우의 『입연기』를 통해 본 조선의 국제정세인식」, 『사학지』 제58집, 단국사학회, 2019.

7) 필자는 박규수의 시회 활동을 서술하면서 신석희의 자료를 활용한 바 있다. 김용태, 「박규수의 시사활동 연구-시사 동인들의 자료를 중심으로」, 『환재 박규수 연구』, 학자원, 2018.

- 『韋史詩稿』, 국립중앙도서관 소장, 1책.
- 『韋史集』(※표제는 '韋史詩集'), 국립중앙도서관 소장, 1책.
- 『韋史詩草』, 고려대학교 도서관 소장, 1책.
- 『韋史詩稿』, 부산시 시민도서관 소장, 1책.[8)]
- 『瓊琚』, 고려대학교 도서관, 1책.

국립중앙도서관 소장 『위사시고』에는 254제의 시가 시체에 따라 편차되어 있는데 1849년부터 1871년 무렵까지 지은 작품들이 수록되어 있다. 역시 국립중앙도서관에 소장된 『위사집』에는 55제의 시가 역시 시체에 따라 편차되어 있으며 창작연도는 1849년부터 1870년 무렵까지로 파악된다. 『위사시초』는 10여 장의 영본인데 『위사시고』의 앞부분 시들이 똑같이 필사되어 있다. 『경거』는 신석희 형제가 집안사람들과 주고받은 편지를 묶어 놓은 첩자이다. 이 자료들은 차후에 정밀한 교감 작업이 이루어질 필요가 있다. 그런데 이러한 국내의 자료는 모두 시선집이 주종을 이루고 있어 신석희의 생애와 문학세계를 조명하기에는 매우 부족하다고 말할 수 있다.

국외의 자료로는 일본 교토대학 '가와이 문고'에 신석희의 문집 6책이 아래와 같이 소장되어 있다. 국내 자료에 비해 훨씬 내용이 풍부한데 지금까지는 국내에서 이용할 방법이 없었다. 그러나 이제는 고려대학교 해외한국학센터에서 이 자료를 모두 촬영하여 인터넷으로 이미지를 제공하게 됨으로써 드디어 본격적 연구가 가능하게 되었다.[9)]

---

8) 부산 시민도서관의 『韋史詩稿』는 필자가 아직 살펴보지 못했는데 목록의 '筆寫影印本'이라는 부기와 크기(44cm)로 미루어 보면 국립중앙도서관의 『韋史詩稿』를 복사한 책이 아닐까 짐작된다.

9) 京都大 소장 『위사문고』에는 권수가 표시되어 있지 않은데, 〈해외한국학 자료센터〉에

- 韋史文稿1 (祝文, 策, 書, 狀, 志, 論, 說, 雜著)
- 韋史文稿2 (疏, 筵說, 收議)
- 韋史文稿3 (頒敎文, 玉冊文, 箋文, 致詞, 樂章文, 祭文)
- 韋史文稿4 (綸音, 謝恩表, 敎書, 啓辭, 咨文, 書啓)
- 韋史文稿5 (序, 記, 跋, 碑文, 銘, 祭文)
- 韋史詩稿

'문고'는 5책으로 이루어져 있으며 권수가 따로 매겨져 있지는 않다. 문체의 분류도 정연하지는 않은 것으로 보아 문집 간행을 위한 본격적인 편집 과정은 거치지 않은 것으로 보인다. 그렇지만 산문이 풍부하게 실려 있기에 신석희의 정치적 견해나 문학, 예술에 대한 취향을 연구함에 있어 부족함이 없어 보인다. '시고'는 209제의 시가 역시 시체에 따라 실려 있는데 국립중앙도서관의 『위사시고』에는 실려 있지 않은 만년의 작품들이 풍부하게 수록되어 있다는 특장이 있다.

이제는 이상과 같은 자료들을 활용할 수 있으므로 관련 연구들이 활발히 제출될 것으로 기대된다. 이에 본고는 신석희에 대한 작가론의 일환으로, 그의 생애와 관력을 먼저 살펴보고자 한다. 또 그가 관료로서 수행했던 글쓰기 가운데 '양요(洋擾)'와 관련된 글들을 주로 살펴보고자 한다. 당시 가장 중요한 대외적 사건은 역시 병인양요와 신미양요라고 할 수 있는데, 신석희는 중앙의 고위관료로서 양요의 대응에 직접적으로 관여하였다. 그러므로 이 문제는 신석희라는 '작가'이자 '역사 인물'을 이해하는 데 있어 핵심적인 지점이라 할 수

서 임의로 번호를 부여해 놓았다. 이후 이 책을 인용할 경우에는 이 번호를 표시하여 구분하였다.

있다. 본고의 논의를 통해 신석희의 사상과 문학에 대한 후속 연구가 활발히 이어지기를 기대한다.

2. 신석희의 관력과 외교문서 작성

신석희의 본관은 평산(平山)으로 사간공파(思簡公派)이며 자는 사수(士綏), 위사(韋史)는 그의 호이다. 증조부 신소(申韶, 1715~1755)는 대명의리에 투철했던 성리학자였고, 조부 신광직(申光直, 1738~1794)은 그 백씨 신광온(申光蘊, 1735~1785)과 함께 박지원(朴趾源)의 가까운 벗이었으며 홍대용(洪大容)과도 절친하였다. 생부는 신재업(申在業, 1767~1815)이고 외조부는 안동 김씨 김이도(金履度, 1750~1813)이다. 신석희는 백부인 신재정(申在正, 1763~1821)의 양자로 입적되었다. 신석희의 처부는 서응순(徐膺淳, 1783~1862)이다. 참고로 당대 노론계의 대표적 시인이었던 조면호(趙冕鎬, 1803~1887)의 외조부가 김이도였기에 두 사람은 이종사촌 관계였으며 실제로도 대단히 친밀한 사이로 함께 북촌 시단을 이끌었다.

신석희는 1834년(27세) 진사시에 합격하여 1842년(35세) 북부도사에 제수됨으로써 관직 생활을 시작하였다. 이후 사옹원 봉사(1843), 활인서 별제(1844), 돈녕부 주부(1847) 등 회위직을 거쳐 1848년(41세) 문과에 급제하였다. 이후 예조정랑, 병조정랑, 충청도사 등의 관직을 거쳐 1849년 사간원 정언이 되었는데 이해 4월 이서구(李書九, 1754~1825)의 삭탈관직을 강하게 요구하는 상소를 올려 노론 시파로서의 당파성을 선명하게 드러내었다.[10] 이때 헌종이 완강하게 요구

10) 『승정원일기』 헌종 15년 4월 3일 기사 참조.

를 들어주지 않자 신석희는 한 달 넘게 입궐을 거부하기도 하였다. 9월에는 황해도 암행어사의 명을 받아 나갔다가[11] 1850년 철종 즉위 후 3월 16일에 복명하였다. 이후 신석희는 홍문관 수찬에 제수되어 다시 이서구의 삭탈관직을 요구하며 한동안 입궐을 거부하기도 하였다.

당시 조정은 진종(眞宗, 영조의 첫째아들)의 조천(祧遷) 문제로 신료들 사이에 대립이 첨예했으니 왕통을 강조하면서 조천이 마땅하다고 주장하는 안동김씨 세력과 혈통을 강조하면서 조천을 반대하는 풍양조씨 세력이 강하게 맞서고 있었다. 이때 홍문관 부교리였던 신석희는 조천에 반대하는 권돈인(權敦仁)을 탄핵하는 상소를 올림으로써 다시 한번 정치적 입장을 분명히 드러내었다.[12]

이후 신석희는 1853년 9월 곡산부사(谷山府使)로 나갔다가 1854년 순천부사(順天府使)로 자리를 바꾸었다. 이때 삼남 지방에 극심한 가뭄이 들자 조정에서는 신석희를 위유사(慰諭使)로 삼아 민심을 위무토록 하였다. 1855년에는 성균관 대사성에 제수되어 내직으로 돌아왔고 곧이어 승정원 동부승지가 되었다. 그런데 1856년 다시 가뭄이 들자 6월에 경상도 위유사로 파견되었다가 6월에 복명하였다. 당시 경상감사는 신석희의 형 신석우였다.

1857년에는 홍문관 부제학, 이조참의를 역임하고 1858년에는 규장각 직제학, 예문관 제학을 역임하였다. 1859년에는 형조참판, 도승지, 이조참판 등 내직을 역임하다가 12월에 황해도 관찰사에 제수되어 1860년 2월 임지로 떠났다. 1861년 1월 도총관에 제수되

---

11) 申錫禧, 「己酉九月九日奉海西持斧之命 出寓三溪山庄 伯氏次壁上東坡詩韻 贈別 敬和以復」, 『韋史詩稿』, 국립중앙도서관 소장본 참조.

12) 申錫禧, 「辛亥七月日 玉堂言事疏」, 『韋史文稿』 2, 일본 京都大 소장본 참조. 이 상소는 『승정원일기』, 『실록』에는 실려 있지 않다.

며 내직으로 돌아와 2월에 예조판서에 올랐다. 이때 연행사의 편의를 청나라 측에 요청하기 위해 「예부복계(禮府覆啓) 신유(辛酉)」(『韋史文稿』4)[13]를 지었다. 5월에는 한성부 판윤에 제수되었다. 1862년 7월 지의금부사에, 10월 형조판서에 제수되었다. 11월에 다시 한성부 판윤을 맡았다가 1863년 7월 다시 형조판서가 되었다.

고종이 즉위한 1684년 다시 형조판서에 낙점되었고 1866년 예문관 제학이 되었다. 이해 8월 예문관 제학의 자격으로 「척사윤음」(8월 3일)을 저술하고, 프랑스 선박 3척이 한강 서강 어귀까지 올라오는 사건이 발발하자 이를 중국에 알리는 「북경예부자문(北京禮部咨文)」[14]을 작성하였다. 10월에는 병인양요가 일어났음을 일본에 알리는 「일본서계(日本書契)」도 작성하였다.[15]

1867년 1월에는 국경을 넘어온 러시아인을 섬멸하는 사건이 있었음을 청조에 알리는 자문("朝鮮國王 爲臚陳北地邊軍……")[16]을 작성하였다. 3월에는 일본이 조선을 공격하려 한다는 신문 기사를 조선 측에 제공해온 청조 예부의 자문에 대해 회답하는 자문("朝鮮國王 爲咨覆事……")[17]을 작성하고, 그러한 소문이 사실인지 일본측에 문의하는 「일본서계」도 작성하였다.[18] 4월에는 러시아와 접경한 북쪽 상황에 대해 알려 달라는 청나라의 요청에 회답하는 자문("朝鮮國王 爲咨覆事 同治六年三月二十四日……")을 작성하였다.[19] 5월에는 러시아측에서 조선에 교섭을 요청해 왔던 일을 청조에 알리는 자문("朝鮮國王 爲

---

13) 이하에서 언급되는 신석희가 지은 외교 문자는 모두 『韋史文稿』 4에 실려 있으므로 따로 출처를 표시하지 않도록 하겠다.
14) 이 문서는 『同文彙考』 三 原編 洋船情形 조에도 실려 있다.
15) 『고종실록』 3년 10월 15일자 기사에는 禮曹參議 任冕鎬가 지은 것으로 나와있다.
16) 이 문서는 『同文彙考』 四 原編續 犯越三 조에도 실려 있다.
17) 이 문서는 『同文彙考』 三 原編 洋船情形 조에도 실려 있다.
18) 이 문서는 『고종실록』 4년 3월 7일자 기사에도 실려 있다.
19) 이 문서는 『同文彙考』 四 原編續 犯越二 我國人 조에도 실려 있다.

臚陳俄國情形事")[20]을 작성하였다. 7월에는 동래부를 방문한 차왜(差倭)가 조선과 새로운 우호 관계를 맺어 무기 교역을 하자고 버티며 돌아가지 않자[21] 이에 응할 수 없으니 사신을 물리라는 요구를 담은 서계(書啓)("商吹滕凉緬惟鼎茵珍穆") 및「예조참의답서계(禮曹參議答書契)」,「예조참의순부답서계(禮曹參議順付答書契)」[22]를 작성하였다.

1868년 4월 지의금부사에 낙점되어 예문관 제학과 지의금부사를 겸직하였다. 이때 중국으로 표류한 우리 백성 신순집(申順集)과 김신사(金辛仕)를 청나라가 되돌려보낸 조처에 대해 감사의 뜻을 전하는「표민신순집출송사은표(漂民申順集出送謝恩表)」,「표민김신사등출송사은표(漂民金辛仕等出送謝恩表)」를 지었다.[23] 1869년 5월에는 중국의 비적들이 의주 지방을 어지럽히고 있다는 평안감사 박규수의 장계를 토대로 청나라 측에 조처를 요청하는 자문("朝鮮國王 爲申明前禁……")[24]을 지었다. 11월에 청조 예부에서 조선의 남녀 천여 명이 국경을 넘어 러시아 경계에서 살고 있다는 점을 지적하며 엄격한 통제를 요구하는 자문[25]을 보내왔는데, 이에 대해 사건의 유래를 설명하고 재발 방지를 위해 노력하겠다는 뜻을 담은「회계(回咨)」[26]를 지었다.[27]

---

20) 이 문서는『同文彙考』四 原編續 犯越三 조에도 실려 있다.

21) 『승정원일기』 고종 4년 7월 23일자 기사 참조. 이때 대마도는 자신들의 활로를 찾기 위해 조선과의 새로운 관계를 모색하고 있었다. 이에 대해서는 김흥수,「한일관계의 근대적 개편과 대마도」, 서울대 박사학위논문, 2007, 61면 참조.

22) 이 문서들은 여타의 기록에 보이지 않는다.

23) 『승정원일기』 고종 6년(1869) 5월 7일; 6월 29일; 10월 6일 기사 참조.

24) 이 문서는『同文彙考』四 原編續 疆界二 조에도 실려 있다.

25) 「都京禮部咨文謄書(己巳十一月二十三日)」라는 제목으로『韋史文稿4』에 실려 있다.

26) 이 문서는『同文彙考』四 原編續 犯越二 我國人 조에도 실려 있다.

27) 그런데 이「回咨」에는 "朴珪壽製"라는 협주가 달려 있어 박규수가 대신 작성하였음을 알 수 있다.

1870년 2월에는 또다시 중국의 무뢰배들이 작당하여 국경을 침노해 소요를 일으켰다는 평안감사 한계원(韓啓源)의 장계를 토대로 청나라 측에 엄격한 조사를 요구하는 자문("朝鮮國王 爲備陳邊情……" "朝鮮國王爲追査……")[28]을 지었다. 그리고 3월에는 조선 벽동군민이 중국으로 월경해 소요를 일으켰다는 청나라의 항의 자문에 대해 사과하는 내용의 자문("奉此除將承準貴部……")[29]을 지었다. 4월에는 조선 벽동군으로 월경해 난동을 부린 중국인 양귁태(楊幗太)를 처벌하였음을 청조 예부가 조선측에 알리면서 사건의 근본 원인은 조선인의 월경에 있으니 조선측의 확실한 조처를 요구하자 이에 대한 회답 성격의 자문("朝鮮國王 爲恭伸謝……"; "朝鮮國王 爲咨陳西沿碧潼郡……")[30]을 지었다.

신석희는 1870년 4월 이조판서에 제수되었지만 외교문서 작성에 계속 관여하였다. 같은 해 5월 동래부 왜관 앞바다에 독일 이양선이 정박했다가 돌아가는 사건이 발생하자 신석희는 이를 청조 예부에 알리는 자문("朝鮮國王 爲咨陳……")[31]과 이양선을 조선 바다로 안내한 일본인 나카노(中野) 등에 대한 엄한 조처를 일본측에 요구하는 「이양선거래정형예조참의서(異樣船去來情形禮曹參議書)」[32]를 지었다.[33] 8월 조정에서 관서 지역의 관리를 위해 자성(慈城)을 다시 설치하고

28) 이 문서들은 『同文彙考』 四 原編續 犯越三 조에도 실려 있다.

29) 이 문서는 『同文彙考』 四 原編續 犯越三 조에도 실려 있다.

30) 이 문서들은 『同文彙考』 四 原編續 犯越三 조에도 실려 있다.

31) 이 문서는 『同文彙考』 四 附編續 邊禁一 조에도 실려 있다.

32) 이 문서는 『同文彙考』 四 附編續 邊禁一 조에도 실려 있다.

33) 이때 왔던 이양선에는 일본주재 독일 대리공사 란트가 타고 있었으며 그 배의 이름이 헬타였음이 한국사 연표 등의 자료에 제시되어 있기는 하나, 이 사건에 대한 심화된 연구는 없는 듯하다. 신석희가 작성한 이 문서들을 활용한 연구가 필요할 것으로 보인다.

후창(厚昌)의 경계를 조정하였는데 이러한 사실을 알리는 자문("朝鮮國王 爲西沿空地設邑……")[34]을 작성하였다. 10월에는 조선 백성들이 러시아 경내에 들어가 거주하는 문제를 들어 청나라가 조선과 러시아의 관계를 의심하는 내용의 자문을 보내오자 이에 대해 해명하는 내용의 자문("朝鮮國王 爲咨覆事……")[35]을 보냈다. 10월에 예조판서로 옮겼다. 1871년 1월 수원 유수가 되었다. 1873년 1월 이조판서가 되었으나 같은 해 4월 15일 세상을 떠났다. 시호는 효문(孝文)이다.[36]

3. 양요 전후 대외인식의 시적 표현

위에서 살펴본 바와 같이 신석희는 오랜 기간 외교문서 작성에 깊이 관여했으므로 대외 정세와 관련된 고급 정보를 많이 파악하고 있었을 것이다. 그리고 그가 개인적으로 쓴 시와 문에서도 대외인식을 살펴볼 수 있는 글들이 산견된다. 신석희는 당대 집권세력의 일원이었으므로 그를 통해 19세기 중반기 당대 집권층이 가졌던 대외인식의 한 갈래를 파악하는 데에 도움을 받을 수 있을 것으로 생각된다.[37]

신석희가 1862년에 지은 「각기음(脚氣吟)」(교토대 소장 『위사시고』 수

---

34) 이 문서는 『同文彙考』 四 原編續 疆界二 조에도 실려 있다.

35) 이 문서는 『同文彙考』 四 原編續 犯越二 조에도 실려 있다.

36) 平山申氏思簡公派宗中 編, 『平山申氏思簡公派譜 2』, 회상사, 1990, 490면 참조.

37) 이 시기 대외국방정책에 관한 선행 연구로는 연갑수, 『대원군집권기 부국강병정책 연구』, 서울대 출판부, 2001이 중요하다. 그런데 이 책에서는 정책과 제도 차원의 서술에 집중되어 있어 집권층에 속하는 개인들의 견해를 살피지는 않았다. 앞으로는 구체적인 개인들의 견해를 살피는 쪽으로 연구가 심화될 필요가 있다고 보이는데 본고에 그러한 연구에 일조가 될 수 있을 것이다.

록)은 7언 202구의 장편 고시인데 제목도 낯설고 내용 구성도 특이하다. 시적 화자가 목도한 환로의 어려움을 토로하는 내용인데 마지막 구가 "선생의 다리 병은 참으로 고치기 어렵기에, 한낮에도 할 일 없어 필묵을 희롱하네[先生脚氣眞難醫, 日長無事弄筆墨.]"라고 마무리되고 있어, 관료로서 직무에 분주하다가 다리 병이 나서 이 시를 짓게 되었다며 작품의 저작 동기를 설명하고 있다. 작품의 도입부는 한겨울에 중국으로 떠나는 사신을 전송하는 내용으로 시작된다.

……

관산이라 융마 타니 군악소리 떠들썩한데
나그네 전송하며 중원 소식 묻노라.
소년 천자 불과 여섯 살
동치의 연호 세워 임술년에 등극했네.
……
공친왕이 의정왕대신 되어 보좌하니
세 간신[38] 교수형 당해 하늘의 벌을 받았네.
승격림심(僧格林沁), 원갑삼(袁甲三), 증국번(曾國藩), 승보(僧保)가
전쟁터를 통제하고
조정에는 맑은 무리 가득해 참소하는 말 미워했네.
하지만 너른 땅에 걱정거리 불어나니
영이(英夷)와 한비(漢匪)가 서로 날뛰네.
장강이 허리띠처럼 둘렀으나 어찌 의지할 수 있으리오
남쪽 변방 전쟁 기운이 북쪽을 혼미하게 하여

38) '삼간'은 怡親王 載桓, 鄭親王 端華, 大學士 肅順을 지칭한다. 이 세 사람은 咸豐帝의 신뢰를 받아 동치제를 잘 보좌하라는 유촉을 받았으나 서태후와 공친왕의 신유정변 때 제거되었다.

보루가 멀리서 고구려 땅을 누르니
〈정도호가〉 부르며 금 술잔을 흩뿌리네.
일찍이 나라를 튼튼히 할 계책 하나 실행하지 못했기에
죄언이 입에서 나오지만 얼른 틀어막아 버리네.
……

戎馬關山金鼓喧, 中原送客問消息.
少年天子今六歲, 乾元同治紀玄黓.
……

親王議政大臣贊, 三奸磬甸遭天殛.
僧袁曾勝制閫外, 朝著淸明讒說塱.
最是疆場滋憂虞, 英夷漢匪相掎踣.
長江衣帶詎足恃, 九邊兵氣迷直北.
譙樓迥壓幘溝漊, 丁都護濺金服匿.
曾無一策撤桑土, 罪言脫口甘摧抑.
……

여기서 시적 화자는 동치제 초기의 중국 상황을 일단 긍정적으로 평가한다. 공친왕과 증국번 등의 활약에 힘입어 태평천국군의 기세를 상당히 꺾었던 당시의 상황을 나름 객관적으로 파악하고 있었다고 볼 수 있다. 하지만 영이(英夷)와 한비(漢匪) 즉 서양 세력과 염군(捻軍) 등의 세력에 의해 장강(長江) 이북 지역이 다시 위태로워져서 한반도 인근 지역도 안심할 수 없는 상황이 되고 말았다는 위기의식의 토로가 이 단락의 주제라고 할 수 있다.[39] 이러한 상황에 대한

39) 당시 태평천국에 대한 조선의 위기의식에 대해서는 하정식, 「태평천국과 1850-60년대초 조선왕조의 위기의식」, 『동방학지』 제87집, 연세대 국학연구원, 1995 참조. 이 논문에서는 신석희와 가까웠던 박규수와 신석우의 사례를 주로 분석하였다.

시적 화자의 심경이 인용문의 아래 4구에 표출되어 있다. 〈정도호가〉는 탄식을 쏟아낼 때 부르는 고대 악부이고[40] '죄언'은 당나라 시인 두목(杜牧)이 번진(藩鎭)과 용병의 문제에 대해 논한 상소문이다. 위기가 박두하였음을 인지하고 있지만 무기력하기 짝이 없는 자신에 대한 한탄을 토로하고 있는 것이다.

다음은 창작 연도가 분명치 않은 「우서(偶書)」(국립중앙도서관 소장 『위사집』)라는 작품인데[41] 여기서도 이양선의 출현에 무력감을 느끼며 괴로워하는 정서가 드러나고 있다. 전체 칠언절구 3수인데 다음은 두 번째와 세 번째 수이다.

행춘교 버드나무 푸르게 휘날리는데
짙은 잎 사이로 꾀꼬리는 잘도 숨네.
병서들 치워버리고 난간에 기대어 앉으니
남은 꽃이 난리 통에도 여전히 피어 있었네.
行春橋柳綠忽忽, 密葉黃鸝竄伏工.
淨掃軍書憑檻坐, 餘花猶發亂離中.

대포의 탄환이 잠시도 그치지 않노니
그 누가 화기(火器)로 생령을 해치는가.
그저 날마다 신풍주에 취했다가
서양배 떠나간 뒤에나 깨어나야지.

---

40) 「정도호가」의 '丁都護'는 丁旿로 東晉 말기를 살았던 인물이다. 그는 당시 백성들의 원성을 사고 있던 諸葛長民을 죽인 일이 있어 백성들은 그를 영웅으로 여겼다고 한다.

41) 『韋史集』를 보면 이 시의 다음에 「慰諭順天求禮諸邑路中作」이 편차되어 있는데 이 작품은 신석희가 순천부사와 위유사로 활동했던 1854년 즈음에 지어진 것으로 추정된다. 그렇다면 「우서」 역시 1850년대 전반에 지어진 것으로 추정해 볼 수 있다.

雷礮星丸不暫停, 誰將火器毒生靈.
祇堪日醉新豊酒, 直到洋船去後醒.

앞의 시 1, 2구는 봄날을 노래하는 전형적인 표현이라 할 수 있지만 3구에 '병서'가 등장함으로 인해 시의 성격은 일변하고 만다. 시적 화자는 병서를 뒤적이며 서양배를 물리칠 궁리를 하다가 별무소득의 답답한 심정이 들어 봄날의 경치에 눈이 닿았던 것인데, '병서들을 치워버렸다'는 표현에서 당시 상황에 군사적 방법으로 대응하고자 고심하였으나 뾰족한 방법을 찾을 수 없던 답답함이 느껴진다.

그런데 군사적 대응에 대한 열망이 현실에서 실현될 수 없다면 곧 탄식과 자조로 이어질 수밖에 없었을 것이다. 두 번째 수에서 술에 취하길 바란다고 표현한 것은 바로 이러한 심정이었다고 보인다. 그런데 하필 왕유(王維)의 「소년행(少年行)」에 나오는 "신풍이라 맛좋은 술 한 동이 값이 수천인데, 함양의 젊은 유협 많기도 하네[新豐美酒斗十千, 咸陽游俠多少年.]"라는 낭만적 표현을 가져온 것은 자조적 심경을 표출하기 위한 장치라고 보인다. 시상을 보면 전체적으로 감정이 절제되지 않았음을 감지하게 되는데, 외교문서를 작성할 때의 지극히 절제된 글쓰기와는 전혀 다른 면모라는 점에 주목하게 된다.

다음은 신미양요가 일어나고 광성보 전투가 끝난 직후인 1871년 4월 30일에 지어진 「번민을 털어내다 다섯 수. 이당에게 드리고 술의 가르침을 바라다[排悶五則. 寄呈怡堂, 仍乞醇敎.(四月三十日)]」(국립중앙도서관 소장 『위사시고』)의 전반부 3수이다. 이당은 조면호의 별호이다.

'거동궤(車同軌) 서동문(書同文)'으로 만국이 사천 년 지내오매
도판과 서적에는 애초에 미리견(아메리카)은 없었노라.
한 귀퉁이 금성탕지 청정한 구역에서

동인들 또다시 극서(極西)의 배를 보네.
車書萬國四千年, 版籍元無美利堅.
一片金湯乾淨局, 東人又見極西船.

부끄럽다, 전성에서 한가로이 술 마시고 바둑두던 일
청명의 부월로 겹겹의 관문을 지키노라.
서생에겐 승리를 장담할 좋은 계책 없으니
다만 단풍나무 하늘과 대추나무 땅 사이에 달려 있네.
(새로운 법식의 마반거를 만들었다)
慚愧澶城飮博閑, 靑冥鈇鉞鎭重關.
書生制勝無長策, 惟在楓天棗地間.(造新法磨盤車)

듣건대 강화도의 어총관은
형제 모두 절의를 세워 문하에까지 미쳤다지.
그 충혼은 모래와 벌레를 따라 스러지지 않고
응당 산하의 만리장성이 되리라.
聞道江華魚摠管, 弟兄雙節及門生.
忠魂不逐沙蟲化, 應作山河萬里城.

첫째 수의 1, 2구에는 상대적으로 오랜 세월 동안 평화와 안정을 구가하였던 동아시아 국제 질서에 갑자기 틈입한 미국과 무력 충돌까지 겪어야 했던 조선의 당혹감이 표출되었다고 볼 수 있다. 2구의 '판적(版籍)'은 『송사(宋史)』나 『명사(明史)』에 수록된 「외국열전(外國列傳)」 등을 지칭하는 것으로 생각되는데, 이 「외국열전」에는 로마를 비롯한 유럽의 여러 나라에 대한 정보는 상당히 풍부하게 수록되어 있지만 당연하게도 신생국 미국에 대한 정보는 수록되지 않았다. 그리고 4구의 '극서'란 단어의 어감이 낯설게 느껴지는데 이에 상대되는 '극동(極東)'이란 말이 여전히 쓰이고 있다는 사실에 대해 생각해 보게 된다. '극동'이란 말이 서양인의 시각에서 만들어진 말이라면, '극서'는 그야말로 조선의 입장에서 만든 표현이라 할 수 있다. 조선의 입장에서 바라보던 세계에 대한 감각이 단절되었다는 사실을 새삼 느끼게 된다.

둘째 수의 1구는 송대(宋代) 시인 양억(楊億)과 관련된 고사를 활용한 표현이다.[42] 당시 신석희는 수원 유수로서 방비의 한 축을 담당하고 있었는데 양억의 경우와 같은 치욕적인 행위는 하지 않겠다는 의지를 표명하고 있는 것이다. 3, 4구 및 주석의 '마반거'와 관련하여는 조면호가 신미양요를 장편시로 그린 「후서사잡절(後西事雜絶)」[43]의 기록이 매우 유용하다. 「후서사잡절」의 제35수와 36수에서 조면호는 신석희가 수원유수로서 방비를 철저히 하였음을 칭송하며 "재상들 이제는 장수의 재주도 갖추어야 하네[宰相今須將師才]"라고 제36수를 마무리하고 있다. 그리고 다음과 같은 주석도 달아 놓았다.

> 화성은 서울을 지키는 중요한 지역으로 서쪽으로 인천과 부평의 바다에 닿아 있다. 유수 신석희는 새로 봉화대를 설치해 바다를

42) 당시 송나라의 眞宗 황제는 澶州에서 거란에게 패해 매년 歲幣를 보내기로 하는 굴욕적인 맹약을 맺었다. 이후 진종 황제는 寇準에게 澶州를 지키게 하니 구준은 양억과 함께 술 마시고 놀이하며 담대함을 드러내 황제를 안심시켰다. 하지만 전투에 패해 황궁으로 소환된 양억은 두려운 나머지 대소변을 흘렸다고 한다.

43) 조면호의 「서사잡절」 전후편은 19세기 시사에 있어 기념비적 작품이다. 이에 대해서는 김명호, 「옥수(玉垂) 조면호(趙冕鎬)의 〈서사잡절(西事雜絶)〉 전후편에 대하여-병인(丙寅),신미양요(辛未洋擾)의 시적 형상화-」, 『고전문학연구』 제20집, 한국고전문학회, 2001; 김용태, 『19세기 조선한시사의 탐색』, 돌베개, 2008, 237~277면 참조.

감시하고 또 당보(塘報, 척후 부대)를 두어 진위(振威) 북쪽 경계와 연락하였다. 또 마반거를 마련해 대포 운용을 편리하게 하였다. 또 성 가운데에 돌을 모아두어 비상시에 성을 지킬 도구를 준비하니 이웃 고을이 모두 든든히 여겼다.[44]

마반거는 신헌(申櫶)이 1867년에 『해국도지(海國圖志)』를 참고해 제작한 것으로 알려져 있다.[45] 마반거는 대포의 운반을 손쉽게 하는 장비였던 것으로 보이는데 신석희가 수원의 방비에 직접 활용하며 큰 기대를 걸었던 듯하다.[46] 이러한 조면호의 증언을 통해 볼 때 신석희는 확실히 군사 분야에 관심과 조예가 깊었다고 볼 수 있을 듯하다.

셋째 수는 광성보 전투에서 장렬히 전사한 어재연(魚在淵, 1823-1871)과 그의 동생 어재순(魚在淳, 1826-1871)의 '쌍충(雙忠)'[47]과 그 휘하의 유풍로(柳豊魯), 이현학(李玄鶴) 등 용감하게 싸우다 전사한 이들을 기리는 내용이다. 이들의 죽음은 결코 헛된 것이 아니니 나라를 지키는 튼튼한 장성이 될 것이라는 말로 순국의 의의를 부여하고 있다.

---

44) 조면호, 「後西事雜絶」, 『玉垂集』 卷15. "華城處三輔重地, 西連仁富海. 留守申錫禧新設烽臺, 以直於海, 又置塘報, 通振威北境. 又制磨盤車, 以便砲機, 又聚石於城中, 以備臨急守城之具, 隣境俱賴焉."

45) 박찬식, 「신헌의 국방론」, 『역사학보』 제117집, 역사학회, 1988, 74면 참조.

46) 제2수 4구의 '楓天棗地'는 본래 단풍나무와 대추나무로 각각 덮개와 바닥을 만든 占卜의 도구였다고 한다. 그런데 단풍나무와 대추나무는 영험함이 있어 이 도구를 마구간에 놓으면 말들이 놀라고, 길에 놓으면 수레가 뒤집어 진다는 속설이 있었다고 한다. 여기서는 마반거의 영험한 활약으로 서양배를 물리치고자 하였던 마음을 표현한 것으로 보여진다.

47) 어재연 형제의 문집은 『쌍충집』이란 제목으로 엮였고, 어재연을 기리는 사당 忠壯祠(경기도 이천) 경내에는 '雙忠門'이 있다. 신미양요기념사업회, 『雙忠集』, 신미양우기념사업회, 1984.

그런데 이 작품의 제4수와 5수는 위에서 살펴본 「우서」의 제3수, 2수와 동일한 작품이다. 짐작해 보건대 신석희는 신미양요에 관한 소회를 시로 표현하여 조면호에게 보내면서 과거에 지었던 2수도 현재의 심정을 잘 표현하고 있다고 여겨 함께 동봉한 것이 아닐까 한다. 그래서 제목에도 '잉걸담교(仍乞醰敎)' 4글자를 덧붙였을 것이라 생각된다.

이상에서 살펴본 시들에는 서양의 무력 도발에 대해 군사적으로 단호히 대응해 응징하기를 강렬히 원했던 신석희의 열망이 드러나 있는 한편, 그것이 뜻과 같지 않은 상황에 대한 무력감과 좌절감이 동시에 표출되어 있다고 볼 수 있다.

4. '양이(洋夷)' 격퇴를 위한 작전 구상

조선 후기 실학파 학자들은 해외 통상의 필요성을 공공연하게 제기할 정도로 해외 문호 개방에 대하여 열린 자세를 취했다. 19세기 전반기에도 최한기(崔漢綺)와 이규경(李圭景)은 해외 통상론을 제기한 바 있었다. 그러나 1840년 제1차 중영전쟁 소식이 전해지고 1840년대 중반에는 조선 연안에 서양 선박이 연이어 출몰함으로써 지식인들 사이에 '해방(海防)'의 필요성이 제기되었다. 윤종의(尹宗儀)의 『벽위신편(闢衛新編)』은 그러한 문제의식을 담은 대표적 저술이라 할 수 있다.[48] 신석희는 윤종의와 가까운 벗이었던 만큼 이러한 해방의 필요성을 일찍부터 공유하였던 것으로 보인다. 신석희는 1848년 해미

48) 노대환, 「조선 후기 서양세력의 접근과 해양관의 변화」, 『한국사연구』 제123호, 한국사연구회, 2003, 362~364면 참조.

진좌영장(海美鎭左營將)이었던 박민환(朴民煥)의 부탁으로 「해미남문루중수기(海美南門樓重修記)」(『위사문고』5)를 지었는데 이 글에는 해방에 대한 신석희의 관심이 직접적으로 드러나 있다.

> ……고대에 병술(兵術)을 담론한 자로는 손무(孫武)나 위요(尉繚)의 책보다 이른 시기의 것이 없는데 야산이니 늪과 못의 형세와 지세에 대한 논의 말고는 한 마디도 해방에 대해 하지 않았던 데에 대해 나는 일찍부터 의아하게 생각했다. 한나라 때 이르러 곤명(昆明)과 장가(牂牁) 지방의 소소한 수전(水戰)이 논의되다가 아래로 당송명에 이르러서야 비로소 차츰 해방에 대한 담론이 나왔다. 그러나 오히려 우리나라 임진왜란과 같은 규모의 전쟁은 없었다. 수만 리 바다를 건너와 육칠 년 동안이나 지구전이 벌어졌던 것은 초기에 방비하여 단단히 막지 못한 탓이었다. ……아, 내가 비록 그곳을 답사하지는 못했지만 해미읍이 국경방어에 있어서 갖는 중요성은 지도라던가 고장의 내력을 통해 익숙히 알고 있다. 게다가 지금은 영국 등 서양배가 연안에 자주 출몰하고 있으니 국경 방비의 일은 더욱 마음에 담아두지 않을 수가 없다. 안개 끼거나 탁 트인 바다, 도서의 배치와 같은 승경에 대해서는 다른 날 다시 와서 보충해 기록하도록 하겠다.[49]

---

49) 申錫禧, 「海美南門樓重修記」, 『韋史文稿』 5, 일본 京都大 소장. "……余嘗疑古之談兵之家, 無有先於孫武尉繚之書, 而野山藪澤之勢地外, 無一語及於海防. 惟漢之昆明牂牁, 小小水戰, 下至唐宋皇明之世, 始稍稍有其說. 然猶未有若我國壬辰倭寇之警. 駕海數萬里相持六七年之久者, 以不能戒嚴於始而大爲之防焉耳.……噫, 余雖不能躬履其地, 而邑之爲關防之重, 以地圖及沿革源委而知之熟矣. 況今英洋船舶有時出沒邊溢, 而關防之事, 尤不可不留心者乎. 若夫煙雲浩淼島嶼錯置之勝, 他日或復登臨而補記之云."

신석희는 중국 사례를 통해 해방과 해전에 관한 정보를 찾고자 시도했음을 알 수 있다. 그러나 그 결과 그가 확인한 바는 조선 땅에서 일어났던 임진왜란은 중국 역사에서도 유례를 찾기 어려운 엄청난 규모의 해전이었으며, 그러한 비극적 전쟁의 원인은 역시 해방의 실패에서 찾아야 한다는 점이었다. 신석희가 해미를 직접 방문하지 않고서도 그곳의 지리적 중요성에 대해 소상히 알고 있었다는 것은 그만큼 그가 해방에 관하여 나름의 준비를 하였다는 점을 보여주고 있다. 해미의 아름다운 풍광에 대해서는 다른 날 와서 보충하겠다는 마지막 문장은 글의 긴박감을 높이는 수사적 효과를 높이고 있다.

다음은 신석희가 1869년에 쓴 「도징서(檮徵序)」(『위사문고』 5)의 처음과 마무리 부분이다.

> 정묘년(1867)과 무진년(1868) 사이에 국서가 벌떼처럼 답지하였다. 나는 예문관의 빈자리를 채우게 되어 실로 이 일을 담당하게 되었다. 곁에 온갖 문서를 모아놓았는데 더욱 외교 문자에 뜻을 기울여 관련 책자와 초본이 쌓여 마치 수달이 물고기를 모아 제사를 지내는 것 같았다. 내가 산중으로 돌아와 한가히 아무 일 없이 있을 때 한씨의 『역사(繹史)』를 집어들어 교정하면서 다른 자료에 나와 있는 지명 및 편제를 수집해 책으로 엮어 『도징(檮徵)』이라고 이름 지었다. 어떤 객이 말했다. "공은 옛 종이 더미에 파묻혀 육십 년간 벌레처럼 늙어왔소. 산림에 숨어지내며 우뚝한 기운이라곤 없으니 무엇 때문에 답답하게 살아가오? 바둑이라도 두지 그러시오.……" 아, 내가 뒤늦게 태어났기에 문천상(文天祥) 선생의 바둑에 대한 담론을 듣지는 못했으나 선생의 뜻을 까마득한 뒷 시대에서 탐구하고자 필묵으로 저포를 대신하고, 수정하고 교정하는 것을 장기판 위의 말로 삼으니 나를 아는

자는 응당 내 마음을 알 것이요, 나를 모르는 자는 또한 나를 길수(吉水)에 띄운 배에서 문천상 선생과 바둑을 두었던 객이라고 부르리라.[50]

앞 장에서 서술하였듯이 신석희는 1850년대부터 외교문서 작성 일을 맡았으며 인용문에 나와 있듯 1860년대 후반에는 예문관 제학으로서 외교문서 작성에 깊숙이 관여하고 있었다. 이때 외교문서 작성에 만전을 기하기 위해 온갖 자료를 동원하였다는 신석희의 술회가 인상 깊게 다가온다. 그런데 그런 바쁜 가운데에서도 신석희는 개인적인 저술에도 힘을 기울였음을 인용문은 증언하고 있다. '한씨의 『역사』'는 아마도 한치연(韓致奫, 1765~1814)의 『해동역사(海東繹史)』를 지칭하는 것으로 생각되는데 신석희는 이 책을 교정하면서 중국의 사서(史書)와 대조하는 작업을 통해 저술을 하고 그것을 『도징』이라 이름지었던 것이라 추측된다.

위 인용문은 그 서문으로써 『도징』의 의의를 설명하고 있는데, '객'을 등장시키는 대화체의 수법을 활용하였다. 객은 저술 작업에 몰두하는 '나'를 힐난하며 바둑이라도 두는 것이 낫지 않겠냐고 권유한다. 생략된 부분에서 '나'는 송나라 말기에 송나라를 위해 충절을 바쳤던 문천상이 바둑을 즐겼다는 고사를 가져와 문천상이 바둑의 묘리를 전투에 활용했다는 이야기를 한다. 그러면서 자신은 문천상처럼 바둑을 두지는 않지만, 저술 활동으로 바둑을 대신하고 있

50) 申錫禧, 「檮徵序」, 『韋史文稿』 5, 일본 京都大 소장. "丁卯戊辰間, 國書鑱午, 不佞承乏綸垣, 實膺玆役, 薈稡乘牒, 尤致意於交隣文字, 鋟本墨鈔, 如獺祭魚. 旣歸洞陰山中, 閑居無事, 拈韓氏繹史而檃括之, 傍搜諸家州次部居, 名之曰檮徵. 客曰, 公埋沒於古紙堆中, 螢乾蠹老六十年, 屛處林樊, 莫氣崢嶸, 何爲是几几者也.……嗟余生晩, 未及聞先生博論緖餘, 欲講究先生之志於百世之下, 觚墨代樗蒲, 點竄句乙爲布盤點馬, 知我者自當知我心, 不知我者, 亦當喚我如吉水舟中對局之客."

다는 말로 글을 맺고 있다. 자신의 저술 활동이 훗날 나라를 지키기 위한 준비임을 분명히 드러내고 있는 것이다. 신석희가 저술했다는 『도징』은 현재 전하지 않는 것으로 보이는데 언젠가는 세상에 다시 모습을 드러내기를 기대해 본다.

그다음으로 살펴보고자 하는 자료는 교토대 소장본 『위사문고』 1에 실려 있으며 1,466자로 이루어진 장편의 산문인데 제목이 달려 있지 않다. 첫 글자가 "양이범순(洋夷犯順)"으로 시작되고 있으므로 이것을 편의상 글의 제목으로 삼도록 하겠다. 글의 내용이나 앞뒤의 편차를 참고할 때 이 자료는 1871년 신미양요가 발발하여 광성보 전투가 있었던 직후에 쓰인 것으로 보인다. 글의 제목도 달려 있지 않으므로 일단은 신석희가 자신의 생각을 정리해 둔 비망록 같은 성격의 기록이라 볼 수 있을 듯하다. 그러나 글의 구성은 상당히 정연하게 짜여 있다. 내용상 단락을 구분해 보면 다음과 같다.

① 피아 대치 상황 검토, 화공책의 필요성 제기
② 아군의 장단점 분석
③ 적군의 장단점 분석
④ 화공의 구체적 작전 개념 구상
⑤ 마무리, 작전에 임하는 비상한 자세 환기

먼저 ①에 해당되는 대목을 살펴보면, 광성보 전투 이후 교착 상태에 빠진 전황을 간략히 정리한 뒤 다음과 같이 정세를 분석하였다.

> ……그러나 사실 (저들이) 머물고자 하여도 후원군이 오지 않아 이미 군세를 떨칠 우익이 끊어졌고, 떠나고자 하여도 애초의 계

획이 모두 실패하여 귀국할 면목도 없다. 떠나기도 머물기도 어려워 결단하지 못하고 가만히 움직일 기미가 없는 것이 벌써 열흘이 훨씬 넘었다. 한편 우리 상황을 보면 진을 치고 있는 삼군은 머뭇거리며 창끝에 술을 달았다 뗐다 하고 있으며, 서울의 백성들은 솥이 텅 비어 안일함으로 괴로움을 대신하면서 그저 헛된 이름만 부지하고 있으니 이것은 이길 수 있는 계책이 아니다. 지금 유일한 방책은 곧 저들을 몰아내는 것일 뿐이다. 어떻게 몰아낼 것인가? 그것은 또한 화공일 뿐이다.……[51]

1871년 4월 24일부터 26일까지 광성보에서 큰 전투가 벌어진 다음 미국 함대가 철수하는 5월 중순까지 양측은 군사 충돌은 피하면서 서신을 주고받으며 서로의 의중을 탐색하고 있었다.[52] 이 글은 바로 이 시기에 지어진 것으로 보인다. 신석희는 고민 끝에 교착 상태를 끝내고 화공으로 몰아내야만 한다는 결론에 도달했던 듯하다. 그런데 조면호의 「후서사잡절」 제34수 주석에 따르면 "11일 경기 중군 양주태(梁柱台)가 수군을 조련하여 강화 군영으로 갔다. 화공책을 쓰기 위해 다방면에서 검토하였으며 지금 섶을 바다로 운반하고 있다."[53]고 기록되어 있다. 경기 중군 양주태는 제너럴 셔먼호 사건

51) 申錫禧, 「洋夷犯順」, 『韋史文稿』 1, 일본 京都大 소장. "……然其實欲留, 則後援不來, 已絶張軍之羽翼, 欲去則初計盡敗, 實無歸國之面目, 去留兩難, 委決不下, 漠然無變動底意者, 今爲數旬. 而我則陣上之三軍, 喬英旋抽, 都下之萬民, 釜甑空枵, 以逸待勞, 徒存虛名, 相守持久, 不是勝算, 到今惟有一策, 卽曰敺之而已. 敺之如何? 亦卽曰, 火攻而已.……"

52) 신미양요의 전개 과정에 대해서는 김명호, 『초기 한미관계의 재조명』, 역사비평사, 2005, 277~420면 참조.

53) 趙冕鎬, 「後西事雜絶」, 『玉垂集』 卷15. "十一日, 以京畿中軍梁柱台鍊熟水師, 赴沁營節制. 盖有火攻之策, 多般講究, 方今運柴在海中."

때 박규수를 보좌하여 화공을 성공시켰던 무장이다.[54] 신석희, 박규수, 조면호의 각별한 관계를 고려해 보면 신석희가 제안한 '화공책'은 실제로 실행 준비 단계에까지 나아갔던 것이 아닐까 생각된다.

다음으로 아군의 장단점에 대해 분석한 대목을 보면 "아, 우리나라의 무력은 본디 강하여 능히 수당(隋唐) 백만의 군사를 꺾었다. ……문교가 펼쳐진 뒤로 무비(武備)에 소홀해지고 평화가 이백 년 이어져 백성들이 싸움을 알지 못하니……대오를 나누면 앞뒤가 어긋나고 진(陣)에 임하면 좌우가 함께하지 못하니 이는 저잣거리의 사람을 몰아 전쟁을 시키는 것이다."[55]라고 하였다. 조선 후기에 들어 고구려 등 강력한 고대 국가에 대한 기억이 다시 소환되었던 것은 소중화 사상을 강화하고자 하는 의식의 소산이었는데,[56] 여기서는 그러한 화이론과는 결을 달리하여 실제 서양의 무력을 물리치기 위한 역사적 자원으로 활용되고 있음을 볼 수 있다. 그렇지만 당대의 조선은 문약에 빠지고 말았기에 정공법으로는 도저히 승산이 없으므로 화공법을 쓸 수밖에 없다는 것이 신석희의 결론이었다. 다음은 적군의 장단점에 대한 분석이다.

> ……저 서양 오랑캐는 단독 부대로 수만 리 넓은 바다를 건너 우리나라 국방의 요지에 틈입하니 이는 저들이 반드시 패할 수밖에 없는 형세이다. 저들이 자신의 강함을 과시하며 해외 여러 나라를 업신여기는 것은 오직 산처럼 큰 배로 긴 바람을 타고

---

54) 김명호, 앞의 책, 2005, 340면 참조.

55) 申錫禧, 「洋夷犯順」, 『韋史文稿』 1, 일본 京都大 소장. "噫, 我國兵力素强, 能折隋唐百萬之師.……自夫文敎宣而武略疎, 昇平二百年, 民不知兵,……分隊則前後相錯, 臨陣則左右不共, 此政驅市人而戰也."

56) 허태용, 「17세기 중 · 후반 중화회복 의식의 전개와 역사인식의 변화」, 『한국사연구』 제134호, 2006, 98~103면 참조.

> 높은 파도를 깨뜨리며 번개처럼 달려 잠깐 사이에 천 리를 가며, 대포가 아주 커서 포탄이 수십 리에 이르고 소총은 정밀하여 한 번에 대여섯 발을 쏠 수 있기 때문이다. 이것이 서양 오랑캐의 장점이지만 그 장점을 제압할 방법이 있으니……[57]

신석희의 분석은 상당히 객관적이라고 보인다. 적 선박의 규모, 속도, 화력의 우수함은 그것대로 인정하지만, 후속 부대가 없기에 구사할 수 있는 작전이 크게 제한되므로 아군의 화공법은 반드시 성공할 수 있다는 것이 신석희의 판단이었다. 그리고 신석희의 언어가 매우 현실적이고 주도면밀하다는 점에 주목하게 된다. 대개 이 시기 조선의 대외인식에 대한 일반의 인상은 '쇄국정책', '소중화사상', '위정척사사상' 등을 떠올리며 여전히 부정 일변도인 것이 사실이다. 또 사실 이 시기 조선의 식자층에게는 화이론의 관념성으로 인해 현실을 냉철히 직시하지 못한 과오가 있었던 것도 사실이다. 그런데 신석희의 언어에는 그러한 관념성을 찾아볼 수 없다는 점에서 신선함마저 느껴진다. 이러한 신석희의 태도가 당대 사상의 지형도에서 어떤 위치를 차지하는지는 후속연구를 통해 입체적으로 밝혀져야 하겠지만, 대외 관계의 일선에서 오랫동안 실무를 맡았던 경험이 관념성을 극복하는 계기로 작용하지 않았을까 싶다.

화공법의 구체적 내용을 모두 인용하는 것은 번나하므로 그 요점만 추려 서술하면 다음과 같다.

57) 申錫禧,「洋夷犯順」,『韋史文稿』1, 일본 京都大 소장. "……洋夷以褊師孤軍, 涉重溟數萬里, 闖入於關隘於要害之地, 此必敗之象也. 但其自恃爲强, 憑陵於海外諸國者, 惟峨舸大艑, 駕長風, 破層濤, 星馳電擊, 一瞬千里, 大礮轟殷, 遠及數十里, 小銃精利, 一發五六丸, 此其爲洋夷之所長. 有可以制其所長者.……"

• 화공을 가장하여 적의 공격을 유인할 선박 마련. 물에 푹 젖은 풀을 가득 쌓아 피탄의 피해 최소화. 작은 범선 수백 척을 두 편으로 나누어 한 편은 손돌목과 양화진 사이에 배치하고 또 한 편은 인천과 부평 사이에 배치.

• 화공을 가장한 배를 접근시켜 적의 탄약 소모 유도. 적선이 손돌목으로 향하면 인천에 대기하던 부대가 전선의 후미를 공격하고, 인천으로 향하면 손돌목에서 대기하던 부대가 적선의 후미를 공격. 적선이 이를 우려하여 이동하지 않으면 북과 나발을 이용해 심리전 수행.

• 적선이 급수를 위해 영종도 남쪽으로 이동할 것을 예상, 영종도와 물치도 사이에 앞서와 같은 모양으로 범선을 배치하여 협공.

• 강화도, 영종도, 물치도, 팔미도 등 좁은 해협으로 적선을 유인 포위하여 공격, 적선끼리의 충돌을 유도.

이러한 작전 구상은 제너럴셔먼호를 화공으로 격침시켰던 경험을 토대로 나왔을 것으로 생각된다. 당시 전투를 이끌었던 박규수도 정공법으로는 쉽게 제압하기 어려울 것으로 보고 대동강 요소요소에 군사를 배치해두고서 땔감을 실은 화선(火船)을 일제히 제너럴셔먼호에 근접시켜 방화 작전을 성공시켰다.[58] 그런데 신석희는 이에서 한 걸음 더 나아가 적의 가장 큰 장점인 화력을 무력화하는 방안(유인술)까지 마련하고, 해안가 지세의 활용을 극대화했다는 점에서 더욱 창의적인 작전 구상이었다고 평가할 수 있을 듯하다. 다음은 글의 마무리 부분이다.

58) 김명호, 앞의 책, 2005, 54-65면 참조.

……어떤 사람이 말한다. "그대의 말과 같다면 그것은 화공이 아니고 수공(水攻)이다." 또 말한다. "불을 붙이는 도구를 빌려와 불을 막는 용도로 썼으니 이는 또한 세상에 전해지지 않은 비결이다." 또 말한다. "양안(兩岸)의 바다 수면이 십 리이니 또한 멀다고 할 수 있다. 그동안 심력을 다하고, 재력을 다 쓰고, 인력을 다 동원하여 모두 고갈되었다. 아무래도 바다를 가로질러 봉쇄할 수 없을 듯하다." 나는 말한다. "남송 때 동정호의 역적 양요(楊么)는 거선(車船)을 만들어 물을 치며 다녔기에 잡을 수가 없었다. 악무목(岳武穆)이 군산(君山)의 나무를 많이 베어 물길을 막으며 내려가자 이에 양요의 배가 더 내려가지 못하고 드디어 부서지고 말았다. 지금 만약 서해안의 나무를 모조리 베어내도 십 리의 물길을 차단할 수는 없다고 한다면 악무목 부대의 사람들이 껄껄대며 비웃지 않겠는가. 무릇 사람이 수기치인(修己治人)하는 도리는 실심(實心)으로 실사(實事)를 행하는 것을 귀하게 여기지만, 유독 군대에 대해서는 오로지 변칙적으로 남을 속이는 계책을 쓰더라도 사람들이 그르다고 하지 않는다. 하물며 이 몇 가지 일은 이미 앞사람들이 설파한 것임에랴. 변화에 대응하여 승리하기 위해서는 상황에 따라 온갖 변화를 다 해야 하는데 이는 말로 다 전할 수 없다. 오직 적임자를 얻었는가에 달려 있을 따름이다.[59)]

---

59) 申錫禧, 「洋夷犯順」, 『韋史文稿』 1, 일본 京都大 소장. "……或曰, 如子之言, 非火攻, 乃水攻也. 曰借引火之具, 爲防火之用, 亦不傳之秘諦也. 曰水面十里, 亦云遠矣. 費盡心力, 竭盡財力, 殫盡人力, 三力俱病, 猶恐橫截他不得也. 余曰, 南宋洞庭賊楊么爲車船, 激水而行, 莫可執捉. 岳武穆多伐君山木, 塞港而下, 於是船不得下, 遂爲所破. 今若盡赭西沿之木, 不能遮攔十里之港, 倘不使岳家軍笑人寥寥乎. 大凡人之修己治人之道, 貴在於以實心行實事, 惟獨兵家者流, 專用詭譎欺詐之計, 而人不以爲非. 況此數事, 已經前人之勘破者乎? 若夫臨機制勝之隨處萬變, 非言詮可悉, 惟在將得其人已."

신석희는 '혹자'를 등장시켜 자신이 제안한 작전 구상에 대한 평가를 시도하고 있다. 앞 두 개의 언급은 긍정적인 내용이므로 자신의 제안에 대한 자신감의 표현이라고 볼 수 있겠다. 문제는 세 번째이다. 인적 물적 역량이 고갈된 상태이기에 화공에 필요한 준비를 할 수 없을 것이라고 하는 문제 제기인 것이다. 이에 대해 신석희는 송나라 때 양요의 반란군 무리를 진압했던 악비의 작전을 소개한다. 당시 양요는 '거선'을 활용해 주로 수상 전투를 통해 영역을 확장했는데, 관군은 거선의 위력에 밀려 곤경에 빠져 있었다. 이때 악비는 많은 나무를 동정호에 띄워 거선의 바퀴를 망가뜨림으로써 승기를 잡을 수 있었다고 한다. 신석희가 이와 같은 역사적 사실을 환기한 것은 요컨대 패배주의적 정서에 일침을 가하기 위해서였다고 볼 수 있다. 아무리 어려운 곤경에 처했을지라도 상황에 기민하게 대응하면 방법을 마련할 수 있다는 적극적 자세를 강조한 것이다.

또 '실심'과 '실사'를 강조하는 한편 상대를 속이는 '궤휼기사(詭譎欺詐)'도 마다하지 말아야 한다는 점도 각별하게 이목을 끄는 대목이다. 조선은 16세기 이후 모든 대외 교섭을 중국에 일임하며 '인신무외교(人臣無外交)'라는 관념적 원칙에 안주해 왔기에 서세동점의 위기를 맞아 기민하게 대응하지 못했으며, 이러한 관념적 태도가 결국에는 국권의 상실로까지 이어졌던 것이 사실이다. 그러한 점에서 신석희의 이와 같은 현실주의적, 적극적 태도는 높이 평가할 지점이라고 생각된다. 물론 이러한 신석희의 제안이 실현된 것은 아니었고, 이후 역사의 전개 과정에서도 실질적 영향을 끼치지는 못했던 듯하다. 그렇지만 당시 조선 정부의 핵심부에 이러한 흐름이 있었다는 사실의 발견은 적잖이 의미 있는 것이라 생각된다. 신미양요를 외교적으로 원만하게 해결하고자 분투하였던 박규수의 행적과 신석희의 활동을 종합적으로 고찰하게 되면 이 시기 역사를 좀더 주체적 입장에서 이해하게 될 수 있을 것으로 기대한다.

5. 맺음말

이상에서 신석희가 남긴 저술의 현황을 검토하고 관료로서 신석희의 행적을 검토하였으며 시문에 나타난 대외인식을 살펴보았다. 그 결과를 정리하면 다음과 같다. 먼저 그동안 자료 부족으로 인해 신석희 관련 연구가 부진하였으나 이제는 해외로 유출되었던 자료를 활용할 수 있게 되어 본격적인 연구가 가능함을 확인하였다. 그리고 관련 자료를 활용해 관료로서 신석희의 활동을 조사해본 결과, 가장 중요한 부분은 외교문서 작성에 깊이 관여했다는 점이었다. 외교문서 작성과 관련이 없는 직책에 있을 때도 신석희는 외교문서 작성 작업을 계속하였다. 이러한 점을 고려하면 신석희는 대외 관계에 있어서 정보가 풍부하고 고민도 많았을 것으로 생각된다.

이에 그의 시문에 나타난 대외인식을 검토해 본 결과, 그는 일찍부터 해방의 중요성을 인식하고 관련 역사 자료를 수집하는 등 나름의 준비를 하였으며, 신미양요가 발발하였을 때는 수원유수로서 구체적인 화공 작전계획을 입안하는 등 서양세력의 침투에 대비한 현실적 방안 마련을 위해 꾸준히 노력했다는 것을 확인할 수 있었다. 그러나 그러한 준비와 대비가 뜻과 같이 실현되지는 않는 현실에 신석희는 울분을 느끼며 이러한 감정을 시로 표현하기도 하였던 바 그는 상당히 열정적 성품의 소유자가 아니었을까 짐작된다. 본고의 성과를 토대로 신석희의 문학과 사상에 대한 후속 연구가 활성화되고, 아울러 신석희의 사례를 통해 19세기 중반 조선의 대외 관계에 대한 이해도 넓어질 수 있을 것으로 기대된다.

■ 참고문헌

申錫愚 · 申錫禧, 『瓊琚』, 고려대학교 도서관 소장.

申錫禧, 『韋史文稿』, 일본 京都大 소장.

_____, 『韋史詩稿』, 국립중앙도서관 소장.

_____, 『韋史詩草』, 고려대학교 도서관 소장.

_____, 『韋史集』, 국립중앙도서관 소장.

李裕元, 『林下筆記』, 서울대 규장각 소장.

趙斗淳, 『心庵遺稿』, 서울대 규장각 소장.

趙冕鎬, 『玉垂集』, 서울대 규장각 소장.

신미양요기념사업회, 『雙忠集』, 신미양우기념사업회, 1984.

김명호, 「환재 박규수 연구(2)-은둔기의 박규수 상」, 『민족문학사연구』 통권 6호, 민족문학사학회, 1994, 41~81면.

_____, 「옥수(玉垂) 조면호(趙冕鎬)의 〈서사잡절(西事雜絶)〉 전후편에 대하여」, 『고전문학연구』 제20집, 한국고전문학회, 2001, 305~327면.

_____, 『초기 한미관계의 재조명』, 역사비평사, 2005.

_____, 「해장 신석우의 『입연기』에 대한 고찰」, 『고전문학연구』 제32집, 한국고전문학회, 2007, 465~488면.

_____, 『환재 박규수 연구』, 창비, 2008.

김용태, 『19세기 조선한시사의 탐색』, 돌베개, 2008.

_____, 「박규수의 시사활동 연구-시사 동인들의 자료를 중심으로」, 『환재 박규수 연구』, 학자원, 2018.

김윤조, 「실학파문학의 계승양상에 관한 연구-특히 북학파의 경우를 중심으로-」, 『대동한문학』 제8집, 대동한문학회, 1996, 227~262면.

김흥수, 「한일관계의 근대적 개편과 대마도」, 서울대 박사학위논문, 2007.

노대환, 「조선 후기 서양세력의 접근과 해양관의 변화」, 『한국사연구』 제123호, 한국사연구회, 2003, 341~377면.

박종천, 「척사윤음 연구」, 『종교학연구』 제18집, 한국종교학연구회, 1999, 125~150면.

박찬식, 「신헌의 국방론」, 『역사학보』 제117집, 역사학회, 1988, 39~85면.

연갑수, 『대원군집권기 부국강병정책 연구』, 서울대 출판부, 2001.

이관성, 「해장 신석우의 생애와 문학론」, 『한문학보』 제17집, 우리한문학회, 2007, 473~497면.

이지은, 「신석우의 『입연기』를 통해 본 조선의 국제정세인식」, 『사학지』 제58집, 단국사학회, 2019, 1~21면.

장진영, 「海藏 申錫愚의 『入燕記』 硏究」, 성균관대학교 석사학위논문, 2011.

平山申氏思簡公派宗中 編, 『平山申氏思簡公派譜 2』, 회상사, 1990.

하정식, 「태평천국과 1850~60년대초 조선왕조의 위기의식」, 『동방학지』 제87집, 연세대 국학연구원, 1995, 1~50면.

허태용, 「17세기 중 · 후반 중화회복 의식의 전개와 역사인식의 변화」, 『한국사연구』 제134호, 한국사연구회, 2006, 75~109면.

黃玹 저, 임형택 외 역, 『역주 매천야록』, 문학과지성사, 2005.

고려대 해외한국학자료센터, http://kostma.korea.ac.kr/.

한국고전종합DB, http://db.itkc.or.kr/.

석릉 김창희의 『십담록(十談錄)』에 대하여: 자료 소개와 '담문(譚文)'의 산문론을 중심으로

/
이현일
(성균관대학교)

1. 들어가며: 자선집(自選集) 『강루초존(江樓鈔存)』

석릉(石菱) 김창희(金昌熙, 1844~1890)는 우리 한문학사의 끝자락에서 매우 독특한 자리를 차지하고 있는 인물이다. 19세기 중반에 태어나서 개화기까지 활동하고, 특히 1880년대 이후 조선왕조의 격변기에 중요한 역할을 담당했던 인물 중의 한 사람임에도, 근대적 한문학 연구가 시작된 뒤 거의 주목받지 못하다가, 이번 세기 들어서 조금씩 연구자들의 관심을 받게 되었다.[1] 주로 『회흔영(會欣穎)』을 중심으로 한 산문 비평이 중심을 이루었으며, 최근 시무(時務)를 위한 경세서 『삼주합존(三籌合存)』이 발견되어 조선의 개혁을 위해 힘쓴 정치가로서의 면모도 조명되었다.[2] 또 간본(刊本) 『석릉집(石菱集)』에 제외된 작품들을 필사본 잔권들에서 찾아서 집외문(集外文)으로 수습하려는 시도도 있었다.[3]

그런데 김창희의 저작으로 당대에 제일 널리 알려진 것은 일종의 청언소품집(淸言小品集)이라 할 수 있는 『담설(譚屑)』이다.[4] 임오군란 뒤 조선에 주둔하던 청군 사령관인 오장경(吳長慶, 1834~1884)이 출판

---

1) 석릉의 생애와 저작에 대한 연구사적 검토는 그 사이 여러 차례 다른 논문들에서 언급한 바 있어, 여기서 다시 서술하지 않는다. 그중에서 하정원, 「石菱 金昌熙의 古文作法과 散文批評에 대한 一考」, 『漢文學報』 25, 우리한문학회, 2011, 384~387면 및 이현일, 「石菱 金昌熙의 集外文에 대하여: 고려대학교 중앙도서관 육당문고 소장 문집 殘卷 4종을 중심으로」, 『민족문화연구』 73, 고려대학교 민족문화연구원, 2016(a), 238~241면에서 검토한 것이 비교적 최근의 작업이다.

2) 최우길, 「임오군란 직후 淸종군인사들의 조선 내정 개혁안: 새 자료 『三籌合存』 독해를 중심으로」, 『洌上古典研究』 39, 열상고전학회, 2014; 최우길 · 김규선 역, 『개항기 한중 지식인의 조선개혁론 삼주합존』, 보고사, 2016.

3) 이현일, 「石菱 金昌熙의 集外文 편찬을 위한 試論: 고려대학교 중앙도서관 육당문고 소장 문집 殘卷 4종을 중심으로」, 『민족문화연구』 73, 고려대학교 민족문화연구원, 2016.

4) 안대회, 「조선 중후기 淸言小品의 향유와 창작」, 『韓國漢文學研究』 59, 한국한문학회, 146~147면에서 淸言小品으로 정의한바 있다.

비를 지원해 주고, 그 막료로 참여했던 인물들은 제첨(題籤)과 서문을 써 주기까지 하였다. 이때 서문을 써 준 인물 중에는 훗날 청나라의 운명을 결정짓고, 중화민국의 대총통을 거쳐 중화제국의 황제로 즉위하려다 세상을 떠난 원세개(袁世凱, 위안스카이, 1859~1916)도 있었다.[5] 우리 한문학사에서는 모두 유례가 없던 일이다.

필자는 『담설』의 번역을 염두에 두고 작업을 진행하면서 『담설』의 여러 이본들을 조사할 필요성을 느끼게 되었다. 『담설』의 간본으로는 우선 1883년 전사자(全史字)로 간행된 별행본(別行本) 『담설』이 있는데, 바로 위에서 언급한, 오장경과 그 휘하 문인들의 후원을 받아 간행한 책이다.[6] 앞쪽에 광서(光緖) 9년(1883)에 쓴 장건(張謇, 1853~1926)의 서(序)와 주명반(朱銘盤, 1852~1893)의 서가 붙어 있으며, 짤막한 문장들이 2권으로 나뉘어 일정한 체계 없이 수록되었다. 각 권의 앞에는 스스로 쓴 소서(小序) 성격의 글이 있으며, 권하 마지막에 위치한 스스로 쓴 발(跋) 성격의 글 뒤에 "때는 광서 계미년 10월 1일 천치(賤齒)가 마흔 살 되던 생일날 출간하다.[時光緖癸未十月一日賤齒四十生朝登梓]"라는 간기(刊記)가 있는바, 광서 계미년이 1883년이다.

석릉이 세상을 떠나고 나서 1898년 아들인 김교헌(金敎獻,

5) 다만 원세개의 서문은 지금도 전하지만, 간본에 수록되지는 않았다. 오장경 휘하의 막료들과의 교유가 『담설』의 간행으로 이어진 것에 대해서는 구지현, 「『석릉수간(石菱受柬)』을 통해 본 朝·淸 문사 교류 속의 『담설(譚屑)』」, 『洌上古典硏究』 39, 열상고전학회, 2014, 101~109면을 참조할 수 있다. 김창희가 영접관(迎接官)으로 활약한 모습은 지금 전하는 여러 간찰과 필담 자료를 통해서 확인할 수 있다. 이 자료들은 다음 두 책에 잘 정리되어 있다. 丁小明, 『《譚屑》拾餘』, 北京: 國家圖書館出版社, 2014; 丁小明·千金梅 편, 『大陣尺牘: 晚淸駐朝使臣致朝鮮大臣金昌熙叢札』, 復旦大學出版社, 2021.

6) 이 책은 현재 서울대학교 규장각, 고려대학교 중앙도서관, 한국학중앙연구원 장서각 및 중국 절강성도서관(浙江省圖書館), 미국 하버드대학 옌칭도서관, 컬럼비아대학 도서관, 프랑스 동양언어문화학교 등에 소장되어 있다.

1868~1923)이 활자로 『석릉집(石菱集)』 12권 3책을 간행하였으며, 이 책의 권9~10에도 『담설』이 실려 있다.[7] 문집본은 별행본에 실린 중국인들의 서 2수가 삭제되고, 권상 앞쪽의 자서(自序)에서 글을 쓴 날짜, 권하 마지막의 간기와 그 앞에 있던 "독자들이 가르침을 주시면 매우 다행스럽겠다.[看官先生教之幸甚]"라는 귀절이 삭제된 것 이외에는 내용에 차이가 없는 것으로 판단된다.[8]

그리고 이 글에서 소개하는 또 하나의 간본이 『십담록(十譚錄)』이다.[9] 이 『십담록(十譚錄)』은 국립중앙도서관에 소장된 『강루초존(江樓鈔存)』(한古朝63-21)이라는 책에 수록되어 있다. 이 책은 목활자로 간행한 것으로 추정되며, 일종의 산문 자선집(自選集)으로 판단된다. 서지사항을 국립중앙도서관 홈페이지에서 옮기면 아래와 같다.

29.3 × 19.8 cm.
四周單邊, 半郭 21.3 × 15.2 cm.
9行18字, 註雙行, 內向二葉花紋魚尾.

본문은 모두 52장으로 「풍악기유인(楓嶽記遊引)」(1장), 「풍악기유오십칙(楓嶽記遊五十則)」(17장), 「꿈을 서술하여 풍악기 뒤에 쓰다[述夢, 書楓嶽記後]」(2장), 「북정기유십삼칙(北征記遊十三則)」(4장), 『십담록(十譚錄)』(24장), 「중간관성제군성적도지발(重刊關聖帝君聖蹟圖誌跋)」(3장), 「'성'이란 무엇인가[原性]」(1장)의 순서로 수록되어 있다.

---

7) 이 책은 현재 국립중앙도서관, 서울대학교 규장각, 한국학중앙연구원 장서각, 연세대학교 중앙도서관, 일본 동양문고(東洋文庫) 등에 소장되어 있다.

8) '看官'은 '看倌'이라고도 하는데, 화본(話本)이나 소설에서 청중이나 독자를 일컫는 말이라고 한다.

9) 이 자료는 성균관대학교 한문학과에서 石菱의 산문 비평으로 석사 학위를 받고 지금 한국고전번역원에 근무 중인 하정원 선생의 조언으로 찾을 수 있었다.

이 중에서 「풍악기유인」, 「풍악기유오십칙」, 「꿈을 서술하여 풍악기 뒤에 쓰다」는 1876년 8월 금강산을 유람하고 지은 「풍악기유(楓嶽記遊)」로 묶을 수 있다. 「북정기유십삼칙」은 이보다 조금 앞선 초여름에 길주(吉州)에서 시험을 치르는 일을 주관하느라 영흥(永興)에서 길주를 왕복하며 보고 듣고 느낀 것을 기록한 글이다. 이 해는 서른세 살 때로 영흥부사(永興府使)로 재임 중이었다. 「풍악기유」와 「북정기유」는 모두 김창희의 문집인 『석릉집』에 극히 일부가 발췌되어 실려 있는데, 최근 고려대학교 중앙도서관에 소장된 『석문만고(石門漫稿)』 2권 1책에 온전한 모습으로 실려 있는 것이 발견되어 이를 보고하는 논문이 나왔고, 두 작품 모두 번역되어 학술지에 수록되었다.[10] 「중간관성제군성적도지발」은 1876년 간행된, 신격화된 관우(關羽)에 관한 사적을 모은 『관성제군성적도지전집(關聖帝君聖蹟圖誌全集)』의 발(跋)이다.[11] 성(性)에 대한 여러 사상가들의 학설에 대해 논평한 「'성'이란 무엇인가」는 『석문만고(石門漫稿)』에 실린 「삼교이동(三教異同)」에도 수록되어 있다.

지은 시기를 확정할 수 있는 「풍악기유」와 「북정기유」, 「중간관성제군성적도지발」이 모두 1876년이고, 별행본과 문집본의 권상에서 1875년에 쓴 자서(自序)가 확인된다. 별행본 『담설』의 간행 시기가 1883년이므로, 『강루초존』은 대략 1876년부터 1883년 사이에 간행된 것으로 추정된다.[12] 그 시기에 조선 지식인 사회에서 자작 자선집을 생전에 간행한 경우는 극히 드물었던 것을 감안하면, 그만큼

---

10) 이현일, 「石菱 金昌熙의 初期 遊記에 대하여」, 『漢文學報』 34, 우리한문학회, 2016(b) 및 성균관대학교 한문학과 한문학작가반 역주, 『北征記遊 譯註 / 楓嶽記遊譯註』, 『漢文學報』 34, 우리한문학회, 2016 참조.

11) 이 책 앞에는 瓛齋 朴珪壽(1807~1877)의 序가 붙어 있다.

12) 『譚屑』의 刊記에 "光緒癸未十月一日賤齒四十生朝登梓"라 되어 있어 김창희가 마흔 살 때인 1833년에 간행되었음을 알 수 있다.

석릉이 문장가로서의 자의식이 강했다는 사실을 읽을 수 있다. 또 『십담록』은 『강루초존』에서 분량이 가장 많아서, 석릉이 자신의 저작 중에서도 특히 아꼈음을 짐작케 한다. 이제 『십담록』에 집중하기로 한다.

2. 『십담록(十談錄)』의 체제와 이본 가치

먼저 자료의 서영(書影)을 살펴보는 것으로 논의를 시작하려 한다.

〈書影 1〉『江樓鈔存』(국립중앙도서관 소장)에 수록된 『十譚錄』의 첫 장

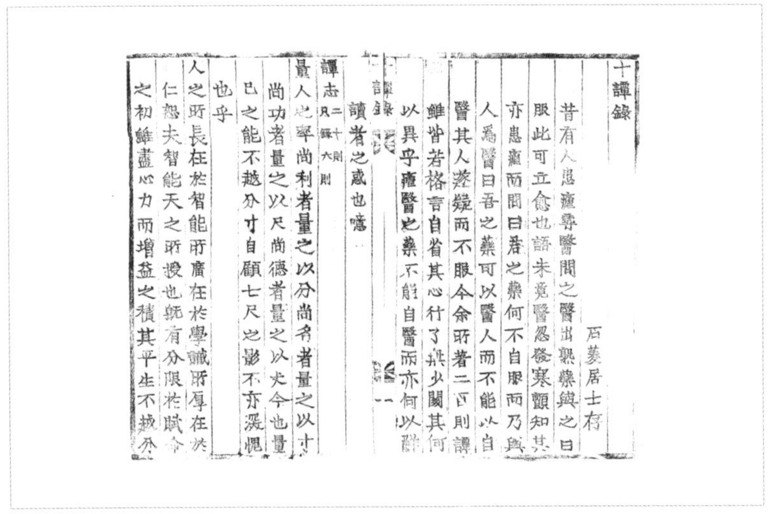
十譚錄
石菱居士存
昔有人患癰尋醫問之醫出衆藥與之曰
服此可立愈也語未竟醫忽發寒顫知其
亦患癰而問曰君之藥何不自服而乃與
人爲醫曰吾之藥可以醫人而不能以自
醫其人蒸疑而不服今余所著二百則譚
雖皆若格言自省其心忖了揔少關其何
以異乎癰醫之藥不能自醫而亦何以辭
十譚錄 一
讀者之惑也噫
譚志 凡二十則 錄十六則
量人之率尚利者量之以分尚名者量之以寸
尚功者量之以尺尚德者量之以丈今也量
已之能不越分寸自顧七尺之影不亦洩愧
也乎
人之所長在於智能所廣在於學識所厚在於
仁恕夫智能天之所授也旣有分限於賦今
之初雖盡心力而增益之積其平生不越於

첫 장 앞면의 첫 줄에 '十譚錄'이라 제목이 인쇄되어 있으며, 둘째 줄에 '石菱居士存'이라 되어 있는데, 여기서 '存'은 '鈔'와 같은 뜻으로 글을 뽑은 사람이 자신임을 분명히 한 것으로 보인다. 이어서 나오는 자서(自序) 성격의 글을 옮기면 다음과 같다.

옛날 어떤 사람이 학질에 걸렸다. 의원을 찾아가 상의하니, 의원은 숙약을 주며, "이 약을 복용하면 바로 나을 것이요."라 말했다. 이 말이 채 끝나기 전에 의원은 갑자기 오한이 나서 떨었다. 의원 자신도 학질을 앓고 있었던 것을 눈치 채고, "당신의 약을 어찌 스스로 복용하지 않고 남에게 주는 것이요?"라 물었다. 의원은 "내 약은 남을 고칠 수는 있지만, 스스로를 고칠 수는 없다오."라 대답하였다. 그 사람은 마침내 의심하여 복용하지 않았다. 지금 내가 지은 이백 칙의 말은 비록 모두 격언이지만, 스스로 그 마음과 행실을 살펴보건대, 도무지 실천이 없으니, 어찌 학질을 앓는 의원의 약과 다르겠는가? 스스로를 고치지도 못하면서 또한 어떻게 독자의 의혹을 풀 수 있겠는가? 아![13]

〈書影 2〉『石菱漫稿』(고려대학교 중앙도서관 소장)에 실린「玄亭十譚小引」

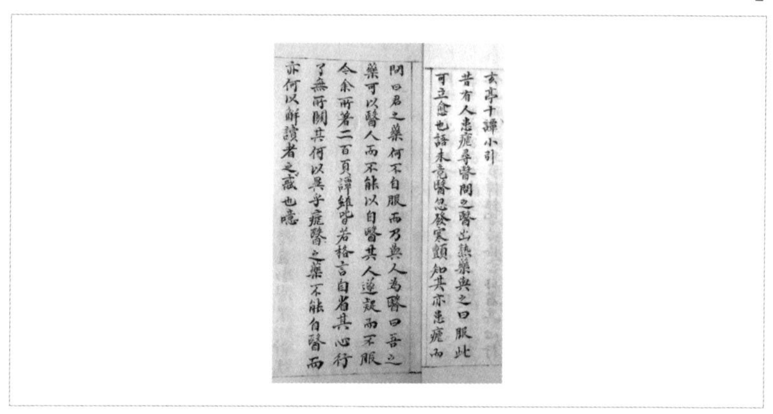

13) "昔有人患瘧, 尋醫問之, 醫出熟藥與之曰: '服此可立愈也.' 語未竟, 醫忽發寒顫, 知其亦患瘧. 而問曰: '子之藥, 何不自服, 而乃與人爲?' 醫曰: '吾之藥, 可以醫人而不能以自醫.' 其人遂疑而不服. 今余所著二百頁譚, 雖皆若格言, 自省其心行, 了無所關, 其何以異乎瘧醫之藥, 不能自醫, 而亦何以解讀者之惑也? 噫!" 별행본과 문집본에는 "今余所著二百則頁譚"이 "今余所譚, 雖皆若格言"으로 되어 있으며, 『石菱漫稿』에 실린「玄亭十譚小引」에는 '二百則'이 '二百頁'로 되어 있다.

별행본과 문집본에는 이 뒤에 "을해년(1875) 중추 하한에 스스로 쓰다.[乙亥仲秋下澣自題]"라는 기록이 더 있어서, 권상이 1875년 음력 8월 하순에는 일차로 완성되었음을 알 수 있다. 그런데 고려대학교 중앙도서관에 소장된 『석릉만고(石菱漫稿)』 잔권 1책(육당 D1 A153)에는 「현정십담소인(玄亭十譚小引)」이라는 글이 실려 있는바, 그 내용을 검토해 보면, 위의 인용문과 거의 동일하다. 따라서 『담설』의 원래 제목이 『현정십담』이었던 것을 알 수 있다.[14] '현정(玄亭)'은 위치가 확인되지 않는데, 『십담록』이 수록된 『강루초존』의 '강루(江樓)'와 같은 곳이라면, 한강 근처 어느 곳에 있던 집안의 별서(別墅)가 아닌가 추정된다.[15]

그러면 '십담'의 의미는 무엇인가? 첫 번째 서영에서 첫 장 뒷면의 두 번째 줄에 '담지(譚志)'라 하고, 협주(夾註)로 "스무 칙에서 여섯 칙만 수록하였다.[二十則, 只錄六則]"고 설명하고 있다. '담지(譚志)'에 이어서 '담식(譚識)', '담복(譚福)', '담병(譚病)', '담치(譚治)', '담문(譚文)', '담우(譚友)', '담언(譚言)', '담섭세(譚涉世)', '담재용(譚財用)'이 배열되어, 글들이 모두 열 개의 주제로 분류되고 있으며, 각각의 주제 아래에는 역시 협주로 전체에서 몇 칙을 수록했는지 밝히고 있다.

이를 통해서 제목을 '십담'이라 붙인 것은 까닭이 있었음을 알 수 있다. 또 『현정십담』에서 일부를 초록하여 『십담록』으로 정리했고, '십담록'은 그 의미가 '玄亭十譚鈔'임을 알 수 있다. 주제별로 수록된 내용을 자세히 검토해 보면, 별행본과 문집본에는 실리지 않은

---

14) 이현일, 앞의 글, 2016(a), 8~9면.

15) 마포 '서강(西江)'의 별칭이 '현석강(玄石江)'임을 고려해 볼 때, 이 근처 어딘가에 연고가 있는 것으로 생각해 볼 수도 있으나, 확실한 증거가 나오기 전에 단정 짓기는 어렵다.

조목이 상당수 보존되어 있음이 확인된다.

『십담록』의 분류 및 항목 취사 양상 및 별행본 및 문집본에 수록되지 않아 『십담록』에서만 볼 수 있는 칙(則)들을 표로 정리하면 아래와 같다.

순서	분류	협주(夾註)	습유(拾遺)
01	譚志	二十則, 只錄六則	모두 별행본과 문집본에 수록됨
02	譚識	二十則, 只錄九則	4칙
03	譚福	二十則, 只錄九則	2칙
04	譚病	二十則, 只錄七則	1칙
05	譚治	二十則, 只錄五則	2칙
06	譚文	二十則	15칙
07	譚友	二十則, 只錄三則	2칙
08	譚言	二十則, 只錄四則	1칙
09	譚涉世	二十則, 只錄五則	3칙
10	譚財用	二十則, 只錄三則	1칙
합계		71칙 / 200칙	31칙

별행본이나 문집본이 아무런 분류도 되어 있지 않고, 분량에 따라 상 · 하로 나눈 데 비하면, 훨씬 체제가 정비되어 있던 것이 확인된다. 본디 『현정십담』은 모두 열 가지 주제로 구성되어 있으며, 한 주제 아래 20칙씩, 모두 200칙으로 이루어졌던 것이다.

목활자로 간행하면서 분량의 문제로 모두 싣지 못하고, 일부만 추려 모두 71칙을 실었는데, '담문(譚文)'만은 한 칙도 깎아내지 않고 그대로 수록한 것을 볼 수 있다. 김창희가 자신의 산문론에 특히 자부심을 가졌던 사실을 다시 한번 확인할 수 있다. 내용도 제일 풍성하고, 독자의 주의를 끌 만함에도 별행본 『담설』이나 『석릉집』에 수록되지 않은 글도 있으며, 그중 두 칙은 아예 한 편의 독립적인 문장으로 간주해도 될 만큼 분량이 길다. 사실 '담문'만으로도 충분히 그의 산문론을 구성할 수 있을 정도이다.

3. '담문(譚文)'의 산문론

먼저 '담문'에서 새로 찾은 15칙 중에서 제일 길고, 그 자체로 독서와 작문에 대해서 논한 독립적인 서한이라고 할 수 있는 글을 읽어 보는 것으로 시작한다. 설명의 편의를 위해 단락에 번호를 매겼다.

> ㊀ 나는 일찍이 어떤 이에게 편지를 보내 독서와 작문에 대해서 논하였다. 편지는 이러하다.
> 저번에 독서와 작문 두 가지를 물으셨는데, 경황이 없어서 제대로 답변을 못 드렸습니다만, 질문하신 취지가 매우 훌륭하고, 훌륭합니다.
> 순자는 "군자는 태어날 때부터 남다른 것이 아니라 남에게 잘 빌린다.[君子生非異也, 善假於物也]"고 하였습니다.[16] 무릇 남에게 잘 빌리는 것으로는 학문만한 것이 없고, 학문에서 잘 빌리는 것으로는 독서만한 것이 없습니다. 그러나 한 권의 책에서 지은이의 정신이 녹아든 곳은 백 가지 중에서 열 가지가 되지 못하고, 읽는 이 스스로 마음이 가서 이해한 곳은 그 열 가지 중에서 겨우 한두 가지가 못 됩니다. 한두 가지 이외에는 모두 빌릴 수가

16) 王先謙 撰, 沈嘯寰 · 王星賢 點校, 『荀子集解』 中華書局, 1996, 4면. 『荀子 · 勸學』: "假輿馬者, 非利足也, 而致千里; 假舟楫者, 非能水也, 而絶江河. 君子生非異也, 善假於物也."

없는 물건이니, 만역 [그러함에도] 빌린다면, 쓸 데가 없을 뿐만 아니라, 도리어 이른바 잘 빌리는 것에 해가 될 뿐입니다.

二 한문공은 "오직 케케묵은 표현을 제거하는 데 힘쓴다[惟陳言之務去]"[17]고 말한바, 작문할 때만 그렇게 했겠습니까! 한문공이 평소 독서하며 공부한 것은 거짓된 것을 변별하여 제거하는 것에 있었을 것입니다. 그러므로 한문공이 제거하지 않고 보존한 것은 오직 도덕의 영화이므로, 여덟 왕조[八代] 동안 쇠퇴했던 문장을 일으킬 수 있었던 것입니다.

三 한문공은 또 스스로 "손이 백가의 책을 쉴 새 없이 뒤적인다.[手不停披於百家之編]"고 말한 바 있습니다.[18] 무릇 책 한 판의 글자가 적게 잡아도 사백 자 아래로 내려가지 않고, 많으면 오백 자까지 되니, 공이 비록 기억력이 뛰어났다 하더라도 어떻게 손을 쉴 새 없이 뒤적여 읽으면서 자세하게 살펴볼 수 있었겠습니까? 보더라도 자세히 아는 것을 구하지 않았기 때문에 가능한 일입니다. 오직 쉴 새 없이 뒤적였기 때문에, 때때로 뒤적이는 것을 멈추면 눈빛이 종이를 뚫고 희고 검은 것이 환하게 나뉘어졌을 것입니다. 공이 케케묵은 책들을 엿보는 것이 대체로 이와 같았을 것임을 상상해 볼 수 있습니다.

---

17) 馬其昶 校注, 馬茂元 整理, 『韓昌黎文集校注』, 上海古籍出版社, 1998, 170면. 韓愈, 「答李翊書」: "愈之所爲, 不自知其至猶未也, 雖然, 學之二十餘年矣. 始者非三代兩漢之書不敢觀, 非聖人之志不敢存, 處若忘, 行若遺, 儼乎其若思, 茫乎其若迷. 當其取於心而注於手也, 惟陳言之務去, 戛戛乎其難哉."

18) 馬其昶 校注, 馬茂元 整理, 위의 책, 45면. 韓愈, 「進學解」: "先生口不絶吟於六藝之文, 手不停披於百家之編; 記事者必提其要, 纂言者必鉤其玄; 貪多無得, 細大不損, 焚膏油以繼晷, 恆矻矻以窮年: 先生之業可謂勤矣.

四 세상에서 공부하는 사람들은 이렇게 하지 않습니다. 처음부터 많은 것을 탐내는 마음을 품고, 힘을 아끼는 방법을 생각하지 않습니다. 그 부형은 또 여기에 더해 오도하기를 "널리 보고 많이 읽어서 오래되면 반드시 이룸이 있을 것이다. 이것은 내 말이 아니라 옛사람들도 말씀하신 바이다."라 말합니다. 아! 옛사람들이 널리 보라고 한 것은, 글이 책 한 권에 다 담겨 있지 않다는 것이며, 많이 읽으라고 한 것은 책 속에 여전히 함축된 뜻이 풍부할 때 이야기입니다. 어찌 요새 사람들처럼 유한한 정력을 빌릴 수 없는 데 낭비하는 것을 말한 것이겠습니까! 또 세상에 존재하는 책들은 태창(太倉)에 곡식이 쌓여 있는 것과 같습니다. 하루 종일 본 것이 단지 묵고 썩은 것들뿐이니, 비록 책을 매우 좋아하는 사람이 보더라도 싫증을 내지 않을 수 없으며, 볼 만한 것을 마주치더라도 대충 지나가지 않음이 없지 않을 것입니다. 이것이 습관이 되면, 비록 극도로 노력을 한다 하더라도 불과 다시 자신을 오도한 부형과 선생이 되어, 다시 자신의 자제와 후학을 오도할 뿐입니다. 어찌 옛사람들의 울타리나마 엿볼 수 있을 것이며, 어찌 한 시대의 눈과 귀를 새롭게 할 수 있겠습니까?

五 아우가 예전에 아홉 살 때 증선지(曾先之)의 『십팔사략(十八史略)』 첫 권을 다 떼고, 이이시 소미선생(少微先生)의 『통감절요(通鑑節要)』를 배울 때의 일입니다. 아이들과 마당에서 재미나게 놀고 있는데, 훈장 선생이 부르는 소리를 들었습니다. 크게 짜증내며 이렇게 대답했습니다. "나 안 읽어! 안 읽을래! 천황씨(天皇氏)가 목덕(木德)으로 왕이 된 게 지금이랑 무슨 상관이야? 조간자(趙簡子)가 윤탁(尹鐸)에게 진양(晉陽)을 다스리게 한 게 나랑 무슨 상관이야? 왜 날마다 날마다 나를 괴롭히는 거야?"

이로부터 이십여 년이 지났습니다. 비록 책에서는 통 얻는 것이 없지만, "지금이랑 무슨 상관이야? 나랑 무슨 상관이야?"는 마음에 맺혀 고치기 어려운 체증이 되었습니다. 형께서는 어떻게 생각하실지 모르겠습니다. 하하하!

六 작문에 이르러서는 독서와 비교하여 그 형세가 자못 다릅니다. 무릇 도덕, 언어, 정사는 모두 실물이지만, 유독 문장은 빈 그릇[虛器]입니다. 만약 평소에 책에서 빌려 얻은 것이 모두 정미한 물(物)이라면, 비록 그릇을 구하지 않더라도, 그릇은 반드시 물(物)을 따라서 이르게 되어 있습니다. 비유컨대 금붙이와 보석을 빌리는데 어찌 그것을 쌀 보자기와 담을 상자가 없을까 걱정하겠습니까? 당장에는 독서를 잘 할 것을 추구해야지 작법이 공교롭지 못할까 미리 걱정할 필요는 없습니다.[19]

이제 위의 글을 중심으로 '담문' 안의 관련된 내용 및 석릉의 다른 글들을 참조하면서, 책 읽기와 글짓기에 대한 석릉의 생각을 다섯 가지로 나누어 살펴보려고 한다.

1) 올바른 독서법

석릉은 산문론에서 늘 독서와 작문의 유기적 관계를 집중적으로 논한다. 이 서한에서도 전체 여섯 단락 중에서 앞의 다섯 단락이 독서에 대한 의론이고, 작문에 대한 의론은 마지막 한 단락에 그친다.

---

19) 원문은 이 글 뒤에 붙인 〈譚屑拾遺-24〉 참조.

一에서 '학문'이란 것이 결국 남의 것을 빌리는 것이고, 학문을 위해서는 독서가 긴요함을 말한 데까지는 여느 학자 · 문인들과 크게 다를 바 없다. 그 다음부터가 석릉의 독특한 견해이다. 책 한 권에서 저자만의 정신이 응결된 독창적인 부분은 백에 열 정도이며, 작가와 다른 시대와 장소에서 사는 독자가 이해할 수 있는 부분은 그 열 중에서 한둘에 불과하다는 것이다. 그렇다면 책 한 권을 다 읽는다 해도 '빌려 올 수 있는' 부분은 백에 한둘을 넘지 못한다. 자신이 잘 이해하지 못하는 것을 빌려오면, 도리어 글에 해가 될 수 있다고 경고한 것이다.

二와 三은 당송팔가의 으뜸인 한유(韓愈)의 글을 단장취의(斷章取義)하여 자신의 의론을 뒷받침하는 데 사용하고 있다. "묵은 말을 제거하는 데 힘썼다"는 문장을 통해서 이것이 작문의 경우에만 그친 것이 아니라 독서의 경우에도 해당되었을 것이라고 역설하였다. "손이 백가(百家)의 책을 쉴 새 없이 뒤적인다"는 말도 본래는 수불석권(手不釋卷)하는 근면한 학자의 모습을 형용하는 표현이지만, 쉴 새 없이 책을 읽는데 어떻게 모든 내용을 다 정확히 알고 기억할 수 있느냐고 반문한 것이다. 요점은 책에서 자신에게 절실하지 않은 내용을 다 이해하고 기억하는 데 힘을 쓸 필요가 없다는 것이다. 四에서는 작문의 격언으로 역사가 오래된 '삼다(三多)'-다독(多讀), 다작(多作), 다상량(多商量)- 중에서 목적 없는 다독과 나작이 백해무익함을 말하고 있다. 아무런 문제 의식 없이 무조건 많이 읽고 많이 써 보는 것이 능사가 아니라는 것이다.[20] 이 문제와 관련되어 꼭 언급되어야 할 것이 바로 '식(識)'이다.

20) 〈譚屑拾遺-11〉, 〈譚屑拾遺-12〉가 모두 이와 관련된 내용들이다. 이밖에 「論文十答」의 첫 번째 답장에서도 이러한 경향을 비판한 바 있다. 이현일, 「石菱 金昌熙의 「論文十答」에 대하여」, 『韓國漢文學硏究』 69, 한국한문학회, 2018, 227면.

2) '식(識)'의 중요성

다독, 다작의 문제점과 이를 해결하기 위한 '식'의 중요성은 '담문'의 다른 칙에서도 힘써 논변하고 있다. 그 내용을 옮기면 아래와 같다.

> 지금 숙사들이 남의 지혜 구멍[慧竇]을 틀어막는 것이 적지 않은데 가장 심각한 것은 다독 · 다작의 설이다. 구공(歐公)의 말씀을 빙자하여 해독을 끼치는 것이 끝이 없다. 아! 구공이 이러한 말씀을 남긴 것이, 어찌 지금의 학도들을 면려하시기 위한 것이었겠으며, 숙사들이 남의 자제들을 잘못 이끄는 구실이 되게 하신 것이겠는가! 무릇 독서는 '식'을 구하기 위한 것이니, 그 구하는 바를 '식'하지 못할 때에는 읽는 것을 멈추는 것이 좋다. 멈추지 않고 많이 읽으면, 그 어리석음을 더할 뿐이다. 작문은 '식'을 발휘하기 위한 것이니, 그 발휘할 바를 '식'하지 못할 때에는, 짓는 것을 그치는 것이 마땅하다. 그쳐야 마땅할 때 그치지 않고 많이 짓는다면, 그 참됨을 잃어 버릴 뿐이다. 어리석고 참됨을 잃어 버린다면, 저 '식' 없는 글을 어디에 쓰겠는가? 또 그 선하지 못한 것에 익숙해져서, 오염이 한결같이 깊어지면, 비록 태사공(太史公)과 창려(昌黎)를 다시 살아나게 해 스승으로 삼아, [그분들이] 딱하게 여겨 잘 이끌어 주신다 해도 참으로 그 잘못된 습관을 씻고 아한 곳으로 돌이키는 것이 불가능할 것이다.[21]

---

21) 〈譚屑拾遺-10〉. 석릉은 문장에는 고금(古今)이 없고, 아속(雅俗)이 있을 뿐이라고 주장하였다. 「論文十答」之七: "夫文之派類雖甚繁, 而似各有法~惟以不法爲法, 可得不窮之活法, 而又不失其貫矣.…… 今夫斷之爲五七言句而押韻, 有不爲詩者乎?~刱題爲言, 有不爲雜著者乎?" 김창희, 이현일 역주, 「論文十答 譯註」, 『漢文學報』 35, 우

‘지혜 구멍[慧竇]’이라는 말은 특히 다산(茶山) 정약용(丁若鏞, 1762~1836)이 동몽(童蒙)들의 교육을 논평할 때 잘 쓰던 말이기도 하다. 다산의 비평도 그 취지는 석릉과 상통한다.[22] 석릉은 맹목적인 다독과 다작이 학생들의 창의성을 틀어막는다는 것을 경고하고 있다. 원문을 살펴보면, ‘식’을 명사와 동사로 모두 사용하고 있다. 명사로 사용할 때는 ‘깨달음’, ‘앎’, ‘지식’의 의미에 가깝고, 동사로 사용할 때는 대체로 ‘깨닫다’, ‘알다’의 의미이다. 일반 독자들을 위한 번역이라면 일일이 풀이하는 것이 읽기에 자연스럽겠으나, 여기서는 용어를 강조하기 위해 그대로 직역하였다.

『현정십담』에는 ‘담식(譚識)’이라는 주제로 ‘식’에 대해서 논한 항목이 4칙인데, 그 중 ‘식’을 스스로 터득하는 문제에 대해서 논한 내용을 살펴보자.

> 천하만사는 오직 나 스스로 ‘식’하여 터득한 것이라야 바야흐로 ‘참된 식[眞識]’이 된다. 만약 다른 사람을 기다린 뒤에 ‘식’하게 되면, 그 ‘식’은 ‘참된 식’이 아니다. 그러므로 남을 잘 가르치는 이는 그 끝만 살짝 들되, 설명을 다하지 않고, [학생이] 스스로 깨닫기를 기다린다.[23]

‘담문’에서 논한 바와 의미가 상통하며, 석릉은 『회흔영』의 발문

리한문학회, 2016, 180~182 · 194~195면. 이 문제에 대해서 보다 자세한 내용은 이현일, 위의 글, 2018, 240~244면 참조.

22) 다산은 ‘혜두’ 앞에 ‘문심’을 붙여 ‘문심혜두(文心慧竇)’라는 말을 즐겨 사용하였다. 『與猶堂全書 · 詩文集』 卷22에 실린 「千文評」, 「史略評」, 「通鑑節要評」 참조. 이 글들의 교육적 의의에 대해서는 임형택, 「전통적인 인문 개념과 문심해두: 정약용의 공부법」, 『한국학의 동아시아적 지평』, 창비, 2014, 402~412면 참조.

23) 〈譚屑拾遺-01〉.

에서도 같은 주장을 되풀이 하고 있다.[24] 심지어 유기(遊記)를 쓸 때도 이와 관련된 언급을 남기고 있다. 홍원현(洪原縣) 남쪽에 있는 '천곶도혈(穿串島穴)'과 금강산의 '혈망봉(穴望峰)'을 보면서도 '척안(隻眼)'을 떠올리고 그에 대한 의론을 펴고 있다.[25] 독서와 관련된 다음 두 칙도 '식'과 연관지어 파악할 수 있다.

> 오하(吳下)의 아몽(阿蒙)이 말하기를 "선비가 사흘을 떨어져 있으면, 괄목상대(刮目相對) 해야 한다."라 하였다. 만약 그 당시 공부하기를 한결 같이 장구(章句)나 파고드는 선비들처럼 하였다면, 겨우 사흘을 떨어져 있다가 노숙(魯肅)에게 눈을 비비게 할 수 없는 것은 말할 것도 없고, 삼십 년을 떨어져 있다 해도 어찌 한 용렬한 선비의 속된 눈이라도 비비게 할 수 있겠는가![26]

---

24) 『石菱集』 卷3, 「會欣穎跋二首」之二: "文章不到百分地位, 無以得列於家數矣. 百分地位之難到, 非爲九十九分之難到也. 惟以其餘一分, 萬難成就也. 此一分不可以學古而能, 亦不可以捨古而能, 且其妙常在言語文字之外, 故亦非言語文字之所能爲者也, 所能形容者也. 彼二十七名公, 未嘗拈出此一分, 以明示後人. 則曩者所論, 不過爲九十九分內事, 而其於此一分道理, 亦未免隔靴而爬癢也.…… 此一分事, 必須自悟而後, 方爲眞識. 若待人而識, 則雖識, 非眞識也. 余是以不重二十七名公之文章才識, 但重二十七名公之微發其端而不盡其說也. 如使當時盡其說而無餘意者, 吾豈有着眼究解處也."(『叢刊(續)』 149, 287ab)

25) 이현일, 앞의 글, 2018, 231~232면 참조. 金昌熙, 「北征記遊」: "穿串島穴在洪原縣南五里. 人苟能自開隻眼於方寸上耶? 隻眼即慧竅也. 自視其竅而測之, 其爲智固不可量也. 此之謂天空之胸 · 海濶之腹也. 對穴觀海, 忽然想到." 김창희, 성균관대학교 한문학과 한문학작가반 역주, 앞의 글, 149 · 154면. 이 칙은 『江樓鈔存』에 실린 「北征記遊十三則」의 제2칙으로 실려 있다; 金昌熙, 「楓嶽記遊」: "僧以手指曰: '此穴望峯也.' 巨石嵌空, 天光透露, 不覺叫奇. 乃謂僧曰: '此如來大法眼藏也. 如是我聞: 法起菩薩, 以一切衆生, 皆具兩目, 不能見性, 何以故? 法性法見, 皆本不二. 非別具一隻法眼, 無以證覺, 特於此峯, 設爲妙譬, 鑿開一孔, 常放光明, 永使有緣來望, 普令開眼也.'" 김창희, 성균관대학교 한문학과 한문학작가반 역주, 위의 글, 168면 · 188면. 이 칙은 『江樓鈔存』에 실린 「楓嶽記遊五十則」의 제25칙으로 실려 있다.

26) 〈譚屑拾遺-14〉.

독서는 깨닫고 이해하는 것이 가장 중요하다. 깨닫지 못하고 이해하지 못하는 독서는 모두 헛수고로 귀결된다. 또 오래 읽어서 깨닫고 이해함이 있기를 기약하는 것은, 비록 깨닫고 이해하는 바가 있다 하더라도, 억지로 깨닫고 억지로 이해하는 것을 면하지 못한다. 억지로 하는 것은 참된 것이 아니니, 한갓 천착이 된다. 이러한 까닭에 옛 사람들은 의심스러운 곳을 만나면, 문득 비워둘 뿐이다. 그 이해하고 기뻐하게 되는 것은 또한 우연한 행운일 뿐이다.[27]

위의 칙은 '괄목상대'라는 유명한 고사를 독특한 견해로 해석하여 자신의 주장을 뒷받침하는 근거로 삼은 것이며, 아래의 칙 역시 [二], [三]과 상보적인 내용이다.

한편, [五]는 자신의 어렸을 적 경험을 토대로 앞에서 논의한 바를 다시 환기시킨 것이다. "'지금이랑 무슨 상관이야? 나랑 무슨 상관이야?'는 마음에 맺혀 고치기 어려운 체증(滯症)이 되었습니다."는 것은 결국 글을 읽을 때 항상 '자아'와 '현실'을 염두에 두어야 하고, 글을 쓸 때 역시 마찬가지라는 뜻이다. 오늘날의 관점에서 보자면 흥미로운 진술이지만, 석릉이 세상을 떠난 뒤에 편찬된 『석릉집』에 이 서한이 빠진 것은 이 솔직한 회고가 도리어 부담스러운 것도 이유의 하나가 되었을 것이다.

3) 문장의 활법(活法) ①: 문장은 빈 그릇이다

[六]은 결국 좋은 문장을 짓기 위해서는 내용이 충실해야 함을 강

27) 〈譚屑拾遺-16〉.

조하면서, 다른 사람이 쓴 책에서 내용을 빌려도 좋은데, 잘 빌리려면 문제의식이 투철해야 함을 말한 것이다. 이와 관련해서 다음과 같은 말을 남기기도 하였다.

> 문장은 다른 학예와 아울러 닦아야 이루어지며, 전공한다고 잘 쓸 수 있는 것이 아니다. 문장 이외에 일컬을 만한 다른 학예가 없다면, 그 글은 전할 만하지 못하다. 예전에 구양공(歐陽公)이 학생들과 말을 할 때 문장을 언급한 적이 없고, 오직 관리의 일[吏事]만을 말하였다. 황노직(黃魯直)이 말하기를 "수십 년 동안 선생 군자들이 문장으로 후생들을 면려하였기 때문에 화려하기만 하고 내실이 없다.[故華而不實]"고 하였다. 두 분은 모두 문장으로 스스로 일가를 이룬 분들이니, 어찌 [문장을] 여사로 여겨서 그런 것이겠는가! 진실로 문장만 전공해서는 잘 쓸 수 없기 때문이다. 그러므로 이쪽에다 자루를 드리운 학생들과 후생들로 하여금 저쪽에서 찾아서 가득 싣고 가게 한 것이다.[28]

또 문장을 불에 비유하고, 도(道)와 정(政)과 변(辯)을 땔감에 비유하며, 문장이 도(道)와 정(政)과 변(辯)에 깃들어 있는 것이 불이 땔감에 깃들어 있는 것과 같다고 말하기도 하였다.[29]

조선시대 선비들이 아무리 어렸을 때부터 한문을 배우기 시작했다고 해도, 한문은 필경 외국어이고 고전어이다. 『천자문(千字文)』,

---

28) 〈譚屑拾遺-13〉.

29) 『譚屑』 卷上-47: "求之道, 可聞也而不求也, 求之政, 可達也而不求也, 求之辯, 可理也而不求也, 求之文, 獨不可能也而摹擬不已. 子不見夫火乎? 無體無質, 寄之於薪而已, 文章之寄於道也 · 政也 · 辯也, 亦猶乎火之寄於薪耳."(『叢刊(續)』 149, 352ab) 이 책은 『十譚錄』에도 실려 있다.

『십팔사략(十八史略)』, 『통감절요(通鑑節要)』 등을 떼고 기본적인 문리가 난 뒤에 사서(四書)와 삼경(三經)을 공부하면서, 한문으로 작문을 하려고 하면, 당송팔가(唐宋八家) 등의 명문 선집에서 자신이 짓고자 하는 문체에 속하는 글들을 유심히 살펴보며 본받아 짓는 것으로 글쓰기를 시작할 수밖에 없었을 것이다.

그 수련 과정에서 당연히 어떤 특정한 역사적 상황을 가정하거나 자신이 역사 속의 그 사람이 되어 글을 써 보게 되는데, 당연히 옛글을 본떠서 짓지 않을 수 없다. 습작 과정에서야 문제 될 것이 없는데, 자신의 글을 써야 하는 상황이 되어서도 이 습기(習氣)를 버리지 못하면, 좋은 글을 쓰기가 힘들다. 글의 내용은 신경 쓸 겨를이 없고, 겉으로 보이는 자잘한 수사법-사법(死法)-에만 관심을 가지기 때문이다. 다음 칙 역시 이러한 문제 의식의 연장 선상에서 조금 더 예를 구체적으로 들어서 설명한 것이다. 역시 편의상 단락을 나누었다.

> 一 무릇 문의 파류(派類)는 비록 매우 다양하여 각각 법이 따로 있는 듯하지만, 그 요점은 "그 꿴 것을 하나로 한다[同其貫]"를 넘지 못한다. 만약 법으로 법을 삼는다면, 그 꿴 것을 잃어버리고 끝내 법을 터득하지 못할 것이다. 오직 법으로 삼지 않음[不法]으로 법을 삼으면, 끝이 없는 활법을 터득하고, 그 꿴 것을 잃지 않을 것이다.
>
> 二 지금 오칠언구로 짓고 압운한다면 시가 되지 않겠는가? 물(物)의 유사한 것과 반대되는 것으로 대를 삼는다면 변려(騈儷)가 되지 않겠는가? 고금 사건의 당부(當否)를 말한다면 논(論)이 되지 않겠는가? 같고 다름으로 질문하고 조목에 따라 갖추어 대답한다면 책(策)이 되지 않겠는가? 임금님의 말씀을 대신 지어 드린다면 조령(詔令)이 되지 않겠는가? 사정을 진달한다면 주소(奏

疏)가 되지 않겠는가? 사람의 생평을 서술하여 사서(史書)에 실으면 전(傳)이 되지 않겠는가? 개인적으로 논하여 짓는다면 비(碑)가 되지 않겠는가? 사람들과 더불어 주고받은 것은 서독(書牘)이 되지 않겠는가? 증송(贈送)하거나 책 앞에 쓰면 서(序)가 되지 않겠는가? 사건을 기술하고 물을 서술하면 기(記)가 되지 않겠는가? 신(神)에게 기원하고 귀(鬼)에게 고하면 제문(祭文)이 되지 않겠는가? 제목을 창안하여 말을 하면 잡저(雜著)가 되지 않겠는가?

三 옛 사람들은 이렇게 하면 충분히 법이 될 수 있다는 것을 알았기 때문에, 법 밖에서 말을 지으며, 반드시 그 입에 달리고 손에 달린 것에 맡겼다. 그러므로 경물을 묘사하고 풍신을 그려내며 시비를 가리고 이해를 밝히되, 그 뜻이 하고자 하는 바를 마음껏 하더라도 처하는 바가 마땅치 않음이 없어, 하나로 꿰는[一貫] 활법이 스스로에게 넉넉하여 바깥에서 기다릴 필요가 없었다.

四 지금 사람들은 그렇지 않아서, 시를 지으면서 또 그것이 시 같음을 추구하고, 변려를 지으면서 또 변려 같음을 추구하고, 책 · 논 · 조령 · 주소 · 전 · 비 · 서독 · 서 · 기 · 제문 · 잡저를 지으면서 각각 그 자취를 따라 법을 구하지 않음이 없다. 고법은 매우 많아서, 법에 얽매이게 되기에, 손을 놀릴 수 없고 뜻을 발휘할 수 없어서, 이른바 이 격(格)에 구차하게 합하면 반드시 저 식(式)에 위배되어, 지리멸렬하고 흩어져서 끝내 그 꿰는 바[貫]를 하나로 하여 자기 자신만의 법을 만들지 못한다.

五 지금 만약 활법을 터득하고자 한다면, 반드시 눈에는 옛사람이 없게 하고, 바로 자신의 마음에 근거하여, 손이 가는 대로 써내며, 세속에서 말하는 격과 식을 생각도 하지 않는다면, 거의

괜찮을 것이다.[30)]

처음부터 끝까지 활법을 말하면서 하나로 꿰는 것을 강조하고 있다. 글로 옮길 내용이 넘쳐나면 자잘한 격식이나 수사법에 얽매이지 않아도 좋은 글이 되는데, 그 내용을 뚜렷한 주제 의식에 따라 하나로 엮지 않으면 산만해질 수밖에 없기 때문이다. ■과 ■는 석릉의 다른 서한에서도 상당 부분 겹치는 내용이 보인다.[31)]

4) 문장의 활법(活法) ②: 서툰 솜씨로 글쓰기

석릉이 생각하는 글쓰기의 진정한 '활법'에 대해서는 다음 두 칙을 더 읽어볼 필요가 있다.

> 한문공(韓文公)은 「'도'란 무엇인가[原道]」, 「'성'이란 무엇인가[原性]」 등의 글을 지었지만, 유독 「글이란 무엇인가[原文]」 한 편은 짓지 않았으니 어째서인가? 문장은 본디 정법이 없으니, 만약 법에 대해서 말하고 사람들이 본받는다면, 반드시 활법이 아닌 까닭이다.[32)]

> 천연의 공교로움[天工]은 졸함에서 나와서, 오직 서툰 솜씨[生手]라야 할 수 있으니, 익숙한 솜씨[熟手]로는 할 수 없다. 글에서 성

---

30) 〈譚屑拾遺-21〉.

31) 「論文十答」之六: "夫文之派類雖甚繁, 而似各有法~惟以不法爲法, 可得不窮之活法, 而又不失其貫矣.…… 今夫斷之爲五七言句而押韻, 有不爲詩者乎?~刱題爲言, 有不爲雜著者乎?" 김창희, 이현일 역주, 앞의 글, 177~180 · 193~194면.

32) 〈譚屑拾遺-20〉.

> 인의 경지에 오른 이는 솜씨를 잊고, 그 다음은 솜씨가 익숙해지는 것을 두려워하여 글을 자주 짓지 않는다.[33]

둘 다 '식(識)'을 강조하고 정법(定法)을 부정하는 관점과 상통한다. 문장가로 자임하고 개념의 근원을 따지기 좋아한 한유도 「글이란 무엇인가」라는 글을 짓지 않은 것은 애초에 고정된 법도가 없기 때문이라는 것이다. 이 칙 역시 논문십답(論文十答)」의 여섯 번째 서한에 일정 부분 겹치는 내용이 보인다.[34] 서구 비평이론에는 '낯설게 하기'가 있지만, 석릉은 '서툴게 쓰기'를 권하고 있다. '익숙한 솜씨'를 지양하고 '서툰 솜씨'를 지향하는 까닭은 습관적으로 쓰는 상투적인 글을 비판하고, 그때 그때의 주제와 글감에 맞는 내용을 어떻게 잘 전달할까 고민하면서 써야 자기 글이 되기 때문이다. 쓸 데 없이 글을 많이 짓지 말라는 앞서의 언급과도 상통하는 주장이다. 아무 소득 없이 '숙수(熟手)'가 될 수 있기 때문이다.

5) 공령문자(功令文字)와 관각문자(館閣文字)에 대한 비판

다음은 '담치(譚治)'로 분류된 글인데, 역시 독서 · 작문과 깊은 관련이 있어서 함께 검토해 볼 만하다.

> 내가 어떤 이에게 공령문자를 짓지 말라고 권했더니, 그 사람이

33) 〈譚屑拾遺-23〉.

34) 「論文十答」之六: "古之文章, 無出昌黎, 不惟後人之所共謂, 然卽當日自信, 亦未肯多讓於人. 方其收召後學, 抗顏而爲之師也, 如有治文之定法, 必有「原文」一編, 與「原道」·「原性」, 並行於世矣. 惟其無定法之故, 丁寧戒切之, 只在乎不師其辭, 而使之詞必己出, 亦足以各成一人之法也." 김창희, 이현일 역주, 앞의 글, 178 · 193면.

> "과거시험에 어떻게 응시합니까?"라 하였다. 내가 "최근에 과거시험장의 법도가 엄격하지 않으니, 글을 빌리는 것이 좋겠네."라 하였다. 그 사람이 "처음 발신할 때부터 임금님을 속여도 되겠습니까?"라 하기에 내가 이렇게 대답하였다. "만약 자네가 '식(識)'이 넉넉히 관직에 종사할 만하면, 비록 답안지를 빌려도, 임금님을 속였다고 말할 수 없겠지만, 자네가 '식(識)'이 사물에 응대하는데 두루 능하지 못하다면, 비록 스스로 지은 답안지라 하더라도 속이는 것이 진실로 그 안에 있다네."[35]

과문(科文)을 공부하느니 차라리 나중에 답안지를 사는 한이 있어도, '식(識)'을 키우고 정사(政事)에 도움이 되는 공부를 하라는 것이다. 질문한 사람도 경화벌열의 일원이었거나, 어쩌면 가상의 문답으로 생각된다.

외국인들에게 보여주기 망설여지는 내용이고, 간행해서 널리 퍼뜨릴 만한 내용은 아니다. 『강루초존』의 경우 지금 전하는 책이 단 한 권에 불과한 것을 보면, 그렇게 많이 찍지 않았으리라 짐작된다. 별행본 『담설』의 경우, 이보다 훨씬 많이 찍었을 것이고, 중국에까지 전해지는 책이기 때문에 이 글은 삭제될 수밖에 없었을 것이다.

다만, 석릉은 금강산을 기행하고 지은 유기에서 구룡연(九龍淵)을 보기 위해 외금강문(外金剛門)을 거의 기다시피 올라가면서, 선비에게 과거 공부는 수기치인(修己治人)의 이상을 실현하기 위한 작은 굴욕이라고 설파하고 있기도 하다.

> 열사흘 날 일찍 구룡연에 오르려 하였는데, 길이 외금강문을 지

35) 〈譚屑拾遺-08〉.

나갔다. 어지럽게 바위가 쌓인 가운데 드나들 수 있는 구멍이 있어 속칭 문이라고 한 것이다. 내가 따라온 이들 수십 명과 함께 갓과 상의를 벗은 채 고개를 숙이고 기어가니, 마치 쥐들이 꼬리를 물고 지나가는 듯하였다. 따라온 이들이 서로 돌아보고 웃으며, "이게 무슨 꼴인가?" 하였다. 내가 이렇게 말하였다.

"벼슬길에서 발신하려면 반드시 과거를 거쳐야 하네. 바야흐로 내실 없는 공령문을 지으며 시험장에서 다투어 달리는 것은 지금 이 문에서 머리를 숙이고 기어가는 짓보다 부끄러운 일일세. 그렇지만 선배명석들은 이를 거치지 않은 분이 없으니, 어째서인가? 참으로 일평생 치군택민(致君澤民)의 경륜과 사업이 반드시 시험장에서의 한번 승리에 달려있는 까닭에, 부끄러움을 무릅쓰고 한 것일세. 지금 구룡연을 한번 유람하는 것 역시 평생의 장관이라고 할 수 있는데, 우리가 어찌 고개 숙이고 기어가는 것을 조금 참지 못하여 구룡연을 보지 않겠는가?"[36]

공령문에 대한 견해 못지 않게 관각문장에 대한 시선도 곱지 않다.

내가 한 벗을 방문했을 때 책상 위에 『문원보불(文苑黼黻)』이 있는 것을 보고, "무엇 때문에 이 책을 읽는가?" 물으니, "장차 조

36) 金昌熙, 「楓嶽記遊」: "十三日, 早將上九龍淵, 路由外金剛門, 亂石堆積之中, 有竇可通而俗號爲門者也. 余與從者十數人, 卸笠脫上衣, 低頭蒲伏, 似鼠啣尾而過之. 從者相顧而笑曰 : "此何貌樣?" 余曰 : "今夫仕路之發身, 必由科第, 方其作爲無實之功令, 奔競場屋之間者, 其爲可慚, 甚於此門之低頭蒲伏. 然先輩名碩, 莫不由之, 何也? 誠以平生致君澤民之經綸事業, 必基於場屋之一捷. 故冒慚而爲之也. 今九龍淵一遊, 亦可謂平生壯觀, 吾何不小忍於低頭蒲伏, 而不觀九龍淵哉?" 김창희, 성균관대학교 한문학과 한문학작가반 역주, 앞의 글, 175~176 · 190면. 『江樓鈔存』에 실린 「楓嶽記遊五十則」에도 제39칙으로 실려 있다.

명(詔命) 짓는 것을 익히기 위해서일세."라 대답하였다. 내가 "조정에 사륙문을 지어 바칠 만한 사람이 부족했던 적은 없었으니, 비록 자네가 못 짓는다 하더라도, 또한 무슨 문제가 있겠는가?"라 말하니, 벗이 "그렇다면 무엇을 공부해야 하는가?" 하기에 나는 이렇게 대답하였다. "크게는 삼통(三通)의 책을 널리 연구하는 것이 좋고, 작게는 『목서(牧書)』와 『흠서(欽書)』 같은 책에 마음을 두는 것이 좋겠네.[37]

『문원보불』은 조선시대에 쓴 각종 관각문장 모음집이라 할 수 있는 책이다. 관각문장을 지으려는 사람들은 당연히 공부를 해야 하는 책이건만, 석릉은 벗에게 그런 공부에 힘쓰지 말라고 만류한다. 협주에 "삼통(三通)은 『통전(通典)』과 『통지(通志)』, 『통고(通考)』이며, 『목서(牧書)』와 『흠서(欽書)』는 우리나라 사람이 지은 지방 행정과 형사 재판에 대한 책이다.[三通, 『通典』與『通志』·『通考』也. 『牧書』·『欽書』, 東人作吏決獄之書也]"라 하였다.

당(唐)나라 두우(杜佑, 735~812)의 『통전』, 송(宋)나라 정초(鄭樵, 1104?~1162?)의 『통지』, 원(元)나라 마단림(馬端臨, 1254~1340)의 『문헌통고』를 연구하라고 충고한바, 이 책들은 중국 역대의 전장제도를 자세히 서술한 책이다.[38] 『목서』와 『흠서』는 두말할 것도 없이 다산의 『목민심서(牧民心書)』와 『흠흠신서(欽欽新書)』이다. 관리가 꼭 읽어야 할 책으로 중국의 '삼통'과 함께 다산의 '이서(二書)'를 언급한 것

37) 〈譚屑拾遺-09〉.

38) 자하(紫霞) 신위(申緯, 1769~1847)도 같은 집안의 후학인 해장(海藏) 신석우(申錫雨)에게 집안에 갖추어 둘 만한 책으로 십삼경(十三經), 이십이사(二十二史)와 함께 삼통(三通)을 언급한 바 있다. 이현일, 「자하(紫霞) 신위(申緯)와의 대화: 신석우(申錫愚), 《자하연담(紫霞軟譚)》」, 『문헌과 해석』 23, 문헌과해석사, 2003 참조.

이 주목할 만하며, 만약 석릉이 『경세유표(經世遺表)』도 읽어 보았다면, 반드시 이 책도 언급했으리라 생각된다. 모두 위정자로서의 ‘식’을 키우는 데 도움이 되며, ‘빈 그릇’을 채울 수 있는 소담스런 내용을 ‘빌리는 데’ 유익한 책들이다.

이상 살펴본 『십담록』의 ‘담문’에 실린 석릉의 산문론은 무엇보다 첫째, 작가가 스스로 터득한 ‘식’을 중시하고, 둘째, 독서와 작문의 유기적 관계를 강조하고, 셋째, 자신만의 학예(學藝)를 통해 새로운 내용을 담아야 하며, 넷째, 다양한 주제와 글감에 따라, 습관적으로 글을 짓는 익숙한 솜씨가 아닌, 처음 가는 길인 듯 애써서 서툰 솜씨로 글을 쓸 것을 주장하고 있다. 이전 시대 문장가들의 관습을 맹목적으로 따라가지 않고, 내용이 충실한 자신만의 글을 써야 자성일가(自成一家)할 수 있다는 것이다.

4. 나오며

끝으로 석릉의 산문론에서 볼 수 있는 그의 사상과 앞으로의 과제에 대해서 조금 더 보충하려고 한다.

우선 우리 산문사에서 당송고문파의 흐름과 ‘식(識)’의 문제이다.[39] 선행 연구에서는, 석릉 이전에 우리 산문사에서 ‘식’이나 견식을 강조한 인물들로 농암(農巖) 김창협(金昌協, 1651~1708)-도곡(道谷) 이의현(李宜顯, 1669~1745), 담헌(澹軒) 이하곤(李夏坤, 1677~1724), 동계(東谿) 조귀명(趙龜命, 1693~1737)-대산(臺山) 김매순(金邁淳, 1776~1840),

39) 이 문제에 대해서는 김철범, 「이조후기 산문론에서 ‘見識’의 문제」, 『漢文學報』 9, 우리한문학회, 2003에 크게 의지하였다.

항해(沆瀣) 홍길주(洪吉周, 1786~1841) 등으로 계보가 이어지며, 각자 주장하는 바가 조금씩 차이가 있지만, "독자적 창의성을 중시하면서 철학적 성찰을 요구하는 문도합일론(文道合一論)의 이론적 실천정신을 담고 있다"고 정리한 바 있다. 석릉 역시 이 계보를 잇는 것으로 파악하고 있음은 물론이다.[40] 다만 위에 언급된 학자들도 주자학을 신봉하는 태도에는 차이가 있는 것으로 판단되며, 석릉은 주자학에서 벗어나 양명학에 경도되어 있는 것으로 보이는 면이 있다.

석릉의 글을 읽다 보면, 마치 큰 깨달음을 얻은 사람처럼 자신의 의론을 거리낌 없이 펴면서 선배들이 남긴 글귀를 단장취의하여 자신의 의론을 뒷받침하는 데 쓴다. 필자는 이전부터 석릉이 주자학과 구별되는 심학의 영향을 받지 않았는가 생각하고 있었다.

석릉은 역대 산문가를 비평하고 그 작품 선집을 엮을 때에도 명청대 작가들 중에서 왕양명을 가장 높이 평가하였으며, 『회흔영』에서는 양명이 말한 양지(良知)와 고문(古文)의 척안(隻眼)-'식'이 하나라고 주장하고 있기도 하다.[41] 특히 다음과 같이 언급한 대목은 주목할 만하다.

> 명나라 때는 오직 왕문성공(王文成公)이 학문에서 양지설(良知說)을 창안하여 문호를 따로 열었으며, 정사에서는 영왕(寧王) 신호(宸濠)의 반란을 평정할 계책을 내서 큰 공훈을 세웠으며, 또 그 문장은 몇 시대를 웅시(雄視)하였으니, 그 물을 먼저 얻어 그릇이

40) 김철범, 위의 논문, 250~262면 참조.

41) 金昌熙, 『石菱集』 卷6, 『會欣穎下篇』, 「讀王陽明文三首」之二: "此心之良知, 古文之隻眼, 豈兩件物也哉!"(『(續)叢刊』 149, 322a) 정우봉, 「19세기 후반기 산문비평사의 한 국면: 김창희의 『會欣穎』을 중심으로」, 『한국문학연구』 1, 고려대학교 민족문화연구원 한국문학연구소, 2000, 292면에서 이미 이 점에 주목한 바 있으며, 이현일, 앞의 글, 2018, 227~240면, '1) 隻眼과 良知'에서 더욱 자세히 논하였다.

따라서 이르렀고, 그릇에 따라 잘 실어서 다시 그 쇠한 것을 일으킨 분이라 할 만하다.[42]

인용된 단락의 주변을 더 살펴보면, 왕양명을 팔대(八代)의 쇠미한 문장을 일으켜 고문을 부흥시킨 한유와 견준 것임을 알 수 있다. 당송팔가의 으뜸으로 한유를 꼽듯이, 명청 산문의 대가로는 왕양명을 꼽은 것이다. 이러한 의론을 펼 때 위에서 살펴본 문장은 다른 학예와 겸수(兼修)해야 한다는 주장이나, 내용이 충실하면 문장의 잘잘못을 걱정할 필요가 없다는 주장을 함께 가져와서 논하고 있기도 하다.[43]

물론 왕양명의 군사적 업적은 누구나 인정하는 것이고, 문장에 대해서 일부 긍정하는 지식인들도 없지 않았다. 그러나, 양지설을 창안하여 쇠퇴한 문장을 새롭게 일으켰다고 말한 것은 전혀 결이 다른 문제이다. 주자학을 지키면서 문장에 도를 실어야 된다는 입장에서 보자면, 도저히 용납할 수 없는 발언이다.[44]

최근 우연히 주자의 학문적 라이벌이라 할 수 있는 남송(南宋) 육구연(陸九淵, 1139~1193)의 어록을 읽다가 위에서 살펴본 석릉 산문론의 일부 주장과 겹쳐질 수 있는 내용을 발견하였다.

---

42) 金昌熙, 『石菱集』 卷6, 『會欣穎下篇』, 「讀王陽明文三首」之一: "在明則惟王文成公, 於學則創良知之說而別開門戶, 於政事則建平濠之策而自樹奇勳, 又其文章, 雄視數代, 可謂先得其物而器隨而至, 隨器能載而復起其衰者也."(『叢刊(續)』 149, 321bcd)

43) 이현일, 위의 글, 227~240면 참조.

44) '文以載道論'의 유래와 의미에 대해서는, 鄭堯一, 『漢文學批評論』, 集文堂, 1994, 42~53면 참조. 한편 심경호, 『한문산문의 미학』, 고려대학교 출판부, 1998, 25~30면에서는 흔히 載道論과 대비되어 일컬어지는 貫道論은 문학의 가치를 더 인정하는 것처럼 여겨지기도 했지만, 실상은 모두 순문학을 중시하는 이론과는 거리가 멀다는 점을 지적한 바 있다.

선생께서 말씀하셨다. "학자가 책을 읽을 때는 먼저 쉽게 이해가 되는 곳을 깊이 젖어들어 익숙하게 반복하며, 자기에게 절실한 것을 바탕으로 생각을 집중하면, 그밖의 이해하기 어려운 곳도 얼음이 녹듯 싹 풀린다. 만약 먼저 이해하기 어려운 곳을 보면, 끝내 이해할 수 없을 것이다." 한 학자의 시를 들어 보여 주셨다. "독서할 때 힘써 경계할 것은 황망에 있나니, 함영하는 공부는 흥미가 오래 간다. 깨닫지 못한 곳은 일단 지나가도 무방하지만, 자기 몸에 절실한 곳은 모름지기 맹렬히 생각해야 한다. 스스로 주재해야 늘 정밀하고 굳세니, 외물을 좇으면 정신이 헛되이 손상될 뿐이로다. 함께 노니는 벗들에게 이르노니, 언어로 천상(天常)을 무너뜨리지 말라."[45)]

인용문의 밑줄 친 부분은 위에서 살펴본 〈담설습유-24〉의 三, 四, 五에서 강조한, 맥락 없는 독서법을 비판하고 자기 자신과 지금의 현실에 절실한 문제에 집중하라는 주장과 일맥상통한다고 할 수 있다.[46)] 석릉의 육왕학(陸王學) 수용 문제는 앞으로도 계속 추적해 보아야 할 문제라고 생각한다.

석릉은 1880년 삭주(朔州)에 유배되었을 때, 『당송팔가문초(唐宋八

45) 陸九淵, 『象山先牛仝集』 卷34, 『語錄(上)』: "先生云: '學者讀書, 先於易曉處沈涵熟復, 切已致思, 則他難曉者渙然氷釋矣. 若先看難曉處, 終不能達.' 擧一學者詩云: '讀書切戒在荒忙, 涵泳工夫興味長. 未曉莫妨權放過, 切身須要急思量. 自家主宰常精健, 逐外精神徒損傷. 寄語同遊二三子, 莫將言語壞天常.'"(鍾哲 點校, 『陸九淵集』, 中華書局, 2016, 407~408면) 육구연, 고재석 역주, 『상산어록 역주(象山語錄 譯註)』, 세창출판사, 2017, 164면 참조.

46) 또 앞에서 살펴본 〈譚屑拾遺-16〉에서 말한 것과 주지가 일치하며, 별행본과 문집본 『譚屑』에 실린, '獨觀大略'과 '不求甚解'를 강조한 다음 조목도 같은 맥락이다. 金昌熙, 『石菱集』 卷9, 『譚屑(上篇)』: "人皆知「出師表」爲漢文之最好, 而不復知武侯之所以能爲者, 獨觀大畧故也. 亦皆知「歸去來辭」爲晉文之最好, 而不復知靖節之所以能爲者, 讀書不求甚解故也."(『叢刊(續)』 149, 352b)

家文鈔)』를 읽으며 고문의 활법대요(活法大要)를 연구하다가, 자신의 능력으로는 시문을 다 잘하기 어렵다고 판단하고, 오로지 산문에만 힘을 기울이기로 결심하게 된다.[47] 김창희의 삶에서 이 깨달음은 하나의 전기(轉機)가 되었다고 평가되고 있는데, 『현정십담』의 저작 시기가 『강루초존』의 다른 글들과 비슷하면, 실상은 '깨달음' 이전에도 자신만의 뚜렷한 산문론이 있었던 것이다. 그리고 위에서 살펴보았듯이, 기본적으로 『회흔영』이나 『석릉집』 등에서 볼 수 있는 생각과 큰 흐름은 차이가 없는 것으로 판단된다.

필자는 처음에 『십담록』을 접했을 때, 막연히 최종 간행본 이전의 중간 과정에 해당하는 이본으로 생각했었다. 그런데, 자료를 자세히 보니, 최종 간행본에 없는 내용들도 상당수 있고, 어떤 면에서는 최종본보다 더 체계적으로 정리된 점을 확인할 수 있었다.

사실 위에서 살펴본 '담문'에 속하는 내용들 중에는 소품집에 수록하기 알맞지 않은 내용이 적지 않다. 별행본 『담설』에서는 이러한 내용들을 대부분 삭제함으로써 청언소품집으로서의 성격이 더 분명해졌다고 할 수 있다. 『담설』의 수록 내용 전체에 대한 정치한 분석과 당시 청나라 문인들이 이 책에 열렬히 호응한 까닭 등에 대해서는 추가 연구가 필요하다.

〔붙임〕 담설습유(譚屑拾遺): 『십담록(十談錄)』을 중심으로

47) 金昌熙, 『石菱集』 卷4, 「溪園退士自傳」: "亞卿後, 以試士事, 謫朔州在鵬舍時, 借『八家文鈔』於府學, 潛究韓·蘇·歐·曾治文之活法大要者, 數月而微得之, 則自念精力短淺, 不能兼綜詩文, 遂效毛鶴舫故事, 廢棄聲律, 專治古文."(『叢刊(續)』 149, 301ab) 이현일, 앞의 글, 2016(b), 100면 참조.

〈01〉 天下萬事, 惟自我識得者, 方爲眞識. 若待人而後識, 識非眞識也. 是故善誨人者, 微發其端, 而不盡其說, 以俟其自悟也.

〈02〉 宜從算數, 肄其乘除, 目與心相乘, 而所見必遠, 所識必廣矣. 口與手相除, 而出言必簡, 制事必精矣.

〈03〉 心要虛, 虛生明, 明生智.

〈04〉 所貴乎識者, 以其精也, 非謂其博也. 古人不云乎? 識其要者一言, 而不識而要, 則流散無窮矣.

(이상 '譚識'에서)

〈05〉 爲自家造福者, 惟自家一人而已矣. 他人愛莫助之.

〈06〉 善養命者, 不作無益之想.

(이상 '譚福'에서)

〈07〉 余嘗患驚悸, 撫心按膽, 不能自已. 及逾, 復以平時伎倆, 撫按無病之心膽, 則自養之術, 莫妙于此.

(이상 '譚病'에서)

〈08〉 余嘗勸人不作功令文字. 其人曰: "何以應擧?" 曰: "近日試規不嚴, 借文可也." 曰: "發身之初, 欺君可乎?" 曰: "使子而識優從政耶? 雖借文, 不可謂欺君也. 使子而識不周於事物耶? 雖自作, 欺固自在也."

〈09〉 余嘗訪友, 見案頭有『文苑黼黻』, 問"何爲看此書?" 曰: "將以肄習詔命耳." 曰: "朝家未嘗乏製進四六之人矣. 子雖不能, 亦何妨也?" 曰: "然則何爲?" 曰: "大可以博究三通之書, 小可以留心『牧書』·『欽書』之類耳. (三通, 『通典』與『通志』·『通考』也. 『牧書』·『欽書』, 東人作吏決獄之書.)

(이상 '譚治'에서)

〈10〉 今之塾師窒人慧竇不小, 最是多讀多作之說. 憑藉歐公, 流害無窮. 噫! 歐公之有是說, 豈爲今之學徒勉哉! 亦豈爲塾師誤人子弟之口實哉! 夫讀書, 所以求識, 然如不識其所求, 讀可止. 不止而多焉, 則益其愚而已矣. 作文所以發識, 然如不識其所發, 作宜輟. 宜輟不輟而多焉, 則失其眞而已矣. 愚而失眞, 焉用彼無識之文? 而且慣於其所不善, 舊染一沈, 雖復起太史 · 昌黎而爲之師, 憪然而善誘之, 固不能洗滌其陋習而反之雅耳.

〈11〉 凡讀書, 但願掩卷輒忘, 切勿獵取强記, 若得方寸之內, 淨無一點渣滓, 則此是千古隻眼也. 惟其章句盡忘, 而副急無需, 故有時把筆鈍手出力, 畢竟與自家鑑識, 不甚相遠, 於是乎一生治文事畢矣.

〈12〉 張睢陽讀書三遍, 終身不忘, 爲文操紙筆立書. 谷律那淹識羣書, 時人稱爲九經庫. 此皆天下之難能也. 而其著述無傳焉. 柳柳州自遭責逐, 神志耗竭, 所讀書, 隨又遺忘, 不能盡意筆硯. 然其文章至今膾炙人口, 由此觀之, 文章之不在博覽, 不在强記, 不在副急, 不在刻意, 可知也.

〈13〉 文可以兼修而成, 不可以專治而能. 文章之外, 如無他藝之可稱, 其文不足傳也. 昔歐陽公與學者言, 未嘗及文章, 惟談吏事. 黃魯直云: "數十年來, 先生君子, 用文章提獎後生, 故華而不實." 二公皆以文章自樹立, 豈以爲餘事而然哉! 誠以不可專治而能也. 故使學者後生之垂橐於此者, 求諸彼而稇載之也.

〈14〉 吳下阿蒙有言曰: "士別三日, 則更刮目相對." 如使當時就學, 一如章句之儒, 莫道三日暫別, 不能使魯肅刮目, 便至三十年闊別, 豈能使一庸子拭其俗眸也.

〈15〉 讀幾秩書, 粗識利病, 斯入門矣. 日長其識, 去粗就正, 斯升堂矣. 發其精識, 能自樹立, 斯入室矣.

〈16〉 讀書莫急於悟解. 未悟未解之讀, 皆歸徒勞矣. 且欲久讀而期有悟解, 則雖有所悟所解, 未免强悟强解. 强則非眞, 徒涉穿鑿. 是故古之人如遇所疑, 則輒闕之. 其所會意而欣然者, 亦偶幸耳.

〈17〉 自視積年辛苦而僅有之者, 甚欲然也. 有能一朝而棄如弊屣者, 此天下之大勇大知也. 其就于新而進也者, 决江河沛然而莫之禦矣.

〈18〉 韓文公自道其文曰: 不專一能, 怪怪奇奇. 祇以自嬉, 不可時施. 夫不專一能者, 無所能也. 怪怪奇奇者, 無定法也. 祇以自嬉者, 信己也. 不可時施者, 斷俗也. 惟其無所能也, 故自具多能. 無定法也, 故自生多法. 信己也, 故自合古人. 斷俗也, 故人無及之者. 公之文之獨高天下萬世者也. 且公之憫惻後學, 往往密示自己活法, 以俟知者知也, 類多如此. 讀公文者, 合於此等處着眼也?

〈19〉 甲問: "起止當如何? 體裁當如何?" 對曰: "若於搦管之前, 心中已念起止體製當如何而可, 則雖太史 · 昌黎之大手筆, 必自遏其浩浩之勢, 而不能爲奔放恣肆之文也." 乙問: "起止當如何? 體裁當如何?" 對曰: "起止本無二法, 但起自所見, 行其所知, 抑揚反覆, 惟意所之, 及乎言之有盡而文亦自止矣. 軆裁隨人所尙而各殊, 如行雲流水, 初無定質, 因文起止, 自然成章, 自我刱做, 尤可貴也."

〈20〉 韓文公作「原道」· 原性諸文, 獨不作「原文」一篇, 何也? 文章本無定法, 若說法而人法之, 則必非活法故耳.

〈21〉 ■ 夫文之派類雖甚繁, 而疑各有法, 然其要不過同其貫而已矣. 若以法爲法, 則失其貫而終不得法矣. 惟以不法爲法,可得不窮之活法, 而又不失其貫矣.

■二 今夫五七言句而押韻, 有不爲詩者乎? 取物之相類與相反者, 以爲之對, 有不爲騈儷者乎? 言古今事當否, 有不爲論者乎? 異同發問, 逐條具對, 有不爲策者乎? 代撰王言, 有不爲詔令者乎? 陳達事情, 有不爲奏疏者乎? 述人生平以載之史, 有不爲傳者乎? 私相論撰, 有不爲碑者乎? 與人往復, 有不爲書牘者乎? 或贈送, 或弁卷, 有不爲序者乎? 或述事, 或叙物, 有不爲記者乎? 祈神告鬼, 有不爲祭文者乎? 刱題爲言, 有不爲雜著者乎?

■三 古之人知其如是之足以爲法, 而法外造言, 必任其在口在手者. 故寫景物, 摹風神, 辨是非, 明利害, 恣其意之所欲, 爲無所處而不當, 一貫之活法, 足乎己而無待乎外矣.

■四 今之人不然, 詩焉而又求其如詩. 騈儷焉而又求其如騈儷, 以至策 · 論 · 詔令 · 奏疏 · 傳 · 碑 · 書牘 · 序 · 記 · 祭文 · 雜著焉, 而無不各從其迹而求法焉. 古法甚衆, 而爲法所縛, 故手無以措, 意無以發, 所謂苟合於此格者, 必違於彼式, 而滅裂流散, 終不能同其貫而爲一己之法也.

■五 今若欲得活法, 必也眼無古人, 直攄胸臆, 信手寫出, 勿以俗所謂格與式存諸念頭, 庶乎其可也.

〈22〉 菽粟而不陳腐, 是可謂文章矣. 究其所從來, 必自沒字碑.

〈23〉 天工生於拙, 惟生手能之, 熟手不能也. 聖於文者, 與手相忘, 其次懼手之熟也, 而未嘗數數作文也.

〈24〉 □一 余嘗與人論觀書 · 作文. 書曰: "昨晤以觀書 · 作文二事爲問. 雖忽忽未及仰對. 然意甚善, 意甚善. 荀子曰: '君子生非異也, 善假於物也.' 夫善假於物, 莫如爲學. 善假於學, 莫如觀書. 然凡一帙書, 作者之精神之所融液結者, 百不其十也. 自家之心到意會者, 又十僅其一二也. 一二之外, 皆爲不當假之物, 而如或假之, 則不惟無所用之, 亦必有害於其所謂善假者矣.

㈡ 韓文公云: 惟陳言之務去, 其獨作文時爲然哉! 其平日觀書工夫, 已在於識其僞者而去之也. 是以其所不去而存者, 獨爲道德之英華, 而能起八代之衰也.

㈢ 公又自道云: '手不停披於百家之編.' 夫一板字數, 少不下四百, 多則五百, 公雖記性敏速, 豈有手不停披而能觀之詳者乎? 盖觀不求詳故耳. 惟其不停披之, 故有時而停披, 則眼光透紙, 而昭昭然黑白分矣. 公之窺竊陳編, 大畧如此, 可想見也已.

㈣ 世之學者不然. 始以貪多之心, 不思省力之術, 而其父兄先生又從而迷悟之曰: '博觀而多讀, 則久必有成. 此非吾之言也, 古人亦嘗云爾.' 噫! 古人之博觀云者, 文不專在一書之謂也. 多讀云者, 書中尙有餘意之謂也. 豈若今人以有限之精力, 浪費於不當假者之謂也哉! 且夫書籍之存於世者, 若菽粟之積在太倉也. 終日所見, 只是陳因腐敗而已, 則雖嗜書之甚者, 不能不生厭心, 而或遇可觀, 亦復無不泛過矣. 以此爲習, 雖極其力之所至, 不過復爲誤己之父兄先生而已矣, 復誤其子弟後輩而已矣. 何能窺古人之藩籬也, 亦何能新一代之耳目也?

㈤ 弟昔在九歲, 畢讀曾史初卷, 繼授少微通鑑時, 與群小兒嬉戲中庭, 聞先生之號, 大不悅而應之曰: '我不讀! 我不讀! 天皇氏以木德王, 於今何有哉? 趙簡子以尹鐸爲晉陽, 於我何事哉? 何故日日困我也?' 自是以來卄數年, 雖於書, 了無所得, 然但不以於今何有而於我何事者, 存諸胸膈之間, 以爲難醫之痞積也. 未知兄意以爲如何? 呵呵!

六 至於作文, 較之觀書, 其事頗異. 夫道德 · 言語 · 政事, 皆爲實物, 而獨文章爲虛器, 如其平昔所假於書而得之者, 皆爲精美之物, 則雖不求器, 器必隨物而至矣. 譬如借人金粧珠飾之具, 豈無其所裹之袱與所盛之櫃也? 目下宜但求善觀, 不宜豫慮作法之不工也."

(이상 '譚文'에서)

〈25〉 有自知其爲人者, 能開隻眼而具隻手矣. 隻眼之遇, 未有不相識者也, 隻手之助, 未有不相益者也.

〈26〉 或曰: "誰可交歟?" 對曰: "某也何如?" 曰: "某也爲人, 謹於自保而已, 何能及人?" 對曰: "謹者, 有自保之餘智, 足以及人矣. 不謹者, 無以自保, 何能及人?"

(이상 '譚友'에서)

〈27〉 將爲好辯之人, 其爲習也, 先自不爲荒說始矣.

(이상 '譚言'에서)

〈28〉 士大夫立志, 寧爲終身轗軻於世也, 必有幾件所不爲之事, 而後能見孚於人矣. 見孚於人而終身轗軻者, 亦鮮矣.

〈29〉 善察人之視己爲何如而已矣.

〈30〉 時不到, 運不乘, 奈何? 曰: 忍之而已矣.

(이상 '譚涉世'에서)

〈31〉 財必有神, 神聚而財聚, 神散而財散, 神安而財安, 神動而財動, 神狂而財狂, 神妄而財妄. 神之衛護, 人多衛護, 神之攸忌, 人亦忌訾, 神之別有形跡, 卽指自家之心精, 有時而察, 有不同耳.

(이상 '譚財用'에서)

■ 참고문헌

• 기본자료

金昌熙, 『譚屑』(別行本).

『石菱集』(『韓國文集叢刊(續)』 149).

金昌熙, 『石門漫稿』 2권 1책(고려대학교 중앙도서관 소장본, 육당 D1 A152).

______, 『石菱漫稿』 1책(고려대학교 중앙도서관 소장본, 육당 D1 A153).

김창희 외, 최우길 · 김규선 역, 『개항기 한중 지식인의 조선개혁론 삼주합존』, 보고사, 2016.

김창희, 성균관대학교 한문학과 한문학작가반 역주, 「北征記遊 / 楓嶽記遊」, 『漢文學報』 34, 우리한문학회, 2016.

김창희, 이현일 역주, 「論文十答 譯註」, 『漢文學報』 35, 우리한문학회, 2016.

陸九淵, 鍾哲 點校, 『陸九淵集』, 中華書局, 2016.

육구연, 고재석 역주, 『상산어록 역주(象山語錄 譯註)』, 세창출판사, 2017.

丁小明, 『《譚屑》拾餘』, 北京: 國家圖書館出版社, 2014.

丁小明 · 千金梅 편, 『大陣尺牘: 晚清駐朝使臣致朝鮮大臣金昌熙叢札』, 復旦大學出版社, 2021.

• 논문 및 단행본

구지현, 「『석릉수간(石菱受柬)』을 통해 본 朝 · 淸 문사 교류 속의 『담설(譚屑)』」, 『洌上古典研究』 39, 열상고전학회, 2014.

권경렬, 「石菱 金昌熙의 古文論 考察」, 『東洋漢文學研究』 19, 동양한문학회, 2004.

김규선, 「김창희의 『석릉수간』과 임오군란 직후 한중교류의 한 단면」, 『洌上古典研究』 39, 열상고전학회, 2014.

김용태, 「開港 이후 동아시아 漢文네트워크에 대하여」, 『韓國漢文學研究』 50, 한국한문학회, 2012.

김철범, 「이조후기 산문론에서 '見識'의 문제」, 『漢文學報』 9, 우리한문학회, 2003.

노관범, 「1880년대 金昌熙의 經世思想: 임오군란 직후 부강정책의 재설정」, 『韓國思想史學』 35, 한국사상사학회, 2010.

심경호, 『한문산문의 미학』, 고려대학교 출판부, 1998.

이현일, 「『石菱集』 해제」, 『(影印標點) 韓國文集叢刊 解題』 11, 한국고전번역원, 2013.

______, 「石菱 金昌熙의 集外文에 대하여: 고려대학교 중앙도서관 육당문고 소장 문집 殘卷 4종을 중심으로」, 『민족문화연구』 73, 고려대학교 민족문화연구원,

2016(a).

______,「石菱 金昌熙의 初期 遊記에 대하여」,『漢文學報』 34, 우리한문학회, 2016(b).

______,「石菱 金昌熙의「論文十答」에 대하여」,『韓國漢文學研究』 69, 한국한문학회, 2018.

임형택,「전통적인 인문 개념과 정약용의 공부법」,『茶山學』 18, 다산학술문화재단, 2011.(「전통적인 인문 개념과 문심해두: 정약용의 공부법」,『한국학의 동아시아적 지평』, 창비, 2014에 재수록)

정요일,『漢文學批評論』, 집문당, 1994.

정우봉,「19세기 후반기 산문비평사의 한 국면: 김창희의『會欣穎』을 중심으로」,『한국문학연구』 1, 고려대학교 민족문화연구원 한국문학연구소, 2000.

조항래,「金敎獻의 生涯와 思想」,『京畿史學』 8, 경기사학회, 2004.

천금매,「石菱 金昌熙와 南通 文人 張謇의 交流: 임오군란 직후 교류척독을 중심으로」,『洌上古典研究』 39, 열상고전학회, 2014.

최우길,「임오군란 직후 清종군 인사들의 조선 내정 개혁안: 새 자료『三籌合存』 독해를 중심으로」,『洌上古典研究』 39, 열상고전학회, 2014.

하정원,『石菱 金昌熙 散文 批評 研究:『會欣穎』을 중심으로』, 성균관대학교 석사학위논문, 2009.

______,「石菱 金昌熙의 古文作法과 散文批評에 대한 一考」,『漢文學報』 25, 우리한문학회, 2011.

______,「1882년 전후 東아시아論의 形成과 朝鮮 지식인의 反應」,『東方漢文學』 51, 동방한문학회, 2012.

한영규,「조선후기 淸言小品의 특징」, 안대회 편,『조선후기 小品文의 실체』, 태학사, 2003.

허경진,「한중 문화교류의 유형과 석릉수간의 위상」,『洌上古典研究』 39, 열상고전학회, 2014.

원영의(元泳義)의 『몽학한문초계(蒙學漢文初階)』 연구

/
김영주
(성균관대학교)

Ⅰ. 들어가며

본 논문은 원영의(元泳義, 1852~1928)[1]가 편찬한 근대 아동용 한문 교과서인 『몽학한문초계(蒙學漢文初階)』[2](이하 초계)를 대상으로 편찬의 배경, 교재관, 구성 방식 그리고 특징적 양상을 고찰함을 목적으로 삼는다.

원영의는 근대를 대표하는 한학자이자 교육가로 성재(省齋) 유중교(柳重敎)를 스승으로 섬겼다. 유중교는 위정척사운동을 애국 우국의식의 민족주의 사상으로 발전시킨 화서(華西) 이항로(李恒老, 1792~1898)의 고제였기에 원영의의 사상적 · 학문적 연원은 위정척사파에 닿아있다고 할 수 있다. 위정척사파는 대체로 개화를 통한 서양 혹은 일본 문물의 유입을 배척하고 전통의 성리학적 유교 질서를 묵수하며 그것을 민족 주체 의식으로 여겼다. 그러나 이들과 비교할 때 원영의의 의식은 발전적이고 개방적인 성향이라고 할 수 있다. 한 예로, 그는 우리나라의 교육 수준을 분석하여 본질적인 우수성을 인정하면서도 당시의 서양 각국의 학문보다 뒤처져 있는 현실을 외면하지 않았다. 그리하여 우리나라가 한번 도약하더라도 발전된 서양 각국과는 어깨를 나란히 할 수 없으며 그들의 과학은 범위가 넓고 커서 합리적인 방법 없이는 그들의 수준에 도달할 수 없다는 사

1) 元泳義의 생애에 대해서는 최미경(1999)의 논문 5~10면에서 자세히 다루었으므로 본고에서는 소개를 생략한다.

2) 본 연구에서 텍스트로 삼은 것은 大韓帝國 隆熙 1년(1907)에 普成社에서 간행된것으로 1冊, 78면으로 이루어진 국립중앙도서관 소장본(이하 국중본)이다. 경희대학교 도서관 소장본은 隆熙 2년(1908)으로 되어 있으며 中央書館에서 간행된 것으로 되어 있다. 그러나 국립중앙도서관 소장본의 판권기를 살펴본 결과, 『蒙學漢文初階』의 인쇄소가 普成社이며 發賣所가 中央書館으로 되어 있었다. 그 외에 1冊, 78면의 구성으로 보아 동일한 책이며 단순한 연도 착오인 것으로 판단된다.

실도 지적하였다. 뿐만 아니라 당시 아동용 한문 교재의 문제점 즉, 추상적이고 심오한 이론으로 아동의 학습 흥미도를 절감시키는 문제점과 아동의 학습을 계도할 수 있는 적절한 교재의 부재를 분명히 인식하고 있었다.[3] 그 해결책의 하나로 『소학한문독본(小學漢文讀本)』을 교재로 편찬하였다. 그렇지만 그것마저 기초 한문 학습자용 교재로 삼기에는 난이도가 부적절함을 인지하고, 내용의 수준을 낮추고 당시의 신식 학교에서 가르치는 교과들을 간략하면서도 폭넓게 수용하여 초학아동을 위한 『초계』를 편찬하였다.

『초계』에 대한 연구는 아직 이루어진 바가 없다. 다만 원영의가 편찬한 『소학한문독본』에 대한 연구에서 원영의의 생애와 저술 상황, 책의 체제상의 특징과 내용을 분석하며 전통과 근대의 접목, 이야기식의 전개 방식을 특징으로 밝히는 한편 자연과학과 개명의식의 기술, 세계의 문물과 역사 인식 그리고 실생활에서의 계몽지향 등의 내용을 분석한 바 있다.[4]

이 외에 『초계』를 언급한 연구로는 손유정(2011)[5]과 이미연(1996)[6]의 연구가 있다. 손유정은 성독(聲讀)을 위해 『초계』의 교과 일부를 인용하여 수업 구성안을 작성하였고 이미연은 애국계몽기 한문교육의 실태를 소개하며 한문이 동아시아의 공통문자이며 우리가 사용하는 많은 어휘가 한자로 이루어졌다는 서문의 내용을 발췌하여

3) 元泳義, 『蒙學漢文初階』, 「蒙學漢文初階序」. "我東敎育進步, 已後於泰西諸國, 不可一躍而並駕. 又其科學宏博, 不可無方法而普達也. 見今蒙學方興, 遽以深文苦之, 易生厭倦, 因使墨守故步有妨進取. 更要啓發新智, 苦無定本. 余惟是之憂, 旣輯小學漢文讀本二編, 其程度稍高, 未合蒙學之分際, 故復取新舊文之淺易者, 而輯之曰蒙學漢文初階, 爲小子之循序漸進, 而姑補其缺乏而已."

4) 최미경(1999).

5) 손유정(2011).

6) 이미연(1996).

소개하였다. 그러므로 두 연구 모두 『초계』를 텍스트로 삼은 분석적인 연구라 하기는 어려운 실정이다. 이 때문에 『초계』의 구성과 내용 및 특징을 분석하여 그 의미를 고찰하려는 본 연구는 한문 교육사 및 한문과 교과용 도서 발전사 등에서 그 의미를 가질 수 있을 것이다. 아래에서 원영의의 편찬 의도 및 구성상의 특징들을 고찰해 보기로 한다.

2. 『몽학한문초계』 편찬 배경과 교재관

1) 『몽학한문초계』 편찬의 역사적 배경

원영의의 교육 사업에 영향을 끼친 역사적 사건은 갑오경장(1894)이다. 재래의 문물제도를 버리고 근대 서양의 법식을 본받아 새 국가체제를 확립하려는 갑오경장 이후, 국가에서는 교육을 급선무로 여겨 학교 창설에 관한 법규를 제정하여 시행하고자 하였다.

1895년 4월에 초등 교원양성을 목적으로 우리나라 최초의 근대식 학교 법규인 「한성사범학교관제」가 제정 · 공포되었다. 이어서 서울 교동에 본과 2년, 6개월 속성과정의 한성사범학교를 설치하고, 부속학교로 심상과와 고등과를 가진 3년제 소학교를 두었다. 본과의 입학 연령은 20~25세, 속성과의 입학 연령은 22~35세로 하였다. 입학 정원은 본과 100명, 속성과 60명으로 하였다. 교과목은 본과는 수신 · 국문 · 한문 · 교육 · 역사 · 지리 · 수학 · 물리 · 박물 · 화학 · 습자 · 작문 · 체조 등이었고, 속성과는 물리 · 화학 · 박물을 이과로 묶은 것을 제외하고는 본과와 같이 하였다.

1896년에 원영의는 공자의 도가 시의에 적절하겠지만 일제의 통제가 강화되는 현실 상황에서 옛것에만 집착하여 종사하는 것은 타당성이 없다고 판단하였다. 대신 그는 '도덕'을 근간으로, '신학'을 지엽으로 삼아야 결실을 얻을 수 있으며, 옛것을 익혀 새것을 알아야 열강의 경쟁에 함께 참여할 수 있다고 여겼다.[7] 요약하자면 그의 역사관은 과거 전통을 학습하여 활용하되 신문물의 우수성 역시 수용하여 활용하고자 하는 수정주의적 논리라 규정할 수 있다. 또한 이것은 그가 학문적으로 위정척사파와 관련이 있지만 전통에 대한 묵수보다는 시대의 흐름과 정세의 변화에 따라 신학문과 교류하고 융합하는 개방적이고 발전 지향적인 학문 자세를 정립하고 있음을 나타낸다.

1905년 일제가 우리나라의 재정 · 외교의 실권을 박탈하여 국정 전반을 좌지우지하는 을사늑약을 강제로 체결하자 원영의는 학부의 직위를 사임하고 은거를 결심하였다. 또 이즈음 막역지우인 위암(韋庵) 장지연(張志淵)이 『황성신문』에 게재한 사설 「시일야방성대곡(是日也放聲大哭)」에서 늑약의 부당함을 비판한 이유로 체포되자 그의 낙심은 깊어졌다. 실의에 빠진 그를 위로하고 또 평소 그와 뜻을 같이하던 석농(石儂) 유근(柳瑾) · 함재(涵齋) 안종화(安鍾和) · 백당(白堂) 현채(玄采) · 운사(雲史) 원대규(元大圭) 등이 그를 찾아와 사립학교를 건립하여 교육을 통해 국가 발전을 위해 노력할 것을 설득하였다. 우하(又荷) 민형식(閔衡植) · 긍재(兢齋) 유성준(兪星濬)까지 합세하여

7) ① 金甯漢, 「承訓郎師範教官漳隱元先生行狀」. "丙申, 先生以爲夫子之道時中, 目今國勢, 不可徒事泥古, 當以道德爲根幹, 新學爲枝葉然後, 方得花實之美, 溫故知新然後, 可以竝進列强競爭之中. 内決意入學于師範速成科, 半年卒業. 是歲, 敍官立小學校教員, 翌年, 陞師範學校教官."② 『承政院日記』冊139, 高宗 33년 8월 10일. "給二級俸官立小學校教員元泳義 · 洪性天."; 高宗 35년 7월 13일. "漢城裁判所主事睦源晟, 師範學校教員韓明教, 依願免本官, 任漢城裁判所主事李源國, 任法部主事徐廷佐, 任漢城師範學校教員元泳義, 任官立小學校教員韓明教."

마침내 계동에 계산학교(桂山學校)를 창설하였다. 이것은 최초의 근대 사학으로, 이에 고무되어 휘문(徽文) · 보성(普成) · 기호(畿湖) · 오성(五星) 등 사학이 잇달아 개교하게 되었다. 또 그는 당시에 발행되던 교육 · 정치 · 일간 신문에 기사를 투고하는 저널리스트로 활동하였는데 내용은 주로 계몽에 관한 것들이었다. 『초계』의 간행 후, 3년 뒤에 쓴 글이지만 원영의의 계몽적이고 실용적인 의식을 확인할 수 있는 논설을 소개한다.

> 夫學問은 智識의 産母오 智識은 衣食住의 原料라 凡此原料를 豐裕코자 홀진딕 開明人의 智識을 取得홀지오 智識을 擴充코자홀진딕 開明人의 學問을 效則홀지어늘 飄風暴雨의 急進思想은 終朝키 不能ᄒᆞ고 斗筲錐刀의 姑息小利는 遠慮를 不肯ᄒᆞ야 學校義金은 蜻蜓의 點尾오 教育進步는 黃楊의 退寸이라 生計學의 未昌홈이 安得不然이리오
> 大抵人類의 發展動作이 皆是力에셔 出홈으로 學問智識이 其力을 助養ᄒᆞᄂᆞᆫ지 木의 條暢力이 無ᄒᆞᆫ자는 霜雪에 摧ᄒᆞ고 水의 流動力이 無ᄒᆞᆫ자는 汙溝에 腐ᄒᆞᄂᆞ니 人이 學力과 智力을 不修ᄒᆞ면 何以生活코 古聖이 有言호딕 天을 不怨ᄒᆞ며 人을 不尤ᄒᆞ라ᄒᆞ시니 四支五官의 活動力을 具有ᄒᆞᆫ 吾人은 衣食住의 原料를 各其身上에 反求홀진더)[8]

과거 유학자들은 학문의 요체인 심성 수양과 인격 도야에서, 제가평천하(齊家平天下)에 도달하는 도덕적이고 이념적이며 방향성을 갖는 학문을 추구하였다. 이와 달리 원영의의 견해는 '학문지식이 생

---

8) 元泳義(1908).

활의 원료'라는 논설 제목에서 알 수 있듯이 전통적인 유학자와 차이를 보였다. 그에게 학문이나 지식은 더 이상 먹고, 입고, 머물 수 없는 이념적인 관념적인 것이 아니었다. 그것은 먹고, 입고, 머물게 하는 '원료'이자 실생활에서의 사용을 위한 가공되지 않은 '재료'였다. 그것을 연마하고 가공하는 수준과 방법에 따라 생활에서의 활용도는 달라진다고 생각하였다. 그의 학문 지식의 목적과 방향이 오로지 '실용'에 초점이 맞추어져 있다고 해도 지나치지 않을 정도이다. 실생활을 풍요롭게 할 '학문 원료'의 개발을 위한 방법으로 그는 '개명인의 지식' 즉 '신학문의 습득'을 제시하였다. 다만 습득의 방식은 무조건적 · 급진적 · 이익 추구의 방식이 아니었다. '생계학'이라는 명칭에서 알 수 있듯이 생활을 위한 실용적인 차원의 것이었다. 추구 방식은, 나무가 소리 없이 조금씩 가지를 뻗어나가는 것이나 물이 흘러가듯 자연스러운 '조창력'과 '유동력'이란 말에서 알 수 있듯이 점진적으로 자연적으로 이루어져야 한다는 것이다.

계몽적이고 진보적인 원영의의 교육, 사회활동은 일제의 탄압을 받았다. 1907년 여름에 일본 헌병이 그의 집을 수색하여 이미 출간된 책과 미처 출간되지 않은 원고들을 모두 압수하였다. 여기에는 『소학한문독본』 · 『몽학한문초계』 · 『동사보편(東史補編)』 · 『수필견문록(隨筆見聞錄)』 등이 들어 있었다. 이때 압수되어 소각당한 책은 각처의 회보와 학회 14종을 비롯하여 여러 사람의 저술 40종을 합하여 모두 수백만 권이며, 원영의의 저술이 총 1만 6천 권이었다. 그는 1910년 이후 일제의 심한 감시와 탄압으로 인해 활동에 심각한 장애를 겪고 연천으로 귀향하여 후학 양성으로 만년을 보냈다. 80권에 달하는 그의 문집[9] 중에 교육자로서의 면모를 보여주는 것은

9) 金甯漢, 「承訓郎師範教官漳隱元先生行狀」.

학교 교재들이다. 특히 그는 한문교육에 가장 많은 공력을 들여 『소학한문독본』과 『몽학한문초계』와 『초등작문법(初等作文法)』등을 편찬하였다.

본고에서 텍스트로 삼은 『초계』는 1907년 10월에 원영의가 편찬 간행한 한문 교재로, 『소학한문독본』의 학습자보다 아래 단계의 학습자를 대상으로 편찬되었다. 책의 교열은 유근과 장지연이 맡았으며 서문이 2면, 본문은 78면에 총 213과로 구성되었다. 아래에서 『초계』에 나타나는 그의 교재관을 먼저 살펴보고 이어서 교재의 형식과 내용을 고찰해 보기로 한다.

2) 다의적, 미래지향적 교재관

『초계』의 서문에서 원영의는 대책문(對策文)의 형식을 빌어 자신의 교재관을 세 가지로 정리하였는데 그 형식과 내용이 모두 중요한 의미가 있다. 먼저, 형식면이다. 원영의는 '왕약왈(王若曰)' 또는 '약왈(若曰)'로 시작되는 대책문의 형식을 차용하였다. 대책이란 본래 왕이 신하에게 현실의 문제 또는 폐단에 대한 지식인들의 인식과 해결책을 구할 때 사용하는 문체로, 조선의 과거시험 체계 내에서 가장 높은 수준에서 사용된 문체였다. 아동용 교재의 서문에 그가 대책문의 형식을 차용하여 교재관을 제시한 것은 아동을 위한 서문이기보다 대한제국의 임금에게 바치는 책문의 성격을 갖는다.

① "국문이 있어서 쓰기에 충분한데 하필 이렇게 하느냐"라고 이와 같이 말한다면, 한문은 동아시아의 공통문자이고 '국문' 두 글자 또한 한자이다. 비록 한자 없이 그 뜻을 해석하고자 하나 그 (동아시아의) 공통문자에 대해서는 귀머거리와 장님이 되는 것

을 어찌하겠는가.

② "새것을 얻고 옛것을 버리니 박하고 더러움을 어찌 말로 다 할 수 있겠느냐"고 이와같이 기롱한다면, 어린아이는 지력이 싹트지 않았기에 질항아리도 알지 못하거늘 황종의 음률을 말해준다면 어찌 쉽게 이해하겠는가.

③ "나열한 과가 조목이 없어 하나의 부류로 이름 지을 수 없다."고 이와 같이 말한다면, 두뇌는 일을 경영하고 각각은 담당하는 신체 부위가 있어서 다만 전일하게 힘을 다하고 다른 일과 바꿀 수가 없는 것이다. 그것을 소홀히 여기고 어찌 완전한 인격을 양성하겠는가? 이것이 한문을 폐지할 수 없고 또 알기 쉽게 비유하고 이것저것 잡다하게 제시하지 않을 수 없는 이유이다. 아! 한문은 과학의 열쇠이다. 옛 지식의 보고와 현재의 각 전문적 학문을 진실로 열쇠 없이 다만 손으로 열고자 한다면 문외한으로 끝날 것이다. 후학을 깨우쳐 이끌어주는 자들은 양해하길 바란다.

융희 원년(1907) 가을에 장은 원영의는 백록산방에서 쓴다.[10]

둘째, 내용의 측면이다. 혹자가 한문 학습의 필요성에 의문을 제기하자, 원영의는 '국문'이란 어휘 역시 한자임을 예로 들며 실제 우리말의 다수를 구성하는 한자 · 한문 학습이 필수적이고 역사적 당

10) 元泳義, 『蒙學漢文初階』, 「蒙學漢文初階序」. "若謂有國文足用, 何必乃爾耶, 則漢文亞東之同文, 而國文二字, 亦漢字也. 雖欲沒漢字, 而釋其義, 其於同文之聾瞽何哉. 若譏以得新捐故, 薄陋何足道耶, 則幼蒙智力未萌也, 瓦盆之不知而語以黃鍾, 豈易領會哉. 若訾以列課無條, 不名一類云爾, 則腦髓營事, 各有專部, 只使專一竭力, 不換他事. 蘇之, 豈養成人格之完全乎. 此漢文之不可廢, 而又不得不淺喻而雜進也. 噫, 漢文科學之管鑰也. 古之曹倉杜庫, 今之各學顓門, 苟無管鑰之具, 而徒欲手開, 則終於門外漢矣. 凡開導後進者, 其庶有諒之也. 夫隆熙元年丁未菊秋, 漳隱元泳義, 識于白鹿山房."

위임을 역설하였다. 또 한자가 동아시아 공통의 문자라는 사실을 지적하며 한자 · 한문의 학습이 보편적인 동아시아 문화의 향유와 동아시아 각국의 상호 이해 증진에 기여할 가능성을 부각시켰다. 신문물의 수용으로 인한 전통 경시의 풍조에 대한 질문에 대해서는 전통에 대한 무조건적인 경시나 외면을 하기보다는 학습자의 지적 능력과 학습 수준을 고려하여 학과를 구성하였음을 밝히고 있다. 그뿐만 아니라 『초계』의 구성 체제상의 문제점인 나열식의 교재 구성에 대한 지적에, 각 과 자체의 독립적인 학습 내용의 가치를 강조하며 일반적인 주제별 혹은 유형별 교재 구성을 탈피하려는 시도에서 비롯된 것임을 강조하였다. 그의 견해에서 주목되는 점은 개별과의 구성이 단순한 자유 주제의 교재 구성이 아닌 '인격의 완전을 이루는 것', 즉 '전인적 인간 양성'을 목표에 둔 의도적인 구성이었다는 점에서 중요하다. 이처럼 원영의가 전통적인 한문 교재의 고질적인 문제 즉 학습대상자의 수준과 능력을 고려하기보다는 교수자 일방의 유가적이고 훈화적 내용의 전수를 우선시하는 문제점을 인식하고 학습자의 수준과 능력에 맞는 교재를 구성하고자 하였다는 점은, 오늘날의 한문과 교육과정의 기본 성격과 일치성을 보인다고 할 수 있다.

> ①′ 한문에 대한 기초적인 지식을 익혀 한문 독해와 언어생활에 활용하며, ③′ 다양한 유형의 한문 자료를 비판적으로 이해하고 심미적으로 향유할 수 있는 능력을 기른다. ②′ 또한 한문 기록에 담긴 선인들의 삶과 지혜를 이해하여 건전한 가치관과 바람직한 인성을 함양하고, 전통문화를 바르게 이해하고 창조적으로 계승 · 발전시키며 ①" 한자문화권에 대한 기초적인 지식을 익혀 한자문화권 내에서의 상호 이해와 교류 증진에 기여하려는

태도를 지닌다.[11]

위의 인용문은 2015 개정 한문과 교육과정의 성격을 수록한 것이다. 한문 교과의 기본적인 성격은 중 · 고등학교에 관계없이 공통적이다. 순차적으로 일치하지는 않지만 『초계』의 서문과 내용면에서 거의 유사하다고 할 수 있다. 이로 볼 때 원영의가 제작한 『초계』의 한문 교육사적 가치는 근대 애국 계몽기에 이미 한문교육의 기본적인 성격을 인식하고 그것을 교재로 구체화하여 교육하였을 뿐만 아니라 전통문화에 대한 발전적 계승과 동아시아 보편문화의 공유에 대한 인식도 이미 정리하여 구체화하고 있는 선각적 면모를 보인다는 점에서 그 의의를 충분히 평가할 수 있을 것이다.

또 원영의의 견해에서 주목할 점은 '한문이 과학의 열쇠'라고 정의하였다는 것이다. 일반적으로 비과학적 성격의 교과로 간주되는 한문을 '과학의 열쇠'라고 정의한 이유는, 한문이 과거 시대에 획득된 다방면의 전문지식을 문자로 축적한 기능에 주목한 탓이다. 그는 한문의 가치가 과거시대의 지식을 기록화하고 집적화시킨 단차원적인 것에 그치지 않는다고 여겼다. 그는 한문이 과거 뿐만 아니라 당시의 시대 상황을 사람들에게 인식시킬 수 있고, 지식의 축적과 기록도 가능하며 미래의 전문지식의 발전을 추동할 동력원으로서도 한문이 기능할 수 있다는 가치를 새롭게 제시하였다.

11) 한국교육과정평가원(2015).

3. 『몽학한문초계』의 내용상 특징

1) 전통적 도덕관념과 근대적 실용 관념의 혼재

『초계』는 서문 409자, 본문 7,714자에 총 213과로 구성된 아동용 교재이다. 형태상 특별한 분류기준이 없고 각 과가 순차적으로 구성되었다. 각 과의 구절과 구절 사이는 한글로 토를 달아서 아동의 학습과 이해의 편의를 도모하였다.

내용면에서 제1과~7과는 삼강오륜(三綱五倫), 군사부일체(君師父一體), 부부유별(夫婦有別), 붕우책선(朋友責善) 등의 전통적이고 중세적인 도덕관념을 집약한 한문 문장으로 이루어졌다. 제4과의 경우는 사람이 아버지가 없으면 태어날 수 없고 임금이 없으면 먹고 살 수 없으며 스승이 없으면 지식이 없게 되므로 군사부일체의 중세적 가치관을 집약하여 소개하였다. 제8과에서는 사람이 천지의 사랑하는 힘을 받고 태어났기 때문에 가족과 사회 나아가 국가를 사랑해야 하는 것이 본연의 의무라고 하며[12] '사회를 사랑하라[愛社會]'고 강조하였다. 주목할 것은 중세적인 국가관의 바탕이 되는 '충' 관념을 강조한 것이 아니라 '애'를 강조한 것이다. 사회를 사랑하라는 이 관념은 사고전서의 검색에서 확인되지 않는 것으로 근세 이전에 등장하지 않던 개념인 '사회'라는 조직에 대한 아동의 인식과 그 구성의 일원으로서의 사랑을 강조했다는 점이 주목할 만하다. 제10과에서 나무 중의 가장 귀한 것으로 송백을 거론하였는데, 그 이유로 '목재로서의 쓰임[材用]'을 갖기 때문이라고 설명하였다. 이것은 전통적

12) 元泳義,『蒙學漢文初階』, 3면. "第八課 人受天地之愛力而生故로 愛家族ᄒᆞ며 愛社會ᄒᆞ며 愛國家ᄂᆞᆫ 本然之義務也ㅣ니라."

교재에서 송백을 물질적인 용도를 가진 도구적 소재로 교육하기보다는 고난과 역경에도 굴하지 않는 '지조', '절개'를 형상하는 '도덕적인 관념의 상징'으로 주로 교육한 것과 다른 사실적이고 실용적인 측면을 중시하는 관점을 나타내고 있음을 알 수 있다. 사실적이고 실용적인 측면에서 전통의 관념을 다르게 해석하여 그 필요성을 강조한 다음의 구절을 고찰해 보기로 한다.

> ① 마음을 쓰면 마음이 강해지고 몸을 쓰면 몸이 강해지니, 몸과 마음이 모두 약하면 동물들도 또한 보존할 수 없거늘 하물며 사람에게서야. 그러므로 약육강식이라고 말하느니라.[13]

> ② 삼강의 큰 인륜으로 사람의 부류를 씨줄과 날줄처럼 질서 있게 안배하고, 오상의 도로 관통하면 사람이 사람되는 까닭이 서게 되며, 하늘에 사시가 있고 땅에 오악이 있는 것과 위아래로 합하여 처음과 끝이 된다. 저 금수는 비록 똑같이 천지의 이치를 얻어 본성을 갖추었더라도 기질이 꽉 막혀 통하지 않기 때문에 오상의 덕에 대해서는 깜깜하게 깨달은 바가 없다. 그중에서 겨우 한 줄기 통하는 것은 단지 형기와 정욕의 사사로움뿐이다. 이 때문에 그들은 남녀 관계를 제멋대로 더럽혀서 정해진 짝이 없고, 낳은 자식에 대해서는 어려서는 젖을 먹이지만 커서는 잊어버리며, 종족에 대해서는 약육강식을 할 뿐이니, 어찌 더 이상 말할 만한 벼리가 있겠는가? 사람과 금수 사이에 귀천이 현격하게 다른 것이 하늘과 땅의 차이만이 아닌 까닭이 바로 이것이다.

13) 元泳義, 『蒙學漢文初階』, 9면. "第二十六課 用心則心强ᄒᆞ고 用身則身强ᄒᆞᄂᆞ니 身心이 俱弱이면 爲物도 且不能存이온 而況人乎아 故로 曰弱肉强食이라 하니라."

그러나 사람이 태어났을 때 그 형기와 정욕의 느낌은 금수와 차이가 없다. 진실로 배불리 먹고 따뜻한 옷을 입으며 게으르게 생활하고 가르침을 받지 않으면, 이른바 삼강오상이라는 것을 소홀히 하여 잊을 것이고, 삼강오상을 잊어버리면 이 또한 짐승일 뿐이다. 옛날의 성인이 이것을 우려하여 상서학교를 세워 가르치고 또 예악형정을 제정하여 이끌었다.…… 나는 이로써 삼강오상설을 해설하여 뜻이 같은 사방의 사에게 고한다.

숭정 기원후 다섯 번째 임오년(1882, 고종19) 봄에 수춘산인 유중교가 삼가 쓰다.[14)]

제시문 ①은 『초계』의 제28과이고, ②는 원영의의 스승인 유중교가 1882년에 학교 교육의 중요성을 강조하며 쓴 「삼강오륜설」이다. 불과 이십 년 사이에 두 사제가 동일하게 교육의 중요성을 강조하면서도 '약육강식'의 해석에서 상반된 관점을 보인다.

원영의는 '약육강식'의 가치를 새롭게 조망하기 위해 사람과 동물을 비교하여 교육을 통해 심신을 강하게 단련한다면 남에게 지배당하지 않는 독립적인 강한 사람이 될 수 있다는 주장을 펼쳤다. 을사늑약을 전후하여 약소국인 조선이 주변의 열강에게 정치 · 경

14) 柳重教, 『省齋集』卷32, 「三綱五常說」, 158～159면. "以三綱大倫, 經緯叙列斯人之類而貫之以五常之道, 則人之所以爲人者, 於是乎立, 而與天之有四時地之有五嶽者, 上下合體而相爲始終矣. 彼爲禽獸者, 雖同得天地之理以爲性, 而其氣質塞而不通. 故於五常之德, 盖冥然無所覺, 其粗通一路者, 只形氣情欲之私耳. 是以其於牝牡也, 則恣意瀆亂而未有定耦矣. 其於所生也, 則幼而乳長而忘已矣. 其於同類也, 則弱之肉強之食已矣, 豈復有綱紀之可言耶. 此人與禽獸之所以貴賤相懸, 不翅若霄壤也.然人之有生也, 其形氣情欲之感, 則與禽獸無異焉. 苟飽食煖衣, 逸居而無教, 則所謂三綱五常者, 忽焉而忘之矣. 三綱五常而忘之 則是亦禽獸而已矣. 古之聖人爲此懼, 設爲庠序學校以教之, 又制爲禮樂刑政以先後之.…… 吾是以述三綱五常說, 以諗于四方同志之士. 崇禎五壬午春, 壽春山人柳重教敬書."

제 · 외교 등의 다방면에서 억압받고 통제받는 현실을 목도하고 체험한 결과, 원영의는 유중교가 말하는 '약육강식'의 부정적인 의미보다는 '강'의 현실적인 의미와 가치를 재인식하고 그 필요성을 인정하였던 것이다. 이것은 도덕적 윤리 관념에 입각한 유중교가 삼강오륜의 도덕 윤리를 모르는 짐승들의 특징으로 약육강식을 거론한 것과는 다른 이해의 각도와 접근점을 지녔다고 할 수 있다. 약육강식에 대한 아동의 이해를 돕는 방법의 하나로 원영의는 실생활에 근거한 이해하기 쉬운 일화나 우화를 주로 활용하였다.

> 한 아이가 강아지를 안고 있다가 장난삼아 강아지의 귀를 가위로 자르자 강아지가 미친 듯 짖어댔다. 아이의 형이 그 소리를 듣고 가위를 들고 아이를 향해 말하기를, "강아지가 능력이 없어서 네게 수모를 당하였다. 네가 능력이 없으면 너도 남에게 수모를 당하게 될 것이다. 네 귀를 잘라보자."하였다. 아이가 크게 뉘우치고 깨달았다.[15]

위의 일화는, 한 아이가 작은 강아지를 힘으로 제압하여 강아지의 귀를 잘라서 아프게 하다가 본인보다 힘이 센 형에 의해 같은 처지가 되자 강아지의 고통을 이해하게 되었다는 내용으로 어린아이도 쉽게 이해할 수 있는 교훈성의 일화이다. 그런데 이것이 단순한 교훈성 일화에 그치지 않게 된 것은 형의 말 때문이다. 형의 말의 요지는 '무능'한 사람은 유능한 사람에 의해 고통을 겪게 된다는 말이지만 문장의 맥락을 따져 본다면 실제 의미는 '무력'에 가깝다. 그리고

15) 元泳義, 『蒙學漢文初階』, 52면. "第百五十課. 一兒ㅣ 抱小犬ᄒᆞ야 戱剪其耳ᄒᆞ니 犬이 狂吠어ᄂᆞᆯ 兄이 聞之ᄒᆞ고 持剪向兒曰, 犬이 無能ᄒᆞ야 爲子侮ᄒᆞ니 子ㅣ 無能이면 卽侮於人이라 請以子耳試之호리라 兒ㅣ 大悔悟러라."

아이에 비해 작은 강아지는 대소의 관계에서 '소'에 해당한다. 즉 무력하고 작은 약한 존재는 힘세고 강한 존재에게 위협과 고통을 겪을 수 있다는 약육강식의 원리를 아이들의 눈높이에 맞게 체험적이고 사실적으로 나타낸 것이라 할 수 있다. 원영의는 약육강식의 논리에 대한 이해에서 한걸음 나아가 아동에게 자존과 자주의 가치를 일깨우는 내용을 교육하였다.

2) 자주, 자유, 자존의 강조

을사늑약 이후 1906년 3월부터 1909년까지 통감부가 한국 정부에 제공한 기업자금차관 중의 상당액이 학사쇄진확장비로 할당되어 학교를 건립 · 확장하는 사업에 이용되었다. 1906년 3월 21일의 시정개선 제2회 협의회에서 교과용 도서 편찬을 담당할 인적 구성안을 발표하였는데 일본인 다와라 마고이치(俵孫一)을 통감부 서기관으로 임명하여 교육 확장사무를 맡기고, 학부의 참여관이던 시데하라 히로시(幣原坦)의 후임으로 동경고등사범학교 교수인 미츠치 쥬조(三土忠造)를 교과서 편찬 전담관으로 임명하였다. 일본인이 주도하는 교과서 편찬에 대해 대한매일신보는 사설을 통해 강하게 논박하였다.[16] 즉 교과서는 자국의 사상과 풍속, 물정에 적합하게 만들어야 아동을 계발시킬 수 있는데 한국의 교과서를 일본인의 주도하에 일본어로 편찬하는 것은 부당하며 한국의 아동에게 일본식 한자용 교과서를 익히게 하는 것은 아이의 뇌리 속에 일본혼을 주사하려는 의도적인 행위라고 비판하였다. 통감부의 교과용 도서 검정 규정에 따라 1908년 9월에 학부에서 발표한 교과서 편찬 불합격 기준

16) 大韓每日新報社(1906).

을 공고하였는데[17] 간략히 정리하면 다음과 같다.

첫째, 정치적 경우이다. 조 · 일 양국의 친교를 저해하고 비난하는 경우나 조선의 국시에 위배되며 질서와 안녕을 해치고 국리민복(國利民福)을 무시하는 내용, 조선 고유의 국정에 어긋나는 기사를 수록한 것, 기교(奇矯)하고 오인(誤認)한 애국심을 고취하는 것, 배일사상을 고취하고 특히 조선 사람으로 하여금 일본인과 외국인에 대한 악감정을 품게 하는 기사나 어조가 있는 것, 시사평론에 관련된 것 등이다.

둘째, 사회적 경우이다. 교과서의 내용이 음란하거나 난잡하고 기타의 풍속을 괴란시키는 언사와 기사가 있는 경우나 사회주의와 기타 사회의 평화를 해하는 기사, 망탄무계(妄誕無稽)한 미신에 속하는 기사 등이다.

셋째, 교육적 경우이다. 교과서의 기사에 오류가 있는 경우나 교과서의 정도 · 분량 · 재료의 선택이 교과서의 목적에 적정하지 못한 것, 그리고 편술 방법이 적절하지 못한 것 등이다. 세 가지 측면의 교과서 편찬 기준들이 애국적이거나 반일적 성격의 교과서에 대한 제재를 목적으로 하고 있음을 간파한 지식인들은, 일제가 교과서에 '애국'이란 두 글자를 삭제하게 하고, 애국과 관련된 의미를 지니는 모든 것의 편찬을 절대로 금지하려는 행태를 비판하였다.[18] 이들의 주장을 뒷받침하듯 통감부는 1908년 8월에 학부대신 이재곤(李載崑)으로 하여금 사립학교령의 공포 시기에 맞춰 애국정신을 고취하는 교과용 도서를 모두 수거하여 소각하고 친일의 성향을 가진 관리로 하여금 겸손하거나 공손한 내용의 것들로 다시 교과서를 구성

17) 畿湖興學會(1909), 37~43면 참조.

18) 畿湖興學會(1909), 7면.

하게 하였다.[19] 1909년 5월~12월까지 발매금지처분을 받은 교과서는 모두 39종이었다.[20] 『초계』 역시 자유, 자주, 자존 등의 애국의식 등을 고취하는 내용이 포함되어 있었기에 발행금지의 처분을 받았다. 원영의는 여러 과에 걸쳐 아동들에게 자유, 자주, 자존 등의 가치와 그 중요성을 이해시키고 설명하기 위해 다양한 방법을 동원하였다. 추상성을 특징으로 하는 이들 개념을 아동의 수준에 맞춰 구체화 시키기 위한 다양한 방법을 활용한 점이 주목할 만하다.

첫째, 직접 서술방식의 활용이다. 원영의는 아동에게 '자유'의 가치를 일깨우기 위한 방법으로 직접 서술방식을 택하였다. 들판을 자유로이 날던 참새가 사람에게 잡혀 자유를 잃게 되는 경우를 예시하며 그러한 경우에는 '차라리 죽는 것이 나을 것'이라는 직접적인 서술로 아동에게 자유의 가치를 강하게 인식시켰다.[21]

둘째, 생활의 친근한 소재의 활용이다. 원영의는 아동에게 '자주'의 추상적인 의미를 설명하기 위해 소와 말이 사람에게 채찍을 맞으며 밤낮으로 일하는 고통스러운 장면을 상기시켰다. 일상에서 자

---

19) 黃炫, 『梅泉野錄』卷6, 「隆熙二年戊申, 私立學校令」. "學部大臣李載崑, 頒私立 校令于中外. 是時私立學校, 逐郡競起, 而其教科諸書撰述, 皆出我人. 故痛忿國亡, 比類屬辭, 往往寓悲憤激發之意, 以相感動. 倭人惡之, 飭載崑, 鉗制之. 凡教科之語涉愛國者, 悉聚燒之, 更令官吏編輯, 只采遜順愿恭之行, 以成書, 俾誦習之."

20) 高橋濱古, 『朝鮮教育史考』, 183~184면. "初等小學修身書, 中等修身教科書, 倫理學教科書, 最新初等小學, 國文讀本, 高等小學修身書, 初等倫理學教科書, 初等小學, 幼年必讀, 牖蒙千字, 高等小學讀本, 日語獨習, 녀ᄌᆞ독본, 小學漢文讀本(元泳義), 精選日語大海, 最新初等大韓地誌, 大東歷史, 大韓地誌, 新編大韓地理, 萬國史記, 新訂本國歷史, 商業汎論, 普通教科 東國歷史, 歷史輯略, 女子修身教科書, 實地應用作文法, 蒙學漢文初階(元泳義), 獨習日語正則, 德慧入門, 速成漢文讀本, 最新高等大 韓地誌, 問答大韓新地誌, 初等大韓歷史, 經濟原論, 中等教科 東國史略, 大東歷史略, 東西洋歷史, 幼年必讀釋義."

21) 元泳義, 『蒙學漢文初階』, 38면. "第百十四課 雀在田中覓食이어ᄂᆞᆯ 網獲其一ᄒᆞ야 置於籠中이러니 不食而死라 夫雀飛天空ᄒᆞ야 上下可以自由라가 爲人所獲ᄒᆞ야 不自由ᄒᆞ니 毋寧死矣러라."

주 보던 장면을 소재로 활용하여 아동에게 자주권의 의미를 각인시키고 그것을 지켜야 하는 이유 등을 체험적으로 이해할 수 있도록 의도한 것으로 풀이된다.[22)]

셋째, 아동의 놀이 체험 활용이다. 원영의는 아동에게 '자존'의 가치를 일깨우기 위한 방법으로 그들의 놀이 체험 기억을 되살려 '자존'의 의미와 가치를 일깨웠다. 동산에 있는 험한 가산을 배경으로 그곳을 올라가는 아이에게 돈을 지불하겠다는 아이와 그것을 따르려는 아이들 무리들을 먼저 제시하고 이어서 위험에 대한 대가성의 보상에도 불구하고 자존심을 지키려는 아이의 행동을 제시함으로써 어떤 행동이 바람직한 것이며 그것의 의미가 무엇인지를 아동들이 충분히 이해할 수 있도록 설득력 있게 제시하였다. 뿐만 아니라 자존심을 가진 아이의 발언을 통하여 '중재경명(重財輕命)'의 문제점과 자기 생명, 자기의 존재 가치를 더욱 강조하였다.[23)]

다섯째, 동물 소재의 활용이다. 원영의는 『초계』의 전체 과에 걸쳐 다양한 분야의 지식을 전달함에 있어서 아동의 이해도를 제고하는 방법들을 모색하여 활용하였다. 그 중의 대표적인 것이 아동에게 친근한 동물 소재의 활용이다. 전설에 등장하거나 보기 어려운 신이한 것보다는 아동의 일상에서 흔히 마주하는 동물들을 활용하였다. '자존'의 의미를 가르치는 경우도 마찬가지이다. 책상 위에 엎드린 고양이를 소재로 활용하여 고양이가 가장 좋아하는 '먹이 주기', 고양이에 대한 사람의 애정을 표시하는 '머리 쓰다듬기'의 경우는 고

22) 元泳義, 『蒙學漢文初階』, 45면. "第百三十一課 牛馬ㅣ 挽車而行ᄒᆞᆯ식 朝夕不休호ᄃᆡ 少遲면 痛鞭之라 服勞役而又受苦楚ᄒᆞ니 無自主之權者ᄂᆞᆫ 大都類是니라."

23) 元泳義,『蒙學漢文初階』, 34면 "第百四課 花園에 有假山甚險이어ᄂᆞᆯ 張氏兒ㅣ 謂衆曰孰登之오 我ㅣ 酬以錢호리라 衆兒ㅣ 爭先이어ᄂᆞᆯ 一兒ㅣ 曰吾非售技者 豈可重財而輕命耶아."

양이가 그것을 감내하지만 '꼬리 잡아당기기' 같은 괴롭힘이나 학대에 대해서는 참지 않고 울부짖으며 달아난다는 예시를 통해 '모욕'과 '조롱'은 짐승들도 달가워하지 않는 것이며 사람인 경우는 더욱이 남에게 이런 모욕과 조롱을 주는 행위를 일삼아서는 안되며 남으로부터 이러한 행위를 당하는 것에 강한 저항을 보이며 스스로의 자존감을 인식하고 대응하도록 일깨웠다.[24)]

3) 이솝우화의 수용과 변용

1896년 2월 학부 편집국에서 초등학교용 국어과 교과서로 『신정심상소학(新訂尋常小學)』을 간행하였는데 이 책은 우리나라에서 최초로 이솝우화를 소개하고 있다는 점에서 주목된다. 이후 1921년 조선야소교서회에서 149편의 이야기를 실은 단행본을 발행하기까지 다양한 이솝우화가 우리나라에 소개되었다. 그뿐 아니라 이 책을 번역한 사람들의 특성 즉 민족자강주의자, 선교사, 일본인 등에 따라 다양한 목적으로 이야기가 소개되었다.[25)] 민족자강주의자로 분류할 수 있는 원영의가 『초계』에 이솝우화를 수용한 이유는 아동에게 민족이 처한 위기적 상황을 인식시켜 그들에게 미래에도 민족의 자주독립을 굳게 지켜나가는 의식을 고취하려는 의도에서였다.

『초계』에 수용된 이솝우화는 제83 · 128 · 167과의 3개에 불과하지만 이야기 자체에 편찬자인 원영의의 훈화가 덧붙여지기도 하고 우리나라 환경에 맞게 각색하는 특징을 보인다는 점에서 주목된다.

---

24) 元泳義, 『蒙學漢文初階』, 67면. "第百八十六課 一貓ㅣ伏案上이어늘 飼以食ᄒᆞ니 不去ᄒᆞ고 搔其首ᄒᆞᆫ듸 不去라가 拉其尾ᄒᆞᆫ듸 乃號而去ᄒᆞ니 天下에 最難堪者ᄂᆞᆫ 受人侮弄이라 雖貓나 亦不甘此러라."

25) 유춘동(2010), 227~228면 참조.

제83과는 '토끼와 거북이의 경주' 이야기로, 이솝우화의 내용을 거의 그대로 한역하여 수록하고[26] 편찬자인 원영의의 훈화도 붙어 있지 않다. 또 한『(신정) 심상소학』에서 우화의 내용을 화도(畫圖)로 형용하여 시각적인 효과를 더하여 아동의 이해를 돕던 것과 달리 오로지 문장으로만 표현하고 있다는 점도 특징이다.

제128과는『심상소학』의 권3 제23과에 '狡猾ᄒᆞᆫ 馬라'는 제목으로 수록되어 있다. 내용은 다음과 같다. 어떤 말이 소금을 싣고 가다가 냇물에 미끄러진 뒤로 짐을 가볍게 하는 요령을 알게 되자 다음에도 일부러 물에 미끄러져 소금을 버렸다. 말의 주인이 말의 버릇을 고치려고 짚신과 빈가마니 등을 많이 싣게 하였다. 이번에도 냇물에 미끄러지는 요령을 피운 말은 물에 젖은 짚신과 가마니의 무게가 무거워서 움직일 수 없었다. 그러자 주인이 미워하며 채찍으로 몹시 때려서 말은 고생하며 집으로 돌아온다.[27]『심상소학』의 내용에는 한자어도 섞여 있고 이야기가 짧지 않아서 심상소학교 3학년 후반에 배우는 것으로 되어 있다. 이것을『초계』에서는 다음과 같이 수록하였다.

---

26) 元泳義,『蒙學漢文初階』, 26면. "第八十三課 龜ㅣ 與兎賽步ᄒᆞᆯ싀 兎謂龜曰我ㅣ 能躍ᄒᆞ니 雖睡片時라도 亦能及爾라ᄒᆞ고 旣而睡熟이라가 及醒에 龜已先至러라."

27) 學部編輯局,『(新訂) 尋常小學』卷3,「狡猾ᄒᆞᆫ 馬라」. "ᄒᆞᆫ ᄉᆞ람이 場에서 말게 鹽을 실ᄭᅩ 還家ᄒᆞᆯ싀 川流ᄅᆞᆯ 건너다가 말이 밋그러저 너머지니 그 소곰이 自然水流ᄒᆞ야 푸러젓ᄂᆞᆫ지라 말은 그 짐이 업서저 몸이 가븨여우믈 歡喜ᄒᆞ야 도라왓소이다. 다른 날 다시 鹽을 실니고 場에 갓더니 그 말이 前事ᄅᆞᆯ 相覺ᄒᆞ고 川流ᄅᆞᆯ 當ᄒᆞ야 부러 물속에 너머저 ᄯᅩ 소곰을 버렷사오이다. 말의 主人이 이거ᄉᆞᆯ 보고 말의 行實을 懲戒ᄒᆞ고자 ᄒᆞ야 次日은 許多ᄒᆞᆫ 草鞋와 밋 空石等을 만히 실니고 ᄯᅩ 場에 갓ᄉᆞᆸᄂᆞ이다. 말은 그 料量업시 川流ᄅᆞᆯ 當ᄒᆞ야 ᄯᅩ 너머지니 馬背의 草鞋와 空石등이 水沉되야 더욱 무거워 運動ᄒᆞᆯ수 업ᄂᆞᆫ지라 主人이 더욱 미워ᄒᆞ야 鞭策으로 몹시 ᄯᅧ리여 겨우 回家ᄒᆞ니 汗流滿身ᄒᆞ야 大段히 苦狀ᄒᆞ얏ᄉᆞᆸᄂᆞ이다."

第百二十八課

騾負鹽包渡河라가 蹄略蹲ᄒᆞ니 鹽化水ᄒᆞ야 量遂輕이라 顧驢述其故ᄒᆞᆫ대 驢負羊皮包效之ᄒᆞ니 重加倍라 驢ㅣ 自嘆曰不自量己ᄒᆞ고 襲他長이라가 徒自苦耳로다

노새가 소금 포대를 지고 강을 건너다가 발굽을 약간 접질려 넘어지니 소금이 물이 되어 무게가 마침내 가벼워졌다. 노새가 나귀를 돌아보고 그 까닭을 말하자 나귀도 양가죽 포대를 지고 그대로 따라 했더니 무게가 배가 되었다. 나귀가 스스로 탄식하며 말하기를, "나 자신을 헤아리지 못하고 남의 장점을 따라했다가 다만 스스로 괴로워졌을 뿐이구나."[28]

45글자로 이루어진 내용 중의 동일한 글자를 빼면 총 38글자로 구성된 셈인데, 현재의 고등학교용 900자에 해당하는 것이 10개이고 그마저도 속하지 않는 한자가 6개이다. 비율로는 42%에 달하는 글자가 고등학교 한자 이상의 수준을 보이는 셈이다. 『심상소학』과 비교하면, 『초계』의 내용이 아동용 한문 교재로서도 상당한 수준의 것임을 짐작할 수 있다.

〈표1〉 현재의 중등 교육용 한자 1,800자와의 비교

한자	騾	負	鹽	包	渡	河	蹄	略	蹲	鹽	化
구분	×	고	고	고	고	중	×	고	×	고	중
한자	水	量	遂	輕	顧	驢	述	其	故	驢	負
구분	중	중	×	중	고	×	고	중	중	×	고
한자	羊	皮	包	效	之	重	加	倍	驢	自	嘆

28) 元泳義, 『蒙學漢文初階』, 43면.

구분	중	중	고	중	중	중	중	고	×	중	×
한자	日	不	自	量	己	襲	他	長	徒	自	苦
구분	중	중	중	중	중	고	중	중	중	중	중
한자	耳										
구분	중										

*고=고등학교용 한자, 중=중학교용 한자, ×=교육용 한자 1,800자 제외 한자

등에 실린 물건도 판본에 따라 다르게 나타난다. 이솝우화의 원문에는 소금 외에 '솜'으로 되어 있는데, 『심상소학』본에는 '짚신과 가마니'로 되어 있다. 와타나베 온(渡邊溫)의 이솝우화 일본어 번역본에는 '해면'으로 되어 있고 여기에 '스폰지'라는 토가 붙어 있으며, 일본 문부성 본의 『심상소학독본』에는 '초혜(草鞋)'로만 되어 있고 '공석(空石)'은 없다.

이야기의 주인공인 '마(馬)'는 이솝우화의 원문에 당나귀로 되어 있는데, 와타나베 온의 일본어 번역본에도 '당나귀[驢馬]'로 되어 있다. 그렇지만 일본 문부성본에는 '마'로 되어 있다. 1906년에 간행된 『초등소학』에서부터 당나귀로 바뀌고, 짐도 털[毛物]이나 솜 등으로 바뀌어 나타난다.[29)]

1908년에 편찬된 『초계』에서는 이러한 것들이 고르게 반영되어 '마' 대신 '노새[騾]'와 '당나귀[驢]'가 나란히 사용되고 등에 실린 물건은 특이하게 '양피(羊皮)'로 되어 있다. 이것은 원영의가 이솝우화의 원본이나 일본어 번역본 또는 문부성본 등의 교재를 무조건적으로 수용하지 않고 자기 나름의 교재 구성을 위해 노력한 흔적이라 이해할 수 있다. 『초계』에서 주목되는 점은 편찬자인 원영의가 우화

29) 김태준(1981), 129~131면 참조.

뒤에 자신이 의도하는 훈화(訓話)를 덧붙여 두었다는 점이다. 이것은 단순한 비유적 의미의 이야기를 구성한 것이기 보다는 그가 분명한 교육적 · 도덕적 의도를 가지고 교재를 편찬하고 있음을 알게 한다. 더욱이 원영의가 『초계』를 아동의 계몽과 민족의 자유 · 자주 · 자존에 대한 각성을 의도로 편집한 것임을 감안할 때, 자신의 처지를 제대로 인식하지 못하고 무조건 남을 모방하다 곤란을 겪는 경우를 제시하여 '자주'와 '자존'에 대한 간접적인 일깨움 역시 의도하고 있음을 배제할 수 없다.

제167과는 이솝우화의 내용을 새로이 각색한 특이한 경우이다. 이솝우화의 내용은 다음과 같다. 사자의 가죽을 뒤집어 쓴 당나귀가 동물들을 놀라게 하며 시골길을 걷고 있었다. 지나가던 여우를 본 당나귀가 여우를 놀라게 하고 싶었지만 당나귀의 목소리를 기억하던 여우는 자신이 당나귀의 목소리를 몰랐더라면 무서워했을 것이라고 한다.[30] 이것은 무식하면서 유식한 체하는 사람이 너무 나서다 보면 본성이 탄로남을 경계한다는 의미를 전한다. 이 이야기는 『양자법언(揚子法言)』에 나오는 '양질호피(羊質虎皮)'의 내용과도 유사성을 찾을 수 있다.[31] 어떤 사람이 양의 몸통에 호랑이 가죽을 씌워 놓았더니 양이 마치 호랑이 같았다. 그렇지만 가죽을 덮어썼다 해서 양이 호랑이가 될 수는 없었다. 양은 호피를 썼음에도 풀을 보면 좋아하고 승냥이를 만나면 벌벌 떨었다.[32] 이 이야기의 주제는 겉모습은 화려하지만 내심이 빈약함 또는

---

30) 로버트 템플 외/최인자 외 옮김(2009), 『이솝우화 전집』, 330면.

31) 揚雄, 『揚子法言』 卷2, 「吾子篇」. "羊質而虎皮, 見草而說, 見豺而戰, 忘其皮之虎也."

32) 최남선은 1908년 11월에 창간한 『少年』(제2년 제10권, 新文館.)에 『이솝의 이약이』란 제목으로 2차에 걸쳐 모두 7편의 이솝우화를 소개하였는데 이 이야기는 '羊의 가죽을 쓴 승냥이'란 제목으로 수록되어 있다. 내용은 엄마양이 먹이를 찾으러 떠나며 아기양에게 변장술에 능한 승냥이를 조심하라고 주의를 준다. 얼마 뒤 승냥이가 나타나

본질이 바뀌지 않는 한 변하기 어려움을 비유한다. 사자가 죽과 당나귀 그리고 여우가 등장하는 이솝우화와 달리 『초계』에는 고양이 가죽과, 쥐 그리고 쥐떼가 등장한다.

> 쥐 한 마리가 작은 고양이의 가죽을 뒤집어 쓰고 친구를 놀라게 하려다가 고양이에게 발각되었다. 고양이가 다가가서 말을 하자, 쥐가 두려워하여 달아났다. 다른 쥐들이 비웃어 마지않으니 않으니 어찌 유독 쥐만 그러하겠는가. 거짓으로 진실을 어지럽힌다면 실패하지 않을 자가 드물 것이다.[33]

『초계』의 기본적인 구성은 이솝우화와 같지만 구체적인 내용에서 『법언』의 내용에 더욱 가깝다고 할 수 있다. 그러나 이야기의 뒤에 덧붙인 편찬자인 원영의의 훈화는, 내적인 수양을 통한 순수한 인간 본성의 함양에 가치를 두는 『법언』과 달리, 객관적인 사실의 '진위'에 대한 문제로 초점을 맞추고 있다. 이것은 원영의가 직면하고 있는 현실 상황이 내적인 인격의 수양에 비중을 두기보다는 열강에 의한 억압과 주권의 침탈이 이루어지는 상황에서 아동들이 현실의 참모습을 알기를 바라는 의도가 작용한 탓으로 풀이된다.

엄마양의 흉내를 내며 문을 열어달라고 하지만 양들은 문을 열어주지 않는다. 승냥이가 갖가지로 분장하여 속이자 마침내 아기양은 1마리를 제외하고 모두 잡아먹히고 만다. 집에 돌아온 엄마양이 이 사실을 알고 밭에서 낮잠을 자고 있던 승냥이의 배를 갈라 아기양을 구한 후에 승냥이의 배에 돌을 집어 넣어둔다. 잠에서 깬 승냥이가 물을 마시려고 강에 몸을 구부리는 순간 무거운 돌이 앞으로 쏠려 결국 물에 빠져 죽고 만다. 다른 동물의 가죽을 뒤집어쓰고 벌어지는 이야기라는 화소는 유사하지만 주제면에서 상당한 차이가 있는 것으로 판단되어 본 논문에서는 제외하였다.

33) 元泳義, 『蒙學漢文初階』, 59면 "第百六十七課 一鼠ㅣ 披小猫皮ᄒᆞ야 駭其同伴이라가 爲猫所見ᄒᆞ야 近與語ᄒᆞ니 鼠ㅣ 懼而奔이어ᄂᆞᆯ 同伴이 譏笑不止ᄒᆞ니 豈獨鼠然이리오 以僞亂眞이면 鮮有不敗者ㅣ니라."

4) 다양한 등장물과 상황 제시를 통한 흥미도 및 이해도의 제고

『초계』에서는 다양한 인물을 활용하는 외에, 동물을 비롯한 여러 사물을 활용하여 아동의 학습이해도를 향상하고자 하였다. 그리하여 등장물의 활용 방식을 동물+동물, 사람+사람, 사람+동물, 신+동물 등으로 다양화시켰다. 이것은 동일한 등장물의 반복적 활용으로 학습 흥미도가 저하되어 학습 효과가 낮아질 것을 고려한 원영의 나름의 학업 성취도를 고취하는 방법이라 생각된다. 구성 방식별 특징들을 살펴보면 다음과 같다.

첫째, 동물만을 활용한 경우이다.

〈표2〉 동물만을 활용한 경우

번호	과	등장물	주제
1	83	龜兎	근면, 성실의 강조
2	141	羣蜂	愛國·愛同種의 강조
3	161	蚊蟲	인간의 免禍, 貪慾 경계
4	167	一鼠·貓·同伴	거짓이 진실을 어지럽힘을 비판
5	173	鼠·貓·衆鼠	남의 권세를 빌렸다가 화를 당하는 경우 경계
6	175	老貓·五子	慈愛의 도리 강조
7	181	羣鼠	지혜의 중요성
8	186	一貓	남을 모욕하지 말 것, 자존의식의 확립 강조
9	123	犬·猫	직무 충실
10	125	猴·貓	어리석은 사람은 지혜로운 자에게 부려짐. 지혜의 소중함.

① 늙은 고양이가 새끼 다섯 마리를 낳았다. 그 중 한 마리를 감추자 고양이가 그 어미를 여기저기 찾아다녔으나 찾지 못하였고, 늙은 고양이 또한 새끼를 찾느라 울음소리가 매우 슬펐다. 아, 고양이도 자애의 도리를 아니 우리는 절대로 만물을 상하게

하거나 해치지 말아야 할 것이다.[34]

② 책상 위에 볶은 쌀 반 병이 있었거늘 쥐들이 그것을 훔쳐 먹으려 하였는데 병 입구로 들어갈 수 없었다. 얼마 후 어떤 쥐 한 마리가 젓가락 하나를 물어 병 가운데에 세우고 입으로 젓가락을 물고, 또 어떤 쥐가 그 꼬리를 물고 그것을 당기니 병이 마침내 넘어져 볶은 쌀이 책상위에 흩어졌거늘 쥐들이 다투어 나가서 먹고, 먹기를 마침에 휘파람을 불고 떠났다.[35]

③ 고양이 한 마리가 책상 위에 엎드려 있었는데 먹이를 주자 도망가지 않았다. 머리를 긁어주자 역시 가지 않았다. 꼬리를 잡아당기자 울부짖으며 달아났다. 천하에 가장 견디기 힘든 것은 남의 모욕과 조롱을 받는 것이다. 비록 고양이 같은 동물이라 하더라도 이런 모욕을 달가워하지 않는다.[36]

위는 비유법을 통하여 진실한 태도, 모성과 자애, 지혜와 협력 같은 설명하기 어려운 추상적인 관념들을 쉽게 전달하였다. 이러한 양상은 동물을 활용하여 교훈적인 의미를 일깨운다는 점에서는 우화적이라 할 수 있지만 인성(人性)과 마찬가지로 물성(物性)의 소중함

34) 元泳義, 『蒙學漢文初階』, 62면 "第百七十五課 老貓ㅣ生五兒이어늘 藏其一ᄒᆞ니 貓ㅣ偏覓其母ᄒᆞ야 不能得ᄒᆞ고 老貓ㅣ亦覓其兒ᄒᆞ야 鳴甚哀라 吁라 貓亦知慈愛之道ᄒᆞ니 吾人은 萬勿傷殘之也어다."

35) 元泳義, 『蒙學漢文初階』, 65면. "第百八十一課 几上에 有炒米半瓶이어늘 羣鼠ㅣ欲竊食之호ᄃᆡ 而不能入瓶口러니 俄有一鼠啣一箸ᄒᆞ야 植瓶中ᄒᆞ고 以口咬箸ᄒᆞ고又有鼠ㅣ啣其尾而曳之ᄒᆞ니 瓶遂倒ᄒᆞ야 炒米ㅣ狼藉几上이어늘 羣鼠ㅣ爭就食ᄒᆞ고 食畢에 呼嘯而去러라."

36) 元泳義, 『蒙學漢文初階』, 67면. "第百八十六課 一貓ㅣ伏案上이어늘 飼以食ᄒᆞ니 不去ᄒᆞ고 搔其首ᄒᆞᆫᄃᆡ 不去라가 拉其尾ᄒᆞᆫᄃᆡ 乃號而去ᄒᆞ니 天下에 最難堪者ᄂᆞᆫ 受人侮弄이라 雖貓나 亦不甘此러라."

을 일깨운다는 점에서 주목할 만하다. 특히 ③의 경우는 고양이 같은 동물이라 하더라도 모욕을 달가워하지 않는다는 직접적인 서술을 통해 아동에게 자존의식을 고취하려는 원영의의 의식을 엿볼 수 있다.

둘째는 사람과 동물 또는 사람과 사물을 활용한 경우이다. 『초계』에서는 개 · 소 · 쥐 · 눈사람 같은 생활 주변의 친근한 동물이니 사물을 활용하여 학습의 흥미와 이해를 제고하였다.

〈표3〉 사람과 동물 혹은 사람과 사물을 활용한 경우

번호	과	등장물	주제
1	61	一兒·犬	인간과 개의 친근함
2	81	牧童·牛	지혜의 중요성
3	105	某生·눈사람	인간다움의 의미
4	107	某童·鸚鵡	올바른 행동 경계
5	110	人·鼠·貓	속임수에 대한 경계
6	136	有人·鼠	본성에 따른 바른 생활자세
7	165	魚·河伯	의뢰적인 습성의 탈피, 독립심의 강조

① 소가 들에서 밭갈이를 하는데 열심히 하지 않자 목동이 채찍질하였다. 소가 말하길, "나는 너무 괴롭다." 목동이 말하길, "지혜가 사람만 못하니 사람에게 부려짐이 미땅하다."[37]

② 어떤 아이가 이웃집에 들어가서 뜨락의 노란 국화를 보고 그 중의 한 송이를 꺾었다. 낭간의 앵무새가 갑자기 크게 소리쳤다.

37) 元泳義, 『蒙學漢文初階』, 26면. "第八十一課 牛ㅣ 耕於野ᄒᆞᆯᄉᆡ 不勤이어ᄂᆞᆯ 牧童이 鞭之ᄒᆞᆫᄃᆡ 牛田吾ㅣ 甚苦로다 牧童曰智不若人ᄒᆞ니 宜爲人役이니라."

"도둑이 왔다! 도둑이 왔다!" 아이가 이때부터 감히 함부로 남의 물건을 훔치지 않았다.[38)]

③ 가뭄이 들고 물이 말라서 물고기가 살 수가 없자 하백(河伯)에게 애걸하였다. 하백이 말했다. "하늘에서 비가 내리지 않아 장차 나도 스스로를 도모할 방법이 없거늘 오히려 너희를 돌볼 수 있겠느냐?" 이로 말미암아 보건데 남에게 의지하려는 습성이 있는 자는 반드시 독립을 이루기 어렵다.[39)]

④ 모생이 눈을 쌓아 사람을 만드니 오관(五官)과 사지(四肢)가 모두 갖추어졌다. 더불어 말을 하려 해도 응하지 않고 행동하게 하여도 움직이지 않았다. 모생이 웃으며 말했다. "모든 것이 사람 같지 않으니 어찌 세상에 설 수 있겠는가?" 발을 들어 눈사람을 차니 눈사람이 무너져 버렸다.[40)]

위의 예문에서 주목할 점은 교훈의 대상들이다. ①의 경우는 지혜가 부족한 소, ②는 남의 것을 훔치는 아이다. 원영의는 교훈의 대상을 사람과 동물의 차별을 두지 않고 내용을 전개한다. ③의 경우, 하백은 물의 신이지만 척박한 환경 탓에 도움을 요청하는 물고기를 도

38) 元泳義, 『蒙學漢文初階』, 35면. "第百七課 某童이 入隣家ᄒᆞ야 見院中黃菊ᄒᆞ고 採其一이러니 廊間에 有鸚鵡ᄒᆞ야 忽大呼曰 賊來賊來라ᄒᆞ니 某童이 自此로 不敢妄取人物이러라."

39) 元泳義, 『蒙學漢文初階』, 58~59면. "第百六十五課 天旱水涸에 魚不能容ᄒᆞ야 乞憐河伯ᄒᆞᆫᄃᆡ 河伯曰天不雨에 吾且無術自謀어든 尙能顧爾等耶아ᄒᆞ니 由是觀之컨ᄃᆡ 有依賴性者ᄂᆞᆫ 必難成立이니라."

40) 元泳義, 『蒙學漢文初階』, 35면. "第百五課 某生이 堆雪爲人ᄒᆞ니 五官四肢ㅣ 具備라與語不應ᄒᆞ고 使行不動이어ᄂᆞᆯ 生이 笑曰百不如人이면 何能立於世界리오ᄒᆞ고 擧足蹴之ᄒᆞ니 崩ᄒᆞ더라."

울 수 없는 미약한 존재로 묘사된다. 우리나라 신화에서 물의 신이자 고구려를 건국한 주몽의 외할아버지로 신격화 되어 있는 모습과는 상당한 차이가 있다. ④는 겉모습은 사람의 형상을 갖추고 있지만 사람으로서 말하거나 행동하지 못한다면 전혀 사람이라 할 수 없다는 내용으로 ③의 내용과 연계하면 겉모습만 사람의 형상을 할 것이 아니라 사람으로서 말하고 행동하며 독립심을 가져야 참다운 사람이 됨을 일깨우는 내용을 아이들에게 전달하고 있다. 특히 전체 213과에 달하는 내용 중에 신적인 존재의 등장은 제165과의 '하백'의 경우뿐으로 신이함을 배격하려는 원영의의 의식의 일단을 엿볼수 있다.[41]

셋째, 사람+사람의 경우이다. 이 유형은 다시 2인 등장, 3인 등장, 다수인의 등장으로 구분해 볼 수 있다. 2인이 등장하는 경우는 전체에서 가장 많은 비중을 차지하는 형태로, 총 40개 과이며 비율로는 거의 20%에 해당하고 1건을 제외하고 모두 사람만 등장한다. 2인 등장의 경우에 가장 많은 비중을 차지하는 인간관계는 부자(13건), 붕우(9건), 형제(8건), 사제(6건), 불명(3건), 모자(2건)의 순이었다. 위의 관계별 수치를 통해 유추할 수 있는 사실은, 이 시대의 아이들의 가정 내 교육은 부형을 중심으로 이루어지며 가정 밖의 경우는 친구와 선생님에 의해 이루어진다는 사실이다. 특히 선생님보다는 친구의 영향이 다양한 방면에서 고르게 나타나는 것으로 보아 친구 상호간의 영향이 사제 관계에서의 경우보다 더 클 수 있을 가능성을 시사한다. 또 어머니의 가르침이 낯선 남성에 의한 경우보다 적다는 사실이다. 확대적인 분석일 수 있겠지만 근대까지 가정에서의 여성의 자녀 교육과 사회적인 위상 등이 반영된 결과라고 생각된다.

---

41) 강윤호(1966), 5~6면.

〈표4〉 2인 등장의 경우

번호	과	등장인물 · 관계	주제
1	16	兒·父	붓의 제작
2	42	兒·父	習字 연습
3	44	兒·父	스승을 부모처럼 섬길 것
4	47	兒·父	오누이의 우애
5	50	兒·父	박쥐의 생김새
6	59	兒·父	위생보건- 배탈이 난 아이에게 少食 권장
7	78	兒·父	아이의 본분에 충실할 것
8	86	兒·父	미신의 타파
9	88	兒·父	위생보건 - 건강 생활 조언
10	124	兒·父	과학-降雨 원리에 대한 과학적 설명
11	148	兒·父	일의 성사 방법
12	159	兒·父	화를 자초하는 행동 경계
13	45	張童·父	자기반성, 남 탓하지 말 것
14	21	兒·兄	새와 잘 날고 짐승이 잘 달리는 이유
15	28	兒·兄	형의 말을 듣지 않고 냉차를 마신 아이의 배탈
16	183	兒·兄	인형과 사람의 차이
17	41	長兄·幼弟	형의 가르침 존중
18	150	兄·弟·犬	약육강식과 능력의 중요성
19	140	兄·弟	恕의 중요성
20	170	李生·弟	과학-눈에 소금을 섞으면 더 차가운 이유
21	56	某生·師	작문 원리 - 多讀書, 通義理
22	72	一生·師	더운날 개가 입에 거품을 무는 이유
23	182	某生·師	과학적 설명(연필과 흑심의 성질)
24	64	王生·師	게으름에 대한 경계
25	89	先生·學生	정리, 청결의 중요성
26	156	人·師	병역의 의무 강조
27	11	張生·趙生	외형보다는 내면의 실제가 더 중요
28	34	王生·李生	친구간의 우애

번호	과	등장인물 · 관계	주제
29	82	甲童·乙童	친구를 대하는 바른 태도
30	87	甲童·乙童	남의 것을 탐하는 친구 경계
31	149	甲童·乙童	연습, 훈련, 학습을 통한 실력의 배양
32	85	甲兒·一兒	유혹에 굴하지 않고 자존심을 지킬 것
33	135	東家兒·西家兒	交際의 도리
34	151	某兒·一兒	明事理의 강조
35	160	贈者·友	남의 정성을 소중히 할 것
36	13	某生·聞者	환경에 관계 없이 공부에 열중할 것
37	33	或·李童	飮酒의 위험 경계
38	137	周生·或	새끼 밴 물고기 놓아주는 자비심
39	49	母·兒	흐르는 물이 맑은 이유, 대나무가 곧은 이유
40	129	母·兒	매사에 근신하여 신중히 할 것

2인 등장의 경우에 가장 많이 나타나는 인간관계는 '부자' 사이였으며 사례는 총 13건이었다. 내용은 본분에의 충실과 자기반성, 형제와 남매의 우애, 부모처럼 스승을 존경할 것 등과 같이 전통적이고 도덕적인 것에서부터 까치 울음소리가 좋은 소식을 알려준다는 속설과 미신의 타파(86과), 과식으로 배탈이 난 아이에게 소식을 권장(59과)하거나 더워서 땀을 흘리자 옷을 벗고 냉수를 찾는 아이에게 급작스런 체온 변화로 인해 감기가 들 것을 주의시키는 경우(88과)와 같은 위생 보건에 관한 것이나 강우 원리 · 박쥐의 생김새에 대한 설명 등과 같은 초보적인 과학적 지식의 전달을 비롯하여 붓의 제작법이나 습자 등에 이르기까지 아동의 일상생활 전반에 부친의 가르침이 고루 적용되어 나타난다. 이것은 당시 아동의 인격 및 생활 습관 형성이나 학업 성취에 아버지의 영향력이 지대하게 작용하고 있음을 입증하는 것이라 할 수 있다. 이러한 아버지와 아동의 관계에 비해 어머니와 아동의 관계에 대한 경우 2건에 불과하며

내용도 흘러가는 물이 맑은 이유와 대나무 그림자가 곧은 이유[42]와 밤에 책을 읽다가 싫증이 나서 종이를 태워 사물을 비추다가 불을 낼 뻔한 아이에게 매사에 삼가라는 가르침을 주는 경우[43]와 같이 전문적인 지식이나 학문의 축적과 관계가 없는 생활 속의 가르침에 불과하다. 아우에 대한 형의 가르침은 부자간의 경우와 거의 유사한 양상으로 나타나는데 이것은 당시 가정에서의 형의 지위나 역할이 아버지와 거의 유사하다는 것을 입증한다고 할 수 있다. 친구간의 경우는 스승의 경우보다 아동의 인성에 관한 이야기가 더 많이 나타났다. 즉 내면 함양의 중요성과 교제의 도리, 욕심의 경계, 남의 정성을 대하는 법 등으로 나타났다.

〈표5〉 3인 등장의 경우

번호	과	등장인물 · 관계	주제
1	15	一兒·兄·友人	형제의 우애
2	20	祖父·二兒	형제에게 독서 권고
3	39	洪君·兒·客	학교 공부의 중요성
4	48	崔姓兒·徐君·徐君子	게으름 경계
5	51	或·童子·父	물고기(날치) 설명
6	57	母·兒·或	아이 홀로 다니면 위험
7	130	兒童三人	失機하지 말 것
8	132	兄·弟·父	兄弟의 우애
9	152	某兒(兄)·妹·一兒 遇人危急	구제의 도리
10	176	張大·人·李	남아로서 호협심을 기를 것

42) 元泳義, 『蒙學漢文初階』, 16면. “第四十九課 母問水之流 何淸이며 竿之影이 何直고 兒不能答이어늘 母曰源淸故로 流淸이오 形直故로 影直이니라.”

43) 元泳義, 『蒙學漢文初階』, 44~45면. “第百二十九課 某兒ㅣ 夜讀倦甚ᄒᆞ야 燒廢紙以照物이라가 遺火於帳ᄒᆞ야 幾被焚이라 母曰事無鉅細히 皆當謹愼이니 小不愼이면 卽有禍害矣니라.”

3인 등장의 경우는 2인 등장의 경우와 달리 관계 유형이 편중되지 않고 다양하게 나타난다. 내용과 주제는 형제의 우애 강조와 공부의 중요성 강조, 남아로서의 호협심 배양 등이었다. 이 경우의 특징이라 할 수 있는 점은 10건의 사례가 모두 남아 중심으로 이루어져 있으며 여아에 대한 교육과 훈화의 사례가 나타나지 않는다는 것이다. 이것은 1900년대 초기의 우리나라 교육의 실제상을 보여주는 것으로 당시까지 교육의 대상이 주로 남성 위주였음을 사실적으로 보여준다고 할 수 있다.

〈표6〉 다수인 등장의 경우

번호	과	등장인물·관계	주제
1	19	一老人·二兒·祖父·孫兒	어른에 대한 인사 예절
2	38	諸生·衆人	학우 간의 교제의 중요성
3	52	或·衆	우리를 탈출한 호랑이를 제어할 사람이 없음
4	100	兄·二弟·黃牛	아우에 대한 형의 교육
5	101	兄·二弟·一羊	아우에 대한 형의 교육
6	104	張氏兒·衆兒	돈보다 목숨이 중요. '자존'의 인식
7	113	金母·二子·父	아버지와의 약속 실천
8	138	數兒·一兒	膽力의 배양
9	153	學生·師·衆學生	집중력의 중요성
10	164	劉生·同學	허구적, 미신적인 것 배격
11	166	甲·衆	정탐 능력 테스트
12	177	小兒·羣兒	축음기 원리
13	180	蒙學生·同學	진실의 중요성

다수인 등장의 경우, 3인 등장의 경우와 다르게 부모와 아이, 형과 두 아우처럼 내용상 가족이 등장하는 경우가 많다는 것과 주로

친구 관계가 다수를 이룬다는 점이다. 또한 대가족 관계가 거의 등장하지 않는다는 점도 주목할 만하다. 뿐만 아니라 이 책이 편찬된 시기가 융희 3년(1909), 순종이 집권하던 대한제국 시기임을 감안할 때, 군신 또는 주종의 신분 차별적인 수직 관계가 거의 나타나지 않는다는 점도 특징적이다.

5) 오륜 관념의 시대적 효용성 강조

『초계』는 제1과에서 사람의 존귀함은 오륜에 근거한다는 서술을 시작으로 제7과까지 주로 삼강, 군사부일체, 부부유별, 붕우책선 등의 중세적 윤리 개념을 요약하여 서술한 문장으로 교과를 구성하였다. 제8과 이후는 중세적인 전통 윤리 관념보다는 아동이 알고 익혀야 할 도덕심, 교훈적인 내용들을 단조롭고 이론적인 서술로 제시하기보다는 생활사례와 우화 중심으로 다양성과 사실성, 흥미성 등을 부각하며 아동의 이해를 도왔다. 전체 213과로 구성된 『초계』는 내용상 아래와 같은 몇 가지 특징을 보였다.

전체 213개 교과 중에 충 · 효를 강조한 내용이 거의 나타나지 않는다는 것이다. 구성을 보면, 제2과에서 오륜의 항목 다섯 가지를 제시하고 제3과에서 삼강을 제시한 외에 '효'와 관련될 수 있는 내용은 제119과가 유일하다. 사람이 부모가 없었더라면 태어나서 먹기 · 입기 등의 기본적인 생활을 제대로 할 수 없음을 기술하며 부모의 가치를 일깨운 것이 그것이다.[44] '효'에 대한 강제적이고 관념적인 강조 대신에 원영의는 입고 · 먹기 · 걷기 등의 사실적이 실제

---

44) 元泳義, 『蒙學漢文初階』, 40면. "第百十九課 人始生時에 飢不能自食ᄒᆞ고 寒不能自衣ᄒᆞ고 有語不能言ᄒᆞ고 欲出不能行ᄒᆞᄂᆞ니 此時에 若無父母면 將如之何오."

적인 측면에서 아동들에게 부모의 존재 가치와 의미를 일깨웠다. 그리고 제8과에서는 '애가족(愛家族) · 애사회(愛社會) · 애국가(愛國家)'를 사람의 '본연지의무(本然之義務)'라고 강조하며 '가족 → 사회 → 국가'로의 확장적이고 점층적인 조직애를 강조하였는데 오륜에서 강조하는 충 · 효 등의 전통적이고 중세적인 관념 대신에 '애'를 강조한 점 역시 특이하다 할 수 있다.

원영의는 '효'에 대한 관념적 일깨움보다는 '부자유친'의 의미에 대한 생활적, 사실적 의미를 아이들에게 전달하고자 노력한 것으로 이해된다. 대화법을 구사하여 기술하는 70여 항목 중에 가장 많은 비중을 차지하는 것이 '부자' 관계(12건)였다. 내용을 살펴보면 생활 사물의 재질별 용도별 쓰임새 설명, 동 · 식물 및 자연에 대한 설명, 공부 · 독서 · 습자(習字)의 권유, 미신 타파, 건강 생활 습관 조언, 성사(成事)의 원리 설명, 탐욕의 경계 등이 대부분이었다.

'충'에 관한 내용 역시 거의 나타나지 않는다. 전체 교과에서 왕에 대한 언급은 제173과가 유일하다. 고양이에게 자신이 쥐들의 왕이라고 속인 뒤 그 사실을 검증하겠다며 쥐들의 서식지로 고양이를 인도한 쥐가 고양이를 보고 놀란 다른 쥐들이 도망친 뒤에 고양이에게 잡아 먹혔다는 우화를 통해 남의 권세를 함부로 빌렸다가 화를 당하기 쉬움을 경계하였다.

'부부유별'의 경우, 전체 교과 중에 부부가 등장하는 경우는 제113과가 유일하지만 내용은 어른의 말씀에 순종하는 모범적인 태도를 가르치는 것으로 부부유별과는 상관이 없는 내용이었다.[45] 그 대신 '장유유서'에 해당하는 어른과 아이, 연장자와 연소자(형제, 남매 포

45) 元泳義, 『蒙學漢文初階』, 138면. "第百十三課 金母ㅣ 以橘二枚로 授二子ᄒᆞᆫ대 幼子ㅣ 置不食이어ᄂᆞᆯ 母問何故오 曰頃者에 兒有過ᄒᆞ야 父親이 禁勿食也ㅣ러이다 父ㅣ 適入聞之ᄒᆞ고 喜曰兒能不欺爾母ᄒᆞ니 可以食橘矣어다."

함)의 관계에서 연소자가 연장자를 대하는 마음가짐과 몸가짐을 가르치는 내용이 다수 등장한다. 이 경우는 40여 건을 훨씬 상회하는 것으로 나타난다. 특히 주목할 점은 형제간의 '우애'를 주제로 하는 경우이다. 외출한 형이 저녁이 되도록 오지 않자 동생이 울며 기다리다 문 앞에서 형을 만나 반가워한 이야기[46]로 우애를 강조하는가 하면, 제41과에서는 형의 가르침을 아우가 잘 따라야 한다는 내용을 통해 우애와 함께 전통적인 가족 서열 의식을 복합적으로 표출하였다.[47] 제132과에서는 학당에서 귀가하는 길에 배 한 개를 주워서 샀지만 형이 먹고 싶어 하는 동생에게 주지 않아서 동생이 아버지에게 말하자 아버지가 형은 나이가 많고 동생은 어리니 형은 마땅히 동생을 사랑해야 한다고 말하고 배를 반씩 나누어 형제에게 주었다[48]는 일화를 제시하며 나눔의 생활윤리와 함께 우애를 제시하였다. 형제를 중심으로 강조되던 '우애'의 사례를 오누이 간에 적용시켜[49] 적용 대상을 보다 사실적으로 제시하는 경우도 있었다. 이것은 아이들의 생활에서 오륜의 여러 관계 중에 가장 절실하고 직접적인 관계가 형제 관계이기에 다양한 사실적인 사례를 제시하며 아이들의 행동과 생각을 일깨우려 한 것으로 이해된다.

'붕우'의 경우 역시 부자 관계 다음으로 많은 경우가 나타난다. 내용은 주로 관용, 과욕에 대한 경계, 교제의 도리, 사리, 일을 할 때

---

46) 元泳義, 『蒙學漢文初階』, 5면. "第十五課 一兒ㅣ兄이 出外ᄒᆞ야 至夕不回어ᄂᆞᆯ 兒ㅣ 大哭ᄒᆞ고 至門前ᄒᆞ니 則兄與友人으로 已同行而回러라."

47) 元泳義, 『蒙學漢文初階』, 13면. "第四十一課 長兄이 謂幼弟曰我爲爾兄ᄒᆞ고 爾爲我弟ᄒᆞ니 我當敎爾오 爾當聽我言이니라."

48) 元泳義, 『蒙學漢文初階』, 45면. "第百三十二課 兄弟二人이 自學堂歸ᄒᆞᆯᄉᆡ 兄於途 中에 買一梨어ᄂᆞᆯ 弟ㅣ 索食호ᄃᆡ 不與라 弟告其父ᄒᆞᆫᄃᆡ 父曰兄長弟幼ᄒᆞ니 兄當愛弟라 ᄒᆞ고 遂取梨各半分之러라."

49) 元泳義, 『蒙學漢文初階』, 15면. "第四十七課 某兒 讀書勤이어ᄂᆞᆯ 父 以梨賞之ᄒᆞ니 兒食其半ᄒᆞ고 曰 欲留其半ᄒᆞ야 與我妹食之ᄒᆞ노이다."

실기하지 말 것에 대한 경계 등의 교훈적인 내용이 다수를 이루었다.

전통적인 도덕관념인 '신'에 대해서는 제85과에서 꽉 쥔 주먹을 펴게 하는 친구에게 돈을 주겠다고 말하고 돈을 준다고 하고 약속을 지키지 않은 아이의 사례를 통해 약속과 신의 중요성을 강조한 경우 외에 일상생활 예절 수준의 내용을 주로 담았다.

'사제' 관계 역시 다수의 경우가 나타난다. 내용은 다독서(多讀書) · 통의리(通義理) 같은 작문 원리나 연필의 생김새, 정리 · 청결의 중요성, 병역의 의무, 게으른 태도교정 등의 주로 학문적이고 교훈적인 내용이 대부분이었다. 특히 원영의는 서숙에서 공부를 시작하려는 아이에게 그 아버지가 스승의 말을 나의 말과 같이 잘 섬기라는 내용을 통해 전통적인 군사부일체 관념을 준수하도록 하였다.[50)]

4. 맺음말

본 논문은 원영의의 『몽학한문초계』를 텍스트로 삼아 편찬의 역사적 배경과 미래지향적 교재관을 검토하여 다음의 몇 가지 특징들을 고찰할 수 있었다.

『초계』에서는 전통적인 도덕관념과 근대적인 실용 관념이 혼재되어 나타나며, 강압적인 을사늑약의 체결 후에 아동에게 민족의 위기 상황과 앞으로의 삶의 태도를 자주, 자유, 자존을 중심으로 일깨웠다. 아동의 학습 이해력을 증진하기 위한 방법적 모색의 결과 서구

50) 元泳義, 『蒙學漢文初階』, 14면. "第四十四課 一兒 將入塾ᄒᆞᆯ식 父 呼而謂之曰予無暇敎汝ᄒᆞ야 命汝從師ᄒᆞ노니 汝當聽師言을 如聽予言이어다."

의 이솝우화를 수용하여 교과를 구성하되 한국적 상황에 맞는 활용과 변용을 통하여 교재의 내용 전달과 아동의 학습 의욕 고취에 기여하였다. 뿐만 아니라 총 213개 과에 걸쳐서 다양한 등장물과 실제적 상황 설정을 통하여 아동의 흥미도와 이해도를 제고한 점 역시 높이 평가할 수 있다. 원영의가 학습효과의 고취를 위해 서구의 우화를 수용하거나 교재 편찬의 방향성에서 계몽적이고 진보적인 성향을 나타냈지만 기본적으로 그는 전통의 도덕관념을 준수하는 입장이었다. 이 때문에 오륜의 관념을 시대 상황에 맞게 적용하는 양상을 보였다.

학문적으로 원영의는 위정척사파에 기본을 두지만 보수와 폐쇄보다는 계몽과 개방 그리고 진보로 변화되는 성향을 나타내었다. 그가 공자의 道가 시의에 맞을 수 있지만 그보다는 '도덕'을 근간으로 '신학'을 지엽으로 삼아 온고지신의 점진적이고 발전적인 자세를 가질 때 우리나라가 열강의 경쟁에 동참할 수 있다고 여긴 사실에서 확인할 수 있다. 뿐만 아니라 그는 '한문'의 성격을 중화적 사대주의의 관점에서 이해하기보다는 동북아의 공통의 문화유산의 계승과 발전적 수용이라는 보편적이고 미래지향적인 측면에서 받아들였다. 특히 그가 을사늑약을 전후한 시기의 조선이 처한 위기적 상황을 사실적으로 인식하고 민중의 계몽을 위해 사범학교의 양성과정을 수료하고 교원으로 후학의 양성에 힘을 쓴 것이나 당시의 선각적 지식인들과 함께 학교를 설립하여 미래적이고 발전적인 태도로 현실의 문제를 극복하려 한 점이 그것을 입증한다. 구체적인 예를 든다면 그가 다양한 교재를 편찬하여 아동에서 성인에 이르기까지 민중의 의식을 계몽하기 위해 노력하였다는 점과 전래의 고루한 한문투의 서술과 훈계 일변도의 교재 구성을 버리고 다양한 등장물, 서구 우화의 수용과 주체적 변용, 다양한 상황과 인간관계의 제시를 통해 국가의 미래 동력인 아동에게 민족적 의식을 각성하도록 한 점에서 그의 선각자적인 면모와 함께 한문교육에서의 그의 위치와 의미를 평가할 수 있다.

■ 참고문헌

• 원전자료

畿湖興學會(1909), 『畿湖興學會月報』 제10호.

畿湖興學會(1909), 『畿湖興學會月報』 제12호.

金甯漢(1947), 「承訓郎師範教官漳隱元先生行狀」.

大韓每日新報社(1906), 『大韓每日新報』.

柳重教, 『省齋集』(『韓國文集叢刊』 V.324), 한국고전번역원.

普中親睦會(1910), 『普中親睦會報』 제2호.

元泳義(1908), 『蒙學漢文初階』.

최남선(1909), 『少年』 제10권, 新文館.

學部編輯局(1896), 『(新訂) 尋常小學』.

黃玹, 『梅泉野錄』.

『承政院日記』.

揚雄, 『揚子法言』.

• 단행본

한국교육과정평가원(2015), 『한문과 교육과정』, 교육부 고시 제2015-74호[별책 17].

로버트 템플 외/최인자 외 옮김(2009), 『이솝 우화 전집』, 문학세계사.

高橋濱吉(1927), 『朝鮮教育史考』, 帝國地方行學會 朝鮮本部.

• 학술논문

강윤호(1966), 「개화기의 학회 및 교육회 설립과 교과용 도서 편찬의 경위」, 『梨大論文集』 vol.6, 이화여대 한국문화연구원.

김태준(1981), 「이솝우화의 수용과 개화기 교과서」, 『일지사(한국학보)』 7권 3호, 일지사.

손유정(2011), 「聲讀을 통한 한문 교육 방안」, 부산대학교 교육대학원 한문교육전공 석사논문.

유춘동(2010), 「근대 계몽기 조선의 『이숍우화』」, 『淵民學志』 Vol.13, 연민학회.

이미연(1996), 「愛國啓蒙期 漢文教科書 硏究」, 부산대학교 교육대학원 한문교육전공 석사논문.

최미경(1999), 「元泳義의 小學漢文讀本 硏究」, 성균관대학교 교육대학원 한문교육전공 석사학위 논문.

동아시아 문헌학의 성과와 전망

초판 1쇄 인쇄 2025년 11월 24일
초판 1쇄 발행 2025년 11월 28일

지은이 김영진 외
펴낸이 유지범
책임편집 신철호
편집 현상철 · 구남희
마케팅 박정수 · 김지현

펴낸곳 성균관대학교 출판부
등록 1975년 5월 21일 제1975-9호
주소 03063 서울특별시 종로구 성균관로 25-2
대표전화 02)760-1253~4
팩스밀리 02)762-7452
홈페이지 press.skku.edu

© 2025, 김영진 · 박시내 · 호우룽추안 · 룽페이위 · 두저쉰 ·
스미요시 도모히코 · 로스 킹 · 송호빈 · 왕웨이시아오 · 피터 코니츠키 ·
이유리 · 진청위 · 장유승 · 박철상 · 안대회 · 진재교 · 김용태 · 이현일 · 김영주

ISBN 979-11-5550-684-4 93010

* 잘못된 책은 구입한 곳에서 교환해 드립니다.